# Die Rechtsgrundsätze

des

## Königlich Preußischen

# Ober-Verwaltungsgerichts.

Begründet von **K. Parey.**

---

**Dritte, gänzlich neue bearbeitete u. bis zur Gegenwart ergänzte Auflage**

herausgegeben

von


**Fr. Kunze**
Wirkl. Geheimer Ober-Regierungsrat.

und

Dr. **G. Kautz**
Geheimer Regierungsrat u. Vortragender
Rat im Reichsamt des Innern.


---

**Ergänzungs-Band 1903.**


Berlin 1903.
**J. Guttentag, Verlagsbuchhandlung,**
G. m. b. H.

# Vorwort.

Der „Ergänzungsband 1903“ berücksichtigt die Rechtsprechung des Königl. Oberverwaltungsgerichtes seit dem Erscheinen des „Ergänzungsbandes 1902“ bis gegen Ende des Jahres 1902.

Es sind wiedergegeben die Entscheidungen aus Bd. XXXX und XXXXI und aus Bd. X in Steuersachen der offiziellen Sammlung, die in der angegebenen Zeit im Pr. Verwaltungsblatt und im Zentralblatt der Unterrichtsverwaltung veröffentlichten, sowie ungedruckte Entscheidungen wichtigeren Inhaltes und einige solche aus der Deutschen Juristenzeitung.

Auf klare, scharfe Systematisierung, leicht verständliche Darstellung und, wo erforderlich, ausgiebige Beigebung von Tatbeständen und Gründen zu den Rechtsgrundsätzen ist auch in diesem Bande besonderer Wert gelegt worden.

Grunewald, / Charlottenburg, im Mai 1903.

**Fr. Kunze.** **Dr. G. Kautz.**

# Verzeichnis der Abkürzungen.

a. a. O. = am angeführten Orte.
Abs. = Absatz.
A.-H. = Abgeordnetenhaus.
A.-L.-R. = Preuß. Allgem. Landrecht.
Allg. Verf. = Allgemeine Verfügung.
Anm. = Anmerkung.
Art. = Artikel.
Aufl. = Auflage.
Ausf.-Anw. = Ausführungsanweisung.
Ausf.-Ges. = Ausführungsgesetz.
Ausf.-Instr. = Ausführungsinstruktion.
Bd. = Band.
Dot.-Ges. = Dotationsgesetz.
Eink.-St.-Ges. = Einkommensteuergesetz.
Entsch. = Entscheidung.
E.-O.-V. = Entsch. d. Ob. Verwaltungsgerichts.
Erk. = Erkenntnis.
Ges. = Gesetz.
G.-S. = Gesetz-Sammlung d. Pr. Staat.
Gew.-Ordn. = Gewerbeordnung.
H.-H. = Herrenhaus.
Kab.-Ord. = Kabinettsordre.
Komm.-B. = Kommissionsbericht.
Komm. = Kommentar.
Komm.-Abg.-Ges. — Kommunalabgabengesetz v. 14. Juli 1893.
K.-V.-G. = Krankenversicherungsgesetz.
Kr.-Ordn. = Kreisordnung.
L.-V.-G. = Landes-Verwaltungsgesetz.
M.-Bl. = Pr. Ministerialblatt f. d. ges. innere Verwaltung.
Min.-Erl. = Ministerial-Erlaß.
Min.-Inst. = Ministerial-Instruktion.
O.-Trib. = Obertribunal.
O.-V.-G. = Oberverwaltungsgericht.
Pr. Ausf.-Ges. = Pr. Ausführungs-Gesetz.
Prov.-Verb. = Provinzialverband.
Prov.-Ordn. = Provinzialordnung.
R.-G. = Reichsgesetz.
R.-G.-Bl. = Reichs-Gesetzblatt.
R.-Ger. = Reichsgericht.
R.-Gew.-Ordn. = Reichsgewerbeordnung.
R.-Str.-G.-B. = Reichsstrafgesetzbuch.
R.-T. = Reichstag.
Reskr. = Reskript.
S. = Seite.
St.-Ordn. = Städte-Ordnung.
Sten.-Ber. = Stenographischer Bericht.
U.-V.-G. = Unfallversicherungsgesetz.
Urt. = Urteil.
Verf. = Verfügung.
Vd. = Verordnung.
Zust.-Ges. = Zuständigkeitsgesetz vom 1. August 1883.
Zirk.-Reskr. = Zirkular-Reskript.

# Inhaltsverzeichnis.

## Erste Abteilung.

### Angelegenheiten der Kommunalverbände.

---

## Zweite Abteilung.

### Kultus, Schule, Zwangserziehung, Personenstand und Staatsangehörigkeit.

# Erste Abteilung.

# Angelegenheiten der Kommunalverbände.

## I.

## Provinzialverbände.

**Materialien:** Ges. v. 2. Juni 1902 (G.-S. S. 167) betr. die Überweisung weiterer Dotationsrenten an die Provinzialverbände. — Abg.-H. 1902, Drucks. Nr. 36, 83, 92, 93, 139, 159, 183; Sten.-Ber. S. 518, 2470, 2608, 4994. H.-H. 1902, Drucks. Nr. 49, 61, 77, 78, 91, 96; Sten.-Ber. S. 70, 161.

## II.

## Kreise.

**Literatur:** Graf Hue de Grais, Der preußische Staat. I. Staatsverfassung und Staatsbehörden, Berlin 1902. Derselbe, Handbuch der Verfassung und Verwaltung in Preußen und im deutschen Reiche, 15. Aufl., Berlin 1902. Illing-Kautz, Handbuch für preußische Verwaltungsbeamte, 8. Aufl., Berlin 1903.

**Materialien:** Ges. v. 1. April 1902 (G.-S. S. 65) betr. die Heranziehung zu den Kreisabgaben. — A.-H. 1902, Drucks. Nr. 34, 85; Sten.-Ber. S. 1218, 2469, 2607; H.-H. 1902, Drucks. Nr. 48, 69; Sten.-Ber. S. 110.

### A. Auseinandersetzung bei Veränderung der Kreisgrenzen und Bildung neuer Kreise.

**Nr. 1. Entsch. Bd. XXXX S. 19 v. 19. IV. 01 II B 26/00.**

Hann.-Kr.-Ordn. v. 6. V. 84 (G.-S. S. 181) § 3.

1. Eine Auseinandersetzung gemäß § 3 der Hann. Kr.-Ordn. findet nicht nur in den a. a. O. im Abs. 1 und 2 ausdrücklich namhaft gemachten Fällen, sondern auch in dem Falle (Abs. 3) statt, daß die Veränderung der Kreisgrenzen die ohne weiteres eintretende Folge der Veränderung der Gemeindegrenzen ist.

2. Was die sachlichen Voraussetzungen eines durch die Auseinandersetzung herbeizuführenden Ausgleichs anlangt, so ist ein Entschädigungsanspruch wegen verminderter Steuerkraft jedenfalls insoweit unbegründet, als die Vermehrung der Steuerkraft in Frage steht, die

der abgezweigte Gebietsteil infolge des die Abzweigung erheischenden Umstandes erfahren hat. Aber auch wegen Verlustes der von dem abgezweigten Gebiete bisher aufgebrachten Steuern, kann eine Entschädigung nicht verlangt werden. Denn die Steuern, die in einem bestimmten Gebietsteil erhoben werden, dienen ihrem Wesen nach zur Befriedigung der Bedürfnisse desjenigen Verbandes, dem der Gebietsteil angehört; wird dieser Teil einem anderen Verband eingefügt, so hat er nunmehr zur Bestreitung der Bedürfnisse des letzteren und nicht mehr zur Bestreitung der Bedürfnisse desjenigen Verbandes beizutragen, dem er bisher angehörte.

3. Ebensowenig wie hiernach im allgemeinen der infolge Veränderung der Kreisgrenzen vergrößerte Kreis zu den Bedürfnissen des verkleinerten Kreises beizutragen hat, ist von jenem — abgesehen von etwaigen besonderen Umständen — zu den Kosten einzelner Einrichtungen des letzteren beizutragen. Insbesondere werden von diesem Grundsatze die Kosten für Unterhaltung der Landstraßen betroffen. Sie sind grundsätzlich von dem Kreise zu tragen, dem sie angehören, mögen sie immerhin auch dem Kreise zum Nutzen gereichen, an den ein Teil jenes Kreises übergegangen ist.

4. Ein Ausgleich infolge Veränderung von Kreisgrenzen wird zwischen den beteiligten Kreisen besonders dann erforderlich werden, wenn sich auf dem abgezweigten Gebiet Einrichtungen befinden, für die der Kreis, dem es bis zur Abzweigung angehörte, besondere Lasten übernommen hat. Abgesehen davon können die Vermögensverhältnisse der beteiligten Kreise zu einer Auseinandersetzung führen, wenn die allein maßgebenden Rücksichten der Billigkeit eine solche angezeigt erscheinen lassen, was im gegebenen Falle aber nicht zutrifft.

## B. Kreisabgaben.

**Nr. 1. Entsch.** v. 31. V. 01 Nr. II 907 (Pr.=V.=Bl. Bd. XXIII S. 454).

Kr.=Ordn. v. $\frac{\text{13. XII. 72}}{\text{19. III. 81}}$ (G.=S. 1881 S. 179) § 11.

Es ist anerkannten Rechtens, daß sogenannte Zu= und Abgänge, d. h. diejenigen Vermehrungen oder Verminderungen des wirklichen Aufkommens, die nach Ausschreibung der Kreisabgaben durch Veränderungen in den steuerpflichtigen Personen und Objekten eintreten, auf die Gemeinden und Gutsbezirke fallen, die nach § 11 der Kr.=Ordn. für das Soll aufzukommen haben. Demgemäß hat eine Gemeinde oder ein Gutsbezirk z. B. den vollen Betrag einer Einkommensteuer abzuführen, auch wenn der Zensit alsbald nach Heranziehung zur Steuer verstirbt oder verzieht, und das Gleiche gilt hinsichtlich der für ein Grundstück ausgeschriebenen Grundsteuerzuschläge, wenn das Grundstück nachträglich steuerfrei wird. Der Besitzer des Grundstücks mag dann zwar gegenüber der Gemeinde oder dem Gutsbezirke einen Anspruch auf Freilassung haben; die Kommune selbst aber muß den rechtsgültig zum Soll gestellten Betrag entrichten, wie sie andererseits die Steuer von nachträglich pflichtig gewordenen Personen und Grundstücken einziehen und für sich behalten kann.

Hiernach wird also auch die Verpflichtung eines Gutsbezirks zur Fortzahlung des veranlagten Kreissteuersolls dadurch, daß der Gutsbezirk in das Eigentum des Militärfiskus gelangt, der die besteuerten Grundstücke zu militärischen Zwecken benutzt und den Wegzug der besteuerten Personen veranlaßt, nicht berührt.

**Nr. 2. Entsch. Bd. XXXX S. 1 (4) v. 11. X. 01 II C 94/01.**

Komm.-Abg.-Ges. v. 14. VII. 93 (G.-S. S. 152) §§ 33³, 36 Abs. 2, 91⁴.
Ein.-St.-Ges. v. 24. VI. 91 (G.-S. S. 175) § 16 Abs. 3.

Zu den Veranlagungsgrundsätzen des Komm.-Abg.-Ges. v. 14. VII. 93, die gemäß § 91 daselbst auf die Kreisbesteuerung (vgl. Nr. 4 a. a. O.) Anwendung finden sollen, gehört auch die Regelvorschrift in § 33 Nr. 3, daß, sofern bei Aktiengesellschaften u. s. w. eine Veranlagung zur Staatseinkommensteuer stattgefunden hat, die Gemeinde-Einkommensteuer das hierbei veranlagte Einkommen vorbehaltlich der Bestimmung in § 16 Abs. 3 des Einkommensteuergesetzes erfaßt. Eine nochmalige und selbständige Einschätzung ist hiernach den Kreisen in solchen Fällen versagt. Zwar kann nicht verkannt werden, daß § 33 Nr. 3 cit. nicht nur, wie jeder andere Veranlagungsgrundsatz, von Einfluß auf die Höhe der Schätzung einer Einnahme ist, sondern auch für die Steuerpflicht der verschiedenen Einkommensarten Bedeutung hat, wie z. B. insofern, als er unter Umständen der Gemeindesteuerpflicht solches Einkommen unterwirft, das dieser Pflicht wegen der Quellen, aus denen es stammt, oder wegen des Ortes, an dem es entsteht, nach § 33 Nr. 3 Satz 1 nicht überwiesen ist (wie z. B. Kapitaleinkommen der Aktiengesellschaften). Aber diese auf dem Gebiete des materiellen Steuerrechts liegende Wirkung ist für das Wesen der Gesetzesvorschrift nicht bestimmend. Die Bestimmung ist nicht ergangen wegen ihrer Wirkung für das materielle Steuerrecht, sondern trotz derselben zur Sicherung einer, den Vorschriften des § 16 Eink.-St.-Ges. entsprechenden Veranlagung der Erwerbsgesellschaften, und darum hat sie den Charakter einer Veranlagungsvorschrift ebenso wie ihn die des § 16 selbst trägt.

**Nr. 3. Entsch. Bd. XXXX S. 6 v. 19. XI. 01 II C 179/01.**

Komm.-Abg.-Ges. v. 14. VII. 93 (G.-S. S. 152) § 91.
Ges. v. 14. VII. 93 (wegen Aufhebung direkter Staatssteuern §§ 4, 5 Eink.-St.-Ges. v. 24. VI. 91 (G.-S. S. 175) §§ 1, 3, 4. Kr.-Ordn. v. 13. XII. 72/19. III. 81 (G.-S. 1881 S. 179) §§ 10, 14, 15).

Die landwirtschaftlichen Brennereien, die als solche von der Staatsgewerbesteuer befreit sind und bis zum Erlasse des sogenannten Überweisungsges. und des Komm.-Abg.-Ges. v. 14. VII. 93 mit Zuschlägen der Kreise nicht belastet werden durften, sind auch durch die vorgenannten beiden Gesetze nicht kreissteuerpflichtig geworden.

Bereits in E.-O.-V. Bd. XXIX S. 12 ff. ist ausgesprochen worden, daß es angesichts des § 91 des Komm.-Abg.-Ges. kaum zulässig sei, wegen der „Maßgaben", unter denen die bestehenden Vorschriften über die Aufbringung der Kreis- und Provinzialsteuern aufrecht erhalten worden, auf das sogenannte Überweisungsgesetz hinüber zu greifen, und es ist daselbst ausgeführt, daß, wenn auch dieses Gesetz herangezogen werde, dennoch der Kreis der kreissteuerpflichtigen Subjekte und Objekte jedenfalls insoweit nicht verändert worden sei, als dessen Begrenzung auf Eigentümlichkeiten des Kreissteuerwesens beruhe. Die hier zu beantwortende Frage, ob durch die neuere Steuergesetzgebung diejenigen Objekte kreissteuerpflichtig geworden sind, die lediglich infolge ihrer Befreiung von der Staatssteuer der Kreisbesteuerung entgingen, ist damals offen gehalten worden. In der Folge hat sich mehr und mehr gezeigt, daß die in dem Überweisungsges. wegen der Ausdehnung der Veranlagungen und wegen der Rechtsfolgen der Veranlagung gegebenen Vorschriften nicht geeignet sind, mit den Bestimmungen der Kreisordnung über die Veranlagung und Heranziehung zu Kreisabgaben vermischt zu werden (E.-O.-V. v. 23. II. 98 — Pr.-V.-Bl. Bd. XIX S. 435 — und E.-O.-V. Bd. XXXV. S. 15).

Wird aber jetzt trotz des vorerwähnten Bedenkens die streitige Frage an der Hand des Überweisungsges. noch einmal geprüft, so reicht dessen Inhalt allein keineswegs aus, die Kreissteuerpflicht der landwirtschaftlichen Brennereien zu begründen. Die Kr.-Ordn. gestattet in ihrem § 10 nur die Erhebung von Zuschlägen zu den zu entrichtenden direkten Staatssteuern beziehungsweise zu den nach §§ 14 und 15 zu ermittelnden fingierten Steuersätzen der Forensen u. s. w. Sie knüpft also, soweit nicht die §§ 14, 15 Anwendung finden, das Steuerrecht des Kreises u. a. an die Voraussetzung, daß der Heranzuziehende die in Betracht kommende Staatssteuer entrichtet, und entzieht insoweit diejenigen Personen und Sachen, denen Freiheit von der Staatssteuer zusteht, der Belastung mit Kreiszuschlägen. Aus diesem Grunde sind zum Beispiel Kreisangehörige von der Abgabenpflicht frei, wenn sie nach §§ 1, 3, 4 des Eink.-St.-Ges. mit der Staatseinkommensteuer verschont werden müssen, und derselbe Grund führte auch jedenfalls bis zum Inkrafttreten des Überweisungsgesetzes zur Freilassung der landwirtschaftlichen Brennereien. Nun bestimmt der § 5 des Überweisungsges., daß die bestehenden gesetzlichen Bestimmungen, die von Veranlagung der für den Staat außer Hebung gesetzten Realsteuern anderweitige Rechtsfolgen, insbesondere die Begründung von Rechten oder Pflichten, abhängig machen, aufrecht erhalten bleiben, und daß, „soweit hierbei die Entrichtung solcher Steuern vorausgesetzt wird, an die Stelle der zu entrichtenden die veranlagten Beträge treten“. Der Sinn dieser Vorschriften in Beziehung auf Zuschlagssteuern kann zunächst nur dahin verstanden werden, daß durch die Außerhebungsetzung der Steuern diejenigen Rechte und Pflichten nicht verändert werden sollen, die von deren Entrichtung abhängig waren. Die Absicht einer Ausdehnung jener Rechte und Pflichten (abgesehen von Gemeindeabgaben) tritt aber weder in dem Wortlaute des § 5 zu Tage, noch kann sie aus einer anderen Bestimmung des Überweisungsges. oder aus der Verbindung jenes Paragraphen mit dem Komm.-Abg.-Ges. gefolgert werden; namentlich ist sie auch nicht dem § 4 des Überweisungsges. zu entnehmen, da dieser nur von solchen Bestimmungen des Komm.-Abg.-Ges. spricht, die von der Gemeindesteuerpflicht handeln. Der § 5 sagt demnach nichts anderes, als daß an die Stelle desjenigen Betrags, der bei Forterhebung der Realsteuern für den Staat entrichtet werden müßte, der veranlagte Betrag gesetzt werden soll. Dagegen spricht er nicht aus, daß die veranlagten Sätze auch an die Stelle von Beträgen treten sollen, die niemals zu entrichten waren (zu vgl. E.-O.-V. Bd. XXXV S. 18/19).

In dem § 5 des Überweisungsges. kann also nach seinem Wortlaut und nach seinem Zusammenhange mit anderen gesetzlichen Vorschriften nicht der Sinn gefunden werden, daß die auf Grund des § 4 erfolgende Veranlagung den Kreisen die Befugnis zur Erhebung von Zuschlägen verschaffe. Daran ändert nichts, daß dem § 5 bei den Verhandlungen über § 91 des Komm.-Abg.-Ges. im Abgeordnetenhause jener Sinn von verschiedenen Rednern untergelegt worden ist. Denn da die Grundlage ihrer Ausführungen, nämlich die Auffassung über die grundsätzliche Bedeutung des § 5, unhaltbar ist und diese Ausführungen in der Hauptsache fehlgehen, so könnten sie auch nicht für einen einzelnen Punkt als maßgebend betrachtet werden.

**Nr. 4. Entsch.** v. 29. XI. 01 Nr. II 1859 (Pr.-V.-Bl. Bd. XXIII S. 536).

Kr.-Ordn. v. $\frac{\text{13. XII. 72}}{\text{19. III. 81}}$ (G.-S. 1881 S. 179) § 13.

1. Eine Kreiseinrichtung im Sinne des § 13 der Ö.-Kr.-Ordn. ist auch die Überweisung von Grund und Boden, sowie die Übernahme einer Zinsgarantie oder eines Zuschusses seitens des Kreises zur

Förderung einer das Kreisgebiet durchziehenden Eisenbahn. (Vgl. E.-O.-V. Bd. XII S. 27 ff.)

2. Der Verwaltungsrichter ist nicht befugt, zu untersuchen, ob bei einem nach § 13 der Kreisordnung gefaßten, formell gültigen Kreistagsbeschlusse die tatsächlichen Verhältnisse nach allen Seiten hin richtig gewürdigt sind und die Gesichtspunkte der Billigkeit und administrativen Zweckmäßigkeit überall die ihnen zukommende Berücksichtigung erfahren haben.

**Nr. 5. Entsch. Bd. XXXX S. 156 v. 7. I. 02 I B 21/01.**

Kr.-Ordn. v. $\frac{\text{13. XII. 72}}{\text{19. III. 81}}$ (G.-S. 1881 S. 179) §§ 11.
Land-Gem.-Ordn. v. 3. VII. 91 (G.-S. S. 233) §§ 2, 3.

1. Aus der Pflicht der einzelnen Gemeinden und Gutsbezirke das Kreisabgabensoll im ganzen abzuführen, ergibt sich zwar, daß die Gemeinden und selbständigen Gutsbezirke dem Kreise gegenüber für etwaige Ausfälle und Abgänge einzutreten haben, während andererseits die Zugänge ihnen zu gute kommen. Nicht aber läßt sich daraus herleiten, daß auch im Falle der Abtrennung eines Teiles des Gemeindebezirkes die verkleinerte Gemeinde allein verpflichtet bleibe, das für den ungeteilten Gemeindebezirk berechnete Kreisabgabensoll im ganzen abzuführen: Denn alsdann handelt es sich nicht nur um eine Verschiebung in der Zahl oder den Besteuerungsmerkmalen der dem Gemeindebezirk angehörigen Kreissteuerpflichtigen, sondern um eine Änderung des Bezirkes, für den das Kreisabgabensoll im ganzen zu berechnen war und berechnet worden ist. Im Falle einer im Laufe des Veranlagungsjahrs und vor Abführung des Kreisabgabensolls eintretenden Bezirksveränderung stellt sich vielmehr die Pflicht, das berechnete Abgabensoll im ganzen abzuführen, als eine gemeinschaftliche Aufgabe derjenigen Gemeinden und Gutsbezirke dar, die an der Bezirksveränderung beteiligt sind und kann zwischen ihnen zum Gegenstand einer Auseinandersetzung gemacht werden.

2. Hat der durch die Bezirksveränderung verkleinerte Kommunalverband das Kreisabgabensoll in voller Höhe allein abgeführt, so steht ihm gegenüber dem vergrößerten Verband ein Rechtsanspruch auf Erstattung desjenigen Anteils zu, welcher auf die Kreissteuerpflichtigen in dem diesem einverleibten Gebiet entfällt.

3. Zu den Voraussetzungen einer Ausgleichung der öffentlich-rechtlichen Interessen der Beteiligten wegen Mehrbelastung mit Wegeunterhaltungskosten ist zu bemerken, wie aus dem Umstand allein, daß die bisher wegebaupflichtige Gemeinde ihrer Aufgabe ordnungsmäßiger Unterhaltung des Weges nicht oder doch nicht im vollen Maße genügt hat, die Notwendigkeit einer Ausgleichung noch nicht folgt. Andererseits reicht die bloße Behauptung, daß ein Weg beim Eintreten der Bezirksveränderung in schlechter Verfassung gewesen sei, noch nicht aus, um eine Vernachlässigung der Wegebaupflicht zu erweisen; dazu bedarf es vielmehr näherer Angabe, weshalb die Beschaffenheit des Weges den Anforderungen des öffentlichen Verkehrs nicht entsprochen habe.

**Nr. 6. Entsch. v. 4. II. 02 Nr. II 219 (Pr.-V.-Bl. Bd. XXIV S. 182).**

Kr.-Ordn. v. $\frac{\text{13. XII. 72}}{\text{19. III. 81}}$ (G.-S. 1881 S. 179) § 11.

1. Die Kreissteuer-Veranlagung von Personen, die zur Zeit der Ausschreibung der Kreisabgaben nicht mehr am Leben sind,

ist rechtsungültig ohne Rücksicht darauf, ob diese Personen noch bei Beginn des Steuerjahres (1. April) gelebt haben. Die Gutsbezirke und Gemeinden haben daher nicht die Verpflichtung für die nicht eingehenden Steuern solcher Personen aufzukommen.

2. Die Verpflichtung, für das ausgeschriebene Kreisabgabensoll aufzukommen, fällt zurück auf den Eigentümer des Gutsbezirkes; sie berührt nicht die von dem Gutsvorsteher wahrzunehmenden obrigkeitlichen Interessen, sondern das Vermögensinteresse des Besitzers, und darum ist nur dieser, nicht aber der Gutsvorsteher befugt, einen Streit wegen jener Verpflichtung zu führen.

3. Ein nach der Veranlagung durch Fortzug des Zensiten verursachter Wegfall der Steuerpflicht, ist ein eigentlicher Abgang, der nach § 11 der Kr.-Ordn. dem Gutsbezirke zur Last fällt und für den Besitzer des Gutes einstehen muß.

Die Einrede, daß der Fortgezogene nicht zur Staatssteuer veranlagt worden sei, wäre von diesem selbst, nachdem er zur Kreisabgabe herangezogen worden, im Wege des Einspruchs und der Klage geltend zu machen gewesen.

## Nr. 7. Entsch. Bd. XXXXI S. 4 v. 7. II. 02 II C 104/01.

Kr.-Ordn. v. $\frac{\text{13. XII. 72}}{\text{19. III. 81}}$ (G.-S. 1881 S. 179) §§ 6, 7, 9, 10, 18.

Ges. v. 19. V. 89 (G.-S. S. 108) über die allgemeine Landesverwaltung pp. in der Prov. Posen Art. V B Nr. 3; Ges. v. 11. VII. 22 (G.-S. S. 184), die Heranziehung der Staatsdiener zu den Gemeindelasten betr., § 10; desgl. Bd. v. 23. IX. 67 (G.-S. S. 1648) § 1.

1. Die servisberechtigten Militärpersonen des aktiven Dienststandes sind ebensowenig, wie sie zur Stadtgemeinde gehören, Kreisangehörige, so daß sie weder an den Rechten der Kreisangehörigen noch an deren Verpflichtungen, zu denen in erster Reihe die Abgabenpflicht gehört, teil haben. Erst durch ihre „Angesessenheit“ im Kreise erlangen sie die Eigenschaft der Kreisangehörigkeit im weiteren Sinne, wie die Forensen. Angesessen sind danach nicht nur diejenigen, die im Kreise Grundeigentum besitzen, sondern auch alle diejenigen, die im Kreise ein stehendes Gewerbe betreiben. Mit dieser Auffassung hat sich die Kr.-Ordn. auf den Standpunkt der Bd. v. 22. XII. 68 (B.-G.-Bl. S. 571) und der durch sie hinsichtlich der Militärpersonen im ganzen Bundesgebiet eingeführten Bd. vom 23. IX. 67 gestellt. Zwar sind Zweifel an der Rechtsgültigkeit der Bundespräsidialverordnung laut geworden, und auch die Frage hat sich erhoben, ob auf Grund der Bd. v. 22. XII. 68 diejenige v. 23. IX. 67 auch in den alten Landesteilen an Stelle des bisherigen Rechts getreten oder insoweit das Ges. v. 11. VII. 22 bestehen geblieben sei. Allein die Zweifel sind nicht aufrecht zu erhalten. In ersterer Beziehung sei darauf hingewiesen, daß das Reichsges. v. 28. III. 86 selbst (R.-G.-Bl. S. 65) die Bd. v. 22. XII. 68 als rechtsbeständig anerkannt hat. Es ergiebt sich das nicht minder aus § 1 des Gesetzes, als aus der Begründung. Nicht im Einklange hiermit steht es zwar, wenn der zu § 42 des Komm.-Abg.-Ges. erlassene, die Heranziehung zu den Gemeindeabgaben betreffende Art. 27 der Ausf.-Anw. v. 10. V. 94 zu den für Militärpersonen maßgebend bleibenden Vorschriften hinsichtlich der alten Landesteile noch die Vorschriften des Ges. v. 11. VII. 22 zählt. Indessen aus Anlaß eines Spezialfalls haben die Ressortminister neuerlich die Frage wieder zum Gegenstande der Erörterung gemacht; dabei sind sie zu dem Ergebnisse gelangt, daß der Art. 27 der Ausf.-Anw. in diesem Punkte nicht aufrecht erhalten werden könne. Sie haben daher in der Verf. v. 16. XII. 1901 (M.Bl. 1902 S. 8)

ausgesprochen, daß das Ges. v. 11. VII. 22 als bestehende Bestimmung im Sinne des § 42 des Komm.-Abg.-Ges. hinsichtlich der Heranziehung der Militärpersonen zur Gemeindesteuer nicht ferner in Betracht komme. Maßgebend hierfür ist im besonderen die Erwägung gewesen, daß die auf Grund des Art. 61 der Verf. für den Norddeutschen Bund erlassene Präsidial-Vd. vom 22. XII. 68 „offenbar die Vereinheitlichung des Rechtszustandes auf dem Gebiete der Kommunalbesteuerung der betreffenden Militärpersonen für das gesamte Bundesgebiet bezweckt hat." Nach § 1 der Vd. v. 23. IX. 67 sind nun von allen direkten Kommunalauflagen, und zwar nicht nur der einzelnen bürgerlichen Stadt- und Landgemeinden, sondern auch der weiteren kommunalen Körperschaften, wie namentlich der Kreisverbände, in erster Linie befreit: die servisberechtigten Militärpersonen des aktiven Dienststandes, und zwar sowohl hinsichtlich ihres dienstlichen als sonstigen Einkommens. Nur zu den auf den Grundbesitz oder das stehende Gewerbe oder auf das aus diesen Quellen fließende Einkommen gelegten Kommunallasten müssen auch sie beitragen, wenn sie im Kommunalbezirke Grundbesitz haben oder ein stehendes Gewerbe betreiben. Die Fassung des § 6 der Kr.-Ordn. v. 1872, die nach dem bloßen Wortlaut allerdings nur die nicht angesessenen Militärpersonen der dort bezeichneten Art von der Kreisangehörigkeit ausnimmt und darum die Deutung nahelegt, daß die „angesessenen" servisberechtigten Militärpersonen des aktiven Dienststandes zu den Kreisangehörigen im engeren Sinne gehören, sobald sie im Kreise ihren Wohnsitz haben, könnte zwar zu dem mit der Vd. v. 22. XII. 68 nicht vereinbaren Ergebnisse führen, daß die bezeichneten Personen nicht bloß von dem Einkommen aus ihrem im Kreise befindlichen Grundeigentum und Gewerbe, sondern auch von dem übrigen persönlichen Einkommen zu steuern haben würden, soweit dieses nicht nach § 18 der Kreisordnung freigelassen werden muß, und hieraus würde, da das im § 18 angezogene Ges. v. 11. VII. 22 im § 10 unter litt. e nur die Besoldungen und Emolumente der bei dem stehenden Heere und bei den Landwehrstämmen in Reih und Glied befindlichen aktiven Militärpersonen, ingleichen der auf Inaktivitätsgehalt gesetzten Offiziere als von allen direkten Beiträgen zu den Gemeindeabgaben befreit bezeichnet, sich weiter ergeben, daß die dort näher bezeichneten Militärpersonen hinsichtlich ihres Einkommens aus Zinsen, Renten u. s. w. steuerpflichtig seien. Eine solche Auslegung des Ges. verbietet sich aber schon aus der dem Landesges. vorgehenden Anordnung der Bundesgesetzgebung. Die Vd. v. 23. IX. 67 ist hiernach hinsichtlich der in Betracht kommenden Militärpersonen auch den §§ 6 und 18 der Kr.-Ordn. v. 1872 gegenüber unbedingt maßgebend geblieben.

2. Der in dieser Weise dargelegte Rechtszustand im Geltungsgebiete der Kr.-Ordn. v. 1872 ist aber auch in der Provinz Posen maßgebend, und zwar schon aus dem Grunde, weil die bundesrechtlichen Vorschriften der Vd. v. 1867 und 1868 etwaigen landesgesetzlichen Vorschriften vorangehen, die mit den ersteren nicht in Einklang zu bringen sind. Wie aber die Vorschriften der Kr.-Ordn. von 1872 bei richtiger Auslegung einen solchen Widerspruch nicht erkennen lassen, so muß dasselbe auch für die in Posen durch Ges. v. 19. V. 89 (G.-S. S. 108) eingeführten Spezialvorschriften der Kr.-Ordn. v. 1872 gelten. Zu ihnen gehört § 6 der Kr.-Ordn. nicht, wohl aber die §§ 10—18 das. Indessen sie beruhen, wie § 6, in dem hier entscheidenden Punkte auf einer nicht völlig klaren Fassung und ebensowenig, wie es bei dem Erlaß der Kr.-Ordn. v. 1872 gelegen haben kann und auch nicht gelegen hat, mit dem durch die Vd. v. 1867 und 1868 geschaffenen Rechtszustand in Widerspruch zu geraten, ist es denkbar, mit einer solchen Absicht des

Gesetzgebers bei Einführung gewisser Vorschriften der Kr.-Ordn. v. 1872 in der Provinz Posen zu rechnen.

**Nr. 8. Entsch. Bd. XXXX S. 1 v. 11. X. 01 II C 94/01.**

Kr.-Ordn. v. $\frac{13.\ XII.\ 72}{19.\ III.\ 81}$ (G.-S. 1881 S. 179) § 19.

Komm.-Abg.-Ges. v. 14. VII. 93 (G.-S. S. 152) §§ 71, 91, 92[1].

1. Eine Kreisabgabenpflichtige Aktiengesellschaft erhielt auf ihre Beschwerde gegen die Veranlagung folgenden Bescheid:

„Der Kreisausschuß ist nicht in der Lage, über den Einspruch gegen Ihre Veranlagung zu den Kreissteuern Beschluß zu fassen.

Der Einspruch geht davon aus, daß das Einkommen der Gesellschaft, nach dem der Staatssteuersatz berechnet wurde, zu hoch bemessen sei. Die Gesellschaft wird nicht allein von dem Kreise W. zu den Kreisabgaben herangezogen.

Für diesen Fall ist nicht der Einspruch das zulässige Rechtsmittel, sondern nach Maßgabe der §§ 71, 92 Nr. 1 des Kommunalabgabengesetzes nur der an den Bezirksausschuß zu richtende Antrag auf anderweitige Verteilung des steuerpflichtigen Einkommens.

Im übrigen verweise ich nochmals auf den Schlußsatz des § 91 a. a. O.

J. V.“

Der zu dem Schreiben benutzte Bogen trug den Aufdruck „Vorsitzender des Kreisausschusses W.“

Die gegen diesen „Einspruchsbescheid“ erhobene Klage wurde durch den Bezirksausschuß mit der Begründung abgewiesen, daß bisher noch kein Beschluß des beklagten Kreisausschusses, sondern nur eine Verfügung des Vorsitzenden ergangen sei. Die Verfügung könne aber auch als eine abschließende Entscheidung über den im Einspruche gegen die Rechtmäßigkeit der Veranlagung enthaltenen Angriff nicht aufgefaßt werden, weil eben das Verteilungsverfahren noch habe offen gehalten werden sollen und in diesem auch sachlich über den Angriff zu entscheiden sein würde. Nur ein Beschluß, der eine solche abschließende Entscheidung enthalte, könne nach dem E.-O.-V. Bd. XXXV S. 137 als Einspruchsbescheid aufgefaßt werden. Das Oberverwaltungsgericht hob die Vorentscheidung auf, mit folgenden Gründen.

2. Ein Beschluß im Sinne des § 19 der Kr.-Ordn. liegt überall dann vor, wenn über den im Einspruch enthaltenen Angriff gegen die Heranziehung von der Beschlußbehörde eine abschließende Entscheidung ergeht. Diese Voraussetzung ist namentlich auch in dem Falle erfüllt, daß die Beschlußbehörde sich für unzuständig erklärt.

Das ist hier unter Verweisung auf den Rechtsbehelf des Verteilungsantrages geschehen.

**Nr. 9. Entsch. v. 3. XII. 01 Nr. II 82 (Pr.-V.-Bl. Bd. XXIII S. 711).**

Kr.-Ordn. v. $\frac{13.\ XII.\ 72}{19.\ III.\ 81}$ (G.-S. 1881 S. 179) § 19.

Komm.-Abg.-Ges. v. 14. VII. 93 (G.-S. S. 152) §§ 69, 70, 93, 96 Abs. 7.

Zust.-Ges. §§ 18, 34 L.-V.-G. § 7.

1. Durch das Komm.-Abg.-Ges. ist in dem bestehenden Rechtszustande, wonach die Verwaltungsgerichte für Streitigkeiten über Zahlung von Kreischausseegeld unzuständig sind, nichts geändert worden.

2. Das O.-V.-G. hat am 28. VI. 89 (vgl. Pr.-V.-Bl. Bd. X S. 561) ausgesprochen, daß § 19 Nr. 2 der Ö.-Kr.-Ordn. nach seinem Wortlaut wie nach seinem Zusammenhange mit den voraufgehenden Paragraphen des Gesetzes nicht

gestatte, andere als die in Form von Zuschlägen zu den direkten Staatssteuern seitens der Kreise zur Erhebung gelangenden Abgaben vor die Verwaltungsgerichte zu ziehen, namentlich nicht das auf den Kreischausseen erhobene Chausseegeld. Ebendaselbst ist hervorgehoben, daß § 19 Nr. 1 a. a. O. in keine Beziehung gebracht werden könne zu Ansprüchen auf Befreiung von Kreischausseegeld, weil Kreisangehörige keine besonderen Befugnisse zur Benutzung der Kreischausseen haben.

Zu der Zeit, als diese Entscheidung erging, war Einspruch mit nachfolgender Klage für „Gemeindelasten" soweit dazu die Verpflichteten kraft eines aus der Gemeindeabgabenverfassung entspringenden Rechts herangezogen werden konnten (vgl. E.-V.-O. Bd. XIV S. 166 u. Bd. XXV S. 134), sowie für „Kreisabgaben", soweit die Kr.-Ordn. selbst solche kennt, gegeben; es bestand also bereits eine Verschiedenheit in dieser Beziehung für Gemeinden und Kreise. Eine solche besteht auch jetzt noch, obgleich sowohl der Bereich der Gemeindeabgaben wie der der Kreisabgaben seit dem 1. IV. 95 mit dem Inkrafttreten des Komm.-Abg.-Ges. materieller Veränderung unterworfen worden ist. Daneben sind für die Rechtsmittel (Einspruch u. s. w.) in betreff der Gemeindeabgaben jetzt die §§ 69, 70 und 96 Abs. 7 zu beachten, während in betreff der Kreisabgaben § 19 der Kr.-Ordn. maßgebend geblieben ist. Jene materielle Veränderung des Bereiches der Kreisabgaben beschränkt sich aber auf die Bestimmung in § 93 des Komm.-Abg.-Ges., wonach die Kreise befugt sind, das Halten von Hunden zu besteuern, insoweit also auch eine indirekte Kreissteuer zu erheben, in betreff deren aus § 19 der Kr.-Ordn. die Rechtsmittel-Regelung zu entnehmen ist. Dies ist eine die Kr.-Ordn. ergänzende Sondervorschrift, deren Tragweite über ihren eigenen Inhalt nicht ausgedehnt werden darf. Somit sind bisher nicht etwa allgemein indirekte Steuern und Gebühren — darunter auch Chausseegelder — in den Bereich der Kreisabgaben in ähnlicher Weise einbezogen, wie solche im 2. und 3. Tit. des I. T. im Komm.-Abg.-Ges. den dort geregelten Gemeindeabgaben eingefügt sind. Soweit aber das Komm.-Abg.-Ges. die Kr.-Ordn. nicht abgeändert hat, ist es bei dem Inhalte der letzteren verblieben, und es fehlt, da an der Auslegung des § 19 der Kr.-Ordn. in der vorzitierten Entscheidung des O.-V.-G. von 1889 festzuhalten ist, an einer gesetzlichen Bestimmung, welche die sachliche Zuständigkeit der Verwaltungsgerichte für Streitigkeiten über Kreischausseegelder begründen könnte.

## C. Wahlangelegenheiten.

**Nr. 1. Entsch.** v. 22. XI. 01 Nr. II 1811 (Pr.-V.-Bl. Bd. XXIV S. 54).

Kr.-Ordn. v. $\frac{\text{13. XII. 72}}{\text{19. III. 81}}$ (G.-S. 1881 S. 179), §§ 84, 89—93, 104, 111, 112.

1. Beteiligte, denen ein Klagerecht aus § 112 der Kr.-Ordn. zusteht, sind nicht Magistrat und Stadtverordnete, sondern die Stadtgemeinden selbst. Das dort gegebene Klagerecht setzt einen Eingriff in subjektive Rechte des Klageprätendenten voraus oder daß er direkt oder indirekt an der Wahl beteiligt ist. Da ein solcher Eingriff jedenfalls auf Seiten der Stadtgemeinde vorliegt, die im Wahlverbande der Städte nicht mit der ihr gebührenden Anzahl von Abgeordneten berücksichtigt worden ist, so kann an Stelle der die Stadtgemeinde vertretenden städtischen Körperschaften unbedenklich die Stadtgemeinde selbst, deren Rechte durch jene Körperschaften gewahrt werden sollen, als Klägerin bezeichnet werden. Ein besonderes Klagerecht für den

Magistrat und die Stadtverordnetenversammlung aus § 104 a. a. O. herzuleiten, ist aber nicht angängig. Denn nach der Gestaltung, die das Gesetz den Kreistagswahlen in den Städten gegeben hat, geschieht die Wahl in Wirklichkeit nicht durch die städtischen Körperschaften als solche, sondern durch eine aus den Mitgliedern des Magistrats und der Stadtverordneten zusammengesetzte Wahlversammlung (vgl. § 104 der Kr.-Ordn. und § 2 des Wahlregl.), die sich in so wesentlichen Punkten von den städtischen Körperschaften unterscheidet oder doch so wesentlich anders als sie zu verfahren hat, daß eine Identität zwischen beiden, d. h. zwischen dem Magistrat und der Stadverordnetenversammlung einerseits und der aus deren Mitgliedern gebildeten Wahlversammlung andererseits ausgeschlossen ist. (Vgl. E.-O.-V. Bd. XVII S. 1 ff.)

2. Rein negative Beschlüsse des Kreistags unterliegen nicht dem Beanstandungsverfahren. Um einen solchen Beschluß handelt es sich, wenn der Kreistag beschlossen hat, die Beschlußfassung über die anderweitige Verteilung der Kreistagsabgeordneten gemäß §§ 84, 89 bis 93, 111 und 112 der Kr.-Ordn. v. 13. XII. 72 zu vertagen. Der Kreistag ist jederzeit in der Lage, von der Existenz des keinerlei Rechtswirkung äußernden Beschlusses abzusehen und, sei es auf Grund eigener Initiative oder nach Belehrung durch die Aufsichtsbehörde, die Erfüllung der ihm gesetzlich obliegenden Aufgaben in die Wege zu leiten.

3. Für Beschlüsse des Kreistags über Verteilung der Kreistagsabgeordneten nach § 112 a. a. O. kommen nur definitive Ergebnisse der Volkszählung, die zur Zeit des Beschlusses bekannt sind, in Betracht. Die Bekanntmachung des vorläufigen Ergebnisses ist ohne Bedeutung. Die Feststellung des Ergebnisses kann auch nicht etwa durch die Gemeindevorstände erfolgen. Die Volkszählung ist Reichsangelegenheit und, da der Bundesrat die für die Volkszählung in den einzelnen Staaten erforderlichen näheren Anordnungen dem Ermessen der Landesregierungen anheimgestellt hat, was das Königreich Preußen angeht, nach den Weisungen des Ministers des Innern in die Wege zu leiten. Nach diesen Weisungen, von denen in erster Reihe die vom Minister des Innern im Mai 1900 an die preußischen Behörden erlassene Anweisung (H) in Betracht kommt, ist es aber nicht zweifelhaft, daß das Königliche Statistische Büreau diejenige Instanz ist, der die Feststellung des Ergebnisses für die Kreise, wie überhaupt für die kommunalen Körper obliegt.

**Nr. 2. Entsch. Bd. XXXX S. 23 v. 6. XII. 01 II B 35/01.**

Rh. Kr.-Ordn. v. 30. V. 87 (G.-S. S. 209) § 58 Abs. 5.

Zur Einlegung der Berufung für den beklagten Kreistag wegen Ungültigkeitserklärung einer Kreistagswahl ist der Landrat ohne einen Beschluß des Kreistags legitimiert, da der gesetzliche Vertreter einer Korporation einer besonderen Vollmacht behufs Verteidigung ihrer Beschlüsse nicht bedarf. Nur wenn der Kreistag, nachdem er den Einspruch des Klägers verworfen, beabsichtigt hätte, zur Wahrnehmung seiner Gerechtsame als Partei in dem Streitverfahren „einen besonderen Vertreter“ gemäß § 58 Abs. 5 der Rh. Kr.-Ordn. zu bestellen, würde zur Legitimation für diesen besonderen Vertreter ein Beschluß des Kreistags erforderlich gewesen sein.

**Nr. 3. Entsch. Bd. XXXX S. 11 v. 24. I. 02 II B 50/01.**

Kr.-Ordn. v. $\frac{13. XII. 72}{19. III. 81}$ (G.-S. 1881 S. 179) §§ 113, 120, 125 Abs. 3.

Nach § 113 der Kr.-Ordn. kann der Wahlakt von jedem Mitglied einer Wahlversammlung durch Einspruch und Klage angefochten werden. In Ermangelung besonderer Bestimmungen muß das Klagerecht als entstanden gelten, wenn die Erfolglosigkeit des ersten Rechtsbehelfes feststeht, also mit der Fassung eines den Einspruch ablehnenden Kreistagsbeschlusses. Der Regel nach wird ein solcher Beschluß in öffentlicher Sitzung gefaßt; er tritt sofort an die Außenwelt und ist damit einer Abänderung durch den Kreistag entzogen. Daß der mit seinem Einspruch Abgewiesene erst dann den Klageweg beschreiten könne, wenn er einen Bescheid des Landrats als Vorsitzenden des Kreistags erhalten habe, ist nirgends bestimmt, insbesondere auch aus § 125 Abs. 3 der Kr.-Ordn., wonach der Inhalt der Kreistagsbeschlüsse regelmäßig in einer von dem Kreistage zu bestimmenden Weise zur öffentlichen Kenntnis gebracht werden soll, nicht zu entnehmen. Der ablehnende Beschluß schafft für sich allein schon den Klagegrund, nicht erst die spätere Mitteilung an die Einsprechenden.

**Nr. 4. Entsch. Bd. XXXX S. 23 v. 6. XII. 01 II B 35/01.**

Wahlregl. zur Rh. Kr.-Ordn. v. 30. V. 87 (G.-S. S. 209) §§ 5, 6, 8.

1. Wenn bei Kreistagswahlen im Wahlverbande der größeren Grundbesitzer ein Stimmzettel von zwei zur Stichwahl stehenden Personen den Namen des ersten und den Wohnort des zweiten Kandidaten enthält, so sind dadurch Zweifel über die Person des Gewählten hervorgerufen. Diese Zweifel darf der Wahlvorstand auch dann nicht unterdrücken, wenn er mit der Möglichkeit einer absichtlichen Verdunkelung der Personenbezeichnung auf seiten desjenigen Wählers, der den Stimmzettel abgegeben hatte, rechnete, da nicht zu übersehen ist, welchen Zweck der betreffende Wähler mit der fehlerhaften Bezeichnung etwa verfolgt haben könne. Eine Aufklärung des Sachverhalts nach dieser Richtung ist aber mit dem Wesen der geheimen Wahl unverträglich und der Stimmzettel daher für ungültig zu erklären.

2. Sind dagegen Stimmzettel nicht unrichtig, sondern nur unvollständig, z. B. wegen abgekürzten Wohnorts oder fehlenden Vornamens, so brauchen sie, falls sie keine Zweifel hervorrufen, für ungültig nicht erklärt zu werden.

**Nr. 5. Entsch. Bd. XXXX S. 11 v. 24. I. 02 II B 50/01.**

Kr.-Ordn. v. $\frac{13. XII. 72}{19. III. 81}$ (G.-S. 1881 S. 179) §§ 85 ff., 110.

Wenn der § 86 der Kr.-Ordn. für die Wahlberechtigung innerhalb des Verbandes der größeren ländlichen Grundbesitzer ein Grundeigentum innerhalb des Kreises verlangt, das mit einem Mindestbetrage von 225 Mk. zur Grund- und Gebäudesteuer veranlagt sein muß, so ist damit Eigentum im Sinne des Privatrechts gemeint. Es genügt daher auch zur Erhaltung der Wahlberechtigung das nackte Eigentum, und es kann nicht verlangt werden, daß der Eigentümer, um wahlberechtigt zu sein, auch Besitz und Nutzung habe, mag dieser Rechtszustand auch ab und zu Unzuträglichkeiten im Gefolge haben. Gewiß werden der Regel nach die Mitglieder des Verbandes der größeren ländlichen Grundbesitzer auch im Besitz und Genusse der in ihrem Eigentume stehenden Grundstücke sein, und es liegt auch die Annahme nahe, daß der Gesetzgeber zunächst wohl nur an diesen regelmäßigen Fall gedacht haben mag. Gleichwohl würde es mit den Grundsätzen der Gesetzesauslegung nicht vereinbar sein, wenn man hieraus schließen wollte, daß nur „besitzende" Eigentümer, möge der Besitz (vgl. die §§ 868, 872 B.-G.-B.) ein mittelbarer oder ein unmittelbarer sein, dem Wahlverbande der größeren Grundbesitzer zugehörig und stimmfähig seien. Hätte der Gesetzgeber auch den Besitz berücksichtigen wollen, so hätte es einer ausdrücklichen Gesetzesvorschrift bedurft, und hieran fehlt es in der Kr.-Ordn. Die in den §§ 85 ff. und 110 daselbst oft wiederkehrende Bezeichnung „Grundbesitzer" steht nicht selten sowohl nach der Gesetzessprache, wie nach der des gewöhnlichen Lebens dem sonst gebrauchten Ausdrucke „Grundeigentümer" gleich.

**Nr. 6. Entsch. Bd. XXXXI S. 11** v. 9. V. 02 II C 325/01.

Rh. Kr.-Ordn. v. 30. V. 1887 (G.-S. S. 209) §§ 35, 54.

1. In dem Verzeichnisse der zum Wahlverbande der größeren Grundbesitzer im Kreise M. (Rheinprovinz) gehörenden Grundbesitzer u. s. w. waren „die bürgerlichen Armen" zu X. als Besitzer verschiedener Grundstücke mit insgesamt 273,43 M. Grundsteuer aufgeführt. Hiergegen wurde Einspruch erhoben, und der Kreisausschuß verfügte infolgedessen die Streichung der bürgerlichen Armen zu X., weil der ihnen angerechnete Grundbesitz nicht Eigentum einer besonderen, zur Zahlung von Kreisabgaben verpflichteten juristischen Person sei, sondern der Stadt X. gehöre. Die von dem Bürgermeister zu X. im Namen der Ortsarmenverwaltung zu X. angestrengte Klage hatte keinen Erfolg.

2. Unstreitig wird die als Eigentum der „bürgerlichen Armen" bezeichnete Vermögensmasse hauptsächlich gebildet durch die Fonds verschiedener, im Laufe der Jahrhunderte gemachter Stiftungen, denen die Eigenschaft der römisch-rechtlichen pia causa zukam, die also ebensoviele juristische Personen dargestellt haben. Es ist nicht ersichtlich, wann und wie diese verschiedenen Rechtsträger zu der Einheit, über deren Dasein gestritten wird, verschmolzen sein sollten. Daß die preußische Gesetzgebung des neunzehnten Jahrhunderts nicht beabsichtigt hat, eine derartige Verschmelzung vorzunehmen, darüber kann kein Zweifel obwalten. Gelegentlich der gesetzgeberischen Vorgänge auf dem Gebiete der Armenpflege ist stets betont worden, daß die Eigentumsverhältnisse an den Stiftungsvermögen und das Wesen der Stiftungen unberührt zu bleiben hätten. Ebensowenig hat vor der französischen Herrschaft eine Landesregierung die Verschmelzung versucht und es hat auch während der französischen Fremdherrschaft ein Eingriff in der erwähnten Richtung nicht stattgefunden. (Folgt Beweisführung.)

Fehlt es aber an einem Nachweise der für eine juristische Verschmelzung der pia corpora erforderlichen rechtlichen Tatsachen, insbesondere an dem Nachweis eines die Verschmelzung unzweideutig anordnenden Gesetzes, und bleibt es für den Fall, daß jene Absicht der französischen Gesetzgebung angenommen werden könnte, unsicher, ob sie den sämtlichen Stiftungsfonds gegenüber zu nachhaltiger Wirkung gelangt ist, so kann mit dem Vorhandensein einer einzigen, unter dem Namen der bürgerlichen Armen bestehenden juristischen Person in X. nicht gerechnet werden.

## E. Beihilfe der Kreise an die Ortsarmenverbände.

**Nr. 7. Entsch. Bd. XXXXI S. 197 v. 18. II. 02 I B 13/01.**

Ges. v. 11. VII. 91 (G.-S. S. 300) betr. Abänderung der §§ 31, 65, 68 des Ges. zur Ausführung des Bundesges. über den Unterstützungswohnsitz, §§ 31a, 31c, 31d.

1. Auf Grund des Art. I § 31 a des Ges. v. 11. VII. 91 kann der Landarmenverband Ersatz der Anstaltspflegekosten für hilfsbedürftige Geisteskranke von dem unterstützungspflichtigen Ortsarmenverbande verlangen. Auf dem Ortsarmenverbande ruht also allein die Ersatzpflicht; (vgl. E.-O.-V. Bd. XXVIII S. 145). Daneben besteht das Rechtsverhältnis zwischen dem Ortsarmenverband und dem Kreise, wonach dieser zwei Drittel der Kosten als Beihilfe gewähren muß. Da aber die Kreisbeihilfe in einer Quote der vom Ortsarmenverband aufzubringenden Kosten besteht, so bestimmt sich der Umfang der Pflicht zu ihrer Gewährung nach der Höhe der Kosten, die der Ortsarmenverband aufbringen muß. Vermindern sich daher durch Beiträge Dritter die vom Ortsarmenverband aufzubringenden Kosten, so vermindert sich auch die Beihilfe, deren Gewährung dem Kreise obliegt.

2. Demgemäß muß der Ersatz, den Drittverpflichtete nachträglich leisten, verhältnismäßig dem Kreise wegen der von ihm gewährten Beihilfe zu gute kommen. Da den Kreisen nach Art. III des Ges. vom 11. VII. 91 ein Erstattungsanspruch gegen Drittverpflichtete zusteht, so müssen die Kreise auch Anspruch auf das von Dritten zur Erfüllung ihrer Verpflichtung Geleistete haben. Der Ortsarmenverband, von dem trotz der Beihilfe des Kreises anzunehmen ist, daß er als Träger der Armenlast die ganzen Kosten an den Landarmenverband bezahlt hat, ist nach § 62 des Reichsges. über den Unterstützungswohnsitz v. 6. VI. 70 befugt, von einem Drittverpflichteten Ersatz der ganzen Summe zu verlangen. Neben dem Armenverbande kann jedoch nach Art. III des Ges. v. 11. VII. 91 der Kreis in Höhe der von ihm geleisteten Beihilfe Anspruch auf Erstattung gegen den Dritten erheben, so daß insoweit mehrere Gläubiger in betreff derselben Schuld vorhanden sind und der Dritte durch die Zahlung an den einen auch gegenüber den anderen befreit wird. Zwischen dem Ortsarmenverband und dem Kreise kann sich aber der Anspruch auf den an den Ortsarmenverband geleisteten Ersatz nur nach dem Verhältnisse regeln, in welchem der Kreis zu den Pflegekosten beigetragen hat. In gleichem Verhältnisse steht also dem Kreise ein Anspruch auf den an den Ortsarmenverband geleisteten Ersatz gegen diesen zu, weil sich die Beihilfe, zu deren Gewährung er verpflichtet ist, ebenfalls entsprechend vermindert hat. Der Erstattungsanspruch, der dem Kreise durch Art. III des Ges. vom 11. VII. 91 gegeben ist, kann offenbar nicht durch die Zahlung an den Ortsarmenverband vereitelt werden, sondern dem Kreise erwächst infolge der Zahlung an den Ortsarmenverband diesem gegenüber ein Anspruch, der sich auf die gesetzliche Bestimmung über die Quote der Beihilfe gründet. Dem Kreise kann nicht entgegengehalten werden, daß der Ortsarmenverband nur Ersatz für das von ihm selbst gezahlte Drittel erhalten habe und dem Kreise überlassen bleiben müsse, seinerseits Erstattung der aus Mitteln des Kreises gezahlten zwei Drittel von dem Drittverpflichteten zu fordern. Denn da der Ortsarmenverband gegenüber dem Landarmenverband allein — nicht bloß zu einer Quote — Träger der Armenlast ist, so muß das, was der Ortsarmenverband von einem Dritten erstattet erhält, gleichmäßig auf die ganzen dem Landarmenverband erstatteten Kosten angerechnet werden. Wenn sich der Anspruch gegen den Dritten überhaupt nur teilweise verwirklichen läßt, so

entspricht es außerdem der Natur der rechtlichen Beziehung zwischen dem Ortsarmenverband und dem Kreise, daß der Ersatz, der von dem Dritten zu erlangen ist, dem Kreise im Verhältnisse, der gewährten Beihilfe zukommt (vgl. E.-O.-V. Bd. XXI S. 373).

## H. Beschlüsse des Kreisausschusses und Kreistages.

**Nr. 1. Entsch.** v. 17. IX. 01 Nr. I 1332 (Pr.-V.-Bl. Bd. XXIII S. 503).

Die Klage im Verwaltungsstreitverfahren gegen einen auf Grund eines Kreisreglements gefaßten Kreisausschußbeschluß, der eine Gemeinde, die sich dem Reglement unterworfen hatte, zu Beiträgen für den Unterhaltungsfonds eines Weges verpflichtet, ist unzulässig. Im vorliegenden Falle suchte die Gemeinde die vom ersten Richter verneinte Zulässigkeit des Verwaltungsstreitverfahrens mit der Ausführung zu begründen, daß das Reglement für die Förderung des Wegebaues im Kreise öffentliches Recht enthalte und der angegriffene Beschluß als eine auf öffentlich-rechtliche Normen gestützte Anordnung einer Verwaltungsbehörde erscheine, also auch der Anfechtung im Verwaltungsstreitverfahren unterliege. Diese Begründung ist jedoch sowohl in ihrem Ausgangspunkte, wie den daraus abgeleiteten Schlüssen verfehlt. Allerdings enthält das angeführte Reglement insoweit öffentlich-rechtliche Normen, als es die Verwaltung der vom Kreistage zur Förderung des Wegebaues bewilligten Mittel regelt, aber keine die rechtlichen Beziehungen der unterstützten Wegebaupflichtigen zum Kreise betreffenden, sondern nur Bestimmungen darüber, von welchen Voraussetzungen die Bewilligung von Beihilfen abhängig gemacht wird. Der Rechtsgrund, aus dem der beklagte Kreisausschuß die Befugnis zu der gestellten Anforderung herleitet, ist demnach auch nicht die unmittelbare Anwendung des Reglements, sondern die Unterwerfung der Klägerin unter die bei Bewilligung der Kreisbeihilfe gestellten Bedingungen, also deren Willenserklärung, die nur zwischen den beteiligten Parteien Recht schafft, aber die öffentlich-rechtliche Wegebaupflicht und ihren Umfang völlig unberührt läßt. Wäre aber auch die Ausführung der Klägerin über den Charakter der gestellten Anforderung richtig, so würde doch daraus der gezogene Schluß nicht folgen; denn es besteht keine Regel, nach der alle auf öffentlich-rechtliche Normen gestützte Anordnungen von Verwaltungsbehörden der Anfechtung im Verwaltungsstreitverfahren unterliegen. Der Gesetzgeber hat weder diesen, noch einen anderen die Zuständigkeit der Verwaltungsgerichte im allgemeinen regelnden Grundsatz aufgestellt, sondern er hat diejenigen Angelegenheiten, in denen sie begründet ist, im einzelnen durch besondere Bestimmungen herausgehoben und namentlich die der Rechtskontrolle im Verwaltungsstreitverfahren unterliegenden verwaltungsbehördlichen Akte durch Benennung der Behörden, von denen sie ausgehen, und durch Angabe ihres Ziels und Inhalts in jedem einzelnen Falle bezeichnet.

III.

# Amtsverbände in den Provinzen Ost- und Westpreußen, Brandenburg, Pommern, Schlesien, Sachsen und Schleswig-Holstein.

**Literatur:** Graf Hue de Grais, Handbuch der Verfassung und Verwaltung in Preußen und im Deutschen Reiche, 15. Aufl., Berlin 1902. — Illing-Kautz, Handbuch für preußische Verwaltungsbeamte, 8. Aufl., Berlin 1903.

## B. Organe der Amtsbezirke und ihre Befugnisse.

### Nr. 1. Entsch. Bd. XXXXI S. 189 v. 18. X. 01 I B 24/01.

Bundesgeſ. v. 6. VI. 70 (B.-G.-Bl. S. 360) über den Unterstützungswohnsitz, §§ 28, 30. L.-V.-G. §§ 132, 133.

1. Die Polizeibehörden sind bei Ausübung der Armenpolizei in dringenden Fällen befugt, im Interesse Hilfsbedürftiger wie im öffentlichen Interesse gegen die fürsorgepflichtigen Armenverbände einzuschreiten und sie zur Erfüllung ihrer Pflicht jenen gegenüber anzuhalten (vgl. E.-O.-V. Bd. VII S. 130 und 135). Will hierbei die Polizeibehörde der verpflichteten Gemeinde gegenüber von ihren Zwangsbefugnissen Gebrauch machen, so kann dies nur im Rahmen der Vorschriften des § 132 L.-V.-G. geschehen. Danach kann die Polizeibehörde, wenn sie von einem Vorgehen gegen den Gemeindevorsteher durch Androhung von Geldstrafen (§ 132 Nr. 2) absehen will, die zu erzwingende Handlung, hier die Unterbringung des Hilfsbedürftigen, selbst ausführen lassen und den vorläufig zu bestimmenden Kostenbetrag im Zwangswege von der verpflichteten Gemeinde einziehen (§ 132 Nr. 1 a. a. O.). Einer solchen „Ausführung der Handlung durch einen Dritten" muß aber stets eine schriftliche Androhung vorhergehen, und zwar unter Bestimmung der Frist, innerhalb der die Ausführung gefordert wird. Der Amtsvorsteher kann also den Hilfslosen zunächst unterbringen, gleichzeitig aber der Gemeinde, die er hierzu für verpflichtet hält, die Übernahme der weiteren Fürsorge innerhalb einer kurzen bestimmten Frist mit der Androhung aufgeben, daß anderenfalls die weitere Fürsorge durch einen Dritten auf Kosten der Gemeinde bewirkt und ein bestimmter Kostenbetrag von ihr eingezogen werden würde. Nach fruchtlosem Ablaufe der Frist kann er dann die weiteren Maßregeln zur Fürsorge für den Hilfsbedürftigen treffen und das angedrohte Zwangsmittel, die Zahlung des erforderlichen Kostenbetrags, festsetzen.

2. Eine gesetzliche Verpflichtung zur vorläufigen Unterstützung eines Hilfsbedürftigen besteht nach § 28 des Reichsges. über den Unterstützungswohnsitz v. 6. VI. 70 nur für denjenigen Armenverband, in dessen Bezirke der Hilfsbedürftige sich bei Eintritt der Hilfsbedürftigkeit befindet. Nur diesen Armenverband kann auch die Ortspolizeibehörde in dringenden Fällen zur Gewährung der Unterstützung anhalten, aber nicht einen anderen Armenverband, in dessen Bezirke sich der Hilfsbedürftige vorher, wenn auch ebenfalls in hilfsbedürftiger Lage, befunden hatte. Wird infolge von Nichterfüllung der Unterstützungspflicht durch den Armenverband, in welchem sich der Hilfsbedürftige vorher befunden hatte, ein anderer Ortsarmenverband genötigt, sich der vorläufigen Fürsorge zu unterziehen, so steht diesem ein armenrechtlicher Anspruch auf Erstattung und Übernahme der Fürsorge gegen jenen zu. Über einen derartigen Anspruch

aber kann, wenn er erhoben wird, nur in dem durch das Reichsges. v. 6. VI. 70 geregelten Verfahren entschieden werden. Die Übernahme der Fürsorge kann nur durch Entscheidung der hierfür zuständigen Spruchbehörden, aber nicht durch die Polizeibehörde aufgegeben und daher auch durch letztere nicht zwangsweise durchgesetzt werden. Der Umstand, daß ein Armenverband einen Hilfsbedürftigen „abgeschoben" hat, berechtigt die Polizeibehörde nicht, ihn zu seiner Übernahme anzuhalten. Dem der Polizeibehörde anvertrauten Interesse, die dem Leben und der Gesundheit des Hilfsbedürftigen drohende Gefahr abzuwenden und die öffentliche Ordnung aufrecht zu erhalten, wird dadurch genügt, daß dem Armenverbande, in dessen Bezirke der Hilfsbedürftige sich zur Zeit befindet, die Beseitigung dieser Gefahr oder der Störung der öffentlichen Ordnung (beispielsweise durch Beerdigung der Leiche eines Unbekannten) aufgegeben wird. Dagegen gehört es nicht zu den Aufgaben der Polizei, einen Armenverband, der durch das Verhalten eines anderen, der Armenpflege sich schuldhaft entziehenden Armenverbandes mit Kosten für die vorläufige Fürsorge belastet werden würde, hiergegen durch ein Einschreiten gegen jenen Armenverband zu schützen. Ein hinreichender Grund zu der Annahme, daß sich ein Armenverband seiner vorläufigen Fürsorgepflicht schuldhaft entzogen hatte, liegt vor, wenn ihm oder seinen Organen die Notwendigkeit eines Eintretens der Armenpflege bekannt gewesen war oder bei ordnungsmäßiger Verwaltung der Armenangelegenheiten hätte bekannt sein müssen, nicht aber schon dann, wenn ein mit der Verwaltung der Armenangelegenheiten nicht befaßtes Gemeindeglied die Entfernung des Hilfsbedürftigen aus dem Gemeindebezirk ohne Wissen und Willen der Organe des Armenverbandes bewirkt hatte.

## C. Die Kosten der Amtsverwaltung.

**Nr. 1. Entsch. Bd. XXXX S. 26** v. 6. XII. 01 I C 15/01.

Kr.-Ordn. v. $\frac{13.\ XII.\ 72}{19.\ III.\ 81}$ (G.-S. 1881 S 179) §§ 19, 70a.

A.-L.-R. II 14 § 79.

Streitigkeiten zwischen den beteiligten Landgemeinden und Gutsbezirken über ihre öffentlich-rechtliche Pflicht zur Aufbringung der Kosten der Amtsverwaltung oder anderer Amtsabgaben unterliegen nicht der verwaltungsgerichtlichen Entscheidung.

Die §§ 19 und 70a der Kr.-Ordn. beschäftigen sich in den beiden ersten Absätzen nur mit dem Rechtsbehelfe des Einspruchs und der Beschwerde gegen die Heranziehung oder die Veranlagung zu den Kreisabgaben und zu den Kosten der Amtsverwaltung oder zu anderen Amtsabgaben. Erst im dritten Absatze, der aus zwei Sätzen besteht, gehen sie auf die Klage im Verwaltungsstreitverfahren über. Während dort im ersten Satze bestimmt wird, daß gegen den Beschluß des Kreisausschusses (Amtsausschusses) innerhalb zwei Wochen die Klage bei dem Bezirksausschusse (Kreisausschusse) stattfindet, schreibt der zweite Satz, und zwar im § 19 unmittelbar, im § 70a durch Bezugnahme auf § 19 vor, daß die Zuständigkeit der Verwaltungsgerichte auch insoweit begründet ist, als bisher durch § 79 Tit. 14 T. II A.-L.-R. und §§ 9, 10 des Ges. vom 24. V. 61 oder sonstige bestehende Vorschriften der ordentliche Rechtsweg für zulässig erklärt war. Der zweite Satz knüpft an den ersten mit einem „Hierbei" an. Daraus aber folgt, daß er nur die Bedeutung einer Regel für das im ersten Satze geordnete Verwaltungsstreitverfahren hat, daß er sich also nur auf Entscheidungen bezieht, die im Streitverfahren zwischen dem Herangezogenen oder Veranlagten und der zum Beschluß auf den Einspruch oder die Beschwerde gegen die Heranziehung oder die Veranlagung berufenen Behörde (dem Kreisausschuß im Falle des § 19, dem Amtsausschuß im Falle des § 70a der Kr.-Ordn.) erlassen werden.

Mit dieser sich aus dem Zusammenhang ergebenden Auslegung steht auch der Inhalt des § 79 Tit. 14 T. II A.-L.-R. nicht in Widerspruch. Denn der § 79 enthält keineswegs lediglich die Bestimmung, wonach demjenigen der Rechtsweg offen steht, der in der Bestimmung seines Anteils über die Gebühr belastet zu sein behauptet. Es wird vielmehr daselbst noch weiter verordnet, daß rechtlich gehört werden soll, wer aus besonderen Gründen (Vertrag, Privilegium, Verjährung) Befreiung von einer öffentlichen Abgabe in Anspruch nimmt. Diese letztere Vorschrift aber bezieht sich ebenso unzweifelhaft auf die Streitigkeiten zwischen dem Herangezogenen und dem Hebungsberechtigten, wie sich jene auf die Klage der Beteiligten unter einander, die Kontribuentenklage des § 9 Tit. 14 T. II A.-L.-R. bezieht. Wenn daher in §§ 19, 70a der Kr.-Ordn. aus § 79 Tit. 14 T. II A.-L.-R. verwiesen wird, so ist dies bei einer Regel, die allein Streitigkeiten zwischen den Herangezogenen und dem Hebungsberechtigten zum Gegenstande hat, nicht minder geboten, wie der Hinweis ebenda auf die §§ 9 und 10 des Ges. über Erweiterung des Rechtswegs v. 24. V. 61, die ausschließlich von derartigen Streitigkeiten handelten.

(Folgt weitere eingehende Beweisführung aus der Entstehungsgeschichte der §§ 19 und 70a.)

---

# IV.

# Städte.

Literatur: v. Brauchitsch, Die neuen preußischen Verwaltungsgesetze. Fortgeführt von Studt und v. Braunbehrens. Bd. III 15. Aufl., 5. Bearb., Berlin 1902. — Graf Hue de Grais, Handbuch der Verfassung nnd Verwaltung in Preußen und im Deutschen Reiche, 15. Aufl., Berlin 1902. — Illing-Kautz, Handbuch für preußische Verwaltungsbeamte, 8. Aufl., Berlin 1903. — Ledermann, Städteordnung für die sechs östlichen Provinzen der Monarchie vom 30. Mai 1853, Berlin 1902.

## A. Grundlagen der städtischen Verfassung. Ortsrecht. Bürgerrecht. Bürgerrechtsgeld.

### Nr. 1. Entsch. Bd. XXXX S. 40 v. 8. XI. 01 II B 17/01.

Schl.-Holst. St.-Ordn. v 14. IV. 69 (G.-S. S. 589) §§ 7, 16, 37, 40, 42, 43, 45.

1. Ein Bürger, der die statutarischen Voraussetzungen des Bürgerrechts gemäß § 7 der Schl.-Holst. St.-Ordn. erfüllt und dementsprechend in der Bürgerrolle während deren Offenlegung eingetragen gewesen ist, darf in der Bürgerrolle nicht vor der, im geordneten Verfahren (§ 40) erlassenen Entscheidung wieder gestrichen werden, d. h. also — wegen neuer den Nichtbesitz des Bürgerrechts dartuender Tatsachen — erst nach Androhung der beabsichtigten Streichung, ferner nach Ablauf einer zehntägigen, zur Erhebung des Einspruchs gewährten Frist und außerdem im Falle des Einspruchs nach darauf ergangener Entscheidung.

2. Die zur Leitung des Wahlgeschäfts bestellte Wahlkommission (§§ 42, 43), ist nicht berufen, über den Einspruch des Bürgers, der aus

der Rolle gestrichen werden soll, Entscheidung zu treffen; vielmehr liegt ihr nur ob, auf Grund der Bürgerrolle und der dagegen angebrachten und bereits erledigten Einsprüche Verzeichnisse der Wahlberechtigten anzufertigen und erforderlichen Falles bezirksweise zu ordnen.

3. Ein Bürger, der zu Unrecht in der Bürgerrolle gestrichen worden ist darf seine Ausschließung von der Wahl auch zur Anfechtung der vorgenommenen Wahlen verwerten. Der Erfolg der Anfechtung aber hängt davon ab, ob seine Stimme das Wahlergebnis beeinflußt haben würde. Denn daraus, daß ein Name in der Liste fehlt und eine Person zu Unrecht von der Wahl ausgeschlossen worden ist, folgt noch nicht die Ungültigkeit der ganzen Liste, geschweige der Wahl.

**Nr. 2. Entsch.** v. 14. II. 02 Nr. II 143 (Pr.-V.-Bl. Bd. XXIII S. 519).
Rh. St.-Ordn. v. 15. V. 56 (G.-S. S. 237) §§ 5, 12.

Im Geltungsgebiet der Rh. St.-Ordn. dürfen in die städtischen Wählerlisten nur diejenigen Wahlberechtigten aufgenommen werden, die während der 12 Monate, welche vor Auslegung der Liste liegen, zu dem maßgebenden Normalsteuersatze veranlagt waren.

Aus der Fassung des § 5 der Rh. St.-Ordn. geht mit voller Deutlichkeit hervor, daß dessen Worte „wenn er seit einem Jahre“ für alle darauf folgenden vier Nummern und die unter 4 behandelten Alternativen gelten (zu vergl. E.-O.-V. v. 20. III. 1900, Pr.-V.-Bl. Jahrg. XXI S. 503/4). Danach erwirbt das Bürgerrecht nur derjenige, der unter anderem seit einem Jahre einkommensteuerpflichtig ist oder den vorgeschriebenen Klassensteuersatz gezahlt hat, und da ferner in die Wählerliste nur stimmfähige Bürger gehören (§ 12 der Rh. St.-Ordn.), so darf seitens des Bürgermeisters in sie niemand aufgenommen werden, der — von den sonstigen Möglichkeiten der Gewinnung des Bürgerrechts abgesehen — nicht mindestens während der der Auslegung der Liste voraufgehenden 12 Monate zu dem maßgebenden Normalsteuersatze veranlagt war. Laufen diese 12 Monate erst ab, nachdem die Liste gemäß § 19 Abs. 2 ausgelegt, aber noch bevor die Auslegungsfrist verstrichen ist, so darf die Aufnahme zwar noch erfolgen, aber nur noch zufolge Einspruches auf Grund eines Beschlusses der Stadtverordneten.

Wie der hier angedeutete, durch den § 5 der Rh. St.-Ordn. geschaffene Rechtszustand durch das Wahländerungsges. v. 29. VI. 93 geändert sein sollte, ist unerfindlich. Das Gesetz regelt nur die Bildung der Abteilungen für die Wahlen zum Abgeordnetenhause und zur Gemeindevertretung, bestimmt aber nicht darüber, wie die Eigenschaft eines stimmberechtigten Bürgers erworben werde; wenn es im § 5 hervorhebt, daß die Bestimmungen der Gemeindeverfassungsgesetze, nach denen die Ausübung des Wahlrechts an die Entrichtung bestimmter Steuersätze geknüpft ist oder geknüpft werden kann, unberührt bleiben, so will es dadurch nur vorsichtigerweise jeden Zweifel darüber ausschließen, daß es in die Frage nach den Voraussetzungen des Wahlrechts nicht eingreifen wolle. Vgl. E.-O.-V. Bd. XXXI S. 135.

## B. Stadtverordnetenversammlung.

### 1. Wahlangelegenheiten.

**Nr. 1. Entsch.** v. 2. VII. 01 Nr. II 1110 (Pr.-V.-Bl. Bd. XXIII S. 276).

St.-Ordn. v. 30. V. 1853 (G.-S. S. 261) §§ 20 ff.

1. Darin, daß einem Wähler nicht gestattet wurde, sich Notizen aus der offen gelegten Wählerliste zu machen, kann ein wesentlicher Mangel des Wahlverfahrens erblickt werden, der die Ungültigkeit der Wahlen zur Stadtverordnetenversammlung nach sich zieht.

Den Bedenken gegenüber, die wegen Entnahme solcher Notizen mit Rücksicht auf die Vorschriften des Eink.-St.-Ges. v. 24. VI. 91 und des Erg.-St.-Ges. v. 14. VII. 93 über die Geheimhaltung der Verhandlungen, sowie der den zuständigen Organen dabei zu ihrer Kenntnis gelangten Verhältnisse der Steuerpflichtigen entstehen können, ist zuzugeben, daß bei der Anfertigung der Wählerliste die Einstellung der von den Wahlberechtigten zu entrichtenden Steuern zunächst deshalb geschieht, um seitens der Behörde die zum Teil auf ihnen beruhende Wahlberechtigung feststellen und die Einteilung der drei Wahlabteilungen vornehmen zu können. Das aber ist nicht der alleinige Zweck; ein weiterer Zweck ergiebt sich aus der gesetzlichen Vorschrift der Offenlegung der Liste dahin, daß jeder zur Einsicht Berechtigte auch nachzuprüfen in der Lage sein soll, ob jene die Wahlberechtigung in hohem Maße beeinflussenden Steuersätze richtig eingetragen sind und die Dreiteilung richtig angelegt ist. Die Eintragung der Steuersätze würde daher nicht den mit ihr verknüpften doppelten Zweck erfüllen, wenn sie nach Aufstellung der Wählerliste, zu deren Anfertigung sie der hierzu berufenen Behörde unumgänglich notwendig ist, den Einsichtnehmenden verborgen gehalten würde, da diesen ein Recht zu der vorbeschriebenen Prüfung gesetzlich gewährleistet ist.

Dieser aus der Offenlegung der Liste sich ergebende Zweck würde am vollständigsten dadurch erreicht werden, daß jedem zur Einsicht Berechtigten, der in dieser umfassenden Weise eine Nachprüfung vornehmen will, die Liste, wenn auch nur in dem Auslegungslokale, so lange zur Verfügung gestellt wird, bis er für sich die Nachprüfung vollendet hat. Ein förmliches Überlassen der Liste liegt freilich außerhalb des im Gesetze vorgezeichneten Rahmens und die Entnahme von Notizen darf nicht geschehen, sofern die Rechte Gleichberechtigter dadurch beeinträchtigt werden. Vgl. E.-O.-V. Bd. XXVII S. 16. Andererseits muß aber — immer mit jener auf die Rechte Dritter abzielenden Einschränkung — die Entnahme von Notizen bei der Einsicht der Wählerliste, wenn der Einsehende jene ihm gewährte Nachprüfung ohne nähere Fixierung nicht vornehmen kann, gestattet werden. Allerdings werden sonstige Gründe diese grundsätzlich zu gewährende Erlaubnis ausschließen können; dies würde unter anderem der Fall sein, wenn mit Grund anzunehmen wäre, daß für derartige Notizen nur der Wunsch bestimmend ist, die Steuerverhältnisse anderer Personen zu sonstigen Zwecken besser im Gedächtnis zu behalten oder gar sie mißbräuchlich weiter zu verbreiten.

2. In dem Umstande, daß die Einladungen zu den Wahlen nicht vierzehn Tage, sondern drei Wochen vor dem Wahltage erfolgt sind, liegt keine Unregelmäßigkeit. Vielmehr ist die im Abs. 1 § 23 der St.-Ordn. vorgeschriebene vierzehntägige Frist als eine Mindestfrist so aufzufassen, daß die Einladung mindestens vierzehn Tage vor dem Wahltage erfolgen muß, aber auch längere Zeit vorher erfolgen darf. Nur in der Richtung bedarf diese

Auffassung einer Einschränkung, daß sich solche Fristerweiterung in einer verständigen Grenze zu halten hat.

3. Die Auslegung, daß die im letzten Abs. des § 20 a. a. O. vorgeschriebene Mitteilung nur für die Streichung solcher Namen gelten soll, die in der Liste des Wahljahres gestanden haben, also für eine solche Streichung, die innerhalb der Auslegungsfrist beantragt wird, trifft nicht zu. Die Vorschrift erstreckt sich vielmehr auch auf Streichungen von Namen, die in die Liste des Vorjahres aufgenommen waren.

4. Wahlbeeinflussungen dürfen nur insoweit in Betracht kommen, als sie tatsächlich von unverkennbarer Bedeutung für das Wahlergebnis gewesen sind. Das gilt auch von dem Zuruf im Wahllokal: „Wählen Sie noch einmal, Sie haben falsch gewählt," wenn der Wähler sich dadurch nicht hat beeinflussen lassen, sondern bei seiner Abstimmung geblieben ist. Dagegen wäre es Pflicht des Wahlvorstandes gewesen, eine solche Einmischung in das Wahlgeschäft zurückzuweisen.

5. Der Magistrat und nicht der Wahlvorstand hat die Wahlen bekannt zu machen. Zwar ist ein schon vor der Bekanntmachung eingelegter Einspruch, wenn er nur nicht vor Abschluß der Wahl erfolgt, nicht als verfrüht zurückzuweisen (E.-O.-V. Bd. XXIV S. 33, Bd. XXIV S. 115). Aber die Vorschrift, daß der Einspruch innerhalb zweier Wochen zu erheben ist, und die Folge, daß nach Ablauf dieser Frist Einsprüche mit rechtlicher Wirkung nicht mehr erhoben werden können, haben das Vorhandensein einer von der zuständigen Behörde ausgegangenen Bekanntmachung zur Voraussetzung, dergestalt, daß jene Frist nicht eher zu laufen beginnt, ehe eine so geartete Bekanntmachung erfolgt ist.

**Nr. 2. Entsch.** v. 31. I. 02 Nr. II 190 (Pr.-V.-Bl. Bd. XXIV S. 56).

Hat bei Stadtverordnetenwahlen eine Zurechnung von Stimmen stattgefunden, die für eine Person mit einem andern Vornamen, als ihn der Gewählte trägt, abgegeben worden sind, so liegt eine wesentliche, die Wahl ungültig machende Unregelmäßigkeit vor, sofern nicht der Nachweis geführt wird, daß die Unregelmäßigkeit auf das Wahlergebnis ohne Einfluß gewesen ist. (Vgl. E.-O.-V. Bd. XXVIII S. 21.) Gleichgültig ist dabei, ob wirklich noch eine andere Person gleichen Namens mit den angegebenen oder anderen Vornamen vorhanden ist oder nicht; ebenso ob die Vornamen nur mit den Anfangsbuchstaben bezeichnet worden sind.

**Nr. 3. Entsch. Bd. XXXX** S. 33 v. 8. XI. 01 II B 23/01.

Ö. St.-Ordn. v. 30. V. 53 (G.-S. S. 261) §§ 24, 26, 27.

Die Vorschrift im § 26 der Ö. St.-Ordn., daß, falls im ersten Wahlgang eine absolute Stimmenmehrheit nicht erreicht wird, die Einladung zur Stichwahl durch eine von dem Wahlvorstand und nicht vom Magistrate zu erlassende Bekanntmachung zu ergehen hat, ist eine wesentliche Formvorschrift, deren Verletzung die Ungültigkeit der Wahlen zur Folge hat.

Das Wahlverfahren bewegt sich nach bestimmten, vom Gesetzgeber genau vorgeschriebenen Formen. Welche von ihnen dergestalt wesentlich und erheblich sind, daß ihre Verletzung die von ihnen betroffenen Wahlen ungültig macht, und welche als minder bedeutsam zu erachten sind, sagt das Gesetz nicht, so daß in jedem Falle untersucht werden muß, ob der Formverletzung eine die Ungültigkeit der Wahlen herbeiführende Wirkung zukommt oder nicht. Wird aber erwogen, daß die Leitung der Stadtverordnetenwahlen vom Gesetzgeber weder dem Magistrate noch dem Bürgermeister übertragen worden ist, sondern nach § 26 a. a. O. einem lediglich zu diesem Zwecke zusammentretenden Wahlvorstand obliegt, in dem der Magistrat nur durch die Person des Bürgermeisters vertreten ist, während die ihm an die Seite gestellten beiden Beisitzer von der Stadtverordnetenversammlung zu wählen sind, wird ferner erwogen, daß in der vorgeschriebenen Zusammensetzung das Bestreben deutlich zu Tage tritt, derjenigen Körperschaft, die an dem ordnungsmäßigen Verlaufe der Wahlen das unmittelbarste und nächste Interesse hat, eine hervorragende Vertretung im Wahlvorstande zu geben, so kann es nicht zweifelhaft sein, daß ein Beiseiteschieben gerade dieses Elementes kein unerheblicher, sondern ein bedeutsamer Verstoß gegen die Wahlvorschriften ist.

**Nr. 4. Entsch. Bd. XXXXI S. 21 v. 14. III. 02 II B 29/30/01.**

St.-Ordn. v 30. V. 53 (G.-S. S. 261) §§ 24, 25.

Der § 24 der St.-Ordn. vom 30. V. 53 lautet:

„Der Wahlvorstand besteht in jedem Wahlbezirk aus dem Bürgermeister oder einem von diesem ernannten Stellvertreteter als Vorsitzenden und aus zwei von der Stadtverordnetenversammlung gewählten Beisitzern. Für jeden Beisitzer wird von der Stadtverordnetenversammlung ein Stellvertreter gewählt."

Unbedenklich steht zwar dem Bürgermeister danach frei, mehr als einen Stellvertreter für sich zu ernennen, und ebenso ist der Stadtverordnetenversammlung unbenommen, mehr als einen Stellvertreter für jeden Beisitzer zu wählen. Bei der Ernennung und bei der Wahl solcher Stellvertreter muß aber, damit ein einziger Wahlverstand seines Amtes walte, eine bestimmte Reihenfolge festgesetzt werden, aus der von vornherein erkennbar wird, wer gegebenen Falles an die Stelle eines Bürgermeister-Stellvertreters oder eines Beisitzers die von diesen zeitweilig niedergelegte Tätigkeit aufzunehmen hat; auch muß es jedem Mitgliede des Wahlvorstandes, nachdem es zeitweilig seine Tätigkeit niedergelegt hat, zu jeder Zeit freistehen, unter Enthebung seines in der Zwischenzeit tätig gewesenen, in der Reihenfolge späteren Stellvertreters die eigene Tätigkeit wieder aufzunehmen. Hiergegen ist im vorliegenden Falle mehrfach verstoßen worden. Im vorliegenden Falle hatte der Oberbürgermeister seine Stellvertreter in der Art ernannt, daß eine jede dieser fünf Personen für einen bestimmten Zeitabschnitt eintreten sollte, so daß also keiner von ihnen, insbesondere auch nicht der zuerst aufgeführte Vertreter, befugt gewesen sein würde, während eines anderen als des für ihn bestimmten Zeitabschnitts den Vorsitz im Wahlvorstande zu führen. Für die Beisitzer und deren Stellvertreter war aber gar keine Reihenfolge bei ihrer Wahl festgesetzt worden, ja es war nicht einmal ersichtlich, welche Personen als Beisitzer und welche als deren Stellvertreter gewählt waren, und ebensowenig war erkennbar, welche Personen die Stelle des einen und welche die Stelle des anderen Beisitzers einzunehmen hatten, falls eine Vertretung notwendig werden sollte. Nach ihrer Wahl hatte im Auftrage des Magistrats der mit Erledigung der Wahlangelegenheiten betraute Dezernent, der zugleich einer der Stellvertreter des Oberbürgermeisters war, für die Tätigkeit von je zwei (oder vier) dieser Personen dieselben Zeitabschnitte bestimmt, in denen je ein Stellvertreter des Oberbürgermeisters als Vorsitzender des Wahlvorstandes tätig sein sollte. Damit wurde die Einheitlichkeit des Wahlvorstandes aufgehoben; die Wahlen haben sich gleichsam vor sechs verschiedenen Wahlvorständen vollzogen, was mit den §§ 24 und 25 der St.-Ordn. nicht vereinbar ist.

**Nr. 5. Entsch. Bd. XXXXI S. 26 v. 18. III. 02 II B 37/01.**

St.-Ordn. v. 30. V. 53 (G.-S. S. 261) §§ 5, 16, 22.

1. Die Einheitlichkeit des Wahlverfahrens ist gewahrt, wenn am vorgesehenen Wahltage die Wahlhandlung, nachdem sich niemand mehr zur Stimmabgabe gemeldet hat, am Schlusse der Wahlzeit geschlossen und sodann die Anzahl der abgegebenen Stimmen festgestellt worden ist, mag auch der Wahlvorstand am nächsten Tage zur Feststellung des Wahlergebnisses nochmals zusammentreten, weil im Wahllokale die nötigen Unterlagen für die Beurteilung der Frage, welche Stimmen als gültig oder nicht gültig anzusehen sind, gefehlt haben.

2. Eine Bekanntgabe des Wahlergebnisses durch den Wahlvorstand an die Wähler ist nicht vorgesehen. Dagegen ist zwar im Gesetze nicht ausdrücklich vorgeschrieben, ergibt sich aber ohne weiteres als zu den Aufgaben des Wahlvorstandes gehörend, daß er das Wahlergebnis festzustellen hat. Denn sonst könnte weder er zu einer etwa sich als notwendig ergebenden zweiten Wahl einladen, noch der Magistrat das Ergebnis der vollendeten Wahl gemäß dem Beschlusse des Wahlvorstandes bekannt machen. Auch muß im allgemeinen davon ausgegangen werden, daß, wenn einer Stelle, die organisch in die Verwaltung eingefügt ist, die Prüfung einer ihr durch das Gesetz zur Behandlung übertragenen Angelegenheit obliegt, sie diese Prüfung im vollen Umfange vorzunehmen hat, es sei denn, daß ausdrückliche gesetzliche oder aus der Natur der Sache herzuleitende Beschränkungen sie daran hindern. Wollte man dem Wahlvorstande bei der Ermittelung des Wahlergebnisses nur eine rein mechanische Zusammenstellung des Stimmenverhältnisses gestatten, so daß es ihm verwehrt sein sollte, bei einer Person, die die erforderliche Anzahl von Stimmen erhalten hat, das Vorhandensein derjenigen Eigenschaften zu prüfen, die nach den gesetzlichen Vorschriften notwendig sind, um Stadtverordneter sein zu können, z. B. die Eigenschaft als Hausbesitzer, und sollte ihm weiterhin nicht zustehen, beim Nichtvorhandensein solcher Eigenschaften die richtige Folgerung dahin zu ziehen, daß er jene Person nicht als gewählt bezeichnen darf, so würde das Verfahren in Fällen der vorliegenden Art regelmäßig mit einer anfechtbaren Wahl, also mit einem negativen Ergebnis endigen.

3. Wenn der § 16 der St.-Ordn. vom 30. V. 53 anordnet, daß die Hälfte der von jeder Abteilung zu wählenden Stadtverordneten aus Hausbesitzern (Eigentümern, Nießbrauchern und solchen, die ein erbliches Besitzrecht haben) bestehen muß, so können damit nur solche Personen gemeint sein, deren Berechtigungen (Eigentum, Nießbrauch oder erbliches Besitzrecht) den ganzen Besitz umfassen. So wenig hiernach das Miteigentum genügt, um den Miteigentümer zum Hausbesitzer im Sinne des § 16 a. a. O. zu machen, reicht der Nießbrauch, der sich nicht auf den ganzen Besitz erstreckt, dazu aus, die daselbst vorausgesetzte passive Wahlfähigkeit zu begründen. (Vgl. E.-O.-V. Bd. XXXVIII S. 26.) Daher entspricht auch jemand, der zu $^{17}/_{18}$ Miteigentümer und zu $^{1}/_{18}$ Nießbraucher (an dem Miteigentum seiner Ehefrau) ist, nicht dem § 16. Denn er ist weder als Alleineigentümer unter Anrechnung des Miteigentums der Ehefrau, noch als alleiniger Nießbraucher am Ganzen anzusehen, da ein Ineinanderübergehen oder sich Ergänzen der im § 16 aufgeführten Rechtsverhältnisse ausgeschlossen ist.

4. Ist nur ein Hausbesitzer zu wählen, so sind die für Nichthausbesitzer abgegebenen Stimmen von vornherein ungültig und bei der Feststellung der absoluten Stimmenmehrheit nicht mitzuzählen.

**Nr. 6. Entsch. Bd. XXXXI S. 16 v. 28. II. 02 II B 45/01.**

Westf. St.-Ordn. v. 19. III. 56 (G.-S. S. 237) §§ 17, 26—28, 74.

1. § 17 der Westf. St.-Ordn. bezeichnet im ersten Abs. diejenigen Personen, die Stadtverordnete nicht sein können; der zweite Abs. lautet:

„Vater und Sohn, sowie Brüder dürfen nicht zugleich Mitglieder der Stadtverordnetenversammlung sein. Sind dergleichen Verwandte zugleich erwählt, so wird der ältere allein zugelassen".

Von nur redaktioneller Bedeutung ist der Unterschied in den Worten: „können" und „dürfen", — „Stadtverordnete" und „Mitglieder der Stadtverordneten-Versammlung". Die Wahl eines Bürgers, dessen Vater, Sohn oder Bruder bereits Stadtverordneter ist, bleibt nach Abs. 2 nicht minder ungültig, wie die Wahl eines der in Abs. 1 genannten Beamten u. s. w. zum Stadtverordneten. Für die Dauer seiner Wahlperiode schließt also ein Mitglied der Gemeindevertretung seinen unter Abs. 2 fallenden Verwandten von der Wählbarkeit aus.

2. Von wesentlicher Bedeutung ist daher der Zeitpunkt, mit welchem jemand Stadtverordneter wird. Die St.-Ordn. enthält darüber keine ausdrückliche Bestimmung. Als frühester Termin könnte die Feststellung des Ergebnisses der Abteilungswahl durch den Wahlvorstand (§ 26 der St.-Ordn.) in Betracht kommen; weiter sodann die Bekanntmachung des Magistrats (§ 27 Abs. 1 a. a. O.), die Annahme-Erklärung des Gewählten oder der Beschluß der Gemeindevertretung über die Gültigkeit der Wahlen, schließlich noch die Einführung des Gewählten in seine Stelle (§ 28 a. a. O.). Der Gerichtshof hat angenommen, daß der Gewählte keinenfalls vor der Annahme der auf ihn gefallenen Wahl als Verordneter anzusehen ist. Zwar entsteht mit der gültigen Wahl gemäß § 74 der St.-Ordn. die Verpflichtung zur Annahme, die wirkliche Erlangung der Stelle setzt aber, wovon auch § 74 a. a. O. ausgeht, indem er ausdrücklich von anzunehmenden und angenommenen Stellen spricht, die Abgabe einer Annahmeerklärung voraus, so daß jedenfalls vor dieser Erklärung die Eigenschaft eines Stadtverordneten nicht erlangt werden kann.

## 2. Amtsgeschäfte.

**Nr. 1. Entsch. Bd. XXXX S. 36 v. 22. XI. 01 II B 31/01.**

Rh. St.-Ordn. v. 15. V. 56 (G.-S. S. 406) §§ 16, 79.
Ö. St.-Ordn. v. 30. V. 53 (G.-S. S. 261) § 74.
W. St.-Ordn. v. 19. III 56 (G.-S. S. 237) § 74.

Wenn ein Stadtverordneter gemäß § 79 Abs. 1 und 2 der Rh. St.-Ordn. (§ 74 der Ö. St.-Ordn. und Westf. St.-Ordn.) von den, zur vorzeitigen Niederlegung der Stelle berechtigenden Entschuldigungsgründen Gebrauch machen will, so genügt eine an den Gemeindevorstand zu richtende Erklärung des Inhalts, daß er die Stelle niederlege. Eine solche Erklärung hat unmittelbare Wirkung und es bedarf keiner genehmigenden oder zustimmenden Beschlußfassung der Gemeindevertretung über die Berechtigung zur Niederlegung der Stelle. Sobald der Gemeindevorstand die Erklärung erhalten hat, kann der Erklärende fernerhin nicht mehr als Mitglied der Vertretung angesehen werden. Die Gemeindevertretung kann einen Zwang zur Beibehaltung der Stelle nicht ausüben, sondern ist nur berechtigt, über etwaige gegen den Erklärenden zu verhängende Nachteile nach Maßgabe der St.-Ordn. Beschluß zu fassen.

**Nr. 2. Entsch. Bd. XXXXI S. 40 v. 31. I. 02 II B 44/01.**

St.-Ordn. v. 30. V. 53 (G.-S. S. 261) §§ 40, 41. Zust.-Ges. § 15.

Unter den Beschlüssen, die nach § 15 des Zust.-Ges. der Beanstandung unterliegen, sind nicht nur diejenigen zu verstehen, deren Inhalt gegen gesetzliche Bestimmungen verstößt, sondern auch solche, die auf ungesetzlichem Wege zustande gekommen sind. Das ist der Fall, wenn Verhandlungsgegenstände, deren Dringlichkeit nicht ausdrücklich von der Stadtverordnetenversammlung anerkannt wird, zur Verhandlung kommen, ohne daß sie in der jedem Mitglied der Versammlung mindestens 2 Tage zuvor mitzuteilenden Tagesordnung aufgenommen gewesen sind. Ein Anerkenntnis der Dringlichkeit ist nicht schon in der Tatsache zu finden, daß gegen die Beratung des Gegenstandes aus dem Grunde, weil er nicht 2 Tage zuvor mitgeteilt war, kein Widerspruch erhoben worden ist.

**Nr. 3. Entsch. Bd. XXXXI S. 35 v. 7. III. 02 II B 54/01 und Entsch. Bd. XXXXI S. 37 i. d. Anm. v. 7. III. 02 II B 56/01.**

St.-Ordn. v. 30. V. 53 (G.-S. S. 261) §§ 10, 36.

1. Ob eine Gemeindeangelegenheit den Gegenstand einer Petition bildet, kann nur nach dem Inhalte der Petition selbst beurteilt werden. Umstände, die erst bei Beratung der Petition oder im Laufe des Streitverfahrens vorgebracht werden, in der Petition selbst aber nicht zum Ausdrucke gekommen sind, haben außer Betracht zu bleiben. Andererseits ist es nicht erforderlich, daß die Gemeinde in dem anhängigen Streitverfahren den Beweis der von ihr in der Petition aufgestellten Behauptungen erbringt. Es genügt vielmehr, daß ihre Behauptungen die Annahme, daß die Petition eine Angelegenheit der Gemeinde betrifft, als schlüssig erscheinen lassen.

Wie schon in E.-O.-V. Bd. XIII S. 89 ausgeführt worden ist, können auch Angelegenheiten, die in erster Linie eine allgemeine politische Bedeutung haben, dadurch zu Gemeindeangelegenheiten werden, daß sie die örtlichen Interessen einer Gemeinde in besonderem Maße berühren. Zwar ist es nicht erforderlich, daß die Interessen der Gemeinde, die dabei in Betracht kommen, dieser Gemeinde ausschließlich eigentümlich sind, wohl aber muß verlangt werden, daß es sich um Verhältnisse handelt, die gegenüber der Mehrzahl anderer Gemeinden eigenartig sind. Ob dies zutrifft, kann im Einzelfalle nur nach freiem richterlichen Ermessen beurteilt werden. Die Behauptung einer gegen die Erhöhung der Getreidezölle gerichteten Petition, daß die zahlreiche Arbeiterbevölkerung der Stadt durch eine Verteuerung der Lebensmittelpreise, wie sie die Erhöhung der Getreidezölle nach Ansicht der Stadtverordnetenversammlung zur Folge haben müsse, empfindlich getroffen werde, oder daß die Industrie durch Handelsverträge von längerer Dauer erheblich gefördert, der Abschluß solcher Verträge indessen durch Erhöhung der Getreidezölle beeinträchtigt werde, sowie daß der weitaus größte Teil der Bevölkerung der Stadt in industriellen Unternehmungen tätig und an deren Blühen und Gedeihen in hohem Grade interessiert sei, ist zum Erweise einer Gemeindeangelegenheit nicht geeignet. Wenn und soweit die Erhöhung der Getreidezölle eine Verteuerung gewisser Lebensmittel zur Folge hat, tritt diese Folge in dem von der Erhöhung der Zölle berührten Gebiet überall ein. Aber auch die an zweiter Stelle aufgestellte Behauptung läßt eine ausreichende Beziehung der Erhöhung der Getreidezölle zu den örtlichen Verhältnissen der Gemeinde umsomehr vermissen, als nicht einmal die Zweige der betr. Industrie und die für sie in Betracht kommenden Absatzgebiete bezeichnet worden sind.

2. Das Petitionsrecht einer Behörde beschränkt sich, abgesehen von ihren eigenen Angelegenheiten, auf Angelegenheiten derjenigen physischen oder juristischen Personen, zu deren Vertretung die Behörde berufen ist. Der Stadtverordnetenversammlung liegt eine solche Vertretung, insbesondere auch der Stadtgemeinde, nicht ob. Zur Ausübung des Petitionsrechts kann sie nur in Angelegenheiten zugelassen werden, die sie selbst angehen, also z. B. in dem Falle, wenn ein Gesetzentwurf eine Beschränkung der den Stadtverordnetenversammlungen zustehenden Befugnisse in Aussicht nähme.

## C. Magistrat, Gemeindebeamte, städtische Deputationen.

**Nr. 1. Entsch.** v. 15. XI. 01 Nr. II 1775 (Pr.-V.-Bl. Bd. XXIII S. 776).

Hann. St.-Ordn. v. 24. VI. 58 (Hann. G.-S. S. 141) §§ 5 Abs. 2, 118.
Zust.-Ges. §§ 7, 10.

Fehlt es auch in der Hann. St.-Ordn., abgesehen von den § 5 Abs. 2 und 118, an einer dem § 139 sub c der St.-Ordn. v. 17. III. 31 konformen Vorschrift, die den Regierungspräsidenten berechtigt und verpflichtet, dafür zu sorgen, daß die Verwaltung fortwährend in dem vorgeschriebenen Gange bleibe (vgl. E.-O.-V. Bd. XXV S. 46), so folgt doch dieses Recht und diese Pflicht ohne Weiteres aus dem staatlichen Aufsichtsrechte, das nach § 7 des Zuständigkeitsgesetzes von dem Regierungspräsidenten auszuüben ist.

Sind aber dem Magistrat die dem Bürgervorsteherkollegium nach § 10 Zust.-Ges. obliegenden Verrichtungen vom Regierungspräsidenten übertragen worden, so finden gegen die Magistratsbeschlüsse diejenigen Rechtsbehelfe statt, die gegen Beschlüsse des Bürgervorsteherkollegiums, falls dieses selbst funktioniert hätte, gegeben gewesen wären.

**Nr. 2. Entsch. Bd. XXXX S. 64** v. 22. XI. 01 II C 143/01.

Schl.-Holst. St.-Ordn. v. 14. IV. 69 (G.-S. S. 589) §§ 17, 18, 51, 52, 60, 75, 78, 94.

Der Rendant der städtischen Spar- und Leihkasse zu C. war vor dem Inkrafttreten des Kommunalbeamtenges. v. 30. VII. 99 am 14. VII. 99 aus drei von der Administration der Spar- und Leihkasse präsentierten Bewerbern von den städtischen Kollegien zum Sparkassenrendanten gewählt worden und hatte laut Bekanntmachung des Magistrats sein „Amt" am 1. IX. 99 angetreten. Er hatte dann die festgesetzte Kaution von 8000 Mk. geleistet und war nachträglich in der Magistratssitzung am 20. IV. 00 vereidigt worden. Der Bezirksausschuß folgerte aus der Nichtinnehaltung des in § 75 Abs. 2 der Schl.-Holst. St.-Ordn. vorgeschriebenen Wahlverfahrens (Präsentation von drei Bewerbern durch den Magistrat und Wahl durch die Stadtverordneten), daß der Kläger nicht als städtischer Beamter angestellt werden sollte. Einen zweiten Grund gegen seine Beamteneigenschaft entnahm er dem Umstande, daß der Kläger auf Kündigung — angeblich entgegen der Vorschrift in § 75 Abs. 3 — angestellt war. Das O.-V.-G. trat dem Vorderrichter nicht bei, sondern folgerte aus den Anstellungsvorgängen die Beamteneigenschaft des Rendanten im Sinne der Vd. v. 23. IX. 67. Denn das betr. Sparkassenstatut gab für die Wahl ganz bestimmte, hier beachtete Vorschriften, sprach von Anstellungsbedingungen, einer für den Gewählten zu erlassenden Instruktion, von Kassenbeamten, so daß nach der Wahl durch Magistrat und Stadtverordnete von einem Dienstvertrage nicht die Rede sein kann. Dazu kam die Bekanntmachung des Amtsantrittes und die feierliche Abnahme des Diensteids. Daran ändert die Anstellung ohne Pensionsberechtigung und auf Kündigung nichts, da § 78 Abs. 3 a. a. O. auch bezüglich der auf Lebenszeit angestellten Beamten ausdrücklich die Zulässigkeit besonderer Vereinbarungen anerkennt.

**Nr. 3. Entsch.** v. 28. II. 02 Nr. II 363 (Pr.=V.=Bl. Bd. XXIV S. 22).

Ges. v. 30. VII. 99 (G.=S. S. 141) betr. Anstellung und Versorgung der Kommunalbeamten, § 1 und Ausf.=Anw. v. 12. X. 99 Art. I [2], [6].

1. Die im § 1 des Kommunalbeamtenges. gegebene Vorschrift, daß die Aushändigung der Anstellungsurkunde die Beamteneigenschaft begründe, bezieht sich nicht auf Personen, die vor dem Inkrafttreten dieses Ges. in den Kommunaldienst getreten sind. Denn jener Vorschrift wohnt rückwirkende Kraft nicht bei.

2. Die Frage, ob nach dem bis zum 1. IV. 1900 geltenden Rechte eine Anstellung als Gemeindebeamter anzunehmen ist, beantwortet sich nach dem früheren Rechtszustand. (E.=O.=V. Bd. XXXV S. 59.) Maßgebend ist also, ob durch ausdrückliche Willenserklärung oder konkludente Handlungen die Verleihung der Beamteneigenschaft erfolgt war. Ist ein Gas- und Wasserwerksbuchhalter nicht vom Magistrat, sondern von der Gas- und Wasserwerkskommission angenommen worden, ist ihm ferner kein festes Gehalt im eigentlichen Sinne, sondern ein Salär zugebilligt worden, wie es Handlungsgehilfen mit kündbaren Stellungen zugesichert zu werden pflegt, so läßt sich daraus nur die Annahme auf Grund eines Privatdienstvertrags folgern. (Vgl. E.=O.=V. Bd. XX S. 126, Bd. XXII S. 67, Bd. XXXV S. 59.)

3. Vereinbarungen bei Zweifeln über die rechtliche Eigenschaft früher angestellter Kommunalbediensteter gemäß Art. I Nr. 6 der Ausf.=Anw. zum Kommunalbeamtenges. sind zwar recht zweckdienlich, jedoch ohne entscheidende Bedeutung und würden nicht dazu nötigen, jemand die Beamteneigenschaft abzusprechen, wenn er sie in Wahrheit besäße. Wesentlich bleibt allein, ob die besonderen Modalitäten, unter denen das Dienstverhältnis seiner Zeit begründet wurde, die Annahme zulassen, daß die Anstellung als Gemeindebeamter erfolgt ist.

4. Einer ausdrücklichen Erklärung des Inhalts, daß einem städtischen Bediensteten die Beamteneigenschaft nicht zustehen solle, muß dann die Bedeutung abgesprochen werden, wenn ihm eine Reihe von Obliegenheiten übertragen worden ist, die nur als obrigkeitliche Funktionen angesehen werden können. Gelangt indessen der Vorderrichter aus tatsächlichen Erwägungen, die als solche der Nachprüfung nicht unterliegen, dazu, die Ausstellung von Anweisungen an die Kasse, die dem Kläger nach seinen Angaben obliegen soll, als einen Privatakt aus dem Grunde zu bezeichnen, weil es sich hierbei nur um die Kasse des privatwirtschaftlich betriebenen Gas- und Wasserwerkes handele, so ist vom Standpunkte des Revisionsrichters hiergegen nichts einzuwenden.

**Nr. 4. Entsch. Bd. XXXXI S. 44** v. 29. V. 02 II A 13/01.

St.=Ordn. v. 30. V. 53 (G.=S. S. 261) §§ 35, 56 [6], 59.

Inv.=Vers.=Ges. v. 13. VII. 99 (R.=G.=Bl. S. 463) §§ 65 ff., 70 [3], 73 ff.

Gewerbe=Ger.=Ges. v. $\frac{29.\ VII.\ 90}{30.\ VI.\ 01}$ (R.=G.=Bl. 01 S. 249, 353) § 11.

1. In E.=O.=V. Bd. VI S. 52 ist dort unter Anerkennung des ausschließlichen Rechtes der Krone, staatliche Amts- und Ehrentitel zu verleihen, für zulässig erklärt worden, daß, soweit nicht Sondervorschriften entgegenstehen, die zur Selbstverwaltung berufenen Korporationen

den von ihnen anzustellenden Beamten, auch wenn diese hierdurch zu mittelbaren Staatsbeamten werden, eine Benennung, eine Bezeichnung beilegen, die die Geschäfte des Beamten und seine amtliche Stellung äußerlich erkennbar macht (Tit. im weiteren Sinne), vorausgesetzt, daß sich die Benennung, Amtsbezeichnung genügend von einem staatlichen Amts- oder Ehrentitel unterscheidet.

2. Die Befugnis der Stadtgemeinde, den Inhabern der von ihnen eingerichteten Ämter eine deren Stellung ausdrückende Bezeichnung beizulegen, gehört nicht zu den dem Magistrat ausschließlich zugewiesenen Gemeindeangelegenheiten, sondern unterliegt der Beschlußfassung durch die Stadtverordneten. Für diese Auffassung ist in erster Linie leitend das Verhältnis des § 35 der St.-Ordn. v. 30. V. 53 zu dem § 56 daselbst. Das allgemeine Prinzip der Selbstverwaltung ist in dem ersten Satze des § 35 enthalten. „Die Stadtverordnetenversammlung," so heißt es dort, „hat über alle Gemeindeangelegenheiten zu beschließen, soweit dieselben nicht ausschließlich dem Magistrat überwiesen sind." Demgegenüber bildet die Vorschrift in § 56 Nr. 6 a. a. O., daß der Magistrat die Gemeindebeamten, nachdem die Stadtverordneten darüber vernommen worden, anzustellen und zu beaufsichtigen hat, eine Ausnahme von der Regel. Die Anstellung und Beaufsichtigung der Gemeindebeamten ist an sich betrachtet gewiß eine Gemeindeangelegenheit, und zwar eine Gemeindeangelegenheit von hervorragender Bedeutung. Sie würde nach der allgemeinen Regel des § 35 daher an sich zu den Aufgaben der Stadtverordnetenversammlung gehören, wenn nicht die Sondervorschrift im § 56 Nr. 6 gegeben wäre. Für die Auslegung dieser Vorschrift gilt somit der allgemeine Auslegungsgrundsatz, daß Ausnahmevorschriften um dieses ihres Charakters willen nicht ausdehnend ausgelegt werden dürfen. Es würde aber eine ausdehnende Auslegung sein, wollte man in der Befugnis des Magistrats, Gemeindebeamte anzustellen, zugleich das von dem Kläger in Anspruch genommene Recht erblicken. Die Amtsbezeichnung ist ein anderes als die Anstellung. Für die Amtsbezeichnung kann mithin nur die allgemeine Regel des § 35 Anwendung finden. Zu demselben Ergebnisse führt die Erörterung der Frage, welche besondere Natur auf dem hier in Betracht kommenden Rechtsgebiete der Amtsbezeichnung, die für den Beamten durch dessen Anstellung maßgebend wird, innewohnt. Die Amtsbezeichnung nämlich ist der Ausfluß der Befugnis, neue Ämter einzurichten; ja sie ist sogar ein Teil ihres Inhalts. Wer berufen ist, neue Ämter einzurichten, wird sich von vornherein auch die Frage vorzulegen haben, welche Bezeichnung dem neuen Amte beizulegen sei. Beides ist der Natur der Sache nach von einander kaum trennbar, so daß für diejenigen Stellen, die dazu berufen sind, über die Einrichtung von Aemtern zu befinden und die nötigen Mittel hierzu zu bewilligen, auch das Recht in Anspruch genommen werden muß, über die dem Amte beizulegende Bezeichnung zu beschließen. Auch bei der Amtsbezeichnung handelt es sich um Fragen, die für den gesamten Verwaltungsorganismus der Gemeinden von Bedeutung sind. Gehört aber das Recht, Amtsbezeichnungen zu schaffen, zum Geschäftskreise der Stadtverordnetenversammlung und ist also diese zur Mitwirkung berufen, so hat der Magistrat seine Befugnisse überschritten, wenn er einseitig mit einer Amtsbezeichnung vorgegangen ist.

3. Einschränkungen erleidet die Befugnis der Stadtgemeinde durch entgegenstehende Sondervorschriften. Zu diesen Sondervorschriften gehören insbesondere das Invalidenversicherungsges. v. 13. VII. 99 und die Reichsges. v. 29. VII. 90 und 30. VI. 1901, soweit sie über die innere Einrichtung der Versicherungsanstalten und der Gewerbegerichte Bestimmung

treffen. Nach diesen Vorschriften sind der Vorstand der Invalidenversicherungsanstalt oder das Gewerbegericht Schöpfungen der Reichsgesetzgebung. Den Kommunalverbänden steht das Recht zu, die beamteten Mitglieder des Vorstandes in den Vorstand zu entsenden, bezw. den Vorsitzenden des Gewerbegerichts und dessen Stellvertreter zu wählen, nicht aber ihnen Amtsbezeichnungen beizulegen.

## E. Gemeindehaushalt und Zwangsetatisierung.

**Nr. 1. Bescheid** v. 25. VI. 01 Nr. I 954 (Pr.-V.-Bl. Bd. XXIII S. 487).
Polizeiverwaltungsges. v. 11. III. 50 (G.-S. S. 265) § 4.
Kommunalbeamtenges. v. 30. VII. 99 (G.-S. S. 141) § 11.

Über die Frage, ob die vom Regierungspräsidenten verfügte Anstellung eines städtischen Polizeibeamten nötig war, sowie über die Höhe des für ihn festgestellten Gehalts hat der Verwaltungsrichter nicht zu befinden.

Die Feststellung der Leistung, die den Gegenstand der Zwangsetatisierung bildet, unterliegt der Prüfung des Verwaltungsrichters nur hinsichtlich ihrer Gesetzmäßigkeit, nicht aber hinsichtlich ihrer Notwendigkeit oder Angemessenheit (vgl. E.-O.-V. Bd. XIII S. 68, Bd. XIV S. 107, Bd. XVIII S. 148, Bd. XIX S. 119, 195, Bd. XX S. 67, Bd. XXIII S. 110, 124, Bd. XXVI S. 144, Bd. XXIX S. 108, Bd. XXX S. 145). Eine Nachprüfung der Feststellung in dieser Richtung kann nur durch Beschwerde bei der Aufsichtsinstanz erreicht werden. Der Verwaltungsrichter hat also weder die Notwendigkeit der Anstellung eines zweiten Polizeiexekutivbeamten, noch die Angemessenheit der Höhe der festgestellten Gehaltsbezüge zu prüfen. Andererseits unterliegt die Gesetzmäßigkeit der Feststellung der Leistung durch den Regierungspräsidenten, der die Eigenschaft einer Polizei- und Kommunalaufsichtsbehörde vereinigt und der Klägerin eine bestimmte Verbesserung ihrer Polizeiorganisation aufgeben darf, keinem Bedenken.

**Nr. 2. Entsch. Bd. XXXX S. 124** v. 17. IX. 01 I A 116/00.
Vd. v. 30. VII. 53 (G.-S. S. 909) wegen exekutivischer Beitreibung der Steuern pp., § 1[a].
Vd. v. 15. XI. 99 (G.-S. S. 545) betr. das Verwaltungszwangsverfahren wegen Beitreibung von Geldbeträgen, § 1.
Polizeiverwaltungsges. v. 11. III. 50 (G.-S. S. 265) §§ 3, 20.
L.-V.-G. § 132.

1. In B., einer Stadt mit Kgl. Polizeiverwaltung, waren auf Anordnung des Polizeipräsidenten sechs Prostituierte zur Heilung von Geschlechtskrankheiten ohne vorherige Androhung von Zwangsmitteln unter Anwendung unmittelbaren Zwanges in der Universitätsklinik untergebracht worden. Der Magistrat lehnte die Erstattung der dadurch erwachsenen Kosten ab, und zwar hauptsächlich deshalb, weil in erster Linie die Prostituierten selbst, gegen die sich die Anordnung der Krankenhausbehandlung zum Zwecke der Herstellung polizeimäßiger Zustände gerichtet habe, für die aus der Durchführung der Anordnung entstandenen Kosten aufkommen müßten, und erst, wenn sich die Kosten als uneinziehbar erwiesen hätten, deren Erstattung als Polizeiverwaltungskosten in Frage kommen könne, ein Versuch aber, Zahlung von den Prostituierten zu erlangen, gar nicht gemacht worden sei.

Das O.-V.-G. war anderer Ansicht aus folgenden Gründen:

2. Die Herstellung polizeimäßiger Zustände ist „in der Regel" von Dritten zu bewirken und mittels polizeilicher Verfügungen zu erfordern, so daß daraus Kosten der Polizeiverwaltung erst dann erwachsen, wenn die Polizei die Ausführung des von ihr Angeordneten mangels Erfüllung durch den Verpflichteten im Wege des Zwanges be-

wirken muß, und wenn die Wiedereinziehung der dazu nötigen Vorschüsse von dem Verpflichteten an dessen Leistungsunfähigkeit scheitert. Dem hat das O.-V.-G. eine Sachbewandtnis rechtlich gleichgestellt, bei der es sich als untunlich erweist, die Herstellung des polizeimäßigen Zustandes einem Drittverpflichteten durch Verfügung aufzugeben, sei es, weil die verpflichtete Person nicht auffindbar, sei es, weil ein Verpflichteter tatsächlich oder rechtlich nicht vorhanden ist. Alle derartige von einem Drittverpflichteten nicht beizutreibende Ausgaben für die von der Polizei im Wege des Zwanges bewirkte Herstellung polizeimäßiger Zustände sind mittelbare Kosten der Polizeiverwaltung, die von deren gesetzlichen Träger zu übernehmen sind.

3. Anders liegt der Fall, wenn zwar ein Verpflichteter vorhanden ist, dem die Herstellung des polizeimäßigen Zustandes aufgegeben werden kann, wenn die Polizei aber die Durchführung ihrer Anordnung mittels Androhung der Ausführung durch einen Dritten oder mittels Androhung einer Geldstrafe für unausführbar und die Anwendung unmittelbaren Zwanges für erforderlich erachtet. Wird unmittelbarer Zwang zur Herstellung polizeilicher Zustände, wie es wohl die Regel ist, lediglich durch Beamte oder Hilfskräfte der Polizei ausgeübt, ohne daß es weiterer Aufwendungen bedarf, so können hierdurch mittelbare Kosten der Polizeiverwaltung nicht entstehen, vielmehr nur die Kosten der unmittelbaren Tätigkeit des Polizeipersonals in Frage kommen, die zweifellos unmittelbare Polizeikosten darstellen. Hiervon zu unterscheiden ist der Fall, daß bei Ausübung des unmittelbaren Zwanges die Tätigkeit dritter Personen, die die Herstellung des polizeimäßigen Zustandes im Auftrage der Polizei zu bewirken haben, oder Aufwendungen für Unterbringung und Verpflegung der Person, gegen die sich der Zwang richtet, oder für sonstige Veranstaltungen zur Erreichung des Zweckes erforderlich werden. Wäre die Polizeibehörde berechtigt, die hierdurch entstehenden Kosten von der Person, gegen die sich der Zwang gerichtet hat, im Wege des Verwaltungszwangsverfahrens einzuziehen, so würden sie den Träger der mittelbaren Polizeiverwaltungskosten allerdings nur dann belasten, wenn jene Person zahlungsunfähig oder nicht erreichbar ist. Allein die Befugnis zur zwangsweisen Einziehung steht nach der zutreffenden Ausführung des Beklagten der Polizeibehörde nicht in jedem Falle zu. Nach den hierfür maßgebenden Vorschriften der Vo. v. 30. VII. 53 unterliegen Geldbeträge für Leistungen, die für Rechnung des Verpflichteten im Auftrage der Behörden ausgeführt worden sind, der exekutivischen Beitreibung dann, wenn die Ausführung durch Dritte „nach fruchtlos gebliebener Aufforderung des Verpflichteten“ erfolgt ist. Auch nach § 20 des Polizeiverwaltungsges. v. 11. III. 50, auf den in jener Vorschrift verwiesen wird, hat, wer es unterläßt dasjenige zu tun, was ihm von der Polizeibehörde in Ausübung ihrer Zwangsbefugnis geboten worden ist, zu gewärtigen, daß es „auf seine Kosten“ zur Ausführung gebracht werde. Eine Befugnis der Polizeibehörde „auf Kosten“ des Verpflichteten etwas auszuführen und diese Kosten von ihm zwangsweise einzuziehen, wird hier an die Voraussetzung geknüpft, daß vorher ein Gebot an den Verpflichteten ergangen und von ihm unbefolgt gelassen war. Das L.-V.-G. hat im § 132 der Behörde zwar die Befugnis beigelegt, die zu erzwingende Handlung durch einen Dritten ausführen zu lassen und den Kostenbetrag im Zwangswege von dem Verpflichteten einzuziehen, aber es hat diese Befugnis ebenfalls davon abhängig gemacht, daß der Ausführung durch einen Dritten eine schriftliche Androhung an den Verpflichteten mit Bestimmung der Frist, innerhalb der die Ausführung gefordert wird, vorhergehen muß. Ausnahmen von dieser Regel finden nur statt, wo das Gesetz der Polizeibehörde

ausdrücklich die Befugnis beilegt, auch ohne vorherige Aufforderung des Verpflichteten „für seine Rechnung" den polizeimäßigen Zustand herstellen zu lassen. Die Vd. betr. das Verwaltungszwangsverfahren wegen Beitreibung von Geldbeträgen, v. 15. XI. 99 läßt im § 1 dieses Verfahren nur für Geldbeträge zu, die nach den bestehenden Vorschriften der Beitreibung im Verwaltungszwangsverfahren unterliegen. Eine dahin gehende Vorschrift fehlt aber für die durch Zwangsheilungen verursachten Kosten, wenn nicht die Polizeibehörde den Verpflichteten die Herbeiführung eines Heilverfahrens innerhalb einer bestimmten Frist unter der Androhung aufgegeben hatte, daß sie im Falle des Ungehorsams auf ihre Kosten zwangsweise erfolgen werde. Insbesondere ist eine solche Vorschrift auch nicht in dem durch Kab.-Ord. v. 8. VIII. 35 (G.-S. S. 240) genehmigten Regulativ, betr. die sanitätspolizeilichen Vorschriften bei ansteckenden Krankheiten, enthalten, das insoweit von dem Ges. betr. die Dienststellung des Kreisarztes und die Bildung von Gesundheitskommissionen, v. 16. IX. 99 (G.-S. S. 172) unberührt geblieben ist. Belanglos ist eine (im vorliegenden Falle zur Sprache gebrachte) allgemeine Eröffnung, die den Prostituierten jedesmal bei ihrer Stellung unter polizeilicher Kontrolle gemacht wird. Denn sie enthält keine Aufforderung der Prostituierten zur Vornahme einer bestimmten Handlung und keine Androhung eines Zwangsmittels, sondern hat lediglich die allgemeinen zur Sicherung der Gesundheit, der öffentlichen Ordnung und des öffentlichen Anstandes erlassenen polizeilichen Vorschriften zum Gegenstande, deren Übertretung der § 362 Nr. 6 Str.-G.-B. mit Strafe bedroht. Derartige Vorschriften bilden eine allgemeine Strafnorm, aber keine polizeiliche Verfügung, die sich an eine einzelne bestimmte Person wendet, und können nicht ohne weiteres die Grundlage der Festsetzung von Zwangsmitteln sein, für deren Anwendung es einer vorherigen schriftlichen Androhung bedarf. Die Anwendung unmittelbaren Zwanges aber, die eine vorherige Androhung nicht zur Voraussetzung hat, vollzieht sich unabhängig von jenen Vorschriften und kann nicht schon in ihnen, sondern nur in der allgemeinen Aufgabe der Polizei, wie sie im § 10 Tit. 17 T. II A.-L.-R. umschrieben ist, ihre Rechtfertigung finden. In der angeblichen Mitteilung jener sogenannten Kontrollvorschriften an die demnächst erkrankten und zwangsweise geheilten Prostituierten ist deshalb ein „von der Polizeibehörde in Ausübung ihrer Zwangsbefugnisse erlassenes Gebot" an die Prostituierten, wie es dem Sinne des § 20 des Ges. v. 11. III. 50 entspricht, nicht zu erblicken. Den Prostituierten war mithin nicht durch eine polizeiliche Verfügung aufgegeben worden, für ihre Heilung innerhalb einer Frist Sorge zu tragen, auch war ihnen nicht für den Fall der Nichtbefolgung der Anordnung angedroht worden, daß das Heilverfahren zwangsweise auf ihre Kosten durchgeführt werden würde. Vielmehr hat die Polizei sofort nach Feststellung der Erkrankung ihre Unterbringung in einer Krankenanstalt angeordnet. Eine Maßregel dieser Art stellt sich als unmittelbarer Zwang im Sinne des § 132 Nr. 3 L.-V.-G. dar. Infolgedessen war die Polizeibehörde nicht berechtigt, die durch die Zwangsheilung entstandenen Kosten von den Prostituierten im Wege des Verwaltungszwangsverfahrens beizutreiben. Ob sie Erstattung der Kosten auf Grund eines privatrechtlichen Titels im Wege des Civilprozesses von den Prostituierten verlangen kann, braucht hier nicht entschieden zu werden. Sollte selbst die Polizeibehörde dazu berechtigt sein, so würde gleichwohl den von ihr an das Krankenhaus gezahlten Geldbeträgen die rechtliche Natur von „Kosten der Polizeiverwaltung" zukommen. Nur wenn die Zwangsheilung von vornherein „für Rechnung" der Erkrankten hätte angeordnet und die etwa hierfür aus der Polizeikasse verauslagten Kosten im Verwaltungswege durch die Polizei hätte eingezogen werden können, würden sie jene Eigenschaft erst durch ihre Uneinziehbarkeit erlangt haben. War dagegen die Polizeibehörde berechtigt und verpflichtet, die Zwangsmaßregeln zunächst auf ihre eigene Rechnung durchzuführen, so kann sie von dem gesetzlichen Träger der mittelbaren Polizeikosten Ersatz der ihr entstandenen Aufwendungen auch ohne Nachweis beanspruchen, daß sie den vergeblichen Versuch gemacht habe, von den Prostituierten im Wege des Civilprozesses, also auch unter Aufwendung von Prozeßkosten, zu deren Erstattung der Regel nach die dort Beklagten nicht imstande sein werden, Ersatz der für die Zwangsheilung aufgewendeten Geldbeträge zu erlangen.

Ob nach Lage der Umstände die Polizeibehörde zur Anwendung unmittelbaren Zwanges genötigt war, oder ob sie statt dessen an die Prostituierten das Gebot hätte erlassen können, auf eigene Kosten ihre Heilung selbst herbeizuführen, widrigenfalls sie für ihre Rechnung zwangsweise erfolgen werde, kann dahin gestellt bleiben. Die Eigenschaft der durch eine polizeiliche Maßnahme entstandenen Kosten als mittelbarer Polizeikosten ist nicht von ihrer Notwendigkeit oder Zweckmäßigkeit abhängig. Nur darauf kommt es an, daß die Polizeibehörde die von ihr ergriffene Maßregel für notwendig oder zweckmäßig gehalten und deshalb angeordnet hat. Es liegt aber auf der Hand, daß in Fällen der vorliegenden Art für die Polizei zur Verhütung einer Weiterverbreitung der ansteckenden Krankheit regelmäßig die Notwendigkeit gegeben sein wird, von dem Erlaß eines Gebots an die Prostituierte, sich selbst in einer bestimmten Frist heilen zu lassen, völlig abzusehen und sofort die Unterbringung der Erkrankten in einer Heilanstalt zum Zwecke ihrer Heilung zwangsweise zu bewirken.

**Nr. 3. Entsch. Bd. XXXXI S. 54 v. 8. X. 01 I A 146/00.**

1. Die Heeresergänzung ist keine Angelegenheit der örtlichen Polizeiverwaltung, sondern ein Teil der allgemeinen Landesverwaltung; die Führung der Rekrutierungsstammrollen und die Ladung der Militärpflichtigen zur Musterung bleibt daher ein Geschäft der allgemeinen Landesverwaltung selbst dann, wenn die Ortspolizeibehörde damit betraut wird. Dem steht auch nicht entgegen, daß im § 11 der Instr. v. 9. IV. 33 die unter Nr. 4 aufgeführten Militärangelegenheiten als Teil der „durch den Magistrat zu P. bisher verwalteten Polizeiangelegenheiten" bezeichnet werden. Denn damit ist keineswegs gesagt, daß die Verpflichtung zur Übernahme der Kosten, die durch Bearbeitung der dem Polizeidirektor überwiesenen Militärangelegenheiten erwachsen, nach den für die Kosten der örtlichen Polizeiverwaltung maßgebenden Regeln zu beurteilen sei.

2. Kosten der allgemeinen Landesverwaltung liegen der Regel nach dem Staate ob. Eine Ausnahme tritt zwar insofern ein, als sie durch die gesetzlich geordnete Mitwirkung von Behörden erwachsen, deren Amtsunkosten nicht der Staat, sondern andere Verbände zu tragen haben; denn insoweit erscheinen die entstehenden Kosten als Amtsunkosten jener Behörden. Das ist indes bei den zu den Kosten der allgemeinen Landesverwaltung gehörigen Kosten der Führung der Rekrutierungsstammrollen und der Ladung der Militärpflichtigen zur Musterung nur dann der Fall, wenn die bezeichneten Obliegenheiten auf Grund des § 31 des Reichsmilitärges. v. 2. V. 74 und der §§ 45, 57 und 62 der Wehrordn., die eine auf Grund des § 71 des Militärges. erlassene und sich in dessen Rahmen bewegende Ausf.-Vd. darstellt, den Vorstehern von Gemeinden oder gleichartigen Verbänden übertragen sind. Dagegen trifft jene Voraussetzung dann

nicht zu, wenn die Obliegenheiten auf Grund besonderer Bestimmungen von einer Staatsbehörde verrichtet werden; denn alsdann werden die aus ihnen erwachsenden Kosten zu Amtsunkosten einer Staatsbehörde und sind aus diesem Grunde vom Staate zu tragen, sofern nicht die Pflicht zur Kostenaufbringung durch besondere gesetzliche Bestimmungen anderweit geregelt ist, an denen es gerade im vorliegenden Falle gänzlich fehlt. Hieraus ergeben sich folgende Grundsätze:

a) Die durch Führung der Rekrutierungsstammrollen und durch Ladung der Militärpflichtigen zur Musterung erwachsenden Kosten fallen den Gemeinden und gleichartigen Verbänden nur zur Last, sofern ihren Vorstehern gemäß den Vorschriften des Reichsmilitärgesetzes und der Wehrordnung eine Mitwirkung bei jenen Geschäften übertragen ist.

b) Werden dagegen die Geschäfte auf Grund besonderer Bestimmungen von einer Königlichen Polizeiverwaltung verrichtet, so sind die sich daraus ergebenden Kosten in Ermangelung besonderer reichs- oder landesgesetzlicher Regelung als Amtsunkosten der Staatsbehörde vom Staate zu tragen.

**Nr. 4. Entsch. Bd. XXXX S. 136 v. 12. III. 01 I A 27/00.**

Ges. v. 20. IV. 92 (G.-S. S. 87), betr. die Kosten Kgl. Polizeiverwaltungen in Stadtgemeinden, §§ 1, 3, 6.

1. Ist nach § 1 des Ges. v. 20. IV. 92 gegenüber Stadtgemeinden mit Kgl. Polizeiverwaltung, denen einzelne Zweige der Ortspolizeiverwaltung zur eigenen Verwaltung überwiesen oder belassen worden sind, die der „Minderausgabe des Staates entsprechende Ermäßigung" ihres Kopfbeitrags zu den Polizeikosten für einen bestimmten Zeitraum festzusetzen, so kann dabei nur eine Minderausgabe gedacht sein, die dem Staate während desselben Zeitraums erwächst, auf welchen sich die Festsetzung erstreckt. Zu den dem Staate aus der Verwaltung der Ortspolizei entstehenden Ausgaben hat die Stadtgemeinde für einen Zeitraum beizutragen, der, wie sich aus der Anordnung der Vorausbezahlung in § 3 des Ges. ergibt, in der Zukunft liegt. Im Einklange hiermit ist auch der ermäßigte Beitragssatz gemäß § 6 für einen zukünftigen Zeitraum zur Deckung der in ihm für den Staat entstehenden Ausgaben festzusetzen. Demgemäß können auch die Minderausgaben, die der § 3 im Auge hat, nur solche sein, die für denselben zukünftigen Zeitraum dem Staate dadurch erwachsen, daß er während dieses Zeitraums einen Zweig der Ortspolizei nicht selbst verwaltet, aber nicht diejenigen Ausgaben, die er früher hierfür aufgewendet hatte. Die vermögensrechtliche Leistung, deren der Staat durch Überweisung einzelner Polizeizweige an die Stadtgemeinde enthoben wird, hat nicht die nämlichen Ausgaben zum Gegenstande, die bei seiner eigenen Verwaltung im letzten Jahre vor der Überweisung entstanden waren, sondern die Zahlung derjenigen Kosten, die ihm die fortdauernde Verwaltung verursachen würde; denn das sind die Kosten, die er infolge der Überweisung erspart.

2. Allerdings kann, wenn der Beitragssatz so berechnet wird, ein Nachteil für den Staat insofern entstehen, als bei Anwachsen der Bevölkerung die Seelenzahl, für die der Kopfsatz nach § 3 des Ges. zu entrichten ist, nämlich die bei der letzten Volkszählung ermittelte, hinter der Wirklichkeit zurückbleiben, während die Minderausgabe des Staates nach dem für die wirkliche Zahl der Bevölkerung erforderlichen Kostenaufwande bemessen wird. Es werden dann hierbei Ausgaben für den Zugang von Einwohnern gegenüber der

letzten Volkszählung in Rechnung gezogen, obwohl dafür Kopfbeiträge von der Stadtgemeinde nicht gezahlt werden. Allein dieser Möglichkeit steht andererseits der freilich nicht wahrscheinliche Eintritt einer Verminderung der Einwohnerzahl zwischen zwei Volkszählungen gegenüber, die dahin führen würde, daß von der Stadtgemeinde Kopfbeiträge für eine größere Einwohnerzahl als diejenige zu zahlen sind, für die tatsächlich eine Polizeiverwaltung vom Staate geführt wird. Dergleichen Unbilligkeiten aber sind eine notwendige Folge der durch § 3 des Ges. für die Berechnung des Kostenbeitrags aufgestellten Fiktion eines Stillstandes der Bevölkerungszahl während der Dauer von fünf Jahren. Eine Unbilligkeit ähnlich derjenigen, daß der Staat bei fortdauernder Zunahme der Einwohnerzahl die Polizeiverwaltung in einer Stadt zu führen hat, die den Kopfbeitrag zum Ersatze der dadurch entstehenden Kosten nur für einen Teil ihrer Bewohner zahlt, tritt auch zu Tage, wenn der Staat sämtliche Polizeizweige in einer Stadt mit zunehmender Bevölkerung verwaltet. Dort wie hier hat indes die Unbilligkeit nicht erst darin ihren Grund, daß ein ermäßigter Beitragssatz bei Teilung der Polizeiverwaltung zwischen dem Staate und der Stadtgemeinde festzusetzen ist. In Fällen der letzteren Art hätte ihr teilweise durch eine Bestimmung im Gesetze begegnet werden können, wonach die Festsetzung des ermäßigten Beitragssatzes als eines für den ganzen fünfjährigen Zeitraum der Volkszählungsperiode unveränderlichen stattzufinden habe. Eine solche Bestimmung ist aber in dem Gesetze nicht enthalten. Keineswegs würde es dagegen der Billigkeit entsprechen, wenn als Minderausgabe des Staates der feste Betrag seiner tatsächlichen Ausgaben für den der Stadt überwiesenen Polizeizweig in der Zeit vor der Überweisung gelten und eine Änderung nur wegen Veränderung der Einwohnerzahl der Stadt, aber nicht wegen einer durch neue Gesetze oder Anordnungen der Aufsichtsbehörde notwendig gemachten Erweiterung der polizeilichen Tätigkeit in dem betreffenden Verwaltungszweige sollte erfolgen können. Auch würde es dann an einer gesetzlichen Bestimmung darüber fehlen, ob nach jeder Volkszählung die Minderausgabe nach Maßgabe des Betrags ihrer ersten Feststellung und der Veränderung der Einwohnerzahl mechanisch berechnet, oder ob sie von neuem auf Grund der tatsächlichen Bedürfnisse der Gegenwart ermittelt werden soll. Endlich würde von einer nach der Vergangenheit zu bestimmenden Minderausgabe des Staates nicht die Rede sein können, wenn der Stadtgemeinde gewisse Polizeizweige nicht unter Abtrennung von einer Königlichen Polizeiverwaltung überwiesen, sondern bei Übernahme einer bisher städtischen Polizeiverwaltung auf den Staat belassen werden. Auch hier muß sich daher die Höhe der Minderausgabe des Staates nicht nach den bisherigen Ausgaben der Stadt für den ihr verbliebenen Polizeizweig, sondern nach den zukünftigen Ausgaben des Staates richten.

3. Wie daraus folgt, kann in Fällen der vorliegenden Art die Minderausgabe des Staates, um deren auf den Kopf der Zivilbevölkerung entfallenden Bruchteil der Normalbeitrag von 1,50 M. zu ermäßigen ist, nur im Wege der Schätzung gefunden werden, da es sich eben nicht um wirklich gemachte Aufwendungen des Staates oder der Stadtgemeinde handelt, sondern um einen Betrag, den der Staat aufwenden müßte, wenn er an Stelle der Stadtgemeinde den ihr überwiesenen oder belassenen Zweig der Polizei selbst verwaltete. Mit den staatlichen Aufwendungen, die dann erforderlich sein würden, decken sich nicht immer diejenigen, die der Stadtgemeinde durch ihre Verwaltung eines Teiles der Ortspolizei nachweisbar erwachsen. Denn erfahrungsmäßig pflegt eine Spaltung der Polizeiverwaltung durch ihre Überweisung an verschiedene Behörden einen

höheren Kostenaufwand zu verursachen als den, der beim Verbleiben der Polizei in einer Hand entsteht. Die Aufwendungen der Stadt für die Verwaltung eines einzelnen Polizeizweigs werden daher häufig höher sein, als die dadurch eintretenden Ersparnisse des Staates, und können mithin nicht den unbedingten Maßstab für diese, sondern nur einen Anhalt für ihre erforderliche Schätzung bilden. Einen brauchbaren Anhalt zur Bemessung der Ersparnisse des Staates vermag aber nur die tatsächliche Aufwendung der Stadtgemeinde für den von ihr verwalteten Zweig der Polizei abzugeben, nicht ein Ausgabebetrag, der von der Stadtgemeinde ihrer Meinung nach in Zukunft wird aufgewendet werden müssen. Würde es schon nicht unbedenklich sein, die tatsächlichen Ausgaben des ersten Jahres der städtischen Polizeiverwaltung zur alleinigen Grundlage für die Schätzung zu machen, so ist es noch weniger angängig, sich an einen Betrag zu halten, den die Stadtgemeinde noch gar nicht verausgabt hat, sondern den sie nur auf Grund ihrer Schätzung der voraussichtlich entstehenden Bedürfnisse in den Voranschlag eingestellt hat. Wenn auch die Minderausgabe des Staates für denselben Zeitraum festzusetzen ist, für den der Beitrag zu den Kosten der Kgl. Polizeiverwaltung gefordert wird, so gewährt doch bei der vorzunehmenden Schätzung die wirkliche Ausgabe in einem vorausgegangenen entsprechenden Zeitabschnitt einen besseren Anhalt, als der nur im Wege der Schätzung durch die Stadtgemeinde ermittelte Betrag ihrer voraussichtlichen Ausgabe in jenem zukünftigen Zeitraume, auf den sich die Festsetzung erstreckt.

4. Ausgaben für Pensionen der Beamten und für Witwen- und Waisengelder ihrer Hinterbliebenen kommen mit einem Jahresdurchschnitt in Ansatz, der nach Prozenten von den pensionsberechtigten Diensteinkommen zu berechnen ist.

**Nr. 5. Entsch. Bd. XXXX S. 118 v. 2. VII. 01 I A 1/01.**

Ges. v. 20. IV. 92 (G.-S. S. 87), betr die Kosten Kgl. Polizeiverwaltungen in Stadtgemeinden, § 6.

1. Die Annahme, daß sich ein Festsetzungsbeschluß, den der Oberpräsident auf Grund des § 6 des Ges. v. 20. IV. 92 faßt, inhaltlich als ein „Akt der Justizhoheit“ und als ein „Urteil“ darstelle, das Rechtskraft erlange, wenn es nicht mit dem zugelassenen Rechtsmittel rechtzeitig angegriffen werde, ist irrig. Den Oberpräsidenten beruft die bezeichnete Gesetzesvorschrift keineswegs dazu, einen Rechtsstreit zwischen dem Staatsfiskus und der Stadtgemeinde über die Höhe des von dieser an jenen zu entrichtenden Polizeikostenbeitrags zu entscheiden. Ein Streitfall, der einer Entscheidung bedarf, entsteht erst, wenn die Stadtgemeinde gegen den Festsetzungsbeschluß des Oberpräsidenten Klage erhebt. Der Festsetzungsbeschluß ist ein einseitiger Verwaltungsakt, aber weder eine zwischen zwei Parteien ergehende richterliche Entscheidung, noch eine Veranlagung eines Steuerpflichtigen durch die Steuerbehörde. Gegenüber einem Festsetzungsbeschlusse kann daher auch von einer Wiederaufnahme des Verfahrens im Sinne des § 100 L.-V.-G. keine Rede sein.

2. Ganz verschieden von der Zulässigkeit oder Unzulässigkeit eines solchen Verfahrens ist aber die Frage, ob dem Oberpräsidenten die Befugnis zusteht, einen der Stadtgemeinde zugestellten Festsetzungsbeschluß zurückzunehmen und durch einen neuen zu ersetzen.

Die Verpflichtung der Stadtgemeinden mit Kgl. Polizeiverwaltung, zu den Ausgaben dieser Verwaltung beizutragen, entsteht nicht erst, etwa wie eine Steuerschuld, durch eine Veranlagung oder Heranziehung der Stadtgemeinde, sondern erwächst unmittelbar aus dem Gesetze. Wird die ganze Polizeiverwaltung von der Kgl. Behörde geführt, so ergiebt sich die Höhe des zu leistenden Beitrags aus dem durch § 1 des Ges. bestimmten Kopfsatz und der durch die letzte Volkszählung ermittelten Bevölkerungszahl. Verwaltet die Kgl. Behörde nur einen Teil der Polizeizweige, so ist in jedem Jahre nicht etwa der Betrag der gesamten Leistung, die der Stadtgemeinde obliegt, festzusetzen. Gegenstand der alljährlichen Festsetzung ist vielmehr nach § 6 nur der ermäßigte Kopfsatz, der an die Stelle des durch § 1 bestimmten zu treten hat. Diese Bestimmung hat der Oberpräsident zu treffen. Giebt auch das Gesetz die Grundsätze an, nach denen bei der Ermittelung des ermäßigten Beitragssatzes zu verfahren ist, so hat doch der Festsetzungsbeschluß, durch den auf Grund einer gesetzlichen Ermächtigung der gesetzliche Normalbeitrag herabgesetzt wird, die gleiche Bedeutung wie die Bestimmung des Beitragssatzes durch das Gesetz selbst. Sobald die Entschließung des Oberpräsidenten der Stadtgemeinde durch Zustellung des Beschlusses bekannt gegeben worden, steht der Kopfsatz fest, den sie für das Jahr, auf welches sich der Beschluß erstreckt, zu entrichten hat. Sowohl die Stadtgemeinde als auch der Staatsfiskus erhalten hierdurch den Anspruch, daß der gesetzliche Beitrag der Stadtgemeinde zu den Polizeiverwaltungskosten diesem Kopfsatz entsprechend berechnet werde, vorbehaltlich des der Stadtgemeinde zustehenden Rechtes, den Beschluß innerhalb zwei Wochen mittels Klage bei dem O.-V.-G. anzufechten. Geschieht das, so geht die Befugnis und die Verpflichtung zur Festsetzung des Kopfsatzes von dem Oberpräsidenten auf das O.-V.-G. über. Da der Oberpräsident weder der Stadtgemeinde eine Auflage macht, bei der es, wie etwa bei einer durch polizeiliche Verfügung auferlegten Leistung von dem Ermessen der Verwaltungsbehörde abhängt, ob sie erfolgen oder unterbleiben soll, noch als Vertreter des Staatsfiskus eine Forderung an die Stadtgemeinde erhebt, sondern als eine vom Gesetze dazu berufene Staatsbehörde für einen einzelnen Fall eine besondere Festsetzung trifft, die an die Stelle der allgemeinen vom Gesetze selbst getroffenen Festsetzung treten soll, so ist die ihm übertragene Aufgabe erledigt, sobald er seine Festsetzung der Stadtgemeinde bekannt gegeben hat. Der von der Stadtgemeinde zu entrichtende Kopfsatz steht dann fest. Eine Befugnis, ihn abzuändern, ist dem Oberpräsidenten auch nicht für den Fall gegeben, daß die tatsächlichen Verhältnisse, die für die Bestimmung des Kopfsatzes maßgebend gewesen waren, zwischen der Zustellung des Festsetzungsbeschlusses und dem Beginne des Rechnungsjahrs eine Änderung erfahren haben. Wird der Festsetzungsbeschluß rechtzeitig mit der Klage angegriffen, so ergibt sich allerdings aus der prozeßrechtlichen Natur dieses Rechtsbehelfes, daß er von dem erkennenden O.-V.-G. nur soweit abgeändert werden kann, als er angegriffen worden ist, daß also auf die Klage der Stadtgemeinde der Kopfsatz weder höher bemessen werden kann, als es in dem Beschlusse geschehen, noch niedriger, als es von der Klägerin beansprucht worden war. Wollte man dem Oberpräsidenten die Befugnis zusprechen, den Beschluß zurückzunehmen und durch einen anderen zu ersetzen, so würde diese Befugnis auch durch die Klageanstellung nicht beseitigt und von ihr also auch noch im Laufe des Verfahrens, vielleicht auch noch nach rechtskräftiger Entscheidung Gebrauch gemacht werden können. Es würden dann sogar noch nach erfolgter Zahlung des Beitrags Nachforderungen infolge einer Abänderung des früheren Beschlusses nicht ausgeschlossen sein. Hätte das Gesetz dem Oberpräsidenten eine so weit gehende Befugnis einräumen wollen, so würde es dies jedenfalls ausgedrückt haben.

3. Unzutreffend ist endlich auch, daß ein Festsetzungsbeschluß deshalb nicht mehr Geltung haben könne, weil der räumliche Gemeindebezirk, für den er ergangen sei, inzwischen eine Aenderung erfahren habe. Der ermäßigte Bei-

tragssatz ist nicht von jedem Bewohner eines bestimmten räumlichen Bezirkes, sondern es ist der ganze Beitrag von der Stadtgemeinde als Korporation zu zahlen. Der Kopfsatz bildet in Verbindung mit der Bevölkerungszahl nur den Maßstab, wonach der Beitrag zu berechnen ist. Änderungen des Stadtbezirkes haben zur Folge daß sich auch die für die Berechnung des Gesamtbeitrags maßgebende Bevölkerungszahl ändert. Dagegen sind sie für die Festsetzung des Kopfsatzes jedenfalls dann ohne Bedeutung, wenn sie nicht eine solche Zunahme oder Abnahme der Bevölkerungszahl zur Folge haben, daß sich auch der in § 1 des Ges. bestimmte und durch den Beschluß zu ermäßigende Normalbeitragssatz ändert.

**Nr. 6. Entsch.** v 15. XI. 01 Nr. I 1847 (Pr.=V.=Bl. Bd. XXIII S. 825).
Ges. v. 20. IV. 92 (G.=S. S. 87), betr. die Kosten Kgl. Polizeiverwaltungen in Stadtgemeinden, § 6.

1. Die von den Oberpräsidenten auf Grund des § 6 des Ges. vom 20. IV. 92, betr. die Kosten Kgl. Polizeiverwaltungen in Stadtgemeinden ergehenden Festsetzungsbeschlüsse gelten stets nur für das Etatsjahr, für das sie ergehen, und können, auch wenn sie mit einer Klage nicht angefochten werden, keine Rechtswirkungen über dieses Jahr hinaus äußern. Der Umstand, daß die Berechnung der Minderausgabe in einem Vorjahre von der Stadtgemeinde unangefochten geblieben ist, entzieht dieser die Befugnis, ihre unzutreffende Berechnung in dem für ein späteres Jahr ergehenden Beschlusse, in dem sie unverändert aufgenommen worden ist, im Verwaltungsstreitverfahren zum Gegenstande des Angriffs zu machen auch dann nicht, wenn inzwischen keine Änderung der tatsächlichen Verhältnisse, insbesondere des Geschäftsumfanges, eingetreten ist. Hierdurch wird aber nicht die Zulässigkeit eines Verfahrens berührt, bei dem die für das laufende Jahr erfolgte Feststellung der Minderausgabe des Staates zum Ausgangspunkt der Berechnung für das kommende Jahr gemacht und die Minderausgabe für dieses auf Grund der für jenes Jahr getroffenen Feststellung unter Berücksichtigung der inzwischen eingetretenen Änderungen ermittelt wird.

2. Der auf Grund des § 6 des erwähnten Ges. ergehende Beschluß des Oberpräsidenten hat keineswegs die Bedeutung einer Anforderung des Staatsfiskus an die Stadtgemeinde, deren richtige Bemessung auf die Klage der letzteren von dem Oberpräsidenten als Vertreter des Fiskus nachzuweisen wäre. Der Oberpräsident hat weder die Stadtgemeinde zu einer Leistung an den Staatsfiskus heranzuziehen, noch eine Entscheidung in einem Streite der Stadtgemeinde und des Fiskus über das Maß der Verpflichtung der ersteren zu treffen, sondern er hat die für den Regelfall durch das Gesetz selbst getroffene Bestimmung des Kopfsatzes in dem besonderen Falle der Teilung der Polizeiverwaltung zwischen Staat und Stadt durch eine anderweitige Bestimmung eines ermäßigten Beitragssatzes zu ersetzen. Diese Festsetzung trifft er nach den im Gesetze angegebenen Grundsätzen als eine hierzu gesetzlich berufene Staatsbehörde. Sein Festsetzungsbeschluß hat die gleiche Bedeutung wie die Bestimmung des normalen Beitragssatzes im Gesetze selbst. Wird von der Stadtgemeinde gegen den Festsetzungsbeschluß Klage aus dem Grunde erhoben, weil der Beitrag dort unrichtig berechnet worden sei, so liegt der Klägerin der Beweis hierfür ob. Es genügt nicht, daß die Stadtgemeinde die Richtigkeit der Berechnung des Oberpräsidenten bestreitet oder ihr eine andere Berechnung gegenüberstellt. Sie hat vielmehr auch nachzuweisen, daß die Berechnung des Oberpräsidenten unrichtig und ihre eigene richtig ist. Da es sich bei Ermittelung

der Minderausgaben des Staates nicht um wirklich erfolgte Ausgaben, sondern um Beträge handelt, die der Staat aufzuwenden haben würde, wenn er die der Stadtgemeinde überwiesenen Polizeizwecke selbst verwaltete, so kann die Höhe der Minderausgaben allerdings in der Regel nur im Wege der Schätzung ermittelt werden. Hält aber die Stadtgemeinde die Schätzungen des Oberpräsidenten für unrichtig, so genügt es zur Begründung der Klage nicht, daß sie dies behauptet und eine andere Schätzung durch das Verwaltungsgericht beantragt, sondern sie muß dem Gericht auch die tatsächlichen Unterlagen liefern, die eine Schätzung ermöglichen, mag das Gericht sie mit oder ohne Hilfe von Sachverständigen ausführen. Die Klage muß hiernach die Tatsachen und nötigenfalls auch die Beweismittel zu ihrer Feststellung angeben, aus denen sich die Höhe der Minderausgabe ergibt. Letztere aber kann nur berechnet werden, wenn nachgewiesen wird, daß die Aufwendung bestimmter, zahlenmäßig anzugebender Beträge durch den Staat notwendig sein würde, um die Polizei ordnungsmäßig auf gewissen Gebieten zu verwalten. Es reicht daher nicht aus, daß die Stadtgemeinde behauptet, der Staat würde hierzu einer gewissen Zahl von Beamten bestimmter Art bedürfen, sondern sie muß auch nachweisen, daß der Umfang und die Art der zu erledigenden Geschäfte die Beschäftigung von Beamten der angegebenen Art und der behaupteten Zahl durch den Staat notwendig machen würde. Hierzu gehört einmal ein Nachweis der tatsächlich in dem kommenden Geschäftsjahre zu erledigenden Geschäfte, der in der Regel mittels Nachweisung der unter gleichen Verhältnissen in der Vergangenheit erledigten Geschäfte wird erbracht werden können, und sodann der Nachweis, wieviel Dienstkräfte und sächliche Aufwendungen zur ordnungsmäßigen Erledigung der Geschäfte nach den im Staatsdienste maßgebenden Verwaltungsgrundsätzen erforderlich sind. Letzterer Nachweis wird durch Bezugnahme auf Sachverständige zu führen sein, von denen eine gutachtliche Äußerung über den Bedarf an Personen und Hilfsmitteln zur Erledigung von Geschäften bestimmter Art und bestimmten Umfanges eingeholt werden kann. Anhaltspunkte für die erforderliche Schätzung des Bedarfs können auch die Aufwendungen gewähren, die vom Staate oder von der Stadtgemeinde für die Verwaltung eines einzelnen Polizeizweiges bisher tatsächlich gemacht worden sind, ferner der Betrag der Minderausgaben, der von dem Oberpräsidenten unter gleichen Verhältnissen in früheren Jahren als zutreffend bei seiner Beschlußfassung anerkannt worden ist. Auch können zum Zwecke der Schätzung Vergleiche mit den tatsächlichen Aufwendungen des Staates bei Verwaltung derselben Polizeizweige in anderen Städten oder mit den für andere Städte im Verwaltungsstreitverfahren ermittelten Minderausgaben des Staates angestellt werden.

3. Zu den unmittelbaren Kosten der Polizeiverwaltung gehören Aufwendungen, die zur Überwachung der Maßregeln zur Vertilgung der Blutlaus und des Abraupens der Bäume gemacht werden.

**Nr. 7. Entsch. Bd. XXXX S. 131 v. 24. IX. 01 I A 73/00.**

Ges. v. 20. IV. 92 (G.-S. S. 87), betr. die Kosten Kgl. Polizeiverwaltungen in Stadtgemeinden, § 2.

1. Die Zwangsetatisierung hat den Zweck, die öffentlich-rechtlichen Korporationen, denen gegenüber sie zugelassen ist, zur Erfüllung der ihnen gesetzlich obliegenden, aber von ihnen verweigerten Leistungen anzuhalten. Sie stellt sich daher als ein Akt der Zwangsvollstreckung dar. (Vgl. E.-O.-V. Bd. VII S. 211, Bd. VIII S. 61, Bd. XXVI S. 145 und Bd. XXVII S. 136.) Aus dieser ihrer rechtlichen

Natur folgt, daß sie da nicht stattfindet, wo die Leistung tatsächlich, wenn auch unter Vorbehalt oder infolge eines Irrtums erfüllt worden ist.

2. Daraus, daß in § 2 des Polizeikostengeſ. v. 20. IV. 92 auch „Fuhr- und Transportkosten" aufgezählt, folgt nicht, daß durch Handhabung der örtlichen Polizeiverwaltung entstehende Kosten für den Transport von Sachen oder Personen ohne Ausnahme dem Staate zur Last fallen. Vielmehr ist zu unterscheiden, ob die Transportkosten durch den Dienstbetrieb unmittelbar erwachsen oder erst infolge der verwaltenden Tätigkeit der Polizeibehörden durch die Ausführung ihrer im Verwaltungswege gegen Dritte getroffenen Anordnungen, durch Herstellung polizeimäßiger Zustände in der Außenwelt entstehen. Die Worte „Fuhr- und Transportkosten" sind daher einschränkend auszulegen und nur auf diejenigen Kosten dieser Art zu beziehen, die durch den polizeilichen Dienstbetrieb unmittelbar entstehen, um so mehr, als in der angeführten Gesetzesstelle sonst ausschließlich Ausgaben aufgezählt sind, die durch Einsetzung und Unterhaltung des verwaltenden Personals und seine Ausrüstung mit dem zum Dienstbetrieb Erforderlichen an Materialien, Gebäuden, Gerätschaften oder doch durch die polizeiliche Tätigkeit unmittelbar erwachsen, wie die Polizeigefängniskosten.

3. Eine Verpflichtung der Gemeinden, die Durchführung der auf zwangsweise Heilung erkrankter Prostituierter gerichteten polizeilichen Verfügungen selbsttätig zu übernehmen, besteht nicht, und kann namentlich aus der Pflicht, die Kosten einer derartigen Maßregel der Polizeibehörde zu erstatten, nicht hergeleitet werden.

4. Haben deshalb zu heilende Prostituierte einer auswärtigen Anstalt zugeführt werden müssen, so fallen die Transportkosten der Stadtgemeinde dann zur Last, wenn sie als Kosten der Durchführung einer zwar nicht gegen die Stadtgemeinde, wohl aber gegen dritte Personen gerichteten polizeilichen Anordnung der Herstellung eines polizeimäßigen Zustandes in der Außenwelt erscheinen, also „mittelbare" Polizeikosten sind. Dabei ist zwischen den Ausgaben für Benutzung von Fuhrwerken zur Überführung der erkrankten Prostituierten und denen für Annahme besonderer Begleiter zu unterscheiden. Die Aufgabe der Begleiter, mögen sie nun Polizeibeamte oder nur zum Zwecke der Begleitung besonders angenommene Hilfskräfte gewesen sein, kann in nichts anderem, als darin bestanden haben, die Überführung der Prostituierten nach dem Krankenhause zu überwachen und zu verhindern, daß sie sich ihr entzögen. Das ist aber eine unmittelbare polizeiliche Tätigkeit; die durch deren Wahrnehmung verursachten Ausgaben stellen sich deshalb — gleichviel ob ihr Verwendungszweck die Gewährung von Dienstbezügen an beauftragte Beamte für Verrichtungen außerhalb ihres dienstlichen Wohnsitzes oder die Zahlung von Vergütungen an besonders angenommene Hilfskräfte gewesen ist — als unmittelbare Polizeikosten, nämlich entweder als solche für Einsetzung und Unterhaltung des verwaltenden Personals oder als solche seiner Ausrüstung mit Hilfeleistungen Dritter dar.

Anders steht es mit den Kosten der Benutzung von Fuhrwerken zur Überführung erkrankter Prostituierter nach der Anstalt. Denn die Ausführung der auf Herstellung polizeimäßiger Zustände in der Außenwelt, d. i. die auf Beseitigung der gemeingefährlichen ansteckenden Krankheit gerichteten polizeilichen Maßregel beginnt nicht erst mit der Aufnahme der Prostituierten in eine Krankenanstalt, sondern schon mit ihrer Überführung dorthin. Die Kosten der Ausführung des Transports durch einen Dritten, dagegen nicht auch die seiner Überwachung durch Polizeibeamte oder an deren Stelle angenommene

Hilfskräfte, sind mithin, ebenso wie die Kosten der Aufnahme und des Aufenthalts in der Heilanstalt, als Kosten der Herstellung eines polizeimäßigen Zustandes in der Außenwelt und nicht als solche einer unmittelbaren Tätigkeit der Polizei zu beurteilen. Den Kosten der Annahme von Fuhrwerken zur Ausführung der Transporte kann daher keine andere rechtliche Natur beigelegt werden, wie denen der Heilung im Krankenhause. Sie sind also „mittelbare" Polizeikosten.

**Nr. 8. Entsch.** v. 11. II. 02 Nr. I 246 (Pr.-V.-Bl. Bd. XXIII S. 599).

Ges. v 20. IV. 92 (G.-S. S. 87), betr. die Kosten Kgl. Polizeiverwaltungen in Stadtgemeinden, §§ 1, 2.
Ges. v. 11. III. 50. (G.-S. S. 265) über die Polizeiverwaltung, § 3.

1. Die Stadtgemeinden sind nicht verpflichtet, den staatlichen Behörden, die die örtliche Polizei verwalten, die Kosten zu ersetzen, die durch den Transport sinnlos betrunkener Personen entstehen, da diese als unmittelbare Kosten der Polizeiverwaltung im Sinne des § 2 des Ges. v. 20. IV. 92 anzusehen sind. Die zwangsetatisierten Kosten waren im vorliegenden Falle durch die Fortschaffung solcher Personen von der Straße oder von öffentlichen Orten entstanden, die wegen sinnloser Trunkenheit hilfsbedürftig waren. Das polizeiliche Einschreiten ist deshalb erfolgt, weil „Menschen im hilflosen Zustande an öffentlichen Orten überhaupt nicht belassen werden können". Es mußte daher bei Beurteilung der Frage, ob die entstandenen Kosten unmittelbare Kosten der Polizeiverwaltung sind, die nach §§ 1 und 2 des Ges. v. 20. IV. 92 vom Staate, oder mittelbare, die nach § 3 des Ges. v. 11. III. 50 von der Stadtgemeinde zu tragen sind, davon ausgegangen werden, daß die polizeiliche Maßnahme der Hauptsache nach zum Schutze der hilflosen Personen gegen die ihnen selbst drohenden Gefahren erfolgt ist und nicht zu dem Zwecke, den öffentlichen Ort, wo der Hilflose aufgefunden worden ist, in einen polizeimäßigen Zustand zu setzen. Im wesentlichen liegt mithin derselbe Tatbestand vor, wie in E.-O.-V. Bd. XXXV. S. 97 ff. Denn dort ist nicht ausgesprochen worden, daß die Transportkosten nur dann unmittelbare Polizeiverwaltungskosten seien, wenn der Transport des Hilflosen in eine Krankenanstalt zum Zwecke der Information der Polizei über die Notwendigkeit weiterer Maßregeln erfolgt ist, sondern die Ausführung geht dahin, die Fortschaffung hilfloser Personen von der öffentlichen Straße diene ebenso wie die weitere Maßregel des Transports nach einer Beobachtungsstation und die dortige Unterbringung und Verpflegung, „in der Hauptsache der Fürsorge für die hilflos aufgefundene Person selbst" (S. 100 a. a. O.). Die polizeilichen Interessen der öffentlichen Ordnung und Sicherheit und des Verkehrs auf den Straßen, denen schon durch die Fortschaffung des Hilflosen von der Straße selbst genügt werde, treten „hinter dem Interesse der Fürsorge für den Hilflosen soweit zurück, daß sie für die Frage, wem die durch den Transport verursachten Kosten zur Last fallen, gar nicht in Betracht kommen können. Der Transport in ein Hospital zur Abwendung der dem Hilflosen drohenden Gefahren und nicht minder seine dortige Unterbringung zum Zwecke der Information der Polizei über die Notwendigkeit weiterer Maßnahmen sind eine unmittelbare Tätigkeit der Polizeibeamten, die zur Erfüllung einer der Polizei selbst obliegenden Aufgabe, aber nicht zur Herstellung eines von ihr angeordneten Zustandes an Stelle eines hierzu verpflichteten Dritten oder in Ermangelung eines solchen erfolgt". Es ist also in jener Entscheidung die Information der Polizei nur als ein Zweck des Transports hingestellt worden, der neben dem Hauptzwecke, der Fürsorge für den Hilfsbedürftigen, in betracht kommt, aber

„nicht minder" wie dieser die polizeiliche Maßnahme als eine der Polizei unmittelbar obliegende Tätigkeit erscheinen läßt.

2. Mit dieser Auffassung steht es auch nicht im Widerspruch, daß die Kosten für Beschaffung eines Fuhrwerks zum Transport eines gemeingefährlichen Geisteskranken nach einer Irrenanstalt als mittelbare Polizeiverwaltungskosten anzusehen sind, wie in E.-O.-V. Bd. XXXVIII S. 153 dargelegt ist, weil dessen Unterbringung in der Irrenanstalt zur Abwendung der durch ihn drohenden Gefahren sich als die Herstellung eines polizeimäßigen Zustandes darstelle. Aus dem letzteren Grunde sind auch die gleichen Kosten für den Transport einer Prostituierten in ein Krankenhaus zum Zwecke ihrer Zwangsheilung in einer Entsch. des O.-V.-G. v. 24. IX. 1901, für mittelbare Polizeiverwaltungskosten erklärt worden.

3. Das Unterscheidende zwischen diesen und den jetzt streitigen Kosten liegt darin, daß sie in den Fällen, wo die Unterbringung in eine Krankenanstalt zum Zwecke der Bewahrung oder Heilung des gemeingefährlichen Kranken erfolgt, zur Herbeiführung eines Zustandes dienen, der nicht von den Polizeibeamten und ihren Hilfskräften, sondern im Auftrage der Polizei durch dritte Personen, das Personal der Anstalt, hergestellt werden soll. Hier erteilt die Polizei nur den Auftrag, daß der erforderliche Zustand, die Ungefährlichkeit des Erkrankten, hergestellt werde, bewirkt aber nicht selbsttätig seine Herstellung. Eine mit Gefahr für Leben oder Gesundheit verbundene Hilflosigkeit eines Menschen, die ihr bekannt geworden, hat dagegen die Polizei in schleunigen Fällen mit ihren eigenen Kräften und Hilfsmitteln zu beseitigen, unbeschadet ihres Rechtes, von demjenigen, dem sie ihre Hilfe zu teil werden läßt, Ersatz der entstandenen Kosten zu verlangen, wenn er zahlungsfähig ist, und unbeschadet ihrer Befugnis, das Eintreten der öffentlichen Armenpflege herbeizuführen, wenn deren Notwendigkeit vorliegt. Zur Abwendung der Gefahren, die einem sinnlos Betrunkenen an öffentlichen Orten, insbesondere auf der Straße, drohen, bedarf es aber weder der Hilfe des Ortsverbandes nach der Unterbringung in eine Anstalt. Es genügen hierzu der Regel nach die eigenen Kräfte, Hilfskräfte und Hilfsmittel der Polizei, die bei einer Kgl. Polizeiverwaltung nach § 2 des Ges. v. 20. IV. 92 auf Kosten des Staats zu beschaffen und zu unterhalten sind. Kann der sinnlos Betrunkene nicht in seine Wohnung geschafft werden, so muß er gemäß § 6 des Ges. vom 12. II. 50 zum Schutze der persönlichen Freiheit vorübergehend, solange der Schutz seiner Person die Maßregel dringend erfordert, in polizeiliche Verwahrung genommen werden. Sein Aufenthalt in dem Polizeigefängnis ist dann kein polizeimäßiger Zustand, dessen Herbeiführung ihm selbst oblag, und die durch den Transport dorthin entstandenen Kosten sind daher auch nicht solche, die zur Herbeiführung eines polizeimäßigen Zustandes dienen. Sie sind vielmehr, ebenso wie die Kosten des Aufenthaltes im Polizeigefängnis, unmittelbare Polizeiverwaltungskosten, worauf bereits in E.-O.-V. Bd. XXXV S. 100/101 hingewiesen worden ist. Hierbei kann es auch keinen Unterschied machen, ob der Transport zum Zwecke der vorläufigen polizeilichen Verwahrung lediglich durch Polizeibeamte mit den der Polizeiverwaltung gehörigen Transportmitteln ausgeführt worden ist, oder ob die Polizeibeamten wegen der Schwierigkeit des Transports hierzu Hilfskräfte oder Transportmittel gegen Bezahlung angenommen haben. Von entscheidender Bedeutung ist vielmehr der Zweck, zu welchem der Transport bewirkt wird.

# V.

# Landgemeinden und Gutsbezirke.

**Literatur:** v. Brauchitsch, Die neuen preußischen Verwaltungsgesetze. Fortgeführt von Studt und v. Braunbehrens. Bd. III 15. Aufl., 5. Bearb., Berlin 1902. — Graf Hue de Grais, Handbuch der Verfassung und Verwaltung in Preußen und im Deutschen Reiche, 15. Aufl., Berlin 1902. — Illing-Kautz, Handbuch für preußische Verwaltungsbeamte, 8. Aufl., Berlin 1903. — Schmidt, Verfassung der rheinischen Landgemeinden nach der Landgemeindeordnung für die Rheinprovinz v. 23. Juli 1845, 15. Mai 1856 und das Kommunalabgabenges. v. 14. Juli 1893. 2. Aufl., Trier 1902.

**Materialien:** Gemeindeforstgesetz für die Hohenzollernschen Lande v. 22. April 1902 (G.-S. S. 95). — Abg.-H. 1902, Drucks. Nr. 79, 86, 91; Sten.-Ber. S. 2395, 2467; H.-H. 1902 Nr. 40, 45; Sten.-Ber. S. 34.

## A. Rechtliche Stellung der Landgemeinden und Gutsbezirke. Kommunale Eigenschaft. Änderung der Bezirksgrenzen. Auseinandersetzungen.

### Nr. 1. Entsch. Bd. XXXX S. 151 v. 25. X. 01 I C 54/01.

Land-Gem.-Ordn. v. 3. VII. 91 (G.-S. S. 233) § 4.

1. Ein vorläufiger Beschluß des Kreisausschusses über die kommunale Eigenschaft einer Ortschaft hat nach § 4 Abs. 2 der Land-Gem.-Ordn. allerdings für alle Verhältnisse des öffentlichen Rechtes Geltung und bleibt auch maßgebend in einem Streitverfahren, das nicht die in Abs. 1 des § 4 bezeichneten Angelegenheiten, sondern nur Verpflichtungen, die von deren Regelung abhängen, zum Gegenstande hat. (Vgl. E.-O.-V. Bd. XX S. 172.) Ein Gleiches gilt aber nicht für dasjenige Streitverfahren, in welchem endgültig über die kommunale Eigenschaft der Ortschaft gemäß § 4 Abs. 1 entschieden werden soll. Spricht der Kreisausschuß durch vorläufigen Beschluß einer Ortschaft die Gemeindeeigenschaft ab, so kann sie dadurch nicht gehindert werden, ihr vermeintliches Recht auf diese Eigenschaft im Verwaltungsstreitverfahren geltend zu machen. Für das Verfahren über die Gemeindeeigenschaft ist der vorläufige Beschluß ohne Bedeutung. Wird durch die im Verwaltungsstreitverfahren ergehende endgültige Entscheidung die Gemeindeeigenschaft anerkannt, so ergibt sich daraus von selbst, daß der Gemeindevorsteher befugt war, die Klage namens der Gemeinde anzustellen. Wird die Gemeindeeigenschaft nicht anerkannt, so ist damit zugleich auch der Mangel der Aktivlegitimation des Gemeindevorstehers festgestellt. Die Entscheidung über das kommunalrechtliche Verhältnis und über die Frage nach der Aktivlegitimation des Klägers fallen bei einem solchen Tatbestande zusammen.

2. Dem Erfordernis, an dem Streitverfahren alle Grundstückseigentümer in der Ortschaft zu beteiligen, wird durch deren Beiladung auch dann genügt, wenn sie erst in der Berufungsinstanz erfolgt.

### Nr. 2. Entsch. v. 25. VI. 01 Nr. I 1092 (Pr.-V.-Bl. Bd. XXIII S. 468).

Land-Gem.-Ordn. v. 3. VII. 91 (G.-S. S. 233) § 3.

1. Daß in allen Fällen, in denen eine Veränderung der Grenzen von Landgemeinden und Gutsbezirken für einzelne Beteiligte

eine Erhöhung öffentlich-rechtlicher Lasten zur Folge hat, diese einen unbedingten Anspruch auf Erlaß besonderer zur Ausgleichung jener Erhöhung dienender Bestimmungen haben, trifft nicht zu. Das Gegenteil geht vielmehr schon aus dem ersten Satze des § 3 Abs. 2 der Land.-Gem.-Ordn. v. 3. VII. 91 hervor; denn dessen Fassung, wonach „erforderlichenfalls" Bestimmungen zur Ausgleichung der öffentlich-rechtlichen Interessen der Beteiligten zu treffen sind, weist darauf hin, daß das Gesetz dem Ermessen der Beschlußbehörde und des zur Nachprüfung berufenen Verwaltungsrichters überläßt, darüber zu befinden, ob eine Ausgleichung nach den besonderen Verhältnissen des einzelnen zur Beurteilung stehenden Falles für „erforderlich" zu erachten ist. Noch deutlicher ergibt sich dieser Sinn der angeführten Vorschrift aus den folgenden Sätzen, insbesondere auch dem zweiten. Denn es ist nicht vorgeschrieben, daß einzelne Beteiligte im Verhältnis zu anderen, die bereits vor der Vereinigung für gewisse kommunale Zwecke allein Sorge getragen haben, oder solche Beteiligte, die vorwiegend Lasten in die Gemeinschaft bringen, zur Vorausleistungen verpflichtet werden müssen, sondern nur, daß derartige Beteiligte zu Vorausleistungen verpflichtet werden können. Dieselbe Ausdrucksweise kehrt auch im dritten Satze wieder, der den Fall behandelt, daß eine Gemeinde oder der Besitzer eines Gutsbezirkes durch Abtrennung von Grundstücken eine Erleichterung in öffentlich-rechtlichen Verpflichtungen erfährt. Auch hier ist nicht gesagt, daß die Gemeinde oder der Besitzer eines Gutsbezirkes, der eine Erleichterung erfährt, gegenüber denjenigen Gemeinden und Gutsbezirken, in welche die abgetrennten Grundstücke eintreten, zu Beihilfen bis zur Höhe des ihnen erwachsenen Vorteils zu verpflichten sind, sondern nur, daß sie in dieser Höhe zu Beihilfen verpflichtet werden können. Das Gesetz stellt also den zu seiner Ausführung berufenen Behörden nicht bloß die Aufgabe, den Vorteil des einen und den Nachteil des anderen Beteiligten zu ermitteln und danach die Höhe der Ausgleichung zu bestimmen, sondern auch die weitergehende, zu erwägen, ob der Nachteil einzelner Beteiligter so erheblich ist, daß er einer Ausgleichung bedarf. Die Ansicht des Vorderrichters, daß die Notwendigkeit einer Ausgleichung nicht ohne weiteres aus der Tatsache einer erhöhten Belastung einzelner Beteiligter folgt, sondern nur dann gegeben ist, wenn besondere Verhältnisse sie erforderlich machen, entspricht demnach dem bestehenden Rechte und steht im Einklange mit derjenigen Auslegung, die dem § 3 der Land-Gem.-Ordn. in der Rechtsprechung des O.-V.-G. gegeben ist (zu vgl. E.-O.-V. Bd. XXXIII S. 163 und 164). Die weitere Frage aber, ob solche besondere Verhältnisse vorliegen, hängt im wesentlichen von Erwägungen ab, die sich auf dem Boden der Beurteilung tatsächlicher Verhältnisse bewegen; ihre Beantwortung unterliegt daher der Nachprüfung des Revisionsrichters nur in beschränktem Maße, nämlich dahin, ob ihr wesentlicher Mangel des Verfahrens oder ein Rechtsirrtum zu grunde liegt.

2. Eine Vorausleistung auf Grund des § 3 der Land-Gem.-Ordn. darf nicht die gesetzlich gewährleistete Befreiung der Dienstgrundstücke des Pfarrers und der Kirchendiener vereiteln. Wenn das Gesetz bestimmt, daß Grundstücke wegen ihrer Widmung zu öffentlichen, gemeinnützigen, kirchlichen oder wohltätigen Zwecken von den Gemeindesteuern ganz allgemein befreit sind und auch gewissen Personen wegen ihrer amtlichen Stellung Steuervorrechte verleiht, so erklärt es diese Bevorrechtung für rechtlich begründet und durch die Eigenschaft der so behandelten Grundstücke und Personen geboten. Die Anschauung, daß die als notwendige und unabwendbare Folge der Befreiung eintretende Mehrbelastung der sonstigen Gemeindesteuerpflichtigen eine Unbilligkeit enthalte, setzt sich also in Widerspruch

mit dem Gesetz, und kann dessen Anwendung nicht zu Grunde gelegt werden. Vielmehr ist die Verpflichtung der Kirchengemeinde zu Vorausleistungen deshalb widerrechtlich, weil sie im wesentlichen darauf hinausläuft, die gesetzlich gewährleistete Befreiung der Dienstgrundstücke des Pfarrers und der Kirchendiener durch das örtlich geltende Recht mittelbar zu vereiteln.

3. Was die Verteilung der Parteirollen in der gegen einen auf Grund des § 3 der Land-Gem.-Ordn. gefaßten Beschluß angestrengten Klage anlangt, so sind, wenn aus bisher als kommunalfrei angesehenen Grundstücken eine neue Landgemeinde gebildet wird, bei der Ausgleichung öffentlich-rechtlicher Interessen nicht nur die Eigentümer jener Grundstücke, sondern auch die neugebildete Landgemeinde beteiligt. Dieser Beteiligung kann durch ihre Beiladung zum Streitverfahren nicht genügt werden. Denn die Beiladung ist nicht dazu bestimmt, legitimierte Parteien erst zu schaffen, sondern soll nur dazu dienen, die zwischen den legitimierten Hauptparteien ergehenden Entscheidungen auch Dritten gegenüber wirksam zu machen. Deshalb kann auch dem Beigeladenen gegenüber eine Verurteilung, z. B. hier die Aberkennung der Berechtigung, zu Vorausleistung niemals ausgesprochen werden (vgl. E.-O.-V. Bd. XI S. 277 und 278, Bd. XVII S. 28, Bd. XXI S. 214, Bd. XXII S. 194, Bd. XXVI S. 17). Ist jedoch unterlassen, die Klage gegen die Gemeinde zu richten, so ist die Klage wegen mangelnder Passivlegitimation der als Beklagte in Anspruch genommenen Personen nicht etwa abzuweisen. Vielmehr ist es die Aufgabe des Verwaltungsrichters, den Legitimationspunkt von Amts wegen zu berichtigen und den, aus Inhalt und Ziel der Klage sich ergebenden richtigen Beklagten als solchen und nicht bloß als Beigeladenen zum Streitverfahren zuzuziehen.

4. Kirchen-, Pfarr- und Organistengut haben keine selbstständige Rechtspersönlichkeit und also auch keine Parteifähigkeit, sie bilden vielmehr Teile des Vermögens der Kirchengemeinden oder Kirchengesellschaften (nach der Ausdrucksweise des Landrechts), die sich nur deshalb in rechtlicher Beziehung von einander unterscheiden, weil sie verschiedenen Zwecken gewidmet sind. Diese Auffassung ist in dem, eine ev. Kirchengemeinde betreffenden Urteile v. 3. XI. 99 (Pr.-V.-Bl. Bd. XXI S. 303) zu Grunde gelegt und wird auch hier Anwendung finden müssen, da das Landrecht evangelische und katholische Kirchengesellschaften nicht gesondert behandelt. Dem steht auch nicht entgegen, daß der § 19 des Ges. über die Vermögensverwaltung in den katholischen Kirchengemeinden v. 20. VI. 75 von Willenserklärungen des Kirchenvorstandes spricht, welche „die vertretenen Vermögensmassen" verpflichten. Denn diese Wendung bezieht sich auf die mit selbständiger Rechtspersönlichkeit versehenen, zu kirchlichen, wohltätigen oder Schulzwecken bestimmten Stiftungen, deren Verwaltung § 3 Nr. 4 desselben Ges. dem Kirchenvorstande übertragen hat.

**Nr. 3. Entsch.** v. 6. XII. 01 Nr. I 2005 (C.-Bl.-U.-V. 1902 S. 604).

Land-Gem.-Ordn. v. 3. VII. 91 (G.-S. S. 233) § 3.

1. Nachdem die Landgemeinde W., ein Domänendorf, dessen ganzer Bezirk im Eigentum des Grundbesitzers F. stand, durch Allerhöchsten Erlaß in einen Gutsbezirk umgewandelt worden war, beantragte F. bei dem Kreisausschuß eine Auseinandersetzung mit dem Kgl. Forstfiskus, weil die bisher von letzterem als Gutsherrn der Landgemeinde W. zu erfüllende Verpflichtung, für die Schule zu S. gemäß §§ 44 und 45 der Pr.-Schulordn. v. 11. XII. 1845 Bau- und Brennholz zu liefern, auf ihn als den Gutsherrn des neugebildeten Gutsbezirks übergegangen sei. Das O.-V.-G. hielt diese Auseinandersetzung nicht für möglich.

2. Nach § 3 der Land-Gem.-Ordn. v. 3. VII. 91 findet die infolge einer Veränderung der Grenzen der Landgemeinden und Gutsbezirke notwendig werdende Auseinandersetzung nur zwischen „Beteiligten“ statt. Unter diesen können aber nur die an der Bezirksveränderung Beteiligten verstanden werden, also die Gemeinden und Gutsbezirke, deren Grenzen oder deren kommunale Eigenschaft sich ändern, und die Personen, die in den von der Änderung betroffenen Bezirken wohnen oder Grundbesitz haben. Die Ortschaft W. war vor ihrer Umwandlung in einen Gutsbezirk eine Landgemeinde. Sie bildete nicht einen Bestandteil eines fiskalischen Gutsbezirks, sondern hatte nur vor der Regulierung der gutsherrlich-bäuerlichen Verhältnisse unter der Gutsherrlichkeit, d. h. der ortsobrigkeitlichen Gewalt des Fiskus gestanden. Dieses Verhältnis erlöscht infolge der Umwandlung der Ortschaft in einen Gutsbezirk, dagegen wurden die Grenzen der jetzigen Gutsbezirke, in denen der Fiskus Gutsherr ist, in keiner Weise berührt. Bei der stattgefundenen kommunalen Veränderung sind nur die frühere Landgemeinde W. und der jetzige Gutsbezirk gleichen Namens im Sinne des § 3 a. a. O. „beteiligt“. Das Erlöschen der Verpflichtungen des Fiskus, die aus der früheren Gutsherrlichkeit über die Landgemeinde herrührten und trotz des Ausscheidens der Landgemeinden aus der Untertänigkeit bisher fortbestanden hatten, war eine notwendige rechtliche Folge der eingetretenen kommunalen Veränderung, stellt sich aber begrifflich nicht selbst als eine solche dar. War der Fiskus auch an dem auf seiner früheren Gutsherrlichkeit beruhenden Verhältnisse zur Schule und zu seinen ehemaligen Hintersassen im Schulbezirk „beteiligt“, so war doch nicht die Änderung dieses Verhältnisses Gegenstand der durch die Kab.-Ord. getroffenen Anordnung, die sich lediglich auf kommunalem Gebiete bewegte, sondern nur eine Folge der landesherrlichen Anordnung, die sich von selbst mit rechtlicher Notwendigkeit einem anderen Rechtsgebiet, dem der Schule, vollzog. Gutsbezirke oder Gemeinden, deren räumlicher Bestand durch jene Anordnung nicht berührt wurde, waren bei ihr auch nicht im Sinne des § 3 a. a. O. „Beteiligte“ und konnten es auch nicht dadurch werden, daß für sie durch die kommunale Veränderung eines anderen Bezirkes eine Verminderung oder Vergrößerung ihrer öffentlich-rechtlichen Verpflichtungen auf anderen Gebieten, insbesondere dem der Schulunterhaltung herbeigeführt wurde.

Hiernach war eine Auseinandersetzung auf Grund des § 3 zwischen den Parteien gesetzlich nicht zulässig.

**Nr. 4. Entsch.** v. 17. I. 02 Nr. I 95 (Pr.-V.-Bl. Bd. XXIII S. 633).

Land-Gem.-Ordn. v. 3. VII. 91 (G.-S. S. 233) § 3.

Ob bei einer Bezirksveränderung in Gemäßheit des § 3 der Land-Gem.-Ordn. die Gewährung einer Beihilfe vorzusehen ist, muß nach Rücksichten der Billigkeit entschieden werden. Hierbei kann auch auf die privatrechtliche Stellung der Beteiligten Rücksicht genommen werden, trotzdem Gegenstand der Ausgleichung öffentlich-rechtliche Interessen der Beteiligten sind.

**Nr. 5. Entsch.** v. 24. VI. 02 Nr. I 1031 (Pr.-V.-Bl. Bd. XXIV S. 149).

Land-Gem.-Ordn. v. 3. VII. 91 (G.-S. S. 233) § 3.

1. Zur Begründung des Anspruchs auf Zubilligung einer Entschädigung gemäß § 3 Abs. 2 der Land-Gem.-Ordn. ist der Nachweis erforderlich einerseits, daß die wegen der Entschädigung belangte Gemeinde durch die Bezirksveränderung eine Erleichterung in ihren

öffentlich-rechtlichen Verpflichtungen erfahren hat und zur Gewährung der Entschädigung fähig ist, andererseits, daß die Gemeinde, die entschädigt sein will, durch die Bezirksveränderung neue Ausgaben erwachsen sind, die entweder die Leistungsfähigkeit übersteigen oder doch der Billigkeit nicht entsprechen. Bei der Berechnung der Entlastung und Belastung beider beteiligten Gemeinden ist selbstverständlich auch der Verlust, den die durch die Bezirksveränderung verkleinerte Gemeinde durch den Abgang an Kommunalsteuern und der Gewinn, den die vergrößerte Gemeinde durch den entsprechenden Zugang erfährt, zu berücksichtigen. Als Erleichterung der Gemeinde, die durch die Bezirksveränderung Grundstücke verliert, kann mithin nur die hierdurch herbeigeführte Ersparnis abzüglich der verlorenen Steuerbezüge in Betracht kommen, als Mehrbelastung der Gemeinde andererseits, der aus der Bezirksveränderung neue Ausgaben erwachsen, nur der Betrag dieser Ausgaben abzüglich des Zuwachses ihrer Steuerbezüge. Im vorliegenden Falle, wo nicht bloß eine Eingemeindung von Grundstücken der Landgemeinde in den Bezirk der Stadt, sondern auch eine Abtrennung städtischer Grundstücke und ihre Eingemeindung in den Bezirk der Landgemeinde, also ein Austausch von Grundstücken zwischen beiden Gemeinden, durch einen einheitlichen Beschluß stattgefunden hatte und auch bei der Auseinandersetzung in dem mit der Klage angegriffenen Beschlusse die Umgemeindungen als ein Ganzes behandelt würden, waren sonach die rechtlichen Voraussetzungen für eine Ausgleichung zu Gunsten der Stadtgemeinde nur dann gegeben, wenn die ganze Umgemeindung einerseits für sie das Ergebnis hatte, daß ihre Ausgaben zur Erfüllung ihrer öffentlich-rechtlichen Verpflichtungen stärker gewachsen waren, als ihre Steuerbezüge, und andererseits für die Landgemeinde das Ergebnis, daß deren Ausgaben sich stärker vermindert hatten, als ihre Steuerbezüge. Der Nachweis, daß die bezeichneten Voraussetzungen gegeben sind, kann nicht als gelungen angesehen werden, wenn die klagende Stadtgemeinde zwar darlegt, welche Mehrausgaben ihr aus der Umgemeindung erwachsen sind, dagegen die Minderausgaben für die von ihr an die Landgemeinde abgetretenen Grundstücke nicht in Rechnung gezogen sind, obwohl es keinem Zweifel unterliegen kann, daß sie auch für diese Grundstücke Ausgaben zur Erfüllung ihrer öffentlich-rechtlichen Verpflichtungen, insbesondere auf dem Gebiete der Polizeiverwaltung und Wegeunterhaltung zu leisten gehabt hatte. Ebenso müßte nachgewiesen sein, daß der Landgemeinde zur Erfüllung ihrer öffentlich-rechtlichen Verpflichtungen auf ihrem früheren Gebiete größere Ausgaben obgelegen hatten, als auf dem jetzigen Gebiet, ohne daß sie durch die Umgemeindung eine entsprechende Einbuße in ihren Steuerbezügen erfahren hat. Der Nachweis, daß und in welcher Höhe ein Vorteil für die Landgemeinde aus der Bezirksveränderung entstanden ist, war für die Begründung des Anspruchs der Stadtgemeinde auf Zubilligung einer Entschädigung unentbehrlich. Eine Mehrbelastung der Stadtgemeinde infolge der Bezirksveränderung würde noch keinen Beweis für eine entsprechende Entlastung der Landgemeinde liefern, da bei der Verschiedenheit der öffentlich-rechtlichen Verpflichtungen und der Art ihrer Erfüllung in einer Stadtgemeinde und in einer Landgemeinde, namentlich auf den hier in Betracht kommenden Gebieten des Straßenbaues, der Straßenbeleuchtung, der Polizeiverwaltung und des Schulwesens, eine städtische Verwaltung für dasselbe Gebiet und seine Bewohner in der Regel höhere Aufwendungen erfordert, als eine ländliche.

Hierzu kommt aber noch, daß auch der Nachweis einer Mehrbelastung der Stadtgemeinde in bestimmter Höhe und einer Entlastung der Landgemeinde ebenfalls in bestimmter Höhe zur Begründung des Anspruchs auf Zubilligung einer Beihilfe zu den Ausgaben der Stadtgemeinde noch nicht ausgereicht haben würde. Denn in § 3 Abs. 2 Satz 2 und 3 der Land-Gem.-Ordn. ist nicht bestimmt, daß bei dem Vorliegen jener Voraussetzungen eine Beihilfe zugebilligt werden muß, sondern nur, daß sie zugebilligt werden kann. Ob und in welchem Maße von der Befugnis, die das Gesetz damit der die Auseinandersetzung bewirkenden Beschlußbehörde und dem Verwaltungsrichter in dem sich anschließenden Verwaltungsstreitverfahren eingeräumt hat, Gebrauch zu machen ist, hängt davon ab, ob und in welchem Umfange besondere Gründe vorliegen, die eine Entschädigung der einen Gemeinde durch die andere erforderlich machen. Die erwähnte Vorschrift ist ein einzelner Anwendungsfall der an die Spitze des Abs. 2 im § 3 der Land-Gem.-Ordn. gestellten Regel, wonach Bestimmungen zur Ausgleichung der öffentlichen Interessen bei einer Auseinandersetzung nur „erforderlichenfalls" zu treffen sind. Erforderlich ist aber eine „Ausgleichung" nur dann, wenn die durch die Bezirksveränderung verursachte Mehrbelastung des einen Bezirkes einen solchen Umfang erreicht, daß sie seine Leistungsfähigkeit übersteigt oder doch der Billigkeit nicht entspricht, während der andere Bezirk eine Erleichterung erfährt und zur Gewährung einer Entschädigung fähig ist (vgl. O.-V.-G. Bd. XXXIII S. 163/165 und 169).

2. Für die Abwägung der Vorteile und Nachteile, die beiden Gemeinden aus der Bezirksveränderung erwachsen, kommt es nur auf die Verhältnisse zur Zeit ihres Eintritts, aber nicht auf deren spätere Gestaltung an. Es ist zwar zulässig, Verpflichtungen, die hinsichtlich eines Bezirksteiles vor seiner Umgemeindung für die Gemeinde bestanden, der er angehörte, auch dann zu berücksichtigen, wenn sie tatsächlich vor der Umgemeindung noch nicht erfüllt waren, wie z. B. die Verpflichtung zu einer bereits vor der Umgemeindung notwendig gewordenen, aber nicht ausgeführten Wegebesserung. Jedoch müssen alle Ereignisse außer Betracht bleiben, die, wie z. B. Vermehrung der schulpflichtigen Kinder, erst nach der Bezirksveränderung eingetreten sind und der Gemeinde Kosten verursacht haben, mag ihr Eintritt auch bereits vor diesem Zeitpunkte mit größerer oder geringerer Wahrscheinlichkeit vorauszusehen gewesen sein.

### Nr. 6. Entsch. Bd. XXXXI S. 180 v. 11. III. 02 C 30/01.

Land-Gem.-Ordn. v. 3. VII. 91 (G.-S. S. 233) § 3.
Ges. v. 8. III. 71 (G.-S. S. 130), betr. die Ausführung des Bundesges. über den Unterstützungswohnsitz, §§ 1, 8.

1. Nach § 3 der Land-Gem.-Ordn. v. 3. VII. 91 ist zu unterscheiden zwischen der „Auseinandersetzung" der Beteiligten, die eine Verteilung des Vermögens und der Schulden oder Lasten unter sie zum Gegenstande hat, und der „Ausgleichung der öffentlichen Interessen", die eine Entschädigung des einen Beteiligten durch den anderen bezweckt.

2. Die Auseinandersetzung wegen der Armenlast ist bei einer Umgemeindung notwendig, weil durch Teilung eines Ortsarmenverbandes in zwei Bezirke oder durch Übergang eines Teiles des Ortsarmenverbandes an einen anderen Ortsarmenverband die Armenlast hinsichtlich der Personen, die in dem ungeteilten Ortsarmenverbande den Unterstützungswohnsitz erworben hatten, eine gemeinschaftliche Last der Ortsarmenverbände wird, denen Teile des alten ungeteilten Ortsarmenverbandes nunmehr angehören (vgl. E.-O.-V. Bd. XIII S. 205). Wird von einem fiskalischen Gutsbezirke ein Teil abgezweigt und daraus ein selbständiger Gutsbezirk gebildet, so ist eine Auseinandersetzung nicht nur hinsichtlich der in dem neuen Gutsbezirke bei dessen

Bildung vorhandenen Ortsarmen erforderlich, sondern auch hinsichtlich der in dem übrigen Teile des fiskalischen Gutsbezirkes, dem nunmehrigen Restgutsbezirke, etwa vorhandenen Ortsarmen, die einen Unterstützungswohnsitz in dem ungeteilten fiskalischen Gutsbezirk erworben hatten, und nicht minder hinsichtlich solcher Personen, die dort ihren Unterstützungswohnsitz besaßen und vor dessen Verlust in oder außerhalb des Gutsbezirkes in Zukunft hilfsbedürftig werden können. Zweck der Auseinandersetzung über die Armenlast ist die Beseitigung der Gemeinschaftlichkeit der den beiden Armenverbänden obliegenden Verpflichtungen. Dieser Zweck wird dadurch erreicht, daß die gemeinschaftliche Last entweder einem von beiden Armenverbänden allein überwiesen und dem anderen Armenverband als Gegenleistung für seine Befreiung von der Last die Zahlung einer Entschädigung an den Übernehmer der Last auferlegt wird, oder dadurch, daß die gemeinschaftliche Last zwischen den beiden beteiligten Verbänden derartig verteilt wird, daß ein jeder von ihnen alleiniger Träger eines bestimmten Teiles wird. Auch alsdann wird, sofern die Teilung der gemeinschaftlichen Last nicht den Anteilen entspricht, zu denen sie bisher von beiden zu tragen war, für den infolge der Teilung mehr als bisher belasteten Verband eine seiner Mehrbelastung entsprechende, von dem anderen Verbande zu zahlende Entschädigung festgesetzt werden müssen. Auf die Entschädigung, die hiernach dem durch die Auseinandersetzung allein oder mehr als bis dahin belasteten Armenverbande von dem entlasteten Armenverbande zu zahlen ist, steht dem ersteren ein Rechtsanspruch zu.

3. Verschieden hiervon ist die Frage, ob etwa, abgesehen von dem gekennzeichneten Rechtsanspruch, aus Billigkeitsrücksichten eine Beihilfe von dem einen Verbande an den anderen „zur Ausgleichung der öffentlichen Interessen" zu gewähren ist. Hierfür wird namentlich die Leistungsfähigkeit beider Verbände in Betracht kommen. Auch kann dabei ihre zukünftige Belastung mit später entstehenden, ihnen allein zufallenden Armenkosten berücksichtigt werden. Während insoweit die Last rechtlich der Zeit nach nicht begrenzt ist, verhält es sich anders mit der aus der Verteilung der gemeinschaftlichen Fürsorgepflicht entstehenden Last. Diese ist zeitlich begrenzt, da sie mit dem Tode oder mit dem Fortfalle der Hilfsbedürftigkeit der Personen, deren Unterstützungswohnsitz in dem ungeteilten Bezirke begründet war, oder mit dem Erwerb eines neuen Unterstützungswohnsitzes durch derartige Personen ihr Ende erreicht.

4. Die Auseinandersetzung wegen der gemeinschaftlichen Armenlast, also ihre Verteilung auf beide Armenverbände, muß Gegenstand der Beschlußfassung des Kreisausschusses und, falls diese angegriffen wird, auch der im Verwaltungsstreitverfahren ergehenden Entscheidungen sein. Sie kann mit öffentlich-rechtlicher Wirkung nicht durch eine Vereinbarung der beiden Ortsarmenverbände herbeigeführt werden. Der Beschluß und die Entscheidungen dürfen sich daher nicht darauf beschränken die von dem einen Teile an den anderen zu zahlende Entschädigung festzustellen.

5. Im allgemeinen kann ein Anspruch des Besitzers des zum selbstständigen Gutsbezirk erhobenen Gutes auf Entschädigung nicht unbedingt anerkannt werden, wenn bei Teilung eines Gutsbezirkes die gemeinsame Armenlast in der Weise geteilt wird, daß jeder Gutsherr sie für den Umfang seines Gutsbezirkes allein übernimmt und dafür von der Armenlast in dem anderen Gutsbezirke frei wird. Ein Grund zur Entschädigung kann aber darin liegen, daß ein Mißverhältnis zwischen der tatsächlich vorhandenen

Armenlast in jedem der beiden Gutsbezirke im Vergleiche mit ihrer Leistungsfähigkeit (Steuerkraft) besteht. Denn zu der gemeinsamen Armenlast müssen die beiden Gutsbezirke nach Verhältnis ihrer Leistungsfähigkeit beitragen. Es kommt also einerseits auf den Umfang der vorhandenen Armenlast in den beiden jetzigen Gutsbezirken und andererseits auf die Leistungsfähigkeit der beiden Gutsbezirke an (vgl. E.-O.-V. Bd. XXXIII S. 142). Wie der Besitzer des zum selbständigen Gutsbezirk erhobenen Gutes früher auf Grund des § 8 Abs. 2 des Ges. v. 8. III. 71 nach den gesetzlichen Bestimmungen über die Verteilung der Kommunallasten, also nach seiner Leistungsfähigkeit, zur Aufbringung der Armenpflegekosten in dem fiskalischen Gutsbezirke mit herangezogen werden konnte, so bietet auch die Leistungsfähigkeit des neuen Gutsbezirkes einen Maßstab bei der Auseinandersetzung über die Verteilung der gemeinsamen Armenlast nach Erhebung des Gutes zum selbständigen Gutsbezirke dar. Rechtfertigt sich nach den dargelegten Gesichtspunkten die Zubilligung einer Entschädigung für die Übernahme der vorhandenen Armenlast in dem neuen Gutsbezirke, so muß bei Abmessung der Höhe der Entschädigung doch immer berücksichtigt werden, daß der neue Gutsherr auch vorher an der gemeinsamen Armenlast hätte teilnehmen müssen, sobald der Erlaß eines die Armenpflege regelnden Statuts von dem Fiskus als Gutsherrn verlangt worden wäre. Hier darf also die Entschädigung nicht einfach nach dem vollen Werte der in dem neuen Gutsbezirke vorhandenen Armenlast bemessen werden.

Es bedarf daher einer Ermittelung des Umfanges der vorhandenen gemeinsamen Armenlast in beiden jetzigen Gutsbezirken und ferner des Verhältnisses, in welchem die Leistungsfähigkeit des neuen Gutsbezirkes zu der des ganzen früheren fiskalischen Gutsbezirkes steht.

## B. Gemeindeverbände. Hebammenbezirke. Armenverbände.

**Nr. 1. Bescheid** v. 25. X. 01 Nr. I 1405 (Pr.-V.-Bl. Bd. XXIII S. 548).

Ges. v. 8. III. 71 (G.-S. S. 130) zur Ausführung des Reichsges. über den Unterstützungswohnsitz, § 8.

Die Heranziehung von Aktiengesellschaften zu den Kosten der Armenpflege ist durch § 8 des Ges. v. 8. III. 71 nicht ausgeschlossen.

Durch § 8 ist keineswegs bestimmt worden, daß nur Grundbesitzer und Einwohner des Gutsbezirks zu den Armenpflegekosten herangezogen werden dürften. Es ist vielmehr nur vorgeschrieben, daß das festgestellte Statut „hinsichtlich der Regelung der Beitragspflicht den gesetzlichen Bestimmungen über die Verteilung der Kommunallasten in den ländlichen Gemeinden folgen" müsse. Hinsichtlich der „mit heranzuziehenden Grundbesitzer und Einwohner" ist die Anordnung erlassen, daß ihnen eine entsprechende Beteiligung bei der Verwaltung der Armenpflege einzuräumen sei. Hierin ist eine gesetzliche Begrenzung des Kreises der Personen, die herangezogen werden dürfen, nicht zu finden. Hierfür sind vielmehr die über die Gemeindeabgabenpflicht erlassenen gesetzlichen Vorschriften maßgebend.

**Nr. 2. Entsch.** v. 17. I. 02 Nr. I 100 (Pr.-V.-Bl. Bd. XXIII S. 598).

Ges. v. 8. III. 71 (G.-S. S. 130), betr. die Ausführung des Reichsges. über den Unterstützungswohnsitz, § 8. Komm.-Abg.-Ges. v. 14. VII. 93 (G.-S. S. 152) § 33.

1. Auch in steuerrechtlicher Hinsicht sind Aktiengesellschaften als juristische Personen zu erachten. Ihre Erwähnung neben den juristischen Personen im § 1 des Ges. v. 27. VII. 85 und ebenso im § 33 des Komm.-Abg.-Ges. v. 14. VII. 93 hat ihnen die Eigenschaft von juristischen

Personen, die ihnen nach Maßgabe des Zivilrechts zukam, nicht entzogen und sie auch auf dem Gebiete des Steuerrechts nicht in einen begrifflichen Gegensatz zu jenen gebracht. Sie hat vielmehr nur die Bedeutung einer besonderen Hervorhebung einer einzelnen Art von Rechtssubjekten, die sich in mancher Hinsicht von anderen juristischen Personen unterscheiden und daher zur Vermeidung von Zweifeln eine besondere Erwähnung zweckmäßig machten.

2. Aktiengesellschaften können daher zu den Kosten der Armenpflege auf Grund eines nach § 8 des Ges. v. 8. III. 71 erlassenen Statuts herangezogen werden, auch wenn sie im Gutsbezirke weder Wohnsitz, noch Grundbesitz haben.

Im § 8 wird allerdings bestimmt, daß für einen nicht ausschließlich im Eigentum des Gutsbesitzers stehenden Gutsbezirk auf Antrag des Gutsbesitzers ein Statut zu erlassen ist, „welches die Aufbringung der Kosten der öffentlichen Armenpflege in dem Gutsbezirke anderweitig regelt und den mit heranzuziehenden Grundbesitzern oder Einwohnern eine entsprechende Beteiligung bei der Verwaltung der Armenpflege einräumt". Die letztere Vorschrift hat aber nicht die Begrenzung des Kreises derjenigen Personen, die zu den Armenpflegekosten herangezogen werden können, sondern nur die Beteiligung der Heranzuziehenden bei der Verwaltung der Armenpflege zum Gegenstande. Für die subjektive Steuerpflicht ist vielmehr die weitere Bestimmung im § 8 a. a. O. maßgebend, daß das Statut „hinsichtlich der Regelung der Beitragspflicht den gesetzlichen Bestimmungen über die Verteilung der Kommunallasten in den ländlichen Gemeinden folgen" muß. Sind nach den hier in Bezug genommenen Bestimmungen noch andere Personen als „Grundbesitzer oder Einwohner" abgabepflichtig, so sind sie auch in dem Statut der Beitragspflicht zu unterwerfen. Die im Gesetze gewählte Bezeichnung der Heranzuziehenden als „Grundbesitzer und Einwohner" ist nur dem Regelfalle der Heranziehung nach den damals geltenden ländlichen Gemeindeverfassungsgesetzen entnommen. Ein Statut, das die Beitragspflicht auch auf Gewerbetreibende in der Gemeinde ausdehnt, die dort weder Wohnsitz noch Grundbesitz haben, steht hiernach nicht im Widerspruche mit dem § 8 a. a. O., sofern es den zur Zeit seines Erlasses bestehenden „Bestimmungen über die Verteilung der Kommunallasten in den ländlichen Gemeinden" entspricht.

## C. Gemeinderecht und Gemeindewahlen.

### Nr. 1. Entsch. Bd. XXXX S. 147 v. 15. XI. 01 I C 55/01.

Land-Gem.-Ordn. v. 3. VII. 91 (G.-S. S. 233) §§ 41, 43, 44.

1. Nur die trotz Mahnung unterbliebene Zahlung von **Gemeinde**-, nicht auch von anderen öffentlichen, namentlich Kreisabgaben hat das Ruhen der Ausübung des Gemeinderechts zur Folge; unter Mahnung ist hierbei nicht jede formlose Erinnerung (des Ortssteuererhebers), sondern nur eine Mahnung zu verstehen, die in den Formen der gesetzlichen Vorschriften und der Ausführungsanweisung über das Verwaltungszwangsverfahren erlassen war.

2. In die Wählerliste dürfen Personen, bei denen die Ausübung des Gemeinderechts ruht, nicht ohne einen Vermerk über das Ruhen des Stimmrechts aufgenommen werden; fehlt der Vermerk, so unterliegt die unvollständige und also unrichtige Liste der Anfechtung mittels Einspruchs und Klage.

3. Ruhen der Ausübung des Gemeinderechts zieht den Verlust eines einmal erworbenen unbesoldeten Gemeindeamts nicht nach sich,

schließt aber sowohl die Fähigkeit, es zu verwalten, wie auch die Wählbarkeit zu unbesoldeten Gemeindeämtern während der Dauer des Ruhens aus.

**Nr. 2. Entsch. Bd. XXXXI S. 165 v. 27. V. 02 I C 118/01.**

Land-Gem.-Ordn. v. 3. VII. 91 (G.-S. S. 233) §§ 7—9, 11, 13, 19, 39, 41, 45, 50, 70.

1. Nach § 7 Abs. 1 der Land-Gem.-Ordn. v. 3. VII. 91 sind Gemeindeangehörige diejenigen, die innerhalb des Gemeindebezirkes einen Wohnsitz haben. Einen Wohnsitz im Sinne der Land-Gem.-Ordn. hat (s. Abs. 2 a. a. O.) jemand nur an dem Orte, wo er eine Wohnung unter Umständen inne hat, die auf die Absicht dauernder Beibehaltung einer solchen schließen lassen. Eine Wohnung zu haben, ist ferner nur eine natürliche Person, nicht eine juristische oder eine Erwerbsgesellschaft fähig. Wenn auch Erwerbsgesellschaften, namentlich eingetragene Genossenschaften, Räume nötig haben, die zur Stätte ihres Geschäftsbetriebs und seiner Leitung dienen, so können doch dergleichen Räume ebensowenig als ihre Wohnung betrachtet werden, wie Räume, in denen eine natürliche Person ihr Geschäft betreibt, als deren Wohnung gelten können: Denn die Wohnung ist derjenige Raum, der zum Mittelpunkte der Lebenshaltung ihres Inhabers dient (vgl. E.-O.-V. Bd. XXX S. 24 ff.). Eine Wohnung kann also eine juristische Person oder eine Erwerbsgesellschaft, insbesondere auch eine eingetragene Genossenschaft, nicht haben, weil bei ihr ein Bedürfnis allgemeiner Lebenshaltung undenkbar ist.

2. Obschon auch Forensen, juristische Personen und Erwerbsgesellschaften nicht außer allem Zusammenhange mit der Landgemeinde stehen, in deren Bezirke sie Grundbesitz haben oder Gewerbe betreiben, vielmehr daselbst der Gemeindebesteuerung wegen ihres Grundbesitzes und Gewerbebetriebs und des aus diesen Quellen fließenden Einkommens unterliegen, so ist daraus doch nicht ohne weiteres zu folgern, daß sie dieselben Rechte, wie die Gemeindeangehörigen besitzen: Denn die Teilnahme an den Gemeindeabgaben und Lasten, zu denen sie verpflichtet sind, ist nicht gleichartig der Gemeindeabgabenpflicht derjenigen Personen, die einen Wohnsitz innerhalb des Gemeindebezirkes haben. Insbesondere ist auch aus den §§ 39, 41 und 45 der Land-Gem.-Ordn. nicht herzuleiten, daß sie als Gemeindeglieder und folglich auch als Gemeindeangehörige zu betrachten sind. Der § 39 bezeichnet zwar als Gemeindeglieder alle Gemeindeangehörigen, denen das Gemeinderecht zusteht, aber er unterscheidet von ihnen ausdrücklich „die sonstigen Stimmberechtigten", woraus klar erhellt, daß er diese nicht den „Gemeindegliedern" beizählt. Nicht minder verfehlt ist die Bezugnahme auf den § 45; denn dieser räumt den juristischen Personen, Aktiengesellschaften, Kommanditgesellschaften auf Aktien, Berggewerkschaften und dem Staatsfiskus das Stimmrecht nur unter denselben Voraussetzungen ein, unter denen es den Grundbesitzern zugestanden ist, die im Gemeindebezirke keinen Wohnsitz haben; offenbar aber müßte das Stimmrecht den juristischen Personen und Erwerbsgesellschaften, wenn sie zu den Gemeindeangehörigen überhaupt oder doch im Falle ihres Sitzes im Gemeindebezirke zu rechnen wären, schon beim Vorhandensein im § 41 Nr. 6a und b angegebenen Erfordernisse zukommen. Endlich entspricht die Annahme, daß das Gemeinderecht den im § 45 der Land-Gem.-Ordn. aufgeführten Grundbesitzern in demselben Umfange zustehe, wie den im § 41 bezeichneten Gemeindegliedern, dem Inhalte des Gesetzes nicht. Denn das Gemeinderecht erschöpft sich nicht in dem Rechte zur Teilnahme am Stimmrecht in der Gemeindeversammlung oder an den Gemeindewahlen und an der Wählbarkeit zum Gemeindeverordneten (§ 50 Abs. 3), sondern es umfaßt auch das Recht zur Bekleidung von unbesoldeten Ämtern in der Gemeinde-

verwaltung; dieses ist aber weder den im § 45 bezeichneten Stimmberechtigten noch ihren Vertretern beigelegt worden.

Auch die Entstehungsgeschichte der hier in Betracht kommenden Vorschriften der Landgemeindeordnung führt zu keinem anderen Ergebnisse. (Folgt eingehende Begründung.)

**Nr. 3. Entsch. Bd. XXXX S. 169 v. 26. IV. 01 I C 1/01.**

Land-Gem.-Ordn. v. 3. VII. 91 (G.-S. S. 233) §§ 7, 39, 40, 41, 45—53, 62.

1. Im Sinne des § 52 Abs. 1 der Land-Gem.-Ordn., wo verordnet ist, daß mindestens zwei Drittel der Gemeindevertretung Angesessene sein müssen, gelten als solche zwar gesetzliche Vertreter von Angesessenen, nicht aber auch Nichtangesessene, die von Angesessenen Vollmacht zur Ausübung des Stimmrechts erhalten haben.

Wenn auch bei der Vorschrift im § 52 Abs. 1 mit auf § 45 verwiesen und daraus zu entnehmen ist, daß die Vertreter der im § 45 Abs. 2 und 3 aufgeführten Stimmberechtigten zu den Angesessenen gezählt werden, so erhellt doch nicht, daß an andere als die gesetzlichen Vertreter der juristischen Personen u. s. w., sowie der Frauen und nicht selbständigen Personen gedacht worden wäre. Großjährige unverheiratete Frauen haben freilich keine gesetzlichen Vertreter und können auch nicht selbst gewählt werden (§ 53 Nr. 6), so daß ihre Angesessenheit bei der Zusammensetzung der Gemeindevertretung überhaupt nicht in Anrechnung kommen kann, allein die bei ihnen bestehende Unmöglichkeit einer auf Gesetz beruhenden Vertretung gestattet nicht den Schluß, daß mit der Bezugnahme auf § 45 im § 52 Abs. 1 auch Bevollmächtigte als wählbar hätten bezeichnet werden sollen. Die nachträgliche Bezugnahme auf § 45 im § 52 Abs. 1 hing wohl damit zusammen, daß zugleich die zur Stellvertretung berechtigten Personen nach dem Schlußsatze des § 50 für wählbar erklärt wurden. Wie sich letzteres auf die gesetzlichen Vertreter bezog, so ist anzunehmen, daß auch nur diese bei der Bezugnahme auf § 45 gemeint sind.

Die Vertretung auf Grund einer Vollmacht zur Ausübung des Stimmrechts geht über die Ausübung des Stimmrechts nicht hinaus, so daß der Bevollmächtigte im Falle seiner Wahl zum Gemeindeverordneten nicht ferner als Vertreter seines Machtgebers angesehen werden kann. Ein dauerndes Vertretungsverhältnis entsteht durch eine Vollmacht zur Ausübung des Stimmrechts nicht. Eine weitere Vollmacht zur Vertretung in der Stellung als Gemeindevertreter zu erteilen, ist aber überhaupt ausgeschlossen. Denn der Stimmberechtigte als solcher hat keine weiteren durch Vollmacht übertragbaren Rechte außer dem Stimmrechte. Seine eigene Wählbarkeit kann ein Stimmberechtigter nicht durch Vollmacht auf einen anderen übertragen, der im § 50 Abs. 3 bestimmte Kreis der wählbaren Personen kann nicht durch Vollmacht erweitert werden. Wenn die nach § 46 zur Stellvertretung bei Ausübung des Stimmrechts berechtigten Personen für wählbar erklärt sind, so ist damit an das Recht zur Stellvertretung bei Ausübung des Stimmrechts die Wählbarkeit geknüpft, aber nicht eine Übertragung der Wählbarkeit durch Vollmacht zugelassen. Mit der Vollmacht zur Ausübung des Stimmrechts könnte freilich eine Vollmacht zu dauernder Vertretung in Privatrechtsgeschäften verbunden sein. Auch eine dahin gehende Vollmacht würde aber belanglos sein, da die Land-Gem.-Ordn. — abgesehen von der Erwähnung des Generalbevollmächtigten bei Personengesamtheiten (§ 46 Abs. 1 Nr. 4) — nicht den mindesten Anhalt dafür bietet, daß es darauf ankomme, ob der zur Ausübung des Stimmrechts bevollmächtigte Stellvertreter außerdem zu Privatrechtsgeschäften ermächtigt sei.

Aus der Vorschrift im § 52 Abs. 1 der Land-Gem.-Ordn. wonach mindestens zwei Drittel der Mitglieder der Gemeindevertretung Angesessene sein müssen, läßt sich nicht entnehmen, daß das Gesetz einen Ersatz der Angesessenen durch willkürlich gewählte Bevollmächtigte habe zulassen wollen. Das (im vorliegenden Streitfalle besonders betonte) Interesse der Forensen an der Wählbarkeit ihrer Bevollmächtigten ist nicht entscheidend. Wird im öffentlichen Interesse gefordert, daß die Gemeindevertretung zu zwei Dritteln aus Angesessenen bestehe, so kann dies Verhältnis nicht dadurch geändert werden, daß von Angesessenen Nichtangesessene zu Bevollmächtigten bestellt werden. In betreff der gesetzlichen Vertreter verhält es sich anders, weil diese nicht beliebig ausgewählt werden, sondern durch das Gesetz bestimmt sind, und weil bei ihnen durch ihre Stellung als gesetzlicher Vertreter eines Angesessenen eine Gewähr für das dauernde Zusammenfallen ihrer Interessen mit denen der Angesessenen gegeben ist.

Die Gemeindevertretung steht der Gemeindeversammlung insofern nicht gleich, als erstere nach § 52 Abs. 1 zu zwei Dritteln aus Angesessenen bestehen muß, während hinsichtlich der Gemeindeversammlung nur vorgeschrieben ist, daß mindestens zwei Drittel sämtlicher Stimmen auf die mit Grundbesitz angesessenen Mitglieder der Gemeindeversammlung entfallen müssen (§ 48 Abs. 1 Nr. 1). Obschon auch die Gemeindevertretung an Stelle der Gemeindeversammlung tritt (§ 49 Abs. 1), so ist doch zwischen der Ausübung des Stimmrechts in der Gemeindeversammlung und der Wahl zum Gemeindeverordneten der wesentliche Unterschied, daß durch die Wahl zum Gemeindeverordneten eine dauernde Rechtsstellung erworben und das Stimmrecht in der Gemeindevertretung von den Gemeindeverordneten immer im eigenen Namen ausgeübt wird.

2. Sind für eine Wählerabteilung, zu der mehr als 500 Wähler gehören, Wahlbezirke gebildet, so hat der Gemeindevorsteher vor der Wahl für jeden Wahlbezirk die Anzahl nicht nur der überhaupt, sondern auch der aus den Angesessenen und aus den Nichtangesessenen zu wählenden Gemeindeverordneten festzusetzen.

3. Die Vorschrift im § 52 Abs. 3 a. a. O., daß, sofern in einer Abteilung mehr Nichtangesessene gewählt sind, als zulässig war, diejenigen als nicht gewählt gelten, die die geringste Stimmenzahl erhalten haben, findet keine Anwendung bei Wahlen, die zwar in derselben Abteilung, aber in verschiedenen Wahlbezirken stattgefunden haben. Die Gültigkeit einer Wahl kann von dem Ausfalle der Wahl einer anderen Wahlversammlung nicht abhängen, die Zulässigkeit der Wahl eines Nichtangesessenen nicht dadurch bedingt sein, daß nicht eine andere Wahlversammlung einem Nichtangesessenen eine größere Anzahl Stimmen gebe. Sonst würde die Ungleichheit der Zahl der Stimmberechtigten in den verschiedenen Wahlbezirken einen ganz ungerechtfertigten Einfluß auf die Gültigkeit der Wahl haben.

**Nr. 4. Entsch. Bd. XXXXI S. 163 v. 11. III. 02 I C 9/02.**

Land-Gem.-Ordn. v. 3. VII. 91 (G.-S. S. 233) §§ 49, 51, 52.

1. Auf die gesetzlich zulässige Höchstzahl der Nichtangesessenen unter den Mitgliedern der Gemeindevertretung kommen auch der Gemeindevorsteher und die Schöffen in Anrechnung, soweit sie zu den Nichtangesessenen gehören.

2. Die Anzahl der in einer Wählerabteilung zu Gemeindeverordneten wählbaren Nichtangesessenen steigert sich nicht dadurch, daß in einer

der beiden anderen Abteilungen eine über das gesetzliche Erfordernis hinausgehende Zahl Angesessener gewählt worden ist.

3. Eine dem Gesetze widersprechende Festsetzung des Gemeindevorstehers über die Anzahl der in einer Wählerabteilung wählbaren Nichtangesessenen bewirkt nicht die Gültigkeit der Wahl eines Nichtangesessenen, der bei richtiger Festsetzung nicht hätte gewählt werden dürfen. Sie stellt vielmehr einen wesentlichen Mangel des Wahlverfahrens dar und hat die Ungültigkeit der Wahl des Nichtangesessenen zur Folge.

**Nr. 5. Entsch.** v. 24. IX. 01 Nr. I 1526 (Pr.-V.-Bl. Bd. XXIII S. 518).

Land-Gem.-Ordn. v. 3. VII. 91 (G.-S. S. 233) § 59.

1. Die Nichteinhaltung der für das Wahlverfahren vorgeschriebenen Fristen hat die Ungültigkeit der Wahl zur Folge ohne Rücksicht darauf, ob hierdurch das Wahlergebnis beeinflußt worden ist. Zwar ist es richtig, daß nach der Rechtsprechung des O.-V.-G. unzulässige Wahlbeeinflussungen die Ungültigkeit einer Wahl nicht ohne weiteres, sondern nur dann nach sich ziehen, wenn das Wahlergebnis infolge der Beeinflussung nicht mehr als der wirkliche, klar erkennbare Ausdruck des freien Willens der Wähler erscheint. Allein dieser Grundsatz trifft nicht zu, wenn es sich um die Verletzung wesentlicher Vorschriften des Wahlverfahrens handelt. Die hierfür im Gesetze gegebenen Formen und Förmlichkeiten sind je nach Inhalt und Gegenstand entweder unerläßliche Bedingung der Gültigkeit oder nur untergeordneter Art (vgl. E.-O.-V. Bd. IV S. 8). Ersteren Falles führt eine Verletzung der Vorschriften unbedingt die Ungültigkeit der Wahlhandlung herbei, ohne daß es dem Verwaltungsrichter zustände, nach Lage des Falles über die Bedeutung der Ordnungswidrigkeit für die Wahl zu befinden. Zu den einer Nachprüfung völlig entzogenen Bestimmungen sind diejenigen zu zählen, durch welche die Einhaltung gewisser Fristen in dem Wahlverfahren vom Gesetze gefordert wird; hier kommt es nicht darauf an, ob bei Beobachtung der Frist das Wahlergebnis kein anderes gewesen wäre oder ob wenigstens ein Einfluß der Nichteinhaltung der Frist unerwiesen ist, vielmehr muß die Wahl ohne weiteres für ungültig erklärt werden, sobald die Nichtbeachtung der Frist feststeht (vgl. E.-O.-V. Bd. XVII S. 8). Die Frist dient dazu, daß sich die Wähler miteinander benehmen und überlegen können, wen sie wählen; wenn daher auch alle Wähler erscheinen, hat doch die Verletzung der Bestimmung über die Frist Bedeutung.

2. Die Einhaltung der Klagefrist im Verwaltungsstreitverfahren ist stets von Amts wegen zu prüfen, weil die Klage bei Versäumung der Frist rechtlich unzulässig erscheint und ohne sachliche Prüfung zurückgewiesen werden muß (Verf. v. 10. V. 78 in E.-O.-V. Bd. III S. 387). Bei der Prüfung von Amts wegen sind die für die Beurteilung der Rechtzeitigkeit der Klage erheblichen Tatsachen zu ermitteln, ohne daß es darauf ankommt, wie die Parteien sich zu der Frage geäußert und welche Beweismittel sie angegeben haben. Eine Fristversäumnis darf grundsätzlich nicht angenommen werden, wenn der Beginn des Laufes der Frist nicht nachweisbar ist.

## D. Gemeinde- und Gutsvorsteher. Gemeindebeamte.

**Nr. 1. Entsch. Bd. XXXXI** S. 1 v. 25. IV. 02 II A 11/01.
Westf. Kr.-Ordn. v. 31. VII. 86 (G.-S. S. 217) § 25.
Westf. Land-Gem.-Ordn. v. 19. III. 56 (G.-S. S. 265) §§ 15, 39.

Wenn die Gesetze die Bestätigung oder Nichtbestätigung der Wahl eines Gemeindevorstehers in das beliebige Ermessen der Aufsichtsbehörde stellen, so überlassen sie es ihr, bei ihrer Entschließung alles zu berücksichtigen, was die Bestätigung untunlich erscheinen läßt, also namentlich den Mangel der gesetzlichen Wahlfähigkeit (vgl. §§ 15, 39 der Land-Gem.-Ordn. für Westfalen v. 19. III. 56), ferner persönliche Ungeeignetheit und endlich Unregelmäßigkeiten des Wahlverfahrens in Betracht zu ziehen. Ist aber die Bestätigung einmal erfolgt, so ist dadurch die für die Besetzung des Amtes der Aufsichtsbehörde gegebene Befugnis erschöpft. Die Aufsichtsbehörde kann auf ihre Befugnis nicht mehr zurückgreifen, also auch von dem Mittel einer Versagung der Bestätigung keinen Gebrauch mehr machen, wenn sie später erkennt, daß Gründe für die Versagung vorhanden gewesen sein würden. Es ist undenkbar, daß die Gesetze einerseits die Voraussetzungen, unter denen ein Ortsvorsteher aus seinem Amte entfernt werden darf, umgrenzen, andererseits aber es dem freien Ermessen der Aufsichtsbehörde überlassen sollten, durch die bloße Zurücknahme ihrer Bestätigung die Amtsentsetzung tatsächlich herbeizuführen. Nicht nur das Recht des Beamten, sondern auch das der Gemeinde, die durch die Gesetze die Befugnis erhalten hat, vorbehaltlich der Bestätigung das Amt auf eine bestimmte Reihe von Jahren zu besetzen, würde empfindlich verletzt, die Ordnung in ihren Verhältnissen würde auf das Ernstlichste gefährdet werden, wenn die Aufsichtsbehörde ihre Erklärung zurückziehen dürfte. Sie kann das ebensowenig, wie die Gemeinde ihre Wahl widerrufen kann. Ob die Aufsichtsbehörde sonst Mittel hat, die Berufung einer, in einem mangelhaften Verfahren gewählten oder ungeeigneten oder gar gesetzlich unfähigen Person rückgängig zu machen, braucht hier nicht erörtert zu werden; es genügt festzustellen, daß ihr dazu der Weg einer Zurücknahme der Bestätigung nicht offen steht.

**Nr. 2. Entsch.** v. 4. II. 02 Nr. I 210 (Pr.-V.-Bl. Bd. XXIII S. 681).
Land-Gem.-Ordn. v. 3. VII. 91 (G.-S. S. 232) §§ 36, 88, 90, 91.
Komm.-Abg.-Ges. v. 14. VII. 93 (G.-S. S. 152) § 90.
L.-V.-G. §§ 128, 132, 133.

1. Die Klage im Verwaltungsstreitverfahren gegen eine Verfügung des Gemeindevorstehers an einen Gemeindeangehörigen, Zirkulare, durch welche Bekanntmachungen in Gemeindeangelegenheiten erfolgen, bei Vermeidung einer Geldstrafe innerhalb einer bestimmten Frist weiterzugeben, ist unzulässig.

Die Frage, ob die Instanzrichter die Beförderung der im Umlauf befindlichen Bekanntmachungen des Gemeindevorstehers mit Recht als Leistung eines der Gemeinde geschuldeten Naturaldienstes angesehen und die Befugnis des Gemeindevorstehers, derartige Handlungen als Naturaldienste von den Gemeindesteuerpflichtigen zu fordern, bejaht haben, kann dahingestellt bleiben. Selbst wenn diese Frage in Übereinstimmung mit ihnen beantwortet werden muß, so folgt daraus nicht die Befugnis des Gemeindevorstehers, die ordnungsmäßige Ausführung durch Androhung von Geldstrafen zu erzwingen. Der Vorderrichter irrt in der Annahme, daß eine derartige Befugnis aus § 132 L.-V.-G. folge; denn die angeführte Gesetzesstelle gibt die dort beschriebenen Zwangsbefugnisse dem Gemeindevorsteher nur, um seine auf dem

Gebiete der obrigkeitlichen Verwaltung getroffenen Anordnungen, insbesondere solche durchzusetzen, die er in Handhabung der ihm in den §§ 90 und 91 der Land-Gem.-Ordn. v. 3. VII. 91 übertragenen Befugnisse erlassen hat. Sie stehen ihm daher nicht zu bei der Vollstreckung von Verfügungen, zu denen er in Erfüllung der ihm nach § 88 Nr. 8 a. a. O. obliegenden Aufgabe schreitet, die Gemeindeabgaben und Dienste auf die Verpflichteten zu verteilen und wegen deren Einziehung oder Ausführung die erforderlichen Anordnungen zu treffen. Wie diese Anordnungen durchzuführen sind, ist durch die Bestimmungen im § 90 des Komm.-Abg.-Ges., die an Stelle der gleichlautenden Vorschriften im § 36 der Land-Gem.-Ordn. getreten sind, besonders geregelt. Danach aber steht dem Gemeindevorsteher zur Erzwingung der Leistung von Naturaldiensten kein anderes Mittel als die Ausführung der nicht geleisteten Dienste durch Dritte auf Kosten des säumigen Pflichtigen und die Einziehung der entstehenden Kosten im Wege des Verwaltungszwangsverfahrens zu Gebote. Daran kann auch nichts ändern, daß dieses Mittel nicht unter allen Umständen und insbesondere nicht in einem Falle wie dem vorliegenden geeignet sein mag, die rechtzeitige und ordnungsmäßige Leistung der geschuldeten Dienste zu sichern.

2. Aus der Bestimmung im § 133 Abs. 1 des L.-V.-G., wonach gegen die Androhung eines Zwangsmittels dieselben Rechtsmittel stattfinden, wie gegen die Anordnung, um deren Durchsetzung es sich handelt, folgt die Anwendbarkeit der im vierten Titel desselben Ges., insbesondere in dem durch die Klage angeführten § 128 gegebenen Vorschriften nicht unbedingt; denn die Zwangsbefugnisse des § 132 L.-V.-G. sind den dort genannten Behörden nicht nur zur Durchführung polizeilicher Verfügungen, sondern aller in Ausübung der obrigkeitlichen Gewalt getroffenen Anordnungen gegeben. Wie daraus hervorgeht, vermag der Umstand allein, daß ein in der angeführten Gesetzesstelle zugelassenes Zwangsmittel zur Durchsetzung einer von dem Gemeindevorsteher getroffenen Anordnung angedroht ist, noch nicht den Schluß zu rechtfertigen, daß die Anordnung den Charakter einer polizeilichen Verfügung habe und der Anfechtung mit den im vierten Titel des L.-V.-G. gegebenen Rechtsbehelfen unterliege. Vielmehr hängt die Beantwortung der Frage, ob dem so sei, von dem Inhalt und der Form der Anordnung ab, um deren Durchsetzung es sich handelt. Im vorliegenden Falle enthält die Anordnung des Gemeindevorstehers, daß der Kläger die im Umlauf an ihn gelangenden Bekanntmachungen an den Kutschner M. weiter zu geben habe, nur eine Bestimmung über die Art, wie der Kläger die Beförderung der Bekanntmachungen des Gemeindevorstehers ausführen soll; sie kennzeichnet sich also ihrem Inhalte nach nicht als ein Akt der Handhabung der Polizeigewalt, sondern als ein Akt der Verwaltung von Gemeindeangelegenheiten. Ihre Form aber gibt nicht den mindesten Anlaß zu einer abweichenden Auffassung; namentlich fehlt jeder Anhalt für die Annahme, daß der Gemeindevorsteher von der ihm nach § 90 Abs. 3 der Land-Gem.-Ordn. zustehenden Befugnis, als Organ der Ortspolizeibehörde vorläufige polizeiliche Anordnungen zu treffen, Gebrauch gemacht habe oder auch nur habe Gebrauch machen wollen. Der Versuch, die Zulässigkeit der Klage aus § 128 L.-V.-G. zu leiten, ist daher verfehlt.

3. Eine andere, die Zuständigkeit der Verwaltungsgerichte zur Entscheidung auf die erhobene Klage begründende Vorschrift ist nicht vorhanden. Insbesondere gibt es keine allgemeine Vorschrift, wonach die Gemeindesteuerpflichtigen berechtigt wären, jeden Akt der Gemeindeverwaltung, sofern er sich auf die Regelung ihrer Teilnahme an den Gemeindelasten, insbesondere an den der Gemeinde zu leistenden Naturaldiensten bezieht, im Wege des Ver-

waltungsstreitverfahrens anzufechten. Ein der Gemeinde Abgabenpflichtiger kann vielmehr die Frage, ob und in welchem Umfange er zu Leistungen an die Gemeinde verpflichtet ist, nur dadurch zur Entscheidung des Verwaltungsrichters bringen, daß er im Falle einer Heranziehung Einspruch und Klage erhebt, und auch dann kann er nur die gänzliche oder teilweise Befreiung von der angefochtenen Heranziehung, aber nicht eine grundsätzliche Entscheidung über Bestehen oder Umfang der Leistungspflicht verlangen.

4. Eine Heranziehung zu Naturaldiensten ist aber in der Anordnung, daß der Kläger die an ihn gelangenden Bekanntmachungen des Gemeindevorstehers an seinen Nachbar M. weiter zu geben habe, selbst dann nicht zu finden, wenn man die Beförderung der Bekanntmachungen als Leistung von Handdiensten ansehen wollte; denn sie läßt völlig unbestimmt, ob und wann dem Kläger zur Verkündigung mittels Umlaufs bestimmte Bekanntmachungen des Gemeindevorstehers zugehen werden. Sie enthält also noch keine Aufforderung oder Heranziehung zur Beförderung von Bekanntmachungen des Gemeindevorstehers, sondern lediglich die Mitteilung einer Regel, die der Kläger im Falle künftiger Heranziehung zur Beförderung der Bekanntmachungen des Gemeindevorstehers befolgen soll. Gegen die Mitteilung solcher Regeln aber finden die in den §§ 69 und 70 des Komm.-Abg.-Ges. gegebenen Rechtsbehelfe nicht statt; sie sind vielmehr erst dann gegeben, wenn eine Heranziehung nach Maßgabe der mitgeteilten Regel wirklich erfolgt ist.

### Nr. 3. Entsch. Bd. XXXXI S. 165 v. 27. V. 02 I C 118/01.

Land-Gem.-Ordn. v. 3. VII. 91 (G.-S. S. 233) §§ 88, 90, 91.
L.-V.-G. § 132.

Der Gemeindevorsteher darf die in § 132 L.-V.-G. ihm übertragenen Zwangsbefugnisse nur zur Durchsetzung solcher Anordnungen gebrauchen, die er in Handhabung der obrigkeitlichen Gewalt (§ 88 Abs. 1 und §§ 90, 91 der Land-Gem.-Ordn.) trifft, nicht aber, wenn es sich um eine in der Verwaltung des Gemeindevermögens und der Gemeindeanstalten getroffene Anordnung handelt, deren Ziel dahin geht, unberechtigte Ansprüche auf das Gemeindevermögen abzuwehren.

### Nr. 4. Entsch. Bd. XXXX S. 160 v. 5. VII. 01 I C 45/01.

Land-Gem.-Ordn. v. 3. VII. 91 (G.-S. S. 233) §§ 40, 43, 44, 65—67.

1. Dem jedem Gemeindegliede kraft des Gemeinderechts zustehenden Rechte zur Bekleidung unbesoldeter Ämter in der Verwaltung und Vertretung der Gemeinde entspricht die Verpflichtung, solche Ämter zu übernehmen, sowie ein angenommenes Amt mindestens drei Jahre lang zu versehen. Wenn in letzterer Gesetzesvorschrift von der Pflicht, „Ämter" zu übernehmen, gesprochen wird, so ist dies nicht dahin zu verstehen, daß ein Gemeindeglied mehrere Ämter zu übernehmen gehalten sei. Denn nach § 65 Abs. 3 der Land-Gem.-Ordn. gewährt die Verwaltung eines unbesoldeten Amtes während der vorgeschriebenen regelmäßigen Amtsdauer für die nächsten drei Jahre ein Ablehnungsrecht, und nach Abs. 4 dürfen die daselbst bezeichneten Nachteile nur über ein Gemeindeglied verhängt werden, welches ein unbesoldetes Amt zu übernehmen oder das übernommene drei Jahre hindurch zu versehen ohne gesetzlichen Entschuldigungsgrund ablehnt. Die dem Ämterrecht entsprechende Pflicht jedes Gemeindeglieds erschöpft sich danach mit der Übernahme und dreijährigen Verwaltung eines Gemeindeamts. Die Mehrzahl „Ämter" ist im Abs. 1 also nur gesetzt, um die verschiedenen Arten der Ämter in der Verwaltung und der Vertretung der Gemeinde unter die Vorschrift einzubeziehen.

Hat ein Gemeindeglied der Pflicht aus § 65 Abs. 1 durch Übernahme eines Amtes genügt und ist es bereit, das übernommene Amt weiter zu versehen, so darf ihm die Übernahme eines anderen Amtes nicht aufgezwungen werden.

2. Ein Gemeindeverordneter ist zwar nicht Gemeindebeamter, bekleidet aber ein Gemeindeamt — ein Amt in der Vertretung der Gemeinde — und gehört demnach zu den Gemeindegliedern, die ihrer Gemeindepflicht in Ansehung der Übernahme unbesoldeter Ämter nachgekommen sind. Das Gesetz schützt ihn deshalb gegen den Zwang zur Verwaltung fernerer Ämter; zur Anwendung des § 65 Abs. 4 gegen ihn gebricht es an der gesetzlichen Voraussetzung einer Verletzung der Ämterpflicht. Das Gegenteil läßt sich auch nicht daraus herleiten, daß das Schöffenamt mit dem Amte eines Gemeindeverordneten nicht vereinbar ist, daß also der Verordnete durch Annahme seiner Wahl zum Schöffen von seinem bisherigen Amte frei werden würde. Denn eine Pflicht zur Niederlegung des Gemeindeverordnetenamts, um die Annahme des Gemeindeschöffenamts zu ermöglichen, kann nach Lage der gesetzlichen Vorschriften nicht angenommen werden.

## E. Gemeindebeschlüsse.

**Nr. 1. Entsch. Bd. XXXX S. 165 v. 8. X. 01 I C 72/01.**

Hess.-Nass. Land-Gem.-Ordn. v. 4. VIII. 97 (G.-S. S. 301) §§ 34, 37.

1. Beschlüsse der Geindevertretung, gegen die das Gesetz eine befristete Klage zuläßt, so auch Beschlüsse über Einsprüche gegen die Gültigkeit der Gemeindeverordnetenwahlen, müssen den Beteiligten, d. i. den gesetzlich zur Klage berechtigten Personen, in einer Weise zugestellt werden, die eine Prüfung, ob die Klagefrist eingehalten ist, möglich macht. Auf derartige Fälle ist nicht die Sondervorschrift anwendbar, wonach der Gemeindevorstand das Wahlergebnis auf ortsübliche Weise bekannt zu machen hat.

2. Hat jemand durch seine Wahl einstweilen Sitz und Stimme in der Gemeindevertretung erlangt, so kann er dessen nicht verlustig erklärt werden, ohne daß ihm im Streitverfahren durch Beiladung Gelegenheit zur Wahrnehmung seiner Rechte gegeben ist. (Vgl. E.-O.-V. Bd. XXXI S. 108, Bd. XXXVI S. 187.)

## F. Gemeindevermögen und Gemeindegliedervermögen. Teilnahme an den Gemeindenutzungen.

**Nr. 1. Entsch.** v. 7. I. 02 Nr. I 29 (Pr.-V.-Bl. Bd. XXIII S. 679).

Land-Gem.-Ordn. v. 3. VII. 91 (G.-S. S. 233) §§ 70—73.

1. Öffentliche Gemeindewege bilden keinen Teil des Gemeindevermögens, auf dessen Nutzungen die Gemeindeangehörigen ein Recht haben (Gemeindegliedervermögen, §§ 70 bis 73 der Land-Gem.-Ordn. v. 3. VII. 91). Zum Gemeindegliedervermögen könnten nur solche Gegenstände gehören, die Nutzungen oder Erträge gewähren; bei Wegen trifft dies nur insoweit, als die Nutzung des Grases oder der auf ihnen stehenden Bäume in Frage komme, aber nicht hinsichtlich ihres Gemeingebrauches zu. Wege sind daher, wenn sie im Eigentum der Gemeinde stehen, Gemeindevermögen im engeren Sinne („Kämmereivermögen“), und zwar Verwaltungsvermögen im Gegensatze zum werbenden Vermögen. Der entgegengesetzten Auffassung des vormaligen Obertribunals, wonach öffentliche Gemeindewege einen Teil des

Gemeindegliedervermögens bilden (vgl. Strieth. Arch. Bd. 79, S. 51 und Entsch. O.-Trib. Bd. 63, S. 269), kann nicht gefolgt werden. Sie fand bereits in den Vorschriften des A.-L.-R. (§§ 70 bis 72 Tit. 6 T. II und §§ 139 bis 160 Tit. 8 T. II) und der alten Gemeindeordnungen keine Grundlage (vgl. E.-O.-V. Bd. XVIII S. 136, 137) und läßt sich vollends gegenüber den Vorschriften der Land-Gem.-Ordn. v. 3. VII. 91 nicht aufrecht erhalten, da diese in den §§ 70 bis 73 das Gemeindegliedervermögen zu den im § 8 erwähnten öffentlichen Einrichtungen und Anstalten der Gemeinde in Gegensatz stellt.

2. Die Gemeindeangehörigen haben kein Recht auf das Fortbestehen von Gemeindewegen. Durch § 8 der Land-Gem.-Ordn. ist den Gemeindeangehörigen zwar das Recht zugesprochen worden, die öffentlichen Einrichtungen und Anstalten der Gemeinde nach Maßgabe der für sie bestehenden Bestimmungen zu benutzen, solange sie vorhanden sind, dagegen keinem einzelnen Gemeindeangehörigen ein Recht auf das Fortbestehen einer Einrichtung oder Anstalt der Gemeinde verliehen worden. Die Gemeinde ist nicht nur befugt, für eine Gemeindeanstalt, deren Benutzungsart gesetzlich nicht geregelt ist, die Voraussetzungen, Bedingungen und Art der Benutzung vorzuschreiben, sondern sie auch ganz zu beseitigen, ohne daß hieraus den Gemeindeangehörigen ein Recht zur Beschwerde und Klage erwächst (vgl. E.-O.-V. Bd. XXI S. 128).

**Nr. 2. Entsch.** v. 14. II. 02 Nr. II 271 (Pr.-V.-Bl. Bd. XXIV S. 87).

Es ist das Recht der Gemeinden, abgesehen von der ihre Autonomie einschränkenden Genehmigung der Aufsichtsbehörde, Beschlüsse über die Nutzungen des Gemeindevermögens mit bindender Wirkung für die Gemeindeangehörigen zu fassen (vgl. E.-O.-V. Bd. XXIV S. 88 ff., Bd. XXXV S. 149 ff.). Was der einzelne auf Grund solcher Beschlüsse fordern kann, ist ein Anspruch, der auf der Gemeindeverfassung, also auf einem Titel öffentlichen Rechtes beruht. Grundsätzlich sind daher dergleichen Ansprüche auch den Wandlungen unterworfen, denen in dieser Hinsicht die Gemeindeverfassung unterliegt. Mit anderen Worten: Der Einzelberechtigte besitzt sein Nutzungsrecht nur kraft des einseitig erklärten Korporationswillens und nur so lange, als der hierauf gerichtete Wille geltende Norm der Ortsverfassung bleibt. Die Gemeinde kann daher durch neue Beschlüsse den bisher Berechtigten die Nutzung wieder entziehen, ohne daß diese befugt wären, die Korporation wider ihren Willen zur Fortgewährung des Nutzens zu zwingen. Auch ergibt sich daraus als selbstverständliche Folge, daß es der Gemeinde nicht zugemutet werden kann, sich, bevor sie zur Fassung solcher die Ortsverfassung ändernder Beschlüsse schreitet, der Zustimmung der bisher Berechtigten zu versichern. Denselben Grundsätzen folgt, was die Rheinprovinz anlangt, die Instr. des Min. des Innern über die Einführung der nach der Gem.-Ordn. v. 23. VII. 45 von den Gemeinden der Rheinprovinz zu erhebenden Einkaufsgelder und Abgaben für Gemeindenutzungen v. 15. XI. 47 (M.-Bl. S. 310), insofern sie die Autonomie der Gemeinde hervorhebt und dadurch außer Zweifel stellt, daß auch das Einkaufsgeld lediglich öffentlich-rechtlichen Charakters ist. Es besteht, was die Natur des Rechtstitels anlangt, kein Unterschied zwischen den Gemeindenutzungen, die ohne Einkaufsgeld gewährt werden, und denen, die den Berechtigten erst durch Entrichtung eines Einkaufsgeldes zu teil werden. In beiden Fällen beruht das Recht auf die Teilnahme im letzten Grunde, auf der Ortsverfassung. Die Gemeinde begibt sich dadurch, daß sie ein Einkaufsgeld einführt, nicht des Rechtes, Änderungen der Ortsverfassumg hinsichtlich der Teilnahme an den Gemeindenutzungen zu beschließen.

Das Einkaufsgeld gewährt kein Recht auf dauernde Zulassung zu den Gemeindenutzungen und schafft insbesondere auch kein Sonderrecht im Sinne von E.-O.-V. Bd. XXIV S. 94. Daher ist es rechtsirrig, in der Zahlung des Einkaufsgeldes ein Vertragsverhältnis mit der Wirkung zu erblicken, daß der Anspruch auf Gemeindenutzung hierdurch für den Einzelberechtigten für alle Zeit und gegenüber allen etwa künftig zu beschließenden Änderungen der Ortsverfassung sicher gestellt wäre, wie es denn auch kaum zweifelhaft sein kann, daß die Gemeinde trotz einer Ortsverfassung, die den Genuß der Gemeindenutzungen an ein Einkaufsgeld knüpft, befugt ist, dadurch, daß sie die unmittelbare Benutzung ihrer Ländereien durch die Gemeindemitglieder beseitigt, die Gemeindenutzungen als solche überhaupt in Fortfall zu bringen. Sie verletzt dadurch den einzelnen nicht in seinen Rechten, mögen dem einzelnen in dergleichen Fällen auch immerhin gewisse Billigkeitsansprüche auf Entschädigung zuzuerkennen sein. Ist aber die Gemeinde für berechtigt zu erachten, die Gemeindenutzungen durch entsprechende Änderung der Ortsverfassung gänzlich in Wegfall zu bringen, so muß ihr umsomehr auch das Recht zustehen, einschränkende Bestimmungen im Genusse dieser Nutzungen einzuführen, ohne hieran durch den Widerspruch der bisher Berechtigten verhindert zu werden.

## G. Gemeindehaushalt. Staatsaufsicht, insbesondere Zwangsetatisierung.

**Nr. 1. Entsch.** v. 30. IV. 01 Nr. I 739 (Pr.-V.-Bl. Bd. XXIV S. 53).

Ges. v. 11. III. 50 (G.-S. S. 265) über die Polizeiverwaltung, §§ 1, 4.

1. Den Landräten steht wegen ihrer Eigenschaft als Kommunal- und Polizeiaufsichtsbehörden die Befugnis zu, die Verpflichtung der Landgemeinden und Gutsbezirke, der Amtsbezirke, der Rheinischen Bürgermeistereien und der Westfälischen Ämter, zur Aufbringung der Kosten polizeilicher Einrichtungen diesen gegenüber mit verbindlicher Wirkung festzustellen. (E.-O.-V. Bd. XX S. 65 ff. und 71 ff., Bd. XXVI S. 137 ff. und 140 ff.) Freilich ist weder in der Kr.-Ordn. v. 13. XII. 72, noch in einem anderen der neueren Verwaltungs- und Gemeindeverfassungsgesetze die Aufsicht des Staates über die Verwaltung der Angelegenheiten der Gemeinden und der aus mehreren Gemeinden zusammengesetzten Verbände und ihr Umfang näher bestimmt, sondern als ein bekannter Rechtsbegriff vorausgesetzt. Allein daraus folgt nur, daß die Bestimmungen der älteren Gesetze, unter anderen der § 139 der revidierten St.-Ordn. v. 17. III. 31 auch jetzt als Anhalt für die Beurteilung des Umfanges der Staatsaufsicht anzusehen sind. Danach ist die Aufsichtsbehörde so berechtigt, wie verpflichtet, darauf zu halten, daß die Verwaltung fortwährend im geordneten Gange erhalten wird und erkannte Störungen beseitigt werden; sie ist also auch befugt, die Gemeinden zur Erfüllung ihrer Pflichten anzuhalten. Zu einer Störung des geordneten Ganges der Verwaltung aber führt es, wenn diejenigen Einrichtungen, die die Verwaltung erfordert, nicht getroffen werden, und wenn insbesondere das zur Bewältigung ihrer Aufgaben erforderliche Personal nicht angestellt wird; und dabei macht es keinen Unterschied, ob es sich um Wiederbesetzung bereits früher gegründeter Stellen oder um Errichtung neuer handelt. Dem Vorderrichter ist daher dahin beizutreten, daß der § 4 Abs. 1 des Ges. über die Polizeiverwaltung vom 11. III. 50 nur eine Vorschrift enthält, die sich ohnehin aus dem Wesen des Aufsichtsrechts ergibt.

2. Notwendigkeit und Angemessenheit der Zwangsetatisierung und der ihr zu Grunde liegenden Feststellung ist der Nachprüfung im Verwaltungsstreitverfahren entzogen. (Vgl. E.-O.-V. Bd. XIII S. 168, Bd. XIV S. 107, Bd. XVIII S. 148, Bd. XIX S. 119, 195, Bd. XX S. 67, Bd. XXVI S. 144, Bd. XXIX S. 108.) Die Feststellung ist vielmehr in tatsächlicher Beziehung nur dahin zu prüfen, ob sie sich als so absolut untauglich und zweckwidrig darstellt, daß sie völlig willkürlich erscheint.

**Nr. 2. Entsch. Bd. XXXXI S. 151** v. 24. IX. 01 I B 28/01.

Rh. Land-Gem.-Ordn. v. 23. VII. 45 (G.-S. S. 523) § 114.
Komm.-Beamtenges. v. 30. VII. 99 (G.-S. S. 141) §§ 11, 19.

Nach dem Kommunalbeamtenges. v. 30. VII. 99 ist — abgesehen von Polizeibeamten, bezüglich derer nach § 11 Abs. 2 a. a. O. die bisherigen Vorschriften aufrecht erhalten sind — die Aufsichtsbehörde bei Widerspruch des versorgungsberechtigten Verbandes nicht befugt, die Höhe der Besoldung für Beamtenstellen festzustellen, gleichviel ob es sich um bereits bestehende oder erst einzurichtende Stellen, und ersterenfalls, ob es sich um besetzte oder erledigte Stellen handelt. Im Falle von Widerspruch hat vielmehr die Feststellung der Besoldungsbeträge durch Beschluß des Kreis- oder Bezirksausschusses zu erfolgen.

Wenn auch dem Landrate auf Grund des § 114b der Rh. Gem.-Ordn. v. 23. VII. 45 in Ermangelung einschränkender Sonderbestimmungen eine solche Befugnis zugestanden haben mag, so verhält es sich damit doch nach dem Inkrafttreten des Kommunalbeamtenges. zweifellos anders. Denn dort ist in den §§ 11 und 19 die Befugnis besonders geregelt, durch die es der Aufsichtsbehörde ermöglicht werden soll, eine angemessene Besoldung der Bürgermeistereibeamten herbeizuführen. Danach kann zwar die Aufsichtsbehörde, ohne daß zwischen bereits bestehenden, oder erst zu errichtenden Stellen unterschieden wird, bei einem auffälligen Mißverhältnisse zwischen der Besoldung und den amtlichen Aufgaben der Beamtenstelle verlangen, daß den Beamten die zu einer zweckmäßigen Verwaltung angemessenen und der Leistungsfähigkeit der Bürgermeisterei entsprechenden Besoldungsbeträge bewilligt werden, insoweit nicht die Besoldung der betreffenden Stelle durch Ortsstatut festgesetzt ist. Aber im Falle des Widerspruchs der Bürgermeisterei hat die Feststellung der Besoldungsbeträge durch Beschluß des Kreisausschusses zu erfolgen.

**Nr. 3. Entsch. Bd. XXXXI S. 156** v. 17. XII. 01 I B 14/01.

Rh. Land-Gem.-Ordn. v. 23. VII. 45 (G.-S. S. 523) §§ 86, 104, 106, 107, 111, 114.
Komm.-Beamtenges. v. 30. VII. 99 (G.-S. S. 41) §§ 8—15, 19.

1. Nach § 114 Abs. 2 litt. b der Rh. Land-Gem.-Ordn. sind die Aufsichtsbehörden berechtigt und verpflichtet, dafür zu sorgen, daß die Verwaltung in dem vorgeschriebenen Gange bleibt und alle Störungen beseitigt werden. Zu Störungen in dem vorgeschriebenen Gange der Verwaltung aber kommt es nicht allein, wenn die zu ihrer Führung angestellten Beamten nicht auskömmlich besoldet werden, sondern gerade auch dann, wenn ihre Zahl nicht ausreicht oder wenn die Geschäfte einen Umfang und eine Bedeutung annehmen, daß die Heranziehung von Kräften erforderlich wird, die besser geschult und vorgebildet sind, als diejenigen zu sein pflegen, die durch gewöhnliche Dienstmiete gewonnen werden können. (Bürgermeistereisekretäre an Stelle von aus dem Pauschquantum des Bürgermeisters zu bezahlenden Privatschreibern.) Aus denselben Gründen, mit denen in E.-O.-V. Bd. XXV S. 112 die Befugnis der Aufsichtsbehörde zur Erhöhung unauskömmlicher Ge-

hälter dargetan worden ist, ergibt sich, daß sie auch befugt ist, die Einrichtung neuer Beamtenstellen zu verlangen, — auf dem Gebiete der Rh. Land-Gem.-Ordn. um so mehr, als diese irgend welche Beschränkungen des Aufsichtsrechts nicht enthält, vielmehr ihm einen besonders scharfen Ausdruck in der Vorschrift verleiht, daß die Beschlüsse des Gemeinderats und der Bürgermeistereiversammlung, soweit sie sich auf die Erfüllung rechtlicher Pflichten beziehen, als bloße Gutachten anzusehen sind (zu vgl. §§ 86 Abs. 2 und 111).

2. Diese Befugnis der Aufsichtsbehörde, die Einrichtung neuer Beamtenstellen anzuordnen, ist von den Bestimmungen des Kommunalbeamtenges. unberührt geblieben. Insbesondere können die gesetzlichen Regeln darüber, wie ein Mißverhältnis zwischen Besoldung und amtlicher Aufgabe zu beseitigen ist, nicht auf die Beurteilung der Frage übertragen werden, ob und wie die Aufsichtsbehörde einer Störung des Ganges der Verwaltung durch Überbürdung der beteiligten Beamten abzuhelfen hat.

3. Der Einwand, das Ges. v. 30. VII. 99 wolle die von ihm behandelten Rechtsverhältnisse erschöpfend regeln, lasse es daher eine Befugnis der Aufsichtsbehörde, die Einrichtung neuer Beamtenstellen zu verlangen, gänzlich unerwähnt, so folge daraus, daß sie nicht mehr bestehe, selbst wenn sie bisher bestanden haben sollte, ist unzutreffend. Das Gesetz bestimmt lediglich, wie und in welcher Form Kommunalbeamte anzustellen sind und welche rechtliche Folgen für ihre Versorgung aus der Anstellung entstehen, aber es enthält keine einzige Bestimmung darüber, ob und wann Kommunalbeamte anzustellen sind, schließt vielmehr die Frage hiernach ebenso von der Regelung aus, wie die Disziplinarverhältnisse der unter seine Bestimmungen fallenden Beamten. Die Beantwortung der Frage, ob die Aufsichtsbehörde befugt ist, die Einrichtung neuer Beamtenstellen zu verlangen, ist deshalb dem bisherigen Rechte, hier der Rh. Land-Gem.-Ordn. v. 23. VII. 45 zu entnehmen.

**Nr. 4. Entsch. Bd. XXXXI S. 151** v. 24. IX. 01 I B 28/01.

Zust.-Ges. § 24 Abs. 2.

Nur wo die Feststellung einer Leistung nicht anders als in einem besonders geregelten, bereits Rechtsschutz gewährenden, Verfahren angefochten werden kann, ist die fernere Nachprüfung ihrer Gesetzmäßigkeit in dem nachfolgenden Streitverfahren über die Zwangsetatisierung ausgeschlossen. Der Zulässigkeit einer formlosen, wenn auch befristeten Beschwerde an die Aufsichtsinstanz kommt die gleiche Wirkung nicht zu (vgl. E.-O.-V. Bd. XXVII S. 80, Bd. XIV S. 107, Bd. XXV S. 170, Bd. XX S. 67, Bd. XIX S. 122, Bd. XIII S. 61, Bd. XII S. 190). Die Anfechtbarkeit einer Anordnung mittels formloser Beschwerde an die Aufsichtsbehörde hat nicht die rechtliche Bedeutung, daß sie nach Ablauf der Beschwerdefrist endgültig auch für ein etwaiges Verwaltungsstreitverfahren festgestellt wäre (E.-O.-V. Bd. XXVII S. 80 ff., Bd. XII S. 190).

**Nr. 5. Entsch. Bd. XXXXI S. 189** v. 18. X. 01 I B 24/01.

1. Die Feststellung der Leistung und die Feststellung der außerordentlichen Ausgabe durch die Zwangsetatisierungsverfügung sind zwei verschiedene Anordnungen, die auch dann nicht miteinander verbunden werden dürfen, wenn für sie dieselbe Behörde zuständig ist (vgl. E.-O.-V. Bd. VIII S. 49, Bd. XVI S. 218, Bd. XIX S. 119, Bd. XX S. 66 und Bd. XXV S. 6).

2. Die Prüfung, ob durch eine Anordnung einer Gemeinde eine Leistung auferlegt worden ist, die ihr gesetzlich oblag, steht gegenüber der Zwangs-

etatisierung auch dem Verwaltungsgerichte zu, sofern die Feststellung der Leistung nicht in einem besonders geregelten und mit besonderen Rechtsmitteln ausgestatteten Verfahren erfolgt ist. (E.-O.-V. Bd. XIII S. 61, Bd. XIV S. 107, Bd. XXVII S. 80.)

---

# VI.

# Kommunalabgabenrecht.

**Literatur:** Adickes, Kommunalabgabengesetz und Gesetz wegen Aufhebung direkter Staatssteuern, 3. Aufl., Berlin 1902. v. Brauchitsch, Die neuen preußischen Verwaltungsgesetze. Fortgeführt von Studt und v. Braunbehrens. Bd. III 15. Aufl., 5. Bearb., Berlin 1902. — Graf Hue de Grais, Handbuch der Verfassung und Verwaltung in Preußen und im Deutschen Reiche, 15. Aufl., Berlin 1902. — Illing-Kautz, Handbuch für preußische Verwaltungsbeamte, 8. Aufl., Berlin 1903.

## A. Allgemeines. Begriff der Gemeindelasten. Observanzen. Abgabenregulierungspläne. Schlesische Urbarien. Abgabepflicht der „Wüsten Hufen". Unterhaltung der Bürgersteige.

**Nr. 1. Entsch.** v. 15. III. 01 Nr. II 472 (Pr.-V.-Bl. Bd. XXIII S. 275).
Komm.-Abg.-Ges. v. 14. VII. 93 (G.-S. S. 152) §§ 69, 70, 96.

Will eine Gemeinde, in der die direkten Gemeindesteuern durch Zuschläge zu den Staatssteuern eingefordert werden, daneben von einzelnen Mitgliedern noch andere öffentliche Abgaben, als im Komm.-Abg.-Ges. vorgesehen, erheben, so kann dies nach § 96 dieses Ges. nur auf Grund einer Ordnung über die Aufbringung der Steuer geschehen, die bis zum Inkrafttreten des Ges. in Geltung gewesen und bis auf weiteres geblieben ist. Der Annahme einer etwaigen Observanz steht der Umstand nicht entgegen, daß die streitige Abgabe seit langer Zeit nicht erhoben worden ist. Fehlt aber eine Ordnung (Observanz, Statut, Regulativ, Gemeindebeschluß u. s. w.) im Sinne des § 96 des Komm.-Abg.-Ges., so kann eine in einem Rezeß stipulierte besondere Kommunalabgabe nach Inkrafttreten des Komm.-Abg.-Ges. von dem durch Rezeß Verpflichteten nicht mehr erhoben werden.

**Nr. 2. Entsch.** v. 28. VI. 01 Nr. II 1085 (Pr.-V.-Bl. Bd. XXIII S. 791).
Komm.-Abg.-Ges. v. 14. VII. 93 (G.-S. S. 152) §§ 6, 69 Abs. 3, 91.

Öffentliche Lasten, die gemeinschaftlich einem Gutsbezirk und einer Gemeinde obliegen, können nicht in der Weise aufgebracht werden, daß die Gemeinde den Gutsbezirk zu den von ihm zu leistenden Beiträgen heranzieht. Denn es liegt materiell eine Gemeindelast nicht vor. Auf das Komm.-Abg.-Ges. können solche Hebungen nicht gestützt werden, da dieses das Steuerrecht der Einzelgemeinden und, abgesehen von den Gutsbezirken, nur noch in einzelnen Punkten das Abgabenrecht ganz bestimmter Verbände regelt.

**Nr. 3. Entsch. v. 28. II. 02 Nr. II 362 (Pr.-V.-Bl. Bd. XXIII S. 646).**

Regulativ v. 17. XI. 41 (G.-S. S. 405) wegen Unterhaltung der durch die Staatswaldungen in Westfalen und der Rheinprovinz führenden öffentlichen Wege.

Komm.-Abg.-Ges. v. 14. VII. 93 (G.-S. S. 152) §§ 20, 21, 24, 96.

1. Nach § 1 des Regulativs v. 17. XI. 41 soll von den bisher dazu verpflichteten Gemeinden die Unterhaltung der durch die Kgl. Forsten führenden öffentlichen Wege nicht mehr verlangt, und diese vielmehr von der Forstverwaltung übernommen werden; nach dessen § 3 hört dagegen die bisherige „Konkurrenz" der Forstverwaltung zur Unterhaltung der außerhalb der Forst belegenen öffentlichen Wege auf und „fallen die deshalb aus Forstkassen geleisteten Kommunalbeiträge hiefüro fort". Darnach hat der § 1 die Wegebaulast d. i. die der Polizeibehörde gegenüber bestehende und von dieser zu erzwingende öffentlich-rechtliche Pflicht zur baulichen Instandhaltung der Wege, anderweit geregelt, indem der Polizei an Stelle der bisher allein verpflichteten Gemeinde zwei Pflichtige, nämlich der Forstfiskus für die innerhalb der Forsten und die Gemeinde für die im Reste des Gemeindebezirks belegenen Wegestrecken gegenüber gestellt werden. Rücksichtlich der Wegebaulast ist die Kgl. Forst aus dem Gemeindeverbande ausgeschieden und steht analog den forstfiskalischen Gutsbezirken der östlichen Provinzen neben der Gemeinde als wegebaupflichtig da (E.-O.-V. Bd. XIX S. 269). In allen übrigen Beziehungen ist die Forst Teil des Gemeindebezirks und der Forstfiskus Angehöriger der Gemeinde mit allen Rechten und Pflichten eines solchen geblieben. Er würde daher auch zu den Ausgaben, die der Gemeinde aus dem ihr verbliebenen Teile der Wegebaulast erwachsen, beitragen müssen, falls nicht sonstige Vorschriften und insbesondere der § 3 des Regulativs seine desfallsige „Konkurrenz" beseitigt hätten. Diese Vorschrift ist weder durch die allgemeine kassatorische Klausel des § 96 Abs. 5 des Komm.-Abg.-Ges. aufgehoben, da das Komm.-Abg.-Ges. Bestimmungen über die Zugehörigkeit zu einem Gemeindebezirke überhaupt nicht enthält, noch eine „Befreiung von Gemeindesteuern" durch dessen §§ 20, 21 und 24 Abs. 2. Die direkten Steuern sind eines der Mittel zur Deckung der Bedürfnisse der Gemeinde und zwar Abgaben, die nach festen und gleichmäßigen Grundsätzen auf alle der Besteuerung unterworfenen Pflichtigen umgelegt werden. Daher können nur solche Rechtsnormen oder Rechtstitel, die eine Ausnahme von den regelmäßigen Verteilungsgrundsätzen, die eine regelwidrige (singuläre) Norm über die Verteilung einer Last unter die zu dieser an sich Pflichtigen statuieren, als eine „Befreiung" (Exemtion) von den direkten Gemeindesteuern sich darstellen. Eine solche den Forstfiskus von den Steuern teilweise befreiende, ihn bei deren Verteilung günstiger als die übrigen Gemeindeangehörigen stellende Ausnahme von den Besteuerungsgrundsätzen ist in dem § 3 des Regulativs nicht enthalten. Gleich den übrigen hat er mittels der Steuern zu allen sonstigen Gemeindebedürfnissen beizutragen; nur zu den Ausgaben, die der Gemeinde aus dem ihr verbliebenen Teile der Wegebaulast erwachsen, trägt er überhaupt nicht bei und zwar um deswillen nicht, weil er — der die Wegebaulast in einem Teile des Gemeindebezirks unmittelbar und allein trägt — an der Unterhaltung der Wege im übrigen Teile dieses Bezirks und an den bezüglichen Ausgaben rechtlich nicht mehr interessiert ist.

2. Dies trifft auch da zu, wo der Forstfiskus in einem Gemeindebezirke lediglich nach § 2 des Regulativs die eine Hälfte eines Grenzweges zu unterhalten hat. Wenn es auch richtig ist, daß der Abs. 2 des § 3 nur von Wegen spricht, die sich in den Forsten befinden und durch die Forsten gehen,

so ist doch andererseits im Abs. 1 schlechthin von Forstwegen die Rede, und es ist nicht unzulässig, unter Forstwegen auch die im § 2 gedachten Grenzwege zu verstehen. Sodann aber kann dem Wortlaute des Abs. 2 im § 3 keine entscheidende Bedeutung beigemessen werden, weil es für die gemachte Unterscheidung an jedem inneren Grunde fehlt und weil, wenn der § 3 des Regulativs auf die Fälle des § 2 keine Anwendung finden sollte, die Bestimmung des § 3 richtiger vor diejenige des § 2 gestellt wäre. Es ist deshalb anzunehmen, daß im Geltungsgebiete des Regulativs der Forstfiskus auch dann zu den Gemeindeabgaben, soweit sie zur Bestreitung der Wegebaukosten dienen, nicht beizutragen hat, wenn er in dem betreffenden Gemeindebezirke nur einen Grenzweg zu seinem Anteile zu unterhalten hat.

**Nr. 4. Entsch. Bd. XXXXI S. 101 v. 20. VI. 02 II B 60/01.**

Reichs-Gew.-Ordn. §§ 89, 103 l, n.
Komm.-Abg.-Ges. v. 14. VII. 93 (G.-S. S. 152) §§ 1, 69, 70.
Zust.-Ges. §§ 18, 34.

1. Wenn die Gemeinden gemäß § 103 litt. l R.-Gew.-Ordn. dazu übergehen, die ihnen aus der Errichtung und Tätigkeit der Handwerkskammern erwachsenden Kosten auf die einzelnen Handwerksbetriebe umzulegen, so erhalten die von den letzteren erforderten Beträge nicht die Natur der Gemeindeabgaben im Sinne des ersten Teiles des Komm.-Abg.-Ges. und ebensowenig diejenige der Gemeindelasten im Sinne der §§ 18 und 34 Zust.-Ges. Zur Entscheidung von Streitigkeiten zwischen den Inhabern der einzelnen Handwerksbetriebe und der Gemeinde über die Verpflichtung zur Zahlung der umgelegten Handwerkskammerbeiträge ist der Verwaltungsrichter nicht zuständig.

2. Die Zuständigkeit der Verwaltungsgerichte ist auf diejenigen Fälle beschränkt, in denen sie von den Gesetzen ausdrücklich zur Entscheidung berufen werden. Eine derartige Bestimmung befindet sich zunächst unter den die Verhältnisse der Handwerkskammern und ihrer Mitglieder ordnenden Vorschriften der R.-Gew.-Ordn. nicht. Es fehlt aber auch an einer sonstigen Vorschrift, die den Weg des Verwaltungsstreitverfahrens eröffnete. Daher dürfte dieser Weg nur dann beschritten werden, wenn die auf Grund des § 103 litt. l eingeforderten Abgaben zu denjenigen Gemeindeabgaben gehörten, hinsichtlich deren das Verwaltungsstreitverfahren kraft ausdrücklicher Gesetzesvorschrift gegeben ist; allein auch das trifft nicht zu. Zunächst sind sie den „Gebühren", „Beiträgen", „indirekten und direkten Steuern" geschweige den „Naturaldiensten", deren Erhebung und Forderung der § 1 des Komm.-Abg.-Ges. den Gemeinden zur Deckung ihrer Ausgaben und Bedürfnisse gestattet, nicht beizuzählen. Damit wird zugleich die Möglichkeit ausgeschlossen, in Fällen der vorliegenden Art mit dem §§ 69 und 70 dieses Gesetzes zu rechnen.

3. Wenn dann aber auf die §§ 18 und 34 Zust.-Ges. zurückgegriffen wird und zu untersuchen ist, ob die streitige Abgabe nicht etwa den dort erwähnten Gemeindelasten beizuzählen sei, so ist es freilich richtig, daß der vom Gesetze gebrauchte Ausdruck, „Gemeindelasten" weiter geht als der Begriff der Gemeindeabgaben, von denen der erste Teil des Komm.-Abg.-Ges. handelt, und deshalb die §§ 18 und 34 Zust.-Ges. für diejenigen Gemeindelasten, die nicht unter das Komm.-Abg.-Ges. fallen, ihre Geltung behalten haben. Es mag auch zugegeben werden können, daß der Handwerkskammer gegenüber Trägerin der Last die Gemeinde ist, daß es sich daher in diesem Sinne um eine Gemeindelast handelt (vgl. E.-O.-V. Bd. IV S. 141), ferner mag es richtig sein, daß durch die von der Gemeinde bewirkte Umlegung die Herangezogenen

nicht Schuldner der Handwerkskammer, sondern der Gemeinde werden. Aber das alles entscheidet nicht. Denn jene Vorschriften des Zust.-Ges. betreffen, wie es E.-O.-V. Bd. XXV S. 134 heißt, „nicht alle öffentlich-rechtlichen Lasten, welche der Gemeinde als solcher obliegen, sondern beziehen sich nur auf diejenigen, zu denen der Verpflichtete durch den Gemeindevorstand kraft eines aus der Gemeindeabgabenverfassung entspringenden Rechtes herangezogen oder veranlagt werden kann". Bei der Verteilung und Einziehung der Handwerkskammerbeiträge macht aber die Gemeinde nicht von ihrer in dem Gemeinderechte liegenden autonomen Finanzhoheit Gebrauch, sondern sie stützt sich dabei lediglich auf eine Sondervorschrift des Gewerberechts, das es für zweckmäßig befunden hat, zwischen die Handwerkskammer und deren Angehörige noch die Gemeinde zu stellen. Die einzelnen Inhaber der Handwerksbetriebe sind pflichtig nicht sowohl wegen ihres Verhältnisses zu der Gemeinde, als vielmehr in erster Reihe wegen ihrer Zugehörigkeit zu der Handwerkskammer, und die Gemeinde, die gesetzlich nur zu der Umlegung nach einem, überdies von dritter Seite bestimmten, Maßstabe ermächtigt ist, hat zu der Betätigung einer steuerrechtlichen Autonomie nur insofern Raum, als ihr die Wahl freisteht, ob sie die Ausgabe ganz oder zum Teil wie sonstige Etatsbedürfnisse decken oder die Umlegung vornehmen will. Es treffen hier im wesentlichen dieselben Erwägungen zu, von denen aus der Gerichtshof in E.-O.-V. Bd. XX S. 58 ff. die Zuständigkeit der Verwaltungsgerichte in einem Falle verneint hat, wo eine Gemeinde Beiträge zu einer von ihr unterhaltenen gewerblichen Fortbildungsschule erhoben hatte.

**Nr. 5. Entsch. Bd. XXXXI S. 175 v. 3. VI. 02 I C 119/01.**

Land-Gem.-Ordn. v. 3. VII. 91 (G.-S. S. 233) § 28.
Gemeinheitsteilungsordn. v. 7. VI. 21 (G.-S. S. 53) § 147.

Ist bei einer gutsherrlich-bäuerlichen Auseinandersetzung die Abfindung der Gutsherrschaft für unsprünglich bäuerliche, wirtschaftlich mit dem Gute vereinigte Ländereien (wüste Hufen) und für Berechtigungen, die ihr den Bauern gegenüber zustanden, in einem Stücke ausgeworfen worden und hierbei unbestimmt geblieben, welcher räumlich begrenzte Teil der Abfindung auf die wüsten Hufen entfalle, so kann — wenn hierüber auch nicht nachträglich von der Generalkommission eine Festsetzung getroffen wird — der Gemeindevorsteher den Gutsbesitzer zu den Gemeindeabgaben nicht nach den gewöhnlichen Regeln der Gemeindeverfassung heranziehen. Denn die Steuerpflicht ruht lediglich auf einem ideellen Teile der Abfindung, der dem Verhältnisse des Wertes der Bauerhöfe zu dem des ganzen im Auseinandersetzungsverfahren berücksichtigten Besitzes der Gutsherrschaft an bäuerlichen Ländereien und an Berechtigungen entspricht.

Solange nicht etwa eine Bestimmung der örtlichen Lage des auf die Bauerhöfe entfallenden Teiles der Abfindung durch einen Nachtrag zu dem Rezeß erwirkt oder das im Schlußsatze des § 28 der Land-Gem.-Ordn. vorgesehene Verfahren durchgeführt ist, kann der Gutsbesitzer überhaupt nicht zur Gemeindesteuer herangezogen werden.

**Nr. 6. Entsch. v. 14. X. 01 Nr. IV 1811 (Pr.-V.-Bl. Bd. XXIV S. 72).**

1. Die Verpflichtung zur Herstellung und Unterhaltung der Bürgersteige als eine polizeiliche Last kann den Straßenanliegern nicht durch einen Gemeindebeschluß auferlegt werden. (E.-O.-V. Bd. XVI S. 48 ff., 56 ff., Bd. XIX S. 70 ff.)

2. Eine gleichmäßige tatsächliche Übung, die ihren Ausgangspunkt in einem Rechtsirrtum hat, kann zur Bildung einer Observanz nicht führen (E.-O.-V. Bd. XV S. 181ff.), es sei denn, daß die Übung allmählich zu einer Rechtsüberzeugung geführt hat, die unabhängig von dem Rechtsirrtum ist, der die Übung zuerst hervorrief. (Vgl. E.-O.-V. Bd. XIII S. 248ff., 252ff., XV S. 222ff., 230.)

## B. Gebühren und Beiträge.

### 1. Im Allgemeinen.

**Nr. 1. Entsch. Bd. XXXX S.** 80 v. 8. III. 01 II C 185/99.
Komm.-Abg.-Ges. v. 14. VII. 93 (G.-S. S. 152) §§ 4, 7.

Eine Gebührenordnung, die besagt, daß die Entwässerungs-Gebühren „in der Regel" so zu bemessen sind, daß dadurch die im Stadthaushaltsplane veranlagten Verwaltungs- und Unterhaltungskosten einschließlich der Verzinsung und Amortisation der Entwässerungsanlage gedeckt werden, widerspricht der gesetzlichen Vorschrift, daß Gebühren im Voraus nach festen Normen und Sätzen bestimmt werden sollen, und ist darum ungültig.

Dagegen würde bei Fortfall der Worte „in der Regel" gegen die Ordnung nichts einzuwenden sein. Denn obschon es Bedenken erwecken könnte, daß der Gebührensatz nicht ein für allemal fest normiert ist, sondern sich nach den schwankenden Ausgaben richten soll, so ist doch eine Kontrolle durch die Zahlen des Stadthaushalts und damit eine Nachprüfung, sei es durch die Aufsichtsbehörde, sei es im Verwaltungsstreitverfahren, zum Schutze der Pflichtigen möglich und allen Benutzenden gegenüber eine gleichmäßige Anwendung gesichert. Derartige Maßstäbe sind, wenn sie die Genehmigung der Aufsichtsbehörden gefunden haben, sowohl vor dem Erlasse des Komm.-Abg.-Ges., als auch unter dessen Herrschaft als gesetzmäßig anerkannt worden (vgl. E.-O.-V. Bd. XXX S. 93).

**Nr. 2. Entsch.** v. 7. VI. 01 Nr. II 967 (Pr.-V.-Bl. Bd. XXIII S. 407).
Hess.-Nass. St.-Ordn. v. 4. VIII. 97 (G.-S. S. 254) § 13.
Komm.-Abg.-Ges. v. 14. VII. 93 (G.-S. S. 152) §§ 5, 6, 8, 77.

Gebühren und Steuerordnungen brauchen auch im Geltungsgebiet der Hess.-Nass. St.-Ordn. nicht vor dem Beschlusse der Stadtverordnetenversammlung zur öffentlichen Kenntnis gebracht zu werden. „Ordnungsmäßige Gemeindebeschlüsse" und die im § 13 der St.-Ordn. vorgesehenen „besonderen statutarischen Anordnungen" sind nicht dasselbe, und nicht alles, was für letztere in hessen-nassauischen Städten (abweichend von den anderen Städteordnungen 1853, 1856, 1869) angeordnet ist, gilt auch für die ersteren. Der § 13 gehört dem I. Titel der St.-Ordn. „Grundlagen der städtischen Verfassung" an; von den Gegenständen, die überhaupt der Beschlußfassung der Stadtverordneten unterliegen, ist im IV. Titel die Rede. Zu dem darin befindlichen § 56 ist in den Motiven des Regierungsentwurfs (Session 1896/97 Anl. Nr. 20 S. 10) bemerkt: „Die nach dem Komm.-Abg.-Ges. vom 14. VII. 93 der Genehmigung bedürfenden Gemeindebeschlüsse, Vereinbarungen u. s. w., wie die Aversionierung indirekter Steuern nach § 13 Abs. 2 jenes Ges. sind nicht mehr angeführt worden, weil diese Fälle in dem Kommunalabgabengesetze bereits allgemein geregelt sind." Bedenklich würde sodann noch das

Resultat sein, zu welchem eine Gleichstellung von Gebühren- und Steuerordnungen einerseits und Ortsstatuten andererseits in dieser Beziehung gerade auf dem Gebiete der Gebühren, sowie der besonderen direkten und indirekten Gemeindesteuern führen müßte. Im § 8 des Komm.-Abg.-Ges. ist bestimmt: Die Festsetzung von Gebühren bedarf in den Fällen des § 4 Abs. 3 und 5 und des § 6 der Genehmigung; somit ist nur in Ausnahmefällen eine Genehmigung erforderlich. Nach § 77 bedürfen Beschlüsse, durch die besondere direkte oder indirekte Gemeindesteuern neu eingeführt oder in ihren Grundsätzen verändert werden, außer der Genehmigung der Kreis- bezw. Bezirksausschüsse noch der Zustimmung der Minister des Innern und der Finanzen. In ersterer Hinsicht wäre das Komm.-Abg.-Ges. nicht mehr maßgebend, wenn Gebühren- und gewisse Steuerordnungen als statutarische Anordnungen im Sinne des § 13 der St.-Ordn. v. 4. VIII. 97 anzusehen wären; denn dann würde jede Gebührenordnung der Genehmigung bedürfen. In letzterer Hinsicht würde dann der eigentümliche Rechtszustand sich ergeben, daß eine „Grundlage der städtischen Verfassung" auch der Genehmigung des Finanzministers unterläge. Daß solches die Absicht des Gesetzgebers gewesen, ist nicht anzunehmen. Der allgemeine Rechtszustand bezüglich der Erfordernisse gültiger Gebührenordnungen ist vielmehr derjenige, der durch das — die Materie erschöpfende — Komm.-Abg.-Ges. geschaffen ist (vgl. E.-O.-V. Bd. XXX S. 97).

**Nr. 3. Entsch.** v. 1. XI. 01 Nr. II 1694 (Pr.-V.-Bl. Bd. XXIII S. 566).

1. Ebenso, wie die Stadtgemeinden nicht befugt sind, durch Ortsstatut einen Zwang für ihre Mitglieder zum Anschluß ihrer Grundstücke an eine städtischerseits hergestellte Entwässerungsanlage anzuordnen (vgl. E.-O.-V. Bd. XXVI S. 51), fehlt ihnen auch die Befugnis, anzuordnen, daß Dach- und Regenwasser von den Grundstücken in die Straßenrinnen geführt werden müssen; eine solche Befugnis steht nur den Polizeibehörden zu.

2. Enthält aber ein Statut dennoch eine solche für die Polizeibehörde unwirksame Bestimmung, so ist daraus jedenfalls der klare Wille der Stadtgemeinde zu erkennen, daß den Grundstückseigentümern nicht gestattet sein soll, die städtischen Kanäle zur Abführung der auf ihren Grundstücken entstehenden Dach- und Regenwässer in der Art zu benutzen, daß sie diese Abwässer direkt jener vor ihren Grundstücken sich hinziehenden städtischen Entwässerungsanlage zuführen. Wenn dann das Statut eine Gebühr (nicht Beitrag) für die Mitbenutzung der öffentlichen Kanäle den Grundbesitzern auferlegt, so muß angenommen werden, daß diese Gebühr nur für eine solche Mitbenutzung durch das Ortsstatut bestimmt ist, die nach dem übrigen Inhalt des Statuts sich in Übereinstimmung mit dem Willen der Stadtgemeinde vollzieht, nicht aber für eine Mitbenutzung, die nach eben demselben Ortsstatut ausgeschlossen sein soll.

**Nr. 4. Entsch. Bd. XXXX S. 90** v. 5. XI. 01 II C 83/01.

Komm.-Abg.-Ges. v. 14. VII. 93 (G.-S. S. 152) § 5.

1. Die Handelsgesellschaft A. B. zu W. hatte im Hafen zu W. Kohlen für den Bedarf ihrer Tonwarenfabrik ausgeladen und über das vor der Löschungsstelle liegende städtische Ufer sowie über die städtische Hafenbahn hinweg nach ihrer dicht dahinter gelegenen Fabrik transportiert. Auf Grund eines genehmigten Tarifs wurde sie von dem Magistrate zu W. zu einem Ufergelde herangezogen. Sie verlangte Freistellung, weil jene Stelle nicht dem öffentlichen Verkehre diene, weil sie von niemandem, als von ihr selbst, benutzt werde und auch nicht wohl benutzt werden könne.

2. Das O.-V.-G. wies den Anspruch ab. Eine Bodenfläche, die einen Teil des dem öffentlichen Verkehre freigegebenen Hafenufers bildet, hört nicht schon deswegen auf, dem öffentlichen Verkehre zu dienen, weil ihre Benutzung mit Schwierigkeiten verbunden und nur in beschränktem Maße möglich ist. Ebenso ist es ohne Bedeutung, wenn die Benutzung auch nur für wenige Personen oder gar nur für einen Einzelnen tatsächlich möglich ist.

**Nr. 5. Entsch.** v. 8. XI. 01 Nr. I 1815 (Pr.-V.-Bl. Bd. XXIII S. 613).
Komm.-Abg.-Ges. v. 14. VII. 93 (G.-S. S. 152) § 4.

1. Die rechtliche Natur der Vergütung für Benutzung eines durch ein kommunales Elektrizitätswerk erzeugten elektrischen Stroms als einer Gebühr, wird nicht schon dadurch ausgeschlossen, daß ein Zwang zur Benutzung des Elektrizitätswerkes nicht besteht. Denn Gebühren können auch für die Benutzung von Veranstaltungen erhoben werden, deren Inanspruchnahme dem freien Belieben des Einzelnen überlassen ist (vgl. § 4 Abs. 3 des Komm.-Abg.-Ges.) und noch weniger kommt es darauf an, daß die Vergütigung nach der Anzahl der Flammen oder dem wirklichen Verbrauch an elektrischer Kraft bemessen ist, da die Abstufung des Entgelts für die Benutzung einer Veranstaltung nach dem Grade ihrer Inanspruchnahme keineswegs dem Begriffe der Gebühr widerspricht.

2. Dagegen gehören solche Vergütungen, die auf Grund eines Vertrags zwischen dem Gemeindevorsteher und dem Benutzer des Stroms zu entrichten sind, zu den Gebühren (§ 4 des Komm.-Abg.-Ges.) auch dann nicht, wenn das Elektrizitätswerk nicht bloß um Gewinn für die Gemeinde zu erzielen, sondern auch im öffentlichen Interesse betrieben wird.

**Nr. 6. Entsch.** v. 3. XII. 01 Nr. II 1884 (Pr.-V.-Bl. Bd. XXIV S. 121).
Zust.-Ges. § 16.

1. Ein „Ortsgesetz betreffend die Übernahme der den Grundbesitzern obliegenden Verpflichtung zur Straßenreinigung und der Beseitigung des Straßen- und Hausunrats" bestimmt

in § 1, daß die Stadtgemeinde für diejenigen Straßen u. s. w., welche durch Gemeindebeschluß dazu bestimmt werden, unter nachfolgenden Bedingungen die den Grundbesitzern nach den geltenden Polizeivorschriften bezw. Ortsgewohnheiten obliegende Reinigung der Straßen u. s. w. übernimmt;

in § 4, daß für die von der Stadtgemeinde übernommenen Leistungen von den Grundbesitzern eine „Gebühr" erhoben wird, deren Bemessung nach Straßenfronten u. s. w. des näheren für bebaute wie unbebaute Grundstücke geregelt ist.

Sodann lautet § 9 Abs. 2 wörtlich:

> „Die ortsrechtliche Verpflichtung der Haus- und Grundeigentümer, sowie die vertragsmäßige und bezw. polizeiliche Verpflichtung der Straßenbahngesellschaft zur Straßenreinigung wird durch dieses Ortsgesetz nicht aufgehoben. Die städtischen Behörden sind vielmehr jederzeit berechtigt, dasselbe aufzuheben und die Straßenreinigung wieder auf die Grundstücksbesitzer bezw. die Straßenbahn zu übertragen."

Ungeachtet des Wortlautes ist durch dieses Statut inhaltlich nicht etwas eingeführt, was unter den Begriff der Gebühr fällt, sondern eine zur Zeit seines Erlasses (1892) noch zulässig gewesene Zwecksteuer, d. i. eine besondere direkte Steuer. Denn das Wesen der Gebühr erheischt Benutzung einer gemeindlichen Veranstaltung durch einen Dritten, der aber für diese ihm zu gut kommende Leistung die Gebühr gegenleistet; von einer „Benutzung" seitens der durch dieses Statut verpflichteten Grundeigentümer kann aber nicht die Rede sein, weil die Stadt selbst in die Verpflichtung zur Straßenreinigung durch eben dieses Statut eingetreten, diese Arbeit also, so lange als das Statut nicht aufgehoben wird, sich selbst leistet (E.-O.-V. Bd. XXVI S. 43 ff.). Aus dieser Rechtsanschauung ergibt sich, daß gemäß § 16 Abs. 5 Zust.-Ges. das hier in Rede stehende Ortsgesetz ohne Zustimmung der Minister des Innern und der Finanzen nicht zustande kommen konnte.

2. Die nach dem Gesetze erforderliche Zustimmung einer Behörde kann nicht in einer Erklärung dieser Behörde, daß es ihrer Zustimmung nicht bedürfe, gefunden werden.

**Nr. 7. Entsch.** v. 3. XII. 01 Nr. II 1885 (Pr.-V.-Bl. Bd. XXIV S. 5).

Komm.-Abg.-Ges. v. 14. VII. 93 (G.-S. S. 152) § 9.

Die Behauptung eines Klägers, der auf Grund eines gemäß § 9 des Komm.-Abg.-Ges. gefaßten Beschlusses zu Brückenbaubeiträgen herangezogen worden ist und dagegen klagt, daß er aus der Anlage keine besonderen wirtschaftlichen Vorteile habe, kann, sofern im übrigen die Voraussetzungen des § 9 a. a. O. als vorhanden angenommen werden sollten, im Verwaltungsstreitverfahren nicht mehr erörtert werden, sofern diese Frage durch Gemeindebeschluß und Beschluß des Provinzialrats, durch den die Beschwerden der Beteiligten zurückgewiesen worden sind, ihre Erledigung gefunden hat. Freilich binden dergleichen Beschlüsse den Verwaltungsrichter nicht unbedingt. Denn der Verwaltungsrichter würde ihnen die Rechtswirksamkeit zu versagen haben, wenn den beteiligten Grundeigentümern oder Gewerbetreibenden Beiträge zur Last gelegt worden, ohne daß die Existenz besonderer wirtschaftlicher Vorteile festgestellt worden wäre. Das ist aber nicht der Fall, wenn nach dem Beschlusse grundsätzlich nur Beteiligte herangezogen worden sind, für die besondere wirtschaftliche Vorteile durch die Anlage der Brücke entstanden sind. Dies genügt, um eine Nachprüfung des Verwaltungsrichters über die Frage, ob den Beteiligten tatsächlich solche Vorteile erwachsen sind, auszuschließen. Auch die Abstufung der Beiträge nach Maßgabe der Besitzverhältnisse, der näheren oder entfernteren Nachbarschaft im Verhältnis zu der Anlage und etwaiger sonstiger Gesichtspunkte entzieht sich der Nachprüfung des Verwaltungsrichters. Für die Erledigung derartiger tatsächlicher und mehr oder minder nach verständigem Ermessen zu beantwortenden Fragen ist das Vorverfahren des § 9 des Komm.-Abg.-Ges. gegeben. Dort sind sie zum Austrage zu bringen, und, wenn das geschehen ist, so können sie im Streitverfahren nicht mehr von neuem zur Erörterung gezogen werden. Die Behauptung des Klägers, daß die Bemessung der Vorteile nach einem willkürlichen Maßstabe erfolgt sei, ist hiernach nicht mehr zu beachten. Ferner liegt auch die Frage, wie weit der Kreis derjenigen Grundeigentümer und Gewerbetreibenden, die durch die Anlage Vorteil haben, reicht, auf dem Gebiete rein tatsächlicher Erwägung und ist darum lediglich Gegenstand des Vorverfahrens. Die Gemeinde- und die Verwaltungsbeschlußbehörden haben sie nach pflichtmäßigem Ermessen unter Würdigung und Abwägung aller in Betracht kommenden Tatumstände zu beantworten. Vom Verwaltungsrichter ist mithin nicht mehr zu prüfen, ob der Kreis der Beteiligten richtig umschrieben ist. Auch dagegen ist nichts einzuwenden, daß dieser Kreis durch namentliche Bezeichnung der Beteiligten gezogen wird, vielmehr entspricht ein solches Verfahren dem Gesetze, das den Gemeinden gestattet, von „denjenigen Grundeigentümern und Gewerbtreibenden", denen durch eine Veranstaltung der a. a. O. bezeichneten Art besondere wirtschaftliche Vorteile erwachsen, Beiträge zu erheben.

**Nr. 8. Entsch.** v. 7. VI. 01 Nr. II 967 (Pr.-V.-Bl. Bd. XXIII S. 407).
Komm.-Abg.-Ges. v. 14. VII. 93 (G.-S. S. 152) § 4.

Mieter können zur Zahlung einer Kanalbetriebsgebühr nur herangezogen werden, wenn die von ihnen gemietete Wohnung — nicht bloß das Gebäude, in welchem die Wohnung sich befindet — an die Kanalisation angeschlossen ist.

Wenn diese Gebührenpflicht nach einer Steuerordnung die Mieter der betreffenden Räume treffen soll, ohne daß von einem diesen Räumen besonders dienenden Abflußrohre die Rede ist, so fehlt es an der Vorbedingung einer tatsächlichen Benutzung. Da in der Gebühr begrifflich ein Entgelt für eine Leistung des Abgabeberechtigten zu sehen ist (vgl. E.-O.-V. Bd. XVIII S. 28, Bd. XXIX S. 58), so darf eine solche demjenigen nicht angesonnen werden, dem die Benutzung nicht zur Verfügung steht (vgl. E.-O.-V. Bd. XXXI S. 56, Bd. XXXVI S. 96).

## 2. Anliegerbeiträge.

**Nr. 1. Entsch. Bd. XXXX S. 103** v. 4. VII. 01 IV C 57/01.
Fluchtliniengef. v. 2. VII. 75 (G.-S. S. 561) § 15.

1. Die Gemeinde kann keinen Anspruch auf Beiträge zu dem Ausbau einer Straße aus § 15 des Ges. v. 2. VII. 75 herleiten, wenn die Straße gar nicht von der Stadtgemeinde selbst, sondern von einem Dritten als Unternehmer angelegt ist. Dabei ist es auch unerheblich, ob etwa die Ausführung einzelner oder aller für die Herstellung der Straße erforderlichen Arbeiten durch Organe der Stadtgemeinde erfolgt ist, sofern die Herstellung durch diese Organe nur im Auftrage, auf Kosten und für Rechnung des Unternehmers bewirkt wird. Denn dann bleibt immer der Unternehmer derjenige, der die Straße angelegt hat. Entscheidend ist nach dem Gesetze, ob die Stadtgemeinde ihrerseits Kosten für die Anlegung der Straße aufgewendet hat; denn der Anspruch auf Beiträge aus § 15 a. a. O. ist nur ein Anspruch auf Erstattung des von der Stadt Aufgewendeten. Hat also die Stadt keine Aufwendungen gemacht, so kann ein Anspruch auf Beiträge nicht entstehen.

2. Daran ändert auch der § 15 des (hier in Frage kommenden) Ortsstatuts v. 7. II. 77 nichts, welcher lautet:

> „Der Stadtgemeinde steht das Recht zu, in den Fällen der §§ 9 und 13 dieses Statuts die Ausführung der Straßenanlagen im öffentlichen Interesse selbst für Rechnung der Unternehmer zu übernehmen. In diesen Fällen finden, soweit nicht besondere Vereinbarungen getroffen sind, die Vorschriften der §§ 1 bis 8 dieses Statuts Anwendung."

Es kann scheinen, als ob die Stadt sich dadurch neben dem Anspruche gegen den Unternehmer auch gleichzeitig Ansprüche gegen den Anlieger sichern, die Beitragspflicht also auch für den Fall begründen wollte, wenn die Ausführung der Straße „für Rechnung des Unternehmers" und auf seine Kosten erfolgte. Hätte § 15 des Statuts diesen Sinn, so würde er insoweit dem § 15 des Gesetzes widersprechen und deshalb ungültig sein. (Vgl. E.-O.-V. Bd. XXVI S. 77, 84.) Das Gesetz will nicht, daß die Anlieger unter allen Umständen die Kosten einer Straßenanlage zu tragen haben, sondern es gestattet die Beitragserhebung nur zur Entlastung der Gemeinden, also soweit diese selbst Kosten aufgewendet haben. Den Adjazenten gegenüber fehlt es auf Seiten der Stadtgemeinde, deren Ausgaben bei einer nur auf die Ausführung sich beschränkenden Übernahme in Wahrheit solche des Unternehmers sind und bleiben, an einem Objekte der Erstattung, an einer Leistung der Gemeinde, der die Beiträge sich als das, was sie nach dem Grundgedanken des Gesetzes sein sollen und sind, nämlich als Gegenleistung gegenüberstellen ließen. Zu Gunsten des Unternehmers darf die Stadt keine Beiträge fordern.

Ebenso **Entsch. Bd. XXXX S. 107** v. 6. V. 01 IV C 9/01.

Die Erhebung von Anliegerbeiträgen ist nur zulässig, soweit die Gemeinde selbst Kosten aufgewendet hat, also nicht, wenn und insoweit zu den Kosten einer von der Gemeinde angelegten Straße von anderer Seite — etwa auf Grund eines priatrechtlichen Titels — ein Zuschuß geleistet worden ist.

Anders liegt der Fall, wenn eine Stadt der Provinz die Unterhaltungslast einer Chausseestrecke abgenommen und dafür vertragsmäßig eine Rente erhalten hat. Dann kann der Anlieger nicht verlangen, daß bei der Berechnung der auf die Anlieger zu verteilenden Kosten jene Rente zu seinen Gunsten berücksichtigt werde. Denn mit der Rente wurde nicht die Herstellung der Straße, für welche Beiträge erhoben werden, bezahlt, sondern sie bildete die Gegenleistung für die Übernahme der Unterhaltungslast. Sie ging mit der Übernahme in das Vermögen der Gemeinde über, und es stand nun in deren freiem Belieben, wie sie die Rente verwenden, insbesondere, ob sie daraus die Kosten der Straßenherstellung entnehmen wollte.

Desgl. **Entsch. Bd. XXXX S. 110** v. 11. X. 01 IV C 72/01.

Durch Gewährung von geldwerten Zuwendungen an den Unternehmer z. B. durch Mitwirkung städtischer Organe bei der Ausführung, durch Überlassung von altem Pflasterungsmaterial oder durch Erteilung einer Straßenbaukonzession, erlangt die Gemeinde nicht die Befugnis die Anlieger zur Erstattung von Kosten für Arbeiten, welche von dem Unternehmer ausgeführt worden sind, heranzuziehen, wenn und soweit sie nicht die Ausführung der Straße in irgend einem für die Heranziehung der Anlieger in Betracht kommenden Teile selbst übernommen hat. Allerdings ist es denkbar, daß sich eine Gemeinde neben einem Unternehmer an der Anlegung einer Straße beteiligt und dadurch die Befugnis erlangt, die Anlieger zur Erstattung des Teiles der Kosten, die ihr selbst für ihre Arbeiten erwachsen sind, heranzuziehen. Solche Fälle liegen vor, wenn ein Unternehmer die Herstellung der Straße begonnen, die Gemeinde aber die Weiterführung auf eigene Rechnung bewirkt hat, oder umgekehrt. Auch in anderer Weise kann eine Vereinigung der Gemeinde mit dem Unternehmer zu gemeinschaftlicher Herstellung einer Straße vorkommen. Darum handelt es sich aber nicht, wenn die Stadtgemeinde bei der Herstellung des Straßenabschnitts nichts von dem geleistet hat, wofür sie Erstattung von den Anliegern fordert.

**Nr. 2. Entsch. Bd. XXXX S. 107** v. 6. V. 01 IV C 9/01.

Fluchtliniengeſ. v. 2. VII. 75 (G.-S. S. 561) § 15.

1. Wenn die Bestimmung eines Statuts anordnet, daß die Berechnung der Kosten zur Einsicht der Anlieger im Büreau der städtischen Verwaltung ausgelegt werden solle, so hat doch die Unterlassung dieser Maßregel nicht die Folge, daß der Anlieger deshalb den Beitrag verweigern dürfte. Die Auslegung soll die Stelle einer dem einzelnen Zahlungspflichtigen

mitzuteilenden Berechnung ersetzen. Da nach dem Gesetze der Veranlagte nicht mehr als Einsicht in die Rechnung der Gemeindeverwaltung verlangen kann, so ergibt sich hieraus, daß die Vorschrift des Statuts nicht eine zwingende Vorschrift darstellt und der Veranlagte die Erfüllung der Beitragspflicht nicht bis zur Auslegung der Kostenrechnung aufzuschieben befugt ist.

2. Die Verteilung der Kosten einer örtlich nur einer Straße angehörigen, aber dem ganzen Entwässerungsnetze dienenden Anlage auf alle an die Entwässerung angeschlossenen Straßen ist zulässig. Denn die Entwässerung jener Straße steht im engsten Zusammenhange mit dem ganzen städtischen Entwässerungsnetze, so daß im Hinblick auf die allen Straßen gemeinsam dienenden Anlagen, wie Pumpstation, Hochwasserdamm, Klärbecken und andere, sowie darauf, daß mit Rücksicht auf die zu gewährende Vorflut die Siele in verschiedenen nach abwärts zunehmenden Abmessungen hergestellt sind, eine Einheitlichkeit der Stadtentwässerung besteht, die eine Kostenberechnung für jene Straße allein ausschließt.

**Nr. 3. Entsch.** v. 24. III. 02 Nr. IV 559 (Pr.=V.=Bl. Bd. XXIV S. 89).
Fluchtliniengef. v. 2. VII. 75 (G.=S. S. 561) § 15.

Ein Gemeindebeschluß, wonach die Stadtgemeinde gegen unentgeltliche Hergabe des Straßengeländes auf Heranziehung der Adjazenten zur Leistung von Anliegerbeiträgen Verzicht leistet, ist zulässig, und falls vorschriftsmäßig zustande gekommen, durchaus rechtswirksam.

**Nr. 4. Entsch. Bd. XXXX S.** 98 v. 2. XII. 01 IV C 114/01.
Fluchtliniengef. v. 2. VII. 75 (G.=S. S. 561) § 15.

1. Für die Entstehung der Beitragspflicht ist es zwar erforderlich, daß das bebaute Grundstück, nicht aber daß das Gebäude unmittelbar an die neue Straße grenzt, sofern es nur mit der Straße wirtschaftliche Verbindungen und Beziehungen hat. (Vgl. E.=O.=V. Bd. XXIII S. 54, Bd. XXXIV S. 103.)

2. Die Beitragspflicht entsteht, sofern die Straße bereits fertiggestellt ist, mit der Errichtung eines Gebäudes an der Straße (vgl. E.=O.=V. Bd. XXXIII S. 127, 128, 130; Bd. XXXVI S. 64, 65; Bd. XXXVIII S. 127). Jede Errichtung eines Gebäudes erzeugt die Beitragspflicht, also auch dann, wenn die gleiche Pflicht schon vorher durch die Errichtung eines anderen Gebäudes entstanden war. Das neue Gebäude begründet dann eine neue Pflicht, welche nur insofern mit der früher entstandenen Verpflichtung in rechtlicher Verbindung steht, als beide auf denselben Gegenstand gerichtet sind und folgeweise durch die Tilgung der einen auch die andere erlischt. Daraus ergibt sich, daß die Verjährung für jede einzelne dieser Verpflichtungen selbständig zu beurteilen ist, die Verjährung der einen läßt die anderen unberührt. Nur die materielle Tilgung (Zahlung, Erlaß) trifft den allen Verpflichtungen gemeinsamen Gegenstand und läßt sie alle erlöschen. Durch den Ablauf der Frist aus § 87 Abs. 1 Ziff. 2 des Komm.=Abg.=Ges. für ein Gebäude verjährt also nicht die Beitragspflicht des Grundstücks überhaupt, wie die Kläger meinen, sondern die Gemeinde wird durch den Ablauf der Frist nur gehindert, den Eigentümer wegen dieses bestimmten Gebäudes zu einem Beitrage heranzuziehen. Dagegen bleibt sie berechtigt, den Beitrag bei Errichtung eines weiteren Gebäudes auf demselben Grundstücke zu fordern.

**Nr. 5. Entsch.** v. 5. XII. 01 Nr. IV 2197 (Pr.=V.=Bl. Bd. XXIV S. 104).
Fluchtliniengeſ. v. 2. VII. 75 (G.=S. S. 561) §§ 12, 15.

1. Wird ortsstatutarisch festgestellt, daß von dem auf § 12 des Ges. vom 2. VII. 75 sich gründenden Bauverbot Ausnahmen gestattet werden können, so sind die Bedingungen, unter welchen der Bau erlaubt wird, privatrechtlicher Natur.

2. Zwischen dem Unternehmer, der, um an eine unausgebaute Straße anbauen zu können, privatrechtlich sich verpflichtet hat, diese Straße ganz oder teilweise auszubauen, und dem Unternehmer einer neuen Straßenanlage im Sinne des § 15 des Ges. v. 2. VII. 75 besteht ein begrifflicher Unterschied. Die von dem ersteren für die Bewilligung der Ausnahme vom Bauverbot seitens des Bauunternehmers gegenüber der Stadtgemeinde übernommenen Pflichten bewegen sich im Rahmen des Privatrechts und können daher nicht nach Maßgabe der Bestimmungen des Komm.-Abg.-Ges., sondern lediglich im Wege des Zivilprozesses geltend gemacht werden.

**Nr. 6. Entsch.** v. 3. XII. 01 Nr. II 1885 (Pr.=V.=Bl. Bd. XXIV S. 5).
Fluchtliniengeſ. v. 2. VII. 75 (G.=S. S. 561) § 15.
Komm.=Abg.=Geſ. v. 14. VII. 93 (G.=S. S. 152) §§ 9, 10.

Eine Brücke über einen Privatfluß oder Graben, die in einem Straßenzuge liegt oder zwei Straßen verbindet, ist in der Regel ein Teil der Straße. Dagegen sind Brücken über öffentliche Flüsse, auch wenn sie im Zuge von städtischen Straßen liegen, nicht Teile der Straße, sondern besondere Kommunikationsmittel und ihre Herstellung gehört daher nicht zur ersten Einrichtung der Straßen.

**Nr. 7. Entsch.** v. 30. I. 02 Nr. IV 191 (Pr.=V.=Bl. Bd. XXIII S. 793).
Fluchtliniengeſ v. 2. VII. 75 (G.=G. S. 561) § 15.

1. Anliegerbeiträge können für eine Straße, die zur Zeit des Erlasses des maßgebenden Ortsstatuts keine öffentliche, sondern eine Privatstraße war, nicht gefordert werden. War nun eine Straße als eine reine Privatstraße entstanden, so konnte sie zu einer öffentlichen nicht umgewandelt werden, ohne daß eine Regelung der öffentlich=rechtlichen Unterhaltungslast erfolgte. Demgegenüber ist das unerheblich, ob der Eigentümer die Straße zum öffentlichen Verkehr bestimmt hat, und ob sogar Handlungen der Polizeibehörde, aus denen ihre Zustimmung dazu gefolgert werden könne, vorliegen.

2. Für die Frage, ob der Ausbau einer Straße als „erste Einrichtung“ anzusehen sei, ist das Programm maßgebend, das die Gemeinde bei der Übernahme der Straße als einer Ortsstraße erfüllt sehen wollte. Mußte nach diesem Programm eine den geltenden polizeilichen Bestimmungen entsprechende Umpflasterung erfolgen, so wurde auch erst damit die „erste Einrichtung“ geschaffen.

**Nr. 8. Entsch. Bd. XXXXI S. 137** v. 10. VII. 02 IV C 38/02.
Fluchtliniengeſ. v. 2. VII. 75 (G.=S. S. 561) § 15.

1. Über das Programm der Gemeinde, das für die Frage, was zur ersten Einrichtung einer Straße gehört, maßgebend sein soll, brauchen nicht ausdrückliche, vorgängige Beschlüsse gefaßt zu werden. Es kann sich auch stillschweigend aus anderen Maßregeln der Gemeindeverwaltung, z. B. aus Beschlüssen ergeben, die die Ausführung bestimmter Arbeiten an der Straße betreffen, und es ist keineswegs notwendig, daß dabei noch besonders zum Ausdrucke gebracht wird, es sollten diese bestimmten Arbeiten zu

der ersten Einrichtung der Straße gehören. Ebenso kann es völlig genügen, daß die städtischen Behörden nach der Ausführung der Arbeiten, nach der Herstellung der Straße erklären, daß nunmehr die erste Einrichtung abgeschlossen sei.

2. Der Umstand, daß die Einrichtung einer von der Stadt unfertig übernommenen Straße schon zum großen Teile von einem Unternehmer, z. B. einem Bauverein ausgeführt war, hat nur zur Folge, daß die Stadt von den Anliegern keine Beiträge zu diesen von dem Bauvereine gemachten Aufwendungen fordern kann, hindert die Stadt aber nicht, die Kosten, welche sie nach der Übernahme der Straße aus eigenen Mitteln für die Herstellung aufgewendet hat, nach Maßgabe des Ortsstatuts von den Anliegern einzuziehen.

3. Die Anlieger haben Beiträge nur zu den Kosten für die Entwässerung der Straße, nicht zu den Kosten für die Entwässerung der anstoßenden Grundstücke zu entrichten. Ist die Aufhöhung der Straße und die Umpflasterung lediglich durch die Anlegung der für die Schmutzwässerabführung bestimmten Kanalisation notwendig geworden, so können die Kosten für die Aufhöhung und Umpflasterung von den Anliegern nicht gefordert werden. Dagegen dürfen die gedachten Kosten im vollen Umfange den Anliegern in Rechnung gestellt werden, wenn etwa die Herstellung der besonderen Tagewässerleitungen schon für sich allein die Aufhöhung und Pflasterung erforderlich machte; denn dann kommt es nicht darauf an, daß die Stadtgemeinde dabei gleichzeitig die Schmutzwässerleitungen ausführen ließ.

**Nr. 9. Entsch.** v. 23. XII. 01 Nr. IV 1912 (Pr.-V.-Bl. Bd. XXIII S. 359).
Fluchtliniengeſ. v. 2. VII. 75 (G.-S. S. 561) § 15.

1. Ein Kohlenhändler hatte vom Eisenbahnfiskus einen Lagerplatz gemietet und auf diesem eine Bude in der Weise errichtet, daß zwei vorhandene Zäune durch Bretter erhöht und als zwei Seitenwände mit zwei neuerrichteten Wänden durch Auflegen eines Pappdaches verbunden wurden. Das O.-V.-G. entschied, daß ein Gebäude vorliege, das zur Zahlung von Anliegerbeiträgen verpflichte. Denn zu seiner Errichtung waren Maßregeln nötig, die unter den Begriff des Bauens fallen und sich nicht mit „notdürftig zusammenschlagen" bezeichnen lassen, so das Eingraben von Pfosten in die Erde, das Zusammenspunden und Zusammennageln der Bretterwände, die Herstellung von Tür- und Fensterrahmen, das Einsetzen der Tür und des Fensters, die Herstellung des Bretterfußbodens, das Aufbringen der Dachsparren und ihrer Schalung, das Eindecken des Daches mit Pappe. Es liegt also eine Anlage vor, die auf allen vier Seiten mit Bretterwänden umgeben, mit einem auf Schalung und Sparren ruhenden Pappdach, mit in die Erde eingegrabenen Pfosten, mit Tür, Fenster und gedieltem Fußboden versehen ist, zur Anfertigung schriftlicher Arbeiten und Näharbeit an einer Maschine, sowie zur Einnahme von Mahlzeiten dient und außer den dazu nötigen Mobilien ein Sofa enthält. Eine derartige Anlage ist ein Gebäude.

2. Daß der Baukonsens „unter Vorbehalt jederzeitigen Widerrufs" erteilt ist, schließt die Erhebung von Anliegerbeiträgen nicht aus.

3. Die Frage, ob die Freistellung des klagenden Eisenbahnfiskus damit begründet werden kann, daß nicht er, sondern der Mieter des fiskalischen Grundstücks das Gebäude errichtet habe, ist im vorliegenden Falle zu verneinen.

Nach der Rechtsprechung des O.-V.-G. steht fest, daß der Eigentümer überall da für beitragspflichtig zu erachten ist, wo er in der Lage war, den von seiten eines Dritten auf seinem Grundstücke unternommenen Bau zu hindern, hiervon aber abgesehen hat, sei es, daß er ausdrücklich die Erlaubnis zum Bau erteilte oder daß er wenigstens, obwohl von der Sachlage unterrichtet, die Errichtung des Gebäudes stillschweigend gestattete. Der Kläger hat nun geltend gemacht, die Bude sei gegen den Willen der vertretenden Behörden und Beamten und ohne deren Vorwissen von dem Kohlenhändler M. errichtet und dazu auch nachträglich die Genehmigung nicht erteilt, vielmehr die Beseitigung der Bude verlangt worden. Es mag nun sein, daß eine Verpflichtung für den Eigentümer nicht entsteht, wenn der Bau gänzlich ohne sein Wissen oder wider seinen Willen ins Werk gesetzt sein sollte, und er auch nicht später seine Zustimmung zu dem Bau ausdrücklich oder stillschweigend erklärt. Die Frage kann jedoch im gegenwärtigen Falle unentschieden bleiben, weil die tatsächlichen Voraussetzungen, die nach diesen Grundsätzen die Freistellung des Klägers rechtfertigen würden, nicht vorliegen. Das würde nur zutreffen, wenn der ernste und unbedingte Wille vorhanden und nach außen durch Handlungen erkennbar gemacht wäre, das Gebäude, dessen Errichtung zur Heranziehung geführt hat, so schnell, wie es tatsächlich und rechtlich möglich war, von dem Grundstücke wieder wegzuschaffen. Ein Beweis dafür kann zunächst nicht der in dem Vertrage enthaltenen Bestimmung entnommen werden, daß die Errichtung von solchen Baulichkeiten auf dem Platze, die die Gemeinde zur Erhebung von Anliegerbeiträgen berechtigen würde, nicht gestattet werden könne. Diese Abrede beweist nur, daß die den Fiskus vertretende Behörde bestrebt war, ihn vor der Gefahr, zu einem Beitrage herangezogen zu werden, sicher zu stellen, keineswegs aber, daß sie den Willen hatte, gerade die hier streitige Anlage zu verhindern oder nach der Errichtung unverzüglich ihre Beseitigung zu verlangen. Was das spätere Verhalten der fiskalischen Behörden betrifft, so hat der Vorstand der Betriebsinspektion im November 1899 dem Magistrat mitgeteilt, dem M. müsse die eisenbahnseitige Genehmigung zur Errichtung der Bude versagt werden, falls infolge derselben Anliegerbeiträge erhoben werden sollten. Die Königliche Eisenbahndirektion hat von der Errichtung im Februar 1900 Kenntnis bekommen und hierauf dem M. sogleich eröffnet, „daß er die widerrechtlich errichteten Bauten zu beseitigen habe". Zur Durchführung dieses Gebots hat der Kläger jedoch keine Schritte getan, sondern den Fortbestand der Bude bis zur Gegenwart geduldet. Er gibt dafür als Grund an, daß einmal ein Schriftwechsel zwischen den Parteien darüber geschwebt habe, ob die Gemeinde nicht bei provisorischen Bauten von der Erhebung von Anliegerbeiträgen absehen möchte, wenn der Kläger sich verpflichtete, sie auf Verlangen der Gemeinde beseitigen zu lassen, daß ferner der Magistrat den Standpunkt vertrete, die nachträgliche Beseitigung ändere nichts an der durch die Errichtung derartiger Buden einmal entstandenen Verpflichtung, und daß der Mieter in seinem Gewerbe schwer geschädigt worden sein würde, wenn vor Erledigung der Verwaltungsstreitsache oder vor Beendigung des erwähnten Schriftwechsels die Beseitigung der Bude herbeigeführt wäre und sich nachher herausgestellt hätte, daß die Beseitigung nicht notwendig gewesen sei. Die Annahme, daß der Kläger den ernsten und unbedingten Willen habe, die Bude so schnell wie möglich wegzuschaffen, ist schon mit diesen Ausführungen kaum vereinbar, wird aber dadurch geradezu ausgeschlossen, daß der Kläger im gegenwärtigen Streitverfahren den Standpunkt vertritt, die Bude sei gar kein Gebäude im Sinne des § 15 des Ges. v. 2. VII. 75, ihre Errichtung rechtfertige daher die Erhebung von Anliegerbeiträgen überhaupt nicht. Nach dem Inhalte des Vertrages mit M. und den vorher wiedergegebenen Erklärungen hat also der Kläger für den Fall, daß diese Rechtsansicht zutreffen sollte, die Absicht, die Wegschaffung der Bude nicht zu fordern, er hatte mithin den Willen dazu, wenn überhaupt, so nur bedingt, was, wie vorher dargelegt, nicht genügt, um die Verpflichtung des Grundeigentümers, für ein ohne sein Wissen auf seinem Grundstück aufgeführtes Gebäude den Anliegerbeitrag zu entrichten, auszuschließen.

**Nr. 10. Entsch. Bd. XXXXI S. 117** v. 24. II. 02 IV C 82/01.

Fluchtliniengeſ. v. 2. VII. 75 (G.=S. S. 561) § 15.

1. Anliegerbeiträge gemäß § 15 des Ges. v. 2. VII. 75 können auch zu den Kosten von Straßen, für die überhaupt keine Fluchtlinien festgesetzt sind, eingezogen werden. (E.=O.=V. Bd. XXXVIII S. 141, 143.) Die als selbständige Straßenanlage zu betrachtenden Straßenteile müssen daher nicht notwendig von Fluchtlinien begrenzt sein, für ihr Vorhandensein ist vielmehr die tatsächliche Beschaffenheit maßgebend.

2. Eine Straße kann mittels einer in der Längsrichtung durch eine Mittelpromenade gezogene Linie in zwei selbständige Straßenteile zerlegt werden, falls die Trennung der Straßenteile nicht auf andere Weise, z. B. durch einen Grenzzaun stattfindet.

3. Bei der Heranziehung zu Anliegerbeiträgen sind die Kosten der Gesamtanlage zusammenzurechnen und den Eigentümern nach Verhältnis der Länge ihrer die Straße berührenden Grenze zur Last zu legen. (Vgl. E.=O.=V. Bd. XXXVII S. 55 ff.)

4. Ein Verzicht auf die Einziehung von Anliegerbeiträgen setzt voraus, daß die städtischen Behörden einen nach ihrer Meinung zu Recht bestehenden Beitragsanspruch aufgeben wollen. (E.=O.=V. Bd. XXXVIII S. 145 ff., 149.)

5. Zu den Kosten der Freilegung einer Straße gehören auch die von der Gemeinde für die Versagung der Erlaubnis zur Errichtung von Gebäuden auf künftigem Straßengelände gezahlten Entschädigungen. Derartige Entschädigungen werden aufgewendet um die Gesamtfreilegung des Straßengeländes wohlfeiler zu gestalten. Sie werden in Wahrheit, ebenso wie die Freilegungskosten im engeren Sinne, dazu aufgewendet, um der Stadtgemeinde zur Zeit des Straßenausbaues das Straßenterrain in der für den Ausbau geeigneten Beschaffenheit ohne darauf stehende Gebäude u. dgl., also in freigelegtem Zustande, zur Verfügung zu stellen.

**Nr. 11. Entsch. Bd. XXXXI S. 107** v. 24. II. 02 IV C 147/01.

Fluchtliniengeſ. v. 2. VII. 75 (G.=S. S. 561) § 15.
Komm.=Abg.=Ges. v. 14. VII. 93 (G.=S. S. 152) §§ 87, 88.

1. Die Beitragspflicht der Anlieger zu den Straßenbaukosten gemäß § 15 des Fluchtliniengeſ. hat zwei Voraussetzungen, einmal: den Ausbau der Straße durch die Gemeinde und die Möglichkeit, die Kosten des Ausbaues zu berechnen; und zweitens: die Errichtung eines Gebäudes an der Straße. Die Verpflichtung der Anlieger kann daher jedenfalls nicht früher entstehen, als bis beide Voraussetzungen vorliegen, und auch der Inhalt und Umfang der Verpflichtung kann keinesfalls nach den in einem früheren Zeitpunkte gegebenen Verhältnissen bestimmt werden. Wenn daher ein Haus vor der Fertigstellung der Straße errichtet wird, so kann für die Beitragspflicht keinesfalls der Zeitpunkt der Errichtung maßgebend sein (vgl. E.=O.=V. Bd. XXXIII S. 127, 130; Bd. XXXVI S. 64; Bd. XXXVIII S. 127).

2. Unrichtig ist die Ansicht, daß die Beitragsforderung erst mit der Heranziehung entstehe und deshalb das Maß der Verpflichtung sich nach dem Zeitpunkte der Heranziehung richte. Zuzugeben ist, daß die Beitragsforderung erst mit der Heranziehung fällig, zahlbar wird, erst von da an rückständig werden kann. Aber der Inhalt und Umfang der Forderung richten sich nicht nach dem Zeitpunkte der Fälligkeit, sondern lediglich nach dem ihrer Entstehung. Der Zeitpunkt der Einforderung ist für das Bestehen und die Höhe der Beitragspflicht nicht entscheidend. Die Einforderung setzt vielmehr voraus, daß der Anspruch schon in seinen rechtlichen und tatsächlichen Voraussetzungen völlig bestimmt ist, mag er auch noch nicht ziffernmäßig berechnet sein. Die ziffermäßige Berechnung des einzelnen Beitrags kann sich nur nach dem Inhalte des Forderungsrechts richten, seinen Inhalt aber nicht ändern oder selbständig erzeugen. Für das Entstehen und den Umfang des Forderungsrechts können nur die objektiven vom Gesetze gegebenen Voraussetzungen maßgebend sein, nicht der Zeitpunkt der Heranziehung, der, solange keine Verjährung eingetreten ist, ganz im Belieben der Gemeinde steht. Auch der die Beitragspflicht regelnde § 15 des Ges. v. 2. VII. 75 enthält nicht den geringsten Anhalt dafür, daß das Entstehen der Verpflichtung und ihr Umfang von dem Zeitpunkte der Heranziehung abhängig sein sollen. Er stellt nur die beiden Voraussetzungen der Entstehung auf, wie sie bereits hervorgehoben sind, die Anlegung der Straße (wobei auch die Möglichkeit, die Kosten der Anlegung überhaupt berechnen zu können, zu berücksichtigen ist) und die Errichtung des Gebäudes. Daran haben die Vorschriften des Komm.-Abg.-Ges. nichts geändert. Im Gegenteil ergibt sich aus den auf die Anliegerbeiträge anwendbaren Bestimmungen in §§ 87 Ziff. 2 und 88 daselbst, daß das Gesetz die Entstehung des Forderungsrechts ausdrücklich der Fälligkeit der Forderung gegenüberstellt. Deshalb sind auch zwei Arten der Verjährung vorgesehen. Das Forderungsrecht, das Recht zur Heranziehung, verjährt, wenn es nicht in der Frist von drei Jahren „seit dem Ablaufe des Jahres, in welchem die Forderung entstanden ist," ausgeübt wird. Durch die rechtzeitige Ausübung des Rechtes wird der Beitrag fällig, und der „zur Hebung gestellte" Beitrag verjährt, wenn er „im Rückstande verblieben oder befristet ist," in vier Jahren. Auch hier ist also vorausgesetzt, daß der „zur Hebung gestellte" Beitrag schon vorher als „Forderung" bestanden hat; sein Inhalt und Umfang können daher nicht von dem Zeitpunkte des Zur-Hebung-Stellens abhängen, sondern müssen sich notwendig nach dem Zeitpunkte richten, in welchem die „Forderung" (das Forderungsrecht) entstanden ist.

3. Ein unbebautes Grundstück wird nicht beitragspflichtig, sobald es mit einem anderen Grundstücke, wofür die Beitragspflicht bereits früher zur Entstehung gekommen war, wirtschaftlich vereinigt wird. Denn die Vereinigung eines unbebauten Grundstücks mit einem bebauten kann nicht als eine „Bebauung" des ersteren angesehen werden; man kann nicht sagen, daß durch die Vereinigung nun auf dem bisher unbebauten Grundstück „ein Gebäude errichtet" werde. Dieses unbebaute Grundstück kann also durch die Vereinigung nicht selbständig beitragspflichtig werden. Andererseits kann sich die Beitragspflicht des anderen, schon bebauten Grundstücks nicht mehr erweitern, wenn die Pflicht dieses Grundstücks bereits vor der Vereinigung entstanden war; denn der Umfang der Pflicht richtet sich, wie dargelegt, nach dem Zeitpunkt ihrer Entstehung (vgl. E.-O.-V. Bd. XXXVI S. 69.)

4. Die Frage, ob ein Haus an einer neuen Straße errichtet worden ist, muß nach dem Zustande der Straße in ihrer Vollendung, nicht nach ihrem Zustande bei Errichtung des Gebäudes beantwortet werden.

5. Das zum Vorgarten bestimmte, zwischen der Baufluchtlinie und der Straßenfluchtlinie liegende Gelände trennt das Hausgrundstück nicht von der Straße, sondern verbindet es mit ihr, da ein Vorgarten im engsten Zusammenhange mit dem Gebäude steht, vor welchem er liegt (vgl. E.-O.-V. Bd. XXV S. 85.) Die tatsächliche und rechtliche Beziehung des Vorgartenlandes zu dem Hausgrundstücke wird auch für die Beitragspflicht nicht dadurch aufgehoben, daß der Vorgarten einem anderen Eigentümer gehört, als das Hausgrundstück. Der durch die Fluchtlinienfestsetzung zum Vorgarten bestimmte Grund und Boden wurde mit dem Ausbau der Straße und der Errichtung des Gebäudes rechtlich Vorgarten dieses Hauses. Trotzdem also das Vorgartenland privatrechtlich damals noch keinen Teil des Hausgrundstücks bildete, weil es einem anderen Eigentümer gehörte, liegt öffentlich-rechtlich das Hausgrundstück doch an der Straße, da der rechtlich den Vorgarten bildende Grund und Boden seinem Begriffe nach die Vermittelung zwischen Haus und Straße bilden soll und bildet (vgl. E.-O.-V. Bd. XXXIII S. 108.)

6. Wenn zu einem Hausgrundstücke zur Zeit der Entstehung der Forderung ein Hausgarten gehört, so ergreift die Beitragspflicht das ganze Grundstück, selbst wenn die Absicht besteht, das Gartenland später als Baustelle zu veräußern. Denn es kommt lediglich darauf an, ob die wirtschaftliche Einheit in dem für das Entstehen der Beitragspflicht entscheidenden Zeitpunkte bestand.

**Nr. 12. Entsch. Bd. XXXXI S. 128** v. 3. III. 02 IV C 150/01.

Fluchtliniengeſ. v. 2. VII. 75 (G.-S. S. 561) § 15.

1. Abgabenforderungen können nicht im Laufe des Verwaltungsstreitverfahrens auf eine neue tatsächliche oder rechtliche Grundlage gestützt werden. Heranziehung, Einspruch und Einspruchsbeschluß ziehen für beide Teile feste Grenzen, innerhalb deren sich das Streitverfahren zu bewegen hat. Wie der Kläger seinen Angriff in der Klage nicht über den Betrag hinausausdehnen kann, den er mit dem Einspruch angefochten hat, so darf auch der Beklagte seinen Abgabenanspruch im Streitverfahren nicht erhöhen, und ebensowenig eine Abweisung der Klage fordern, weil der Kläger zwar nicht aus dem bei der Heranziehung und dem Einspruchsbeschluß angegebenen Grunde den geforderten Betrag schulde, aber doch unter einem anderen Gesichtspunkte zu einer gleich hohen Leistung hätte herangezogen werden können. Der Verwaltungsrichter hat immer nur zu prüfen, ob die Forderung, wie sie sich aus der Heranziehung und dem Einspruchsverfahren ergibt, nach Grund und Betrag gerechtfertigt ist, er hat aber nicht zu erörtern, ob der Herangezogene vielleicht aus einem anderen Grunde der Behörde einen Betrag von gleicher Höhe schulden möchte (vgl. E.-O.-V. Bd. V S. 185, Bd. XII S. 101, 102). Davon verschieden ist aber die Frage, ob und inwieweit der Gläubiger die mit der Heranziehung geltend gemachte Forderung in dem auf den Einspruch des Pflichtigen ergehenden Beschluß ihrem Betrage und ihrem Grunde nach abändern, den Betrag erhöhen und ihn auf einen anderen thatsächlichen oder rechtlichen Grund stützen kann. Ob sich diese Frage grundsätzlich für alle Abgabenforderungen gleichmäßig beantworten läßt, und wie dann die Antwort zu geben sein möchte, kann hier dahingestellt bleiben; denn jedenfalls ist die Frage für die Anliegerbeiträge aus § 15 des Ges. v. 2. VII. 75 in gewissem, hier allein in Betracht kommenden Umfange zu bejahen. Wie der Gerichtshof in E.-O.-V. Bd. XXXX S. 99 ff. näher ausgeführt hat, erzeugt jedes an einer neuen Straße auf demselben Grundstück errichtete Gebäude für

dieses Grundstück die Beitragspflicht von neuem, auch wenn schon vorher ein die Beitragspflicht begründendes Gebäude dort errichtet war. Diese mehreren Forderungen stehen aber dadurch, daß sie sich auf dasselbe beitragspflichtige Grundstück beziehen, in einem notwendigen rechtlichen Zusammenhange, sie richten sich auf denselben Gegenstand und erlöschen mithin sämtlich, wenn eine von ihnen getilgt wird. Bei diesem rechtlichen Zusammenhange der mehreren Ansprüche muß es deshalb für zulässig erachtet werden, daß die Steuerforderung in dem Einspruchsbescheide wegen eines anderen, auf demselben Grundstück errichteten Gebäudes aufrecht erhalten wird, das bei der Heranziehung nicht erwähnt worden war, und ebenso muß die Aufrechterhaltung auch dann zugelassen werden, wenn sie sich auf ein zwar erst nach der Heranziehung, aber vor dem Einspruchsbeschluß errichtetes anderes Gebäude stützt. Denn es handelt sich dabei immer um einen dasselbe beitragspflichtige Grundstück betreffenden Anspruch, der sich nach seinem Maße und nach seiner rechtlichen Natur auf derselben gesetzlichen Grundlage aufbaut.

2. Einem sich an zwei Stockwerken des Hauses erhebenden Balkonbau, der zwar auf einem gemauerten Unterbau ruht, im übrigen aber aus Holz und Eisen besteht, keine festen Wände hat, sondern nach vorn offen ist und an den beiden Seiten mit Glasfenstern geschlossen werden kann, ist freilich die Eigenschaft eines „Gebäudes" im Sinne des § 15 a. a. O. nicht deshalb abzusprechen, weil er sich als Anbau darstellt. Anbauten, und zwar auch solche, bei denen eine oder mehrere Wände des Hauptgebäudes gleichzeitig als Wände des Anbaues benutzt werden, können ebenfalls als „Gebäude" angesehen werden. Es kommt vielmehr wesentlich darauf an, ob der Anbau seiner Konstruktion und Bestimmung nach einem selbständigen Gebäude gleich zu achten ist. Das kann bei dem vorliegenden Balkonbau nicht angenommen werden; ihm fehlt nach Konstruktion und Bestimmung jede Selbständigkeit. Eine solche Balkonanlage kann nicht ohne das Hauptgebäude errichtet werden; sie würde dadurch ihre Zweckbestimmung völlig verlieren. Wollte man sich diesen Balkonbau — und zwar selbst unter Hinzunahme des ihn rückwärts abschließenden Teiles der Umfassungswand des Hauptgebäudes — getrennt von dem Hauptgebäude vorstellen, so würde er kaum die Bedeutung einer gewöhnlichen Gartenlaube haben und nicht die Kennzeichen eines Gebäudes besitzen. Danach kann ihm auch der Anschluß an ein Gebäude nicht die Eigenschaft als Gebäude geben. Er bleibt immer ein unselbständiges Zubehör eines Gebäudes; zweifellos ist er ein Bauwerk, aber bei dem Mangel jeder selbständigen Bedeutung und Bestimmung kein „Gebäude" im Sinne des § 15 a. a. O.

3. Stellt eine Nachtragsforderung nur die Berichtigung einer früheren Heranziehung dar, so ist dafür dasjenige Statut maßgebend, das der zu berichtigenden Heranziehung zu grunde gelegen hat.

**Nr. 13. Entsch. Bd. XXXXI S. 133** v. 12. V. 02 IV C 22/02.

Fluchtliniengeſ. v. 2. VII. 75 (G.=S. S. 561) § 15.

1. Die Festsetzung von Fluchtlinien stellt an sich den Beginn der Anlegung der Straße durch die Gemeinde dar; denn sie beruht auf dem Willen der Gemeinde, eine öffentliche Gemeindestraße anzulegen, und ihr Wille tritt durch die Offenlegung des Planes auch nach außen erkennbar hervor. Jeder, der nachher an der Straße ein Gebäude errichtet, muß also wissen, daß er der Gemeinde zu den Kosten des Ausbaues der Straße die im Ortsstatute näher bestimmten Beiträge zu zahlen hat. Allerdings ist es möglich, daß die Straße nicht von der Gemeinde, sondern — gleichviel auf Grund welcher Abmachungen — von einem Unternehmer ausgebaut wird,

oder zwar von den Organen der Gemeinde, aber lediglich auf Kosten und für Rechnung des Unternehmers, nicht auf Kosten und für Rechnung der Gemeinde. Da dann der Gemeinde durch den Straßenausbau keine Kosten erwachsen, so können auch keine Beitragspflichten für die Anlieger entstehen (vgl. E.-O.-V. Bd. XXVI S. 77). Es ist ferner möglich, daß sich vor oder nach der Fluchtlinienfestsetzung gemäß dem Ortsstatut ein Dritter öffentlichrechtlich der Gemeinde gegenüber verpflichtet, die Straße auf eigene Kosten als Unternehmer auszubauen, und auch in Erfüllung seiner Verpflichtung mit dem Ausbau beginnt. Dann tritt die Pflicht der Anlieger hinter die des Unternehmers zurück, da diese Pflichten nicht beide gleichzeitig nebeneinander bestehen können. Der Anlieger, der dann baut, wird dadurch nicht beitragspflichtig. Wird in einem solchen Falle der Ausbau der Straße von dem Unternehmer nicht vollendet, die Weiterführung vielmehr nachträglich von der Gemeinde übernommen und nicht für Rechnung des Unternehmers, sondern auf eigene Kosten beendet, so kann die Gemeinde nur diejenigen Anlieger zu den von ihr aufgewendeten Kosten heranziehen, die nach dem Übernahmebeschlusse und dessen Kundgebung Gebäude an der Straße errichtet haben.

2. Die Verpflichtung eines Anliegers, zu den Straßenbaukosten beizutragen, kann dadurch nicht erlöschen, daß er das Hausgrundstück nach der Heranziehung veräußerte. Allerdings haftet nun auch der Erwerber der Gemeinde dinglich mit dem Grundstücke; der Veräußerer bleibt aber für den Beitrag, der während seiner Besitzzeit durch die Heranziehung fällig geworden war, persönlich verhaftet.

**Nr. 14. Entsch. Bd. XXXXI S. 143** v. 7. VII. 02 IV C 123/01.

Fluchtliniengeſ. v. 2. VII. 75 (G.-S. S. 561) §§ 12, 15.

1. Aus dem Urteile des O.-V.-G. v. 30. I. 99, worin ausgeführt wird, daß bei Anwendung des § 15 des Ges. v. 2. VII. 75 eine erst projektierte Querstraße eine genügende Grundlage für die Abgrenzung eines selbständigen Straßenteils darstelle, ist nicht zu entnehmen, daß außer schon vorhandenen Querstraßen und ähnlichen bereits bestehenden Unterbrechungen der Baufronten nur projektierte Querstraßen für die Einteilung verwertbar seien.[1]) Allerdings dürfen die Gemeinden für die Berechnung und Einziehung der Anliegerbeiträge aus der gesamten Straßenanlage nicht ganz willkürlich beliebige, einzelne an einem oder wenigen Baugrundstücken — etwa an einer Straßenseite — liegende Straßenstücke herausgreifen, die als Straße

---

[1]) Unter den Begriff der Straßenteile im Sinne des § 12 des Ges. v. 2. VII. 75 wird in einer Entsch. v. 2. VI. 1902, IV. B. 65/01, gleichfalls in Anknüpfung an das oben angezogene Erk. v. 30. I. 99, bemerkt:

Der Kläger verlangt, daß das Stück bis zu einer projektierten Straße kurz jenseits seines Grundstücks als selbständiger Straßenteil behandelt werde. Zu Unrecht beruft er sich aber hierfür auf ein Urteil des Senats vom 30. I. 99. Dort ist eine projektierte Straße nur für geeignet erklärt worden, auf dem Gebiete des § 15 des Ges. vom 2. VII. 75 der Gemeinde eine Grundlage für die Entschließung, bis zu welchem Punkte sie mit dem Ausbau einer Straße einheitlich vorgehen wolle, zu dienen. Allerdings ist auch der Grundsatz, den der Gerichtshof in einem Urteile v. 16. XI. 95 ausgesprochen hat, daß für die Frage, ob ein Straßenteil eine sogenannte historische, eine schon vor Inkrafttreten des ersten Bauverbots in ihrer Entwickelung vollkommen abgeschlossene Straße ist, eine projektierte Querstraße keinen geeigneten Abschnitt bildet, nicht stets und ohne weiteres auf die Frage anwendbar, ob nach Inkrafttreten des Bauverbots ein selbständiger Straßenteil fertig hergestellt ist. Aber auch in einem derartigen Falle müßte mindestens eine Entschließung der Gemeinde, die Straße bis zu einer projektierten Querstraße fertig auszubauen, erhellen.

gar keine eigene Bedeutung haben können, während im Sinne des § 2 des Ges. v. 2. VII. 75 jeder beliebige Abschnitt als Straßenteil gelten kann (vgl. E.-O.-V. Bd. XXXIV S. 92). Es ist erforderlich, genügt aber auch, wenn erkennbar ist, daß die Gemeinde sich aus sachlichen Gründen einstweilen auf den Ausbau eines Teiles des in der Anlegung begriffenen Straßenzugs, der äußerlich eine Straße oder einen Straßenteil darstellen kann, beschränkt hat.

Daß ein über 600 m langer, aus Fahrstraße und beiderseitigen Bürgersteigen bestehender Abschnitt für sich genommen äußerlich eine Straße darstellen kann, mithin das zweite Merkmal eines selbständigen Straßenteils gegeben ist, unterliegt keinem Zweifel. Durch dies Erfordernis soll nur dem willkürlichen Herausgreifen solcher Stücke des gesammten Straßenkörpers entgegengetreten werden, die etwa nur einen von zwei projektierten Bürgersteigen und die Hälfte der projektierten Fahrbahn enthalten oder so kurz sind, daß auf sie schon aus diesem Grunde die Bezeichnung „Straße“ nicht anwendbar wäre.

2. Bei Anwendung des § 15 des Ges. v. 2. VII. 75 kommt es auf das Bauprogramm der Gemeinde und nicht auf die polizeilichen Anforderungen an. Übernimmt eine Gemeinde eine Chaussee, deren Unterhaltung als solche ihr früher oblag, als städtische Straße, und hat sie, um die Chaussee in eine städtische Straße umzuwandeln, die Pflasterung beschlossen und ausgeführt, so gehört diese zu der ersten Einrichtung. Dasselbe gilt von der Kanalisation, die nicht etwa hergestellt wurde, um die Entwässerung der Chaussee, die bisher durch Chausseegräben erfolgte, zu verbessern, sondern in Angriff genommen wurde, wenn der Fortschritt der Bebauung dazu drängte. Sie stellt also den allerdings weit zurückliegenden Beginn des Ausbaues der Chaussee als städtische Straße dar.

3. Die öffentlichen Straßen erscheinen im § 15 des Ges. v. 2. VII. 75 lediglich als Gegenstand der Verpflichtung zu ihrer Herstellung; als Träger der Verpflichtung werden die Unternehmer der neuen Anlagen und die angrenzenden Eigentümer — letztere, sobald sie Gebäude an der neuen Straße errichten, — aufgeführt. Nach dem Inhalt und der Absicht dieser Bestimmungen ist es nicht tunlich, die Eigentümer sich kreuzender öffentlicher Straßen, deren Kosten von den angrenzenden Eigentümern bei der Errichtung von Gebäuden zu tragen sind, mit zu den angrenzenden Eigentümern zu rechnen. Denn alsdann würden die öffentlichen Straßen nicht nur Gegenstand, sondern auch Träger der in § 15 a. a. O. behandelten Verpflichtung sein — ein Gedanke, der in diese Bestimmung nicht hineingetragen werden kann, die offenbar die öffentlichen Straßen gerade in einen Gegensatz zu den übrigen angrenzenden Grundstücken stellt, mithin nur diese und nicht jene als die Träger der Verpflichtung betrachtet. [1])

---

[1]) Dagegen ist über die Behandlung der Strecken, in denen künftige bisher nur projektierte Querstraßen einmünden, in einem Erk. v. 6. I. 1902 IV. C. 149/01, folgendes ausgeführt:

Zur Ausmittelung des Anteils, mit dem der einzelne Anlieger beizutragen hat, bedarf es zunächst der Feststellung der Länge der Straße. Der Magistrat hat dabei an etwa zehn Stellen, an denen künftige, bisher nur projektierte Querstraßen in die L.straße einmünden sollen, die Querstraßenbreiten außer Ansatz gelassen. Dies ist unzulässig. Der Magistrat darf die Breiten der nur auf dem Papiere stehenden projektierten Querstraßen nicht bei der Berechnung auslassen, weil dadurch der zur Auffindung des Einheitssatzes zu bildende Divisor zu klein werden würde. Ob und inwieweit der einzelne Anlieger bei jener Auslassung benachteiligt wird, wenn auch bei Ermittelung der Frontlänge seines Grundstücks die in diese Frontlänge fallenden Breiten solcher Querstraßen ausgelassen werden, und ob und inwieweit die Klägerin, bei

4. Da ferner nach Abs. 2 des § 15 a. a. O. die Kosten der gesammten Straßenanlage auf die beitragspflichtigen Eigentümer zu verteilen sind, so fallen ihnen auch die Kosten der von Querstraßen begrenzten Teile der Anlagen zur Last, soweit deren Herstellung zu einem den öffentlichen Verkehrsinteressen genügenden Ausbau erforderlich ist. Daher entspricht es dem Gesetze, wenn ein Statut die Beitragspflicht auch auf die Kosten des Anschlusses an Nebenstraßen erstreckt. [1])

## C. Indirekte Gemeindesteuern.

### 2. Lustbarkeitssteuern.

**Nr. 1. Entsch.** v. 1. XI. 01 Nr. II 1695 (Pr.-V.-Bl. Bd. XXIII S. 565).
Komm.-Abg.-Ges. v. 14. VII. 93 (G.-S. S. 152) § 15.

1. § 6 einer örtlichen Lustbarkeitssteuerordnung lautete:
„Den öffentlichen Lustbarkeiten im Sinne dieser Ordnung werden diejenigen gleichgestellt, welche veranstaltet werden
a) entweder von geschlossenen Vereinen oder Gesellschaften oder
b) von solchen Vereinen, Vereinigungen, Gesellschaften oder Personenmehrheiten, die zu diesem Behufe gebildet, bezw. zusammengetreten sind."

Auf Grund dieser Bestimmung forderte ein Magistrat Lustbarkeitssteuern wegen einer von dem Offizierkorps eines Regiments in dessen Offizierspeiseanstalt abgehaltenen Ballfestlichkeit. Das O.-V.-G. traf folgende Entsch.:

2. Den in der Steuerordnung gebrauchten Ausdrücken „geschlossenen Vereinen oder Gesellschaften" kommt nur die Bedeutung zu, die ihnen der gewöhnliche Sprachgebrauch beilegt. Nach diesem gehört das Offizierkorps eines Regiments keinenfalls zu den bezeichneten Vereinigungen. Die im Offiziersdienst bei einem bestimmten Truppenteil tätigen Personen haben sich nicht zu einer Einheit selbständig verbunden, sondern sie sind lediglich nach den Anordnungen des Kaisers und des Königs zu den ihnen obliegenden Aufgaben berufen; das Offizierkorps vermag nach eigenen Beschlüssen weder Mitglieder aufzunehmen, noch sich aufzulösen. Das Vorhandensein naher persönlicher Beziehungen unter den Mitgliedern eines Offizierkorps und deren Pflege nötigt auch keinenfalls zur Annahme eines geschlossenen Vereins oder einer Gesellschaft; ein solches Band vereinigt auch sonst Gemeinschaften, bei welchen der Vereinsbegriff völlig versagt, wie z. B. die Familie.

3. Ist hiernach der Abs. a des § 6 cit. unanwendbar, so kann ein gleiches betreffs des Abs. b daselbst nicht ohne weiteres ausgesprochen

---

der der Beklagte die beiden Querstraßenbreiten von den Fronten der nach seiner Ansicht beitragspflichtigen Grundstücke außer Berechnung gelassen hat, im Ergebnisse schlechter gestellt wird, als wenn alle Querstraßenbreiten bei Berechnung der Straßenlänge und die in die Front ihres Grundstücks fallenden Querstraßenbreiten bei Berechnung der Frontlänge mit in Ansatz gebracht würden, kann erst bei einer völlig neuen Feststellung der Länge der Straße und der Front übersehen werden.

[1]) Über diesen Gegenstand enthält das Erk. v. 10. VII. 1902, IV. C. 124/01, folgende Darlegungen:
Die Gemeinde kann Ersatz für alle Kosten verlangen, die sie nach pflichtmäßigem Ermessen aufgewendet hat, um die gesammte Straßenanlage, den Bedürfnissen des öffentlichen Verkehrs entsprechend fertig zu stellen. Wie weit dabei durch Anschlußpflaster in nicht gleichzeitig hergestellte, sondern schon vorhandene oder erst später auszubauende Seitenstraßen oder Abschnitte derselben Straße einzugreifen ist, regelt sich nach Lage des einzelnen Falles und im wesentlichen nach Zweckmäßigkeitsgründen, über die sich schlüssig zu machen Sache der Gemeindebehörde ist.

werden. Zu geselligen Zwecken zusammenzutreten, sind auch die Offiziere eines Regiments gesetzlich nicht behindert. Es ist daher zunächst festzustellen, ob das Offizierkorps berufen ist, Festlichkeiten der gedachten Art, insbesondere in der Speiseanstalt, zu veranstalten. Führen die Verhandlungen zu einer Bejahung der Frage und ergiebt sich zugleich, daß in der Tat das Offizierkorps der Veranstalter der hier in Rede stehenden Festlichkeit war, so ist die Heranziehung unberechtigt. Anderenfalls wird jene Veranstaltung als eine Angelegenheit des Offizierkorps nicht gelten können; es wird vielmehr mit dem Tatbestande zu rechnen sein, daß die einzelnen Mitglieder des Offizierkorps zusammengetreten sind und die Festlichkeit veranstaltet haben, und dann würde nach 6 b der Steuerordnung Steuerpflicht vorliegen. Letztere verlangt nicht, daß Personen zur Abhaltung einer größeren oder geringeren Zahl von Lustbarkeiten zusammtreten; es genügt die Vereinigung zur Veranstaltung einer einzelnen Lustbarkeit; auch besteht kein Unterschied, ob die Veranstalter Militär- oder Zivilpersonen sind, da beide von den indirekten Steuern des Komm.-Abg.-Ges. §§ 13 ff. gleichmäßig betroffen werden. Ebenso genießt der Reichsfiskus als Besitzer eines militärfiskalischen Grundstücks keine Befreiung von der nach § 5 der mehrerwähnten Ordnung ihn mittreffenden Abgabe.

## 3. Umsatzsteuern.

**Nr. 1. Entsch. v. 4. X. 01 Nr. II 1524 (Pr.-V.-Bl. Bd. XXIII S. 806).**

Komm.-Abg.-Ges. v. 14. VII. 93 (G.-S. S. 152) §§ 18, 77.

1. Voraussetzung der Umsatzsteuerpflicht ist, daß nicht blos zur Zeit der Heranziehung, sondern auch schon zur Zeit des Eigentumserwerbs, also der Auflassung und Eintragung im Grundbuch eine gültige Steuerordnung besteht, da sonst die gesetzliche Grundlage für das Entstehen der Steuerpflicht noch fehlt und eine solche durch spätere, dem Erwerbe nachfolgende Akte nicht mehr hervorgerufen werden kann. Eine gültige Steuerordnung ist aber nicht eher vorhanden, als bis alle Erfordernisse, welche die Kommunalgesetzgebung für deren Zustandekommen vorschreibt, erfüllt sind. Gleich wie bei den Staatsgesetzen die Übereinstimmung aller berufenen Faktoren zusammentreffen muß, bedarf es zur Herstellung einer lokalen Ordnung, die die Einführung einer indirekten Steuer beabsichtigt, nach dem Komm.-Abg.-Ges. neben dem Beschlusse der Gemeindekörperschaften nach § 18 a. a. O. der Genehmigung des Bezirksausschusses und im Falle des § 77 a außerdem der ministeriellen Zustimmung. Bis zum Zusammentreffen aller kommunalgesetzlichen Erfordernisse liegen nur die Materialien zu einer lokalen Ordnung vor; eine solche ist aber selbst noch nicht vorhanden.

2. Legt sich eine Steuerordnung durch die Vorschrift, daß sie mit ihrer Verkündigung in Geltung treten solle, rückwirkende Kraft bei, so fehlt einer derartigen Bestimmung die Rechtsgültigkeit. Wie in E.-O.-V. Bd. XXXVIII S. 100 ausgeführt ist, kann eine die indirekte Umsatzsteuer einführende Ordnung auf diejenigen Fälle keine Anwendung finden, die hinter dem Zeitpunkte zurückliegen, mit denen sie ihre Gültigkeit erlangt hat. Wenn hiergegen geltend gemacht war, daß im vorliegenden Falle auch für die Umsatzsteuer zur Zeit des Erwerbs und der Heranziehung ein Subjektionsverhältnis des Zensiten vorgelegen habe, weil dieser infolge seines Grundbesitzes zur Sielsteuer und zu anderen Realabgaben verpflichtet gewesen sei, auch das Bürgerrecht besessen habe, so ist dabei außer acht gelassen, daß die Umsatzsteuerpflicht sich weder an den Grundbesitz noch an die Bürgereigenschaft knüpft, sondern lediglich an das Ereignis des Eigentumserwerbes, und daß es sich daher nur darum handelt, welche

Rechtsfolgen durch den letzteren herbeigeführt werden. Wenn ferner darauf hingewiesen wird, daß schon seit längerer Zeit Umsatzsteuern in A. erhoben worden sind, so bezogen sich doch die früheren Ordnungen nur auf die in ihnen vorgesehenen Ereignisse und hatten die Verpflichtung zur Entrichtung der durch sie festgesetzten Steuer zur Folge.

3. Die Frage, ob die von den Ressortministern erteilte Zustimmung auch insofern eine Wirkung ausüben kann, als sie nachträglich die vergangenen Ereignisse hat steuerpflichtig machen wollen, ist zu verneinen. Die Tatsache, daß die Genehmigung z. B. am 12. IX. 1900 erteilt worden ist, kann durch keine Erklärung beseitigt werden und sie ist maßgebend. Es ist nicht möglich, daß das Datum des 12. IX. 1900 in ein anderes verwandelt und fiktiv ein früheres Datum an seine Stelle gesetzt würde. Vielmehr fehlte bis zu dem genannten Tage das gesetzliche Erfordernis der Ministerialzustimmung für die zur Anwendung gebrachte Steuerordnung und diese bestand daher zur Zeit des hier in Rede stehenden Grundstückserwerbs nicht zu Recht. Die ministerielle Zustimmung wirkt nicht etwa ebenso, wie die nachträgliche Zustimmung zu einem Rechtsgeschäft auf den Zeitpunkt seiner Vornahme zurückwirkt (§ 184 des B.-G.-B.), da die privatrechtlichen Vorschriften über Rechtsgeschäfte nicht auf den öffentlichrechtlichen Vorgang des Erlasses einer Steuerordnung ausgedehnt und übertragen werden können. Ebensowenig lassen sich Schlüsse aus den für Polizeiverordnungen gegebenen Vorschriften oder aus den bestrittenen Rechtsgrundsätzen über Staatsverträge für Steuerordnungen ziehen, weil das Kommunalabgabengesetz selbst desfalls die abschließende Kodifikation enthält.

**Nr. 2. Entsch. Bd. XXXX S.** 83 v. 5. VII. 01 II C 129/01.

Stempelsteuerges. v. 31. VII. 95 (G.-S. S. 413) § 4h; Tarif dazu Nr. 8 Abs. 3, 5.
Min.-Erl. v. 5. IV. 96 (M.-Bl. S. 71), betr. Umsatzsteuerordnungen.
Einf.-Ges. z. B.-G.-B. Art. 2, 3, 55—152.

1. Zu den „Landesgesetzen" im Sinne der den Kommunalaufsichtsbehörden mittels Erl. v. 5. IV. 96 als Muster mitgeteilten Umsatzsteuerordnung und der diesem Muster nachgebildeten Steuerordnungen gehören nur Peußische Gesetze, nicht aber Gesetze des Norddeutschen Bundes und Reichsgesetze, im besonderen auch nicht das Gerichtskostengesetz.

Der Ausdruck Landesgesetz umfaßt nur die für Preußen oder einzelne Teile davon früher vom König allein, seit der Verf.-Urk. v. 31. I. 50 aber durch den König und die beiden Häuser des Landtags erlassenen Gesetze. Diesen Landesgesetzen stehen die Gesetze des Norddeutschen Bundes und des Deutschen Reiches nicht etwa gleich, sondern die Reichsgesetze gehen den Landesgesetzen vor. Insoweit ist sogar ein Gegensatz zwischen Landes- und Reichsgesetzen anzuerkennen. Auch hat dieser technische Gegensatz einen besonderen Ausdruck im Einf.-Ges. z. B.-G.-B. gefunden und eingehende Bestimmungen hervorgerufen. Im Art. 2 daselbst wird als Gesetz im Sinne des B.-G.-B. und des Einf.-Ges. zunächst jede Rechtsnorm bezeichnet, sodann aber heißt es in Art. 3:

> „Soweit in dem B.-G.-B. oder in diesem Ges. (d. h. im Einf.-Ges.) die Regelung den Landesgesetzen vorbehalten oder bestimmt ist, daß landesgesetzliche Vorschriften unberührt bleiben oder erlassen werden können, bleiben die bestehenden landesgesetzlichen Vorschriften in Kraft und können neue landesgesetzliche Vorschriften erlassen werden."

Weiterhin wird in den Artikeln 55 bis 152 im einzelnen das Verhältnis des neuen Reichsrechts zu den Landesgesetzen geordnet. Bei einem derartigen, die ganze Gesetzgebung — und zwar ebenso die des öffentlichen wie des Privatrechts — durchdringenden und beherrschenden Unterschiede kann der Ausdruck

Landesgesetz auch in den örtlichen Steuerordnugen nur in der Bedeutung des Preußischen Landesgesetzes verstanden werden, zumal die Stempelgesetzgebung des Reiches andere Gebiete besteuert, als die Landesstempelgesetze.

2. Der § 4 litt. h des Stempelsteuerges. v. 31. VII. 95 versteht unter „frühereren Gesetzen" nur Preußische Gesetze.

Wenn § 4 auch unter litt. h alle Urkunden über Gegenstände, denen durch frühere Gesetze oder landesherrliche Privilegien Stempelfreiheit bewilligt worden ist, für steuerfrei erklärt, so ist an dieser Stelle doch nur von Preußischen Gesetzen die Rede; das Landesgesetz hatte keinerlei Beruf, die reichsgesetzlichen Befreiungsgründe, die auch ohne und wider das Preußische Gesetz gelten, aufrecht zu erhalten oder überhaupt nur zu erwähnen, weil die Reichsgesetze keiner Stütze durch die Landesgesetze bedürfen. Dagegen war für den Gesetzgeber aller Anlaß vorhanden, die landesgesetzlichen Befreiungen, die sonst hinfällig geworden wären, aufrecht zu erhalten.

3. In Nr. 8 Abs. 3 des Tarifs zum Stempelsteuerges. v. 1895 ist keine Stempelsteuerbefreiung im Sinne des § 6 der sogenannten Mustersteuerordnung enthalten.

Von einer Befreiung kann nämlich nur da die Rede sein, wo die zunächst allgemein angeordnete Stempelpflicht für einen besonderen Fall, ausnahmsweise in Wegfall kommen soll. Umgekehrt aber enthält die Nr. 8 des Tarifs eine lediglich aushilfsweise Bestimmung. Denn da das Ges. betr. den Eigentumserwerb an Grundstücken u. s. w., v. 5. V. 72 (G.-S. S. 433) die früher stempelpflichtige Urkunde durch eine blos mündliche Auflassungserklärung ersetzte und überflüssig machte, so hatte das gleichzeitige Stempelabgabenges. (G.-S. S. 509) eine Stempelabgabe für die Auflassung, gerade um dem Staate den Anspruch auf den Immobiliarstempel zu sichern, eingeführt, dies jedoch nur für den Fall, daß eine förmliche Veräußerungsurkunde nicht vorgelegt würde (§§ 1 und 2). Ferner hatte das Gesetz eine solche nachträglich errichtete Urkunde vom Stempel insoweit befreit, als er schon durch die Auflassung verwirkt war (§ 12). Dieselben Bestimmungen wiederholt die Nr. 8 des Tarifs zum Stempelsteuerges. von 1895 in den Absätzen 3 und 5. Mithin führt sie den Auflassungsstempel bei Vorlegung der Erwerbsurkunde überhaupt nicht ein. Die Nichteinführung einer Steuer ist aber ein anderes, als die Befreiung von einer Steuer, und dementsprechend wird auch in der Nr. 8 des Tarifs der Abs. 3 nicht als Befreiungsgrund behandelt.

**Nr. 3. Entsch.** v. 20. XII. 01 Nr. II 1981 (Pr.-V.-Bl. Bd. XXIII S. 312).

1. Ist in einer Umsatzsteuerordnung bestimmt, daß wegen der sachlichen und persönlichen Steuerbefreiung die landesgesetzlichen Bestimmungen über den Stempel Anwendung finden sollen, so liegt eine Steuerbefreiung nicht schon dann vor, wenn ein Geschäft in dem Stempelsteuertarif nicht vorkommt, sondern erst dann, wenn das Geschäft zwar zunächst unter eine der Tarifnummern fällt, dann aber dort als befreit erklärt wird.

Wenn im E.-O.-V. v. 20. XI. 97 (Kunze-Kautz, Ergänz.-Bd. 1899 S. 52) die dem § 6 gleichlautende Bestimmung einer anderen Steuerordnung dahin erläutert ist, daß der Eigentumserwerb dann steuerfrei bleiben solle, wenn er auf Grund eines Geschäftes erfolge, dessen Beurkundung dem Stempel nicht unterliegen würde, — so ist diese Bemerkung, wie sich aus den weiteren Ausführungen der Entscheidung ergibt, ebenfalls in dem oben gedachten Sinne zu verstehen.

2. Die Einbringung eines Grundstücks in eine offene Handelsgesellschaft durch einen Gesellschafter ist eine freiwillige Veräußerung.

Nun ist eine Veräußerung, wie die vorliegende, zwar weder nach Nr. 32 des Stempeltarifs steuerpflichtig — weil dieser nur gilt, soweit nicht besondere Tarifstellen zur Anwendung kommen — noch auch nach der Nr. 25, die im vorliegenden Falle — als die besondere Tarifstelle für Gesellschaftsverträge — die sedes materiae bildet. Aber eine Befreiung in dem oben dargelegten Sinne liegt nicht vor. Denn die Tarifnummer 25 hat nicht etwa die Gesellschaftsverträge im allgemeinen für steuerpflichtig erklärt und von dieser allgemeinen Steuerpflicht die Einbringung von Grundstücken in eine offene Handelsgesellschaft ausgenommen, sondern sie hat nur einzelne Arten von Gesellschaftsverträgen, zu denen diese Einbringung nicht gehört, der Steuerpflicht unterworfen.

**Nr. 4. Entsch.** v. 21. II. 02 Nr. II 218 (Pr.-V.-Bl. Bd. XXIV S. 165).

Die in einer Umsatzsteuerverordnung als maßgebend erklärte landesgesetzliche Bestimmung über den Urkundenstempel in Tarifstelle 25c zum Stempelsteuerges. v. 31. VII. 95 (G.-S. S. 413):

„Befreit ist das Einbringen von Nachlaßgegenständen in eine ausschließlich von den Teilnehmern an einer Erbschaft gebildete Gesellschaft mit beschränkter Haftung. Zu den Teilnehmern einer Erbschaft wird auch der überlebende Ehegatte gerechnet, welcher mit den Erben des verstorbenen Ehegatten gütergemeinschaftliches Vermögen zu teilen hat."

darf nicht auf die Fälle einer anticipierten Erbfolge ausgedehnt werden.

Eine Erbschaft ist der Inbegriff derjenigen Vermögensbestandteile, die jemand bei seinem Tode hinterläßt, sofern sie überhaupt vererblich sind. Mithin kann von einer Erbschaft nicht vor deren Eröffnung und von Nachlaßgegenständen auch dann nicht die Rede sein, wenn Eltern ihr gegenwärtiges Vermögen ganz oder zum Teil zum Zwecke der Anweisung auf die voraussichtlichen künftigen Erbteile an ihre gesetzlichen Erben, die Kinder, schenkungsweise zu Eigentum übertragen. Daß bei der obigen Befreiungsvorschrift gesetzgeberisch an eine Erweiterung des Begriffes der Nachlaßgegenstände und der Erbschaft gedacht wäre, ist aus der Entstehungsgeschichte nicht zu entnehmen.

**Nr. 5. Entsch.** v. 19. III. 01 Nr. II 491 (Pr.-V.-Bl. Bd. XXXIII S. 440).

1. § 3 einer Umsatzsteuerordnung im Geltungsgebiete des ehelichen Güterrechts in Westfalen und den Kreisen Rees, Essen und Duisburg lautete:

„Die Steuer wird nicht erhoben, wenn ein Grundstück von einem Veräußerer auf einen Abkömmling auf Grund eines lästigen Vertrages übertragen wird oder wenn einer oder mehrere von den Teilnehmern an einer Erbschaft das Eigentum eines zu dem gemeinsamen Nachlasse gehörigen Grundstückes erwerben.

Zu den Teilnehmern an einer Erbschaft wird auch der überlebende Ehegatte gerechnet, welcher mit den Erben des verstorbenen Ehegatten gütergemeinschaftliches Vermögen zu teilen hat."

2. Auf Grund des § 3 Abs. 2 der Steuerordnung ist die Umsatzsteuer in einem Falle nicht zu erheben, wo der überlebende Ehegatte einem Erben des verstorbenen Ehegatten ein zu dem gütergemeinschaftlichen Vermögen gehöriges Grundstück überträgt. § 3 Abs. 2 handelt

nicht, wie Abs. 1, von dem bloßen Nachlasse, sondern von dem gesammten gütergemeinschaftlichen Vermögen. Von diesem gemeinschaftlichen Vermögen behält nach § 7 des hier zur Anwendung gelangenden Ges. betr. das eheliche Güterrecht in der Provinz Westfalen und den Kreisen Rees, Essen und Duisburg, v. 16. IV 60 (G.-S. S. 165) der überlebende Ehegatte die eine Hälfte als sein Eigentum, während die andere Hälfte als Nachlaß des Verstorbenen nach den Vorschriften des A.-L.-R. vererbt wird. Dabei setzt aber der überlebende Ehegatte nach § 10 a. a. O. die Gütergemeinschaft mit den unabgefundenen Kindern fort. Damit treten die gemeinschaftlichen Abkömmlinge sofort an Stelle des verstorbenen Ehegatten neben dem überlebenden Ehegatten als Teilhaber der Gemeinschaft ein und zwar in der Art, daß dem überlebenden Ehegatten in Ansehung des Gesammtgutes im wesentlichen dieselben Befugnisse zustehen, die während der bestehenden ehelichen Gütergemeinschaft dem Ehemanne zukommen, und daß bei der demnächstigen Abteilung der Vermögensstand zur Zeit der Abteilung maßgebend ist. Mithin dauert das gütergemeinschaftliche Verhältnis bezüglich des Gesammtgutes und insbesondere auch eines einzelnen zum gütergemeinschaftlichen Vermögen gehörenden Grundstücks zwischen dem die Gütergemeinschaft fortsetzenden Ehegatten und den Kindern gleichmäßig fort, und sie bleiben sämtlich Teilnehmer an dem gütergemeinschaftlichen Grundstücke, einschließlich der Hälfte des Überlebenden, bis der Tod, ein Übertragsvertrag oder ein sonstiger Vertrag die Gemeinschaft endet. Deshalb wird durch die Steuerordnung mit Recht erst eine Teilung des gütergemeinschaftlichen Vermögens der Nachlaßteilung gleichgestellt, da erst damit der betreffende Teilnehmer das zur Gemeinmasse gehörige Grundstücke zum Alleineigentum erwirbt. Dem entspricht der Ausdruck des § 3 Abs. 2, daß nämlich in solchem Falle der überlebende Ehegatte zu den Teilnehmern an einer Erbschaft nur gerechnet wird, obwohl er es im gewöhnlichen Sinne nicht ist und der Vermögensstand zur Zeit der Abteilung überdies sich geändert haben mag. Daß aber der überlebende Ehemann allein zum Abschluß von Übertragsverträgen zwecks Regelung der Succession in das gemeinschaftliche Vermögen berechtigt ist, die Zuziehung der übrigen Kinder dagegen, deren Verletzung in ihrem Anteil keineswegs vorauszusetzen oder ersichtlich gemacht ist, dadurch erübrigt wird, folgt aus § 10 Abs. 4 des Ges. Wenn daher der überlebende Ehegatte mit den Erben des verstorbenen Ehegatten nicht nur die als Nachlaß vererbte Hälfte, sondern überhaupt „gütergemeinschaftliches Vermögen" zu teilen hat und wirklich teilt, so wird er für den Befreiungsgrund des § 3 wie der Teilnehmer an einer Erbschaft angesehen, gerade so, als wenn ein Nachlaßgrundstück einem daran Beteiligten übereignet wird. Der Umstand, daß nicht die ganze gemeinschaftliche Masse verteilt worden ist, steht der Anwendung des § 3 Abs. 2 der Steuerordnung nicht entgegen.

**Nr. 6. Entsch.** v. 11. X. 01 Nr. II 1566 (Pr.-V.-Bl. Bd. XXIII S. 549).

1. Die Auflassung von Grundstücken an eine Gesellschaft mit beschränkter Haftung unterliegt der Umsatzsteuer auch dann, wenn die Grundstücke im Eigentum der Mitglieder der Gesellschaft stehen. Haben Kinder eine solche Gesellschaft gegründet, so unterliegen die der Gesellschaft aufgelassenen Grundstücke der Eltern der Umsatzsteuer. Denn die Gesellschaft ist ein selbständiges Rechtssubjekt. Es kann sich daher um Schenkungen zwischen Eltern und Kindern nicht handeln.

2. Wird die Umsatzsteuer nach dem gemeinen Wert der Grundstücke erhoben, so mindern etwaige auf dem Grundstücke lastende Hypotheken die Steuer nicht.

Nr. 7. Entsch. Bd. XXXX S. 47 v. 13. XII. 01 II C 162/01.

1. Die Befreiung der sogenannten Übertragsverträge von der Stempelsteuer (Nr. 32 Abs. 11 Ziff. 2 des Tarifs zum Stempelsteuerges. v. 31. VII. 95) bezieht sich nur auf solche Verträge, mittels deren die Ascendenten unbewegliche Sachen u. s. w. auf Descendenten übertragen. Für den umgekehrten Fall besteht keine Befreiung von der Stempelsteuer, und zwar auch in dem Falle nicht, daß eine Übertragung von unbeweglichen Sachen u. s. w. von Descendenten an Ascendenten im Zusammenhange mit einem steuerfreien Übertragsvertrage zwischen Ascendenten und Descendenten erfolgt. Es tritt daher auch in solchen Fällen keine Befreiung von der Umsatzsteuer ein.

2. Im vorliegenden Falle übertrug eine Witwe L. zu B. durch notariellen Übertragsvertrag ihr gesammtes Vermögen, das unbewegliche und das bewegliche, insbesondere auch den im Grundbuche von B. eingetragenen Grundbesitz mit aufstehenden Gebäuden „mit Gut und Schuld“, ihrem Sohne. Dieser nahm die Vermögensübertragung an und verpflichtete sich dagegen:

a) seine Mutter in gesunden und kranken Tagen ihrem Stande gemäß zu unterhalten;

b) ihr seine an der F.straße in B. belegene, im Grundbuche von B. eingetragene, Hausbesitzung mit Zubehör und allen darin befindlichen beweglichen Gegenständen zu übertragen.

Die Übertragung zu b war umsatzsteuerpflichtig.

Nr. 8. Entsch. v. 24. V. 01 Nr. II 858 (Pr.=V.=Bl. Bd. XXIII S. 248).

1. Bei der Heranziehung zur Umsatzsteuer sind für die Frage, ob zwischen den Beteiligten mehrere Kaufverträge oder ein Tauschvertrag abgeschlossen sind, die von ihnen vor dem Vertragsabschlusse getroffenen Abmachungen nicht von entscheidender Bedeutung. Wohl aber ist dies der Fall, wenn die Kontrahenten nicht nur vor, sondern auch noch bei der Beurkundung ihrer Vereinbarungen willens gewesen sind, einen Tauschvertrag einzugehen, und dieser Vertrag lediglich aus besonderen Gründen in die Form von Kaufverträgen gebracht ist.

2. Ein Tauschvertrag hat zur begrifflichen Voraussetzung, daß jeder der Kontrahenten einen Gegenstand überträgt und einen anderen übertragen erhält. Wenn daher z. B. in einem der mehreren Verträge eine zwar zusammen mit ihrem Ehemanne ein Grundstück aus dem gütergemeinschaftlichen Vermögen veräußert, ihrerseits aber ein anderes Grundstück oder einen sonstigen Gegenstand nicht erhalten hat, also bei dem Tauschgeschäfte nicht beteiligt ist, so kann von einem Tauschvertrage nicht die Rede sein.

Nr. 9. Entsch. Bd. XXXX S. 83 v. 5. VII. 01 II C 129/01.

1. Wird das Eigentum an einem Grundstücke durch Vergleich aufgehoben, so liegt darin eine freiwillige Veräußerung. — Im vorliegenden Falle hatten Käufer und Verkäufer nach dem zu gerichtlichen Protokoll erklärten Vergleiche ihre das Grundstück betreffenden Rechtsverhältnisse durch Vertrag neu geordnet, die Hypotheken reguliert, Kaufgeld zurückgewährt, über ein Waarenlager verhandelt, eine Entschädigung vereinbart, ein Konkurrenzverbot festgesetzt und schließlich über die Kosten Bestimmungen getroffen. Alle diese Festsetzungen beruhen im Aufgeben von Rechten auf seiten des einen oder des anderen der Vertragschließenden und gipfeln in der freiwilligen Veräußerung des Grundstücks.

2. Nicht die Bestimmungen des Stempelgesetzes, sondern die grundbuchrechtlichen Anschauungen kommen für die Umsatzsteuer in betracht, wenn es sich um den Begriff der freiwilligen Veräußerung handelt.

**Nr. 10. Entsch. Bd. XXXXI S. 79** v. 4. IV. 02 II C 283/01.
B.-G.-B. §§ 718, 719, 738, 873 H.-G.-B. §§ 105 Abs. 2, 131 [4], 137, 142, 145.

1. Ein Eigentum des Gesellschafters an den körperlichen Sachen, besonders den Immobilien einer offenen Handelsgesellschaft besteht weder in der Form eines nach Quoten geteilten Miteigentums an den einzelnen Sachen noch in der Form eines quotativen Anteilsrechts am Inbegriffe des Vermögens der Gesellschaft. Das Eigentum gebührt vielmehr allen Gesellschaftern gemeinsam (Rechtsverhältnis zur gesamten Hand). (Vgl. E.-O.-V. Bd. XXXI S. 43, E.-Ziv. Bd. XXV S. 256, Bd. XXX S. 152.)

2. Der daraus folgende Grundsatz, daß beim Ausscheiden eines Gesellschafters in der Übertragung seiner gesellschaftlichen Rechte an die Zurückbleibenden keine Sachveräußerung liegt, die umsatzsteuerpflichtig wäre, hat durch das seit dem 1. I. 1900 geltende Recht keine Änderung erfahren. Es bedarf auch nach neuerem Rechte, sofern Grundstücke zum Gesellschaftsvermögen gehören, in solchen Fällen nicht des rechtsgeschäftlichen Übertragungsaktes der Auflassung. Das Gesellschaftsvermögen wird vielmehr von Rechts wegen nach dem Ausscheiden eines Gesellschafters Gesamteigentum der zurückbleibenden Gesellschafter. Dies gilt auch für den Fall, daß nur zwei Inhaber der offenen Handelsgesellschaft vorhanden sind.

## 4. Hundesteuer.

**Nr. 1. Entsch. Bd. XXXXI S. 76** v. 6. V. 02 II C 266/01.
Komm.-Abg.-Ges. v. 14. VII. 93 (G.-S. S. 152) § 16.

Wo das Halten von Haustieren besteuert wird, sind Haustiere, die die dem Hausstande des Haushaltungsvorstandes angehörigen Familienmitglieder halten, als vom Haushaltungsvorstande selbst gehalten anzusehen. Als Herr des Hauses hält er das Tier, das seine Angehörigen ihm mit seiner Genehmigung ins Haus bringen; das Tier wird Teil seines Haushalts, auch wenn es nicht in sein Eigentum tritt. — Er muß daher auch die Steuer für den Hund zahlen, er die höhere, falls die Steuerordnung einen zweiten gehaltenen Hund höher besteuert.

**Nr. 2. Entsch. Bd. XXXXI S. 71** v. 6. VI. 02 II C 226/01.
Komm.-Abg.-Ges. v. 14. VII. 93 (G.-S. S. 152) § 16.

1. Der § 7 eines Ortsgesetzes bestimmte, daß denjenigen, denen Steuerfreiheit für einen Hund gewährt worden ist, eine darüber lautende Bescheinigung gegeben wird, die alljährlich im Monat Januar jeden Jahres zu erneuern ist. Durch die Ablehnung des Antrags auf Erteilung eines Freischeins wird nichts weiter, als diese Ablehnung, ausgesprochen. Eine Heranziehung für das künftige Steuerjahr liegt darin nicht.

2. Eine Hundesteuerordnung, die unter den für Zwecke der Bewachung oder des Gewerbes „unentbehrlichen" und den für dieselben Zwecke „erforderlichen" Hunden unterscheidet, besteht nicht zu Recht. Eine Handhabung des Ortsgesetzes auf einer solchen Grundlage ist, ohne daß der Willkür der weiteste Raum gegeben wird, unmöglich. Für den Begriff der Unentbehrlichkeit hat sich im allgemeinen der Inhalt herausgebildet, daß ein Hund dann als unentbehrlich anzusehen ist, wenn — was die Bewachung angeht

— trotz Aufwendung der Sorgfalt eines ordentlichen Hausvaters noch ein Maß von Unsicherheit bestehen bleibt, das das Halten eines Hundes nach allgemeiner vernünftiger Anschauung verlangt, während für Zwecke des Gewerbes ein Hund unentbehrlich ist, sofern das Gewerbe nach vernünftigen Ermessen ohne Benutzung eines Hundes wirtschaftlich nicht betrieben werden kann. Der Inhalt dieser Sätze aber bleibt derselbe, wenn darin die „Unentbehrlichkeit“ durch das „Erforderlichsein“ ersetzt wird, mit anderen Worten: Es gibt auf dem Gebiete der Hundesteuerordnungen keine erkennbare Grenze für eine Unterscheidung zwischen „erforderlichen“ und „unentbehrlichen“ Hunden, und eine Steuerordnung, die einen solchen Unterschied aufstellt, leidet um dieses Grundes willen an einem Grade von Unklarheit und Unbestimmtheit, der sie hinfällig macht.

3. Die Landwirtschaft ist im Sinne der für Hundesteuerordnungen vorbildlichen Mustersteuerordnung v. 10. V 94 kein Gewerbe. Die in der Landwirtschaft etwa unentbehrlichen Hunde werden mithin von der Befreiungsvorschrift, die sich auf die zum Gewerbe unentbehrlichen Hunde bezieht, nicht betroffen.

## D. Direkte Gemeindesteuern.

### 1. Realsteuern.

#### a) Vom Grundbesitze.

Literatur: Ritter, Praktische Anleitung zur Durchführung einer besonderen Gemeindegrundsteuer nach dem gemeinen Werte des Grundbesitzes, Düsseldorf 1902.

**Nr. 1. Entsch. Bd. XXXXI S. 89 v. 8. IV. 02 II C 154/01.**

1. Die Verpflichtung zur Zahlung der — neuerdings außer Hebung gesetzten — Staats-Grund- und Gebäudesteuer regelte sich früher nach einem Rechtszustande, der in den einzelnen Provinzen des Staates verschieden geartet war. Nach dem Grundsteuerges. für die beiden westlichen Provinzen Rheinland und Westfalen v. 21. I 39 (G.-S. S. 30) wird in das Grundsteuerkataster jedes Grundstück in der Regel auf den Namen seines Eigentümers, und zwar bei geteiltem Eigentum auf den des nutzbaren Eigentümers, eingetragen; ist das Eigentum durch das vollständige Nutzungsrecht eines Dritten (eines Erbpächters oder Nutznießers) beschränkt, so erfolgt die Eintragung auf dessen Namen, und der Name des Eigentümers wird nur nachrichtlich hinzugefügt (§ 14). Zur Entrichtung der Steuer ist dann jeder eingetragene Eigentümer, Erbpächter oder Nutznießer verbunden (§ 40). Hier ist also der Nießbraucher alleiniger Schuldner der Grundsteuer und in gleichem Maße, wie der unbeschränkte Eigentümer, verhaftet. Ferner ist, wenn das Grundstück verpachtet oder vermietet ist, außer dem eigentlichen Schuldner, sei dies nun der Eigentümer, der Erbpächter oder der Nießbraucher, der Steuer-Erhebung auch noch der Pächter oder Mieter unterworfen, da er die während der Pacht- oder Mietzeit fällige Grundsteuer auf Verlangen des Steuerempfängers zu berichtigen hat, soweit die Steuer den Betrag des schuldigen Pacht- oder Mietzinses nicht übersteigt (§ 40). Anders ist es in den östlichen Provinzen nach dem die definitive Unterverteilung und Erhebung der Grundsteuer u. s. w. betreffenden Ges. v. 8. II 67 (G.-S. S. 185). Hier sind nur die in der Mutterrolle verzeichneten Eigentümer oder Miteigentümer hinsichtlich der Steuer verpflichtet. Wenn aber das Grundstück verpachtet oder in Nießbrauch gegeben ist, so ist der Staat berechtigt, sich außer an den Eigen-

tümer auch an den Pächter oder Nießbraucher wegen der während der Pacht- oder Nießbrauchszeit fälligen Grundsteuer zu halten (§ 45).

Die Bestimmungen des Ges. v. 1867 sind am 11. II 70 (G.-S. S. 85) auch in den Provinzen Schleswig-Holstein, Hannover und Hessen-Nassau, sowie im Kreise Meisenheim eingeführt worden. Bei den dortigen Spezialgesetzen verblieb es nur, insoweit sie die zu Servituten oder Reallasten Berechtigten verbindlich machten, zur Grundsteuer der verpflichteten Grundstücke deren Besitzer einen Beitrag zu leisten.

Nach dem Ges., betr. die Gebäudesteuer, v. 21. V 61 (G.-S. S. 317) werden von der Steuer getroffen oder befreit: die Gebäude nebst den dazu gehörigen Hofräumen und Hausgärten (§§ 3, 5, 8, 19). Hinsichtlich der Gebäudesteuerrollen wird nur vorgeschrieben, daß eine Veränderung in dem Eigentumsverhältnisse nachzutragen ist (§ 15). Der Nutznießer geschieht nur insofern Erwähnung, als neben den Eigentümern auch die Nutznießer der Gebäude verpflichtet werden, diese Rechtsveränderung anzuzeigen (§ 16). Wird der Eigentumswechsel nicht angezeigt, so wird die Steuer von dem in der Rolle eingetragenen Eigentümer weitererhoben, ohne daß der neue Besitzer — der hiernach auch nur der neu einzutragende Eigentümer sein kann — von der ihm gesetzlich obliegenden Verhaftung frei wird (§ 17). Die Fortschreibungskosten treffen demgemäß auch nur die Eigentümer (§ 18).

2. Hiernach ist also in einem Teile des Staatsgebiets außer dem vollen Eigentum auch der Nießbrauch zur alleinigen Begründung der Steuerpflicht geeignet, daneben auch noch die Erhebung der Steuer vom Pächter oder Mieter gestattet. In den anderen Teilen des Staatsgebiets dagegen ist der Eigentümer unter allen Umständen der Steuer allein unterworfen, auch wenn er, in Folge der Berechtigung eines Nießbrauchers den Ertrag nicht selbst bezieht; nur ist der Staat in diesen Provinzen nebenher berechtigt, sich auch noch außerdem an den Nießbraucher oder den Pächter zu halten.

3. Diesen auf dem Gebiete der Staats-Grund- und Gebäudesteuer bestehenden Verschiedenheiten trat, während die Staats-Grund- und Gebäudesteuer außer Hebung gesetzt wurde, die einheitliche Gesetzgebung für die Kommunalabgaben v. 14. VII 93 gegenüber, die sowohl besondere Steuern vom Grundbesitz als auch die Besteuerung in Prozenten der vom Staate veranlagten Grund- und Gebäudesteuern gestattet. Von vornherein ist nicht anzunehmen, daß der Gesetzgeber bei der auf ein einheitliches Kommunalsteuerrecht abzielenden Tendenz für die Gemeindesteuern provinzielle Verschiedenheiten bestehen zu lassen oder einzuführen beabsichtigt haben kann. Auch spricht der Ausdruck des Ges. keineswegs für eine solche Absicht, sondern dagegen. Denn, wie schon die Grund- und Gebäudesteuergesetze v. 21. V 61 (G.-S. S. 253 und 317) nur die Grundstücke für verpflichtet und befreit erklärt hatten, so stellt auch der § 24 des Komm.-Abg.-Ges. den Grundsatz an die Spitze, daß den Steuern vom Grundbesitze die in der Gemeinde belegenen bebauten und unbebauten Grundstücke unterworfen sind. Die Grundstücke selbst werden also ihrer Substanz nach als pflichtig bezeichnet, nicht aber die physischen oder juristischen Personen, die zu dem Grund und Boden in einem mehr oder weniger umfassenden Rechtsverhältnisse stehen. Selbst, wo das Eigentumsverhältnis — bei den Befreiungen — in § 24 erwähnt wird, wird nicht die Person als Zensit genannt, sondern die Befreiung dem Grundstücke selbst zugesprochen, und ebenso lautet der Ausdruck des Gesetzes in § 21, wo von den auf besonderen Rechtstiteln beruhenden Befreiungen die Rede ist. Desgleichen bezeichnet die Kab.-Ord. v. 8. VI 34, die nach dem Schlußsatze des § 24 in Geltung bleiben sollte und

auf die Gemeinden ausgedehnt wurde, in denen sie bisher noch nicht gegolten hatte, in ihrem Eingange das **Grundstück selbst** als den Staats- und Kommunalsteuern unterworfen.

Wenn nach dieser überall festgehaltenen Ausdrucksweise das **Grundstück** für pflichtig erklärt wird, die Verbindlichkeit also an das Grundstück gebunden sein soll und deren Erfüllung durch Zwangsvollstreckung in das Grundstück erzwungen wird, die Grundsteuer mithin **aus dem Grundstücke** zu entrichten ist, so kann **für die Zahlung der Steuer nur derjenige haftbar** gemacht werden, der das Grundstück **der Substanz nach vollständig** vertritt, nicht aber Jemand, der nur in begrenztem Umfange Rechte daran ausüben darf. **Insbesondere kann für das Grundstück nicht der Nießbraucher herangezogen werden.** Denn er hat nur ein dingliches Recht an **fremder Sache**, das sich zwar auf deren vollständige Benutzung richtet, aber gerade in Bezug auf die Substanz (salva rei substantia) beschränkt wird durch die Berechtigung des Eigentümers, die Realität zu veräußern, zu verpfänden oder zu belasten; auch hat der Nießbraucher die Verpflichtung zur Rückgewähr an den Eigentümer. In dieser Hinsicht ist der bisherige Rechtsbegriff durch das B.-G.-B. in der Hauptsache nicht geändert. Der § 1030 daselbst bestimmt, daß eine Sache in der Weise belastet werden kann, daß derjenige, zu dessen Gunsten die Belastung erfolgt, berechtigt ist, die **Nutzungen** der Sache im vollen oder auch im beschränkten Umfange zu beziehen; es mag aber, da nach diesem Paragraphen der Nießbrauch durch den Ausschluß einzelner Nutzungen beschränkt werden kann, noch darauf hingewiesen werden, daß bei einer derartigen Teilung des Nießbrauchs Zweifel über die pflichtige Person leicht entstehen würden.

Wäre die Grundsteuer, wenn ein Nießbrauch an dem Grundstücke besteht, nicht von dem Eigentümer, sondern von dem Nießbraucher zu zahlen, so würde in einem solchen Falle das **Grundstück selbst für die Steuer überhaupt nicht** in Anspruch genommen werden können, und doch wird dieses gerade vom Gesetz als steuerpflichtig bezeichnet. Hätte der Gesetzgeber also trotzdem gewollt, daß der Nießbraucher überhaupt für die Gemeindesteuern vom Grundbesitze verhaftet sein solle, so hätte er dies, wie es bei den staatlichen Veranlagungsvorschriften zum Teil geschehen ist, nunmehr für das gesammte Gebiet des Kommunalabgabewesens gleichmäßig aussprechen müssen. Dies ist aber nicht der Fall, und der **Nießbraucher darf daher weder allein noch neben dem Eigentümer, weder in der Form von Zuschlägen** zu den staatlich veranlagten Realsteuern **noch durch Einführung besonderer Steuern vom Grundbesitze pflichtig gemacht werden.**

4. **Derselbe Grundsatz ist in Ansehung der Pächter und Mieter** bereits früher vom O.-V.-G. in einem Urteile v. 6. II. 1900 (in Sachen R. wider München-Gladbach J.-Nr. II. 190) ausgesprochen worden.

**Nr. 2. Entsch.** v. 24. IX. 01 Nr. II 1466 (Pr.-V.-Bl. Bd. XXIII S. 488).

Komm.-Abg.-Ges. v. 14. VII. 93 (G.-S. S. 152) § 24.

1. **Ein Grundstück, das zu einem dem öffentlichen Gebrauche dienenden Parke hergerichtet ist,** bleibt von der **Kommunalgrundwertsteuer auch dann frei, wenn die Anlagen weiterer Ausführung, Abänderung oder Verbesserung** unterzogen werden **können und sollen;** auch **kommt es nicht darauf an,** ob die den Zutritt des Publikums vermittelnden **Wege neu angelegt worden sind oder schon vorhanden waren.**

2. Im vorliegenden Falle handelt es sich um den der Stadt Berlin gehörigen sog. „Plänterwald“ zu Treptow.

Die zum „Plänterwald" gehörigen Grundstücke sind nach § 24 Abs. 1c und Abs. 3 des Komm.-Abg.-Ges. nur frei, „sofern" und „insoweit" sie zu einem „öffentlichen Dienste oder Gebrauche bestimmt" sind. Lustgärten, parkähnliche Gehölze als Erholungsstätten sind geeignet, öffentlichem Gebrauche zu dienen, wie solche denn auch unter den im § 4c des Grundsteuerges. v. 21. V. 61 erwähnten Beispielen aufgeführt sind. Die Bestimmung zu einem öffentlichen Gebrauche, im Sinne des Gesetzes die verwirklichte Bestimmung ist dargethan, wenn die Grundstücke als solche öffentliche Anlagen hergerichtet sind und als solche benutzt werden. Dieser Tatbestand ist für den „Plänterwald" und zwar für das ganze Areal anzunehmen. Das Areal als Park herzurichten, ist vor mehr als zwanzig Jahren von der Stadt Berlin unternommen und bis 1889 durchgeführt worden, so daß auf Antrag der Rest des „Plänterwaldes" von der staatlichen Grundsteuer bereits freigestellt werden konnte. Die Beflanzung ist vollendet und Wege darin sind vorhanden. Die am 1. IV. 99 vorhandenen Wege, zum teil zugleich Kommunikationszwecken dienend, zum teil nur Promenadenwege, finden sich in einigen Flächen-Abschnitten reichlicher, in anderen weniger; alle Abschnitte sind von mehreren Seiten zugänglich. Notorisch ist ferner die der Absicht der Gemeinde Berlin entsprechende Benutzung durch das Publikum. Dies genügt, um für das als Ganzes behandelte Areal die verwirklichte Bestimmung zum öffentlichen Gebrauche festzustellen, wenn nicht etwa behauptet und dargethan worden wäre, daß andere Zwecke, den öffentlichen Gebrauch ausschließend oder überwiegend, von der Stadt Berlin mit diesen Grundstücken oder einem Teile derselben verfolgt werden. Das ist nicht der Fall; weder land- noch forstwirtschaftliche noch gewerbliche Nutzung findet statt. Wenn der Beklagte einwendet, daß noch kein normales Parkwegenetz überall vorhanden war, sogar nicht alle in der vorgelegten Karte verzeichneten neuen Wege schon vollendet waren, daß auch ein Weg im Abschnitt 379 zur Zeit gesperrt war, so kann dadurch die Beurteilung der Gesamtanlage nicht beeinflußt werden, soweit es sich um Bestimmung und Benutzung handelt. Es ist also gleichgültig, ob das Projekt der Wegeanlagen im einzelnen noch weiterer Ausführung oder der Abänderung und Verbesserung unterzogen werden kann oder soll; es kommt auch nicht darauf an, ob die den Zutritt des Publikums vermittelnden Wege neu angelegt worden sind oder schon vor der Bepflanzung vorhanden waren. Dient aber das ganze Areal dieses parkähnlichen Gehölzes als Erholungsstätte schon dem öffentlichen Gebrauche, so bedarf es nicht mehr der Prüfung, ob das Ganze oder Teile desselben auch wie eine Baumschule benutzt werden.

**Nr. 3. Entsch. Bd. XXXX S. 78** v. 15. II. 01 II C 222/99.

Komm.-Abg.-Ges. v. 14. VII. 93 (G.-S. S. 152) § 24 c.

Anstalten der Provinz (z. B. Provinzialfeuersozietäten), die eine von dem Provinzialverbande gesonderte, selbständige juristische Persönlichkeit haben, können sich nicht auf den für die Provinzen maßgebenden Befreiungsgrund in § 24 litt. c des Komm.-Abg.-Ges. berufen. Denn sie stehen nicht im Eigentum der Provinz.

**Nr. 4. Entsch. Bd. XXXXI S. 84** v. 28. II. 02 II C 151/01.

Komm.-Abg.-Ges. v. 14. VII. 93 (G.-S. S. 152) § 24 c, e.

1. Nach § 24 des Komm.-Abg.-Ges. sind grundsätzlich alle in der Gemeinde belegenen bebauten und unbebauten Grundstücke der Gemeindegrundsteuer unterworfen. Das Gesetz macht aber eine Reihe von Ausnahmen, die um ihres Ausnahmecharakters willen keine ausdehnende

Auslegung gestatten, sondern nur da Anwendung finden dürfen, wo der vom Gesetze genau umschriebene Tatbestand vorliegt.

2. Gemäß § 24c sind gemeindegrundsteuerfrei:

„Die Deichanlagen der Deichverbände, die im öffentlichen Interesse staatlich unter Schau gestellten Privatdeiche, sowie die im öffentlichen Interesse unterhaltenen Anlagen der Ent- und Bewässerungsverbände.“

Für die Anwendung des § 24c kann der Natur der Sache nach nur der eigentliche Genossenschaftszweck maßgebend sein. Mit anderen Worten, wenn das Gesetz gewissen Verbänden Freiheit von der Gemeindegrundsteuer gewährt, so können eben nur diese der Befreiung teilhaftig werden, nicht aber andere, zu anderen Zwecken ins Leben gerufene Verbände, die sich nur nebenher, ausnahmsweise unter gewissen Voraussetzungen, die einmal zutreffen und dann wieder fortfallen, mit den Aufgaben jener erstgedachten Verbände befassen.

3. Eine Talsperrengenossenschaft, die in erster Reihe zu dem Zwecke gebildet ist, um durch Anlage von Sammelbecken gewerbliche Interessen zu fördern, wird dadurch nicht zu einem Ent- oder Bewässerungsverband im Sinne des § 24e, daß, sofern der eigentliche Genossenschaftszweck gesichert ist, das Wasser der Sammelbecken und der dazu gehörigen Wasserläufe auch für Zwecke der Landesmelioration nutzbar gemacht werden kann.

4. Die öffentlichen Wassergenossenschaften gehören nicht zu den kommunalen Verbänden im Sinne des § 24 des Komm.-Abg.-Ges. Zu den kommunalen Verbänden dieser Gattung gehören außer den Provinzen, Kreisen und Gemeinden landwirtschaftliche und Bezirksverbände, wie sie einzelnen Provinzen eigentümlich sind, ferner die aus Gemeinden oder aus Gutsbezirken und Gemeinden gebildeten Zweckverbände und dergl., also kommunale Gebilde im eigentlichen Sinne, die von den Wassergenossenschaften so wesentlich verschieden sind, daß von einer Gleichstellung dieser mit jenen nicht die Rede sein kann.

**Nr. 5.** Entsch. v. 15. XI. 01 Nr. II 1778 (Pr.-V.-Bl. Bd. XXIII S. 727).

Komm.-Abg.-Ges. v. 14. VII. 93 (G.-S. S. 152) § 24.

Konvikte für Theologen sind von der Kommunalsteuer nicht befreit. Der Umstand, daß sie im Eigentume der katholischen Kirche oder des fürstbischöflichen Stuhles stehen, begründet nicht ihre Befreiung von Realabgaben an die Gemeinde. Auch die Grundstücke der Kirchen unterliegen diesen Abgaben, wenn nicht die Ausnahmebestimmungen des § 24 des Komm.-Abg.-Ges. für sie zutreffen. Aus demselben Grunde ist es bedeutungslos, wenn das Grundstück auf Grund des Ges. v. 21. VI. 61 früher von Grundsteuern freigelassen ist; nicht dieses Gesetz und die früheren Anschauungen der Veranlagungsbehörden, sondern die Bestimmungen des Komm.-Abg.-Ges. sind entscheidend. Diese aber gewähren die beanspruchte Steuerfreiheit nicht. Allerdings meint der § 24 des Komm.-Abg.-Ges., wenn er in al. i den Grundstücken der „unter f, g und h aufgeführten Anstalten und Körperschaften, soweit die Grundstücke für deren Zwecke unmittelbar benutzt werden“, Steuerfreiheit gewährt, ohne Frage auch die Grundstücke der aufgenommenen Kirchengesellschaften; der Umstand, daß unter g nur von den Kirchen, Kapellen und anderen dem öffentlichen Gottesdienste gewidmeten Gebäuden dieser Gesellschaften, nicht aber von den aufgenommenen Kirchengesellschaften selbst die Rede zu sein scheint, kann begründete Zweifel in dieser Richtung nicht erwecken. Aber es ist nicht nachgewiesen, daß das Konvikt den Zwecken der Kirche unmittelbar dient, wenn in ihm

Studierenden der Theologie zur Beförderung ihres Studiums und zum Zwecke ihrer Erziehung Aufnahme gewährt wird. Ebensowenig fällt das Konvikt als eine öffentliche Lehranstalt unter al. f des Ges., weil bei ihm nicht der Zweck der Belehrung, sondern der der Erziehung und Überwachung, sowie der Gewährung von wohlfeilem Unterhalte im Vordergrunde steht. Will der Kläger durch den Hinweis darauf, daß unbemittelten Zöglingen Erlaß oder langjährige Stundung des Kostgeldes bewilligt werde, das Konvikt auch als eine Wohltätigkeitsanstalt oder eine milde Stiftung hinstellen und so die Bestimmung unter h des Gesetzes für sich geltend machen, so kann ihm, abgesehen von anderen Gründen, schon deshalb nicht gefolgt werden, weil bis auf weiteres anzunehmen ist, daß jene Zuwendungen nicht sowohl zur Betätigung der Wohltätigkeit, als vielmehr in der Absicht gemacht werden, das theologische Studium mit Rücksicht auf die Bedürfnisse der Kirche zu erleichtern.

**Nr. 6. Entsch. Bd. XXXX S. 195 v. 10. V. 01 II C 4/01.**
Komm.-Abg.-Ges. v. 14. VII. 93 (G.-S. S. 152) § 24.

Unter milden Stiftungen sind solche Veranstaltungen zu verstehen, die wohltätige Zwecke im weitesten Sinne dieses Wortes zu pflegen bestimmt sind. (Vgl. E.-O.-V. Bd. XXXII S. 165 ff., Bd. XXXIV S. 110 ff.) Begriffsmäßig ist es demnach auch nicht ausgeschlossen zu den milden Stiftungen im Sinne des § 24 des Komm.-Abg.-Ges. unter litt. h und i auch solche Anstalten zu rechnen, in denen die in wohltätiger Absicht gemachten Zuwendungen der Stiftung von den Empfängern teilweise durch Arbeitsleistungen abgegolten werden. Ebensowenig entscheidet gegen den Charakter der milden Stiftung, daß die Mildtätigkeit nicht unterschiedslos sondern nur solchen Hilfsbedürftigen zuteil wird, die den Satzungen der Stiftung nachzukommen geeignet und gewillt sind. Das ist besonders bei sog. Arbeiterkolonien zu beachten.

**Nr. 7. Entsch. Bd. XXXX S. 76 v. 2. VII. 01 II C 73/01.**
Komm.-Abg.-Ges. v. 14. VII. 93 (G.-S. S. 152) § 24 i.

Zu den Körperschaften, deren Grundstücken der § 24 litt. i des Komm.-Abg.-Ges. die Steuerfreiheit unter der Voraussetzung ihrer unmittelbaren Benutzung für die Zwecke der Körperschaft gewährt, gehören auch die katholischen Kirchengemeinden, und deshalb ist die Vergünstigung auch solchen bebauten oder unbebauten Grundstücken zuzuerkennen, die, wie z. B. Säle, die zur Erteilung des Kommunionunterrichts bestimmt sind, zwar nicht den Zwecken des Kirchengebäudes, d. h. dem Gottesdienste, wohl aber denen der Gemeinde unmittelbar dienen. Vorausgesetzt ist aber eine unmittelbare Benutzung für kirchliche Zwecke bei dem besteuerten Grundstücke. Eine solche unmittelbare Benutzung ist dann noch nicht vorhanden, wenn auf einem der Kirchengemeinde gehörigen Grundstücke mit dem Bau einer Kirche begonnen wird, sondern erst dann gegeben, wenn das fertige Kirchengebäude seiner Benutzung für den Gottesdienst übergeben ist.

**Nr. 8. Entsch. v. 8. XI. 01 Nr. II 1734 (Pr.-V.-Bl. Bd. XXIII S. 758).**
A.-L.-R. II 11 §§ 772, 778.
Komm.-Abg.-Ges. v. 24. VII. 93 (G.-S. S. 152) § 24 k.
Staatsges. v. 2. VII. 98 (G.-S. S. 260), betr. das Diensteinkommen der ev. Pfarrer, Art. 8 Abs. 2.

1. Zu den Dienstgrundstücken können nach den §§ 772, 778 Tit. 11 T. II A.-L.-R. nur diejenigen Liegenschaften gerechnet werden, deren Verwaltung und Nutzung dem jeweiligen Inhaber der Pfarrstelle

zusteht (vergl. E.-O.-V. v. 15. I. 1901 (Pr.-V.-Bl. Bd. XXIII S. 102). Hat eine rechtsgültige Umwandlung eines Pfarrackers in Kirchenvermögen vor dem Inkrafttreten des Staatsges. v. 2. VII. 98, betr. das Diensteinkommen der evangelischen Pfarrer stattgefunden, so haben die den früheren Pfarracker bildenden Grundstücke die Kommunalsteuerfreiheit verloren. Der Art. 8 Abs. 2 des Staatsges. v. 2. VII. 98, welcher lautet:

„Die in allgemeinen oder besonderen Gesetzen begründeten Rechte des Pfarrvermögens oder einzelner Teile desselben, insonderheit steuerliche Vorrechte oder sonstige Privilegien, welche mit dem Stellenvermögen oder den Einkünften der Pfarrstelle verknüpft sind, bleiben bestehen, auch wenn das Stellenvermögen oder die Einkünfte der Pfarrstelle auf Grund der Vorschriften der anliegenden Kirchengesetze sich nicht mehr im Nießbrauche des Stelleninhabers befinden,"

will nur bestehende steuerliche Vorrechte aufrechterhalten. Hiernach ist ein Anspruch auf Freilassung von Gemeindeabgaben nur dann gerechtfertigt, wenn erst auf Grund der Vorschriften des § 12 des Kirchenges. v. 2. VII 98 der Nießbrauch der Geistlichen an den Grundstücken aufgehört hat.

2. Es folgt eine eingehende Untersuchung der Frage, ob eine solche Umwandlung vor dem Inkrafttreten des Staatsges. v. 2. VII. 98 mit rechtlicher Wirkung stattgefunden hat, insbesondere ob die Gemeindevertretung diese Umwandlung gutgeheißen hat, auf die hier nicht näher eingegangen werden kann. Aus der zustimmenden Mitwirkung des Patrons und der Gemeindevertretung, der ohne Widerspruch erfolgten Anhörung der beteiligten Geistlichen und der Zustimmung des Konsistoriums, die auch aus konkludenten Handlungen gefolgert werden kann, wird die Frage bejaht.

**Nr. 9. Entsch.** v. 24. V. 01 Nr. II 856 (Pr.-V.-Bl. Bd. XXIII S. 263).

Komm.-Abg.-Ges. v. 14. VII. 93 (G.-S. S. 152) §§ 21, 24 Abs. 2.

1. § 3 des am 16. VII. 51 zwischen der Stadtgemeinde Sprottau und dem Justizfiskus geschlossenen, am 17. V. 53 von der Kgl. Regierung zu Liegnitz genehmigten Vertrages, betreffend die Überlassung des Gefängnisgebäudes an den Justizfiskus lautete:

„Das Gefangenhaus bleibt, solange dasselbe seiner jetzigen Bestimmung gemäß oder überhaupt als öffentliches Gebäude verwendet und nicht zu Privatzwecken benutzt wird, frei von Kommunalabgaben und der Einquartierungslast."

Auf Grund dieser Bestimmung als eines besonderen Rechtstitels gemäß § 21 des Komm.-Abg.-Ges. verlangte der Justizfiskus Freistellung von Gebäudesteuerzuschlägen wegen der im Gefangenhause befindlichen Wohnung des Gefangenaufseers. Das O.-V.-G. wies den Anspruch aus folgenden Gründen zurück:

2. Es steht außer Zweifel, daß der § 3 des Vertrages keine neue Steuerfreiheit schaffte. Die Städteordn. von 1808 erwähnt die Steuerfreiheit der öffentlichen Gebäude nicht, wohl aber — anschließend an die Kab.-Ord. v. 8. VI. 34 (G.-S. S. 87) — die Gemeinde-Ordn. von 1850, wonach — vergl. § 3 Abs. 6 — die in §§ 7, 8 und 9 des Ges. v. 21. I. 39 (G.-S. S. 31, 32) bezeichneten ertragsunfähigen oder zu einem öffentlichen Dienste oder Gebrauche bestimmten Grundstücke im ganzen Staate von Gemeindeauflagen insoweit befreit sein sollen, als sie diese Befreiung zur Zeit der Verkündigung der Gemeindeordnung bereits besaßen. Letzteres traf auf Grund der Kab.-Ord. v. 1834 bei dem Gefängnisgebäude in Sprottau zu, da es bei der Veräußerung seit Jahren im Eigentum der Stadt sich befunden hatte und zur Aufnahme von Gefangenen diente. Enthält hiernach der § 3 des Vertrages eine Wiedergabe des zur Zeit der Veräußerung und des zur Zeit ihrer

Genehmigung geltenden öffentlichen Rechts, so blieb auch für die Folge betreffs des Umfangs der Abgabenfreiheit nicht der Vertrag sondern in erster Reihe das jeweilige Gesetz maßgebend. Wenn der Revisionskläger die alte Steuerfreiheit in ihrem vollen Umfange auf Grund des Vertrages dauernd aufrecht erhalten wissen will, ohne Rücksicht darauf, ob das Gefangenhaus noch in allen seinen Teilen als öffentliches Gebäude im Sinne des Komm.-Abg.-Ges. gilt, so ist aus § 3 eine dahingehende Willensmeinung der Kontrahenten nicht zu entnehmen.

3. Wäre aber in dem Vertrage jene unbedingte Freilassung des abgetretenen Grundstücks für alle Zukunft wirklich ausgesprochen worden, so würde diese Verabredung nicht wirksam sein und keinen besonderen Rechtstitel gemäß §§ 21 und 24 Abs. 2 des Komm.-Abg.-Ges. bilden. In keinem der beiden genannten Gemeindeverfassungsgesetze und ebensowenig in der Kab.-Ord. v. 8. VI. 34 ist eine Vereinbarung über die Besteuerung öffentlicher Gebäude — zu denen damals das Gefängnis im vollen Umfange und nach jeder Richtung hin noch gehörte — zugelassen worden. Sie wäre daher nicht statthaft gewesen; (vgl. E.-O.-V. Bd. XII S. 120 ff. und Bd. XXXII S. 54/55 und S. 64). Ein durch kein früheres Abkommen einzuschränkendes neues Besteuerungsrecht ist nun bezüglich der Dienstwohnungen der Beamten den Gemeinden durch § 24 Abs. 2 des Komm.-Abg.-Ges. verliehen worden. Die Dienstwohnungen sind seitdem im Geltungsbereich dieses Gesetzes nicht mehr, wie früher, als öffentlichen Zwecken dienende Gebäude oder Gebäudeteile hinsichtlich der Besteuerung zu behandeln, sondern wie das Eigentum jedes Privatmannes zur Steuer heranzuziehen (vgl. E.-O.-V. Bd. XXIX S. 41 ff., Bd. XXX S. 48/52 und Bd. XXXIII S. 15/20). Die erfolgte Einforderung eines der Höhe nach nicht angefochtenen Gebäudesteuerzuschlages von der Dienstwohnung des Gefangenaufsehers findet somit ihre Begründung in dem geltenden öffentlichen Recht.

### b) Vom Gewerbebetriebe.

**Nr. 1. Entsch.** v. 19. III. 01 Nr. II 493 (Pr.-V.-Bl. Bd. XXIII S. 424).

Gew.-St.-Ges. v. 24. VI. 91 (G.-S. S. 205) §§ 23, 24.

Der nicht eingezahlte Teil des Stammkapitals einer Gesellschaft mit beschränkter Haftung kann ebensowenig, wie das eingezahlte Kapital als ihr „Anlage- und Betriebskapital“ angesehen werden.

Das letztere wird nur durch diejenigen Vermögenswerte gebildet, die dem Gewerbebetriebe bereits dienen. Das ist aber nicht der Fall in Ansehung derjenigen Kapitalien, die noch im Vermögen der Gesellschafter sich befinden und nur durch Beschluß der Gesellschaft für die Zwecke der letzteren in Anspruch genommen werden können. Sie dienen dem Gewerbebetriebe der Gesellschaft ebensowenig, wie z. B. dem Gewerbebetriebe eines Einzelkaufmanns ein Kapital dient, das dieser sich für den Fall eines etwaigen Bedarfsfalles von einem Dritten mittels pactum de mutuo dando hat versprechen lassen, aber noch nicht ausgezahlt erhalten hat. Der Umstand, daß der nicht eingezahlte Teil des Stammkapitals durch Erhöhung der Kreditfähigkeit das Unternehmen auch jetzt schon tatsächlich fördert, kann nicht ins Gewicht fallen. Diese Erwägung würde dahin führen, auch bei einer einzelnen gewerbetreibenden Person deren Kapitalvermögen mit zu dem Anlage- und Betriebskapital zu rechnen. Auch die auf das Stammkapital gemachten Einzahlungen sind nicht entscheidend. Maßgebend sind vielmehr die dem Gewerbebetriebe tatsächlich und dauernd gewidmeten Werte nach dem mittleren Stande in dem der Veranlagung voraufgegangenen Jahre, die größer oder geringer sein können, als das eingezahlte Stammkapital.

Nr. 2. Entsch. Bd. XXXX S. 72 v. 19. XI. 01 II C 77/01.
Komm.-Abg.-Ges. v. 14. VII. 93 (G.-S. S. 152) §§ 20, 28.

Eine Steuerordnung, die den Warenhausbetrieb (Warenhäuser, Bazare, Versandtgeschäfte) mit einer besonderen Steuer belastet, ist ungültig, wenn darin nicht gleichzeitig alle übrigen in der Gemeinde betriebenen Gewerbe einer Gewerbesteuer unterworfen werden.

Denn nach § 28 des Komm.-Abg.-Ges. unterliegen den Gewerbesteuern in den Gemeinden, in denen der Betrieb stattfindet, alle dort bezeichneten Betriebe, und nach § 20 ebendaselbst sind die direkten Gemeindesteuern auf alle der Besteuerung unterworfenen Pflichtigen nach gleichmäßigen Grundsätzen zu verteilen. Es ist daher unzulässig, nur für ein einzelnes Gewerbe eine besondere Steuerordnung zu erlassen. Vielmehr muß, wenn eine besondere Steuerordnung beschlossen wird, durch sie auch dafür Vorsorge getroffen werden, daß alle anderen Gewerbe mit einer Steuer belastet werden und es damit unmöglich wird, daß nur ein oder das andere Gewerbe besteuert, andere aber steuerfrei betrieben werden können. Die besondere auf eine bestimmte Gewerbeart gelegte Steuer muß daher durch die Steuerordnung selbst in eine Verbindung mit der Besteuerung aller übrigen Gewerbe gebracht werden.

Nr. 3. Entsch. v. 31. I. 02 Nr. II 192 (Pr.-V.-Bl. Bd. XXIV S. 182).
Komm.-Abg.-Ges. v. 14. VII. 93 (G.-S. S. 152) § 28.
Gew.-St.-Ges. v. 24. VI. 91 (G.-S. S. 205) § 7.

1. Rechtsungültig ist die Bestimmung einer Steuerordnung, wonach auch Betriebe mit einem geringeren Jahresertrag als 1500 M. und einem Anlage- und Betriebskapital von weniger als 3000 M. einer besonderen Kommunal-Gewerbesteuer unterliegen sollen. Der Wortlaut der Gesetze ist in dieser Hinsicht völlig deutlich, indem durch § 28 Nr. 1 des Komm.-Abg.-Ges. die Steuerpflicht nur für

„die nach dem Gew.-St.-Ges. v. 24. VI. 91 zu veranlagenden stehenden Gewerbe" eingeführt wird,

und § 7 des Gew.-St.-Ges. Betriebe des gedachten Umfanges von der Gewerbesteuer befreit und damit der Veranlagung entzieht; und wenn noch ein Zweifel über die Absicht des Gesetzgebers möglich wäre, so müßte er schwinden angesichts des zweiten Abs. des § 28 des Komm.-Abg.-Ges. der auch die nicht nach dem Gew.-St.-Ges. pflichtigen (Nr. 1), wohl aber durch das Komm.-Abg.-Ges. der Besteuerung unterworfenen (Nr. 2 bis 6) Betriebe in dem Falle befreit, daß weder der jährliche Ertrag 1500 M. noch das Anlage- und Betriebskapital 3000 M. erreicht.

Die Meinung, daß besondere Gewerbesteuern von allen Betrieben erhoben werden dürften, ist unhaltbar gegenüber dem klaren Aufbau des Ges., daß im § 28 die Objekte bezeichnet, die der Steuerpflicht überhaupt unterliegen, und erst in den folgenden Paragraphen sich über die verschiedenen Arten der Gemeindesteuern verbreitet.

2. Daß die Steuerordnung die aufsichtliche Genehmigung und Zustimmung gefunden hat, ist bedeutungslos, da den Aufsichtsbehörden nicht die Befugnis zusteht, den Kreis der steuerpflichtigen Objekte entgegen dem Gesetze zu erweitern.

**Nr. 4. Entsch. Bd. XXXXI S. 96 v. 22. IV. 02 II C 177/01.**

Komm.-Abg.-Ges. v. 14. VII. 93 (G.-S. S. 152) §§ 28, 29, 32.
Gew.-St.-Ges. v. 24. VI. 91 (G.-S. S. 205) §§ 2, 7.

1. § 28 Nr. 1 des Komm.-Abg.-Ges. unterwirft der Gemeinde-Gewerbesteuer die nach dem Gew.-St.-Ges. v. 24. VI. 91 zu veranlagenden stehenden Gewerbe. Nun sind allerdings auch nach § 7 des Gew.-St.-Ges. gewerbesteuerfrei solche Betriebe, bei denen weder der jährliche Ertrag 1500 M., noch das Anlage- und Betriebskapital 3000 M. erreicht; allein das Gew.-St.-Ges. bezieht sich hierbei selbstverständlich nur auf solche Gewerbebetriebe, deren Anlage- und Betriebskapital und deren Ertrag in Preußen nicht die genannten Beträge erreicht. Soweit dies dagegen der Fall ist, sind die Betriebe nach dem Gew.-St.-Ges. zu veranlagen und somit auf Grund des § 28 Nr. 1 des Komm.-Abg.-Ges. auch in den Gemeinden gewerbesteuerpflichtig, gleichviel, ob der Ertrag oder das Anlage- und Betriebskapital in den einzelnen Gemeinden jene Beträge erreicht oder nicht. In gleicher Weise ist auch die dem § 7 des Gew.-St.-Ges. nachgebildete Bestimmung des Abs. 2 des § 28 des Komm.-Abg.-Ges. aufzufassen.

2. Weder der § 32 Abs. 2 des Komm.-Abg.-Ges., noch der § 2 des Gew.-St.-Ges. steht dem entgegen, daß für die Höhe der Prozente, mit denen der in der einzelnen Gemeinde belegene Teil des Gewerbebetriebs zu der Gewerbesteuer herangezogen wird, der gesamte Ertrag oder das gesamte Anlage- und Betriebskapital in betracht gezogen wird.

3. § 3 einer Gewerbesteuerordnung lautete:

> Die Gewerbesteuer wird nach einem für jedes Steuerjahr durch Gemeindebeschluß gemäß § 57 des Kommunalabgabengesetzes festzustellenden und in ortsüblicher Weise bekannt zu machenden Satze von jedem hundert Mark des nach § 2 ermittelten Ertrages erhoben.
>
> Dieser Satz gelangt jedoch nur von Betrieben mit einem Ertrage von 1500 bis ausschließlich 4000 M. oder einem Anlage- und Betriebskapital von 3000 M. bis ausschließlich 30000 M. zur Erhebung. Für Betriebe mit einem Ertrage von 4000 bis ausschließlich 10000 M. oder einem Anlage- und Betriebskapital von 30000 M. bis ausschließlich 75000 M. erhöht sich dieser Satz um ein Zehntel, bei einem Ertrage von 10000 bis ausschließlich 20000 M. oder einem Anlage- und Betriebskapital von 75000 bis ausschließlich 150000 M. um zwei Zehntel, bei höherem Ertrage oder größerem Anlage- und Betriebskapital um sechs Zehntel.
>
> Ist der durch Gemeindebeschluß festgesetzte Satz zu erheben, so wird jedes angefangene Hundert, in Fällen der Erhöhung jedes angefangene Tausend des Ertrags für voll gerechnet.

Die Vorschrift in § 3 Abs. 3 ist insoweit ungesetzlich, als sie für Fälle, in denen der durch Gemeindebeschluß festgesetzte Satz erhöht wird, vorschreibt, daß jedes angefangene Tausend des Ertrags für voll gerechnet wird. Eine derartige Abrundung mag insofern zulässig sein, als sie lediglich den Zweck verfolgt, die Berechnung der von den einzelnen Zensiten zu entrichtenden Steuerbeträge zu erleichtern, und von diesem Gesichtspunkt aus ist nichts dagegen zu erinnern, wenn die Steuerordnung die Abrundung des Ertrags, von dem die Steuer in Gemäßheit des § 3 Abs. 1 nach Prozenten erhoben wird, auf volle Hunderte vorschreibt. Eine darüber hinausgehende Erhöhung der Ertragssumme ist dagegen willkürlich und mit den gesetzlichen Vorschriften nicht vereinbar. Nach § 29 Abs. 2 des Komm.-Abg.-Ges. können die Gewerbesteuern namentlich bemessen werden nach dem Ertrage, dem Werte des Anlage- oder Betriebskapitals und nach sonstigen Merkmalen für den Umfang des Gewerbebetriebs oder nach einer Verbindung mehrerer dieser Maßstäbe. Legt die Steuerordnung eines dieser Merkmale zu grunde, wie im vorliegenden Falle den Ertrag, so ist es unzulässig, daneben die Bemessung der Steuer nach Vorschriften zu regeln, für die im Gesetze keine Unterlage gegeben ist. Für die Fälle, in denen der Gewerbebetrieb sich über mehrere Gemeinden erstreckt, schreibt überdies der § 32 Abs. 2 des Komm.-Abg.-Ges. vor, daß die Veranlagung nur nach Maßgabe des in der Gemeinde belegenen Teiles des Gewerbebetriebs zu erfolgen habe.

## 3. Gemeindeeinkommensteuern.

### a) Wohnsitz und Aufenthalt.

**Nr. 1. Entsch.** v. 6. XII. 01 Nr. II C 1903 (Pr.-V.-Bl. Bd. XXIV S. 6).
Komm.-Abg.-Ges. v. 14. VII. 93 (G.-S. S. 152) § 33.

1. Die nach dem geltenden Steuerrecht für das Vorhandensein eines Wohnsitzes erforderlichen Merkmale sind das Innehaben einer Wohnung unter Umständen, die auf die Absicht einer dauernden Beibehaltung einer solchen schließen lassen. Die Frage, ob im einzelnen Falle das Bestehen einer Wohnung und die gehegte Absicht, sie zu behalten, genügend nachgewiesen sind, ist tatsächlicher Natur und die darüber getroffene Feststellung ist der Nachprüfung des Revisionsrichters nur unterworfen, soweit sie auf einen wesentlichen Verfahrensmangel oder auf einen Rechtsirrtum zurückzuführen ist.

2. Ein Rechtssatz des Inhalts, der Begriff des Wohnsitzes sei nur dann erfüllt, wenn bei einer aus Küche und aus einem oder mehreren Zimmern bestehenden Wohnung auch ein oder mehrere Zimmer mit jederzeit benutzbaren Heizvorrichtungen wirklich versehen seien, besteht nicht. Es ist lediglich Tatfrage und danach von den verschiedensten Umständen, wie klimatischen Einflüssen, der mehr oder minder vereinzelten Lage der Gebäude, den Lebensverhältnissen der Bewohner und anderem abhängig, ob zu einem Wohnsitz stets brauchbare, Wirtschafts- und Wohnräume ganz oder teilweise ergreifende Heizeinrichtungen gehören. Je nach der Lebensstellung der Beteiligten mag der Mangel solcher Anlagen eine standesgemäße Einrichtung der benutzten Räume nicht mehr erkennen lassen und deshalb bei der tatsächlichen Feststellung zur Verneinung der Frage nach dem Vorhandensein einer Wohnung führen. Hat nach dieser Richtung der Vorderrichter im vorliegenden Falle eine Prüfung vorgenommen und — abgesehen von der stets heizbaren Küche — trotz des Fehlens von Öfen oder dergleichen in den von den Zensiten regelmäßig nur während der Sommerszeit benutzten Räumen eine standesgemäße „Wohnung“ und nicht bloß ein „Absteigequartier“ erblickt, so ist diese Feststellung für die Revision unanfechtbar.

**Nr. 2. Entsch.** v. 14. II. 02 Nr. II 269 (Pr.-V.-Bl. Bd. XXIV S. 21).
Komm.-Abg.-Ges. v. 14. VII. 93 (G.-S. S. 152) § 33.
Ges. v. 13. V. 70 (B.-G.-Bl. S. 119), betr. Vermeidung der Doppelbesteuerung, § 1.

1. Die Kommunalsteuerpflicht wird für einen Schiffsführer dadurch nicht begründet, daß sein Schiff in das im Bezirk der Kommune geführte Schiffsregister eingetragen ist.

Dieses stellt zwar, wo es sich auch befindet, einen integrierenden Bestandteil des Deutschen Reichs, nicht aber einen solchen des betr. Gemeindebezirks dar.

Im übrigen ist an und für sich ein Wohnsitz auf einem Schiffe für Schiffsmann und Schiffsführer nicht ausgeschlossen.

2. Durch die Benutzung des Fremdenzimmers im elterlichen Hause bei gelegentlicher Anwesenheit kann man zu einem Wohnsitze nicht gelangen.

d) Einkommen aus Handel und Gewerbe.

**Nr. 1. Entsch. Bd. XXXX S. 51 v. 10. I. 02 II C 51/01.**

Komm.-Abg.-Ges. v. 14. VII. 93 (G.-S. S. 152) § 33.

Wenn ein Gesellschafter einer Gesellschaft mit beschränkter Haftung der Gesellschaft gegenüber zu besonderen Leistungen gegen Entgelt verpflichtet ist, so kommt es bei Ermittelung des ihm aus der Beteiligung erwachsenden Einkommens zunächst darauf an, ob das Rechtsverhältnis, das der Verpflichtung zu grunde liegt, von der Sozietätsbeteiligung des Gesellschafters untrennbar ist oder nicht. Im ersteren Falle ist der über das gewöhnliche Maß hinaus gewährte Teil der Vergütung als verteilte Dividende, auf seiten des Gesellschafters also als Einkommen aus der Beteiligung an der Gesellschaft anzusehen. Die Untrennbarkeit ist insbesondere dann anzunehmen, wenn die Vergütung, die der Gesellschafter erhält, von dem finanziellen Ertrage der Gesellschaft abhängt. Beim Fehlen dieser Voraussetzung ist aber die Untrennbarkeit ohne weiteres noch nicht zu verneinen; vielmehr bleibt noch zu prüfen, ob sie nicht etwa aus anderen Umständen zu entnehmen ist.

i) Die Steuerpflicht der Beamten.

**Nr. 1. Entsch. v. 8. I. 01 Nr. I 43 (Pr.-V.-Bl. Bd. XXIII S. 295).**

Komm.-Abg.-Ges. v. 14. VII. 93 (G.-S. S. 152) § 41.
Vd. v. 23. IX. 67 (G.-S. S. 1648) §§ 1, 2.

1. Ein in der Verwaltung des Schlacht- und Viehhofes zu Berlin angestellter städtischer Tierarzt hatte gegen seine Veranlagung zur Gemeindeeinkommensteuer nach seinem vollen Gesamteinkommen mit dem Antrage geklagt, ihn nur mit der Hälfte seines Diensteinkommens als Berliner städtischer Beamter heranzuziehen. Das O.-V.-G. wies den Antrag aus folgenden Gründen ab:

2. Kläger ist in Berlin als städtischer Tierarzt unter dem ausdrücklichen Vorbehalt angestellt worden, daß er nicht Gemeindebeamter werden solle. Das Kuratorium des städtischen Schlacht- und Viehhofs hat ihn nach vorher eingeholter Zustimmung des Polizeipräsidenten zu Berlin, als Hilfstierarzt auf einen Monat angenommen mit der Bestimmung, daß sich das Verhältnis jedesmal um einen Monat verlängere, falls nicht vor seinem Ablauf Kündigung erfolge. Über die Annahme ist durch ein Mitglied des Magistrats mit dem Kläger eine Verhandlung aufgenommen worden, inhalts deren er durch Ableistung des Diensteids der Staatsbeamten verpflichtet worden ist, nachdem ihm eröffnet war, daß er durch die Vereidigung weder die Eigenschaft eines Gemeindebeamten noch den Anspruch auf feste Anstellung oder Pension erwerben solle, dem Kuratorium vielmehr die Befugnis vorbehalten bleibe, ihn jederzeit ohne Angabe von Gründen zu entlassen und nachdem er sich mit diesen Bedingungen einverstanden erklärt und versprochen hatte, die Fleischschau getreu und gewissenhaft auszuführen, insbesondere den Bestimmungen der betr. Regulative nachzukommen. Durch Magistratsverfügung v. 23. VII. 89 ist ihm dann die Absicht zu erkennen gegeben, ihn vom 1. August desselben Jahres ab als Tierarzt mit einem Jahresgehalte von 2400 M. anzustellen, dabei aber wiederum hervorgehoben, daß er Beamteneigenschaft oder Pensionsanspruch nicht erwerben, vielmehr Kündigung mit sechsmonatlicher

Frist beiden Teilen zustehen sollen, auch der städtischen Verwaltung die Befugnis zu sofortiger Entlassung vorbehalten bleibe und zwar sowohl für den Fall, daß Kläger sich eine Vernachlässigung der Amtspflichten zu schulden kommen lasse als auch für den, daß der Polizeipräsident die Zustimmung zur Beschäftigung des Klägers mit der Fleischbeschau zurückziehe.

3. Aus diesen Tatsachen ist zu folgern, daß der Magistrat zu Berlin nicht beabsichtigt habe, den Kläger als Gemeindebeamten anzustellen. Wenn auch der Vorbehalt beiderseitiger Kündigung und selbst der sofortiger Dienstentlassung mit der Eigenschaft eines mittelbaren Staatsbeamten nicht unvereinbar ist, da es auch auf Kündigung oder Widerruf angestellte Beamte gibt, so ist doch nicht anzuerkennen, daß der Vorderrichter gegen diesen Rechtssatz verstoßen habe, denn er hat nirgends ausgesprochen, daß der Kläger schon deshalb nicht Gemeindebeamter sein könne, weil seiner Anstellung jener Vorbehalt beigefügt ist, ja er hat nicht einmal den Vorbehalt für seine Annahme, daß den städtischen Behörden die Absicht gefehlt habe, den Kläger als solchen anzustellen, verwertet, er hat vielmehr die Abwesenheit dieser Absicht aus den wiederholten ausdrücklichen Erklärungen der städtischen Behörden, daß der Kläger nicht „Gemeindebeamter" werden, nicht „Beamteneigenschaft" erlangen solle, geschlossen. Daran kann auch nichts ändern, daß der Kläger durch Ableistung des Diensteids der Staatsbeamten für seine Obliegenheiten verpflichtet ist. Die Vereidigung ist nicht derjenige Akt, durch den die Eigenschaft eines mittelbaren oder unmittelbaren Staatsbeamten erworben wird, es können Personen Beamte sein, ohne den Diensteid abgeleistet zu haben, und es können andererseits Personen zur Ableistung des Diensteids herangezogen werden, ohne dadurch die Eigenschaften eines Beamten zu erlangen. Deshalb kommt die Vereidigung nur insoweit in betracht, als aus ihrer Vornahme der Anstellungswille folgt. Dieser wird zwar, weil die Vereidigung der Regel nach den Erwerb der Eigenschaft als Beamter zur Voraussetzung hat, da aus ihr geschlossen werden können, wo ausdrückliche Erklärungen über das Rechtsverhältnis, in das der Vereidigte zu den anstellenden Korporationen treten soll, fehlen, kann aber nicht in Fällen gefolgert werden, in denen die ausdrückliche Erklärung abgegeben ist, daß der Vereidigte die Eigenschaft eines Beamten nicht erlangen soll.

4. Die der Anstellung des Klägers beigefügte Beschränkung ist indes nicht allein entscheidend. Wäre in der Anstellung die Berufung zur Ausübung eines obrigkeitliche Funktionen in sich schließenden Amts zu finden, so würde allerdings die Erklärung der Anstellungsbehörde, daß er nicht Gemeindebeamter werden, nicht Beamteneigenschaft erlangen solle, als eine mit der vollzogenen Handlung im Widerspruch stehende, und deshalb nicht zu beachtende erscheinen. Der Vorderrichter hat aber keineswegs jener Erklärung auch für den Fall, daß der Kläger zu obrigkeitlichen Funktionen berufen sein sollte, eine die Beamteneigenschaft unbedingt ausschließende Wirkung beigelegt, sondern die Frage, wie sich in einem solchen Falle das Rechtsverhältnis gestalte, unentschieden gelassen, weil er mit Recht annimmt, daß im vorliegenden Falle eine Übertragung obrigkeitlicher Funktionen nicht stattgefunden habe. Die auf Grund des Ges. v. $\frac{18.\ \mathrm{III}.\ 68}{9.\ \mathrm{III}.\ 81}$ von den Gemeinden errichteten öffentlichen Schlachthäuser sind zwar keine gewerblichen Unternehmungen, da sie nach § 5 des angeführten Ges. nicht des Erwerbes halber von den Gemeinden errichtet werden dürfen, sie bleiben aber wirtschaftliche Unternehmungen, deren Zweck dahin geht, einen besseren und den Gesundheitsverhältnissen der Gemeinde im höheren Grade entsprechenden Betrieb des Schlächtereigewerbes zu ermöglichen,

als er in den besonderen und weniger vollkommenen Schlachtstätten der einzelnen Gewerbetreibenden ermöglicht werden kann. (Vgl. E.-O.-V. Bd. XXVII S. 431). Sie dienen hierdurch freilich gesundheitspolizeilichen Zwecken, aber weder in anderer Art, noch im höheren Grade als andere Anstalten, die zur Förderung der öffentlichen Wohlfahrt von den Gemeinden errichtet werden, aber auch von Privaten des Erwerbes halber betrieben werden können, wie z. B. Badeanstalten, Kranken- oder Irrenhäuser und Wasserwerke. Sie unterscheiden sich von ihnen auch nicht etwa dadurch, daß ihr Privatbetrieb ausgeschlossen wäre; denn nach § 12 des angeführten Ges. sind die Gemeinden befugt, die Errichtung öffentlicher ausschließlich zu benutzender Schlachthäuser Unternehmern zu übertragen und das Verhältnis zu diesen durch Vertrag zu regeln. Die Gemeinde, die den Betrieb des öffentlichen Schlachthauses selbst übernimmt, ist daher ebensowenig rechtlich genötigt, den in der Verwaltung dieser Anstalt beschäftigten Personen amtliche Eigenschaft beizulegen, wie der Unternehmer, dem die Errichtung von ihr vertragsmäßig übertragen wird, dadurch zum Gemeindebeamten wird oder die Befugnis erhält, seinerseits Personen mit amtlicher Eigenschaft einzustellen.

5. Hiernach kann aus dem Umstande, daß Kläger in der Verwaltung des städtischen Schlacht- und Viehhofs als Tierarzt angestellt und insbesondere mit Ausführung der Fleischschau beauftragt ist, seine Eigenschaft als Gemeindebeamter und seine Befugnis zur Vornahme obrigkeitlicher Funktionen nicht ohne weiteres gefolgert werden, es fragt sich vielmehr, ob die Übertragung solcher aus den besonderen Vorschriften des Regulativs für die Untersuchung des in das öffentliche Schlachthaus der Stadt Berlin gelangenden Schlachtviehs vom 23. 24. II. 83 oder des Regulativs, betreffend die Untersuchung des von außerhalb nach Berlin eingeführten frischen Fleisches v. $\frac{17.\ II.}{29.\ IX.}$ 94 zu folgern ist. Auch dies ist zu verneinen. Nach § 4 des ersteren Regulativs ist die Aufgabe der Tierärzte die Untersuchung der lebenden Tiere auf ihren Gesundheitszustand, sowie die der geschlachteten Tiere, vorbehaltlich der Mitwirkung der Probenehmer und Fleischbeschauer bei der mikroskopischen Untersuchung der Schweine auf Trichinen. Diese Tätigkeit ist lediglich die eines Sachverständigen, zu der es amtlicher Eigenschaft nicht bedarf, die vielmehr auch von nicht beamteten Tierärzten vorgenommen werden darf; es entspricht daher auch der Aufgabe der Tierärzte, wenn diese im § 1 dieses Regulativs als „Sachverständige" bezeichnet werden. Ebensowenig erhellt aus den einzelnen vom Kläger angeführten Vorschriften des Regulativs, daß die Tierärzte polizeiliche Funktionen auszuüben haben, dies umsoweniger, als das Regulativ ausdrücklich bestimmt, daß die Verfügung über die seuchenverdächtigen und über die wegen Krankheit beanstandeten und von der Schlachtung zurückgewiesenen Tiere, sowie über die beanstandeten Teile von Tieren der Polizeibehörde zu überlassen ist.

6. Sind also den im Schlachthause angestellten Tierärzten obrigkeitliche Funktionen nicht überwiesen, so kann es auch dahin gestellt bleiben, ob eine solche Übertragung rechtlich möglich war. Denn die Funktionen des Klägers würden, wenn sie überhaupt als polizeiliche anzusehen wären, veterinärpolizeiliche sein, die Veterinärpolizei aber ist in Berlin nicht der Stadtgemeinde überwiesen, sondern der königlichen Polizeiverwaltung vorbehalten.

7. Das Gegenteil folgt endlich auch nicht daraus, daß Zuwiderhandlungen gegen die Anordnungen der städtischen Tierärzte strafbar, daß sie zur Ausstellung amtlicher Bescheinigungen ermächtigt und an der Vereinnahmung von Gebühren beteiligt sind, das alles das auch

sonst bei nicht beamteten Personen vorkommt. (Vgl. z. B. E.-O.-V. Bd. XXVII S. 435 Abs. 3.)

Nr. 2. Entsch. v. 14. V. 01 Nr. II 79 (Pr.-V.-Bl. Bd. XXIII S. 471).

Vd. v. 23. IX. 1867 (G.-S. S. 1648) § 2.
Komm.-Abg.-Ges. v. 14. VII. 93 (G.-S. S. 152) § 41.
Deichges. v. 28. I. 48 (G.-S. S. 54) §§ 11, 15, 18.

Die Beamten des Danziger Deichverbandes haben, da dieser Verband Zwecke zu erfüllen hat, die in direkter Beziehung zu den Aufgaben des Staates stehen, das Steuervorrecht der mittelbaren Staatsbeamten. (Vgl. E.-O.-V. Bd. XVI S. 156, Bd. XIX S. 66, Bd. XX S. 39.)

Daß die Zwecke des Danziger Deichverbandes nicht lediglich die zu dem Deichverbande vereinigten Grundbesitzer angehen, sondern zu den Aufgaben des Staates in naher Beziehung stehen, geht, abgesehen von der allgemeinen Vorschrift des § 10 Tit. 17 T. II A.-L.-R., aus dem Deichgesetz hervor. Im § 11 desselben sind die Bedingungen der Bildung von Deichverbänden bestimmt.

„Ist es zur Abwendung gemeiner Gefahr oder zur erheblichen Förderung der Landeskultur erforderlich, Deiche und dazu gehörige Sicherungs- und Meliorationswerke anzulegen, zu erweitern oder zu erhalten, so sollen die Besitzer sämtlicher der Überschwemmung ausgesetzten Grundstücke zur gemeinsamen Anlegung und Unterhaltung der Werke unter landesherrlicher Genehmigung zu Deichverbänden vereinigt werden. Zuvor sind jedoch alle Beteiligte, nötigenfalls nach Erlassung eines öffentlichen Aufgebots, welches die im § 2 bestimmte Wirkung hat, mit ihren Anträgen zu hören."

Nach § 18 ruht die in einem Deichverbande zu leistende Deichpflicht unablöslich auf den Grundstücken, ist den öffentlichen Lasten gleich zu achten und hat in Kollisionsfällen vor ihnen den Vorzug. Dieser Vorrang ist durch die neueste Gesetzgebung den zur Erfüllung der Deichpflicht erforderlichen Beiträgen und Leistungen, ohne Unterschied, ob sie von der zuständigen Staatsbehörde ausgeschrieben sind oder aus der auf einem Deichverbande beruhenden Deichpflicht entspringen, belassen worden (cf. Art. 66 Einf.-Ges. z. B.-G.-B. und Art. 1 Pr. Ausf.-Ges. zum Reichsges. über die Zwangsversteigerung usw. v. 23. IX. 99), wie auch andererseits auf steuerlichem Gebiete den Deichlasten durch Zulassung ihres Abzuges von dem Einkommen gemäß § 9 I 1 des Eink.-St.-Ges. vom 24. VI. 91 und den Deichanlagen der Deichverbände durch Anerkennung der Gemeindeabgabenfreiheit nach § 24 litt. e des Komm.-Abg.-Ges. eine bevorzugte Stellung eingeräumt worden ist.

Weit über den Kreis der durch den Deich zunächst geschützten und von der Deichpflicht betroffenen Grundeigentümer greift sodann § 25 des Ges. v. 48, der vorschreibt:

„Ist die Erhaltung eines Deiches zur Sicherung einer Niederung gegen Überschwemmung notwendig, so müssen bei drohender Gefahr, nach Anordnung der Polizeibehörde, alle Bewohner der bedrohten und nötigenfalls auch der benachbarten Gegend zu den Schutzarbeiten unentgeltlich Hilfe leisten und die erforderlichen Arbeitsgeräte und Transportmittel mit zur Stelle bringen.

Die Polizeibehörde kann die in solchen Fällen nötigen Maßregeln sofort durch Exekution zur Ausführung bringen; sie ist befugt, die Verabfolgung der zur Abwehr der Gefahr dienlichen Materialien aller Art, wo solche sich finden mögen, zu fordern, und diese müssen mit Vorbehalt der Ausgleichung unter den Verpflichteten und der Erstattung des Schadens, bei dem jedoch der außerordentliche Wert nicht in Anrechnung kommt, von den Besitzern verabfolgt werden."

Aus dieser Bestimmung erhellt klar, daß nach Ansicht des Gesetzgebers die Deiche nicht nur den Besitzern bestimmter Grundstücke zu gute kommen, sondern — abgesehen von der Landesmelioration — für den Landesschutz und die gesamte Einwohnerschaft eines Gebietes überhaupt von Bedeutung sind und deshalb zu ihrer Erhaltung auch von anderen Personen, als den zunächst beteiligten Grundbesitzern Leistungen gefordert werden können (vgl. auch § 6 des Ges.). In Anlehnung an § 15 des Gesetzes, wonach für jeden Deichverband ein landesherrlich zu vollziehendes Statut abzufassen ist, sind dann die durch den Erl. v. 14. XI. 53 bekannt gemachten allgemeinen Bestimmungen für künftig zu erlassende Deichstatute (G.-S. S. 935) ergangen, die sich unter anderem eingehend, vgl. §§ 13 ff., mit den Naturalhilfsleistungen der Deichgenossen und dritter Personen, dem weitgehenden Aufsichtsrechte der Staatsbehörden (§§ 24 ff. — auch E.-O.-V. Bd. XII S. 321 ff. —) sowie den Obliegenheiten der Deichbehörden (§§ 29 ff.) befassen. Freilich ist die Vorschrift des § 25 des Ges. nach § 26 daselbst nicht absolut zwingender Natur, sondern durch statutarische Vorschriften abänderungsfähig; allein diese Voraussetzung trifft für den Danziger Verband nicht zu.

**Nr. 3. Entsch.** v. 4. X. 01 Nr. II 1528 (Pr.-V.-Bl. Bd. XXIII S. 310).

Komm.-Abg.-Ges. v. 14. VII. 93 (G.-S. S. 152) § 41.
Vd. v. 23. IX. 67 (G.-S. S. 1648) §§ 1, 2.

Die bei einem erzbischöflichem Konsistorium angestellten Beamten gehören nicht zu den mittelbaren Staatsbeamten. Als bischöfliche Konsistorien werden in der Regel die mit der kirchlichen Gerichtsbarkeit betrauten, von dem sogenannten Offizial geleiteten kirchlichen Behörden verstanden. In einigen Diözesen sind sie dagegen die dem Generalvikar zur Seite stehenden Behörden, die in anderen Diözesen Ordinariat oder Generalvikariat genannt werden. In dem einen wie im anderen Falle sind sie rein kirchliche Behörden, die in keiner Weise Glieder des Staatsorganismus sind, mag auch dem Staate in bezug auf die kirchliche Verwaltung, zumal die Vermögensverwaltung ein Aufsichtsrecht zustehen. Aber auch die Angestellten dieser Behörden erhalten ihre Anstellung und ihren Auftrag lediglich seitens der kirchlichen Oberen und nicht auch vom Staate und unterscheiden sich gerade hierdurch von den Beamten der evangelischen Kirchenbehörden.

**Nr. 4. Entsch. Bd. XXXX** S. 56 v. 22. X. 01 II C 335/00.

Vd. v. 23. IX. 67 (G.-S. S. 1648), betr. Heranziehung der Staatsdiener zu den Kommunalauflagen, §§ 1, 4, 5.
Lehrerbesoldungsges. v. 3. III. 97 (G.-S. S. 25) § 10.

Dasjenige Einkommen, das ein kgl. Seminarlehrer durch eine an einer Privatpräparandenanstalt ausgeübte Lehrtätigkeit erzielt, ist kein Diensteinkommen im Sinne der Vd. v. 23. IX. 67. An diesem Grundsatze hat das Lehrerbesoldungsges. v. 3. III. 97 nichts geändert. Namentlich kommt der daselbst in § 10 Abs. 7 enthaltenen Vorschrift, daß diejenige Zeit, während deren ein Lehrer an einer Anstalt tätig gewesen ist, die vertragsmäßig die Vorbereitung von Zöglingen für die staatlichen Lehrerbildungsanstalten übernommen hat, als öffentlicher Schuldienst angerechnet werden soll, keine über den Rahmen dieses Gesetzes hinausgehende und in die Vorschriften der Vd. v. 23. IX. 67 hinübergreifende Bedeutung zu.

Denn das Gesetz bringt zum Ausdrucke, daß die in § 10 Abs. 7 Nr. 1 des Lehrerbesoldungsges. bezeichnete private Lehrtätigkeit bei Berechnung der Dienstzeit als öffentlicher Schuldienst angerechnet werden soll, spricht aber keineswegs aus, daß eine derartige Privatlehrtätigkeit von nun an schlechthin als öffentlicher Dienst angesehen werden solle. Abgesehen von alledem bezieht sich aber die Nr. 1 des Abs. 7 a. a. O., wie Abs. 2 daselbst erkennen läßt, nur auf solche Fälle, in denen ein Lehrer seine gesamte

Tätigkeit dem Unterricht an einer der dort bezeichneten Anstalten widmet, nicht aber auf Fälle, wie der vorliegende, wo nur eine Nebenbeschäftigung in Frage steht.

**Nr. 5. Entsch.** v. 5. XI. 01 Nr. II 1722 (Pr.-V.-Bl. Bd. XXIII S. 504).
A.-L.-R. II 10 § 69.
Vd. v. 23. X. 67 (G.-S. S. 1648), betr. die Heranziehung der Staatsdiener zu den Kommunalauflagen, §§ 2 ff.

Die Beamten der althessischen Ritterschaft gehören nicht zu den mittelbaren Staatsbeamten. Nach ständiger Rechtsprechung des O.-V.-G. könnte dies nur dann der Fall sein, wenn anzuerkennen wäre, daß auf die „althessische Ritterschaft“, eine Korporation, die Merkmale der allgemeinen staatsrechtlichen und daher auch für Hessen maßgebenden Grundsätze des § 69 Tit. 10 T. II A.-L.-R. passen. Hiernach aber sind keineswegs alle Korporationsbeamte schlechthin mittelbare Staatsbeamte, sondern nur diejenigen „gewisser dem Staate untergeordneten Kollegien, Korporationen und Gemeinden“. Welche Korporationen insbesondere hierunter zu verstehen sind, ist in E.-O.-V. Bd. XVI. S. 154 näher dargelegt. Nach den dortigen Ausführungen, an denen festzuhalten ist, gehören zu der im § 69 a. a. O. bezeichneten Sonderart der Korporationen nur solche, die organisch in die Verfassung des Staates eingreifen, Zwecke zu erfüllen haben, die in direkter Beziehung zu den Aufgaben des Staates stehen, oder die mit den sie vertretenden Organen sich als in die Verfassung des Staates organisch eingreifende, staatlichen Aufgaben näher stehende Behörden darstellen. Das ist, wie aus der Verfassung usw. der Ritterschaft nachgewiesen wird, bei ihr nicht der Fall.

**Nr. 6. Entsch.** v. 6. XII. 01 Nr. II 1904 (Pr.-V.-Bl. Bd. XXIII S. 760).
Vd. v. 23. IX. 67 (G.-S. S. 1648), betr. die Heranziehung der Staatsdiener zu den Kommunalauflagen, §§ 2, 4.
A.-L.-R. II 10 § 69.

Der bei der Departemental-Irrenanstalt zu Düsseldorf angestellte Oberarzt hat die Eigenschaft eines mittelbaren Staatsbeamten nicht.

Sein Verlangen, als mittelbarer Staatsbeamter angesehen und dementsprechend bei der Veranlagung zur Gemeinde-Einkommensteuer behandelt zu werden, würde nur dann als berechtigt anzuerkennen sein, wenn auf ihn die Merkmale des allgemeinen Grundsatzes in § 69 Tit. 10 T. II A.-L.-R. zuträfen. Nach § 69 a. a. O. nämlich sind keineswegs alle Korporationsbeamte mittelbare Staatsbeamte, sondern nur diejenigen „gewisser dem Staate untergeordnete Kollegien, Korporationen und Gemeinen.“ Gemäß E.-O.-V. Bd. XVI S. 154 gehören zu der in § 69 a. a. O. bezeichneten Sonderart der Korporationen nur solche, die organisch in die Verfassung des Staates eingreifen, Zwecke zu erfüllen haben, die in direkter Beziehung zu den Aufgaben des Staates stehen, oder die mit den sie vertretenden Organen sich als in die Verfassung des Staates organisch eingreifende, staatlichen Aufgaben näher stehende Behörden darstellen.

Nach dem Statute vom $\frac{\text{2. VI.}}{\text{21. VIII.}}$ 93 ist die sogenannte Departemental-Irrenanstalt zu Düsseldorf eine Wohltätigkeitsanstalt, die in erster Linie für die Aufnahme von Irren beiderlei Geschlechts bestimmt ist, die für unheilbar erklärt und in Gemeinden des Reg.-Bez. Düsseldorf ortsangehörig sind, bei vorhandenem Raume aber auch andere Irre aufnehmen darf. Ob die Anstalt die Eigenschaft einer Korporation hat, mag unerörtert bleiben. Auch wenn sie es ist, so ist sie doch in den Organismus der Staats- oder Selbstverwaltungsbehörden nicht eingegliedert. Allerdings üben der Regierungspräsident und der Oberpräsident gewisse Aufsichtsrechte auch über diese Anstalt aus. Indessen liegt darin, wie insbesondere § 9 des Statuts zum Ausdrucke bringt, keine Bestätigung der von dem Kläger vertretenen Auffassung. Der § 9 besagt nichts anderes, als was schon in der Reg.-Instr. v. 23. X. 17 (vgl. daselbst § 2 Nr. 6) vorgeschrieben war, wenn er bestimmt:

„Die Anstalt steht unter der oberen Leitung des Regierungspräsidenten in Düsseldorf, wie solche demselben über Wohltätigkeits- und Irrenanstalten zusteht."

Wesentlich aber für die selbständige, von dem behördlichen Organismus losgelöste, Stellung der Anstalt spricht der Umstand, daß sie von einem besonderen Kuratorium, das sich durch Kooptation ergänzt, verwaltet und nach außen vertreten wird. Es mag sein, daß die Aufsichtsrechte des Regierungspräsidenten trotz der allgemeinen Vorschrift in § 9 des Statuts in Wahrheit noch weiter gehen, allein diese Vorschriften beruhen sämtlich auf statutarischer Anordnung und bilden gerade darum einen neuen Beleg für die der Anstalt nach den obigen Darlegungen zukommende Stellung. Auch läßt sich nicht sagen, daß die Departemental-Irrenanstalt Staatszwecke verfolge. Die Krankenpflege der Geisteskranken vollzieht sich in öffentlichen, wie in privaten Anstalten. Ferner ist es unrichtig, daß die Departemental-Irrenanstalt dieselbe Stellung einnehme, wie die Provinzial-Irrenanstalten, die in den Organismus der Provinzialverwaltung eingefügt sind (vgl. Ges. v. 11. VII. 91 G.-S. S. 300, Min.-Erl. v. 15. IX. 91 — M.-Bl. S. 166). Es kann daher vom Kläger auch nicht geltend gemacht werden, daß die Stellung der an den Provinzial-Irrenanstalten angestellten Beamten grundsätzlich die der mittelbaren Staatsdiener sei. Denn diese Eigenschaft beruht in allen den Fällen, wo es sich um Beamtenverhältnisse im eigentlichen Sinne handelt, auf der positiven, in allen Provinzialordnungen wiederkehrenden, Vorschrift, daß die Provinzialbeamten die Rechte und Pflichten der mittelbaren Staatsbeamten haben und ebensowenig ist es von Belang, ob etwa die Aufsichtsbehörde in der Beurteilung der amtlichen Stellung des Klägers früher einen anderen Standpunkt eingenommen hat. Zu gunsten des Klägers entscheidet auch nicht der § 80 Tit. 19 T. II A.-L.-R. Wenn dort auch die Vorsteher und Verwalter von öffentlichen Armen- oder Versorgungsanstalten als Staatsdiener bezeichnet werden, so ist doch die Departemental-Irrenanstalt zu Düsseldorf in diesem Sinne kein öffentliches Institut. Zwar haben Irre aus den Gemeinden des Reg.-Bez. Düsseldorf einen Anspruch auf vorzugsweise Berücksichtigung; allein dieser Anspruch ist kein Rechtsanspruch, ganz abgesehen davon, daß die Aufnahme der Pfleglinge nur gegen Entgelt erfolgt (vgl. E.-O.-V. Bd. XX S. 22).

## 4. Verpflichtung der Betriebsgemeinden zur Leistung von Zuschüssen.

**Nr. 1. Entsch.** v. 25. X. 01 Nr. II 1642 (Pr.-V.-Bl. Bd. XXIII S. 775).
Komm.-Abg.-Ges. v. 14. VII. 93 (G.-S. S. 152) § 53.

1. Die Arbeiterwohnsitzgemeinde hat auch dann, wenn die Betriebsgemeinde Klägerin und sie selbst die Beklagte ist, den Beweis für das Vorhandensein der Voraussetzungen eines auf § 53 des Komm.-Abg.-Ges. sich gründenden Anspruches zu führen.

2. Der Einwand, daß die Arbeiterwohnsitzgemeinde ihr Besteuerungsrecht nicht genügend ausnutze, ist unzulässig; denn es handelt sich darum, ob bei den bestehenden Einrichtungen mit einer Überbürdung zu rechnen ist.

**Nr. 2. Entsch. Bd. XXXXI S. 55 v. 11. IV. 02 II C 240/01.**

Komm.-Abg.-Ges. v. 14. VII. 93 (G.-S. S. 152) § 53.
Ausf.-Anw. dazu Art. 38.

1. Die Verpflichtung der Betriebsgemeinden zur Leistung von Zuschüssen an die Arbeiterwohngemeinden und die Gewährung des Zuschusses hängt von den finanziellen Verhältnissen desjenigen Jahres ab, für welches der Zuschuß gefordert wird. Ein Zuschuß für künftige Jahre kann, unbeschadet der Einigung der Beteiligten auf gütlichem Wege, nicht Gegenstand des Beschluß- oder Streitverfahrens sein.

2. Der Umstand, daß der Vorderrichter in den Zuschlägen zu den Staatssteuern ꝛc. eine Überbürdung nicht zu erkennen vermag, beruht auf tatsächlicher Würdigung, die der Nachprüfung des Revisionsrichters nicht unterliegt.

3. Wenn in E.-O.-V. Bd. XXXII S. 134 ausgesprochen ist, die Überbürdung der den Zuschuß verlangenden Gemeinde setze voraus, daß sie von ihrem Besteuerungsrechte den ihrer Finanzlage entsprechenden Gebrauch gemacht habe, und mit dieser Voraussetzung die Freilassung der Einkommen unter 420 M. kaum vereinbar erscheine, so hat das O.-V.-G. damit keinen Rechtssatz aussprechen wollen. In E.-O.-V. Bd. XXXV S. 123 hat es vielmehr die Bedeutung jenes Satzes dahin klargelegt, daß hierin nur eine sogenannte praesumtio facti liege, die den Gegenbeweis zulasse. Die Tatumstände fallen bei dieser Frage wesentlich ins Gewicht, und die Möglichkeit, daß auch dann, wenn im Einzelfalle die Einkommen unter 420 M. freigelassen werden, eine Überbürdung bestehen kann, ist keineswegs ausgeschlossen. Es kommt daher im Einzelfalle darauf an, welche Einnahmen die Wohngemeinde durch Heranziehung der Einkommen unter 420 M. gehabt haben würde. Für die Wohngemeinde würde sich, falls ein nennenswerter Betrag bei voller Ausnutzung des Einkommensbesteuerungsrechts herausgekommen wäre, dann nur die Folgerung ergeben, daß insoweit die Überbürdung der tatsächlich herangezogenen Zensiten nicht durch die Mehrausgaben für Schul- und Armenzwecke herbeigeführt wäre und darum die überbürdete Gemeinde sich eine entsprechende Kürzung ihres Anspruchs auf Zuschußleistung gefallen lassen müßte. Andererseits würde eine zu geringe staatliche Besteuerung der Arbeiter nicht der Gemeinde zur Last gelegt werden können. Auch ist der Einwand, daß es die Wohngemeinde unterlassen habe, gewisse Steuern neu einzuführen, hinfällig. Er kann in dem Verfahren gemäß § 53 des Komm.-Abg.-Ges. keine Berücksichtigung finden, sondern berührt lediglich die Aufgaben der Aufsichtsbehörden, die diese bei Prüfung des Gemeindeetats und bei der Erteilung der Genehmigung zu den auf die einzelnen Steuerarten entfallenden Zuschlägen (vgl. §§ 54ff. a. a. O.) zu erfüllen haben. Ihnen bleibt es anheimgegeben, in geeigneter Weise darauf hinzuwirken, daß die Gemeinden gemäß den Grundgedanken des Komm.-Abg.-Ges. bei Deckung ihres Steuerbedarfes zweckentsprechend verfahren. Dagegen ist wiederum anzuerkennen, daß diese Grundsätze den Fall nicht treffen, daß eine Gemeinde von den nach ihrer Steuerverfassung bereits bestehenden Ordnungen zum Vorteile der Zensiten und zum Schaden des Gemeindesäckels, keinen Gebrauch macht, z. B. von einem Ortsstatute, das sie berechtigte, von den Anliegern gemäß dem Ges.

v. 2. VII. 75 Beiträge zu den Straßenherstellungskosten zu erheben, und darum den Gemeindehaushalt mit Straßenbaukosten zur Ungebühr belastet hat.

**Nr. 3. Entsch. Bd. XXXXI S. 67 v. 30. V. 02 II B 6/02.**

Komm.-Abg.-Ges. v. 14. VII. 93 (G.-S. S. 152) § 53.

1. Die Landgemeinde Z. brachte im Februar 1900 bei dem Kreisausschusse des Kreises R. den Antrag ein, für das Jahr 1899/1900 gegen die Landgemeinde B. einen von dieser gemäß § 53 des Komm.-Abg.-Ges. zu gewährenden Zuschuß festzusetzen. Da die Eingemeindung der Landgemeinde B. in den Bezirk S. bevorstand, beantragte die Landgemeinde B. mit Rücksicht hierauf, die Beschlußfassung einstweilen auszusetzen. Nachdem die Eingemeindung der Landgemeinde B. in die Stadt S. am 1. IV. 1900 erfolgt war, erklärte sich der Kreisausschuß mittels Beschlusses für unzuständig. Hierauf bat die Landgemeinde Z., den Antrag, der nunmehr als gegen die Stadt S. gerichtet gelten solle, an den Bezirksausschuß abzugeben. Der Bezirksausschuß erklärte sich indessen für unzuständig und gab die Sache an den Kreisausschuß des Kreises R. zurück. Das O.-V.-G. trat ihm nicht bei, weil nach dem 1. IV. 1900 ein Beschluß des Kreisausschusses nicht mehr ergehen konnte, da es sich von diesem Tage ab nicht mehr um eine Angelegenheit der nicht mehr vorhandenen Landgemeinde B., sondern um eine städtische Angelegenheit handelte, über die nur der zuständige Bezirksausschuß Entscheidung treffen konnte.

2. Der Zuschuß der Betriebsgemeinde ist angemessen, d. h. in solcher Höhe zu bestimmen, daß er die Überbürdung beseitigt. Dabei sind aber die Vorteile zu berücksichtigen, die der Wohngemeinde durch die benachbarten Betriebe nachweisbar erwachsen. Der hier vom Gesetz erforderte Nachweis liegt der Betriebsgemeinde ob; d. h. eine Berücksichtigung von Vorteilen zu ihren gunsten darf nicht erfolgen, wenn deren Vorhandensein nicht festgestellt werden kann. In betracht kommen zunächst die Gemeindesteuern derjenigen Arbeiter und sonstigen Personen, die wegen des Vorhandenseins gewisser Werke in der Betriebsgemeinde in der Arbeiterwohngemeinde wohnen, und zwar ohne Unterschied, ob sie Kinder in die Schule schicken oder nicht. Aus diesen Steuern erwächst jedoch der Wohngemeinde ein ihre „Mehrausgaben" für Schulzwecke mindernder und darum anzurechnender Vorteil nur insoweit, als die Steuern für die Schulausgaben Verwendung finden, und dabei fällt ins Gewicht, daß die Arbeiterbevölkerung auf gewissen Gebieten, so z. B. im Meldewesen und sonstigen Polizeiangelegenheiten, der Gemeindeverwaltung größere Arbeit zu verursachen pflegt, als die sonstigen Einwohner einer Landgemeinde, und daß darum von der Steuersumme der Arbeiter auf andere als Schulausgaben in der Regel mindestens der Prozentsatz anzurechnen sein wird, der sich aus einer Vergleichung der gesamten Gemeindeausgaben mit den Schulausgaben ergibt. Ob einer Arbeiterwohngemeinde aus dem Vorhandensein der benachbarten Betriebe noch sonstige Vorteile erwachsen, ist näher nachzuweisen. Dazu reicht der Umstand allein, daß die Arbeiter ihren Verdienst großenteils in der Wohngemeinde ausgeben, namentlich da nicht aus, wo die Wohngemeinde unmittelbar mit der größeren Betriebsgemeinde zusammenhängt; denn erfahrungsmäßig pflegen die Arbeiter einen großen Teil ihrer Bedürfnisse in dem größeren Orte, zumal wenn daselbst Warenhäuser und Konsumvereine vorhanden sind, zu befriedigen und besonders dort die sogenannten Luxusausgaben zu machen, so daß die Gewerbetreibenden, die in der Hoffnung auf Verdienst von der Arbeiterschaft in der Wohngemeinde zuziehen, nicht selten nur einen sehr dürftigen Erwerb finden und selbst die Last der Gemeinde vermehren. Auch die Vermehrung der Steuerkraft durch die

Entstehung von Arbeiterwohnungen darf nicht überschätzt werden, da deren Erbauung vielfach mit unzureichenden Mitteln erfolgt und dann den Unternehmern wie der Gemeinde wenig Nutzen bringt. Anders liegt die Sache z. B. da, wo im Umkreise einer Stadt blühende Industrien auf dem Lande erwachsen, und im Anschlusse daran gewinnbringende Gewerbe (Bankiergeschäfte, Hotels, Warenhäuser und sonstige kaufmännische Unternehmungen und Handwerksbetriebe) in der Stadt entstehen.

Wenn endlich das Gesetz von einem „Zuschusse" spricht, so meint es damit nicht etwa einen Zuschuß zu den „Mehrausgaben", sondern einen solchen zu den Deckungsmitteln des Gemeindehaushalts. Es darf darum, sofern dies zur Beseitigung der Überbürdung nötig erscheint, die ganze Höhe der Mehrausgaben abzüglich der Vorteile erreichen.

## E. Naturaldienste.

**Nr. 1. Entsch.** v. 4. X. 01 Nr. I 1582 (Pr.-V.-Bl. Bd. XXIII S. 564).

Land-Gem.-Ordn. v. 3. VII. 91 (G.-S. S. 233) § 18.
Komm.-Abg.-Ges. v. 14. VII. 93 (G.-S. S. 152) § 68.

1. Die durch § 18 der Land-Gem.-Ordn. v. 3. VII. 91 eingeführte Verpflichtung zur Leistung von Spanndiensten ist völlig unabhängig von dem Rechtszustande, der vor dem Inkrafttreten dieser Ordnung in bezug auf die Spanndienste in den einzelnen Gemeinden nach der Ortsverfassung bestanden hat. Mit dem 1. IV. 92 traten an dessen Stelle die zwingendes Recht enthaltenden und örtliche Abweichungen nicht gestattenden Vorschriften im § 18 des angeführten Ges. nach denen die Spanndienste von den gespannhaltenden Grundbesitzern nach dem Verhältnisse der Anzahl der Zugtiere, die die Bewirtschaftung ihres Grundbesitzes erfordert, zu leisten sind. Erst mit dem Inkrafttreten des Komm.-Abg.-Ges., das die Verpflichtung zur Leistung von Naturaldiensten im § 68 Abs. 2 in derselben Weise regelt, wie die Landgem.-Ordn. im § 18, aber Abweichungen von den gesetzlichen Regeln zuläßt, war die rechtliche Möglichkeit gegeben, die Aufbringung der Naturaldienste durch einen vom Kreisausschuß genehmigten Gemeindebeschluß abweichend zu regeln.

2. Die weitere Frage, wieviel Zugtiere zur Bewirtschaftung des im Gemeindebezirke belegenen Grundbesitzes erforderlich sind, ist nach Erwägungen zu beantworten, die sich ausschließlich auf dem Gebiete der Würdigung tatsächlicher Verhältnisse bewegen. Ihre Beurteilung unterliegt daher der Nachprüfung des Revisionsrichters nur nach der Richtung, ob ihr Rechtsirrtümer oder wesentliche Mängel des Verfahrens zu grunde liegen. Der Kläger sieht zwar einen wesentlichen Mangel des Verfahrens darin, daß die von ihm benannten Sachverständigen nicht vernommen sind, allein dem ist nicht beizutreten. Der Verwaltungsrichter ist an die Vorschläge der Parteien hinsichtlich der Person der Sachverständigen ebensowenig gebunden, wie der Zivilrichter; er ist wie dieser befugt, diejenigen Sachverständigen zuzuziehen, die ihm zur Begutachtung geeignet erscheinen, er kann aber auch von einer solchen gänzlich Abstand nehmen, wenn er glaubt, zur Beurteilung der einschlagenden Verhältnisse aus eigener Sachkunde befähigt zu sein (vgl. E.-O.-V. Bd. XXX S. 117 ff.).

Nr. 2. **Entsch. Bd. XXXX S. 191** v. 22. XI. 01 I C 103/01.

Komm.-Abg.-Ges. v. 14. VII. 93 (G.-S. S. 152) §§ 68, 77.

Zwar kann aus der Höhe der Grundsteuer eines Grundstücks nicht darauf geschlossen werden, wieviel Zugtiere zu seiner Bewirtschaftung erforderlich sind. Es braucht nur darauf hingewiesen zu werden, daß aus Wasserflächen bestehende Grundstücke (Seen usw.) zur Grundsteuer veranlagt werden, trotzdem aber zu ihrer Bewirtschaftung kein Zugvieh erfordern. Aber weder die Notwendigkeit der Gespannhaltung zur Bewirtschaftung eines Grundstücks, noch die tatsächliche Gespannhaltung auf dem Grundstücke sind unerläßliche gesetzliche Voraussetzungen für die Verpflichtung, Spanndienste zu leisten. Spanndienste können nach § 68 des Komm.-Abg.-Ges. einerseits auch von Grundbesitzern verlangt werden, die tatsächlich kein Gespann halten, obwohl die Bewirtschaftung ihres Grundstücks ein solches erfordert, und andererseits durch einen gemäß § 77 daselbst genehmigten Gemeindebeschluß auch gespannhaltenden Steuerpflichtigen auferlegt werden, die gar keinen Grundbesitz haben. Die Spanndienstpflicht kann hiernach entweder nur für die Grundbesitzer oder für alle gespannhaltenden Steuerpflichtigen, insbesondere auch die Gewerbetreibenden ohne Grundbesitz, durch einen genehmigten Gemeindebeschluß begründet werden. Auch kann hierbei für die Heranziehung der Grundbesitzer ein anderer Maßstab bestimmt werden, als der ihres Bedarfs an Zugtieren zur ordnungsmäßigen Bewirtschaftung ihres Grundbesitzes.

Es ist daher nicht unzulässig und läuft dem § 68 nicht zuwider, wenn durch einen genehmigten Gemeindebeschluß alle Grundbesitzer, deren Grundstücke an sich zu ihrer Bewirtschaftung die Haltung von Zugtieren erfordern, zu Spanndiensten nach Maßgabe der von ihrem Grundbesitz in der Gemeinde veranlagten Staatsgrundsteuer verpflichtet werden.

Nr. 3. **Entsch.** v. 25. IV. 02 Nr. I 674 (Pr.-V.-Bl. Bd. XXIV S. 181).

Komm.-Abg.-Ges. v. 14. VII. 93 (G.-S. S. 152) §§ 68, 90.

1. Bestimmt eine Ordnung, betr. die Heranziehung der Gemeindesteuerpflichtigen in einer Landgemeinde, daß die Pflichtigen zur Leistung in der Regel spätestens drei Tage vorher in ortsüblicher Weise aufzufordern sind, so stellt sich diese Vorschrift nicht als eine zwingende, sondern als eine „in der Regel“ zu beobachtende dar und überläßt es dem Ermessen des Gemeindevorstehers, in einzelnen Fällen Abkürzungen der Frist eintreten zu lassen oder auch sofortige Leistung zu fordern, sofern er die Verrichtung des angeordneten Naturaldienstes für dringlich ansieht. Hat der Gemeindevorsteher von dem ihm damit eingeräumten Ermessen einen ungeeigneten Gebrauch gemacht, so wird dadurch seine Anforderung noch nicht rechtswidrig dergestalt, daß sie der Aufhebung im Verwaltungsstreitverfahren unterläge.

2. Gegen die durch Verweigerung der Leistung von Naturaldiensten erforderlich gewordenen Zwangsvollstreckungshandlungen findet nicht das Verwaltungsstreitverfahren, sondern nur die Beschwerde bei der vorgesetzten Dienstbehörde statt. Das Zwangsverfahren beginnt schon mit der Anordnung, daß der Dienst durch Dritte an Stelle des säumigen Pflichtigen zu leisten ist und nicht erst mit der, daß die hierdurch erwachsenden Kosten von den Pflichtigen zwangsweise beizutreiben sind.

## F. Veranlagung und Erhebung.

**Nr. 1. Entsch.** v. 19. XI. 01 Nr. II 1527 (Pr.-V.-Bl. Bd. XXIII S. 711).
Komm.-Abg.-Ges. v. 14. VII. 93 (G.-S. S. 152) §§ 60, 64, 95.

Die Veranlagung eines Grundstücks zur besonderen Kommunalgrundsteuer gilt für ein Jahr, sofern nicht eine längere Veranlagungsperiode beschlossen worden ist. Wird aber auf einem früher nicht bebauten Grundstücke, das der Steuer nur in dieser Eigenschaft unterworfen war, ein Neubau errichtet, so entsteht ein neues Steuerobjekt, dessen Zugangsveranlagung im Laufe des Steuerjahres statthaft ist.

## G. Rechtsmittel.

### 1. Frist und Form.

**Nr. 1. Entsch. Bd. XXXX S. 93** v. 28. X. 01 IV C 161/00.
Komm.-Abg.-Ges. v. 14. VII. 93 (G.-S. S. 152) §§ 69, 70.
Fluchtliniengeſ. v. 2. VII. 75 (G.-S. S. 561) § 15.

Ein Bescheid, den ein Gemeindevorstand in der Annahme, daß eine Heranziehung zu einem Anliegerbeitrage gemäß § 15 des Ges. vom 2. VII. 95 stattgefunden habe und dagegen Einspruch erhoben sei, als Beschluß gemäß § 70 des Komm.-Abg.-Ges. hat erlassen wollen und erlassen hat, wird, wenn er nicht rechtzeitig mit der Klage angegriffen ist, vollstreckbar, selbst wenn er aus formellen oder materiellen Gründen rechtswidrig sein sollte.

**Nr. 2. Entsch.** v. 24. I. 02 Nr. II 148 (Pr.-V.-Bl. Bd. XXIV S. 200).
L.-V.-G. § 63; Komm.-Abg.-Ges. v. 14. VII. 93 (G.-S. S. 152) §§ 69, 70.

1. Gegen den auf Einspruch erfolgten Veranlagungsbescheid hatte eine Gewerkschaft mit folgender Eingabe zu klagen beabsichtigt:

„Gegen den in Abschrift beifolgenden Bescheid des Herrn Bürgermeisters zu O. erheben wir hiermit Klage im Verwaltungsstreitverfahren. Eine nähere Begründung dieser Klage lassen wir ehestens folgen.
Hochachtungsvoll
Der Grubenvorstand der Zeche R."

Sodann hatte sie in einer späteren Eingabe, jedoch nicht mehr innerhalb der zweiwöchigen Klagefrist eingehend ausgeführt, daß die fraglichen Hausgrundstücke sämtlich dauernd an Beamte und Arbeiter ihrer Zeche überwiesen seien, um die Bildung eines festen Arbeiterstammes zu ermöglichen, daß diese Gebäude lediglich zur Förderung ihres Betriebes dienten und ihr Ertrag daher im Einkommen aus dem Gewerbe aufgehe. Das O.-V.-G. wies die Klage aus folgenden formellen Gründen zurück.

2. Nach § 63 L.-V.-G. ist in der Klage ein bestimmter Antrag zu stellen und sind die Person des Beklagten, der Gegenstand des Anspruchs, sowie die den Antrag begründenden Tatsachen genau zu bezeichnen. Von diesen Erfordernissen genügt die Eingabe der Klägerin, wie sie oben mitgeteilt ist, keinem einzigen. Läßt sich auch aus dem Zusammenhalten der begleitenden Worte mit der Bescheidsabschrift folgern, daß die Klägerin dem Beklagten gegenüber eine Aufhebung des beigefügten Bescheides im Klagewege erreichen wollte, so ist doch dem Antrage nicht mit Sicherheit zu entnehmen, ob eine völlige Aufhebung verlangt werde, und eventuell,

bis zu welcher Grenze die Klägerin etwa die Herabminderung der Steuer erstrebte. Wollte man aber zu ihren Gunsten das weitgehendste Begehren völliger Freistellung in die Eingabe hineinlegen und ferner die in der Anlage vom Gegner behaupteten Tatsachen in Erwägung ziehen, so würde doch unter allen Umständen die „genaue Bezeichnung der den Klageantrag begründenden Tatsachen" fehlen. Denn es steht dahin, welche Behauptungen des Beklagten die Klägerin zu den ihrigen hat machen wollen, und außerdem sind die im Bescheide angeführten Tatsachen nicht geeignet, die gänzliche Freistellung der Klägerin von der Einkommensteuer hinsichtlich ihres Grundbesitzes ohne weiteres zu begründen. Das aber ist die Aufgabe der Klage, das Gericht und den Gegner mit denjenigen Tatsachen bekannt zu machen, welche den Klageantrag rechtfertigen sollen. Gerade in dieser Hinsicht fehlt es an jeder Andeutung. Erst der spätere Schriftsatz, der nach der Eingabe ehestens folgen sollte, und der, wenn er innerhalb der zweiwöchigen Klagefrist eingegangen wäre, hätte berücksichtigt werden müssen, hat den gegen den Bescheid gerichteten Antrag gehörig begründet.

**Nr. 3. Entsch. Bd. XXXXI S. 76 v. 6. V. 02 II C 266/01.**
Komm.-Abg.-Ges. v. 14. VII. 93 (G.-S. S. 152) §§ 69, 70.

Auch in der Erklärung, keinen Bescheid erteilen zu wollen, kann ein klagfähiger Einspruchsbescheid gefunden werden.

## 2. Rechtsgrundsätze für das Verfahren.

**Nr. 1. Entsch. Bd. XXXXI S. 177 v. 26. VI. 00 II C 311/99.**
Komm.-Abg.-Ges. v. 14. VII. 93 (G.-S. S. 152) §§ 69, 70.
Zust.-Ges. §§ 18, 34.
Hann. Land-Gem.-Verf.-Ges. v. 28. IV. 59 (Hann. G.-S. S. 393) §§ 40, 41, 51, 52, 85.
Min.-Bek. v. 28. IV. 59 (Hann. G.-S. S. 409) § 36.

Die Vorschriften in den §§ 18, 34 Zust.-Ges. und in § 70 Komm.-Abg.-Ges., denen zufolge über die a. a. O. näher bezeichneten Beschwerden und Einsprüche der Gemeindevorstand zu beschließen hat, erleiden keine Ausnahme und gelten insbesondere auch im Bereiche der hannoverschen Land-Gem.-Ordn. Soweit einem Distrikts- oder Steuerausschusse bei Erledigung der dem Gemeindevorstande im Steuerreklamationsverfahren zugewiesenen Aufgaben eine Mitwirkung eingeräumt wird, hat er nur eine beratende Stimme. Die Entscheidung muß von dem Gemeindevorstande getroffen werden. Er darf sich nicht darauf beschränken, den Beschluß des Steuerausschusses, dem nur die Bedeutung eines Gutachtens zukommt, dem Herangezogenen mitzuteilen. Eine solche Mitteilung ist kein klagfähiger Bescheid.

**Nr. 2. Entsch. Bd. XXXX S. 180 v. 2. IV. 01 I C 25/00.**
Komm.-Abg.-Ges. v. 14. VII. 93 (G.-S. S. 152) §§ 69, 70.

1. Da der Schulvorstand nach der Pr. Schul-Ordn. v. 11. XII. 45 nur die auf den Gutsbezirk im ganzen entfallenden Schulbeiträge zu veranlagen hat, während die weitere Veranlagung der Pflichtigen im Gutsbezirke, die kommunale Unterverteilung, dem Gutsvorsteher obliegt (E.-O.-V. Bd. XXIII S. 162), so ist bei einem Streite darüber, wem die grundherrlichen Schulbeiträge im Gutsbezirke zur Last fallen, nicht § 46 Abs. 3 Zust.-Ges. maßgebend, sondern die gleichlautende Bestimmung im § 70 Abs. 3 des Komm.-Abg.-Ges.

2. Voraussetzung der Erstattungsklage aus § 70 Abs. 3 des Komm.-Abg.-Ges. ist lediglich Zahlung einer vermeintlich geschuldeten Gemeindeabgabe, von welcher der Kläger behauptet, daß sie in Wirklichkeit nach öffentlichem Rechte nicht ihm, sondern dem Beklagten obgelegen habe, nicht aber die Heranziehung des Klägers. Daher wird das Klagerecht auch nicht durch die Außerkraftsetzung der Heranziehung aufgehoben. Der Erstattungsanspruch ist nach § 70 Abs. 3 im Verwaltungsstreitverfahren zu verfolgen, wenn darüber gestritten wird, wem die öffentlich-rechtliche Verpflichtung zu der Leistung obliege. Danach ist die vorangegangene Heranziehung zwar insofern von Bedeutung, als sich aus ihr ergibt, daß der Kläger als vermeintlicher Grundherr, mithin in Erfüllung einer behaupteten öffentlich-rechtlichen Pflicht und nicht aus irgend einem privat-rechtlichen Grunde gezahlt hat (E.-O.-V. Bd. XXIII S. 130). Aber der rechtliche Bestand der Heranziehung gehört nicht zu den Erfordernissen, von denen der Anspruch auf Erstattung gegen den in Wirklichkeit Verpflichteten abhängt.

Nirgend ferner ist in den Gesetzen bestimmt, daß die Erstattungsklage eines Herangezogenen gegen den wirklich Pflichtigen durch Einlegung von Rechtsmitteln gegen die Heranziehung bis zur Erledigung oder bis zur Durchführung der Rechtsmittel ausgeschlossen werde. Nur eine Verbindung der Interessentenklage mit der Klage gegen die veranlagende Behörde ist unstatthaft (E.-O.-V. Bd. XXXIII S. 236 ff.). In allen anderen Fällen ist eine derartige Verbindung vorgeschrieben (vgl. § 47 Abs. 2, § 56 Abs. 4, § 66 Abs. 2 Zust.-Ges.), hier ist sie unzulässig. Daraus folgt aber nicht, daß nicht das eine Verfahren neben dem anderen hergehen könnte. Solange für die Interessentenklage der ordentliche Rechtsweg offen stand (vgl. § 79 in Verbindung mit § 9 Tit. 14 T. II A.-L.-R.), wurde dessen Zulässigkeit nicht durch ein schwebendes Reklamationsverfahren berührt. Dadurch aber, daß die Streitigkeiten zwischen den Beteiligten den Verwaltungsgerichten überwiesen worden sind, hat das Klagerecht nicht eingeschränkt werden sollen.

Der Erstattungsanspruch wird also, wenn die Zahlung infolge einer von dem Gemeinde-(Guts-)vorsteher vorgenommenen Heranziehung geleistet war, weder durch deren Anfechtung mit den gesetzlichen Rechtsbehelfen, noch durch ein sie außer Kraft setzendes Urteil ausgeschlossen und kann verfolgt werden, solange nicht die veranlagende Behörde den erhobenen Abgabebetrag zurückgezahlt hat. Denn die Erwirkung einer Mehrheit von vollstreckbaren Titeln — gegen die Steuerbehörde und gegen den richtigen Steuerschuldner — ist nicht darum unzulässig, weil für den Nichtpflichtigen die Zahlung der Abgabe nur einen Anspruch auf einmalige Erstattung begründet; auf Grund der verschiedenen Titel darf jedoch nur einmalige Leistung verlangt werden.

**Nr. 3. Entsch.** v. 28. VI. 01 Nr. II 1085 (Pr.-V.-Bl. Bd. XXIII S. 791).

Land-Gem.-Ordn. v. 3. VII. 91 (G.-S. S. 233) §§ 4, 28.
Zust.-Ges. § 26.

Der Grundsatz, daß die Gemeinde die Steuerpflicht zu beweisen hat, gilt auch für den Fall, wo ein Gutsbesitzer Grundstücke besitzt, die in einer dem Gut angrenzenden Gemeinde belegen sind.

Die Gemeinde hat bei der Forensalbesteuerung des Gutsbesitzers die einzelnen, ihres Erachtens pflichtigen Grundstücke zu bezeichnen, sowie ihre Zugehörigkeit zum Gemeindebezirke und die auf die einzelnen Grundstücke entfallenden Prinzipalsätze für den Fall des Bestreitens nachzuweisen. (Vgl. E.-O.-V. Bd. XXX

S. 128/130). Sie muß sich daher darüber zunächst schlüssig machen, welche Grundstücke zu ihrem Bezirke gehören. Ist ihr an der endgültigen Festsetzung streitiger Grenzen gelegen, so kann sie einen Anspruch auf Zugehörigkeit bestimmter Grundstücke zu ihrem Bezirke gemäß § 26 Abs. 1 Zust.-Ges. und § 4 Abs. 1 der Land-Gem.-Ordn. vermittelst Klage geltend machen; auch ist nach Abs. 2 daselbst eine vorläufige Festsetzung im Beschlußverfahren durch den Kreisausschuß, sofern das öffentliche Interesse es erheischt, vorgesehen. Sollten aber zum Gute eingezogene, ursprünglich bäuerliche Flächen ihrer örtlichen Lage nach überhaupt nicht mehr ermittelt werden können, so mag auf die Anwendung des § 28 der Land-Gem.-Ordn. hingewiesen sein.

**Nr. 4.** Entsch. v. 16. V. 02 Nr. I 811 (Pr.-V.-Bl. Bd. XXIV S. 135).

Komm.-Abg.-Ges v. 14. VII. 93 (G.-S. S. 152) § 70.
Land-Gem.-Ordn. v. 3. VII. 91 (G.-S. S. 233) § 4.

1. Der Beweis für die rechtliche Zugehörigkeit des besteuerten Grundbesitzes zu einer Landgemeinde liegt dem Gemeindebezirke, bezw. dessen Vertreter ob, denn diese bildet die Grundlage des beanspruchten Steuerrechtes, deren Nachweis vom Steuergläubiger zu führen ist (vgl. E.-O.-V. XIV S. 142, XV S. 51, XXVII S. 47, XXX S. 128).

2. Die Entscheidung auf die in § 70 Abs. 2 des Komm.-Abg.-Ges. gegebene Klage hat sich auf die Beurteilung, ob die einzelne zur Hebung gestellte und durch Einspruch und Klage angefochtene Steuerforderung vom Steuergläubiger mit Recht erfordert worden ist, zu beschränken, und darf nicht auf einen für die Zukunft maßgebenden Ausspruch über das Bestehen und den Umfang der Steuerpflicht oder das Vorhandensein ihrer Voraussetzungen erstreckt werden. (Vgl. E.-O.-V. Bd. XIV S. 193.) Insbesondere kann über die Zugehörigkeit eines Grundstückes zu einer Gemeinde grundsätzlich und mit maßgebender Wirkung für die Zukunft überhaupt nicht in einem Streitverfahren entschieden werden, an dem nur der beteiligte Eigentümer und die Gemeinde teilgenommen haben, sondern nur in einem Streitverfahren zwischen denjenigen Gemeinden und Gutsbezirken, deren Grenzen von der Feststellung der kommunalrechtlichen Zugehörigkeit jenes Grundstückes abhängen.

3. Die Grundsteuermutterrollen und Gemarkungskarten sind nicht zum Zwecke eines Nachweises über die kommunale Zugehörigkeit der darin verzeichneten Liegenschaften aufgestellt, sondern sollten nur als Grundlagen für die Veranlagung und Erhebung der Grundsteuer dienen. Die mit ihrer Aufstellung beauftragten Behörden sind auch niemals befugt gewesen, über die Veränderung der Grenzen von Gemeinden und Gutsbezirken zu beschließen oder auch nur über die Feststellung streitiger oder zweifelhaft gewordener Grenzen von Ortskommunalbezirken zu befinden. Die Angaben der Grundsteuerbücher und Gemarkungskarten über die kommunale Zugehörigkeit der darin verzeichneten Liegenschaften können daher weder als organisatorische, ihre kommunalrechtliche Eigenschaft bestimmende Verwaltungsakte noch als maßgebende Beurkundungen der bestehenden kommunalen Zugehörigkeit betrachtet werden, sondern nur als im Steuerinteresse gemachte Vermerke gelten, die nach den Bestimmungen über Berichtigung materieller Irrtümer (s. § 2 des Ges. v. 8. II. 67 G.-S. S. 185) „zu allen Zeiten und zwar jederzeit“ der Änderung unterliegen, sobald sich ihre Unrichtigkeit herausstellt (vgl. E.-O.-V. Bd. XXX S. 128). Allerdings stellt das Zurückgreifen auf die Vorgänge des Grundsteuerkatasters unter Umständen ein „mit zu berücksichtigendes“ Mittel zur Feststellung

zweifelhafter kommunaler Zugehörigkeit dar. Daraus folgt indes nicht, daß ein Zurückgreifen auf die Vorgänge des Grundsteuerkatasters in allen Fällen unerläßlich ist, in denen die Entscheidung von Feststellung der kommunalen Zugehörigkeit abhängt. Hierzu ist ein Anlaß vielmehr nur dann geboten, wenn die Parteien für die Feststellung erhebliche Tatsachen behauptet haben, zu deren Beweise die Vorgänge des Grundsteuerkatasters dienen können.

4. Die zu militärischen Zwecken dienenden und von Militärbehörden hergestellten Generalstabskarten haben nicht die Bestimmung den Lauf solcher Gemeindegrenzen, die mit den eingezeichneten Kreisgrenzen zusammenfallen, zu beurkunden, und sind daher zum Beweise kommunaler Zugehörigkeit ebensowenig tauglich, wie die Grundsteuermarkungskarten, und können deren Beweiskraft nicht verstärken.

**Nr. 5. Entsch.** v. 4. VI. 01 Nr. II 940 (Pr.-V.-Bl. Bd. XXIII S. 248).

Dem Revisionsrichter steht über tatsächliche Fragen, welche die Feststellung des Textes eines anzuwendenden Lokalgesetzes, z. B. einer Umsatzsteuerordn. betreffen, die freie Beurteilung zu.

**Nr. 6. Entsch. Bd. XXXXI S. 117** v. 24. II. 02 IV C 82/01.

L.-V.-G. § 71.

Nicht nur die Rechtsgrundsätze sind für den Instanzrichter bindend, die den Revisionsrichter zur Aufhebung der Vorentscheidung bewogen haben, sondern auch diejenigen, die er bei freier Beurteilung aufgestellt hat, und die rechtlichen Folgerungen aus dem ihm vorliegenden Tatbestande, die ihn dazu geführt haben, die Sache für nicht spruchreif zu erachten und an eine Vorinstanz zurückzuweisen (vgl. E.-O.-V. Bd. IX S. 41 ff., 45, 46). Eine Ausnahme hiervon tritt jedoch insofern ein, als die Parteien gemäß § 71 L.-V.-G. befugt sind, neue tatsächliche Behauptungen vorzubringen. Die in dem Revisionsurteil aufgestellten Rechtsgrundsätze können sich, wie das in der Natur der Sache liegt, nur an den bei ihrer Aufstellung bekannten Tatbestand knüpfen. Ein nach § 71 a. a. O. zulässiges neues Vorbringen zu würdigen — geeigneten Falles selbst mit der Wirkung, daß die auf einen nicht mehr zutreffenden Tatbestand gebauten Rechtsgrundsätze des Revisionsrichters zurücktreten müssen — ist unter Umständen nicht nur statthaft, sondern geboten (vgl. E.-O.-V. Bd. XIX S. 83 ff., 86).

## 3. Das Verteilungsverfahren gemäß §§ 71 ff. des Komm.-Abg.-Ges.

**Nr. 1. Entsch.** v. 17. XII. 01 Nr. II 1955 (Pr.-V.-Bl. Bd. XXIV S. 102).

Komm.-Abg.-Ges. v. 14. VII. 93 (G.-S. S. 152) §§ 71 ff.

1. Der in C. wohnhafte Zensit betreibt seit 1896 in C. das Geschäft eines Bauunternehmers und seit 1897 in einheitlicher Verbindung damit in der Gemeinde W. die Ausbeutung eines Steinbruchs. In C., von wo aus die Leitung des Gesamtbetriebes stattfindet, hat er seit 1897 ein Kontor und unterhält daselbst einen Buchhalter. Seit Beginn seines Geschäftes hat er in mehreren Gemeinden außerhalb C.'s Bauten ausgeführt, so unter anderem in der Gemeinde B. in den Jahren 1898 und 1899 die Herstellung einer Eisenbahnbrücke. Dieserhalb wurde er in B. für die Steuerjahre 1898/99 und 1899/1900 zur Gemeinde-Einkommensteuer herangezogen. Unter Hinweis darauf, daß er in den genannten beiden Jahren sein ganzes zur Staatseinkommensteuer veranlagtes Einkommen in C. versteuert habe, stellte er am 19. VII. 1900 bei dem Bezirksausschusse zu C. den Antrag auf Verteilung seines Einkommens nach § 71 des Komm.-Abg.-Ges.

Der Bezirksausschuß sprach durch Bescheid seines Vorsitzenden der Gemeinde B., weil in ihr keine Betriebsstätte bestanden habe, das Steuerrecht gänzlich ab, überwies das Kapitaleinkommen an C., verteilte das gewerbliche Einkommen für 1899/1900 zwischen C. und der Gemeinde W. (die keine Steuerforderung erhoben hatte) nach den Gehältern und Löhnen der Jahre 1897 und 1898 für 1898/99 nach den Gehältern und Löhnen des Jahres 1897 dergestalt, daß er für W. die durch den Steinbruchsbetrieb erwachsenen Löhne und für C. alle übrigen Ausgaben dieser Art ansetzte, und bestimmte die Steuer für C. in der Weise, daß er den Staatssteuersatz, der dem für C. ermittelten Einkommen entsprach, dem Tarife entnahm und von ihm den Zuschlag berechnete.

Der Kläger erkannte die Verteilung als richtig an, verlangte aber eine Abänderung des Beschlusses durch das Kollegium dahin, daß die Steuer nach Maßgabe des § 49 Abs. 1 letzter Satz des Komm.-Abg.-Ges. unter Zugrundelegung des dem Gesamteinkommen entsprechenden Steuersatzes bestimmt werde. Der Bezirksausschuß teilte die Eingabe ebenso, wie es mit dem Bescheide seines Vorsitzenden geschehen war, dem Zensiten und der Gemeinde B. mit und hielt durch Beschluß den Bescheid aufrecht. Dieser Beschluß wurde dem Kläger und dem Zensiten, nicht aber dem Gemeindvorsteher von B. zugestellt. Der Kläger beantragte nunmehr mündliche Verhandlung, die nach Ladung des Klägers und des Zensiten stattgefunden hat. Die Entscheidung des Bezirksausschusses erging dahin, daß sein Beschluß aufrecht zu erhalten sei.

2. Das O.-V.-G. hob die Vorentscheidung auf, weil das die Grundlage des Streitverfahrens bildende Beschlußverfahren an einem wesentlichen Mangel leide.

Der Bescheid des Vorsitzenden des Bezirksausschusses verlor durch den Antrag C.'s auf Beschlußfassung durch das Kolleg und dessen darauf ergangenen Beschluß seine Wirksamkeit dergestalt, daß nur noch der letzterwähnte Beschluß als Entscheidung über den Verteilungsantrag im Sinne des § 71 des Komm.-Abg.-Ges. in betracht kam und zwar namentlich auch gegenüber der Gemeinde B., der er das Steuerrecht absprach. Deshalb hätte er auch dieser Gemeinde zugestellt werden müssen, und sie wäre befugt gewesen, auch ihrerseits Anträge auf eine anderweitige Entscheidung im Verwaltungsstreitverfahren zu stellen.

Deshalb war die Sache durch Aufhebung der Vorentscheidung in die Lage zurückzuversetzen, in der sie sich vor der Einleitung des Streitverfahrens befand, und die Zustellung des Beschlusses vom 9. März an B. zu bewirken und abzuwarten, ob diese Gemeinde mit Anträgen hervortrat. Geschieht das, so ist auch über sie in dem Streitverfahren zu befinden, das jedenfalls schon infolge des von C. gestellten Antrages erneuert werden muß. Für dieses soll zur Vermeidung von Weiterungen hiermit darauf hingewiesen werden, daß das O.-V.-G. in ständiger Rechtsprechung die von C. verlangte Art der Berechnung des Steuersatzes der Wohnsitzgemeinden als richtig anerkannt hat.

**Nr. 2. Entsch.** v. 4. III. 02 Nr. II 382 (Pr.-V.-Bl. Bd. XXIV S. 71).

Komm.-Abg.-Ges. v. 14. VII. 93 (G.-S. S. 152) §§ 71 ff.

Sobald von einem Zensiten das Verteilungsverfahren auf Grund des § 71 des Komm.-Abg.-Ges. beantragt worden ist, sind die Kommunalbehörden zum Erlaß von Bescheiden auf die bei ihnen angebrachten Einsprüche nicht mehr zuständig. Der Antrag tritt an Stelle eines früher erhobenen Einspruchs, auf den noch kein Bescheid ergangen ist. (Vgl. E.-O.-V. Bd. XXXI S. 24, Bd. XXXIX S. 28.)

## H. Aufsicht.

**Nr. 1. Entsch. Bd. XXXX S. 186** v. 5. VII. 01 II C 207/00.

Komm.-Abg.-Ges. v. 14. VII. 93 (G.-S. S. 152) §§ 20, 21, 27, 78, 96.

1. Ein Gemeindebeschluß, durch den nach Erlaß des Komm.-Abg.-Ges. ein gemäß bestehender Ortsverfassung bevorzugter Pflichtiger

den anderen Pflichtigen gleichgestellt, das allgemeine Recht also auch für den bisher Bevorzugten eingeführt wird, bedarf nicht mehr der in der Hann. Land-Gem.-Ordn. von 1859 vorgesehenen höheren Genehmigung. Durch Inkrafttreten des Komm.-Abg.-Ges. ist ein Rechtszustand geschaffen worden, nach dem die Gemeinde ohne Genehmigung des Kreisausschusses eine den §§ 20 und 27 a. a. O. entsprechende Beitragsordnung einführen durfte, ja sogar auf Veranlassung der Aufsichtsbehörde einzuführen angehalten werden konnte (vgl. § 78 a. a. O.). Zwar läßt § 96 Abs. 4 a. a. O. alte Beitragsordnungen (ihre Gültigkeit vorausgesetzt) bis zur Abänderung durch rechtsgültigen Gemeindebeschluß oder Anordnung der Aufsichtsbehörde bestehen; es kann aber aus dem § 42 Nr. 2 oder 8 der Land-Gem.-Ordn. v. 28. IV. 59 (Hann. G.-S. S. 393) jetzt nicht mehr gefolgert werden, daß im übrigen rechtsgültige Gemeindebeschlüsse über Verteilung von Gemeindelasten ohne höhere Genehmigung immer unwirksam wären. Denn das Komm.-Abg.-Ges. hat die Fälle, in denen für das Gebiet der Kommunalabgaben eine Genehmigung erforderlich ist, selbständig und erschöpfend geregelt.

2. Nach dem Jahre 1840 konnten in den Hannoverschen Landgemeinden Befreiungen von Gemeindegrundsteuern durch besondere Rechtstitel nicht geschaffen werden. Die Ges. v. 6. VIII. 40 und v. 5. IX. 48 (Hann. G.-S. S. 141 ff., 261 ff.) enthielten bereits das Gebot der Teilnahme aller Grundstücke an den Gemeindelasten und das Verbot des Erwerbes von Exemtionen. Das Gesetz von 1848 hatte in seinem § 14 sogar die Beseitigung der Real- und Personalbefreiungen ohne Entschädigung mit einzelnen wenigen Ausnahmen hinzugefügt — eine Beseitigung, die auch nur zu gunsten der Geistlichen und Lehrer bedingungsweise später durch Ges. vom 5. VII. 56 (Hann. G.-S. S. 193) zurückgezogen worden ist. Die Land-Gem.-Ordn. von 1852 und 1859 haben daran nichts geändert. An alle anderen Befreiungen — sie mochten vor 1840 rechtswirksam oder nachher rechtsunwirksam bewilligt worden sein — war also in der Provinz Hannover die Autonomie der Gemeinden nicht mehr gebunden. Gleichwohl mögen dergleichen Befreiungen freiwillig durch entsprechend gefaßte Regulative noch fortgewährt worden sein; allein auch diese Möglichkeit ist schließlich durch das Komm.-Abg.-Ges. vom 14. VII. 93 hinweggefallen, weil § 20 daselbst, abgesehen von § 21, allgemein verlangt, daß die direkten Gemeindesteuern auf alle der Besteuerung unterworfenen Pflichtigen nach festen und gleichmäßigen Grundsätzen zu verteilen sind, und weil der § 27 a. a. O. vorschreibt, daß die Steuern vom Grundbesitze nach gleichen Normen und Sätzen zu verteilen sind.

## J. Nachforderung. Verjährung.

**Nr. 1. Entsch. Bd. XXXX S. 101 v. 2. XII. 01 IV C 84/01.**

Fluchtliniengeś. v. 2. VII. 75. (G.-S. S. 561) § 15.
Komm.-Abg.-Ges. v. 14. VII. 93 (G.-S. S. 152) § 87.

Wenn ein Gebäude nach Fertigstellung der Straße errichtet wird, beginnt die dreijährige Verjährungsfrist gemäß § 87 Abs. 1 Ziff. 2 des Komm.-Abg.-Ges. mit dem Ablaufe des Rechnungsjahrs, in welchem der Bau vollendet worden ist, vgl. E.-O.-V. Bd. XXXVII S. 33), zumal die Möglichkeit der Berechnung des Anliegerbeitrags und damit der Heranziehung vielfach erst mit der Vollendung des Baues gegeben ist.

# Zweite Abteilung.

# Kultus, Schule, Zwangserziehung, Personenstand und Staatsangehörigkeit.

## I.

## Die evangelische Kirche.

### A. In den neun älteren Provinzen der Monarchie.

**Nr. 1. Entsch.** v. 5. VII. 01 Nr. I 1177 (Pr.=V.=Bl. Bd. XXIII S. 261).

Kirchenges. v. 2. VII. 98 (G.=S. S. 155, 159) §§ 1, 16, 17, 18.

Ges. v. 3. VII. 76 (G.=S. S. 125), betr. die Kirchenverfassung in den neun älteren Provinzen der Monarchie, Art. 27.

Ausf.=Vd. v. 9. IX. 76 (G.=S. S. 395) Art. III[4].

1. Nach dem staatsgesetzlich bestätigten Kirchenges. betr. das Diensteinkommen der Geistlichen der evangelischen Landeskirche der älteren Provinzen, v. 2. VII. 98 erhält in der Regel jeder in einem dauernd errichteten Pfarramte fest angestellte Geistliche ein Diensteinkommen, das — neben Dienstwohnung oder angemessener Mietsentschädigung — in einem Grundgehalt und periodischen, durch Beiträge der Kirchengemeinden bei der Alterszulagekasse zu versichernden Alterszulagen besteht, dergestalt, daß vom vollendeten 25. Dienstjahr ab ein Gesamteinkommen (an Grundgehalt und Alterszulagen) in Höhe von 4800 M. erreicht wird. Das Kirchenges. findet jedoch ohne weiteres und in vollem Umfange nur auf solche dauernd errichteten Pfarrstellen Anwendung, mit denen bei dem Inkrafttreten des Ges., also am 1. IV. 99, ein Einkommen von weniger als 4800 M. verbunden war oder im Falle ihrer erst nachher geschehenen Errichtung verbunden worden ist — jedoch mit der Maßgabe, daß bei Pfarrstellen, die bereits am 1. X. 97 bestanden, das für diesen Zeitpunkt ermittelte Einkommen als das mit ihnen am 1. IV. 99 verbunden gewesene gilt. Eine spätere Erhöhung des Einkommens (nämlich bis auf 4800 M.) bleibt auf die fernere Anwendbarkeit des Kirchenges. ohne Einfluß. Bei einer späteren Verminderung des Einkommens unter 4800 M. hat die Kirchengemeinde eine Besoldung von 4800 M. zu gewähren, sofern nicht die Stelle zur Versicherung bei der Alterszulagekasse nachträglich zugelassen wird, — in welchem letzteren Falle eine derartige Stelle fortan den Vorschriften des Kirchenges. unterliegt (vgl. § 11 der eine Anlage des Ges. v. 2. VII. 98 bilden-

den Satzungen, betr. die Alterszulagekasse für evangelische Geistliche u. s. w., § 1 Nr. 1 Abs. 1, Nr. 2 zu a Abs. 1, 2, 4 und zu b Abs. 3 der Ausf.-Anw. v. 31. VIII. 98, Kirchl. Ges. und Vd.-Bl. S. 87).

2. Verweigert eine Kirchengemeinde, die ihr hiernach im Falle der Ablehnung der nachträglichen Versicherung zufallende Leistung, so wird ihre Verpflichtung durch das Konsistorium im Rahmen der Leistungsfähigkeit vollstreckbar festgestellt und eventuell durch Konsistorium und Regierungspräsident im Wege der Zwangsetatisierung durchgesetzt. (Vgl. E.-O.-V. Bd. XXXII S. 174, Bd. XXXV S. 172.)

3. Der Einwand der mangelnden Leistungsfähigkeit ist im Verwaltungsstreitverfahren nicht zu berücksichtigen. Der Gesetzgeber hat das Interesse des Staates an der Abwehr etwaiger übermäßiger Anforderungen für kirchliche Zwecke u. a. durch die Vorschrift gewahrt, daß Festsetzungen der Konsistorien immer nur im Einvernehmen mit dem Regierungspräsidenten vollstreckbar sind, welcher letztere nach vorgängiger causae cognitio seine Zustimmung zu versagen hat, falls Überbürdung der Bevölkerung oder eine sonstige Gefährdung des Gemeinwohls zu befürchten steht (E.-O.-V. Bd. XXXII S. 178). Hat sich aber einmal der Regierungspräsident mit der Vollstreckung einverstanden erklärt, so unterliegt der Nachprüfung des Verwaltungsrichters, dem Wesen der Rechtskontrolle entsprechend, nur noch die Rechtmäßigkeit der Anforderung, nicht aber auch die nach Gesichtspunkten der Zweckdienlichkeit und Angemessenheit zu beantwortende Frage, ob das Leistungsvermögen der Verpflichteten zutreffend beurteilt worden sei.

4. Leistungen, die auf mehrere Pflichtige nach dem Steuersoll zu verteilen sind, dürfen darum, weil dessen Höhe jährlich wechselt oder doch wechseln kann, nicht für künftige Jahre im voraus zwangsetatisiert werden. Mit diesem Grundsatze (vgl. auch E.-O.-V. Bd. XXX S. 146), ist die angefochtene Verfügung dann unvereinbar, wenn sie eine dauernde Zwangsetatisierung der nach dem Staatseinkommensteuersoll der Kirchengemeinde-Mitglieder zu verteilenden Summe enthält.

**Nr. 2. Entsch.** v. 27. IX. 01 Nr. I 1541 (Pr.-V.-Bl. Bd. XXIII S. 581).

Kirchl. Pfarrdiensteinkommensges. v. 2. VII. 98, § 12.
Staatsges. dazu v. 2. VII. 98 (G.-S. S. 155) Art. 6.
Kirchen-Gem. u. Syn.-Ordn. v. 10. IX. 73 (G.-S. S. 417) §§ 2, 8ff., 29ff.

1. Nach § 12 Abs. 1 des Pfarrdiensteinkommensges. v. 2. VII. 98 (s. auch Art. 6 des dazu erlassenen Staatsges. von demselben Tage) hat die Kirchengemeinde u. a. dem Stelleninhaber das Grundgehalt zu gewähren und die Pfarrstelle bei der Alterszulagekasse nach Maßgabe ihrer Satzungen zu versichern. Um zu vermeiden, daß der voraussichtliche Bestand der Pfarrkasse hinter dem Ausgabebedarfe zurückbleibt, muß die Gesamtparochie einen hinreichenden Betriebsfonds bereit stellen. Die Verpflichtung der Träger öffentlich-rechtlicher Lasten zur Beschaffung von Betriebsfonds zu dem Zwecke, damit der Kassenverwaltung die unverkürzte und pünktliche Leistung aller fällig werdenden Zahlungen ermöglicht wird, ist unstreitig (s. E.-O.-V. Bd. XXXVI S. 6, 15). Sie ist auch für Kirchengemeinden in der vom Ev. Oberkirchenrate zur Ausführung des Pfarrdiensteinkommensges. am 31. VIII. 98 erlassenen Anw. (Kirchl. Ges. und Vd.-Bl. S. 87) zum Ausdrucke gelangt, woselbst es im § 16 heißt, daß die Kirchengemeinden, sofern die Umstände es erheischen, einen besonderen Betriebsfonds — sei es durch Umlage, sei es durch Aufnahme einer Anleihe — zu beschaffen ge-

halten sind. Die Ursache des (zeitweiligen) Zurückbleibens der Barbestände hinter den zu erwartenden Ausgaben läßt diese Verpflichtung unberührt.

2. Die Aufbringung des Betriebsfonds und die Bestimmung des anzuwendenden Oberverteilungsmaßstabes bildete eine gemeinsame Angelegenheit der Gesamtparochie. Derartige Angelegenheiten gehören nach §§ 2 Abs. 2, 8 ff., 29 ff. der Kirchen-Gem.- und Syn.-Ordn. vor eine gemeinsame beratende und beschließende Körperschaft, zu der die besonderen Gemeindekirchenräte bezw. Gemeindevertretungen unter dem Vorsitze des Pfarrers oder seines Stellvertreters dergestalt zusammenzutreten haben, daß die Beschlüsse durch Stimmenmehrheit der Anwesenden gefaßt werden, wonächst sie in ein Protokollbuch zu verzeichnen und von dem Vorsitzenden und mindestens einem Ältesten unter jedem Protokoll zu unterschreiben sind.

## C. In den im Jahre 1866 einverleibten Gebietsteilen.

**Literatur:** Chalybäus, Sammlung der Vorschriften und Entscheidungen, betr. das schleswig-holsteinische Kirchenrecht, 2. Aufl. 1902.

**Materialien:** Ges. v. 22. VI. 02, betr. die Bildung von Gesamtverbänden in der evangelischen Kirche des Konsistorialbezirks Cassel. A.-H. 1902, Drucks. Nr. 136, 261, Sten.-Ber. S. 4413, 5835, 5836. H.-H. 1902, Drucks. Nr. 27, 53, Sten.-Ber. S. 35. — Ges. v. 24. III. 02, betr. das Diensteinkommen der evangelischen Pfarrer des Konsistorialbezirks Frankfurt a. M. (G.-S. S. 41). A.-H. 1902, Drucks. Nr. 89. Sten.-Ber. S. 2810, 3043. H.-H. 1902, Drucks. Nr. 54, A zu Nr. 54, 55 [1]. Sten.-Ber. S. 29. — Ges. v. 24. III. 02, betr. die Fürsorge für die Witwen und Waisen der evangelischen Geistlichen des Konsistorialbezirks Frankfurt a. M. (G.-S. S. 56). A.-H. 1902, Drucks. zu Nr. 89. Sten.-Ber. S. 2810, 3043. H.-H. 1902, Drucks. Nr. 54, B zu 54, 52 [2]. Sten.-Ber. S. 30.

---

# III.

# Die Synagogengemeinden.

**Nr. 1. Entsch.** v. 19. XI. 01 Nr. II 1796 (Pr.-V.-Bl. Bd. XXIII S. 157).

B.-G.-B. § 7.

Was in einem Synagogen-Statut, das für die im Synagogenbezirk wohnenden Juden erlassen ist, unter Wohnsitz zu verstehen ist, bestimmt sich nach dem B.-G.-B., nicht aber nach den für gewisse besondere Steuern erlassenen Spezialgesetzen.

§ 7 Abs. 1 und 2 B.-G.-B. bestimmt:

„Wer sich an einem Orte ständig niederläßt, begründet an diesem Orte seinen Wohnsitz.

Der Wohnsitz kann gleichzeitig an mehreren Orten bestehen.“

Doch darf die eine der mehreren Niederlassungen nicht auf den Betrieb eines bestimmten Geschäfts beschränkt sein, sondern beide Niederlassungen müssen, um einen doppelten Wohnsitz herzustellen, sich auf die gesamten Lebensverhältnisse beziehen.

# IV.

# Schulangelegenheiten.

**Literatur:** Illing-Kautz, Handbuch für preußische Verwaltungsbeamte Bd. III 8. Aufl. 1903. — Laacke, Schulrechtslexikon, Gesetzliche Bestimmungen, behördliche Verordnungen und gerichtliche Entscheidungen auf dem Gebiete des Schulwesens in Preußen, Langensalza 1902.

## A. Allgemeines.

### 4. Rechtsverhältnisse der Schulvorstände.

**Nr. 1. Entsch. Bd. XXXX S. 198 v. 24. V. 01 I C 36/00.**

A.-L.-R. II 12 §§ 31ff., II 6 §§ 114ff.

1. Für Schulbeiträge kann der — sonst auch bei ihnen geltende — Grundsatz der Gleichmäßigkeit der Besteuerung durch Vertrag mit einzelnen Abgabepflichtigen durchbrochen werden. Nicht ausgeschlossen ist insbesondere eine vertragsmäßige Begründung der Befreiung von Schulbeiträgen, sowie im Bereiche des A.-L.-R. eine auf Vereinbarung zwischen der Schulgemeinde und einem Hausvater beruhende Schulverfassung, die dessen Beitragspflicht abweichend von der gesetzlichen Vorschrift regelt, wonach die Beiträge unter sämtliche Hausväter, alle zur Schule gewiesenen Einwohner nach Besitzungen und Nahrungen billig zu verteilen sind. (Vgl. E.-O.-V. Bd. XI S. 169, Bd. XIV. S. 246, 251, Bd. XIII S. 264.) Ein unzulässiger Widerspruch mit dem Gesetz (E.-O.-V. Bd. XXIX S. 183) liegt nicht vor, wenn das Gesetz nicht unbedingt zwingender Natur ist.

2. Derartige Vereinbarungen zu schließen, ist der Schulvorstand ohne Zustimmung der Hausväterversammlung oder von ihr gewählter mit entsprechender Vollmacht versehener Repräsentanten nicht befugt; zu ihrer Gültigkeit bedarf es außerdem der Genehmigung der Schulaufsichtsbehörde, die jedoch auch durch konkludente Handlungen erteilt werden kann, aus denen die Absicht der Genehmigung zuverlässig zu folgern ist. Freilich ist der Schulvorstand das gesetzliche Organ zur Vertretung der Schulgemeinde; er hat insofern die rechtliche Stellung der Repräsentanten einer Korporation gemäß §§ 114 ff. A.-L.-R. II 6. Aber eigenmächtig darf der Schulvorstand nicht namens der Schulgemeinde durch Vertrag mit einem ihrer Mitglieder dessen Beitragspflicht abweichend vom Gesetze dauernd auf eine bestimmte Summe einschränken. Die Befugnisse des Schulvorstandes zur selbständigen Vertretung der Schulgemeinde sind zwar gesetzlich nicht näher bestimmt (E.-O.-V. Bd. XVI S. 261), sie erstrecken sich aber keinesfalls so weit, daß der Schulvorstand die gesetzliche Pflicht der einzelnen Schulgemeindemitglieder zur Leistung von Schulbeiträgen durch besondere Verträge verschieben dürfte. Darin liegt eine Änderung der Ortsschulverfassung (E.-O.-V. Bd. XXI S. 166), zu einer solchen Änderung kann aber der Schulvorstand als Organ für die laufende Verwaltung nicht für ermächtigt erachtet werden. Auch die in §§ 114 ff. Tit. 6 T. II A.-L.-R. genannten Repräsentanten einer Korporation würden ohne eine besondere Vollmacht eine derartige Vereinbarung mit einzelnen Mitgliedern nicht treffen können. Sie dürfen nach § 119 a. a. O. keine Geschäfte selbständig eingehen, durch welche

die Mitglieder zu neuen oder erhöhten Beiträgen verpflichtet werden sollen; durch einen Vertrag über die Verminderung der Beitragspflicht einzelner Mitglieder vergrößert sich jedoch die Beitragspflicht der übrigen Mitglieder, da die Bedürfnisse der Korporation durch Beiträge der Mitglieder gedeckt werden müssen. Wenn zu neuen Umlagen ein Beschluß der Mitglieder der Korporation nötig ist (E.-O.-V. Bd. XVI S. 257, 261; Bd. VI S. 116, Bd. XIV S. 180), so ist dies bei einer dauernden Änderung der Umlagegrundsätze, wie sie in der Festlegung des von einem Mitgliede zu zahlenden Höchstbetrages gefunden werden muß, um so mehr der Fall.

3. Auch die Rechte und Pflichten des Gutsherrn des Schulorts gegenüber der Schule sind einer mit Genehmigung der Schulaufsichtsbehörde abzuschließenden vertragsmäßigen Vereinbarung — beispielsweise dahin, daß sie einem anderen Gutsbesitzer als dem Gutsherrn des Schulorts zustehen und obliegen sollen — nicht entzogen. (Vgl. E.-O.-V. Bd. XI S. 169, Bd. XIII 261 ff., Bd. XIV S. 213, 246.) Eine Vereinbarung aber, durch die einem Gutsbesitzer in der Provinz Posen die Stellung eines sogenannten „assoziierten Rittergutsbesitzers“ zugesichert wird, entbehrt der rechtlichen Bedeutung, weil auch dort die im Schulbezirke wohnhaften Rittergutsbesitzer, abgesehen allein von dem Gutsherrn des Schulorts, den übrigen Hausvätern gleichstehen und keinen Anspruch auf eine besondere Behandlung bei der Heranziehung zu den Schulbeiträgen, namentlich nicht darauf haben, nur von der Hälfte ihres Staatseinkommensolls herangezogen zu werden. (Vgl. E.-O.-V. Bd. XXIV S. 139 ff.)

**Nr. 2. Entsch.** v. 4. X. 01 Nr. I 1584 (C.-Bl.-U.-V. 1902 S. 592).

1. Nach dem Reskr. des Kgl. Departements für den Kultus und öffentlichen Unterricht, betr. die Anordnung von Schulvorständen für die Landschulen v. 28. X. 12 (Schneider und von Bremen, das Volksschulwesen im Preußischen Staate, Bd. I S. 103) bildet der Vorstand jeder Landschule ein Kollegium, das regelmäßig in Versammlungen unter dem Vorsitze des Patrons, oder, wo ein solcher nicht in betracht kommt, des Predigers — jetzt des Ortsschulinspektors — über die ihm zugewiesenen äußeren Schulangelegenheiten zu beraten und zu beschließen hat. Ausnahmen von dieser Regel sind in Ansehung der Bestellung von Bevollmächtigten zur Wahrnehmung der Rechte des Schulvorstandes vor Gericht nicht vorgesehen.

2. Denn die Vorstände der Landschulen kennzeichnen sich nach der ihnen durch dieses Reskr. gegebenen Verfassung als Behörden. Ihren Mitgliedern kommt nicht die Eigenschaft „mehrerer“ Vorsteher im Sinne des Abs. 3 zu, dergestalt, daß jedes Mitglied unabhängig von den anderen für die Schule als selbständiges Rechtssubjekt oder, wo Träger der Unterhaltungslast eine Korporation ist, für diese zu handeln befugt wäre. Zu denjenigen Vorschriften, die die amtliche Tätigkeit einerseits der organisierten Gesamtheit, andererseits des Vorsitzenden und der Beisitzer näher regeln, gehört die, wonach der Prediger (Ortsschulinspektor) „die Korrespondenz zu besorgen“ hat. Unter die Besorgung der Korrespondenz fällt begriffmäßig die Empfangnahme aller für die Behörde bestimmten Schriftstücke. Es genügt also nicht, daß z. B. dem Lehrer eine Ausfertigung eines den Schulvorstand als Partei betreffenden Urteils zugestellt wird. Die Zustellung muß an den Ortsschulinspektor erfolgen. Ist sie so nicht geschehen, so kann gegen den Schulvorstand der Lauf der Berufungsfrist nicht beginnen. An diesem Ergebnisse wird auch dadurch nichts geändert, daß alle Mitglieder des Schulvorstandes, namentlich der Ortsschulinspektor selbst von dem Urteile

und der Zustellung des Urteils an den Lehrer Kenntnis erhalten habe (vgl. E.-O.-V. Bd. XXXI S. 219, 220).

Mängel der für den Beginn einer Präklusivfrist maßgeblichen Zustellung können wegen der zwingenden Natur der diese Fristen regelnden Vorschriften nicht durch ein Verhalten der betreffenden Partei geheilt werden, das auf deren Absicht, sie nicht zu rügen, schließen lassen soll.

## 5. Rechtsverhältnisse der Volksschullehrer.

**Nr. 1. Entsch. Bd. XXXX S. 210** v. 9. VII. 01 I A 117/00.

Lehrerbesoldungsges. v. 3. III. 97 (G.-S. S. 25) § 22.
Ges. v. 26. V. 87 (G.-S. S. 175), betr. die Feststellung von Anforderungen für Volksschulen.

1. Für den Begriff der „Versetzungen im Interesse des Dienstes", bei denen Volksschullehrer nach § 22 des Diensteinkommengeſ. v. 3. III. 97 aus der Staatskasse eine Vergütung für Umzugskosten unter Wegfall der von den Schulunterhaltungspflichtigen zu entrichtenden Anzugs- oder Herbeiholungskosten erhalten, kommt es nur darauf an, ob dienstliche Interessen die Versetzung des neu anziehenden Lehrers notwendig gemacht haben, während, wenn dieser in die Stelle eines ebenfalls versetzten Amtsvorgängers einrücken soll, ein etwaiges dienstliches Interesse, das dessen Versetzung bedingt hatte, nicht entscheidend ins Gewicht fällt.

Wären für den Charakter der Versetzung eines Lehrers als einer im Interesse des Dienstes liegenden die Verhältnisse bei der Stelle, in welche die Versetzung erfolgt, bestimmend oder mitbestimmend, dann gäbe es andere als solche Versetzungen überhaupt nicht und es hätte einer Vorschrift wie der im § 22 Abs. 1 gegebenen nicht erst bedurft; denn offenbar wird niemals ein Lehrer in eine Stelle versetzt werden, ohne daß an deren Besetzung mit einer für sie geeignet erscheinenden Person ein dienstliches Interesse obwaltet.

2. Die vollstreckbare Feststellung, daß und in welcher Höhe den Trägern der Schulunterhaltungslast die Gewährung von Anzugs- oder Herbeiholungskosten an einen Lehrer gesetzlich obliegt, gehört in Ermangelung des Einverständnisses der Verpflichteten nicht zur Zuständigkeit der Schulaufsichtsbehörde, sondern ist im Wege des Ges. v. 26. V. 87 von den dort berufenen Beschlußbehörden zu bewirken.

**Nr. 2. Entsch.** v. 8. XI. 01 Nr. II 1737 (Pr.-V.-Bl. Bd. XXIII S. 567).

Vd. v. 23. IX. 67 (G.-S. S. 1618), betr. die Heranziehung der Staatsdiener zu den Kommunalauflagen, § 1 3.

Die an Schulen, die der allgemeinen Schulpflicht dienen, angestellten Rektoren sind hinsichtlich ihrer Besoldung von der Kommunalsteuer befreit, da sie zu den Elementarlehrern gehören. Der Rektor an einer Schule ist und bleibt Lehrer, obwohl ihm die Rektoratsgeschäfte übertragen sind, und es kommt nicht darauf an, ob die Ausübung der Lehrtätigkeit oder die Wahrnehmung der Rektoratsgeschäfte die größeren Anforderungen an ihn stellt, ob er viele oder wenige oder auch gar keine Unterrichtsstunden gibt, wie denn auch kaum jemals in Zweifel gezogen worden ist, daß der Vorsitzende eines Gerichtshofes (Präsident, Direktor) im weiteren Sinne mit zu den Richtern gehört.

**Nr. 3. Entsch.** v. 18. II. 02 Nr. I 283 (C.-Bl.-U.-V. S. 562).

Lhrerbesoldungsges. v. 3. III. 97 (G.-S. S. 25).

Die Frage, ob eine Versetzung im Interesse des Dienstes im Sinne des § 22 Abs. 1 des Lehrerbesoldungsges. v. 3. III. 97 vorliege, muß beantwortet werden mit Rücksicht auf die Stelle, aus der die Versetzung stattgefunden hat, und nicht mit Rücksicht auf die Stelle, in die sie erfolgt ist.

## C. Heranziehung zu Abgaben und Leistungen für Schulen, die der allgemeinen Schulpflicht dienen.

### 1. Allgemeine Rechtsgrundsätze, insbesondere für das Verwaltungsstreitverfahren. Begriff der Schulbeiträge, der Beteiligten. Ein- und Ausschulungen.

**Nr. 1. Entsch.** v. 2. VII. 01 Nr. I 1142 (Pr.-V.-Bl. Bd. XXIII S. 439).

Pr. Schulordn. v. 11. XII. 45 (G.-S. 1846 S. 1) §§ 37 [4], 51.

1. Erfordert die Trennung mehrerer zu einer Schule vereinigten Gemeinden die Errichtung einer eigenen Schule in einer abgetrennten Gemeinde, so ist in der Regel eine Anordnung der Schulaufsichtsbehörde, die in beschränktem Umfang eine Ausschulung teils sofort, teils später eintreten läßt, gar nicht zu entbehren und die Befugnis der Regierung, während der Auseinandersetzung bis zur Errichtung der neuen Schule und der neuen Lehrerstelle über die Aufbringung der Lasten und Abgaben des bisherigen Schulverbandes besondere Bestimmungen zu treffen, nicht zu bezweifeln. Muß die abgetrennte Gemeinde eine neue Schule bauen, so erscheint es unbedenklich, die Ausschulung insoweit sofort in Kraft treten zu lassen, daß die neue Schulgemeinschaft in Ansehung der Baulast des alten Schulverbandes aus diesem ausscheidet; die abgetrennte Gemeinde würde ohne solche Anordnung die Baulast gleichzeitig in zwei Schulbezirken zu tragen haben. Dabei steht nichts entgegen, während der Bauzeit der neuen Schule die Beschulung der zu ihr gewiesenen Kinder zeitweilig dergestalt zu ordnen, daß insoweit die Ausschulung nicht sogleich, sondern erst mit der Fertigstellung des neuen Schullokals durchgeführt wird, sei es daß die Kinder gastweise in der bisherigen Schule belassen werden, sei es daß die abgetrennten Teile des alten Schulverbandes gegen die Pflicht, zu seinen Lasten und Abgaben mit Ausnahme der Schulbaukostenbeiträge wie bisher beizutragen, solange zum alten Verbande gewiesen werden, als die neue Schule noch nicht vollendet ist. Derartige Regelungen während der Auseinandersetzung zu treffen, ist die Regierung kraft ihres Rechtes, Schulsozietäten einzurichten und zu verteilen, wohl befugt und auch durch § 51 Nr. 2 der Preuß. Schul-Ordn. v. 11. XII. 45 nicht gehindert.

2. Auch bei verwaltungsgerichtlichen Urteilen ergreift die Rechtskraft nur den entscheidenden Teil und nicht die Begründung. Sie kann deshalb nicht auf diejenigen richterlichen Erklärungen bezogen werden, die sich über Rechtsverhältnisse aussprechen, von deren Bestehen oder Nichtbestehen die Entscheidung des Rechtsstreits abhängt.

**Nr. 2. Entsch.** v. 5. VII. 01 Nr. I 1174 (Pr.-V.-Bl. Bd. XXIII S. 298).

Pr. Schulordn. v. 31. XII. 45 (G.-S. 1846 S. 1) §§ 12, 13, 45 [4].

Ges. v. 18. VI. 40 (G.-S. S. 140).

1. Die jährlichen Bezüge einer von dem Fiskus nach der Pr. Schul-Ordn. v. 11. XII. 45 im Falle der Nichtgewährung eines kulmischen Morgens Ackerland dem Lehrer angewiesenen Rente sind öffentliche Abgaben, die der im § 1 des Ges. v. 18. VI. 40 vor-

gesehenen Verjährung unterliegen. Die Hergabe des Schulmorgens in natura ist allerdings unzweifelhaft keine steuerartige Leistung. Ebensowenig stellt sich als eine solche die Verpflichtung an sich dar, für den Fall der Nichthergabe des Schulmorgens eine Rente in angemessener Art und Höhe überhaupt zu leisten (E.-O.-V. Bd. III S. 136, Bd. VII S. 222, bei deren Einsicht jedoch der seitdem eingetretene Wechsel der Gesetzgebung, betr. die prozessuale Gestaltung der Schulunterhaltungsstreitigkeiten, nicht zu übersehen ist). Anders verhält es sich mit den einzelnen, jährlich wiederkehrenden Bezügen des Lehrers an einer einmal ausgeworfenen Rente. Diese kennzeichnen sich als öffentliche Abgaben, welche auf Grund einer allgemeinen gesetzlichen Verbindlichkeit zu leisten sind.

(Folgt eingehende Begründung.)

2. Eine Nachforderung von Schulabgaben ist nach § 14 in Verbindung mit §§ 5, 6 des Ges. v. 18. VI. 40 nur für das Kalender- (jetzt das Steuer-) jahr, worin sie geltend gemacht wird, zulässig.

**Nr. 3. Entsch.** v. 24. IX. 01 Nr. I 1521 (C.-Bl.-U.-V. 1902 S. 557).
A.-L.-R. II 12 §§ 29 ff.

1. Die Meinung, daß eine Schulsteuer von einer Gemeinde überhaupt nicht gefordert werden könne, ist irrig. Vielmehr hat der Schulvorstand da, wo die Unterhaltung der Schulen den politischen Gemeinden entweder gesetzlich obliegt, — wie nach der Preuß. Schul-Ordn. v. 11. XII. 45 — oder auch, weil die politischen Gemeinden an Stelle der Hausväter getreten sind, die politischen Gemeinden zur Schulsteuer heranzuziehen (vgl. E.-O.-V. Bd. XXI S. 197, Bd. XXXIII S. 123, Bd. XXIV S. 135 ff.). Gegen eine solche Heranziehung einer politischen Gemeinde zur Schulsteuer kann sich diese nur dadurch schützen, daß sie gegen ihre Heranziehung Einspruch und gegen dessen Zurückweisung Klage im Verwaltungsstreitverfahren erhebt. In diesem Verfahren ist alsdann die rechtliche Zulässigkeit der Heranziehung der politischen Gemeinde zu prüfen, im Falle der Verneinung aber die Heranziehung außer Kraft zu setzen.

2. Zur Schulunterhaltung sind nach §§ 29 ff. II 12 A.-L.-R. die sämtlichen Hausväter des Schulbezirks verpflichtet, nicht die politischen Gemeinden. Diese können aber — auch ohne Übernahme der Schule als Kommunalanstalt — gegenüber der fortbestehenden Schulgemeinde freiwillig die Schulunterhaltungspflicht übernehmen (vgl. E.-O.-V. Bd. XXIV S. 136, Bd. XXVIII S. 155); und in diesem Falle auch einen von den Beiträgen, die sonst die einzelnen Hausväter zu zahlen hätten, unabhängigen Verteilungsmaßstab unter sich und mit der Schulgemeinde vereinbaren.

3. Aus der Übernahme der Schulbedürfnisse durch eine politische Gemeinde für einen Teil ihres Bezirkes — folgt nicht mit rechtlicher Notwendigkeit, daß die Schulbedürfnisse für den ganzen Bezirk der politischen Gemeinde als von der politischen Gemeinde übernommen zu erachten wären. Die Ungleichheit, die darin liegt, daß die politische Gemeinde die Schulbedürfnisse für den einen Teil der Gemeindeangehörigen übernommen hat, für den anderen nicht, kann einen Anspruch des letzteren gegen die politische Gemeinde auf Minderbelastung bei der Kommunalbesteuerung oder auf Entschädigung begründen. Ein Recht der Schulgemeinde gegen die politische Gemeinde läßt sich daraus aber nicht herleiten (vgl. E.-O.-V. Bd. XXVI S. 170, 171).

**Nr. 4. Entsch.** v. 18. II. 02 Nr. II 294 (Pr.-V.-Bl. Bd. XXIV S. 38).

Komm.-Abg.-Ges. v. 14. VII. 93 (G.-S. S. 152) § 70; Zust.-Ges. § 46.

Der Einspruch gegen die Heranziehung zu Schulsozietätsbeiträgen ist gegen den Schulvorstand auch dann zu richten, wenn diese Beiträge vom Magistrat eingezogen werden.

Im vorliegenden Falle war von der Schulsozietät beschlossen worden, die Schullasten durch Vermittelung der Vorstände der politischen Gemeinden einzuziehen. Letztere hatten diese Funktion übernommen. Dieser Vorgang rechtfertigt aber nicht etwa die Annahme, daß für das betreffende Jahr die Schullasten von den politischen Gemeinden übernommen wären dergestalt, daß die Einziehung sich als Heranziehung zu Gemeindelasten darstellte, die dann allerdings der Magistrat im Einspruchs- und Streitverfahren zu vertreten gehabt haben würde. Hier ist mit einem Falle zu rechnen, daß der Magistrat ausdrücklich „Schulsozietätsbeiträge" liquidierte, und zwar als Organ der Schulsozietät auftretend, sei es, daß er diese Eigenschaft nur angab, sei es, daß er wirklich beauftragt war. Fehlte ein Auftrag, so hätte der sich beschwert fühlende Empfänger der Benachrichtigung weder den Weg des § 70 des Komm.-Abg.-Ges. noch den des § 46 Zust.-Ges. beschreiten, sondern nur Beschwerde bei der Aufsichtsbehörde erheben können. Zog aber der Magistrat als legitimiertes Organ der Schulsozietät deren Forderung ein, so blieb Abgabeberechtigte die Schulsozietät und deren Vorstand allein hatte über die Aufrechterhaltung oder Ermäßigung ihrer Forderung zu befinden, mit anderen Worten, nur auf dem Wege von § 46 Zust.-Ges. konnte der Prägravierte Abhilfe suchen, und seiner Klage auf dieser Grundlage mußte ein Bescheid des Schulvorstandes, nicht des Magistrats, vorangehen. Der Letztere wäre zu der Erteilung eines Einspruchsbescheides über die Heranziehung zu Schulabgaben und zu dessen Vertretung nur dann berufen gewesen, wenn er gemäß der bestehenden Schulverfassung die Funktionen der örtlichen Schulbehörde im Sinne des § 46 Zust.-Ges. wahrzunehmen hätte. Mit einer Klage gemäß § 70 des Komm.-Abg.-Ges. gegen den Magistrat konnte daher im vorliegenden Falle Abhilfe wegen einer Forderung von Schulbeiträgen nicht erzielt werden.

**Nr. 5. Entsch.** v. 17. VI. 02 Nr. I 1005 (C.-Bl.-U.-V. S. 682).

Zust.-Ges. § 46.

Die Klage aus § 46 Abs. 2 Zust.-Ges. kann sich nur gegen die Behörde richten, die die Schulbeiträge ausgeschrieben hat, z. B. gegen den Schulvorstand. Die Mitwirkung des Magistrats bei der zwangsweisen Einziehung der Steuer (vgl. § 28 des Ges. über Kirchen- und Schulvorstände vom 14. X. 48 — Hann. G.-S. Abt. I S. 301 —) ändert daran nichts.

## 2. Das Geltungsbereich des Allgemeinen Landrechts.

**Nr. 1. Entsch.** v. 27. V. 02 Nr. I 866 (C.-Bl.-U.-V. S. 661).

A.-L.-R. II 12 § 29, II 4 §§ 72, 73, I 18 § 11.

1. Durch Erklärungen der Beteiligten können unter Hinzutritt staatlicher Genehmigung für einen Interessentenkreis objektive Rechtsnormen nur dann festgestellt werden, wenn das Gesetz den Beteiligten eine Einwirkung auf die Gestaltung des öffentlichen Rechts eröffnet. Nur unter dieser Voraussetzung ist den Vereinbarungen der Beteiligten bei hinzutretender Billigung der zur Aufsicht und zur Fürsorge für das betreffende öffentliche Rechtsgebiet berufenen Staatsbehörde dieselbe Wirkung beizumessen, wie einer

Observanz (vgl. E.-O.-V. Bd. XIV S. 251, Bd. XXVIII S. 234). An der Möglichkeit, das örtliche Recht hinsichtlich der Schulunterhaltungspflicht abweichend von der Regelvorschrift des § 29 Tit. 12 T. II a. a. O. zu gestalten, fehlt es den Beteiligten aber keineswegs. Die Annahme der Revisionsschrift, daß diese Vorschrift die Geltung anderer besonderer Rechtstitel, als der Stiftung, ausschließe, ist unzutreffend. Der Ausdruck „Stiftung" im § 29 a. a. O. hat nicht die Bedeutung, daß darunter nur Vermögensmassen mit selbständiger Rechtspersönlichkeit zu verstehen wären, die Schulzwecken gewidmet worden sind. Vielmehr fällt unter den Begriff der Stiftung auch die Übernahme dauernder Verpflichtungen zur Schulunterhaltung durch dritte Personen. Ausgeschlossen ist, soweit sich die Schulunterhaltung nach den Grundsätzen des A.-L.-R.'s regelt, nur die Regelung der Schulunterhaltungspflicht durch Observanzen. Im übrigen kommt es in erster Linie entscheidend auf die Ortsverfassung der Schule an. Keinen Unterschied macht es dabei, ob man eine solche Ortsverfassung, insoweit sie auf geschriebenem Rechte beruht, als „statutarisches Recht" bezeichnen, oder ob man diesen Ausdruck im öffentlichen Rechte nur auf autonome Satzungen eines organisierten korporativen Verbandes anwenden will. Die „Ortsverfassung" einer Schule kann auf autonomer Beschlußverfassung des korporativen Verbandes beruhen, dem die Schulunterhaltung obliegt (der Schulsozietät im Geltungsgebiete des A.-L.-R.'s). Sie kann auf Observanz dort beruhen, wo das Gesetz dies ausdrücklich zuläßt. Sie kann endlich sowohl im Gebiete des A.-L.-R.'s als auch in dem der Pr.-Schul-Ordn. v. 1845 und des Schles.-Schulregl. v. 1801 auf Vereinbarungen gegründet sein, die zwischen den an der Schulunterhaltung interessierten öffentlich-rechtlichen Verbänden oder Gutsherrn mit ausdrücklicher oder stillschweigender Genehmigung der Schulaufsichtsbehörde getroffen worden sind. Derartige Vereinbarungen stellen nicht einen privatrechtlichen Vertrag dar. Das durch sie geschaffene Recht ist, solange es in Kraft bleibt, nicht nur für die Beteiligten, sondern auch für die staatliche Aufsichtsbehörde maßgebend.

2. Auch der Besitzer eines Gutes, das die Eigenschaft eines Familienfideikommisses hat, ist in seiner Eigenschaft als Gutsherr befugt, dauernde Verbindlichkeiten öffentlich-rechtlicher Art einzugehen. Denn es handelt sich weder um die Übernahme privatrechtlicher Verpflichtungen des Fideikommißbesitzers noch um eine dingliche Belastung des Fideikommißgutes, sondern um eine Verpflichtung des Gutsherrn als des Trägers öffentlicher Lasten im Gutsbezirke. Deshalb ist es unerheblich, ob ein Fideikommißbesitzer seinen Nachfolger im Fideikommißbesitze belasten darf und ob dieser seine Rechte von seinem Vorgänger oder von dem Stifter des Fideikommisses abzuleiten hat. Jedenfalls ist er Rechtsnachfolger in die öffentlich-rechtliche Stellung des Gutsherrn und in die mit der Gutsherrlichkeit verbundenen Rechte und Pflichten. Deren Träger aber auf einem kommunalrechtlich selbständigen Landgute, das sich nach dem Rechte der Familienfideikommisse vererbt, ist auch im Gebiet des A.-L.-R.'s nicht die das Obereigentum besitzende „ganze Familie" (§ 73 A.-L.-R. II 4) sondern der jedesmalige Fideikommißbesitzer, dem das nutzbare Eigentum des Fideikommisses gebührt (§ 72 daselbst) und der daher auch alle ordentlichen und außerordentlichen Lasten, die mit dem Besitze verbunden sind, zu tragen hat (§ 11 Titel 18 Teil I des A.-L.-R.). Soweit auf dem Gutsherrn als dem Träger der öffentlichen Lasten eines Gutsbezirkes Verpflichtungen ruhen, gehen diese nicht auf seine Erben, sondern auf seinen Nachfolger in der Gutsherrlichkeit im Wege einer Singularsuccession über, da sie nicht Bestandteil des Privatvermögens des Gutsbesitzers, sondern solche

des Gutsbezirkes als einer Veranstaltung des öffentlichen Rechtes sind. Das gilt nicht nur für die kommunalen Lasten im Gutsbezirke, sondern auch für die Verpflichtungen auf dem Gebiete der Schulunterhaltung, die dem Gutsherrn auf Grund des Gesetzes, des Herkommens oder des durch besondere Vereinbarungen oder Stiftungen geschaffenen Ortsschulrechts (der Schulverfassung) obliegen.

Diese Möglichkeit zur Schaffung von Verbindlichkeiten öffentlich-rechtlicher Art beschränkt sich nicht auf Leistungen, die dem Gutsherrn gesetzlich obliegen, sondern auf Leistungen, die zur Erfüllung von gesetzlichen Aufgaben der Gutsherrschaft dienen. Als eine solche gesetzliche Aufgabe der Gutsherrschaft bezeichnet das A.-L.-R. die Mitwirkung bei der Unterhaltung einer für die Gutsuntertanen bestimmten Schule. Die sachliche Zuständigkeit der Gutsherrn zur Belastung ihrer Kommunalbezirke mit öffentlich-rechtlichen Verpflichtungen ist beschränkter, als die der Landgemeinden. Sie erstreckt sich nicht auf die Erfüllung von Aufgaben, die außerhalb des Kreises der Gegenstände liegen, für die die Fürsorge den Gemeinden oder Gutsbezirken gesetzlich übertragen worden ist, also beispielsweise nicht auf die Unterhaltung oder dauernde Unterstützung von höheren Lehranstalten, Straßenbahnen, Markthallen und gewerblichen Anstalten. Wo aber über das Gebiet kommunaler Aufgaben hinaus die Fürsorge für eine öffentliche Einrichtung durch gesetzliche Vorschrift auch den Gutsherrn, sei es für den Bereich ihres jetzigen Gutsbezirkes oder auf Grund des älteren Rechts auch für die ehemals ihrer Gutsherrschaft unterstellten Landgemeinden, übertragen worden ist, dort sind auch die Gutsherrn befugt, die Voraussetzungen und den Umfang ihrer Leistungen zur Erfüllung dieser Aufgabe über das Maß ihrer gesetzlichen Verpflichtung hinaus, insbesondere auf dem Gebiete der Schulunterhaltung im Wege der Stiftung oder Vereinbarung mit den übrigen Beteiligten festzustellen und unter Zustimmung der staatlichen Aufsichtsbehörde objektives Ortsrecht zu begründen, das auch für ihre Nachfolger in der Gutsherrschaft Geltung hat (vgl. O.-V.-G. B. XVII, S. 270/271.)

**Nr. 2. Entsch. Bd. XXXXI S. 217** v. 13. VI. 02 I B 52/01.

A.-L.-R. II 12 §§ 29ff., 33, 36.

1. Aus der besonderen Rechtsstellung, die das Gesetz den Standesherren eingeräumt hat, folgt nicht ihre Befreiung von der Schulunterhaltungslast.

Nach der Vd. v. 21. VI. 15 betr. die Verhältnisse der vormals unmittelbaren deutschen Reichsstände (G.-S. S. 105) und nach der Instr. wegen deren Ausführung v. 30. V. 20 (G.-S. S. 81) sind die Standesherren von Schulbeiträgen nicht befreit. Auf Kirchensteuern erstreckt sich ebensowenig die Steuerfreiheit der Standesherren. Nur von den ordentlichen Staatssteuern sind die Standesherren befreit (vgl. § 4 der Vd. v. 21. VI. 15, §§ 13 und 24 der Instr. v. 30. V. 20). Was die Kommunalsteuern angeht, so haben sie nach § 32 der Instr. v. 30. V. 20 das Recht, aus der Verbindung mit den Gemeinden auszuscheiden, müssen dann aber nach § 67 der Westf. Landgem.-Ordn. vom 19. III. 56 die den Gemeinden gesetzlich obliegenden Lasten allein tragen (vgl. § 40 Abs. 3 des Komm.-Abg.-Ges. (E.-O.-V. Bd. XXXV, S. 139ff.) Damit stehen insbesondere auch die Bestimmungen im § 5c und im § 7 Nr. 1 und 2 des zwischen der Staatsregierung und dem Fürsten von Sayn am 5. V. 65 abgeschlossenen und am 24. VI. 67 Allerhöchst bestätigten Rezesses (Amtsbl. der Reg. zu Arnsberg v. 1867 S. 479ff.) im Einklange.

2. Eine Befreiung von Schulabgaben folgt nicht aus dem Rechte zur Bestellung der Schullehrer oder aus dem Rechte zur

Aufsicht über die Schule (§§ 52 und 53 der Instr. v. 30. V. 20). Die obrigkeitliche Stellung zur Schule berührt an sich nicht die Pflicht, an der Aufbringung der Schullasten teilzunehmen. Wenn der Gutsherr des Schulorts auf dem Lande von Hausväterbeiträgen befreit ist, so beruht dies darauf, daß die §§ 33 und 36 Tit. 12 T. II A.-L.-R. den Gutsherrschaften auf dem Lande besondere Verpflichtungen in bezug auf die Unterhaltung der Schule auferlegen, und daß neben diesen besonderen Verpflichtungen nicht noch die gemeine Schulbeitragspflicht auf ihnen ruhen kann. Wo solche besondere gesetzliche Verpflichtungen nicht bestehen — und das ist bei Stadtschulen überhaupt nicht der Fall —, da fehlt der Befreiungsgrund auch dem Träger der Rechte, die als Schulpatronat zusammengefaßt zu werden pflegen (E.-O.-V. Bd. XII S. 204 ff.). Die Unterhaltung der Schulen liegt nach den §§ 29 ff. Tit. 12 T. II A.-L.-R. den sämtlichen Hausvätern, d. h. den wirtschaftlich selbständigen Personen, ob, welche im Schulbezirk ihren Wohnsitz haben (E.-O.-V. Bd. IX S. 123 ff., besonders S. 127). Aber die Eigenschaft als Hausvater können auch die Träger derjenigen Rechte haben, die unter dem sogenannten Schulpatronat begriffen werden. Daß die Träger dieser Rechte um deswillen aus der Reihe der schulunterhaltungspflichtigen Hausväter ausschieden, ist nirgends ausgesprochen und folgt auch nicht aus der Natur der Sache; denn eine bevorzugte rechtliche Stellung in bezug auf die Leitung und Beaufsichtigung der Schule ist an sich kein Grund, aus dem die Pflicht zur Teilnahme an den Schullasten wegfallen müßte.

**Nr. 3. Entsch. Bd. XXXXI S. 220 v. 24. VI. 02 I B 8/02.**

Ges. v. 14. VI. 88 (G.-S. S. 240), betr. die Erleichterung der Volksschullasten, § 4.
A.-L.-R. II 12 § 35.

1. Unter „fremden zugeschlagenen Gemeinden" im Sinne des § 35 Tit. 12 T. II A.-L.-R. sind nicht politische Gemeinden, sondern Schulgemeinden zu verstehen.

2. Sind zu einer Schule, die von der politischen Gemeinde als Kommunalanstalt unterhalten wird, die Kinder aus einem anderen Kommunalbezirke gastweise gewiesen, so werden dadurch die Einwohner des letzteren — in Ermangelung besonderer Rechtsgründe, aus denen sich abweichendes ergibt — nicht Mitträger der Unterhaltungslast dergestalt, daß die Gemeindebehörde des Schulorts berechtigt wäre, sie zu Schulbeiträgen heranzuziehen; doch ist ihre Beteiligung an der Aufbringung der Schulbedürfnisse durch ein Fremdenschulgeld zulässig, dessen Festsetzung der Schulaufsichtsbehörde gebührt.

## 3. Die Provinzialrechte.

### a) Geltungsbereich der Preußischen Schulordnung vom 11. Dezember 1845.

**Nr. 1. Entsch.** v. 9. VII. 01 Nr. I 1196 (Pr.-V.-Bl. Bd. XXIII S. 406).

Pr. Schulordn. v. 11. XII. 45 (G.-S. 1846 S. 1) §§ 46, 54.

Ein Privatgutsherr, dem herkömmlich die Lieferung von Brennmaterial für eine bestehende Schule obliegt, muß im Falle der Errichtung einer neuen Klasse infolge des Anwachsens der Einwohnerzahl im Schulbezirk entsprechend auch zu dem Bedarfe für die erweiterten Räume beitragen. (Vgl. Entsch. v. 19. IX. 99 Kunze-Kautz Erg. Bd. S. 138). Handelt es sich dagegen nicht um eine herkömmliche, sondern um eine vertragsmäßig begründete Verpflichtung des Privatgutsherrn, so trifft jener Satz nur dann zu, wenn der übereinstimmende Vertragswille der Beteiligten uneingeschränkt auf die Übernahme des jeweiligen Bedarfs für die Schule gerichtet gewesen ist, nicht aber dann, wenn sich aus dem Vertrag oder aus den begleitenden Umständen ergibt, daß der Privatgutsherr, der Patronatslasten für eine bestimmte Schule übernommen hat, die danach zu gewährenden Leistungen nicht auf den jeweiligen Bedarf der Schule hat erstrecken, sondern auf ein bestimmtes, unter keinen Umständen zu überschreitendes Maß hat beschränken wollen.

**Nr. 2. Entsch. Bd. XXXXI S. 214 v. 6. V. 02 I C 17/02.**

Pr. Schulordn. v. 11. XII. 45 (G.-S. 1846 S. 1) §§ 45—47, 55 ff.

1. Gehören zum Bezirk einer Schule sowohl Ortschaften, die unter der Gutsherrlichkeit des Domänenfiskus stehen („Domänendörfer") als auch Ortschaften, die einer privaten Gutsherrlichkeit unterworfen sind, so hat nach §§ 45 bis 47 der Pr. Schul-Ordn. der Fiskus, wenn nicht Herkommen oder besondere Rechtstitel etwas anderes bestimmen, den nach der Zahl der Haushaltungen auf die Domänendörfer entfallenden Teil des Brennbedarfes zu liefern, jedoch keinesfalls mehr als 15 Klafter (50,1 rm) weichen Klobenholzes für jede Klasse. Den auf die übrigen Ortschaften nach dem Verhältnisse der Haushaltungen entfallenden Bruchteil des Gesamtbedarfes haben diese, und zwar die Landgemeinden als Kommunallast, die Gutsbezirke durch Heranziehung der Anwohner und des Grundherrn gemäß §§ 55 ff. der Schul-Ordn., aufzubringen, sofern nicht die Gutsherren herkömmlich zur Lieferung des auf ihre Hintersassen entfallenden Teiles verpflichtet sind, wobei jedoch auch ihre Verpflichtung über die Grenze der 15 Klafter nicht hinausgeht. Diese Grundsätze sind nicht so anzuwenden, daß die Gesamtleistung der Gutsherren für eine Schulklasse ihre gesetzliche Grenze in dem Maße von 15 Klaftern finde, und daß der Mehrbedarf auf alle zur Schule gehörigen Ortschaften, also auf die Domänendörfer auch dann umzulegen sei, wenn der auf sie bei einer Verteilung des ganzen Brennbedarfes nach der Haushaltungszahl entfallende Anteil weniger als 50,1 rm beträgt. Wäre diese Auffassung richtig, so würde die Verpflichtung des Fiskus, den auf seine Hintersassen entfallenden Anteil an dem Schulbrennbedarfe bis zum Betrage von 15 Klafter zu tragen, zu gunsten des Fiskus und zu ungunsten seiner Hintersassen eine Einschränkung erfahren, sofern ein neben dem Fiskus zum Schulbezirke gehöriger Privatgutsherr herkömmlich verpflichtet ist, für seine Hintersassen das Schulbrennholz herzugeben, und der gesamte Brennbedarf 15 Klafter Holz übersteigt. Die Hintersassen des Domänenfiskus würden ja dann einen Teil des Brennholzes aus ihren Mitteln zu beschaffen haben, obschon die Leistung des Fiskus weniger als 15 Klafter beträgt, während sie frei bleiben würden, wenn eine herkömmliche Verpflichtung des Privatgutsherrn nicht bestände und also dessen Hintersassen selbst das auf sie entfallende Brennmaterial liefern müßten. Für eine solche Einschränkung der im § 45 Nr. 5 a. a. O. festgesetzten Verpflichtung des Fiskus, das auf seine Hintersassen entfallende Brennholz bis zum Betrage von 15 Klafter für jede Klasse herzugeben, bietet das Gesetz keinen ausreichenden Anhalt. Ebensowenig gestattet es die Auslegung, daß im Falle der Zusammensetzung des Schulbezirkes aus domänenfiskalischen und anderen Ortschaften der Domänenfiskus niemals, gleichviel ob die Gutsherren der letzteren zur Brennholzlieferung verpflichtet sind oder nicht, mehr

Brennholz zu liefern habe, als denjenigen Bruchteil von 15 Klafter, der dem Verhältnisse der Zahl der Haushaltungen der Domänenhintersassen zur Gesamtzahl der Haushaltungen im Schulbezirk entspricht. Die Pr. Schul-Ordn. stellt vielmehr in § 45 die Verpflichtung des Fiskus, innerhalb der Grenze von 15 Klafter für seine Hintersassen einzutreten, als eine grundsätzliche und unbedingte hin, die unabhängig von der Zugehörigkeit anderer Ortschaften zum Schulbezirk und unbeeinflußt von einer Verpflichtung etwa zu demselben Schulbezirke noch gehöriger Privatgutsherren besteht. Ein Herkommen, wonach auch Privatgutsherren, denen eine gesetzliche Pflicht zur Brennholzlieferung nicht obliegt, für ihre Hintersassen Schulbrennmaterial zu liefern haben, befreit zunächst nur diese Hintersassen von einer ihnen nach § 39 der Schulordn. obliegenden Schulunterhaltungslast und unter Umständen auch daneben noch den Fiskus, — dieses unter der Voraussetzung, daß die Privatgutsherren auf Grund des Herkommens oder eines besonderen Rechtstitels zur Lieferung eines größeren Brennbedarfsanteils als des nach der Zahl der Haushaltungen auf ihre Hintersassen entfallenden verpflichtet sind. Keinesfalls aber kann der Eintritt einer Verpflichtung der Privatgutsherren zur Brennholzlieferung die Folge haben, daß eine Verpflichtung der Domänenhintersassen zur Lieferung von Brennholz begründet wird, die sonst nicht bestanden hätte. Die Vorschrift in § 46: „Jedoch sollen die Bestimmungen in § 45 unter 5 und 6 für alle zur Gewährung von Deputatbrennholz verpflichteten Gutsherren verbindlich sein," hat hiernach nicht die Bedeutung, daß die Gutsherren eines Schulbezirkes zusammen nur 15 Klafter für jede Schulklasse zu liefern brauchen, sondern sie hat die Bedeutung, daß kein Privatgutsherr, ebenso wie der Fiskus, jemals gehalten sein soll, mehr als 15 Klafter Holz für seine Hintersassen herzugeben.

2. Wollte man aber auch annehmen, daß die Leistungen mehrerer Gutsherren zusammen gerechnet den gesetzlichen Höchstbetrag der Patronatsleistung von 15 Klafter darstellen, so würde doch auch daraus nicht folgen, daß der Mehrbedarf unter alle zur Schule gewiesenen Ortschaften ohne Rücksicht auf den Umfang der Leistung jedes einzelnen Gutsherrn nach der Haushaltungszahl zu verteilen sei. Denn die Verpflichtung der Gutsherren ist keine der Schulunterhaltungspflicht der zur Schule gehörigen Ortschaften vorausgehende, wie die auf besonderen Stiftungen oder besonderen Rechtsgründen beruhenden, deren im § 39 der Schulordnung Erwähnung geschieht, sondern sie ist zum Zwecke der Befreiung der Ortschaften von einer ihnen nach der Regelvorschrift des § 39 zufallenden Last eingeführt. Zu diesem Zwecke soll der Gutsherr für seine Hintersassen eintreten und an ihrer Stelle leisten. Sind im Schulbezirke mehrere zur Brennholzlieferung verpflichtete Gutsherren vorhanden, so muß der Regel nach angenommen werden, daß die Leistung eines jeden einzelnen von ihnen zu gunsten seiner Hintersassen erfolgt. Demgemäß ist bei Feststellung des von jeder Ortschaft außer den gutsherrlichen Leistungen noch zu liefernden Brennholzes nicht derart zu verfahren, daß die Leistung der Gutsherren von dem vollen Brennbedarf abgerechnet und dessen Rest auf die Ortschaften nach der Zahl ihrer Haushaltungen verteilt wird. Vielmehr ist zunächst zu ermitteln, wieviel von dem gesamten Brennbedarfe nach jenem Maßstab auf jede Ortschaft entfällt, und sodann der durch die gutsherrliche Leistung des Domänenfiskus nicht gedeckte Rest des Anteils der Domänendörfer diesen zur Last zu legen und unter sie nach ihrer Haushaltungszahl zu verteilen, während der durch die Leistung der Privatgutsherren nicht gedeckte Rest des Anteils der übrigen Ortschaften von jeder von

ihnen aus eigenen Mitteln soweit aufzubringen ist, als ihr Anteil durch die Leistung ihres Gutsherrn keine Deckung findet.

**Nr. 3. Entsch.** v. 13. VI. 02 Nr. I 967 (C.-Bl.-U.-V. S. 677).

Pr. Schulordn. v. 11. XII. 45 (G.-S. 1846 S. 1) §§ 38, 45, 46.

1. Die Matrikel der katholischen Kirchschule in P. bestimmt bei Aufführung des Diensteinkommens des ersten Lehrers folgendes:

„Brennmaterial erhält er als Lehrer nicht, er hat aber von dem dem Küster zustehenden Holze auch die Schulstube zu heizen. Sollte die Küsterstelle von der ersten Lehrerstelle getrennt werden, so wird für die Lieferung und Anfuhr des für die Schule erforderlichen Holzes Festsetzung getroffen werden."

2. Die Brennholzlieferungen an die Landschullehrer im Bistum Ermland, wo sich auch die Schule zu P. befindet, beruhen auf dem regulamen jurium parochialium episcopatus Varmiensis vom Jahre 1726 (abgedruckt in der Geschichte der Quellen des katholischen Kirchenrechts von Jacobson S. 245), einer vom Bischof erlassenen Ermländischen Stolgebühren-Taxe, die auch über das Einkommen der Landschullehrer Bestimmung traf. Hiernach erhält der Schullehrer außer Barbezügen von jedem Hausvater, Freien, Schulzen und Bauern jährlich ein Viertel Weizen sowie von jedem Schulzen, Freien und Bauern jährlich ein Fuder Holz mit der Verpflichtung, dort, wo ein Kaplan unterhalten wird, diesem den dritten Teil des Holzes zu überweisen. Die Holzlieferung stellt hiernach auch bei der Kirchschule zu P. einen Teil des Einkommens dar, das der Küster, der zugleich als Lehrer tätig war, von den eingepfarrten bäuerlichen Besitzern auf Grund einer gesetzlichen Vorschrift bezog. Unzutreffend ist hiernach die Auffassung, daß die Lieferung des zur Heizung der ersten Schulklasse erforderlichen Holzes eine Leistung der Eingepfarrten an die Schule gewesen und daß diese auch nach Einführung der Pr. Schul-Ordn. vom Jahre 1845 gemäß der dort im § 38 gegebenen Vorschrift im Besitze des Rechtes auf die Leistung geblieben sei. Denn nach der bezeichneten Vorschrift sind die Kirchschulen, die Kirch- und Dorfschullehrer nur im Besitze solcher Einkünfte und Leistungen geblieben, die auf besonderen Stiftungen und anderen besonderen Rechstiteln beruhen. Weder Gesetz noch Herkommen sind aber besondere Rechtstitel (vgl. E.-O.-V. Bd. XXXI S. 145).

3. Zweifellos konnte auch die gesetzliche Pflicht des Fiskus zur Lieferung des Schulbrennholzes gemäß § 46 Nr. 5 der Pr. Schul-Ordn. durch ein hiervon abweichendes Herkommen beseitigt oder eingeschränkt werden (vgl. E.-O.-V. Bd. XXXIX S. 173). Ebenso bestand an sich die Möglichkeit, daß eine vor Einführung der Schulordnung auf Gesetz beruhende Verpflichtung zur Brennholzlieferung sich in eine herkömmliche umwandeln konnte, wenn die Leistung auch nach Fortfall der gesetzlichen Verpflichtung fortgesetzt wurde. Allein ein solches Herkommen kann sich nach den Vorschriften der Pr. Schul-Ordn. nur bilden zwischen dem Gutsherrn und seinen Hintersassen, für die er durch die Brennholzlieferung eintritt, oder zwischen mehreren Gutsherren des Schulbezirkes, nicht aber zwischen ihnen oder der Schule und einem Dritten, der außerhalb des Kreises der bezeichneten Schulunterhaltungspflichtigen steht, also auch nicht der Kirchengemeinde oder dem Küster gegenüber. Zur Bildung eines den Fiskus von seiner gesetzlichen Verpflichtung als Gutsherr befreienden Herkommens war überdies im vorliegenden Falle kein Raum vorhanden, solange infolge der freiwilligen Hergabe des Brennholzes durch einen an der Schulunterhaltung gesetzlich unbeteiligten Dritten, mag dies die Kirchen-

gemeinde oder der Küster gewesen sein, die Notwendigkeit einer Heranziehung des verpflichteten Fiskus für den Schulvorstand nicht vorlag. Ist der Schulvorstand aber neuerdings bei Prüfung der Rechtslage zu dem Ergebnisse gelangt, daß weder für den Küster noch für die Kirchengemeinde eine Verpflichtung zur Hergabe des Brennholzes für die Schulklasse bestehe, so ist er auch nicht gezwungen, eine auf Rechtsirrtum beruhende Leistung von ihm entgegenzunehmen, sondern berechtigt, den gesetzlich verpflichteten Kläger zu dieser Leistung heranzuziehen.

**Nr. 4. Entsch. Bd. XXXXI S. 208 v. 6. V. 02 I C 46/01.**

Pr. Schulordn. v. 11. XII. 45 (G.-S. 1846 S. 1) §§ 39, 40, 45—47, 55—60. Zust.-Ges. § 47.

1. Nach § 39 der Pr. Schul-Ordn. v. 11. XII. 45 liegt die Schulunterhaltung den Ortsgemeinden und den sonst zur Schule gehörigen Ortschaften ob, also neben den Gemeinden den selbständigen Gutsbezirken. Während aber sonst nach § 122 der Land-Gem.-Ordn. v. 3. VII. 91 für den Bereich eines selbständigen Gutsbezirkes der Besitzer des Gutes zu den den Gemeinden für den Bereich ihres Gemeindebezirkes im öffentlichen Interesse gesetzlich obliegenden Pflichten und Leistungen verbunden ist, sind nach den §§ 55 bis 60 der Schul-Ordn. die auf den Gutsbezirk fallenden Schullasten an erster Stelle von den Anwohnern und, soweit diese unvermögend sind, vom Grundherrn zu tragen. Die Heranziehung der Anwohner und des Grundherrn zu den Schullasten des Gutsbezirkes hat als ein obrigkeitlicher Akt durch den in obrigkeitlicher Stellung befindlichen Gutsvorsteher oder Gutsvorsteherstellvertreter zu geschehen (E.-O.-V. Bd. VIII S. 168, Bd. XXIII S. 162). Allein daraus folgt nicht, daß auch zur Anfechtung der Heranziehung des Gutsbezirkes mittels Einspruchs und Klage nur der Gutsvorsteher oder Gutsvorsteherstellvertreter berechtigt wäre; denn die Erhebung des Einspruchs und der Klage ist nicht obrigkeitlicher Natur. Daher kann auch der Gutsherr selbst, der nicht Gutsvorsteher ist, die zu Händen des Gutsvorstehers bewirkte Heranziehung des Gutsbezirkes zu Schullasten anfechten, weil der Gutsherr im allgemeinen Träger der Rechte und Pflichten ist, die auf dem Gutsbezirk als solchem ruhen. (Vgl. E.-O.-V. Bd. XVIII S. 216ff., bes. 217.) Bei einer juristischen Person ist daher deren gesetzlicher Vertreter hierzu berechtigt.

2. Dasselbe gilt für den Grundherrn. Dieser hat den Ausfall der auf den Gutsbezirk umgelegten Schullasten zu tragen, soweit die Anwohner unvermögend sind. Das vermögensrechtliche Interesse des Grundherrn wird also durch die Heranziehung des Gutsbezirkes zu Schullasten berührt. Daher ist er zur Anfechtung der Heranziehung des Gutsbezirkes zu Schullasten befugt. (E.-O.-V. Bd. XVIII S. 175, Bd. XXXIX S. 179.) Wäre der Grundherr nur in der Lage, durch den Gutsvorsteher gegen seine Heranziehung Einspruch und Klage zu erheben, so würde ihm die Möglichkeit entzogen sein, die Höhe der Veranlagung des Gutsbezirkes im ganzen anzufechten, da Einspruch und Klage gegen die Heranziehung durch den Gutsvorsteher nicht mehr darauf gestützt werden dürfen, daß der Gutsbezirk im ganzen überbürdet sei. Dies kann nicht in der Absicht des Gesetzgebers gelegen haben, da der Grundherr doch den ganzen Ausfall tragen muß.

3. Eine Befreiung von Abgaben an die Gemeinde hat jedoch keinen Einfluß auf die Verteilung der Schullasten unter die zur Schule geschlagenen Gemeinden und Gutsbezirke. Die Verteilung unter diese erfolgt, wenn nicht Verträge oder andere besondere Rechts-

titel etwas anderes bestimmen, gemäß § 40 der Schul-Ordn. nach der Zahl der Haushaltungen. Bei Verteilung der Schullasten auf die Gemeinden und Gutsbezirke kann nicht berücksichtigt werden, daß die Grundstücke des Guts- und Grundherrn, wenn sie in einem Gemeindebezirke liegen, nicht zu Abgaben an die Gemeinde würden herangezogen werden dürfen. Wenn auch die Schulunterhaltungslast nach der Pr. Schul-Ordn. insofern eine Kommunallast ist, als sie auf den Gemeinden und Gutsbezirken ruht (E.-O.-V. Bd. XXXVI S. 224), so ist doch die Veranlagung der Gemeinden und Gutsbezirke durch den Schulvorstand keine Abgabenerhebung von seiten einer Gemeinde, hinsichtlich deren die zum öffentlichen Dienste bestimmten Grundstücke Steuerbefreiung genießen. Auf Schulabgaben, die ein Gutsbezirk zu entrichten hat, kann die Befreiung nicht bezogen werden, weil sie nur für Abgaben an die Gemeinde und auch nur für Grundstücke, nicht für die den Gemeinden gleichgestellten Gutsbezirke als solche, besteht.

4. Auch dem Grundherrn kommt bei einer Heranziehung durch den Gutsvorsteher, die Befreiung seiner Grundstücke von Kommunalabgaben nicht zu statten. Die grundherrlichen Lasten sind keine Steuern vom Grundbesitz im Sinne des § 24 des Komm.-Abg.-Ges., sondern Lasten, die mit der Grundherrlichkeit als einem besonderen Rechtsverhältnisse verbunden sind. So wenig wie der Preußische Fiskus ist der Reichsfiskus von grundherrlichen Lasten befreit (§ 1 Abs. 2 des Gesetzes vom 25. V. 73 — R.-G.-Bl. S. 113 —). Ebenso wie der Preußische Fiskus muß vielmehr auch der Reichsfiskus als Guts- und Grundherr die mit der Guts- und Grundherrlichkeit verbundenen Lasten tragen, gleichviel welche Bestimmung die Grundstücke haben, mit deren Besitze die Guts- und Grundherrlichkeit verknüpft ist.

5. Hat der Schulvorstand einen Gutsbezirk zu Bauleistungen herangezogen, so muß er sich, wenn der in Anspruch Genommene Einspruch erhebt und dadurch Streit entsteht, auf die Zurücknahme der Heranziehung beschränken und der Schulaufsichtsbehörde die weitere Entschließung überlassen; durch Zurückweisung des Einspruchs überschreitet er seine Befugnisse.

### b) Provinz Schlesien.

#### α) Katholische Volksschulen.

**Nr. 1. Entsch.** v. 11. X. 01 Nr. I 1626 (C.-Bl.-U.-V. 1902 S. 596).

Schulregl. v. 18. V. 01 (Neue Kornsche Ed.-Samml. Bd. VII. S. 266), für die niederen kath. Schulen Schlesiens pp. §§ 12, 19.

Lehrerbesoldungsges. v. 3. III. 97 (G.-S. S. 25) §§ 17, 19, 28.

Zust.-Ges. § 46.

1. Besteht eine neue Lehrerstelle insofern an sich zu Recht, als sie mit dem in der Besoldungsordnung vorgesehenen Diensteinkommen von der Schulaufsichtsbehörde erst in das Leben gerufen worden ist, nachdem sich damit die Träger der Unterhaltungslast einverstanden erklärt hatten, so liegt den dem Schulverbande angehörigen Kommunalkörpern der Gemeinde und dem Fiskus als Gutsherrschaft, die gesetzliche Pflicht ob, dem Stelleninhaber ein der Besoldungsordnung entsprechendes Diensteinkommen zu gewähren. Ein Streit zwischen dem Schulvorstand und dem Gutsherrn (Fiskus), ob und inwieweit auf das ortsstatutarische Grundgehalt der Stelle bei der Verteilung der Last auf die Pflichtigen Brennmaterial und Getreidedeputat anzurechnen sind, ist nicht durch die Beschlußbehörden gemäß dem

Ges. v. 26. V. 87, sondern in dem Verfahren nach Vorschrift des § 46 Abs. 2 Zust.-Ges. durch die Verwaltungsgerichte zu entscheiden.

2. Nach § 12 des Schles. Schulregl. v. 18. V. 01 soll ein Schullehrer auf dem Lande nicht durchweg bare Besoldung, sondern daneben unter anderem gewisse Bezüge an Holz (lit. c) und an Getreidedeputat (lit. d) erhalten. Während ferner gemäß § 19 lit. a, d und c a. a. O. nur das bare Geld und das Holz zwischen der Gemeinde und der Herrschaft in dem Verhältnisse von 2 zu 1 verteilt wird, letzteres zudem noch mit der Einschränkung, daß es von den Einliegern zu schlagen und von den bespannten Wirten, wo dergleichen im Dorfe vorhanden, ohne Konkurrenz der Herrschaft anzufahren ist, tragen das Deputat an Getreide die wirklichen Ackerbesitzer nach dem katastrierten Ertrage ihrer Aussaat zusammen. Partikularrechtlich endlich kann, sei es durch Vertrag oder Herkommen, die Unterhaltungslast abweichend von der gesetzlichen Regel geordnet sein. Ist der Domänenfiskus nach Ortsrecht von der Pflicht der Beitragsleistung zum Brennmaterial und Getreidedeputat befreit, so wird er offenbar durch seine Heranziehung mit einem Drittel auch desjenigen Teiles des Grundgehaltes, der dem Werte des darauf anzurechnenden Brennmaterials und Getreidedeputats gleichkommt, überbürdet, sofern die oben wiedergegebenen provinzialrechtlichen Verteilungsvorschriften noch in gesetzlicher Geltung stehen. Das ist unbedenklich und zwar nicht bloß für Stellen, die bei dem Inkrafttreten des Lehrerbesoldungsges. v. 3. III. 97 bereits bestanden, sondern auch für später neuerrichtete zu bejahen. Durch § 28 Abs. 7 des Besoldungsges. sind zwar alle diesem Ges. „entgegenstehenden Vorschriften" aufgehoben. Allein die Vorschriften des Schles. Provinzialrechts über die Bestandteile des Lehrerdiensteinkommens und über den Maßstab für ihre Verteilung auf Gemeinden und Herrschaften stehen denen des Besoldungsges. in keiner Beziehung entgegen und werden daher von der allgemeinen Kassationsklausel in dessen § 28 Abs. 7 nicht betroffen.

Mit den Bestimmungen des Besoldungsges. über die Beschaffung von Brennmaterial für Lehrer, denen eine Wohnung auf dem Dienstgrundstücke gegeben wird, und über die Gewährung von Naturalleistungen sollte in die bestehenden Verhältnisse möglichst wenig eingegriffen werden. Deshalb ermächtigt der § 17 Abs. 1 die Schulaufsichtsbehörde zu dem Verlangen der Beschaffung des dem Bedarf entsprechenden Brennmaterials, wo es bisher, d. h. nicht etwa bei der einzelnen Schulstelle, sondern in der betreffenden Gegend — beispielsweise in den östlichen Provinzen auf dem Lande — üblich ist. Aus demselben Grunde verordnet der Abs. 2 a. a. O., daß im übrigen an bestehenden Verpflichtungen zur Beschaffung, Anfuhr und Zerkleinerung von Brennmaterial für die Schule oder die Schulstelle nichts geändert wird, und behält es ferner nach § 19 bei der Gewährung von Naturalleistungen, wo sie bisher — sei es kraft Gesetzes oder herkömmlich — stattgefunden hat, bis zur Ablösung der Naturalleistung oder bis zur Aufhebung des bisherigen Gebrauchs mit der Maßgabe sein Bewenden, daß die Aufhebung der Zustimmung der Beteiligten und der Genehmigung der Schulaufsichtsbehörde bedarf. Einer Unterscheidung zwischen bestehenden und neu zu errichtenden Stellen, wie sie hierbei der Schulvorstand aufstellt, geschieht in dem Besoldungsges. keine Erwähnung. An der auf dem Schulreglement von 1801 beruhenden Grundverfassung der Lehrerstellen an katholischen Schulen, wonach ihr Diensteinkommen — abgesehen von gewissen anderen, hier nicht streitigen Bezügen — aus barem Gelde, Brennmaterial und Getreidedeputat besteht, hat sich mithin durch das Lehrerbesoldungsges. nichts geändert.

### f) Provinz Hannover.

**Nr. 1. Entsch.** v. 11. III. 02 Nr. I 394 (C.-Bl.-U.-V. S. 649).

1. Die Zugehörigkeit einer Person zu einer bestimmten Konfession wird nicht durch die Abstammung von einem lutherischen oder reformierten Vater, sondern durch die religiöse Erziehung begründet, die in der Konfirmation ihren Abschluß findet. Die Abstammung ist dabei nur insofern von Bedeutung, als durch sie die Grundsätze bestimmt werden können, nach denen die religiöse Erziehung im einzelnen Falle in Ermangelung abweichender rechtsgültiger Bestimmungen der Erziehungsberechtigten zu erfolgen hat.

2. Nach § 26 der revidierten Kirchenordnung für Bremerhaven sind zur Verwaltung des Predigeramtes qualifiziert sowohl Angehörige der reformierten oder der lutherischen Konfession als auch solche, die ohne Rücksicht auf einen dieser besonderen Bekenntnisstände früher einer evangelischen Gemeinde angehört haben. Schon aus dieser Bestimmung folgt begrifflich, daß es sich bei der Vereinigten Evangelischen Gemeinde zu Bremerhaven um eine auf dem Konsensus stehende Gemeinde handelt, die, wie der Hinweis auf die reformierte bezw. lutherische Konfession zeigt, von diesen Konfessionen zwar nicht vollständig abgesehen und deren Symbole in ihrer Bedeutung belassen, jedoch nur den Konsensus derselben als gemeinsame Lehre angenommen hat. In ausdrücklicher Anerkennung dieses Grundsatzes bestimmt der § 26 a. a. O. weiter,

daß der Prediger verpflichtet ist, nach den Grundsätzen der evangelischen Kirche zu lehren.

Hieraus folgt, daß das von dem Pfarrer der Vereinigten Evangelischen Gemeinde zu Bremerhaven auszuübende Lehramt sich nur auf den Konsensus des lutherischen und des reformierten Bekenntnisses erstrecken soll, und daß jemand durch eine solchergestalt erhaltene religiöse Erziehung und Konfirmation nicht die Zugehörigkeit zu einer der beiden besonderen Konfessionen erlangt hat.

**Nr. 2. Entsch. Bd. XXXXI S.** 202 v. 15. IV. 02 I C 66/00.

Hann. Ges. v. 26. V. 45 (Hann. G.-S. Abt. I S. 465), das christliche Volksschulwesen betr., §§ 15, 19.

1. Zur Zeit der Reformation vollzogen sich in den evangelisch gewordenen deutschen Landesteilen die Säkularisationen geistlicher Güter nicht nach fest umschriebenen, durch Staatsverträge und Gesetze gewährleisteten Normen, wie sie später bei der Auflösung des Reichs durch den Reichsdeputationshauptschluß v. 25. II. 1803 aufgestellt wurden (s. hierüber E.-O.-V. Bd. XXXVIII S. 194 ff.). Über die künftige Verwendung der eingezogenen Vermögensmassen verfügten vielmehr die Landesherren nach ihrem Belieben. Geschah dies auch überwiegend zu Kirchen- und Schulzwecken, so traten doch die Rechtsnachfolger der säkularisierten Institute nicht in allgemeine Pflichten der Fürsorge für Unterricht und Erziehung ein, die ihnen kraft kanonischer Satzungen der Kirche gegenüber obgelegen hatten. Immerhin ist im allgemeinen davon auszugehen, daß auch schon bei den Säkularisationen in der Zeit nach der Reformation besondere stiftungsmäßige Rechte (jura quaesita) auf Bau- oder sonstige Unterhaltungsleistungen, soweit einzelne Schulen oder die sich zu ihnen haltenden Gemeinden sie von Stiftern und Klöstern zu fordern hatten, nicht mit den verpflichteten geistlichen Instituten unter-, sondern auf die neuen Eigentümer der eingezogenen Güter übergingen; im Zweifel darf jedenfalls angenommen werden, daß sich die Einziehung mit dieser Einschränkung vollzogen hat.

2. Ist aber auch eine öffentlich-rechtliche Schulbaupflicht nicht durch die Säkularisation von dem Kloster auf dessen Rechtsnachfolger übergegangen, so kann sie doch später für den Besitzer des säkularisierten Vermögens entstanden sein. Namentlich hat eine das gesamte jeweilige Schulbaubedürfnis umfassende öffentlich-rechtliche Verbindlichkeit durch Observanz oder durch unvordenkliche Verjährung zur Entstehung kommen können, — und zwar auch dahin, daß sie rechtliche Wirkung selbst in einem Falle äußert, wie er im § 19 des hann. Volksschulges. von 1845 vorgesehen, eingetreten ist. Denn nach der Bestimmung im § 19 a. a. O. sind, dem allgemeinen Grundsatze des § 15 entsprechend, auch Kosten der Errichtung einer zweiten Lehrerstelle von dem Schulverbande nur zu tragen, „sofern in dieser Beziehung nicht besondere, rechtlich begründete Verpflichtungen bestehen." Hierbei hat das Gesetz nicht etwa lediglich Verpflichtungen im Auge, die gerade aus Anlaß oder zum Zwecke der Errichtung einer zweiten (oder ferneren neuen) Lehrerstelle eingegangen worden sind. Es ist vielmehr nicht ausgeschlossen, daß besondere Verpflichtungen von der im § 19 bezeichneten Art in Rechtshandlungen wurzeln, aus denen die Willensübereinstimmung der Beteiligten darüber erhellt, daß anstatt des Schulverbandes ein Dritter für jedweden Mehrbedarf, sei es an laufenden Unterhaltungs-, sei es an Baukosten einzutreten hat, gleichviel ob er durch Errichtung neuer Lehrerstellen oder sonst wie durch die fortschreitende Entwicklung des Schulwesens und damit zusammenhängende erhöhte Anforderungen herbeigeführt wird.

**Nr. 3. Entsch.** v. 17. VI. 02 Nr. I 1005 (C.-Bl.-U.-V. S. 682).
Ges. v. 14. V. 73 (G.-S. S. 207), betr. den Austritt aus der Kirche, § 3.

1. In einer hannöverschen Stadt waren die evangelisch-lutherischen Schulen auf den Gemeindehaushalt übernommen, während für die katholische Volksschule dies nicht der Fall war. Das O.-V.-G. wies die Meinung des Klägers zurück, daß er außer den Kommunalsteuern, die mit zur Deckung der Kosten der evangelischen Volksschulen dienen, nicht noch eine besondere Schulsteuer für die katholische Schule zu zahlen brauche. Denn der Schulvorstand ist in einem solchen Falle zur Umlegung der Bedürfnisse auf die Mitglieder des Schulverbandes befugt, auch wenn diese infolgedessen für Schulzwecke doppelt belastet werden, weil sie als Mitglieder der Stadtgemeinde zugleich zu den von der Stadtgemeinde übernommenen Kosten der evangelischen Schulen beitragen müssen. (Vgl. E.-O.-V. Bd. XIX S. 210ff.) Gleichgültig ist auch ob die Ausgaben für Schulzwecke ohne Einrichtung einer besonderen katholischen Schule geringer sein würden. Nach Einrichtung eines besonderen katholischen Schulverbandes sind dessen Mitglieder zur Aufbringung der Bedürfnisse der katholischen Schule verpflichtet, gleichviel ob ihre Ausgaben für Schulzwecke jetzt größer sind, als sie vor Einrichtung des besonderen katholischen Schulverbandes waren. Das ist eine Folge der veränderten Organisation, zu der die Schulaufsichtsbehörde berechtigt war und deren Notwendigkeit und Zweckmäßigkeit nicht vom Verwaltungsrichter nachzuprüfen ist (vgl. E.-O.-V. Bd. XIX S. 214ff., Bd. XXVIII S. 182).

2. Der Austritt aus der katholischen Kirche führt kein Ausscheiden aus dem katholischen Schulverbande herbei, so lange als nicht der Austretende einer anderen Religionsgesellschaft beigetreten ist, für die an dem Orte eine öffentliche Volksschule besteht, oder ihn die Schulaufsichtsbehörde einem anderen Schulverbande zugewiesen hat. (E.-O.-V. Bd. XXIV S. 124f., Bd. XXXVII S. 186.) Die Union umfaßt auch Angehörige der evangelisch-lutherischen Konfession

(vgl. E.-O.-V. Bd. XXXV S. 181 ff.), diese sind, wenn sie ihren Wohnsitz in der Provinz Hannover nehmen, als Mitglieder der dortigen evangelisch-lutherischen Kirchengemeinde anzusehen. Mit dem Eintritt einer Gemeinde in die Union ist jedoch an sich kein Aufgeben ihres früheren Bekenntnisstandes verbunden, mithin ist aus diesem Beitritt allein noch nicht zu schließen, daß die Gemeinde keine evangelisch-lutherische sei.

3. Ungeachtet des evangelisch-lutherischen Charakters einer Volksschule ist es möglich, daß zu ihr die Reformierten und überhaupt alle Evangelischen allgemein mit gewiesen sind. Denn durch den konfessionellen Charakter der Schulen wird die Zuweisung von Angehörigen anderer christlicher Konfessionen auch in der Provinz Hannover nicht ausgeschlossen. (E.-O.-V. Bd. XXVI S. 183 f.) Die Zuweisung kann auch stillschweigend geschehen. Wenn aber den evangelisch-lutherischen Volksschulen in H. allgemein alle dort wohnenden Evangelischen zugewiesen sind, würde der Kläger jedenfalls durch seinen Übertritt zur evangelischen Kirche einer Religionsgesellschaft beigetreten sein, für die am Orte seines Wohnsitzes eine öffentliche Volksschule besteht, und es würde also die obige Voraussetzung des Ausscheidens aus dem katholischen Schulverbande bei ihm erfüllt sein. Haben in H. vor Einrichtung der öffentlichen katholischen Volksschule nur öffentliche evangelisch-lutherische Volksschulen bestanden, so muß man annehmen, daß diese zugleich für die Angehörigen aller anderen christlichen Konfessionen, namentlich aber aller Evangelischen, mitbestimmt gewesen sind. Mit der Einrichtung einer katholischen öffentlichen Volksschule schieden aber nur die Katholiken aus. Daher würden die Angehörigen aller anderen christlichen Konfessionen, also auch die Reformierten und überhaupt alle Evangelischen, nach wie vor zur evangelisch-lutherischen Schule gewiesen sein.

4. Nach § 3 Abs. 2 des Ges. v. 14. V. 73, betr. den Austritt aus der Kirche, tritt die Befreiung von den Leistungen, die auf der persönlichen Kirchen- oder Kirchengemeindeangehörigkeit beruhen, erst mit dem Schlusse des auf die Austrittserklärung folgenden Kalenderjahrs ein. Diese Bestimmung bezieht sich zunächst nur auf kirchliche Leistungen. Eine Befreiung von Schulabgaben wird durch den Austritt aus der Kirche ohne weiteres überhaupt nicht begründet (vgl. E.-O.-V. Bd. XXIV S. 125 ff., Bd. XXXVII S. 187). Aber es muß andererseits als Regel angenommen werden, daß die Befreiung von den Lasten eines konfessionellen Schulverbandes nicht eintritt, so lange als noch die Pflicht zu Leistungen an die Kirche fortdauert. Die Pflicht zur Teilnahme an den Schullasten hängt zwar ab von der Zuweisung zur Schule und fällt weg, wenn die Voraussetzungen, unter denen die Zuweisung erfolgt ist, wegfallen. Regelt sich aber die Zuweisung nach der Zugehörigkeit zu einer bestimmten Konfession, so ist die Änderung nach der für die Zuweisung maßgebenden, mutmaßlichen Absicht der Schulaufsichtsbehörde nicht eher von Einfluß auf die Tragung der Schullasten, als bis dies auch in bezug auf die kirchlichen Leistungen der Fall ist. Die Schulaufsichtsbehörde will bei Einrichtung konfessioneller Schulverbände im Zweifel doch nicht, daß jemand konfessionell in bezug auf die Schullasten anders behandelt werde, als in bezug auf die Kirchenlasten. Zweckmäßigkeitsgründe ähnlicher Art wie die, welche den Gesetzgeber bestimmt haben, die Wirkungen des Austritts aus der Kirche hinsichtlich kirchlicher Leistungen hinauszuschieben, sprechen dafür, daß die Pflicht zu Leistungen an die Schule nicht sogleich im Augenblicke des Austritts aus der Kirche aufhört. Eine rechtliche Verschiedenheit besteht nur insofern, als der Austritt aus der Kirche, wenn er nicht mit dem Übertritte zu einer anderen Religionsgesellschaft verbunden ist, für welche am

Orte eine öffentliche Volksschule besteht, die bisherige Schulsteuerpflicht auch nach dem im § 3 Abs. 2 a. a. O. bezeichneten Zeitpunkte unberührt läßt, weil man nicht durch Austritt aus der Kirche von Schullasten gänzlich frei werden kann. Die Schulaufsichtsbehörde freilich darf vielleicht, da sie über die Zugehörigkeit zu einem Schulverbande entscheidet, Bestimmungen treffen, nach denen jemand infolge des Austritts aus der Kirche schon vor dem im § 3 Abs. 2 angegebenen Zeitpunkte von den Lasten in seinem bisherigen Schulverbande frei wird. Allein ohne solche besondere Bestimmung der Schulaufsichtsbehörde liegt es jedenfalls im mutmaßlichen Sinne der konfessionellen Abgrenzung der Schulverbände, daß ein Konfessionswechsel erst von dem im § 3 Abs. 2 bezeichneten späteren Zeitpunkte ab von der Schulunterhaltungslast in dem bisherigen Schulverbande befreit.

**Nr. 4. Entsch.** v. 24. VI. 02 Nr. I 1033 (C.-Bl.-U.-V. S. 687).

1. Im Geltungsbereiche des Hann. Volksschulges. v. 26. V. 45 ist die Bildung eines Gewohnheitsrechts möglich, nach dem abweichend von der im Gesetze regelmäßig vorausgesetzten persönlichen Natur der Schullasten deren dinglicher Charakter eintritt. Ob sich für einen Schulbezirk ein solches Gewohnheitsrecht tatsächlich gebildet hat, unterliegt auch in der Revisionsinstanz der selbständigen richterlichen Prüfung, weil das Ortsrecht ein Teil des objektiven Rechtes ist, dessen Ermittelung dem Gericht ohne Rücksicht auf das Parteivorbringen obliegt (vgl. E.-O.-V. Bd. XVI S. 292).

2. Vereinzelte Ausnahmen von der Übung stehen der Bildung einer Observanz nicht entgegen.

3. Behufs Feststellung der zur Bildung einer Observanz erforderlichen Überzeugung von der rechtlichen Notwendigkeit der tatsächlichen Übung ist zu ermitteln, ob in dem Kreise der Beteiligten eine langjährige gleichmäßige, auf der Überzeugung von der Rechtsnotwendigkeit beruhende Übung zu einer objektiven Rechtsnorm geführt hat. Dazu bedarf es nicht des strikten Beweises, daß jeder einzelne Beteiligte in jener Überzeugung gehandelt hat; sondern es muß eine billige Würdigung der gesamten Umstände darüber entscheiden, ob das, was tatsächlich geübt wurde, der allgemeinen Anschauung, so sei es notwendig und gerecht, entsprach.

## g) Provinz Schleswig-Holstein.

**Nr. 1. Entsch.** v. 25. II. 02 Nr. I 320 (C.-Bl.-U.-V. S. 617).

Allgem. Schulordn. für die Herzogtümer Schleswig und Holstein v. 24. VIII. 14 §§ 53, 56, 59, 76.

1. Die Bezirke der Distriktsschulen erstrecken sich auch über die adligen Güter, für deren Einwohner die Schule bestimmt oder mitbestimmt ist. Gerade die Immunität, die der § 59 der allgemeinen Schulordn. für die Herzogtümer Schleswig und Holstein v. 1814 den Besitzern adliger Güter zuspricht, hat die Schulzugehörigkeit des gutsherrlichen Territoriums zur begriffsmäßigen Voraussetzung. Da der Gesetzgeber die Gutsbesitzer von der „Schulpflichtigkeit", d. i. der Zuweisung zur Schule, und, wie noch ausdrücklich hinzugefügt wird, von „Leistungen" zur Schulunterhaltung ausgenommen hat, muß er notwendig die Gutsbezirke als räumliche Bestandteile des Bezirkes derjenigen Schule angesehen haben, die für die nicht gleich den Besitzern befreiten Einwohner im Gutsbezirke die Pflichtschule darstellt. Eximiert sind nicht die adligen Güter als solche, sondern die Besitzer persönlich mit Rücksicht auf ihren

Besitz. Das Gegenteil läßt sich auch nicht etwa daraus herleiten, daß nach §§ 53, 56 a. a. O. die Distriktsschulen „für gewisse Dörfer und Familienstellen" angeordnet und für die sie besuchenden, im Schulbezirke nicht einheimischen Kinder 2 Tlr. jährlich als Fremdenschulgeld erhoben werden sollen. Unter den „Familienstellen" sind auch solche zu verstehen, die auf Hoffeldern gelegen sind. Denn nach § 76 sollen alle die Landschulen betr. Vorschriften der Schulordn. auch bei den klösterlichen und adligen Schulen zur Ausführung gebracht werden, ohne daß nach irgend einer Richtung, namentlich in Ansehung der regelmäßigen Bildung von Schuldistrikten, eine Ausnahme zum Nachteile der auf Hofstellen wohnhaften Familien gemacht wäre. Hiernach sind also die Hausväter im Gutsbezirke, soweit nicht bei einzelnen besondere Umstände in betracht kommen, Mitglieder des Schulverbandes.

2. Macht der Gesetzgeber neben den Besitzern adliger Güter im Schulbezirke deren Familien als ebenfalls eximiert noch besonders namhaft, so mag diese Fassung — was jedoch dahingestellt bleiben kann — dafür sprechen, daß außer der Ehefrau und den Kindern des Besitzers auch andere ihm verwandte oder verschwägerte Personen, sei es unbedingt oder doch, wenn sie mit ihm in häuslicher Gemeinschaft leben, des Mitgenusses der Exemtion teilhaftig sein sollen. Unter keinen Umständen aber berechtigt der Zusatz „und ihre Familien" zu der Schlußfolgerung, als ob auch allen sonst noch auf dem Gute wohnhaften Personen, insonderheit auch einem etwa darunter befindlichen Zeitpächter des Gutes, eine exemte Stellung gegenüber der Schule habe eingeräumt werden sollen. Ein soweit greifender Sinn ist in der Gesetzessprache mit dem Begriffe der Familie niemals und nirgends verbunden worden.

## D. Verfahren bei Feststellung von Anforderungen für Volksschulen auf Grund des Gesetzes vom 26. Mai 1897.

**Nr. 1. Entsch.** v. 9. VII. 01 Nr. I 1194 (Pr.-V.-Bl. Bd. XXIII S. 391).

Zust.-Ges. § 47.

Schulbauten, deren Notwendigkeit von der Errichtung einer neuen Lehrerstelle abhängt, dürfen erst angeordnet und zur Beschaffung der dazu erforderlichen Mittel den Baupflichtigen Leistungen erst auferlegt werden, nachdem vorher die Stellenerrichtung, sei es durch Einverständnis der Verpflichteten oder in dessen Ermangelung durch eine Vorschrift des Ges. v. 26. V. 87 (G.-S. S. 175) herbeizuführende vollstreckbare Feststellung der Beschlußbehörde (d. i. — bei Landschulen — des Kreisschusses und, in der Beschwerdeinstanz, des Provinzialrats) gesichert ist (vgl. E.-O.-V. Bd. XXX S. 164).

**Nr. 2. Entsch.** v. 18. II. 02 Nr. I 283 (C.-Bl.-U.-V. S. 562).

Ges. v. 26. V. 87 (G.-S. S. 175), betr. die Feststellung von Anforderungen für Volksschulen, § 2.

Die Pflicht der Schulverbände zur Erstattung von Umzugskosten im Falle der Versetzung eines Lehrers muß deshalb, weil sie — ebenso wie die Pflicht zur Lehrerbesoldung, zur Vergütung für Stellvertretungsstunden u. dergl. m. — auf einer abstrakten, dem Ermessen der Behörde Spielraum lassenden Norm beruht, im streitigen Einzelfall erst unter Zugrundelegung dieser Norm nach behördlichem Ermessen unter Berücksichtigung des Bedürfnisses der Schule und der Leistungsfähigkeit der Verpflichteten durch konkrete Anordnung ziffermäßig festgestellt werden.

Diese Feststellung hat nach dem gegenwärtig geltenden Rechte in dem durch das Ges. v. 26. V. 87 geregelten Verfahren zu geschehen. Daß die Höhe der Umzugskosten nicht bemängelt wird, ist unerheblich. Denn die Fassung des § 2 des angeführten Gesetzes gestattet keinen Zweifel darüber, daß streitig gewordene neue oder erhöhte Anforderungen der Schulaufsichtsbehörde an die Unterhaltungspflichtigen von den Beschlußbehörden nicht ausschließlich ihrer Höhe nach, sondern unter Berücksichtung aller nach der gesamten Sachlage in Betracht zu ziehenden Interessen, insbesondere auch unter Berücksichtigung des Bedürfnisses der beteiligten Schule festzustellen sind.

## F. Aufbringung von Pensionen, Gemeindebeiträge, Ruhegehaltskassenbeiträge des Gesetzes vom 23. Juli 1893. Berechnung der Dienstzeit bei Dienstalterszulagen.

**Nr. 1. Entsch.** v. 25. VI. 01 Nr. I 1098 (Pr.=V.=Bl. Bd. XXIII S. 453).
Schles. Schulregl. v. 18. V. 01 (Neue Kornsche Sd.=Samml. Bd. VII S. 266) § 19a.
Lehrerbesoldungsges. v. 3. III. 97 (G.=S. S. 25) §§ 27, 28.

Der Anteil, dem ein Dominium, das auf Grund von aufsichtsbehördlich genehmigten Vereinbarungen zum Beitrag des Dominialdrittels für die erste und zweite Lehrerstelle eines städtischen Schulverbandes verpflichtet ist, zum Lehrerruhegehaltskassenbeitrage dieses Schulverbands, an dem vier Lehrer angestellt sind, zu leisten hat, bestimmt sich nach dem Verhältnisse der Leistungen des Dominiums, wie diese vereinbarungsgemäß zu geschehen haben, zu den Leistungen, die der oder den Gemeinden rechtlich obliegen.

Dieses Verhältnis wird durch den Staatsbeitrag zum Lehrerunterhalt nicht berührt, da aus ihm alle Unterhaltungsleistungen ohne Unterschied ihres Gegenstandes und ihrer Aufbringungsweise verhältnismäßig zu tragen sind.

Unter keinen Umständen darf der Anteil am Staatsbeitrage nur zu gunsten eines der Beteiligten, aber nicht auch zu gunsten des anderen in Ansatz gebracht werden. Denn die Wohltat der Entlastung durch den Staatsbeitrag soll allen nach öffentlichem Rechte Schulunterhaltungspflichtigen, insbesondere den Gutsherrschaften ebenso wie den Gemeinden zu statten kommen (s. E.=O.=V. Bd. XXII S. 151); dabei hat es auch unter der Herrschaft des Lehrerbesoldungsges. sein Bewenden behalten.

**Nr. 2. Entsch.** v. 27. IX. 01 Nr. I 1546 (C.=Bl.=U.=V. 1902 S. 559).
Ges. v. 4. XII. 99 (G.=S. S. 585, 656), betr. die Versorgung der Hinterbliebenen der Volksschullehrer pp., § 15.

Ganz unabhängig von der Bestimmung im § 15 Abs. 4 des Reliktenges. v. 4. XII. 99 ist über die Zugehörigkeit eines Schulverbandes zu der Bezirks=Witwen= und Waisenkasse nach § 15 Abs. 2 daselbst zu beschließen. Daß infolge der Einrichtung gemeinsamer Kassenverbände für einen einzelnen Schulverband eine den tatsächlichen Verhältnissen nicht entsprechende, größere oder geringere Belastung vorübergehend sich ergeben könne, ist unerheblich. Die Möglichkeit des Eintritts solcher vorübergehender Ungleichheiten ist bei dem Erlasse der in Frage stehenden Gesetze von dem Gesetzgeber keineswegs verkannt, es ist ihr aber eine entscheidende Bedeutung nicht beigelegt worden mit Rücksicht auf den durch die Gründung gemeinsamer Kassenverbände erstrebten Zweck, für die Dauer eine möglichst gleichmäßige

Verteilung der von den beteiligten Schulverbänden zu tragenden Lasten herbeizuführen.

Was insbesondere das Ges. v. 4. XII. 99 anbetrifft, so lassen weder der Wortlaut noch die Entstehungsgeschichte irgendwie erkennen, daß bei der Feststellung des Jahresbedarfs der Bezirks-Witwen- und Waisenkassen auf Schwankungen, die infolge von Organisationsänderungen innerhalb der einzelnen Schulverbände im Laufe eines Rechnungsjahres sich ergeben können, Rücksicht zu nehmen ist, vielmehr ist unterschiedslos nach der zwingenden Vorschrift des Ges. in allen Fällen als maßgebend hingestellt der Stand am 1. Oktober des Vorjahres.

## G. Die Schulbaulast.

### 1. Zuständigkeit der Aufsichtsbehörden und Verwaltungsgerichte bei Schulbaustreitigkeiten. Begriff der Beteiligten.

**Nr. 1. Entsch.** v. 2. VII. 01 Nr. I 1143 (Pr.-V.-Bl. Bd. XXIII S. 502).

Zust.-Ges. § 47; Komm.-Abg.-Ges. v. 14. VII. 93 (G.-S. S. 152) §§ 54, 55.

1. In Schulbaustreitigkeiten hat der Verwaltungsrichter auch die Leistungsfähigkeit der durch Beschluß der Schulaufsichtsbehörde in Anspruch Genommenen zu prüfen.

2. Eine Gemeinde kann deshalb, weil in ihr schon mehr als 200 % der staatlich veranlagten Realsteuern erhoben werden, nicht ohne weiteres als leistungsfähig für weitere Schulbaukosten angesehen werden. Nach §§ 54, 55 des Komm.-Abg.-Ges. unterliegen freilich Kommunalsteuerzuschläge über den vollen Satz der Staatseinkommensteuer hinaus und von mehr als 200 % der Realsteuern, desgleichen Abweichungen von den Vorschriften über die Verteilung des Steuerbedarfs auf die verschiedenen Steuerarten der aufsichtsbehördlichen Genehmigung, die zu Abweichungen der letztbezeichneten Art nur aus besonderen Gründen erteilt werden soll. Allein damit sind unmittelbar nur dem Steuererhebungsrechte der Gemeinden selbst Schranken gesetzt. Den zuständigen Aufsichtsbehörden räumt das Gesetz ausdrücklich die Befugnis ein, Überschreitungen des regelmäßigen Höchstmaßes der kommunalen Steuerbelastung nach pflichtmäßigem Ermessen zuzulassen. Sie sind daher an jenes Höchstmaß auch dann nicht gebunden, wenn es sich darum handelt, im geordneten Wege — beispielsweise durch Zwangsetatisierung oder durch Beschluß gemäß § 47 Zust.-Ges. — eine Gemeinde zur Erfüllung von Verpflichtungen anzuhalten, die ihr gesetzlich obliegen. Das Gleiche gilt für den Verwaltungsrichter, wo immer er aufsichtsbehördliche Anordnungen, zu deren Erfüllung die betroffene Gemeinde Zahlungsmittel durch Ausschreibung neuer oder erhöhter Steuern herbeischaffen soll, nicht nur auf ihre Gesetzmäßigkeit, sondern auch — und das trifft zu bei der Anfechtung von Schulbaubeschlüssen mittels Klage — nach Gesichtspunkten der Notwendigkeit und Angemessenheit nachzuprüfen hat. Allerdings darf sich alsdann der Verwaltungsrichter, sofern der regelmäßig festzuhaltende höchste Satz von Kommunalsteuerzuschlägen bereits erreicht oder sogar überschritten ist, sorgfältiger Prüfung nicht entziehen, ob eine noch stärkere Anspannung der Steuerkraft ohne Gefährdung der nachhaltigen Leistungsfähigkeit der Pflichtigen angängig erscheint. Für eine solche Prüfung sind bescheinigte Prästationsnachweisungen der Regierungs-Finanzabteilung und Äußerungen des Kreisausschusses von hohem Werte. Sowohl die Regierungs-Finanzabteilung vermöge ihrer berufsmäßigen

Aufgaben, wie der den örtlichen Verhältnissen nahestehende Kreisausschuß, dessen Vorsitzender die Kommunalaufsicht über die Landgemeinden im Kreise führt, sind vorzugsweise geeignet, alle für die Leistungsfähigkeit in betracht kommenden Umstände sachgemäß gegeneinander abzuwägen. Ebenso entspricht es im allgemeinen der Erfahrung, daß die Leistungsfähigkeit der Gemeinden mit der Einwohnerzahl wächst.

**Nr. 2. Entsch.** v. 18. X. 01 Nr. I 1675 (C.=Bl.=U.=V. 1902 S. 601).

Zust.=Ges. §§ 46, 47.

1. Der § 46 Abs. 1 Zust.=Ges. legt der örtlichen Schulbehörde die Ermächtigung, auf Beschwerden und Einsprüche gegen die von ihr bewirkte Ausschreibung von Schulbeiträgen zu beschließen, „nur vorbehaltlich der Bestimmungen des § 47" bei. Nach den dort getroffenen Bestimmungen aber hat — wie über die Anordnung von Neu= oder Reparaturbauten bei Volksschulen, so — über die öffentlich=rechtliche Verpflichtung zur Aufbringung von Baukosten und über deren (Ober=) Verteilung auf Gemeinden (Gutsbezirke), Schulverbände und statt derselben oder neben denselben Verpflichtete, sofern Streit entsteht, die Schulaufsichtsbehörde zu beschließen.

2. Im vorliegenden Falle hatte der klagende Gutsherr schon bei den gepflogenen Vorverhandlungen einen Baukostenbeitrag ausdrücklich verweigert und sodann, nachdem ohne Rücksicht hierauf der Schulvorstand ihn zu einem solchen herangezogen, rechtzeitig Einspruch erhoben. Durch die Einspruchserhebung, wenn nicht schon durch die vorangegangene Weigerung, war offenbar der Fall eines Streites über die Verteilung der Baukosten, mithin die Voraussetzung gegeben, unter welcher, positiver gesetzlicher Vorschrift gemäß, der Schulvorstand nicht mehr befugt war, durch Beschluß den geltend gemachten Anspruch auf Freilassung zurückzuweisen. Ein nunmehr noch vom Schulvorstande auf den Einspruch zum Zwecke formaler Erledigung desselben zu fassender Beschluß durfte nur auf Zurücknahme der Heranziehung lauten. Dagegen überschritt der Schulvorstand die Grenzen seiner Zuständigkeit, indem er den Einspruch zurückwies und so bei der Belastung des Klägers mit einer Baukostenleistung, obschon sie streitig geworden war, beharrte. Daran ändert auch der Umstand nichts, daß die Schulaufsichtsbehörde um deswillen, weil die Baukosten bereits bezahlt waren, nur den im Provinzialgesetze nicht angegebenen Maßstab für die Verteilung der Baukosten bestimmte, aber es ablehnte, unter Anwendung der so gesetzten Norm auf Grund des § 47 Abs. 1 resolutorisch zu entscheiden (vgl. für den Unterschied zwischen beiden Maßnahmen E.=O.=V. Bd. XXX S. 166/7, Bd. XX S. 197). Aus jener Stellungnahme der Schulaufsichtsbehörde erwuchs keineswegs für den Schulvorstand eine Befugnis, sich seinerseits der Entscheidung des Streitfalls in Gestalt eines abweisenden Einspruchsbeschlusses zu unterziehen. Unter den obwaltenden Umständen mußte er vielmehr den Beteiligten es überlassen, sich über ihre öffentlich=rechtlichen Verpflichtungen zur Übernahme oder Erstattung der Baukosten im Wege der Interessentenklage gemäß § 47 Abs. 3 Zust.=Ges. auseinanderzusetzen.

**Nr. 3. Entsch.** v. 5. XI. 01 Nr. I 1791 (C.=Bl.=U.=V. 1902 S. 602).

Zust.=Ges. § 47.

1. Eine Ortsschulverfassung kann sich ohne ausdrückliche Willenserklärung durch konkludente Handlungen bilden.

2. Die Rechtsgültigkeit einer von der Aufsichtsbehörde genehmigten allgemeinen Vereinbarung über die Aufbringung der Baukosten kann nicht bezweifelt werden. Denn auch bei einer land-

rechtlichen Sozietätsschule kann von Dritten — insbesondere von den Dominien und politischen Gemeinden — die Verpflichtung zur Schulunterhaltung übernommen werden. Soweit als dies geschieht, sind die gesetzlich zur Schulunterhaltung verpflichteten Hausväter entlastet (E.-O.-V. Bd. XXVI S. 161 ff.).

3. Ein Verzicht der Schulgemeinde auf eine höhere Heranziehung eines Gutsherrn kann aber dann nicht angenommen werden, wenn nicht feststeht, daß die Schulgemeinde, welche erst später gebildet worden ist, an die Vereinbarung über die Aufbringung der Baukosten teilgenommen habe. Deputierte der politischen Gemeinden können nicht die künftige Schulgemeinde verpflichten. Aber daraus, daß die Baukosten nach der getroffenen Vereinbarung zu einem Drittel von den Dominien und zu zwei Dritteln von den politischen Gemeinden aufzubringen sind, folgt, daß sie nicht auf die Hausväter umgelegt werden dürfen, weil diese durch die vorhandenen Verpflichtungen Dritter entlastet sind.

**Nr. 4. Entsch.** v. 12. VII. 01 Nr. I 1204 (Pr.-V.-Bl. Bd. XXIII S. 217).

Zust.-Ges. § 47.

Im Verwaltungsstreitverfahren kann über eine behauptete Überbürdung des Gutsherrn bei einem Schulbaue nur erkannt werden, wenn die vom Gutsherrn gegen die Schulaufsichtsbehörde erhobene Klage zugleich auch gegen den Dritten erhoben worden ist, der vom Kläger zur Tragung der ihm aufgelegten Last für verpflichtet erachtet wird. (Vgl. E.-O.-V. Bd. XIV S. 255 ff., XV S. 331.) Wird das letztere unterlassen, so haben bei der Entscheidung über die Klage alle diejenigen Anführungen als unerheblich auszuscheiden, wodurch dargetan werden soll, daß der Klägerin als Gutsherrin des Schulortes für den vorliegenden Baufall eine Verpflichtung gemäß § 36 Tit. 12 T. II A.-L.-R.'s überhaupt nicht oder wenigstens nicht in der geforderten Art und in dem geforderten Umfange obliege, oder daß ein gegen die Klägerin etwa geltend zu machender Anspruch mangels einer an sie rechtzeitig und ordnungsmäßig ergangenen Aufforderung noch nicht fällig geworden sei. Die Klage gegen die Schulaufsichtsbehörde aber kann nur dann Erfolg haben, wenn nachgewiesen wird, daß die Schulaufsichtsbehörde durch den angegriffenen Beschluß ihre gesetzliche Zuständigkeit überschritten habe, oder daß die von der Klägerin erforderten Baukosten für die Herstellung des zur Befriedigung eines notwendigen Schulbedürfnisses ausgeführten Baues nicht erforderlich oder nicht angemessen bemessen gewesen seien.

**Nr. 5. Bescheid** v. 7. I. 02 Nr. I 2021 (Pr.-V.-Bl. Bd. XXIII S. 632).

Lehrerbesoldungsges. v. 3. III. 97 (G.-S. S. 25) §§ 14 Abs. 2, 25 ³.

Unter den Festsetzungen der Schulaufsichtsbehörde über Notwendigkeit, Umfang und Einrichtung von Dienstwohnungen, gegen die nach § 14 Absatz 2 des Lehrerdiensteinkommensges. v. 3. III. 97 das Verwaltungsstreitverfahren zulässig ist, sind positive Anordnungen — Auflagen — in bezug auf die Beschaffung von Dienstwohnungen zu verstehen. Die Schulunterhaltungspflichtigen haben gegen übermäßige derartige Anforderungen der Schulaufsichtsbehörde durch Zulassung des Verwaltungsstreitverfahrens geschützt werden sollen. Die Bestimmung im § 14 des Lehrerdiensteinkommensges. steht im Einklange mit § 47 Zust.-Ges., aus dem sie auch ergänzt werden muß. Der Beschluß, gegen den nach § 47 Abs. 2 Zust.-Ges. die Klage im Verwaltungsstreitverfahren stattfindet, muß aber ebenfalls — gleich den früheren interimistischen Festsetzungen der Regierungen (vgl. § 709 Tit. 11 T. II A.-L.-R., Kab.-Ord. v. 18. II. 1805) — die Verpflichtung zu einer baulichen Leistung aussprechen. Nicht gegen jede einen Schulbau oder eine Dienstwohnung betreffende Entscheidung der Schulaufsichtsbehörde, auch wenn sie keine bauliche Leistung fordert, hat das Verwaltungsstreitverfahren zugelassen werden sollen. Ebensowenig wie gegen die Ablehnung einer baulichen Auflage findet gegen die Ablehnung der Beanstandung einer Dienstwohnung das Verwaltungsstreitverfahren statt. Beim Einverständnisse der Schulaufsichtsbehörde mit den Schulbaupflichtigen und unter den Schulbaupflichtigen selbst hat ein Beschluß im Sinne des § 47 Abs. 1 Zust.-Ges. oder des § 14 des Lehrerdiensteinkommensges. überhaupt nicht zu ergehen.

Der Gedanke, daß einem außerhalb des Kreises der Schulbaupflichtigen stehenden Dritten — wie dem Lehrer — das Verwaltungsstreitverfahren hätte gegeben werden sollen, um gegen den übereinstimmenden Willen der Schulbaupflichtigen und der Schulaufsichtsbehörde eine bauliche Leistung oder die Beanstandung — und damit die Zurücknahme der Zuteilung — einer Dienstwohnung zu erzwingen, hat ganz fern gelegen. Aus der Bestimmung im § 25 Nr. 3 des Lehrerdiensteinkommensges., wonach bei der richterlichen Beurteilung die Festsetzungen über das Diensteinkommen der Stelle, insbesondere auch über die Dienstwohnung, zu grunde zu legen sind, folgt offenbar nicht, daß die Festsetzungen über das Diensteinkommen im Verwaltungsstreitverfahren angefochten werden können.

**Nr. 6. Entsch. Bd. XXXXI S. 202 v. 15. IV. 02 I C 66/00.**

Zust.-Ges. § 47.

1. Der Tatbestand des § 47 Abs. 1 Zust.-Ges., wonach die Schulaufsichtsbehörde nur berufen ist, über die öffentlich-rechtliche Verpflichtung zur Aufbringung von Schulbaukosten, sofern Streit entsteht, vorbehaltlich des Verwaltungsrechtswegs (Abs. 2 bis 4 a. a. O.) zu beschließen, liegt vor, wenn die Inanspruchnahme des Klägers auf ein Patronatsverhältnis, auf die durch Säkularisation begründete Rechtsnachfolge in gesetzlichen Schulunterhaltungspflichten oder auf örtliches Gewohnheitsrecht, also auf Titel des öffentlichen Rechtes gestützt wird. Das Gegenteil folgt nicht aus der Zuständigkeit des ordentlichen Richters zur Entscheidung von Ansprüchen, die das Patronat oder im Patronat begründete Rechte und Pflichten zum Gegenstande haben; denn in bürgerlichen Rechtsstreitigkeiten hat der ordentliche Richter auch über Ansprüche aus öffentlich-rechtlichen Titeln zu entscheiden (Entsch. des Reichsger. in Civ. Bd. XIX S. 70, Bd. XXII S. 288, Bd. XXV S. 330, Bd. XXXVII S. 334 u. a. m.). Für die Frage nach der Zuständigkeit der Regierung zum Erlaß ihres Beschlusses kommt es allein auf die Herleitung der dem Kläger gemachten Auflage aus Titeln des öffentlichen Rechtes an. Ob die geltend gemachten Titel in Wirklichkeit bestehen, fällt in das Gebiet der sachlichen Beurteilung und läßt die Zuständigkeitsfrage unberührt. —

2. Auf gewissen Gebieten der Verwaltung, bei Schulbauten, Wegebauten, Grabenräumungen erheischt zwar im Streitfalle das öffentliche Interesse unbedingt ein positives Ergebnis des Verfahrens dahin, daß die Behörde in der Lage bleibt, die von ihr angeordneten Herstellungen, sofern sie keinen Aufschub dulden, schon vor der endgültigen Entscheidung über die Aufbringung und Verteilung der Kosten durchzusetzen. Darum ist allerdings nach den im wesentlichen gleichlautenden Vorschriften in den §§ 47 Abs. 2, 56 Abs. 4 und 66 Abs. 2 Zust.-Ges. dem von der Behörde in Anspruch Genommenen die Klage gegen diese allein nur insoweit gegeben, als er die Zuständigkeit der Behörde oder die Notwendigkeit und Zweckmäßigkeit ihrer Anordnungen bekämpfen

will, während er die ihm angesonnene Leistung auf einen anderen, den er aus Gründen des öffentlichen Rechtes statt seiner für verpflichtet erachtet, nur dadurch abbürden kann, daß er die Klage zugleich, und zwar mit Erfolg, auch gegen ihn richtet. Mehr verlangt indes das Gesetz von dem in Anspruch Genommenen nicht. Es schreibt nur vor, daß, aber nicht wie er den Nachweis der öffentlich-rechtlichen Verpflichtung eines anderen zu führen habe. Hat daher die Aufsichtsbehörde ihre Anforderung auf die gesetzliche Regel gestützt, so kann der in Anspruch Genommene einen besonderen öffentlich-rechtlichen Titel, der statt seiner einen anderen verpflichte, einwenden. Stützt sich dagegen die Anforderung auf einen besonderen Titel, so ist es dem in Anspruch Genommenen unverwehrt, diesen zu widerlegen und seinerseits auf die gesetzliche Regel zurückzugehen.

## 2. Begriff und Umfang der Schulbaulast.

**Nr. 1. Entsch.** v. 4. II. 02 Nr. I 209 (C.-Bl.-U.-V. 1902 S. 615).

Lehrerbesoldungsges. v. 3. III. 97 (G.-S. S. 25) §§ 1, 14, 18.
Zust.-Ges. § 49.

1. Festsetzungen der Schulaufsichtsbehörde über die Einrichtung von Dienstwohnungen unterliegen nach § 14 Abs. 2 des Lehrerbesoldungsges. v. 3. III. 97 der Nachprüfung des Verwaltungsrichters, ohne daß dieser dabei an allgemeine Anordnungen gebunden wäre. Die Bestimmung im § 49 Abs. 2 Zust.-Ges. über die Verbindlichkeit derartiger Anordnungen ist nach § 14 Abs. 2 des Lehrerbesoldungsges. für das Verwaltungsstreitverfahren gegen die Festsetzungen über Notwendigkeit, Umfang und Einrichtung von Dienstwohnungen nicht mehr maßgebend. (Vgl. E.-O.-V. Bd. XXXIX S. 151.) Dem Verwaltungsrichter steht die Prüfung in demselben Umfange zu wie der Regierung (vgl. E.-O.-V. Bd. XII S. 224, Bd. XXXVI S. 220.) Da nach § 14 Abs. 1 des Lehrerbesoldungsges. bei der Anlage und Veränderung von Dienstwohnungen die örtlichen Verhältnisse zu berücksichtigen sind, so muß dies daher auch seitens des Verwaltungsrichters geschehen.

2. Das Bedürfnis hinsichtlich der Wohnungseinrichtung kann je nach der Verschiedenheit der örtlichen Verhältnisse — z. B. der klimatischen — verschieden sein. Allein Heiz- und Kochvorrichtungen braucht der Wohnungsinhaber der Regel nach überall, in der Rheinprovinz ebenso wie in den übrigen Teilen des Staates. Der Umfang des Bedürfnisses mag durch die örtlichen Verhältnisse beeinflußt werden, das Bedürfnis nach Heiz- und Kochvorrichtungen an sich besteht aber im allgemeinen allerwärts.

3. Bei Entscheidung der Frage, was tatsächlich zur Befriedigung des Wohnungsbedürfnisses notwendig ist, sind die örtlichen Verhältnisse zu berücksichtigen, nicht aber auch bei Entscheidung der Frage, was rechtsbegrifflich zu einer Dienstwohnung gehört, ob Gegenstände, die notwendig gebraucht werden, im Rechtssinn als Zubehör der Wohnung anzusehen sind und ihre Anschaffung deshalb zur Beschaffung der Dienstwohnung gehört. Nach § 1 des Lehrerbesoldungsges. besteht das Diensteinkommen der an einer öffentlichen Volksschule angestellten Lehrer neben dem Bargehalte in freier Dienstwohnung oder entsprechender Mietsentschädigung. Damit ist den Trägern der Schullasten die öffentlich-rechtliche Verpflichtung zur Gewährung einer Dienstwohnung oder Zahlung einer Mietsentschädigung auferlegt. Der rechtsbegriffliche Umfang dieser gleichmäßig für das ganze Staatsgebiet begründeten öffentlich-rechtlichen Verpflichtung bestimmt sich nicht nach den verschiedenen

Verkehrssitten einzelner Gegenden, sondern kann nur überall derselbe sein. Was nach § 1 des Lehrerbesoldungsges. im Rechtssinne zu einer Dienstwohnung gehört, ist einheitlich zu bestimmen und zwar nach der überwiegend im Staatsgebiete verbreiteten Anschauung. Nach der im größten Teile des Staatsgebietes herrschenden Anschauung gehört aber ohne Frage das Dasein von Heiz- und Kochvorrichtungen zur Vollständigkeit und Benutzbarkeit einer Wohnung als solcher. Daher erstreckt sich die öffentlich-rechtliche Pflicht zur Beschaffung einer Dienstwohnung für die Lehrer im ganzen Staatsgebiete regelmäßig auf die Lieferung von Heiz- und Kochvorrichtungen. Die abweichende Verkehrssitte in der Rheinprovinz, wonach Heiz- und Kochvorrichtungen vom Wohnungsinhaber beschafft zu werden pflegen, mag für die Beurteilung der dortigen Privatrechtsgeschäfte in betracht kommen, hat aber keinen Einfluß auf den rechtsbegrifflichen Umfang der durch das Lehrerbesoldungsges. begründeten Pflicht zur Beschaffung einer Dienstwohnung.

4. Aus der besonderen Bestimmung im § 18 Abs. 1 des Lehrerbesoldungsges., wonach ein Hausgarten als Zubehör der Dienstwohnung zu gewähren ist, sofern es nach den örtlichen Verhältnissen tunlich ist, läßt sich natürlich nicht folgern, daß auch die Pflicht zur Gewährung der Heiz- und Kochvorrichtungen von den örtlichen Verhältnissen abhinge. Ein Hausgarten ist nicht ebenso unentbehrlich, wie es Heiz- und Kochvorrichtungen sind. Überdies hängt die Pflicht zur Gewährung eines Hausgartens auch nicht vom Ortsgebrauche ab, sondern davon, ob sie nach den örtlichen Verhältnissen „tunlich", d. h. tatsächlich möglich ist.

**Nr. 2. Entsch.** v. 6. V. 02 Nr. I 729 (Pr.-V.-Bl. Bd. XXIV S. 199).

1. Feuerversicherungsbeiträge, nicht aber Schornsteinreinigungskosten gehören zu den Schulbaukosten. (E.-O.-V. Bd. XXXVIII S. 187.)

2. Das „Reinigen der Schulschornsteine" dient nicht zur Erhaltung der Substanz des Schulhauses nebst Zubehör, sondern soll lediglich die regelmäßige, gegen Feuersgefahr gesicherte Benutzung der Räume ermöglichen und stellt deshalb kein Bau-, sondern ein sonstiges sächliches Bedürfnis dar.

3. Die Reinigung von Schornsteinen für die Lehrerdienstwohnung steht rechtlich dem Reinigen der Öfen und Ofenröhren sowie der Wohnungsräume gleich. Durch sie entstandene Kosten hat daher der Lehrer als Nutznießer der Wohnung zu tragen, woraus von selbst folgt, daß ihm im Falle der Mitanschließung seiner Wohnung an einen Schulstubenschornstein wenigstens ein entsprechender Kostenanteil zur Last fällt (Erlaß des Unterrichtsmin. v. 24. VII. 62, bei Schneider und von Bremen Bd. II S. 698 Nr. 26, — vgl. auch Regulativ, betr. die Beamtendienstwohnungen v. 18. X. 22, von Kamptz, Annalen Bd. VII S. 3.) Abweichendes ist auch im Lehrerbesoldungsges. v. 3. III. 97 nicht bestimmt.

## 3. Die Schulbaupflichtigen.

### a) Im Geltungsbereich des Allgemeinen Landrechts.

#### α) Bei gewöhnlichen Volksschulen.

**Nr. 1. Entsch.** v. 5. VII. 01 Nr. I 1173 (Pr.-V.-Bl. Bd. XXIII S. 297).

A.-L.-R. II 12 § 36.

1. Nach § 36 A.-L.-R. II 12 hat der Gutsherr die auf dem Gut gewachsenen oder gewonnenen Baumaterialien nicht nur für Schulen herzugeben, die im Gutsbezirke liegen, sondern auch für Schulen in Landgemeindebezirken, sofern diese Bezirke ehemals der Gutsherrlichkeit des Besitzers des jetzigen Gutsbezirks unterstellt gewesen sind.

2. Legt der Schulvorstand den § 36 zu eng im Sinne der ersteren Alternative aus, so befand er sich in einem Rechtsirrtume; Nichtkenntnis von dem Vorhandensein eines Gesetzes steht der unrichtigen Auffassung seines Inhalts, der irrigen Auslegung, gleich. Wie nun nach § 12 der Einl. zum A.-L.-R. niemand sich mit der Unwissenheit eines gehörig publizierten Gesetzes entschuldigen kann, so ist auch nach § 418 A.-L.-R. I 16 ein Vergleich unter dem Vorwande eines vorgefallenen Irrtums über die Beschaffenheit des streitigen Rechtes selbst in der Regel nicht anfechtbar. Freilich knüpfen sich an die Lehre vom Einflusse des Irrtums auf Rechtsgeschäfte, insbesondere auf Vergleiche viele Streitfragen; aber darin stimmen Theorie und Praxis im wesentlichen überein, daß ein Vergleich nicht wegen eines Irrtums in solchen Punkten angefochten werden kann, die den eigentlichen Gegenstand des Vergleichs bilden, deren Ungewißheit eben der Anlaß und der Grund des Vergleichs war, daß dagegen der Irrtum zu berücksichtigen ist, wenn die Parteien eine Tatsache als unzweifelhaft vorausgesetzt haben, die sich später als unrichtig erweist. Im vorliegenden Falle war Hauptgegenstand eines Vergleiches zwischen dem Gutsherrn und dem Schulvorstande die Regelung der Beitragspflicht des Gutsherrn zu einem Schulerweiterungsbau. Darüber, ob eine solche Pflicht bestehe, war man in Zweifel; ihn zu beseitigen war der Zweck der Vereinigung. Neu ist nicht irgend ein tatsächliches Verhältnis ermittelt, das die Parteien damals voraussetzten, sondern neu ist allein die Erkenntnis des Schulvorstandes, daß er bei zutreffender Auslegung des § 36 A.-L.-R. II 12 über die Verpflichtung des Beklagten zur Lieferung der Baurohmaterialien gar nicht hätte in Zweifel zu sein brauchen. Die frühere Ungewißheit über den Umfang der Pflicht des Gutsherrn ist jetzt einer Gewißheit gewichen; darauf kann eine Anfechtung des Vergleichs aber nicht gestützt werden, weil eben jene Ungewißheit durch die Vereinbarung beseitigt werden sollte.

**Nr. 2. Entsch.** v. 17. XII. 01 Nr. I 2076 (C.-Bl.-U.-V. 1902 S. 606).

A.-L.-R. II 12 §§ 12, 22, 31, 33, 36; Reg.-Instr. v. 23. X. 17 (G.-S. S. 248) § 18 k.

1. Den Gutsherrschaften auf dem Lande liegt nach § 36 A.-L.-R. II 12 die Verpflichtung ob, die auf dem Gute, wo die Schule sich befindet, gewachsenen oder gewonnenen Materialien, soweit selbige hinreichend vorhanden und zum Baue notwendig sind, unentgeltlich zu verabfolgen. Da nur die Gutsherrschaft des Schulorts über die Materialien verfügen kann, die auf dem Gute gewachsen oder gewonnen sind, wo sich die Schule befindet, so

kann die gesetzliche Verpflichtung zur Hergabe der Materialien nur auf der Gutsherrschaft des Schulortes ruhen. Die Verpflichtung erstreckt sich nach dem Wortlaute des Gesetzes beim Vorhandensein in hinreichender Menge auf die zum Bau notwendigen Materialien ohne jede Einschränkung. Das Gesetz macht keinen Unterschied, je nachdem der Bau allein durch das Unterrichtsbedürfnis der eigenen Gutsangehörigen oder durch den Hinzutritt mit zur Schule gewiesener Angehöriger fremder Kommunalverbände notwendig wird. Die Verpflichtung des Gutsherrn des Schulortes zur Hergabe der Baumaterialien hat nicht allein darin ihren Grund, daß der Gutsherr für seine Untertanen zu sorgen hatte, sondern auch in der besonderen rechtlichen Stellung, die der Gutsherr des Schulortes nach den §§ 12, 22 und 31 A.-L.-R. II 12 zur Schule einnimmt oder doch einnahm. Wie die Schule nach § 12 a. a. O. unter der „Direktion" der „Gerichtsobrigkeit" jedes Ortes, d. h. auf dem Lande unter der Direktion der Gutsherrschaft des Schulortes, stand und wie der Gutsherrschaft nach § 22 a. a. O. die Bestellung des Schullehrers zukam, gleichviel ob sich der Schulverband über deren Herrschaftsgebiet hinaus erstreckte, so bemißt sich auch die entsprechende Verpflichtung des Gutsherrn des Schulortes zur Hergabe der Baumaterialien nach dem Bedürfnisse der Schule ohne Rücksicht auf die Zugehörigkeit der Angehörigen anderer Kommunalverbände.

Zwar kennt das A.-L.-R. kein Schulpatronat (vgl. E.-O.-V. Bd. XII S. 207 ff.) aber der Gutsherr des Schulortes nimmt doch der Schule gegenüber eine patronatsähnliche Stellung ein. Ist nach § 44 der Preuß. Schulordn. v. 11. XII. 45 die Verpflichtung zur Hergabe von Baumaterialien auf alle Gutsherren des Schulbezirks ausgedehnt, so hat es doch, soweit als das A.-L.-R. maßgebend ist, dabei sein Bewenden, daß die Verpflichtung ausschließlich auf dem Gutsherrn des Schulorts ruht. Die übrigen Gutsherren des Schulbezirks, die, wenn sie im Schulbezirke wohnen, als Hausväter zu den Mitgliedern der Schulgemeinde gehören, nehmen an den besonderen Rechten und Pflichten des Gutsherrn des Schulortes keinen Teil (vgl. E.-O.-V. Bd. XII S. 207, Bd. XXIV S. 139 ff.). Beschränkte sich also die Verpflichtung des Gutsherrn des Schulortes beim Hinübergreifen des Schulverbands über das seiner Gutsherrlichkeit unterworfene Gebiet, auf die Hergabe eines verhältnismäßigen Teiles der Baumaterialien, so würde es in bezug auf den übrigen Teil der erforderlichen Baumaterialien an einem zur Hergabe verpflichteten Gutsherrn fehlen. Mit der Absicht des Gesetzgebers, im öffentlichen Interesse durch die Verpflichtung der leistungsfähigeren Gutsherren zur Hergabe der Baumaterialien die Ausführung der Schulbauten zu erleichtern, würde dies nicht übereinstimmen.

2. Die Schulaufsichtsbehörde ist nach § 18k der Reg.-Instr. vom 23. X. 17 befugt, Schulsozietäten einzurichten und zu verteilen, und zwar nicht bloß da, wo die Ortschaften es wünschen, sondern auch da, wo Lokalumstände es nötig machen (vgl. E.-O.-V. Bd. XXXIV S. 228.) Die neuere Gesetzgebung hat diese Befugnis der Schulaufsichtsbehörde unberührt gelassen. Derartige Anordnungen der Schulaufsichtsbehörde sind, ohne der Nachprüfung des Verwaltungsrichters in bezug auf ihre Angemessenheit zu unterliegen, vom Verwaltungsrichter als rechtsgültig anzuerkennen. Die Schulaufsichtsbehörde kann also auch — und zwar nach ihrem Ermessen selbst ohne Zustimmung der Beteiligten — den Schulbezirk erweitern und dadurch zugleich die Verpflichtung des Gutsherrn zur Hergabe der Schulbaumaterialien mit erweitern. Ein solcher Einfluß eines organisatorischen Aktes der zuständigen Behörde auf den Umfang der öffentlich-rechtlichen Verpflichtungen namentlich auf dem Gebiete des Schulwesens kann nicht befremden,

da die Aufsichtsbehörde auf diesem Gebiete immer weitgehende Befugnisse hatte (vgl. E.-O.-V. Bd. XI S. 174 ff., Bd. XII S. 234, Bd. XIII S. 282, Bd. XX S. 182, Bd. XXXII S. 203).

3. Besitzt der Gutsherr des Schulortes verschiedene selbständige Rittergüter, so würde allerdings für das Vorhandensein und die Abgeblichkeit der erforderlichen Schulbaumaterialien nur derjenige Teil der Herrschaft in betracht kommen, der das selbständige Rittergut bildet, zu dem der Schulort gehört. Der Besitzer der Herrschaft muß aber die rechtliche Selbständigkeit des nach seiner Behauptung als Gut des Schulortes anzusehenden Teils der Herrschaft nachweisen, wenn er geltend machen will, daß es nur auf das Vorhandensein und auf die Abgeblichkeit der Baumaterialien in diesem Teile der Herrschaft ankomme (vgl. E.-O.-V. Bd. XXXIII S. 257 ff.).

**Nr. 3. Entsch.** v. 15. XI. 01 Nr. I 1846 (Pr.-V.-Bl. Bd. XXIII S. 645).

1. Die Vd. v. 11. IV. 46 (G.-S. S. 164) betr. die Beitragspflicht zur Unterhaltung von Kirchen-, Pfarr- und Schulgebäuden in dem Markgraftum Oberlausitz, hat keinen Bezug auf Schulen, die nicht Küstereischulen sind.

2. Die gesetzliche Baupflicht der Gutsherrschaft richtet sich vielmehr nach § 36 A.-L.-R. II 12, falls nicht der Nachweis der Befreiung von dieser Pflicht sei es infolge einer Observanz, sei es kraft Ersitzung erbracht wird. Eine befreiende Observanz könnte nur in Frage kommen nach Maßgabe des § 3 des Patents wegen Einführung des A.-L.-R.'s in die ehemals Sächsischen Provinzen und Distrikte v. 15. XI. 16 (G.-S. S. 293), und hätte sich entweder als Lokalobservanz oder als Provinzialobservanz mit der Wirkung einer Abänderung des § 36 A.-L.-R. II 12 nur bis zur Einführung des A.-L.-R.'s in die Oberlausitz bilden können. Materiell wäre eine solche Observanz dahin zu weisen, daß nach ihrem Inhalte nicht die Gutsherrschaft zur Lieferung des beanspruchten Bauholzes verpflichtet gewesen sei, gleichviel, welchem anderen Rechtssubjekte etwa die streitige Leistung obläge. Fehlt es an dem Nachweise eines dieser wesentlichen Erfordernisse, so muß es bei der allgemeinen Regel des § 36 bewenden.

3. Im übrigen können auf solche Schulen auch ältere Lokalobservanzen nicht Anwendung finden, die sich zur Zeit, als die Schulbauleistungen auf der Abhängigkeit der Schule von der Parochie beruhten, gebildet haben.

**Nr. 4. Entsch.** v. 6. V. 02 Nr. I 729 (Pr.-V.-Bl. Bd. XXIV S. 199).

Zust.-Ges. § 47; A.-L.-R. II 12 § 34.

1. Auch nach älterem Rechte (jetzt nach § 47 Zust.-Ges. konnte bei Schulbauten von der Ministerialinstanz durch Resolut nur ein einzelner, streitiger Baufall entschieden, nicht aber eine Feststellung über die Baupflicht im Grundsatze getroffen werden.

2. Gegenüber den Vorschriften in § 34 Tit. 12 T. II A.-L.-R.'s, wonach die Unterhaltung der Schulgebäude und der Schulmeisterwohnungen als gemeine Last von allen zur Schule gewiesenen Einwohnern ohne Unterschied — nach Verhältnis der Besitzungen und Nahrungen (siehe § 31) — getragen werden muß, konnten sich damit in Widerspruch stehende Observanzen in nachlandrechtlicher Zeit nicht mehr bilden und haben, wo sie vorher zustande gekommen waren, ihre Geltung verloren. (Vgl. E.-O.-V. Bd. I S. 227 ff., Bd. XIV S. 236.) Wer sich auf ein durch Ersitzung erworbenes subjektives Recht auf Freilassung

berufen will, muß bestimmte Tatsachen und Beweismittel dafür beibringen, daß er für seine Person von dem Schulvorstande zu Baubeiträgen herangezogen, die Leistung mit Erfolg verweigert und sich in dem so erlangten Besitz eines Untersagungsrechts durch rechtsverjährte Zeit behauptet hätte. (E.-O.-V. Bd. XXXI S. 146.)

*β) Bei Schul- und Küsterhäusern insbesondere.*

**Nr. 1. Entsch.** v. 21. VI. 01 Nr. I 1071 (Pr.-V.-Bl. Bd. XXIII S. 422).

A.-L.-R. II 11 §§ 260, 261, 710, 788 ff., II 12 §§ 36, 37, 714, 729—732.

Pomm. Kirchenordn. v. 1535/63.

Ges. v. 21. VII. 46 (G.-S. S. 392), betr. den Bau und die Unterhaltung von Schul- und Küsterhäusern, § 3.

1. Ein Schulhaus hat ohne Rücksicht auf sein dominium civile, die rechtliche Natur eines Küsterschulhauses in der Begriffsbestimmung des § 37 A.-L.-R. II 12, wenn mit dem Amte des darin wohnenden Lehrers das Amt des Küsters an der Ortskirche nicht etwa bloß in der Person des gegenwärtigen Stelleninhabers, sondern herkömmlich vereinigt ist (vgl. E.-O.-V. Bd. XIV S. 258, Bd. XXXVI S. 200). Die Unterhaltung, daher auch die erforderliche Erneuerung von Küsterschulhäusern, muß nach der angeführten Gesetzesstelle in der Regel auf eben die Art, wie bei Pfarrbauten vorgeschrieben ist, besorgt werden. Dieser Grundsatz hat eine Änderung erfahren durch das Ges. v. 21. VII. 46, woselbst u. a. (siehe § 3) die durch die Entwickelung des Schulwesens herbeigeführte Herstellung neuer oder erweiterter Unterrichtsräume oder Lehrerwohnungen den Schul- an Stelle der Pfarrunterhaltungspflichtigen zugewiesen ist. Soweit nicht das genannte Ges. Anwendung findet, behält es in Ansehung der Kirchen- und Pfarr-, also auch der den letzteren gleichzuachtenden Küsterschulbauten nach wie vor sein Bewenden bei dem in den §§ 788 ff., 710 A.-L.-R. II 11 aufgestellten Grundsatze, daß in erster Linie die Provinzialgesetzgebung und das Partikularrecht entscheiden. Die Pommersche Kirchenordn. von 1535/63 steht als Provinzialgesetz für Pommern in fortdauernder Geltung. Sie hat das Kirchen-, Pfarr- und Küsterschulbaurecht erschöpfend geregelt. In ihrem Gebiete ist sonach für die Anwendung der landrechtlichen Vorschriften kein Raum. (Vgl. E.-O.-V. Bd. XVIII S. 177 und v. 22. XI. 95 Nr. I. 1465.)

2. In der jüngeren von den beiden angezogenen Entscheidungen sind die Normen der Pommerschen Kirchenordn. dahin zusammengefaßt:

1. Die durch Bauten und Unterhaltung der Kirchen- und Küstereigebäude entstehenden Kosten werden zunächst aus Kirchenmitteln, die Bau- und Unterhaltungskosten der Pfarrgebäude aus dem für diesen Zweck bestehenden Fonds, insofern ein solcher vorhanden, bestritten. Ist solcher Fonds nicht vorhanden, so liegt die Erbauung und Unterhaltung der Pfarrgebäude, soweit die letztere nicht von dem Pfarrer zu übernehmen ist, dem Kirchspiel ob.
2. Der Patron und die Herrschaft gibt zu allen diesen Bauten Bauholz. In welchem Maße ist nicht gesagt.
3. Was in solcher Weise nicht zu beschaffen ist, muß von den Eingepfarrten (Kirchspielskindern, Kirchspielsverwandten) durch einen Kirchenschoß aufgebracht werden. Nach welchen Grundsätzen der Kirchenschoß aufzubringen ist, darüber enthält die Kirchenordnung keine Bestimmung.

3. Die persönliche Kirchengemeindemitgliedschaft des in der Parochie wohnhaften Patrons ist nicht grundsätzlich ausgeschlossen.

Unter der Herrschaft der Pommerschen Kirchenordn. verhält es sich damit nicht anders als im landrechtlichen Gebiete. Nach §§ 260, 261 A.-L.-R. II 11 ist, „wer in einem Kirchspiele seinen ordentlichen Wohnsitz aufgeschlagen hat, zur Parochialkirche des Bezirks eingepfarrt". Daher kann auch der Patron, wenn er als Individuum sich zur Religionspartei der betreffenden Kirche bekennt, zu den Eingepfarrten, deren Inbegriff die Kirchengemeinde darstellt, mitgehören. Dagegen abweichendes ist in der Pommerschen Kirchenordn. nicht verordnet und läßt sich für ihren Bereich auch nicht aus allgemeinen Rechtsgrundsätzen herleiten. Die Frage aber, ob und nach welchen Regeln der pommersche Patron im Falle seiner Kirchengemeindemitgliedschaft gleich den übrigen Eingepfarrten zum Kirchenschoß überhaupt und insbesondere zur Deckung von Baukosten beitragen muß, ist in der Entscheidung des Gerichtshofes v. 22. XI. 95 offen gelassen und bedarf auch hier der Beantwortung nicht, da es sich um eine dem Kläger als Eingepfarrten gemachte Auflage, auch vom Standpunkte der Regierung aus, nicht handelt. Hätte die Regierung den Kläger auf Grund einer von ihm als Kirchengemeindemitglied zu erfüllenden Abgabenpflicht in Anspruch genommen, so würde sie die durch § 47 des Zust.-Ges. gezogene Grenze ihrer Befugnisse überschritten haben; denn dort ist der Aufsichtsbehörde nur die Oberverteilung streitig gewordener Baukosten auf Gemeinden (Gutsbezirke), Schulverbände und Dritte, statt derselben oder neben denselben Verpflichtete, aber nicht die Unterverteilung auf die Mitglieder eines pflichtigen Verbandes übertragen. Das verkennt denn auch die Regierung nicht. Sie versucht aber, den daraus von den Vorderrichtern entnommenen Entscheidungsgrund mit der Einrede zu entkräften, daß nach der Pommerschen Kirchenordn. der Patron als solcher rechtlich völlig getrennt von der Kirchengemeinde, die von den Eingepfarrten (dem Kirchspiel) gebildet wird.

Die Pommersche Kirchenordn. weist nach dem Vorgange des Gemeinen Kirchenrechts, dem darin später auch das A.-L.-R. gefolgt ist, dem Patron eine Stellung gegenüber den Eingepfarrten an, die in ihrer organisierten Gesamtheit, ohne den Patron als solchen, die Kirchengemeinde bilden. Sie verleiht ihm, neben dem Präsentationsrechte, die cura beneficii sowie die Gerichtsgewalt und deren exercitium über die Untertanen auf Grundstücken, die zur Pfarrdotation gewidmet sind oder für die Kirche bewirtschaftet werden. Dementsprechend versteht die Kirchenordn., wo immer sie von den „Kirchspielskindern" und „Kirchspielsverwandten" spricht oder den gleichbedeutenden kürzeren Ausdruck „Kirchspiel" gebraucht, darunter die Eingepfarrten allein, nicht sie mit Einschluß des Patrons, der ja gerade in dieser seiner Eigenschaft zusammen mit „jedes Orts Obrigkeit" die unmittelbare Aufsicht über die Verwaltung im Kirchengemeindeverbande führen soll und u. a. über einen den Eingepfarrten zu Kirchbauzwecken erforderlichenfalls aufzuerlegenden Schoß seinerseits zu befinden hatte (Kirchenordn. T. VI Tit. 12 S. 123, 124). Auf die etwaige persönliche Verbandsmitgliedschaft des Patrons kommt es dabei überall ebensowenig an, wie auf die Zugehörigkeit eines Beamten der allgemeinen Landesverwaltung zu der politischen Gemeinde seines Wohnsitzes, über die er die staatshoheitliche Kommunalaufsicht wahrzunehmen berufen ist. Eine den Patron mitumfassende „Gesamtheit der Kirchspielsgenossen", die begrifflich von der durch die neuere Gesetzgebung für sämtliche östliche Provinzen einheitlich gestalteten, den Patron als solchen nicht einschließenden Kirchengemeinde verschieden und als drittverpflichtete Trägerin der Baulast anzusprechen wäre, gibt es in Pommern nicht; sie ist eine, jedes gesetzlichen Anhaltes entbehrende Fiktion.

4. Nach der Pommerschen Kirchenordnung hat der Patron zu Kirchen-

bauten und deshalb auch zu dem Bau von Küsterschulhäusern Barbeiträge nicht zu leisten.

Das Verhältnis zwischen dem Patron und der seinem Schutze anvertrauten Kirche hat zwar stets als Quelle gewisser Fürsorgeverbindlichkeiten des Inhabers des Patronats gegolten, unter denen die Subsidiärpflicht der Beihilfe zur Unterhaltung der geistlichen Gebäude als eine der wichtigsten im Vordergrunde steht. Erzwingbar sind indes Bauleistungen des Patrons nur, soweit das Gesetz sie ausdrücklich normiert hat. Unter der Herrschaft des gemeinen kanonischen Rechts hatte der Patron nur, wenn er aus dem Kirchengut Einkünfte bezog, zu Kirchenbauten bei Unvermögen des Ärars beizutragen (E.-O.-V. Bd. XXI S. 202 ff.). Das A.-L.-R. legt bei Landkirchen die Dienste den Eingepfarrten ohne Unterschied auf, verteilt den Geldbeitrag zwischen Patron und Kirchengemeinde in dem Verhältnisse von 2 zu 1 mit der Befugnis beider Teile, darauf den anschlagmäßigen Preis der in ihrem Besitze vorhandenen, zum Baue zu liefernden Materialien anzurechnen, und verpflichtet außerdem den Patron, wenn er Rustikalgrundstücke im Kirchspiele besitzt, davon gleich einem anderen Eingepfarrten mit beizutragen. In der Pommerschen Kirchenordnung ist die Patronatsleistung darauf beschränkt, „etwas Holz zu geben, wo kein Holz bei den Kirchen oder auf dem Pfarrhofe ist“ (T. VI Tit. 12 S. 129). Daraus folgt, daß die Pflicht der Holzhergabe die einzige ist, die dem Patron in dieser seiner Eigenschaft obliegt.

**Nr. 2. Entsch.** v. 6. VI. 02 Nr. I 926 (C.-Bl.-U.-V. 1902 S. 671).

1. Wie das ehemalige Kgl. Obertribunal in dem Plenarbeschlusse v. 6. XII. 52 (Entsch. Bd. XXIV S. 1—20) nachgewiesen hat, war über die Auslegung der §§ 2, 3 des Patents wegen Einführung des A.-L.-R.'s in die mit den Preußischen Staaten vereinigten ehemals Sächsischen Provinzen und Distrikte v. 15. XI. 16 der Zweifel entstanden, ob in der Niederlausitz die Beitragspflicht der Patrone zu Kirchen-, Pfarr- und Schulbauten nach den älteren Kursächsischen Gesetzen, insbesondere nach der Kirchen-Ordn. v. 1580, oder nach den Grundsätzen des A.-L.-R.'s zu beurteilen sei. Durch den Plenarbeschluß wurde die Frage dahin entschieden, daß die Kirchen-Ordn. ein allgemeines, in allen Teilen des Sächsischen Staates geltendes Gesetz gewesen und demnach durch § 2 des Patentes mit dem Inkrafttreten des A.-L.-R.'s aufgehoben worden sei. Das Konsistorium der Provinz Brandenburg machte die Gemeindekirchenräte in den ehemals Sächsischen Ortschaften der Provinz Brandenburg wiederholt (1882, 1884, 1889) auf diese Entsch. des Obertribunals und ihre Bedeutung für die Beitragspflicht der Kirchenpatrone zu den kirchlichen Bauten aufmerksam und wies zur Vermeidung von Nachteilen, die infolge anderweitiger Übung durch Bildung von Observanzen leicht erwachsen könnten, daraufhin, daß die Patronatsbaupflicht nicht durch das frühere Sächsische Recht, sondern das A.-L.-R. geregelt werde, und daß eine Befreiung von ihr nur eintrete, sofern der Patron eine anderweitige Ordnung durch rechtsbeständige Lokalobservanz nachweise.

2. Hiernach ist regelmäßig davon auszugehen, daß in ehemals sächsischen Orten der Niederlausitz frühestens in der ersten Hälfte der 1880er Jahre bekannt geworden ist, die Bauverpflichtungen des Patrons seien ausschließlich nach den landrechtlichen Vorschriften zu beurteilen, während bis zu diesem Zeitpunkte bei den Gemeinden die irrtümliche Rechtsauffassung geherrscht hat, die den Patron von der Kirchenbaulast befreienden sächsischen Gesetzesvorschriften seien als provinzialrechtliche Bestimmungen anzusehen und demnach durch die Einführung des

A.-L.-R.'s nicht aufgehoben. Galt diese Ansicht in den ehemals Sächsischen Ortschaften allgemein, so beruhte die Freilassung des Patrons auf der Überzeugung, es werde damit das gesetzliche Recht geübt, und es bedarf nicht des Nachweises, daß jede einzelne Gemeinde, die der allgemeinen Übung der Gegend ensprechend handelte, auch wirklich bewußt den Grund hierfür in der Fortdauer der Sächsischen Bestimmungen erblickt habe; denn ein anderer Grund für die Übernahme der gesamten Baupflicht auf die Gemeinden ist schlechterdings nicht erkennbar.

Wurde bis zu dem Zeitpunkte, mit dem die neue Ansicht von der allein maßgebenden Bedeutung der landrechtlichen Vorschriften in den Gemeinden bekannt wurde, der Patron von der Beitragspflicht zu Kirchen-, Pfarr- und Schulbauten nur darum freigelassen, weil man meinte, dies entspreche dem zur Anwendung zu bringenden Gesetzesrechte, so befanden sich die beklagten Gemeinden bei allen Baufällen bis in die erste Hälfte der 1880er Jahre hinein in einem Rechtsirrtume. Dieser steht der Bildung einer Observanz entgegen (vgl. E.-O.-V. Bd. XV S. 185, ebenda S. 229, 230, Bd. XXI S. 210, Bd. XXIX S. 207); der Ausführung, die Baufälle bis 1882 kämen deshalb für den Nachweis der streitigen Observanz nicht in betracht, ist danach lediglich beizutreten.

3. Nun heißt es allerdings in Entsch. d. R.-G. in Zivilsachen Bd. XII S. 294:

> „Es kann möglich sein, und es ist nicht ausgeschlossen, daß ein beim Beginne der Übung bestehender faktischer Irrtum in seiner Wirkung abgeschwächt und selbst beseitigt werden kann durch eine langjährige, Generationen umfassende Übung."

Auch das O.-V.-G. hat in E.-O.-V. Bd. XV S. 222, besonders S. 230 ausgeführt, daß der Irrtum, der anfänglich eine Übung veranlaßt hatte, der Bildung eines Gewohnheitsrechts nicht entgegensteht, wenn die Beteiligten nach dem Erkennen des Irrtums die Übung gleichmäßig durch längere Zeit fortsetzen oder auch ohne erweisbare Erkenntnis des Irrtums in langjähriger, Generationen umfassender Befolgung der Übung zu einer Rechtsüberzeugung gelangen. Dafür aber, daß im vorliegenden Falle schon vor dem Erkennen des Irrtums eine gemeinsame Überzeugung der Beteiligten dahin fest begründet gewesen sei, die Freilassung des Patrons entspreche dem aus den Umständen geschöpften notwendigen Rechte, sind tatsächliche Unterlagen nicht beigebracht. Vielmehr ist daran festzuhalten, daß die Übung, den Patron zur Baulast nicht heranzuziehen, in dem Glauben wurzelte, das geschriebene Recht — die Sächsische Kirchen-Ordn. v. 1580 — gebiete die Freilassung. Daraus ist zu folgern, daß die Übenden, wenn sie den Irrtum erkannt hätten, die Baupflicht nicht auf sich allein übernommen haben würden, und es fehlte bei ihnen unter diesen Umständen an der für die Observanzbildung unerläßlichen Voraussetzung von der Überzeugung der Rechtsnotwendigkeit. Der Irrtum, der von 1817 ab bestand, wirkte vielmehr in den Übenden fort, bis sie endlich in den 1880er Jahren die Aufklärung erhielten, daß das A.-L.-R. der bisherigen Auffassung entgegenstehe und die Heranziehung des Patrons gestatte.

4. War aber für eine Observanzbildung gegen die landrechtlichen Vorschriften erst mit der zweiten Hälfte der 1880er Jahre Raum gegeben, so können die Baufälle von da ab nicht als Fortsetzung einer die Baulast überhaupt betr. Übung aufgefaßt werden. Aus einer für Reparaturbauten beobachteten Übung ist übrigens nicht notwendig ein Gleiches für Neubauten zu folgern. Es muß vielmehr stets nach der Beschaffenheit der betr. Handlungen und den dabei mitwirkenden individuellen Umständen bestimmt werden, ob gleichmäßiges Handeln in Reparaturbaufällen

eine Observanz in Ansehung der durch Neubauten umfassenden Pflicht zu Baubeiträgen erkennbar macht.

b) Nach Provinzialrechten.

β) In Schlesien.

**Nr. 1. Entsch.** v. 9. VII. 01 Nr. I 1194 (Pr.-V.-Bl. Bd. XXIII S. 391).

1. Das Generallandschulregl. für die Römisch-Katholischen in Städten und Dörfen des Herzogtums Schlesien und der Grafschaft Glatz v. 3. XI. 1765 (Kornsche Ed.-Samml. Bd. VIII S. 180) legt in den §§ 12 bis 14 den Bau und die Ausstattung der Schulen sowie die Dotierung der Lehrer den Gemeinden und Dominien auf und bestimmt ebendaselbst, daß von den Kriegs- und Domänenkammern endgültig festzusetzen sei, was jeder von den Kontribuenten zu gewähren habe. Die dazu ergangene Novelle, das Schulregl. für die niederen katholischen Schulen in den Städten und auf dem platten Lande von Schlesien und der Grafschaft Glatz v. 18. V. 1801 (Neue Kornsche Ed.-Samml. Bd. VII S. 266) „bestätigt und wiederholt" im Eingange die Vorschriften des Regl. v. 1765, soweit es durch jene nicht aufgehoben und näher erläutert werde, regelt dann aber im § 19 das Beitragsverhältnis zwischen Gutsherrschaft und Gemeinde nur betreffs des dem Lehrer zu gewährenden Unterhalts, ohne sich mit der Verteilung der nur beiläufig (in den §§ 6 und 12 a) erwähnten Baulast zu beschäftigen. Deshalb nahm die Verwaltungspraxis zunächst an, daß nach dessen § 19 a das Beitragsverhältnis auch bei Bauten zu bestimmen sei und also die Herrschaft zu Baukosten wie zu barem Gelde und Brennmateriale des Lehrers ebenfalls ein Drittel beitragen müsse. In der Folgezeit wurde diese Ansicht indes verlassen und es gelangte die Anschauung zur Geltung, daß, da das Regl. v. 1801 die Verteilung der Baulast nicht behandle und dasjenige v. 1765 einen bestimmten Verteilungsmaßstab zwischen Dominium und Gemeinde nicht vorschreibe, die hierin sich zeigende Lücke durch einen Rückgriff auf das A.-L.-R. auszufüllen, mithin die Beitragspflicht der Gutsherrschaft nach § 36 A.-L.-R. II 12 zu bemessen sei.

Dabei wurde übersehen, daß das Regl. v. 1765 in der hier fraglichen Beziehung *eine Lücke gar nicht enthält*, vielmehr die Festsetzung des Beitragsverhältnisses den Kriegs- und Domänenkammern überträgt. Das Obertribunal gab denn auch später, in dem Erk. v. 11. XI. 72 (Entsch. Bd. LXVIII S. 200 ff., namentlich 210/11) den früher eingenommenen Standpunkt wieder auf. Denn im Bereiche der Schlesischen Schulreglements sind *neben den Gemeinden alle Gutsherrn im Schulbezirke unbedingt beitragspflichtig*, während nach dem A.-L.-R. nur der Gutsherr des Schulorts eine bedingte Leistungspflicht hat, sonstige im Schulbezirk angesessene Gutsherrn aber nur, wenn sie dort auch wohnen und selbst dann nur als Hausväter belastet werden können. Dazu kommt, daß es eine der landrechtlichen Hausvätersozietät entsprechende *Schulgemeinde nach schlesischem Schulrecht ebensowenig* gibt, wie — abgesehen von dem durch die wirklichen Ackerbesitzer zusammenzutragenden Getreidedeputat des Lehrers — eine Schulbeitragspflicht der Gutsanwohner, die vielmehr durch die gutsherrlichen Leistungen gedeckt werden. *Zwischen dem System des Provinzial- und des Allgemeinen Landrechts* waltet daher augenscheinlich eine *Inkongruenz* ob, die eine Verbindung beider miteinander und die *analoge oder subsidiäre Anwendung des letzteren zu näherer Umgrenzung der in ersterem* nur grundsätzlich ausgesprochenen Baulast der Gemeinden und Herrschaften völlig unmöglich macht.

2. Nach den Bestimmungen des insoweit durch die Novelle v. 1801 nicht abgeänderten Regl. v. 1765 in Verbindung mit § 18 der Reg.-Instr. vom 23. X. 17 (G.-S. S. 248) sind die Regierungen als Rechtsnachfolger der Kriegs- und Domänenkammern zuständig im Streit- oder Bedarfsfalle beim Mangel gültiger Verträge oder rechtsbeständiger Gewohnheiten endgültig, mit Vorbehalt nur der Beschwerde im Aufsichtswege, festzusetzen, was von jedem der Kontribuenten, Dominien und Gemeinden zu gewähren ist (E.-O.-V. Bd. XII S. 229 ff., Bd. XIII S. 279 ff., Bd. XX S. 175 ff., 189 ff.). Von einer Festsetzung solches Inhalts, d. i. der Festsetzung einer Norm als Grundlage für die Verteilung, ist nun aber deren demnächstige Anwendung auf den streitigen Baufall, die resolutorische Entscheidung gemäß § 47 Abs. 1 Zust.-Ges. wesentlich und grundsätzlich verschieden. Während jene objektives Recht schafft, enthält diese einen Ausspruch über Existenz und Umfang der subjektiven Pflicht, an der Aufbringung von Schulbaukosten teilzunehmen. Erst die letztere begründet einen vollstreckbaren Titel. Nur gegen sie findet demgemäß die durch Abs. 2 a. a. O. eröffnete Klage im Verwaltungsstreitverfahren statt. (Vgl. E.-O.-V. Bd. XX S. 197/8, Bd. XXX S. 166 7.)

**Nr. 2. Entsch.** v. 9. VII. 01 Nr. I 1194 (Pr.-V.-Bl. Bd. XXIII S. 391).

Aus einer die Gesetze irrig auslegenden Verwaltungspraxis, die den § 36 auch bei katholischen Schulen in Schlesien für anwendbar erachtete, kann ein allgemeines Gewohnheitsrecht nicht entstehen. Es kann sich vielmehr daraus nur in einzelnen Schulverbänden ein besonderes Herkommen gebildet haben, sofern noch nach dem Erkennen des Irrtums die frühere Übung fortgesetzt ist. Zum Nachweise einer derartigen Entstehung der Observanz genügt nicht die allgemeine Bezugnahme auf behördliche Auskunft, sondern es müssen die einzelnen Tatsachen substantiiert und dargetan werden, aus denen hervorgeht, daß eine fortgesetzte gleichmäßige Übung eingehalten und diese in der Überzeugung einer rechtlichen Notwendigkeit betätigt worden ist, die ihren Grund nicht in der vermeintlichen Befolgung des geschriebenen Rechtes gehabt hat (E.-O.-V. Bd. XX S. 184/85).

**Nr. 3. Entsch.** v. 20. XII. 01 Nr. I 2097 (C.-Bl.-U.-V. 1902 S. 612).

Schulregl. v. 18. V. 1801 (Neue Kornsche Ed.-Samml. Bd. VII S. 266) für die niederen katholischen Schulen Schlesiens pp., §§ 6, 22, 23; A.-L.-R. II 12 § 36.

Die Bestimmung in § 6 des Regl. v. 18. V. 01 wonach die „andere" Religionspartei zum Bau und zur Unterhaltung des neuen Schulhauses nicht zu „konkurrieren" braucht, setzt voraus, daß im Jahre 1801 am Normaltermine nur ein Schullehrer von dieser — zu baulichen Leistungen für das neue Schulhaus nicht verpflichteten — Religionspartei vorhanden gewesen ist. Zunächst ist im § 6 vorgeschrieben, daß der Schullehrer von der Religionspartei sein soll, von der er bisher gewesen ist, und hieran ist die Bestimmung geknüpft, daß die andere Religionspartei — hier diejenige, der der am Normaltermine vorhandene Schullehrer nicht angehört — sich einen eigenen Schullehrer wählen, aber einen Beitrag zum Bau und zur Unterhaltung des Schulhauses von derjenigen Religionspartei, der der Schullehrer am Normaltermin angehört, nicht verlangen darf. Dies trifft also nur zu, wenn die betreffende Religionspartei einen am Normaltermine nicht vorhanden gewesenen Schullehrer ihrer Religion erst nachträglich wählt. Den Fall dagegen, wenn in einem gemischten Dorfe am Normaltermine Schullehrer von beiden Religionsparteien vorhanden waren, sehen die §§ 22 und 23 des Reglements besonders vor (vgl. E.-O.-V. Bd. I S. 216, 217). Für diesen Fall ist — im Gegensatze zu der erst später erfolgenden Einrichtung einer Schule der anderen Religionspartei — keine Befreiung von Beiträgen zur Unterhaltung einer von beiden Schulen ausgesprochen. Zweifelhaft könnte nur sein, ob sich nicht in einem solchen Falle die Schulunterhaltungslast bloß nach dem Reglement bestimmte, so daß nicht daneben noch § 36 A.-L.-R. II 12 anzuwenden wäre. Wie aber das O.-V.-G. in E.-O.-V. Bd. XVIII S. 186 ff. näher ausgeführt hat, bestimmt sich die Baupflicht bei evangelischen Schulen auch in vermischten Dörfern nach den Vorschriften des A.-L.-R.'s, weil das Reglement von 1801 keine Bestimmungen über die Schulbaupflicht enthält. Hieran ist jedenfalls insoweit festzuhalten, als es sich um die Pflicht der Herrschaft zu baulichen Leistungen handelt.

---

## V.

# Zwangserziehung verwahrloster Kinder.

### (Fürsorgeerziehung).

**Literatur:** Kotterba, Die Ausführung der Fürsorgeerziehung und die dabei erforderliche Mitwirkung von Kirche, Schule und Haus gemäß Gesetz vom 2. Juli 1900, Dresden 1902. — Illing-Kautz, Handbuch für preußische Verwaltungsbeamte, Bd. I, 8. Aufl., Berlin 1903.

---

## VI.

# Angelegenheiten des Personenstandes.

**Literatur:** Illing-Kautz, Handbuch für preußische Verwaltungsbeamte, Bd. II, 8. Aufl., Berlin 1903. — Kruse, Das Standesamt. Handbuch für Standesbeamte, 6. Aufl., v. Wohlers, Reichsgesetz v. 6. Februar 1875, Berlin 1902. — Schmitz, Personenstand und Eheschließung, Eberswalde 1902.

---

## VII.

# Staatsangehörigkeit.

**Literatur:** Bazille und Köstlin, Das Recht der Staatsangehörigkeit, Stuttgart 1903.

**Nr. 1. Entsch. Bd. XXXX S. 417** v. 25. VI. 01 I A 46/99.

Ges. v. 1. VI. 70 (B.-G.-Bl. S. 355) über die Erwerbung und den Verlust der Bundes- und Staatsangehörigkeit, §§ 8, 12, 13, 18, 20, 21, 25.

1. Der Kläger hatte von Holland aus, wohin er vor länger als zehn Jahren ausgewandert war, wiederholt Reisen in und durch das Reichsgebiet unternommen und be-

hauptete, daß dadurch jedesmal, obschon eine auch nur vorübergehende Wohnsitzverlegung mit keiner von den Reisen verbunden gewesen, sein Aufenthalt im Ausland unterbrochen worden sei. Das O.-V.-G. war anderer Ansicht aus folgenden Gründen:

2. Der „ununterbrochene Aufenthalt“ im Sinne des Reichsges. v. 1. VI. 70 ist ein neben dem Wohnsitze bestehendes Zustandsverhältnis, das mit körperlicher Anwesenheit nicht unbedingt zusammenfällt und durch vorübergehende Entfernung zwar unterbrochen werden kann, aber nicht notwendig unterbrochen wird.

Der gegenteiligen Ansicht gegenüber muß von vornherein bedenklich erscheinen, daß das Wort: Aufenthalt, dessen sich das Staatsangehörigkeitsgesetz mehrfach bedient (§§ 13 Nr. 3; 20, 21 Abs. 4, 5; 25) durch das Merkmal „ununterbrochen“ eine Bedeutung erhalten haben soll, die lediglich auf das physische Verhalten des Menschen zu dem Erdboden, auf dem er sich bewegt, abzielt. Im Rechtssinn ist der Aufenthalt keine bloß räumliche Beziehung einer Person, sondern zugleich ein Zeit- und Dauerverhältnis, das einen Beginn und ein Ende hat und, wie es einerseits nicht aufgehoben wird durch augenblickliche Entfernung, so auf der anderen Seite nicht durch flüchtiges Berühren eines örtlichen Bereichs begründet wird. Freilich ist das Merkmal der Dauer für den Aufenthaltsbegriff ganz relativ. Ein Gesetz mag nach einer gewissen Beziehung hin auch ein kurzes Verweilen an einem Orte unter den Gesichtspunkt des Aufenthalts daselbst bringen (vgl. E.-O.-V. Bd. X S. 340). Es mag, wie vielfach geschieht, einen ständigen oder dauernden oder gewöhnlichen Aufenthalt von einem vorübergehenden unterscheiden. Aber wie mannigfach auch nach den verschiedenen Gesetzen, die im Gegensatze zum Wohnsitz auch den bloßen Aufenthalt an einem Orte von Rechtswirkungen begleitet sein lassen, die Frage zu beantworten sein möge, unter welchen Umständen für eine Person Anfang und Aufhören eines Aufenthaltsverhältnisses anzunehmen sei, darin kommen sie alle überein, daß der Ausdruck Aufenthalt ein Zustandsverhältnis einer Person bezeichnet (vgl. E.-O.-V. Bd. XIV S. 156, Bd. XV S. 56, Bd. XXII S. 394), das sich einerseits von dem augenblicklichen körperlichen Verweilen Reisender oder Fremder abhebt und andererseits von dem Begriffe des Wohnsitzes durch das Fehlen der diesen kennzeichnenden Merkmale subjektiver Natur unterscheidet (vgl. E.-O.-V. Bd. XV S. 60, Bd. XXX S. 28). Als das Wesen des Aufenthaltsbegriffs erscheint hiernach die Anwesenheit einer Person in einem örtlichen Bezirk unter Umständen, die auf eine (relative) Dauer schließen lassen und dadurch für sie ein vom Rechte als erheblich erklärtes Band mit dem Bezirke herstellen. Mit dem Aufenthalt in diesem Sinne ist ein gelegentliches Überschreiten der Grenzen des Bezirkes keineswegs unverträglich und eine vorübergehende Entfernung von dort reicht nicht aus, um als Aufgabe oder Unterbrechung des Aufenthalts zu gelten (vgl. E.-O.-V. Bd. XII S. 161, Bd. XIV S. 155, Bd. XV S. 56). Vielmehr dauert der Aufenthalt im Rechtssinne fort, auch wenn die persönliche Anwesenheit nicht in jedem Augenblicke fortdauert. Knüpft daher ein Gesetz gewisse Rechtsfolgen an den Tatbestand, daß während einer bestimmten Frist der Aufenthalt einer Person an einem Orte nicht unterbrochen worden ist, so wird damit zwar vorgeschrieben, daß nicht verschiedene Zeiträume des Aufenthalts zu einer Aufenthaltsfrist zusammen gerechnet werden sollen, aber es wird in keiner Weise die Möglichkeit verneint, daß trotz zeitweiliger Abwesenheit der Person von dem Orte ihr dortiger Aufenthalt fortdauert, demnach als ununterbrochener zu gelten hat. Aufgabe der Gesetzesauslegung ist es, zu ermitteln, welche Tatbestandsmerkmale der Gesetzgeber als geeignet erachtet wissen will, um eine Unterbrechung des Aufenthalts herbeizuführen, und welche im Gegenteil ihn nicht unterbrechen.

In diesem Sinne sagt das Ges. über den Unterstützungswohnsitz v. 6. VI. 70 § 13, das dem ununterbrochenen (zweijährigen, gewöhnlichen) Aufenthalt einer Person innerhalb eines Ortsarmenverbandes die Wirkung beigelegt, den Unterstützungswohnsitz zu begründen, daß als Unterbrechung des Aufenthalts eine freiwillige Entfernung nicht angesehen wird, wenn aus den Umständen, unter denen sie erfolgt, die Absicht erhellt, den Aufenthalt beizubehalten.

Das gleichzeitig mit dem Ges. über den Unterstützungswohnsitz entstandene Staatsangehörigskeitsges. v. 1. VI. 70, das durch zehnjährigen Aufenthalt im Auslande, d. h. außerhalb der Reichsgrenzen die Staatsangehörigkeit verloren gehen läßt, verlangt zwar gleichfalls im § 21 Abs. 1 ausdrücklich, daß der Auslandsaufenthalt, um eine solche Wirkung zu üben, ein ununterbrochener sein muß. Aber, anders wie jenes Gesetz, gibt es keine Anhaltspunkte dafür, in welchen Fällen eine Entfernung aus dem Aufenthaltsbereich, also ein Wiedereintreffen in der Heimat, als Unterbrechung des Aufenthalts im Ausland anzusehen ist. Indessen geht es nicht an, aus diesem Schweigen des Ges. den Schluß zu ziehen, daß der Gesetzgeber damit jedes flüchtige, zufällige, vielleicht unfreiwillige Berühren des heimatlichen Bodens während der zehnjährigen Frist als eine Unterbrechung habe erklären wollen. Vielmehr ist, da das Ges. nirgends erkennen läßt, es solle der Ausdruck „ununterbrochener Aufenthalt" in einem anderen als dem sonst in der Rechtssprache damit verbundenen Sinne verstanden werden, anzunehmen, daß es sich bei der Vorschrift des § 21 Abs. 1 — im Gegensatze zu einer Summe einzelner Anwesenheitsfälle, deren Zeitdauer zusammenzurechnen wäre — um ein zehn Jahre hindurch fortgesetztes Zustandsverhältnis handelt. Und von der Frage, ob ein solches für einen Auswanderer tatsächlich besteht, ist die andere zu sondern, ob während dessen Dauer eine Entfernung aus dem Aufenthaltsbereiche, also hier dem Auslande, stattgefunden hat, die sich als eine Unterbrechung des Aufenthaltsverhältnisses darstellt. Bei dem Mangel gesetzlicher, bestimmt bezeichneter Merkmale hierfür unterliegt die Entscheidung in jedem Einzelfalle der Beurteilung je nach den obwaltenden Umständen.

(Folgt Beweisführung aus der Entstehungsgeschichte des Staatsangehörigkeitsges. Demnächst wird fortgefahren:)

Nach alledem hat das R.-G. v. 1. VI. 70, indem es den Verlust der Staatsangehörigkeit von einem zehnjährigen ununterbrochenen Aufenthalt im Ausland abhängig macht, zwar Bestimmung darüber getroffen, daß die Abwesenheitsfrist nicht durch bloßes Zusammenrechnen von mehreren, durch Zwischenräume getrennten Aufenthaltszeiten gewonnen werden soll; in diesem Sinne soll der Auslandsaufenthalt ein ununterbrochener sein. Aber es hat in keiner Weise die Auffassung zum Ausdrucke bringen wollen, daß der auswandernde Deutsche, um dem Fristablaufe die ungehemmte Wirkung zu sichern, es vermeiden müsse, während der zehn Jahre überhaupt den heimatlichen Boden zu betreten. Vielmehr liegt auch jenem Gesetze, wie allen Gesetzen, die an den Aufenthalt einer Person in einem räumlichen Bezirke rechtliche Folge knüpfen, der Gedanke zu grunde, daß ein Aufenthaltsverhältnis trotz vorübergehender Entfernung fortdauern kann. Durch Aufsuchen der Heimat wird also der Aufenthalt im Ausland im Sinne des § 21 Abs. 1 des Ges. nicht notwendig unterbrochen.

Die zutreffende Auffassung des R.-Ger. in einem Urteil v. 16. XII. 95, daß für den Nationalitätsverlust durch Verjährung nicht ein Willensakt des Austretenden, sondern die Tatsache eines ununterbrochenen Aufenthalts in der Fremde in Betracht kommt, reicht für sich allein nicht aus, um die Frage zu beantworten, unter welchen Voraussetzungen überhaupt ein Aufenthalt, an den jene Wirkung sich knüpfen soll, stattfindet und fortdauert. Diese Frage läßt sich durch den Hinweis lediglich auf die Tatsächlichkeit des Verhältnisses nicht erledigen. Das Merkmal der Tatsächlichkeit verneint für den Aufenthaltsbegriff das Erfordernis eines subjektiven Momentes, wie es für den Begriff des Wohnsitzes entscheidend ins Gewicht fällt. Aber es läßt sich nicht zu dem Schlusse verwerten, daß für den Aufenthalt im Sinne des Staatsangehörigkeitsges. rechtliche Momente überhaupt nicht in Betracht kommen könnten, daß der Ausdruck lediglich dazu diene, den physischen Standort eines Deutschen jenseits oder diesseits der Grenze zu bezeichnen. Vielmehr handelt es sich auch bei ihm, wie bei dem Worte Wohnsitz, um einen Rechtsbegriff. Der Gegensatz zwischen beiden Begriffen durchzieht die ganze Gesetzgebung über jene persönlichen Grundverhältnisse, die durch Gewinnung und Behauptung eines räumlichen Stützpunktes als notwendiger Bedingung jeder menschlichen Lebenstätigkeit erzeugt werden. Daß auch das Staatsangehörigkeitsges. ihn verwertet, lassen dessen Bestimmungen in §§ 8 Nr. 3, 12, 18, 21 Abs. 4 und 5, die den Wohnsitz oder die Niederlassung dem bloßen Aufenthalte gegenüberstellen, erkennen. Zum Inhalt aber hat der Aufenthaltsbegriff, wie oben dargelegt, ein Zustandsverhältnis, das mit leiblicher Anwesenheit nicht unbedingt zusammenfällt und durch vorübergehende Entfernung zwar unterbrochen werden kann, aber nicht notwendig unterbrochen wird.

**Nr. 2. Entsch.** v. 10. XII. 01 Nr. I 2031 (Pr.-V.-Bl. Bd. XXIII S. 742).

Ges. v. 1. VI. 70 (R.-G.-Bl. S. 355), betr. die Erwerbung und den Verlust der Bundes- und Staatsangehörigkeit, §§ 2, 7, 8, 15, 17, 21.
L.-V.-G. § 7; Zust.-Ges. § 155.

1. Gegen Entscheidungen der Verwaltungsbehörden, durch die ein Naturalisationsgesuch abgelehnt wird, ist das Verwaltungsstreitverfahren nicht zulässig.

Das Verwaltungsstreitverfahren ist nach § 7 L.-V.-G. nur da zulässig, wo es durch besondere gesetzliche Bestimmungen gegeben ist. Für die in dem Reichsges. v. 1. VI. 70 in die Hand der höheren Verwaltungsbehörde gelegten Bescheide finden sich diese Bestimmungen im § 155 Zust.-Ges. Nach Absatz 2 a. a. O. findet die Klage bei dem O.-V.-G. nur statt, wenn a) einem Angehörigen eines anderen deutschen Bundesstaates oder einem früheren Reichsangehörigen die Erteilung der Aufnahmeurkunde, b) einem preußischen Staatsangehörigen die Erteilung der Entlassungsurkunde in Friedenszeiten versagt worden ist. Dabei wird auf die §§ 7, 15, 17 und 21 Abs. 5 des Staatsangehörigkeitsges. verwiesen. Der Fall zu b, auf den sich die §§ 15, 17 beziehen, steht nicht in Frage. Für den Fall zu a beschränkt sich die Zulässigkeit der Klage auf die Versagung derjenigen Aufnahmeanträge, die aus den §§ 7 und 21 Abs. 5 hergeleitet werden. Im § 7 handelt es sich um die Aufnahme, die der Angehörige eines deutschen Bundesstaates in einem anderen deutschen Bundesstaate, in dem er sich niedergelassen hat, nachsucht. Daß der Kläger sich auf diese Bestimmung nicht berufen kann, bedarf keiner weiteren Darlegung. Es bleibt also nur § 21 Abs. 5 übrig, wo solchen Deutschen, die ihre Staatsangehörigkeit durch zehnjährigen Aufenthalt im Auslande verloren haben und demnächst in das Gebiet des Deutschen Reichs zurückkehren, ein Anspruch auf Erteilung der Aufnahmeurkunde in demjenigen Bundesstaate gewährt wird, in dem sie sich niedergelassen haben. Aber auch diese Vorschrift kann den Antrag des Klägers auf Wiederverleihung der preußischen Staatsangehörigkeit nicht stützen. Wie der Gerichtshof wiederholt unter Darlegung der Entstehungsgeschichte des § 21 Abs. 5 ausgeführt hat — vgl. E.-O.-V. Bd. XIV S. 396, Bd. XXII S. 391, Bd. XXVI S. 379, Bd. XXXVIII S. 402/3 —, ist die auf einem Kompromiß beruhende Bestimmung in das Gesetz nur zu dem Zwecke aufgenommen, um die Härte zu mildern, die sich aus einem bloß durch Fristablauf eintretenden Verluste der Reichsangehörigkeit ergeben könnte. Nur solchen ehemaligen Deutschen, die lediglich durch zehnjährigen Aufenthalt im Ausland ihre Staatsangehörigkeit verloren und eine andere Staatsangehörigkeit nicht erworben haben, soll bei ihrer Rückkehr in das Reichsgebiet da, wo sie sich niederlassen, ein Rechtsanspruch auf Wiederaufnahme zustehen. Dagegen hat ein derartiges Recht nicht denjenigen früheren Deutschen gewährt werden sollen, die das Band, das sie mit der Heimat verknüpfte, bewußt und absichtlich gelöst haben, mag diese Lösung dadurch geschehen sein, daß sie in einen fremden Staatsverband eingetreten sind, oder mögen sie schon bei der Auswanderung durch Erwirkung einer Entlassungsurkunde zu erkennen gegeben haben, daß sie die Beziehungen zum Heimatsstaat abbrechen wollen. Für ehemalige Deutsche dieser Art ist die Ausnahmevorschrift des § 21 Abs. 5 nicht gegeben; sie müssen bei ihrer Rückkehr schlechthin als Ausländer betrachtet werden und können die Staatsangehörigkeit in einem deutschen Bundesstaate bezw. die Reichsangehörigkeit nur auf dem den Ausländern gewiesenen Wege der Naturalisation nach Maßgabe der §§ 2 Nr. 5, 6, 8 des Staatsangehörigkeitsgesetzes wiedergewinnen (vgl. E.-O.-V. Bd. XXX S. 410).

2. Als Naturalisationsgesuch ist auch das Gesuch um Wiederaufnahme in den Preußischen Staatsverband seitens einer Person anzusehen, der eine Entlassungsurkunde behufs Auswanderung erteilt worden ist. Für die Naturalisation stellt § 8 des Ges. v. 1. VI. 70 den Grundsatz auf, daß sie nur erteilt werden darf, wenn gewisse Voraussetzungen erfüllt sind, die das Inland gegen die Überflutung mit unselbständigen, bescholtenen oder erwerbsunfähigen Personen schützen sollen. Ohne daß diese gesetzlichen Voraussetzungen vorliegen, darf kein Ausländer naturalisiert werden. Damit aber ist nicht gesagt, daß Ausländer, die die den gesetzlichen Erfordernissen entsprechenden Eigenschaften besitzen, auf ihren Antrag naturalisiert werden müssen. Kein Ausländer hat ein Recht auf Naturalisation, jede Regierung eines Bundesstaats kann einem Ausländer trotz Erfüllung der im § 8 aufgezählten Voraussetzungen die Aufnahme in den Staatsverband verweigern, und die Einzelstaaten sind die Naturalisation der Ausländer von noch weiteren, im § 8 nicht bezeichneten Bedingungen abhängig zu machen befugt (vgl. E.-O.-V. Bd. XIII S. 414).

### Nr. 3. Entsch. Bd. XXXXI S. 387 v. 7. I. 02 I A 104/01.

Ges. v. 1. VI. 70 (B.-G.-Bl. S. 355) über die Erwerbung und den Verlust der Bundes- und Staatsangehörigkeit, §§ 2 [5], 21 Abs. 5.

1. Der zu Sv. (Kreis Hadersleben) 1841 geborene und noch jetzt daselbst wohnhafte Schankwirt Peter B. wurde am 23. VI. 1900 von dem örtlich zuständigen Amtsvorsteher zu Qu. über seine Staatsangehörigkeitsverhältnisse vernommen und gab dabei an: Er habe auf Grund des Art. XIX des Wiener Friedensvertrags am 12. IV. 67 bei der Hardesvogtei zu Hadersleben für Dänemark optiert und sei darauf nach Dänemark gereist; dort habe er sich bis zum Herbste desselben Jahres aufgehalten und sei dann nach Sv. zurückgekehrt. Mit Bezugnahme auf diese Erklärung ließ der Amtsvorsteher am 7. III. 1901 dem Schankwirt B. folgende Eröffnung zugehen:

„Nach heute hier eingegangener Entscheidung des Herrn Landrats sind Sie Optant. Es wird Ihnen daher als Ausländer aufgegeben, baldigst Niederlassungserlaubnis für die Gemeinde Qu. nachzusuchen."

Auf seine Beschwerde von dem Landrat und auf weitere Beschwerde von dem Regierungspräsidenten ablehnend beschieden, erhob B. Klage auf Aufhebung des in letzter Instanz ergangenen Beschwerdebescheides sowie der darin aufrecht erhaltenen Verfügung des Amtsvorstehers v. 7. III. 1901. Das O.-V.-G. wies die Klage ab.

2. Das Patent, betr. die Niederlassung und Versorgung von Ausländern, v. 5. XI. 41 (Chron. Samml. der im Jahre 1841 ergangenen Vd. und Verf. für die Herzogtümer Schleswig und Holstein S. 243) bestimmt im § 1: „Ausländern ist die Niederlassung in einer Kommune des Landes nicht ohne ausdrückliche Genehmigung zu gestatten," und verordnet im § 2, daß die Genehmigung erst nach Anhörung der Armenkommune des Niederlassungsorts und nur dann zu erteilen ist, wenn der Fremde gewisse Beweise über sein bisheriges Wohlverhalten und seine Erwerbsfähigkeit erbringt. Im übrigen bestimmt das Patent über das Verfahren bei der Aufnahme von Ausländern nichts. Daß die Vorschrift des Patents über die Notwendigkeit einer besonderen Niederlassungserlaubnis für Ausländer insoweit zu Recht besteht, als sie nicht in Wiederspruch mit dem Reichsrechte tritt, ist in E.-O.-V. Bd. XXX S. 409 ausgesprochen. Ein solcher Widerspruch wurde in dem damals entschiedenen Falle darin gefunden, daß § 21 Abs. 5 des Ges. über die Erwerbung und den Verlust der Bundes- und Staatsangehörigkeit v. 1. VI. 70 den zurückkehrenden früheren Reichsangehörigen, die ihre Staatsangehörigkeit lediglich durch zehnjährigen Aufenthalt im Auslande verloren haben, ein Recht auf Niederlassung gewährt. Für andere Ausländer besteht jedoch ein Niederlassungsrecht reichsgesetzlich nicht, da die Befugnis der Landespolizeibehörden zur Ausweisung von Personen, die dem Reiche nicht angehören, gesetzlich nicht geregelt und unter Ausschluß eines Klagerechts der Ausländer (§ 130 Abs. 3 L.-V.-G.) in das Ermessen der Polizeibehörden gestellt ist.

3. Ob § 1 des Patents v. 5. XI. 41 auf den Kläger anwendbar ist, hängt demnach allein davon ab, ob er als Reichsausländer angesprochen werden muß. Dies ist zu bejahen. Nach Art. XIX Abs. 1 des Wiener Friedenstraktats v. 30. X. 64 (Vd.-Bl. für Schleswig-Holstein und Lauenburg, Jahrg. 1865 S. 1) war den in den abgetretenen Gebieten domizilierten Untertanen das Recht vorbehalten, „während sechs Jahre, vom Tage der Auswechselung der Ratifikation an gerechnet, mittelst einer vorgängigen Anzeige an die zuständige Behörde . . . ihr Mobiliarvermögen zollfrei auszuführen und sich mit ihren Familien in die Staaten Seiner Dänischen Majestät zurückzuziehen, in welchem Falle ihnen ihre Eigenschaft als Dänische Untertanen vorbehalten" bleiben sollte.

Der Wiener Friedensvertrag enthält keinerlei Bestimmung darüber, von welcher Dauer die im Anschluß an die Optionserklärung zu vollziehende Verlegung des Wohnsitzes nach Dänemark sein müsse. Mag auch ein nur besuchsweiser Aufenthalt nicht als ein Sichzurückziehen im Sinne des Art. XIX des Wiener Friedensvertrags gelten dürfen, so ist doch nicht zu zweifeln, daß ein der Optionserklärung unmittelbar folgender, mehrere Monate dauernder Aufenthalt in Dänemark hinreicht, um den Erfolg eintreten zu lassen, daß der Optant die Dänische Staatsangehörigkeit erwirbt. Daran vermag die Behauptung, der Kläger habe seinen Grundbesitz in Schleswig behalten, seine Familie daselbst belassen und seinen Aufenthalt in Dänemark mehrmals durch Rückkehr in die alte Heimat unterbrochen, nichts zu ändern. Das Mitnehmen der Familien war den Optanten zwar gestattet, aber nicht zur Bedingung für die Rechtswirksamkeit der im Anschluß an die Optionserklärung vollzogenen Überwanderung gemacht. Durch die angeblichen Reisen nach Schleswig, die nach der angegebenen Darstellung den Charakter von Besuchen annahmen, wurde die Wohnsitzverlegung nach Dänemark nicht aufgehoben. Inwiefern der Besitz von Grundeigentum in Schleswig dem Erwerbe der Dänischen Staatsangehörigkeit entgegenstehen sollte, ist nicht erfindlich.

4. Optionserklärungen, denen im unmittelbaren Anschlusse die wirkliche, nicht bloß eine scheinbare, Überwanderung nach Dänemark gefolgt war, sind unwiderruflich. Der Wiener Friedensvertrag hat ein Recht, die einmal abgegebene Erklärung zu ändern und statt der durch sie in Verbindung mit der Überwanderung erworbenen Dänischen Staatsangehörigkeit wieder die Preußische anzunehmen, nicht vorgesehen. Über die Option gibt es keine allgemein gültigen Rechtssätze; sie hat sich in der völkerrechtlichen Übung entwickelt und ist von Fall zu Fall in Ansehung der Berechtigten, der Form, der Frist und der Wirkung der Erklärung anders gestaltet worden. Lediglich die Vereinbarungen derjenigen Staaten, die beim Wechsel der Staatsgewalt über ein Gebiet beteiligt sind, kommen für die Optionsberechtigten in Betracht; über jene Vereinbarungen hinaus reichen die Befugnisse der Optanten nicht. In dem Friedenstraktat v. 30. X. 64 findet sich keinerlei Andeutung für ein Recht, die Optionserklärung zu widerrufen, und damit steht fest, daß es ein solches Recht nicht gibt.

5. Wer durch Option in Verbindung mit der Überwanderung die Preußische Staatsangehörigkeit verloren hat, kann sie nur nach Maßgabe der für Reichsausländer geltenden Vorschriften wiedererwerben. Durch Heranziehung zum Militärdienste — die übrigens darin gar nicht zu finden ist, daß der Kläger, wie ihm in dem Passe bescheinigt ist, in der Dänischen Armee seiner Dienstpflicht durch Stellvertretung genügt hat — wird die Naturalisation nicht ersetzt (E.-O.-V. Bd. XXXV S. 423, Bd. XXXVIII S. 405). Dasselbe muß von der Zulassung zu den Wahlen gelten, die augenscheinlich auf der irrigen Annahme beruht hat, der Kläger sei nicht Optant; aus dem Irrtume der Behörden kann der Kläger ein Recht nicht herleiten.

6. Der Klage steht übrigens noch ferner entgegen, daß das Verwaltungsstreitverfahren gegen die Verf. v. 7. III. 1901 nicht statthaft ist, weil jene Verfügung sich nicht als eine polizeiliche im Sinne des § 127 L.-V.-G. darstellt. Zwar enthält sie in ihrem zweiten Satze die an den Kläger gerichtete Aufforderung, baldigst Niederlassungserlaubnis für die Gemeinde Qu. nachzusuchen, und insoweit ihrer äußeren Form nach ein Gebot; dagegen wird in dem ersten Satze dem Kläger lediglich die Mitteilung gemacht, daß er nach der Entscheidung des zuständigen Landrats Optant sei. Bei der Frage, ob die Polizeibehörde die Absicht hatte, eine Verfügung in Ausübung ihrer Polizeigewalt zu erlassen, was für den Charakter der Verfügung maßgebend ist (E.-O.-V. Bd. IV S. 393), kann die Entscheidung nur aus den Umständen des einzelnen Falles geschöpft werden. Im vorliegenden Falle sollte der Kernpunkt des Schreibens offenbar in dem ersten Satze liegen.

# Dritte Abteilung.

# Polizeiliche Angelegenheiten.

## I.

## Besondere polizeiliche Angelegenheiten.

### A. Wasserpolizei und die damit im Zusammenhange stehenden Streitigkeiten der Beteiligten.

a) Wasserpolizeiliche Verfügungen im Sinne des § 66 Zust.-Ges. Räumung von Gräben, Bächen und Wasserläufen (Privatflüssen). Streitigkeiten der Beteiligten.

**Nr. 1. Entsch.** v. 26. VI. 02 III 1140 (Pr.-V.-Bl. Jahrg. XXIV S. 183).

§ 66 Zust.-Ges.

1. Dem Verwaltungsrichter ist es nicht grundsätzlich versagt — Gegenteiliges ist auch nicht in dem Urt. Bd. XXXII S. 267 ff. ausgesprochen —, eine an sich gerechtfertigte Anordnung wegen Räumung einer bestimmten Graben- und Flußstrecke deshalb zu beanstanden, weil nicht Vorsorge getroffen worden ist, daß zuvor oder gleichzeitig eine obere oder untere Strecke geräumt wird, obschon dies den Umständen nach notwendig ist. Es berührt dies das Gebiet der Notwendigkeit und Zweckmäßigkeit des polizeilichen Vorgehens, das der Nachprüfung des Verwaltungsrichters für Anordnungen nach § 66 des Zust.-Ges. nicht entzogen ist.

2. Im allgemeinen darf davon ausgegangen werden, daß die Räumung der Wasserläufe zweckmäßig von unten auf erfolgt, um das Hindernis für den Abschluß des von oben zufließenden Wassers zu beseitigen, und daß sich die Vorflutverhältnisse für die unteren Strecken ungünstiger gestalten, wenn die Hindernisse für den Abfluß des Wassers oberhalb beseitigt werden, bevor die gleichen Hindernisse unterhalb beseitigt worden sind.

3. Die Aufräumung eines Grabens auf diejenige Breite und Tiefe, in der er angelegt worden ist, kann aus Rücksichten auf die Vorflut nicht schon deshalb verlangt werden, weil es an dieser Breite und Tiefe fehlt, sondern nur dann, wenn und insoweit ihre Wiederherstellung zur Ermöglichung einer unbehinderten Vorflut erforderlich ist. Auch wenn durch Einrichtungen oberhalb das Bedürfnis der Vorflut ein größeres geworden ist, kann eine Verbreiterung oder Vertiefung eines Grabens über das normale Maß hinaus polizeilich gleichwohl nicht erzwungen werden. Den Be-

teiligten bleibt es vielmehr überlassen, das Recht auf Erweiterung des Grabens gegen den zu seiner Unterhaltung Verpflichteten in einem Verfahren nach §§ 68 ff. des Zust.-Ges. gegen Entschädigung zu erwerben.

**Nr. 2. Entsch.** v. 2. I. 02 III 5 (Pr.-V.-Bl. Jahrg. XXIV S. 296).
§ 7 Ges. v. 28. II. 43.

1. In dem Urteil des O.-V.-G. v. 1. X. 83 (Entsch. Bd. X S. 243) ist dargelegt, daß die an sich vorhandene Verbindlichkeit, einen Wasserlauf zum Zwecke der Entwässerung oberhalb gelegener Ländereien zu räumen, davon unberührt bleibe, daß dem Räumungspflichtigen zugleich die Befugnis zustehe, durch Anstauung des Wasserlaufs den regelmäßigen Wasserabfluß zu unterbrechen. Dabei ist ausgeführt worden, daß die Stauung nur periodisch stattfinde und für die Zwischenzeit, wo nicht gestaut werde, die Sache genau in derselben Lage sei, wie wenn das Staurecht überhaupt gar nicht bestände, d. h. es trotz dieses Rechts bei der gesetzlichen Räumungspflicht bleibe, daß die künstliche Anstauung als Ausnahme gegenüber dem natürlichen Nichtgestautsein als dem regelmäßigen Zustande zu qualifizieren und der Wasserstand des Ausnahmefalls für die Pflichten des — damaligen — Klägers angesichts der regelmäßigen Sachlage ohne jeden Einfluß sei, und daß derjenige Zustand, auf welchen die oberhalb gelegenen Grundbesitzer ein Recht hätten, und dessen Herbeiführung den Inhalt der Räumungspflicht und die Aufgabe der — damals — beklagten Ortspolizeibehörde bilde, der sei, daß das Wasser in seinem normalen Bette dahinfließe und der Mangel desjenigen Mehrabflusses, der zugestandenermaßen eintreten würde, wenn der Wasserlauf in der vorgeschriebenen Weise geräumt werde, den Nachteil der oberhalb gelegenen Besitzer bilde. Alles das trifft auch zu, wenn nicht der als räumungspflichtig in Anspruch Genommene selbst, sondern ein anderer zur Unterbrechung des regelmäßigen Wasserabflusses durch Anstauung des Wasserlaufs befugt ist, und führt für diesen Fall ebenfalls dahin, dem Staurechte keinen Einfluß auf die Erfüllung der bestehenden Räumungspflicht einzuräumen. Daß in der Zwischenzeit, wo nicht gestaut wird, aus der unterlassenen Räumung den Anliegern Nachteile erwachsen, genügt, um die Wasserpolizeibehörde zur Geltendmachung der öffentlich-rechtlichen Räumungspflicht nach § 10 des Vorflutgesetzes v. 15. XI. 11 zu berechtigen.

2. Die öffentlich-rechtliche Räumungspflicht, die mit einem Ufergrundstück oder einem sonstigen Grundstücke verbunden ist, ist zwar allein von dessen Eigentümer zu erfüllen, aber sie ist von ihm nicht bloß in der Weise zu erfüllen, daß die erforderlichen Aufwendungen lediglich aus den Erträgen des Grundstücks zu bestreiten wären und, wenn die Erträge nicht ausreichen, die Pflicht nicht erfüllt zu werden brauchte. Sie ist keine Verbindlichkeit des Grundstücks als solchen, sondern des Grundstückseigentümers, und dieser hat ihr mit seiner ganzen Leistungsfähigkeit, nicht lediglich mit der aus einer einzelnen Einnahmequelle, namentlich nicht bloß mit der aus den Erträgen des betreffenden Grundstücks, zu genügen (vgl. das Urt. v. 16. IV. 98 III. 534, sowie das die Wegebaulast betreffende Urt. v. 23. XI. 99, Entsch. Bd. XXXVI S. 233).

3. Die Annahme, es habe sich nach dem Erlasse des Ges. v. 28. II. 43 eine Observanz als contra legem (§ 7) nicht mehr bilden können, wird ohne weiteres durch den Wortlaut dieses § 7 des Ges. selbst widerlegt (vgl. E.-O.-V. Bd. XXX S. 301).

4. Vielfach trägt ein eigenes Interesse, einen Flußlauf zu räumen, zur Bildung einer Observanz bei. Es kann sogar sehr wohl dazu beitragen,

daß der Räumende sich selbst für räumungspflichtig hält und daß er von anderen dafür gehalten wird. In zahlreichen Fällen hat denn auch das O.-V.-G. dem Einwande, daß sich eine Observanz nicht gebildet habe, weil die Räumungen nur, um mahlen zu können und nicht zur Beschaffung von Vorflut vorgenommen worden seien, den Erfolg versagt (vgl. z. B. die Urt. v. 5. XI. 91 III 983, 2. VII. 96 in Bd. XXX S. 296 der Entsch., 10. XII. 98 III. 1706 und 21. XI. 1901 III 1921).

5. Richtig ist, daß bei Privatflüssen früher durch Observanz regelmäßig nur eine privatrechtliche Räumungspflicht begründet wurde, weil es vor dem Ges. v. 28. II. 43 keine allgemeine öffentlich-rechtliche Verpflichtung, einen Privatfluß zu räumen, gegeben hat. Die durch Observanz begründete privatrechtliche Räumungspflicht ist aber durch das Gesetz demnächst zugleich zu einer öffentlich-rechtlichen gemacht worden. Sonst hätte es die von ihm ausgesprochene allgemeine öffentlich-rechtliche Verpflichtung nicht im § 7 beim Vorhandensein ununterbrochener Gewohnheiten, die bis dahin meist wegen des Mangels einer allgemeinen öffentlich-rechtlichen Räumungspflicht nur eine privatrechtliche Pflicht herstellten, als durch diese Pflicht ersetzbar bezeichnen können. Wurde die öffentlich-rechtliche Pflicht nun solchen auferlegt, die früher gar keine Pflicht gehabt hatten, so durfte sie mit noch größerem Rechte denen auferlegt werden, denen schon eine privatrechtliche Pflicht oblag.

**Nr. 3. Entsch.** v. 20. III. 02 III 499 (Pr.-V.-Bl. Jahrg. XXIII S. 615).
Abs. 2 Satz 3 § 66 Zust.-Ges.

Wenn nach § 66 Abs. 2 Satz 3 des Zust.-Ges. der Dritte mitverklagt wird, so ist in der Klage jeder Kläger einzeln und genau zu benennen, unzulässig ist es, die Beklagten mit „noch festzustellenden Interessenten" zu bezeichnen.

**Nr. 4. Entsch.** v. 24. III. 02 III 4 (Pr.-V.-Bl. Jahrg. XXIV S. 342).
§ 66 Abs. 4 und Abs. 2 Zust.-Ges.

Die Klage aus § 66 Abs. 4 Satz 3 des Zust.-Ges. auf Erstattung des Geleisteten gegen den aus Gründen des öffentlichen Rechts Verpflichteten findet dann nicht mehr statt, wenn dessen Nichtverpflichtung bereits in einem vorausgegangenen, denselben Räumungsfall betreffenden Streitverfahren auf Grund des Abs. 2 Satz 3 (Klage zugleich gegen den Dritten auf Übernahme der polizeilichen Leistung) zwischen den gleichen Parteien festgestellt ist.

### b) Strom-, Schiffahrts- und örtliche Wasserpolizei, öffentliche Flüsse und ihre Schiffbarkeit, Leinpfad, Strombauverwaltungsgesetz, Uferschutzbauten, Fähren, Wasserbauinspektoren, Schaurichter.

**Nr. 1. Entsch. Bd. XXXXI S.** 257 v. 1. V. 02 III A 45/01.
§§ 57 ff. Tit. 15 Teil II A.-L.-R.

1. Über die rechtliche Natur der Leinpfadlast nach gemeinem und nach preußischem Rechte hat sich das O.-V.-G. in dem Erk. v. 19. XI. 98 (Entsch. Bd. XXXIV S. 292) und ferner in dem v. 7. II. 1900 (Entsch. Bd. XXXVII S. 289) näher ausgesprochen (vgl. Entsch. Bd. XXXVI S. 231 und Bd. XXX S. 281, 290, Urt. v. 21. IV. 94 und 17. II. 96). Danach ist die Leinpfadlast öffentlich-rechtlicher Natur und nicht eine Last, welche nach den Regeln des Privatrechts dem einen Grundstücke (praedium serviens) zum Vorteile des anderen (praedium dominans) auferlegt ist (§§ 57 ff. Tit. 15 T. II A.-L.-R.). Sie hat ihren Grund in den sich aus der Natur

der Ströme als öffentlicher Wasserstraßen ergebenden Bedürfnissen, und eine Berufung auf die privatrechtlichen Grundsätze über das Erlöschen der Grunddienstbarkeiten findet ihr gegenüber nicht statt. Der Umstand, daß tatsächlich der Leinpfadverkehr sich seit langer Zeit nur auf einem Flußufer bewegt hat, befreit daher das andere Ufer nicht von dieser gesetzlich ihm aufliegenden Last und schützt dessen Eigentümer nicht vor einer Verlegung des Leinpfads durch die Schiffahrtspolizeibehörde dorthin.

2. Andererseits ist die Regelung der Ausübung des Leinpfadverkehrs ebenso wie des Schiffahrtsverkehrs selbst Sache der Strom- und Schiffahrtspolizeibehörde, und diese ist daher auch befugt, den Leinpfadverkehr auf das eine Ufer zu beschränken und auf dem anderen Ufer zu verbieten. Ist dies geschehen, so sind die Eigentümer des Ufers, für welches das Verbot erlassen ist, nicht verpflichtet, den Leinpfadverkehr, solange das Verbot besteht, auf ihren Grundstücken zu dulden.

**Nr. 2. Entsch. Bd. XXXXI S. 261** v. 9. I. 02 III C 66/99.
§ 5 Abs. 2 des Strombauverwaltungsges. v. 20. VIII. 83.

1. Der § 5 Abs. 2 des Strombauverw.-Ges. v. 20. VIII. 83 findet auch auf solche bei Inkrafttreten des Gesetzes noch nicht reifen Anlandungen Anwendung, die bereits vor dessen Erlaß auf Grund fiskalischer Anlagen entstanden und von dem Uferbesitzer in Besitz genommen worden sind, wie das O.-V.-G. schon bisher gegenüber der abweichenden bei Mahraun, Strombauverw.-Ges. S. 21 Anm. 5 zu § 5 vertretenen Ansicht in gleichmäßiger Rechtsprechung angenommen hat (Urt. v. 12. XII. 87 Pr.-V.-Bl. Jahrg. IX S. 186, Urt. v. 13. III. 90 — Kunze-Kautz, Rechtsgrundsätze Bd. II S. 19 und 20 — und Urt. v. 28. II. 1900 — Pr.-V.-Bl. Jahrg. XXII S. 502). Auf den gleichen Standpunkt hat sich auch das Reichsgericht, V. Zivilsenat, in dem Urt. v. 31. III. 86 (Mahraun S. 23) gestellt.

2. Die Bestimmung im letzten Satze des § 5 Abs. 2 des Gesetzes:

„Zu diesem Zwecke tritt der Staat in den Besitz und die Nutzung derselben."

ist in Übereinstimmung mit der in dem Mahraun'schen Kommentare S. 23 Anm. 6 zu § 5 vertretenen Auffassung und abweichend von der Ansicht des Reichsgerichts, V. Zivilsenat, in der Entsch. v. 14. VII. 94 (Entsch. Bd. XXXIII S. 231 und Juristische Wochenschrift 94 S. 493 Nr. 7) dahin auszulegen, daß der Staat mit dem Tage des Inkrafttretens des Gesetzes ohne weiteres kraft Gesetzes den Besitz der sämtlichen auf Grund fiskalischer Anlagen entstandenen, noch nicht reifen Anlandungen erlangt hat, ohne daß es dazu bei der einzelnen Anlandung noch einer Besitzergreifung oder Erklärung irgend welcher Art bedurfte. Für diejenigen Anlandungen, welche erst nach Inkrafttreten des Gesetzes entstehen, ergibt sich der Übergang in den Besitz und die Nutzung des Staates kraft Gesetzes ohne weiteren Besitzergreifungsakt mit Notwendigkeit aus den Bestimmungen des § 5 Abs. 1 in Verbindung mit § 6 Abs. 1.

**Nr. 3. Entsch.** v. 14. XI. 01 III 1872 (Pr.-V.-Bl. Jahrg. XXIII S. 520).
§§ 3, 5, 7, 10 Strombauverw. Ges. v. 20. VIII. 83.

Anlandungen, die bei Inkrafttreten des Strombauverw.-Ges. vom 20. VIII. 83 bereits reif waren, also der Ausbildung und Befestigung im Sinne des § 5 Absatz 2 dieses Gesetzes am Tage des Inkrafttretens des Gesetzes nicht mehr bedurften, unterliegen den Vorschriften dieses Gesetzes auch dann nicht, wenn sie infolge fiskalischer Stromregulierungswerke (§ 3 Abs. 1, § 5 Abs. 1 a. a. O.) entstanden sind. Es folgt dies ohne weiteres aus den

Bestimmungen der §§ 5 und 6 des Gesetzes. Nur zu dem Zweck tritt der Staat in den Besitz und in die Nutzung der Anlandungen, um sie ausbilden und insoweit befestigen zu können, daß sie ohne Nachteil für den Strom mit Vorbehalt der Vorschriften der §§ 7 und 10 benutzt werden können (§ 5 Abs. 2 a. a. O.). Sobald dies Ziel erreicht ist, steht dem Uferbesitzer das Recht zu, gegen Erstattung des Werts in den Besitz der Anlandungen zu treten, dem Besitz und der Nutzung des Staats also ein Ende zu machen (§ 6 Abs. 1 a. a. O.). Das Interesse der Strombauverwaltung, das durch das Gesetz geschützt werden soll, besteht also, in der freien Verfügung über die noch unreifen Anlandungen zum Zweck ihrer Ausbildung und Befestigung. Außerhalb der Grenzen des Gesetzes liegen daher alle die Anlandungen, die bei seinem Inkrafttreten einer Ausbildung und Befestigung, weil sie bereits reif waren, nicht mehr bedurften (zu vgl. auch Mahraun, das Strombauverw.-Ges. S. 23, Anm. 5 zu § 5 und die dort angeführte Entsch. des R.-Ger., V. Senats v. 31. III. 86).

### c) Wassergenossenschaften.

### d) Entwässerung, Verschaffung von Vorflut.

**Nr. 1. Entsch. Bd. XXXX S. 277 v. 24. X. 01 III C 30.01.**

§§ 15 ff. Vorflutges. v. 15. XII. 1811; Art. 3 Ges. v. 11. V. 53 (G.-S. S. 182).

Nach den §§ 15 ff. Vorflutges. wird, sofern die im § 15 für das Ablassen des Wassers angegebenen Voraussetzungen erfüllt sind, auf Grund der in den §§ 16 und 17 geregelten Lokaluntersuchung bestimmt, ob die Ablassung überhaupt stattfinden könne und unter welchen Modalitäten sie ausgeführt werden müsse (§ 18). Die Art der Entwässerung kann der Natur der Sache nach verschieden sein. Sie kann in der Erweiterung der natürlichen Wasserabzüge und der bereits vorhandenen Abzugsgräben, ebensowohl aber in der Anlegung neuer Wasserabzüge bestehen. Auch auf Ableitungen des Wassers unter der Erde in bedeckten Kanälen oder in Röhren (Drains) finden die über Anlegung von Entwässerungsgräben durch fremde Grundstücke geltenden Vorschriften Anwendung (Art. 3 Ges. v. 11. V. 53, G.-S. S. 182). Es kann aber dasjenige, was das Gesetz hinsichtlich der Gräben bestimmt hat, und was alsdann für die Wasserläufe im weiteren Sinne als maßgebend anzunehmen ist, auf Anlagen nicht übertragen werden, die ihrer Eigenart nach nicht unter den Begriff von Gräben und Wasserläufen fallen. Und selbst wenn die Mitbenutzung der behufs der Bodenkultur angelegten Drains auf Grund des Gesetzes für Zwecke der Vorflut in Anspruch genommen werden darf, so kann doch das, was für die Drains bestimmt ist, auf die in bedeckten Kanälen oder Röhrenleitungen bestehenden städtischen Kanalisationsanlagen nicht ausgedehnt werden. Dieses verbietet sich nach dem eigenartigen Zwecke solcher Kanalisationsanlagen, die Bewohnbarkeit geschlossener Ortschaften dadurch zu fördern, daß die Möglichkeit zur Abführung nicht allein der Abwässer von den Straßen, sondern auch von Hauswirtschaften und gewerblichen Anlagen sowie gegebenen Falles zur Abführung von Fäkalien, also von Wassern und Stoffen geboten wird, die ungereinigt weder den Gräben und Wasserläufen noch auch den Drains zugeführt werden dürfen. Die Kanalisationsanlagen an sich stellen eine für die Vorflut bestimmte Einrichtung nicht dar. Nicht ausgeschlossen ist zwar, daß der Inhaber der Kanalisationsanlage sie freiwillig einem einzelnen oder auch allgemein für Zwecke der Vorflut eröffnet; ein Zwang gegen ihn findet aber auf Grund der Vorflutgesetze nicht statt.

**Nr. 2. Entsch. Bd. XXXX S. 284** v. 8. VII. 01 III C 70/01.
§§ 15ff. Vorflutges. v. 15. XII. 1811; § 68 des Zust.-Ges.

Ein Stadtausschuß hatte einen Antrag auf Verschaffung von Vorflut nicht im Beschlußverfahren gemäß § 68 des Zust.-Ges., sondern sofort im Verwaltungsstreitverfahren erledigt. Dies war unzulässig und das Erk. wurde aufgehoben. Das O.-V.-G. führte aus: Nach § 54 des L.-V.-G. ist das Verfahren des Kreis-(Stadt-)Ausschusses und des Bezirksausschusses in Angelegenheiten der allgemeinen Landesverwaltung entweder das Verwaltungsstreitverfahren oder das Beschlußverfahren. Beide Verfahren sind unter besonderen Abschnitten des dritten Titels des Landesverwaltungsgesetzes geregelt, das Verwaltungsstreitverfahren im Abschnitt II, das Beschlußverfahren im Abschnitt III. Welches der voneinander streng geschiedenen Verfahren im einzelnen Falle stattzufinden hat, ist vom Gesetze selbst bestimmt und dem Belieben der Verwaltungsbehörden entzogen. Es kann auch nicht etwa gesagt werden, daß das Verwaltungsstreitverfahren gegenüber dem Beschlußverfahren ein übergeordnetes Verfahren sei und sich von diesem nur dadurch unterscheide, daß es mit erhöhten Garantien umgeben sei und eingehenderen gesetzlichen Bestimmungen unterliege. Beide Verfahren stehen vielmehr völlig selbständig nebeneinander, und ein jedes unterliegt seinen eigenen gesetzlichen Anforderungen und Bestimmungen. Das eine Verfahren kann daher auch in keinem Falle durch das andere nach dem Ermessen der zuständigen Behörde ersetzt werden. Die Beobachtung des vorgeschriebenen Verfahrens ist vielmehr ein wesentliches Erfordernis, und es ist daher ausgeschlossen, daß ein im Verwaltungsstreitverfahren den gesetzlichen Vorschriften zuwider erlassenes Urteil als ein im Beschlußverfahren gültig erlassener Beschluß angesehen werde.

### e) Wassernutzung, Bewässerung, Uferbesitz, Eigentum an Privatflüssen und am Flußbette.

### f) Stauanlagen für Wasserbetriebswerke, Merkpfahlsetzung.

**Nr. 1. Entsch.** v. 24. III. 02 III 512 (Pr.-V.-Bl. Jahrg. XXIII S. 793).
§§ 25, 27, 36, 38 Gew.-Ordn.

Die Umwandlung eines hölzernen Stauwerks in ein steinernes ist nicht als eine wesentliche Veränderung der Stauanlage anzusehen.

### g) Hannoversches Wasserrecht.

### h) Schleswig-Holsteinisches und Lauenburgisches Wasserrecht.

**Nr. 1. Entsch. Bd. XXXX S. 280** v. 31. X. 01 III B 93/00.
§ 82 Abs. 3 Zust.-Ges.; §§ 3, 6 der Holst. Wasserlösungs-Ordn. v. 16. VII. 57.

Nach § 6 der Holsteinischen Wasserlösungs-Ordn. v. 16. VII. 57 genießen von alters her bestehende oder auf Übereinkunft oder rechtskräftiger Entscheidung beruhende Stauanlagen des rechtlichen Schutzes und können nur unter bestimmten Voraussetzungen gegen vollständige Entschädigung beseitigt werden. Erweist sich eine solche Stauanlage als die Nachbarn schädigend, so kann dagegen der Landrat nicht mit einer Verfügung einschreiten, vielmehr ist es Sache des Kreisausschusses, eine neue Regulierung der Sache eintreten zu lassen.

**Nr. 2. Entsch. Bd. XXXX S. 288 v. 20. II. 01 III C 128/00.**

Provisorische Verf. für die Geestdistrikte des Herzogtum Schleswig v. 6. IX. 63 (Chronol. S. 232).
§ 81 des Zust.-Ges.

1. Wie im Gebiete der Wasserlösungsordnung für die Geestdistrikte des Herzogtums Holstein v. 16. VII. 57 der Landrat (Entsch. Bd. XXI S. 311 ff., Bd. XXV S. 294, und das Urteil v. 17. XII. 91, III 1135, in Kunze-Kautz, Rechtsgrundsätze Bd. II S. 50), vereinigen also auch nach der provisorischen Verfügung für die Geestdistrikte des Herzogtums Schleswig vom 6. IX. 63 die Schauungsmänner zwei Obliegenheiten in sich, nämlich die der administrativen Rechtsprechung und der obrigkeitlichen Anordnung, und es ist, wenn sie in Übung derjenigen zur administrativen Rechtsprechung tätig gewesen sind, die Klage nicht gegen sie, sondern lediglich gegen den Mitbeteiligten, Beikommenden, zu richten, zu dessen Gunsten sich der Kläger durch das ergangene Erkenntnis für benachteiligt hält.

2. Wenn Wasserläufe in gemauerte Kanäle oder Röhren gelegt werden, so ändert dies die Verpflichtung zur Unterhaltung nicht (vgl. § 100 I 8 A.-L.-R., Erk. v. 23. III. 98 III 430, Kunze-Kautz, Rechtsgrundsätze Erg.-Bd. 1899 S. 147).

3. Die Verpflichtung zur Unterhaltung eines Wasserlaufes hängt nicht von der Eintragung in das offizielle Verzeichnis ab.

4. Sind die Schaumänner Partei, so kann ihnen die Zahlung des Kosten-Pauschquantums nicht auferlegt werden; sie sind öffentliche Behörde.

**Nr. 3. Entsch. Bd. XXXXI S. 272 v. 24. IV. 02 III C 31/01.**

Ges., betr. die Einrichtung der Staatsverw.-Behörden in Lauenburg, v. 7. XII. 72 (Off.-Wochenbl. S. 368).
9 Wasserlösungsordn. für Lauenburg v. 22. V. 57 (Ges.-Bl. S. 135).
§ 82 Zust.-Ges.

1. Im ehemaligen Herzogtum Lauenburg gebührt nicht dem Landrate, sondern dem Amtsvorsteher die Wasserpolizei nach der Wasserlösungsordnung v. 22. V. 57.

2. Die Rechtsmittel gegen seine wasserpolizeilichen Verfügungen richten sich nicht nach § 66, sondern nach § 82 des Zust.-Ges.

3. Wird eine Klage aus § 82 Nr. 1, also gegen den Amtsvorsteher, erhoben, so kann nicht eine solche aus § 82 Nr. 2 zugleich mit erhoben werden (vgl. Entsch. Bd. XXV S. 294).

i) Kurhessisches Wasserrecht.

## B. Deichpolizei.

**Nr. 1. Entsch. v. 2. X. 02 III 1617 (Pr.-V.-Bl. Jahrg. XXIV S. 137).**

§ 1 Deichges. v. 28. I. 48.

Das Deichgesetz findet keine Anwendung auf Anpflanzungen (Erk. vom 24. III. 92 Pr.-V.-Bl. Jahrg. XIII S. 432).

**Nr. 2. Entsch. Bd. XXXXI S. 275 v. 16. I. 02 III A 24/01.**

§ 1 Deichges. v. 28. II. 48; § 96 Zust.-Ges.

Ablagerungen von Steinen, die ihrer Verschiffung harren, sind als eine deichähnliche Erhöhung der Erdoberfläche nicht anzusehen. An einer Erhöhung der Erdoberfläche, die das Gesetz verlangt, fehlt es in diesem Falle. Denn die Erdoberfläche „erhöhen“ oder lediglich auf ihr etwas lagern, was beweglich und für sich selbständig ist und bleiben soll, ist etwas Verschiedenes. Die Steinhaufen auf einem Lagerplatze sollen bestimmungsgemäß nicht dazu dienen, der Erdoberfläche eine andere Gestaltung zu geben, mit ihr eine Einheit zu bilden, so daß nunmehr an Stelle der bisherigen Erdoberfläche, wie bei einem Damme oder Deiche, die Außenfläche der Erhöhung tritt, sondern sie sind im Gegenteile dazu bestimmt, in keinerlei Verhältnis oder Verbindung mit der Erdoberfläche zu treten und von ihr völlig unabhängig zu bleiben, um jederzeit fortgenommen und verladen werden zu können. Geschieht dies ihrer Bestimmung gemäß, so liegt die Erdoberfläche in völlig unveränderter Gestaltung wieder zu Tage. Schon hieraus folgt, daß auch der Umstand nicht entscheidend sein kann, ob die Ablagerung der zur Wiederfortschaffung von vornherein bestimmten Steine von kürzerer oder längerer Dauer ist, da es in dem einen wie in dem anderen Falle an dem gesetzlichen Erfordernisse der Erhöhung der Erdoberfläche fehlt.

**Nr. 3. Entsch.** v. 23. I. 02 III 138 (Pr.-V.-Bl. Jahrg. XXIII S. 648).

§ 1 Deichges. v. 28. I. 48.

1. Die Bestimmung des § 1 des Deichgesetzes bezieht sich nicht nur auf öffentliche, sondern auch auf Privatflüsse, sofern sie zeitweise, wenn auch nur in größeren Zeitabschnitten, so doch mit einer gewissen Regelmäßigkeit aus ihren Ufern treten und eine Strecke Landes unter Wasser setzen (Jahrbuch der Entsch. des Kammergerichts Bd. V S. 341).

2. Frägt es sich, ob Ufermauern als Deiche anzusehen, so ist entscheidend, ob sie die Uferhöhe überragen.

3. Wie das O.-V.-G. bereits früher ausgesprochen hat (Entsch. v. 22. X. 98, Nr. III 1430, Pr.-V.-Bl. Jahrg. XX S. 202), räumt der Zusatz im § 1 „wenn es erforderlich ist" der Polizeibehörde das unumgänglich nötige freie Ermessen ein, ob im einzelnen Falle von der strengsten Maßnahme, der Beseitigung der Anlage, Gebrauch zu machen oder nur eine Geldbuße zu verhängen ist. Es kann aber daraus die Zulässigkeit der Verwaltungsklage innerhalb weiterer Grenzen, als sie im § 127 des L.-V.-G. normiert sind, nicht geschlossen werden. Die Folge würde andernfalls sein, daß der Verwaltungsrichter gegebenen Falls auf die Zulässigkeit des Fortbestehens einer dem § 1 a. a. O. widersprechenden, also ungesetzlichen Anlage zu erkennen hätte, was offenbar ausgeschlossen ist und auch mit der Vorschrift des § 96 des Zust.-Ges. welche die Prüfung und Genehmigung solcher Anlagen dem Bezirksausschuß und in der Beschwerdeinstanz dem Minister für Landwirtschaft überträgt, unvereinbar sein würde.

**Nr. 4. Entsch. Bd. XXXXI** S. 280 v. 17. IV. 02 III A 55/01.

§ 1 Deichges. v. 28. I. 48; § 96 des Zust.-Ges.

1. Eine Mauer kann eine deichähnliche Erderhöhung bilden (Erk. v. 23. I. 1902 Pr.-V.-Bl. Jahrg. XXIII S. 648). Darauf, daß eine Anlage aus Steinen und nicht aus Erde hergestellt ist, kommt es nicht an; es steht nichts entgegen, Deiche ebenfalls aus anderem Material als aus Erde zu errichten.

2. Wenn der Bezirksausschuß den Antrag auf Genehmigung der Errichtung eines Deiches oder einer deichähnlichen Erderhöhung, unter der Annahme, daß es sich um einen Deich oder eine deichähnliche Erderhöhung handelt, zurückgewiesen hat, der Antragsteller aber davon ausgehend, er errichte keinen Deich oder eine deichähnliche Erderhöhung, mit der Errichtung vorgeht und der Regierungspräsident dagegen einschreitet, so hat der Verwaltungsrichter bei Prüfung der Verwaltungsklage selbständig festzustellen, ob es sich in der Tat um einen Deich u. s. w. handelt. Die in dem Beschlußverfahren erfolgte

Feststellung ist für ihn nicht bindend (der Rest des Erk. betreffend Allgemeines über die Rechtskraft von Beschlüssen in Verwaltungssachen siehe im Abschn. „Verwaltungsstreitverfahren").

## C. Fischerei.

## D. Die Jagd.

### a) Jagdscheine.

**Nr. 1. Entsch.** v. 3. II. 02 III 211 (Pr.-V.-Bl. Jahrg. XXIII S. 761).
§§ 6, 8 des Jagdscheingeſ. v. 31. VII. 95.

Es ist nicht erforderlich, daß derjenige, dem der Jagdschein entzogen wird, bereits gewohnheitsmäßig unvorsichtig mit dem Schießgewehr umgegangen ist, sondern es ist die Voraussetzung für die Anwendung der §§ 6 und 8 des Jagdscheingeſ. vorhanden, wenn auch nur aus einer einzelnen Handlung der Schluß gezogen werden muß, daß es dem Betreffenden an der für den Gebrauch des Schießgewehrs erforderlichen Vorsicht fehlt. Eine andere Rechtsauffassung ist auch in den beiden Entscheidungen des O.-V.-G. v. 19. III. 98 — III. 407 — und 10. XII. 98 — III. 1710 — (bei Kunze u. Kautz Ergänzungsband 1899 S. 174 und 1900 S. 184) durch die Wendungen „gänzlicher Mangel . . . der Zuverlässigkeit", „Nachweis . . . der gewohnheitsmäßigen Unzuverlässigkeit" und „wenn die Unvorsichtigkeit jedes Maß überschreitet" mit Rücksicht auf den damaligen Sachverhalt nicht zum Ausdrucke gelangt. Bezüglich der Worte „Nachweis . . . der gewohnheitsmäßigen Unzuverlässigkeit" mag noch bemerkt werden, daß hierunter nicht eine bereits in Tatsachen gewohnheitsmäßig dargetane Unzuverlässigkeit, sondern die für die Zukunft zu besorgende dauernde Unzuverlässigkeit im Gebrauche des Schießgewehrs zu verstehen ist.

### b) Jagdpolizeiliche Verfügung. Gemeinschaftliche und Einzeljagdbezirke, Beteiligte, isolierte Höfe, Waldenklaven, Jagdaufkünfte und deren Verteilung, mit Ausschluß des hannoverschen und kurhessischen Jagdrechtes.

**Nr. 1. Entsch.** v. 13. XI. 1902 III 1896.

Es ist zulässig, in einer Polizeiverordnung zu bestimmen, daß für das Auslegen von Gift zur Tötung schädlicher Tiere außerhalb geschlossener Gebäude polizeiliche Genehmigung erforderlich sei. Danach hat sich auch der Jagdberechtigte zu richten.

**Nr. 2. Entsch. Bd. XXXXI S. 297** v. 21. IV. 02 III C 106/01.
§ 2 Jagdpol.-Geſ. v. 7. III. 50.

Seen können als landwirtschaftlich genutzte Flächen angesehen werden. Das O.-V.-G. nahm dies an bei einem See, den der betreffende Besitzer durch Fischerei, Erzeugung von Gras, Binsen, Schilf, Rohr, durch Tränken von Vieh und Halten von Geflügel nutzte, da diese Nutzungen der Landwirtschaft des Besitzers diene.

**Nr. 3. Entsch. Bd. XXXX S. 319** v. 19. XII. 01 III B 93/01.
§§ 2, 3, 4 des Jagdpol.-Geſ. v. 7. III. 50.

Das O.-V.-G. erklärte den großen Truppenübungs- und Schießplatz Mühlheimer Heide mit einem Flächeninhalte von weit über 300 Morgen, auf dem jährlich für Weidevieh 1200 M. und für Korbweiden 280 M. eingenommen und 41,5 cbm Holz aus dem durch Umschlagung fortgesetzt verjüngtem Baumbestande gewonnen wurde, für einen eigenen Jagdbezirk.

**Nr. 4. Entsch. Bd. XXXXI S. 299** v. 12. V. 02 III C 130/01.

§ 2 Jagdpol.-Ges. v. 7. III. 50.

1. Chausseen, Eisenbahnen, Kanäle und Flüsse sind keine land- oder forstwirtschaftlich genutzte Grundflächen und können einen eignen Jagdbezirk nicht bilden. Zu den Flüsse nund Kanälen gehören ihre Uferwände oder Böschungen.

2. Die Schutzstreifen neben einem Kanale und Ablagerungsflächen können einen eignen Jagdbezirk bilden.

3. In den Materialien zum Jagdpolizeigesetze ist der Chausseen, Eisenbahnen und Kanäle nur beispielsweise gedacht; es ist nicht bedenklich, das Gleiche für andere Grundflächen anzunehmen, bei denen im Hinblicke auf ihre Figur und Bestimmung ähnliche Verhältnisse wie bei Chausseen u. s. w. zutreffen.

**Nr. 5. Entsch. Bd. XXXXI S. 292** v. 23. VI. 02 III A 69/01.

§§ 2, 4 Jagdpol.-Ges. v. 7. III. 50; § 12 Wildschadenges. v. 11. VII. 91. § 26 Zust.-Ges.; § 4 Landgem.-Ordn.

1. Wenn Grundstücke unter 300 Morgen kommunalfrei sind, so hat deshalb der Besitzer noch kein Recht zur eignen Ausübung der Jagd (§ 2 ad a des Jagdpol.-Ges. v. 7. III. 50).

2. Der Besitzer hat auch kein Recht zu verlangen, daß ihm nach § 12 Wildschadenges. der Abschuß von Rot- und Damwild gestattet wird.

3. Gegen Beschlüsse nach Abs. 2 des § 26 des Zust.-Ges. und § 4 der Landgem.-Ord. findet ein Rechtsbehelf überhaupt nicht statt, sie sind unanfechtbar, gelten aber nur vorläufig bis dahin, daß die streitige kommunale Eigenschaft in einem von dem Besitzer des Grundstücks oder auch von Amts wegen durch einen Vertreter des öffentlichen Interesses nach Abs. 1 anhängig gemachten Verwaltungsstreitverfahren, wofür eine Frist im Gesetze nicht eingeführt worden ist, durch rechtskräftige Entscheidung ihre endgültige Feststellung gefunden hat. Inzwischen ist für das gesamte öffentliche Rechtsgebiet von der im Beschlusse festgestellten kommunalen Eigenschaft auszugehen (vgl. Entsch. Bd. XX S. 169 ff., Bd. XXIV S. 121, 198, Bd. XXXI S. 116, Bd. XXXIII S. 148). Dies trifft ebenfalls für Jagdpolizeisachen zu.

### c) Hannoversches Jagdrecht.

**Nr. 1. Entsch. Bd. XXXXI S. 306** v. 29. V. 02 III C 39/02.

Ges. v. 7. VIII. 99; § 4 Hann. Jagdordn. v. 11. III. 59; § 105 Nr. 2 u. 3 Zust.-Ges.

1. Bei einem Streite aus § 105 des Zust.-Ges. Nr. 2 (Ausschluß von Grundstücken aus einem gemeinschaftlichen Jagdbezirke) und Nr. 3 (Ausübung der Jagd auf fremden Grundstücken, die von einem selbständigen Jagdbezirke umschlossen sind) sind sowohl nach dem Jagdpolizeigesetze als nach der Hannov. Jagdordn. die Eigentümer der Parzellen als Partei zuzuziehen.

2. Der § 4 der Hannov. Jagdordn. findet keine Anwendung, wenn ein Teil des Grundbesitzes im Geltungsbereiche des Jagdpolizeiges. v. 7. III. 50, ein Teil in Hannover liegt und die ersteren Grundstücke eine Feldenklave einschließen. Dieser Rechtszustand ist durch das Ges. v. 7. VIII. 99 geändert worden.

d) Kurhessisches Jagdrecht.

e) Wildschaden.

**Nr. 1. Entsch.** v. 17. XI. 02 III 1911 (Pr.-V.-Bl. Jahrg. XXIV S. 311).

§ 4 Wildschadengeś. v. 11. VII. 91; §§ 835, 254 B.-G.-B.; Art. 70, 72 Nr. 4 Einf.-Ges. z. B.-G.-B.

1. Die Ersatzpflicht für die Beschädigung eines Grundstücks durch Rehwild, gleichviel ob dasselbe einer land- oder einer forstwirtschaftlichen Nutzung dient (vgl. Mugdan Material. zum B.-G.-B. Bd. II S. 1269), regelt sich, wenn dessen Eigentümer das Jagdrecht nicht zusteht, nach § 835 des B.-G.-B., soweit nicht landesgesetzlich innerhalb der durch Art. 70 ff. des Einf.-Ges. begründeten Zuständigkeit eine weitergehende oder einschränkende Regelung getroffen worden ist. Insbesondere darf nach Art. 72 Nr. 4 landesgesetzlich die Ersatzpflicht für Wildschaden an Gärten, Obstgärten, Weinbergen, Baumschulen und einzelstehenden Bäumen ausgeschlossen werden, wenn die Herstellung von Schutzvorrichtungen unterblieben ist, die unter gewöhnlichen Umständen zur Abwendung des Schadens ausreichen.

2. Aus dieser reichsgesetzlichen Regelung folgt zwar nicht, daß die Ersatzpflicht, wenn Gärten u. s. w. nicht in Frage sind oder wenn sie in Frage sind, aber rücksichtlich ihrer landesgesetzlich, wie dies für Preußen zutrifft, von der Ermächtigung kein Gebrauch gemacht worden ist, unbedingt, auch bei unterlassener Herstellung von Schutzvorrichtungen besteht. Für § 835 sind die allgemeinen Grundsätze des Bürgerlichen Gesetzbuches über den Schadensersatz also § 254 maßgebend, wonach im Falle eines dem Beschädigten den Umständen nach anzurechnenden Verschuldens bei Entstehung des Schadens die Ersatzpflicht ganz oder zum Teil verneint werden darf. Soviel ergibt aber die reichsgesetzliche Regelung, daß mit einer allgemein begründeten Pflicht zur Herstellung von Schutzvorrichtungen behufs Verhütung von Wildschaden bei Anlagen, die nicht unter die Gärten u. s. w. fallen, überhaupt nicht und bei Gärten u. s. w. so lange nicht zu rechnen ist, als ein entsprechendes Landesgesetz nicht ergangen ist (vgl. Materialien bei Haidlen B.-G.-B. Bd. IV S. 482). Soll gleichwohl im Sinne des § 254 auf die unterlassene Herstellung von Schutzvorrichtungen ein Verschulden des Ersatzberechtigten bei Entstehung des Wildschadens gegründet werden, so kann sich dies nur unter der Voraussetzung rechtfertigen, daß die Geltendmachung des Ersatzanspruchs trotz unterlassener Herstellung von Schutzvorrichtungen nach den besonderen Umständen des einzelnen Falles wider Treu und Glauben verstoßen würde (vgl. Planck, zu § 835 Bd. II S. 632). Und dies trifft zu, wenn den Umständen nach die Unterlassung von Schutzvorrichtungen auf die Absicht, Schadensersatz zu erzielen, zurückzuführen ist, wie dies im § 4 des Preußischen Wildschadensgesetzes v. 11. VII. 91 vorgesehen war, und es mag zutreffen, wenn ohne eine solche Absicht besonders wertvolle Hölzer da gezogen werden, wo sie dem Wildschaden ausgesetzt sind, und wohl auch in anderen Fällen, namentlich dann, wenn der Ersatzberechtigte die von dem Ersatzverpflichteten angebotene Herstellung von Schutzvorrichtungen ablehnt.

**Nr. 2. Entsch.** v. 9. X. 02 III 1669 (Pr.-V.-Bl. Jahrg. XXIV S. 328).

§§ 6, 9, 10 Wildschadengeś. v. 11. VII. 91; §§ 127, 128 L.-V.-G.

Es ist allerdings richtig, daß an sich der nach § 9 des Wildschadengesetzes von der Ortspolizeibehörde erlassene Vorbescheid keine polizeiliche Verfügung im Sinne des vierten Titels des Gesetzes über die allgemeine Landesverwaltung sondern ein Akt administrativer Rechtsprechung ist. Das

O.-V.-G. hat dies bereits oft ausgesprochen, und die sonstige Praxis, sowie die Theorie sind ihm hierin gefolgt (Holtgreven und Wolff, Das Wildschadengesetz, 4. Aufl., S. 151 Anm. 2 zu § 9). Der Satz kann aber nur gelten, soweit die Personen, zwischen denen durch den Vorbescheid eine Entscheidung getroffen worden ist, noch zu dem Kreise der nach den §§ 6 ff. des Gesetzes am polizeilichen Verfahren Beteiligten gehören. Ist dagegen ein Vorbescheid an jemand erlassen worden, der rechtlich überhaupt nicht ein „Beteiligter" sein kann, so hat er ihm gegenüber trotz der Form eines solchen und obgleich ihm das Verfahren, das vor einem Vorbescheide stattzufinden hat, vorhergegangen ist, doch in Wirklichkeit nicht die Eigenschaft eines Vorbescheids, sondern es muß ihm in diesem Falle ausnahmsweise die Bedeutung einer polizeilichen Verfügung beigelegt werden, das letztere in entsprechender Weise, wie auch schon anderweit polizeiliche Zahlungsaufforderungen als polizeiliche Verfügung behandelt worden sind (vgl. die Urteile des O.-V.-G. v. 2. III. 78, 11. I. 97, 29. III. 97, 29. VI. 98 und 27. III. 1901, Entsch. Bd. IV S. 391, Bd. XXXI S. 281, 310, Bd. XXXIII S. 536 und Bd. XXXIX S. 377). Der Jagdpächter ist zweifellos niemals „Beteiligter" (Holtgreven und Wolff a. a. O. S. 146 Anm. 4 zu § 7, S. 156 Anm. 2 zu § 10 und außer den hier bereits angezogenen Urteilen des O.-V.-G. z. B. noch die v. 22. IX. 97, Pr. V.-Bl. Jahrg. XXI S. 504, sowie Deutsche Juristenzeitung Bd. III S. 23, und vom 3. X. 1900, Kunze und Kautz, Rechtsgrundsätze, Ergänzungsbd. 1902 S. 249). Ein Vorbescheid, der dem Jagdpächter den Ersatz von Wildschaden aufgibt und Kosten auferlegt, ist daher als eine polizeiliche Verfügung anzusehen und als solche vom Jagdpächter mit den in den §§ 127 ff. des L.-V.-G. bezeichneten Rechtsbehelfen anzufechten, nicht mit der Klage aus dem § 10 des Wildschadengesetzes, bei welcher als Beklagter derjenige, zu dessen Gunsten der Vorbescheid erlassen worden, anzusehen wäre und, ohne daß er zu der Klage gegen ihn Anlaß gegeben hätte, mit Prozeßkosten belastet würde. Allerdings hat das O.-V.-G. selbst früher in dem angezogenen Urteile v. 22. IX. 97 ausgeführt, daß, wenn die Ortspolizeibehörde entgegen den gesetzlichen Bestimmungen den Jagdpächter durch Vorbescheid zum Wildschadenersatze verurteilt habe, dem verurteilten Jagdpächter die Klage aus § 10 als dasjenige Rechtsmittel zustehe, wodurch er seine Verurteilung allein aufzuheben vermöge, und daß die Annahme des Bezirksausschusses, ein Vorbescheid der gedachten Art sei, weil er unter Verletzung der gesetzlichen Bestimmungen erlassen worden, nicht mehr als Vorbescheid nach § 9 a. a. O., sondern als polizeiliche Verfügung nach den §§ 127 ff. des L.-V.-G. zu behandeln, fehlgehe (ebenso in einem Urteile v. 12. I. 1901 III 69). An dieser Ansicht kann aber nach erneuter Prüfung der Frage nicht mehr festgehalten werden.

Diese Entsch. kann für richtig nicht gehalten werden.

## E. Schutzwaldungen und Waldgenossenschaften.

## F. Ansiedelungen und Kolonien, Errichtung von Feuerstellen in der Nähe von Waldungen.

### a) Ansiedelungen und Kolonien (Ges. v. 25. VIII. 76).

**Nr. 1. Entsch.** v. 7. VII. 02 IV 1309 (Pr.-V.-Bl. Jahrg. XXIV S. 40).

§ 15 Ansied.-Ges. v. 25. VIII. 76.

Die Störung der Ruhe des Wildes auf dem zu besiedelnden und auf den benachbarten Grundstücken durch die Ansiedelung ist nicht als eine Gefährdung des Schutzes der Nutzungen aus der Jagd im Sinne des § 15 Ansied.-Ges. zu betrachten.

**Nr. 2. Entsch. Bd. XXXX S. 409** v. 30. I. 02 IV A 69/01.

Baufluchten-Ges. v. 2. VII. 75; Ansied.-Ges. v. 25. VIII. 76.

Innerhalb eines festgestellten Bebauungsplanes bedürfen Häuser weder einer Ansiedelungs- noch einer Koloniegenehmigung (Entsch. Bd. III S. 321, Bd. XI S. 363, Bd. XXXVI S. 422, Erk. v. 2. III. 78, v. 3. IV. 84 u. v. 12. II. 1900).

**Nr. 3. Entsch. Bd. XXXX S. 407** v. 8. VII. 01 I A 51/01.

Ansied.-Ges. v. 25. VIII 76.

Das Ansied.-Ges. v. 25. VIII. 76 hat die Anfechtung gegen die auf Ansiedelungsanträge erlassenen Bescheide einheitlich und erschöpfend geregelt, sowohl wenn der Bescheid auf Zurückweisung des Ansiedelungsantrags, als wenn er auf Zurückweisung der gegen den Antrag erhobenen Einsprüche lautet. In allen Fällen ist nur die Klage im Verwaltungsstreitverfahren gegeben. Durch diese ausdrückliche Regelung der Rechtsmittel ist die Anwendung der §§ 127 ff. des L.-V.-G. ausgeschlossen, wie denn § 127 selbst hervorhebt, daß die dort gegen polizeiliche Verfügungen gegebenen Rechtsmittel nur Anwendung finden, „soweit das Gesetz nicht ausdrücklich anderes bestimmt".

b) Errichtung von Feuerstellen in der Nähe von Waldungen (§ 49 Ges. v. 1. IV. 80).

**Nr. 1. Entsch. Bd. XXXXI S. 382** v. 24. III. 1902 IV B 5/82.

§§ 14, 15, 16 Ansied.-Ges. v. $\frac{25.\ \text{VIII}.\ 76}{16.\ \text{IX}.\ 99}$; § 49 Feld- und Forstpolizeiges. v. 1. IV. 80 (G.-S. S. 230).

1. Nach dem Urt. v. 1. III. 82 (Entsch. Bd. VIII S. 349 ff., 351 f.) darf der Verwaltungsrichter die sachliche Entscheidung über einen die Ansiedelung genehmigenden polizeilichen Bescheid zwischen dazu legitimierten Personen nicht um deswillen versagen, weil das dem Streitverfahren vorangegangene Verfahren an Mängeln leidet, insbesondere die Bekanntmachung des Antrags auf Ansiedelungsgenehmigung an die beteiligten Gemeinden und Gutsvorsteher — und wie jetzt hinzuzufügen ist, gemäß Ges. v. 16. IX. 99 an den Bergrevierbeamten — nicht ordnungsmäßig erfolgt ist, im Gegensatze zu den für Einziehung und Verlegung öffentlicher Wege maßgebenden Grundsätzen (Urt. v. 15. IX. 88 Entsch. Bd. XVIII S. 238).

2. Handelt es sich bei einer Ansiedelung zugleich um Errichtung einer Feuerstelle näher als 75 m an einer mehr als 100 ha in räumlichem Zusammenhang umfassenden Waldung, so ist die in § 49 des Feld- und Forstpolizeigesetzes vorgeschriebene Bekanntmachung an den Waldeigentümer nicht Sache des Magistrats, sondern der Polizeiverwaltung. Wird nach § 15 ff. des Ansied.-Ges. und nach § 49 des Feld- und Forstpolizeiges. Einspruch erhoben, so können beide Arten von Einspruch zwar in einem Schriftstücke verbunden werden, aber sie sind rechtlich verschieden, die Erhebung des einen schließt nicht von selbst die des anderen in sich.

3. Ist die Bekanntmachung an den Waldeigentümer (§ 49 a. a. O.) von einer unrichtigen Behörde ausgegangen (z. B. dem Magistrate statt von der Polizei) ausgegangen, so wird dadurch der Lauf der Frist zur Erhebung des Einspruches nicht eröffnet.

c) Ansiedelungen und Kolonien in den Provinzen Hannover und Hessen-Nassau.

**Nr. 1. Entsch. Bd. XXXX S. 415 v. 1. IV. 01 IV B 33/01.**
§ 3 Ges. v. 11. VI. 90 (G.-S. S. 173).

1. Einem Ansiedelungsgesuche in der Provinz Hessen-Nassau setzte der Gemeindevorstand entgegen, daß der Ruß aus dem Ansiedlerhause die Wäsche auf einen der Gemeinde gehörigen Bleichplatze beschmutzen würde. Das O.-V.-G. nahm an, daß eine Beeinträchtigung des „Gemeindeinteresses" (§ 3 Ges. v. 11. VI. 90) nicht vorliegt (Erk. v. 28. X. 96, Entsch. Bd. XXX S. 391).

2. In einem Erk. v. 1. VII. 1901 IV. B. 37/01 heißt es über dieselbe Materie:

> Der Gemeindevorstand erblickt eine Gefährdung des Gemeindeinteresses darin, daß durch den Zuzug unbemittelter Leute die Ortsarmenlast werde erhöht werden. Ein derartiges Interesse kann jedoch gegen die Anlegung einer Ansiedelung nicht geltend gemacht werden, da es mit der Lage der Wohnstätte außerhalb der Ortschaft in keinem Zusammenhange steht. Es macht in dieser Beziehung keinen Unterschied, ob die neuen Bewohner sich in der geschlossenen Ortschaft oder außerhalb niederlassen. Eine Gefährdung des Gemeindeinteresses kann aber im Ansiedelungsverfahren nur Berücksichtigung finden, wenn sie gerade infolge der Lage der Wohnstätte außerhalb der im Zusammenhange gebauten Ortschaft zu besorgen ist.

## G. Dismembrationssachen.

## H. Baupolizei.

**Nr. 1. Entsch. Bd. XXXXI S. 360 v. 7. IV. 02 IV A 60/01.**
§ 10 Tit. 17. Teil II A.-L.-R.; § 6 Ges. v. 11. III. 50.

1. Es gibt keine positive Rechtsnorm, welche dazu nötigt, alle baupolizeilichen Vorschriften nur derartig zu erlassen, daß durch sie sämtliche Bewohner oder Grundbesitzer desselben Polizeibezirks in ganz gleicher Weise und in ganz gleichem Maße betroffen würden (Erk. v. 13. I. 94, Entsch. Bd. 26 S. 332).

2. Eine Baupolizeiordnung kann bestimmen, daß im Gebiete der offnen Bebauung Hintergebäude der Regel nach nicht gestattet, sondern nur ausnahmsweise und als Nebenanlagen eines Wohnhauses zuzulassen sind.

**Nr. 2. Entsch. Bd. XXXXI S. 362 v. 28. IV. 02 IV B 86/01.**

Die Polizeibehörde hatte einer Stadt aufgegeben, ein ihr gehöriges Grundstück mit einem Zaune zu versehen, damit verhindert werde, daß das Grundstück durch unberechtigtes Aufbringen von Müll und Unrat verunreinigt werde und daß die Ausdunstungen schädlich wirken. Das O.-V.-G. nahm an, daß die Verordnung von derjenigen Behörde zu erlassen sei, der die Baupolizei zusteht. Dabei wurde ausgeführt:

> Es ist Aufgabe der Baupolizei, bei Häusern mit Gärten oder Höfen nach der Straße zu Anordnungen über die Abgrenzung durch Einfriedigung zu treffen. Dasselbe muß jedenfalls für Bauplätze an der Straße angenommen werden; denn zwischen den bebauten Grundstücken und den Bauplätzen besteht in dieser Beziehung ein untrennbarer Zusammenhang, so daß ihre Begrenzung nach den Straßen einheitlich

dem Gebiete der Baupolizei zugewiesen werden muß. Es handelt sich dabei immer um die polizeiliche Gestaltung und Einrichtung der Baugrundstücke, also um Aufgaben, die zur Zuständigkeit der Baupolizei gehören.

**Nr. 3. Entsch. Bd. XXXXI S. 372 v. 24. III. 02 IV C 149/00.**

§ 6 Ges. v. 11. V. 42; § 65 Tit. 8 Teil I A.-L.-R.

1. Ein den Baukonsens Nachsuchender, der Klage gegen die Baupolizei erhebt, hat Anspruch auf eine Entscheidung darüber, ob die Versagung des Baukonsens auch im Zeitpunkte des Erlasses der angefochtenen Verfügung berechtigt war (§ 6 Ges. v. 11. V. 42, § 131 L.-V.-G.).

2. Es ist für die Befugnis, von der Polizeibehörde die Prüfung eines Baugesuchs zu verlangen, nicht ausnahmslos erforderlich, daß der Antragsteller Eigentümer des zu bebauenden Grundstücks ist. Das folgt auch nicht aus § 65 Tit. 8 T. I A.-L.-R. In zahlreichen Fällen werden vielmehr die Baugesuche von den Bauunternehmern für die Grundstückseigentümer eingereicht. Ebenso kommt es vor, daß Nießbraucher, Pächter, Mieter, ja selbst der nur tatsächliche Besitzer eines Grundstücks die Genehmigung zu Bauten nachsuchen. Die Baupolizeibehörde wird dann in der Regel nicht fordern können, daß der Gesuchsteller das Einverständnis des Grundstückseigentümers zu den beabsichtigten Bauten nachweise (vgl. Erk. v. 3. V. 87, Pr.-V.-Bl. Jahrg. VIII S. 364).

3. Andererseits hat die Polizeibehörde aber nicht den Beruf, Baukonsense ohne Rücksicht darauf, ob der Bau überhaupt ausgeführt werden kann oder nicht, zu erteilen. Darüber besteht da kein Zweifel, wo dem Bauvorhaben polizeilich zu schützende Interessen hindernd entgegenstehen, beispielsweise der Bau auf einem öffentlichen Platze ausgeführt werden soll. In einem solchen Falle weist die Baupolizeibehörde jede Prüfung des Baugesuchs in bautechnischer Beziehung ab, weil der Bau überhaupt nicht zulässig ist. Nicht anders steht es für die Polizeibehörde da, wo die tatsächlichen Verhältnisse des Falles die Annahme rechtfertigen, daß der polizeilichen Genehmigung des Baues dessen Ausführung nicht folgen werde. Es ist sehr wohl denkbar, daß die Polizei um einen Baukonsens von Personen angegangen wird, die nicht bauen wollen oder können, die aber gleichwohl ein Interesse daran haben, die Möglichkeit des Baues, die Eigenschaft eines Grundstücks als Bauplatz, die Tragweite gewisser baupolizeilicher Bestimmungen und dergleichen mehr festgestellt zu sehen, und denen bei solcher Verfolgung ihrer Interessen nicht einmal der Vorwurf der Schikane zu machen ist. Gleichwohl ist die Polizeibehörde für berechtigt zu erachten, in derartigen Fällen von jeder Prüfung des Bauprojekts abzusehen, und zwar lediglich um deswillen, weil ihre Tätigkeit nur der Ausführung von Bauten zu dienen, nicht aber darüber hinaus sich auch mit der bloßen Möglichkeit von Bauten zu befassen hat.

**Nr. 4. Entsch.** v. 17. IV. 02 IV 704 (Pr.-V.-Bl. Jahrg. XXIII S. 745).

1. Ist gegen die Versagung der Bauerlaubnis geklagt, so hat der Verwaltungsrichter nach dem zur Zeit der Entscheidung geltenden öffentlichen Baurechte zu befinden (Entsch. Bd. XXIV S. 354, Bd. XXX S. 374).

2. Wird eine Baupolizeiordnung erlassen, so ist es nicht zulässig, daß diese auf Anlagen Bezug nimmt, die im Bureau der Behörde ausliegen; vielmehr müssen diese Anlagen wie die Polizeiverordnung selbst veröffentlicht werden.

**Nr. 5. Entsch. Bd. XXXXI S. 376** v. 28. IV. 02 IV A 22/02.

Wird bei der Ausführung eines genehmigten Bauplanes in wesentlichen Dingen abgewichen, so gilt der Bau als polizeilich nicht genehmigt. Seine Zulässigkeit ist, wenn inzwischen das Baurecht sich ändert, nach den neuen Vorschriften zu beurteilen.

**Nr. 6. Entsch.** v. 5. XII. 01 IV 2200 (Pr.-V.-Bl. Jahrg. XXIII S. 396).
§ 11 Baufluchtengeſ. v. 2. VII. 75.

Reparatur eines Gebäudes bedeutet den Ersatz einzelner abgängig gewordener Teile, während im Gegensatz dazu unter Neubau eine mehr oder weniger eingreifende, das Bauwerk teilweise umgestaltende Veränderung der Substanz im Innern und Äußern verstanden wird (Entsch. Bd. VIII S. 300, Bd. XXIX S. 375).

**Nr. 7. Entsch. Bd. XXXXI S. 391** v. 23. V. 01 IV A 12/01.
§§ 66, 71 Tit. 8 Teil I A.-L.-R.

1. Der § 117 der Baupolizeiordnung für die Stadt N. (Prov. Sachsen) lautet:

> „Die Umfassungswände aller neu aufgeführten Gebäude oder neu aufgesetzten Stockwerke müssen innerhalb zweier Jahre nach erteiltem Baukonsense, soweit sie von der Straße aus sichtbar sind, sofern sie im Backsteinrohbau ausgeführt und bleiben sollen, sorgfältig ausgefugt, sonst aber abgeputzt und gefärbt werden.
>
> Bei vorhandenen Gebäuden muß dies innerhalb eines Jahres nach dem Inkrafttreten dieser Verordnung geschehen."

Daß derartige Vorschriften über das Ausfugen und Abputzen der Wände im Gebiete des A.-L.-R. auf Grund der §§ 66, 71 Tit. 8 T. I rechtswirksam von den Polizeibehörden erlassen werden können, ist von dem O.-V.-G. mehrfach dargelegt (Urt. v. 17. XII. 90, Entsch. Bd. XX S. 399). Zulässig ist es auch, daß jener § 117 das Abputzen nicht nur für die Wände an der Straßenfront, sondern für alle Wände, „soweit sie von der Straße aus sichtbar sind," fordert; denn diese Ausdehnung hält sich im Rahmen der §§ 66, 71, da die Straße nicht bloß durch die unmittelbar an der Straße belegenen, sondern durch alle von ihr sichtbaren Wände in gröblicher Weise verunstaltet werden kann, die §§ 66, 71 aber jede grobe Verunstaltung verhindern wollen (Urt. v. 24. III. 98, Entsch. Bd. XXXIII S. 404 ff.).

2. Der Wortlaut des § 117 läßt klar erkennen, daß alle von der Straße aus sichtbaren Umfassungswände sowohl bei den neuen wie bei den schon vorhandenen Gebäuden ausgefugt oder abgeputzt werden sollen.

3. Da nach dem Wortlaute und Sinne des § 117 alle sichtbaren Umfassungswände auch bei den schon vorhandenen Gebäuden getroffen werden sollten, so kann für die Anwendung der Vorschrift nicht unterschieden werden, ob die Wand bereits beim Inkrafttreten der Verordnung sichtbar war oder erst später sichtbar wurde.

4. Wird eine Giebelwand frei, weil ein Nachbargebäude niedergelegt wird, so kann sich die Polizei doch nur an den Eigentümer des Hauses, an dem die Giebelwand liegt, mit dem Auftrage wenden, die Giebelwand abzuputzen, nicht an den Eigentümer des Nachbargebäudes.

**Nr. 8. Entsch.** v. 6. X. 02 IV 1817 (Pr.-V.-Bl. Jahrg. XXIV S. 343).

Unter einer gemeinschaftlichen Brandmauer kann nur eine solche verstanden werden, auf deren Fortbestand beide Nachbarn ein Recht haben. Eine Brandmauer, über welche rechtlich nur der eine Nachbar zu verfügen hat, ist keine rechtlich gemeinschaftliche.

**Nr. 9. Entsch.** v. 7. VI. 02 IV 628 (Pr.-V.-Bl. Jahrg. XXIII S. 713).

Fast jede Bauordnung enthält Bestimmungen über die Entfernung baulicher Anlagen von der Nachbargrenze, und die Zulässigkeit solcher polizeilichen Baubeschränkungen ist nie bezweifelt worden; sie ist nicht nur in der Rechtsprechung (vgl. u. a. Entsch. des O.-V.-G. Bd. XXXIV S. 394), sondern auch im Gesetze selbst (vgl. für das Geltungsgebiet des A.-L.-R. §§ 139—141 Tit. 8 T. I des A.-L.-R.) anerkannt. Steht danach die Zulässigkeit solcher Baubeschränkungen für den Hochbau außer Frage, so gilt ein Gleiches auch für den Tiefbau — für Dung- und Abtrittsgruben —, und es fehlt auch nicht an dem erforderlichen polizeilichen Motive, denn durch die Beschränkung soll der Verpestung und Verjauchung des Nachbargrundstücks im Interesse der Gesundheit seiner Bewohner entgegengetreten werden. Eine Baupolizeiordnung kann daher sehr wohl Bestimmungen über die Entfernung von Abtritten 2c. von der Nachbargrenze treffen.

**Nr. 10. Entsch. Bd. XXXXI** S. 378 v. 26. V. 02 IV B 33/02.

Nach der Baupolizeiordnung für Charlottenburg v. 22. VIII. 98 zerfallen die Neben- oder Lichthöfe in zwei Gattungen, die eine wird nicht als unbebaut in Rechnung gestellt d. h. Nebenhöfe dieser Art stellen eine Unterbrechung der Bebauung nicht dar, sie werden als Teil des Gebäudes betrachtet. Bei der zweiten Gattung handelt es sich nicht um einen Teil des Gebäudes, sie gilt vielmehr zu Gunsten des Bauenden als unbebaute Fläche.

**Nr. 11. Entsch. Bd. XXXX** S. 399 v. 3. VI. 01 IV B 68/00.

1. Auch in Frankfurt a. M. ist die Polizei befugt, eine grobe Verunstaltung der Straßen durch Gebäude zu verbieten und der Verunstaltung entgegenzutreten.

2. Das Verbot richtet sich gegen den Eigentümer (nicht gegen den früheren Erbauer).

3. Die Verpflichtung hat bei gemeinschaftlichen Brandmauern, die auf der Grenze errichtet sind, der Eigentümer des Grundstücks, das an die sichtbare Seite der Brandmauer anstößt.

**Nr. 12. Entsch. Bd. XXXX** S. 363 v. 11. VII. 01 IV B 42/01.

1. Die den Baukonsensen beigefügten Bedingungen, wie gebaut werden soll, sind polizeiliche Verfügungen, die anfechtbar sind. Einzelne Gründe für die Bedingungen oder die Versagung sind nicht anfechtbar.

2. Der Verwaltungsrichter kann nur die Versagung oder die auferlegten Bedingungen aufheben, nicht aber die Konsenserteilung (Entsch. Bd. 40 S. 371, Urt. v. 24. X. 1901).

3. Die rechtliche Bedeutung der Fluchtlinien besteht nicht darin, festzustellen, wo gebaut werden darf, sondern zu kennzeichnen, welche Flächen zu öffentlichen Straßen und Plätzen vorbehalten werden sollen und deshalb nicht bebaubar sind. Es ist bei Fluchtlinienfestsetzungen nicht gestattet, Flächen, die weder zu Straßen noch zu Plätzen ausgewiesen werden, dennoch von der Bebauung auszuschließen unter Vorbehalt künftiger Bestimmung über deren Zulassung zur

Bebauung (vgl. Urt. v. 25. IX. 91, Entsch. Bd. XXI S. 375ff., 378, 379, 382, 384), vielmehr ist die Frage, ob das die ausgewiesenen öffentlichen Straßen u. s. w. umgebende Gelände bebauungsfähig, für den Anbau bestimmt ist, nur nach der für das Gelände selbst, unabhängig von der Fluchtlinienfestsetzung geltenden Sach- und Rechtslage zu entscheiden. Darum kann auch dadurch, daß nur eine Baufluchtlinie festgesetzt wird, dem auf der anderen Seite der Straße angrenzenden Gelände die ihm sonst beiwohnende Bebaubarkeit nicht entzogen werden. An sich bedarf es, um ein Grundstück bebauungsfähig zu machen, nicht der vorgängigen Festsetzung von Baufluchtlinien, auch nicht, wenn das Angrenzen an eine öffentliche Straße als regelmäßige Vorbedingung der Bebaubarkeit hingestellt wird (Urt. v. 17. V. 92, Entsch. Bd. XXI S. 366). Ist eine Fluchtlinie nur auf einer Seite gezogen, so läßt sich die Grenze auf der anderen Seite nur nach den Verhältnissen des einzelnen Falles bestimmen (Friedrichs, Baufluchtengesetz. Bem. 8 zu § 1, 4. Aufl., S. 36).

4. Zum Anbau, zur Bebauung, bestimmt ist im allgemeinen innerhalb einer geschlossenen Ortschaft jedes Gelände, welches an eine öffentliche Ortsstraße grenzt. Den Gegensatz dazu bildet alles Terrain, welches von der Bebauung dauernd ausgeschlossen ist, mag dies nun auf subjektiven oder objektiven Gründen beruhen. Das Erstere kann vorliegen, wenn die Unbebaubarkeit des an der Straße liegenden Grund und Bodens aus einer Bestimmung zuständiger Behörden folgt, so bei einem öffentlichen Platze, von dem die Straße nicht einen Teil bildet, der sie vielmehr an einer Seite begrenzt. Ähnliche Fälle sind z. B. auf dem Gebiete von Festungen infolge der Rayonbeschränkungen denkbar. Ganz unerheblich ist eine die Bebauung ausschließende Bestimmung, welche etwa der Eigentümer dem Grund und Boden gegeben hat, da mit ihrer Dauer nicht gerechnet werden kann.

5. Die Unbebaubarkeit kann auch auf rein objektiven Momenten beruhen, nämlich auf dem tatsächlichen Zustande der Flächen, welcher die Bebauung unausführbar macht. Dies trifft z. B. bei Straßen an öffentlichen Flüssen und der Schiffahrt gewidmeten Kanälen zu (Baltz, Baupolizeirecht Anm. 9 zu § 3 der Berliner Baupolizeiverordnung v. 15. VIII. 97, 1. Aufl., S. 152; 2. Aufl., S. 155), ebenso bei Straßen, welche auf einer Seite von steilen, in die Tiefe oder in die Höhe gehenden Bergabhängen begrenzt werden.

### Nr. 13. Entsch. v. 24. II. 02 IV 369 (Pr.-V.-Bl. Jahrg. XXIII S. 761).

§ 11 Baufluchtengesetz v. 2. VII. 75.

1. Die ministeriellen Vorschriften für die Aufstellung von Fluchtlinien und Bebauungsplänen v. 28. V. 76 stellen keine zwingenden Rechtsnormen dar, deren Nichtbeachtung den Fluchtlinienplan unwirksam macht (Entsch. Bd. XXXIII S. 430).

2. Gegen die zwingenden Bestimmungen des Baufluchtengesetzes vom 2. VII. 75 darf allerdings nicht verstoßen werden.

### Nr. 14. Entsch. Bd. XXXXI S. 368 v. 21. IV. 02 IV B 12/02.

§ 11 Baufluchtenges. v. 2. VII. 75.

1. Nach § 11 des Ges. v. 2. VII. 75 kommt es nicht darauf an, ob ein Bau als eine auf kürzere oder längere Zeit beabsichtigte einstweilige Herrichtung anzusehen ist, ob für ihn nach der geltenden Baupolizeiordnung eine Bauerlaubnis erforderlich war oder nicht, und ob der Fluchtlinienplan zweckmäßig ist oder die projektierte Straße später doch nicht angelegt werden kann. Handelt es sich um einen rechtsgültig festgesetzten Fluchtlinienplan, so ist die Befugnis der Polizei-

behörde, Neubauten, Um- und Ausbauten über die Fluchtlinie hinaus zu versagen, außer Zweifel.

2. Der Begriff des Ausbaues ist gewöhnlich im Gegensatze zu Rohbau angewendet und damit die Fertigstellung der inneren Einrichtung eines Gebäudes für seine besonderen Zwecke bezeichnet worden (Urt. v. 15. IX. 81, Entsch. Bd. VIII S. 300). Allein es ist unbedenklich, unter „Ausbau" auch andere Fälle baulicher Vollendung unfertiger oder teilweise zerstörter Bauwerke zu verstehen. Wie man die Herstellung der inneren Einrichtung eines im Rohbau fertigen Hauses dessen (inneren) Ausbau nennt, so bezeichnet man andererseits einen Bau, der vorhandene Baureste, Trümmer, Ruinen durch ergänzende bauliche Maßnahmen zu einem vollendeten Ganzen gestaltet, als Ausbau.

**Nr. 15. Entsch. Bd. XXXX S. 380 v. 28. II. 01 IV B 63/00.**

§ 11 Baufluchtenges. v. 2. VII. 75.

1. Es unterliegt keinem Zweifel, daß die endgültige Festsetzung von Fluchtlinien für die davon betroffenen Grundstücke neues Baurecht schafft, wie denn auch das Reichsgericht in dem förmlich festgestellten Fluchtlinienplan einen Bestandteil der Verfassung der Gemeinde erblickt (Erk. des R.-G., V. Zivil-Senats, v. 28. XI. 91 Pr.-V.-Bl. Jahrg. XIII S. 343). Es steht ferner fest, daß in der Regel die Niederlegung eines nicht genehmigten und insofern illegalen Baues von der Polizeibehörde verlangt werden kann, wenn der Bau gegen das bestehende, dem Schutze der Polizeibehörde anvertraute öffentliche Recht verstößt (Urt. v. 18. III. 86 und v. 28. III. 93, E.-O.-V. Bd. XIII S. 393, Bd. XXIV S. 342). Das O.-V.-G. ist aber der Ansicht, daß der im § 11 des Gesetzes v. 2. VII. 75 enthaltene Rechtssatz, wonach durch die Festsetzung der Fluchtlinie mit dem daselbst bezeichneten Zeitpunkte die Beschränkung des Grundeigentümers eintritt, daß Neubauten, Um- und Ausbauten über die Fluchtlinie hinaus versagt werden können, sich nur auf solche Bauten bezieht, welche nach dem Zeitpunkte der Fluchtlinienfestsetzung neu errichtet, um- oder ausgebaut werden, daß aber für die Anwendung der genannten Rechtsnorm bei Baulichkeiten, die vor jenem Zeitpunkt errichtet sind, der tatsächliche Zustand allein maßgebend ist, einerlei, ob die Baulichkeiten die polizeiliche Genehmigung erhalten haben, oder ob sie derselben entbehren und insofern illegal sind.

2. Aus den Gesetzesmaterialien ergibt sich, daß der Hauptzweck der Einfügung des § 11 nicht der war, eine baupolizeiliche Rechtsnorm zu schaffen, sondern der, den Gemeinden in ihrem wirtschaftlichen Interesse den Erwerb des in die projektierte Straße fallenden Geländes ohne die umständlichen Formen, welche das Enteignungsgesetz für die Erlangung des Enteignungsrechts durch Königliche Verordnung verlangte, zu ermöglichen und zu erleichtern. Denselben wirtschaftlichen Zweck verfolgte auch die Aufnahme des ersten Satzes des § 11, durch welchen der „Grundeigentümer" nach dem Zeitpunkte der Festsetzung der Fluchtlinie in der Verfügung über seinen in die zukünftige Straße fallenden Grund und Boden in der bezeichneten Weise beschränkt wurde. Damit hängt es auch wohl zusammen, daß hier gerade der „Grundeigentümer" genannt ist, im Gegensatze zum § 1 Abs. 4, wo das nicht geschehen und die Rechtswirkung der Baufluchtlinienfestsetzung allgemein dahin bestimmt ist, daß sie die Grenzen bezeichne, „über welche hinaus die Bebauung ausgeschlossen ist". Der angestrebte Zweck wurde aber dadurch vollkommen erreicht, daß man der zuständigen Polizeibehörde das Recht gab, das Bauen, d. h. die Vornahme von baulichen Veränderungen, in dem im § 11 a. a. O. bezeichneten Umfang auf zukünftigem Straßenlande zu hindern, falls nicht etwa die Gemeinde selbst, zu deren wirtschaftlichem Vorteile die Bestimmung erlassen war, kein Interesse daran hatte, daß die Polizei-

behörde von ihrer Befugnis Gebrauch machte. (Vgl. Friedrichs, Kommentar zum Fluchtliniengesetze Bem. 2 zu § 11, 4. Aufl., S. 79ff.) Um den Gemeinden die Anlegung der Straßen auch durch die Beschränkung des Grundeigentümers in der Verfügung über das ihm gehörige künftige Straßenland zu erleichtern, so daß durch aufgeführte Bauten u. s. w., die nachher doch wieder zu entfernen waren, der Gemeinde nicht zu hohe Kosten erwüchsen, genügte es auch durchaus, daß man für die Bestimmung des ersten Satzes des § 11 a. a. O. den tatsächlich bestehenden Bauzustand zur Zeit der Fluchtlinienfestsetzung zu Grunde legte. Denn da die Festsetzung der Fluchtlinien für neuanzulegende Straßen der Regel nach von der Gemeinde selbst ausgeht, so ist sie in der Lage, zu beschließen, ob es das zu beachtende Interesse der Straßenführung verlangt, daß ein schon bestehendes Gebäude von der Fluchtlinie berührt und dadurch der Preis der zur Straße zu ziehenden Grundfläche beeinflußt werde. Soweit vorhandene Gebäude auf die Höhe der der Gemeinde erwachsenden Kosten Einfluß haben, kann sie diesen Gesichtspunkt gerade bei der Festsetzung der Fluchtlinie nach dem ihr bekannten und leicht festzustellenden tatsächlichen Bestande berücksichtigen.

3. Wenn in § 11 gesagt ist, daß „mit dem Tage, an welchem die im § 8 vorgeschriebene Offenlegung beginnt, die Beschränkung des Grundeigentümers, daß Neubauten, Um- und Ausbauten über die Fluchtlinie hinaus versagt werden können, endgültig eintritt", so ist damit der zuständigen Baupolizeibehörde die Aufgabe zugewiesen, im Interesse der Gemeinde darüber zu wachen, daß von jenem Zeitpunkt ab eine bauliche Veränderung auf künftigem Straßenlande nicht ohne die erforderliche Genehmigung vorgenommen werde, daß vielmehr das Gelände, welches durch die Fluchtlinienfestsetzung der zukünftigen Straße vorbehalten wird, bezüglich der Bauten in dem Zustand erhalten bleibe, den es zur Zeit der Festsetzung der Fluchtlinie hatte. Daß auch in dieser Beziehung wegen des Zeitpunkts, von dem ab die Polizei einschreiten kann, die Erwägungen maßgebend bleiben, die für die Rechtsprechung des Oberverwaltungsgerichts und des Reichsgerichts von entscheidender Bedeutung gewesen sind (vgl. Friedrichs a. a. O. Bem. 4 zu § 11, 4. Aufl., S. 94ff.) muß ausdrücklich bemerkt werden.

**Nr. 16. Entsch.** v. 13. I. 02 IV 60 (Pr.-V.-Bl. Jahrg. XXIII S. 728).

§ 11 Baufluchtengeſ.

Der § 11 des Fluchtliniengeſ. v. 2. VII. 75 untersagt nur „Neubauten, Um- und Ausbauten über die Fluchtlinie hinaus", er beschränkt aber den Grundeigentümer nicht, durch Ab- und Ausgrabungen die Höhenlage seines Grundstücks zu verändern, selbst wenn dadurch das Niveau des Grundstücks unter die Höhenlage gesenkt wird, wie sie für die über das Grundstück projektierten Straßen nach dem Fluchtlinienplan festgestellt ist. Weder aus dem Wortlaute, noch aus dem Sinne des § 11 kann eine solche Beschränkung des Grundeigentümers gefolgert werden. Denn er spricht lediglich von „Bauten", welche die Fluchtlinie nicht überschreiten sollen. Den „Bauten" kann aber das einfache Abgraben oder Ausschachten von Erde nicht zugerechnet werden.

**Nr. 17. Entsch. Bd. XXXX S. 377** v. 13. VI. 01 IV A 16/01.

§ 11 Baufluchtengeſ. v. 2. VII. 75.

1. Nach § 11 des Baufluchtengesetzes können Um- und Ausbauten über die Fluchtlinie hinaus von der Polizeibehörde versagt werden, d. h. ein derartiger Umbau u. s. w. steht im Widerspruche mit dem positiven Baurechte, wenn und solange dazu die polizeiliche Genehmigung nicht erteilt worden ist.

2. Das O.-V.-G. hat ausgesprochen, daß, wenn die Polizeibehörde einen dem positiven Baurechte nicht widersprechenden Bau nach pflichtmäßigem Ermessen genehmigt hat, sie den Konsens jedenfalls nach bereits eingetretenem Beginne der Bauausführung nicht bloß deshalb zurücknehmen darf, weil sie nachträglich zu der Überzeugung gelangt, daß sie sich bei dem ihr zustehenden freien Ermessen geirrt habe, und daß die Verhältnisse anders, als geschehen, zu beurteilen seien (Urt. v. 7. IV. 93, Entsch. Bd. XXIV S. 350). Allein wenn die Polizeibehörde gar nicht erkannt hatte, daß ein Fall vorliege, in welchem es von ihrem freien Ermessen abhing, ob der Baukonsens zu erteilen sei oder nicht, sie vielmehr geglaubt hat, daß es sich nicht um einen Umbau über die Fluchtlinie handle, daß sie mithin, da andere Versagungsgründe nicht vorlagen, den Baukonsens erteilen müsse, eine Prüfung der Frage, ob sie einen Umbau über die Fluchtlinie gestatten solle oder nicht, also gar nicht stattgefunden hat, so hat sie sich nicht bei der Ausübung eines ihr überlassenen Ermessens geirrt, sondern sie hat aus Irrtum übersehen, daß ein unter § 11 des Ges. v. 2. VII. 75 fallender Umbau, dessen Genehmigung von ihrem Ermessen abhing, vorlag. Ihr Irrtum kann sie rechtlich nicht hindern, nun nachträglich den irrtümlich konsentierten Bau gemäß § 11 zu prüfen und den Konsens zurückzunehmen, sobald ein Anlaß, den geplanten Umbau über die Fluchtlinie zu gestatten, nach ihrem pflichtmäßigen Ermessen nicht vorliegt.

**Nr. 18. Entsch.** v. 23. I. 02 IV 156 (Pr.-V.-Bl. Jahrg. XXIII S. 457).

§ 132 L.-V.-G.; § 12 Baufluchtenges.

1. Wenn entgegen einer ortsstatutarischen Bestimmung ein Wohnhaus in einer nicht regulierten Straße erbaut ist, so kann die Polizei das Bewohnen des Hauses verbieten, obwohl die Erbauung mit ihrem Vorwissen geschehen ist.

2. Die Androhung einer Exekutivstrafe darf nicht nach der Zeitdauer der Zuwiderhandlung bestimmt werden (z. B. für jeden Tag des ferneren Wohnens in dem Gebäude).

**Nr. 19. Entsch. Bd. XXXX S.** 387 v. 10. X. 01 IV C 98/01.

§§ 12, 15 Baufluchtenges.

1. Die Polizei hat ein Bauvorhaben nach allen der Kognition der Ortspolizei unterliegenden Gesichtspunkten zu prüfen, also danach, ob ein Weg, an dem das Haus errichtet werden und wohin es seinen Ausgang erhalten soll, nach öffentlichem Rechte überhaupt anbaufähig ist. Die Frage der Anbaufähigkeit des Weges kann aber nur nach dem Rechte desjenigen Ortes beantwortet werden, in welchem der Weg liegt. Ist der Weg nach diesem, für ihn maßgebenden öffentlichen Rechte nicht anbaufähig, so muß dies von jeder Polizeibehörde beachtet werden, also auch von der Polizeibehörde der an den Weg angrenzenden Ortschaften, sofern es sich dort um die Errichtung eines Hauses an diesem Wege handelt.

2. Das Bauverbot ist in § 12 des Baufluchtenges. keineswegs allein deshalb gegeben, damit dadurch die in § 15 geregelte Erstattung der Straßenbaukosten für die Gemeinden gesichert werde, vielmehr hat der § 12 eine selbständige, von § 15 unabhängige Bedeutung. Er soll den Gemeinden in erster Linie das Mittel geben, sich dagegen zu sichern, daß sie durch unbeschränkten Anbau gezwungen würden, Straßen auszubauen da, wo sie den Ausbau überhaupt oder wenigstens zur Zeit mit den Interessen der Gemeinde nicht für vereinbar erachten. Dieser Zweck des § 12 würde aber nicht erreicht werden, wenn an einem auf der Grenze zweier Gemeinden

liegenden Wege ohne Zustimmung derjenigen Gemeinde, in deren Bezirke der Weg liegt, auf den im Bezirke einer anderen Gemeinde liegenden, an den Weg anstoßenden Grundstücken Wohnhäuser mit Ausgängen nach dem Wege errichtet werden dürften. Denn auch ein derartiger Anbau würde zur Folge haben, daß die erstgedachte Gemeinde gegen ihren Willen zum straßenmäßigen Ausbau des Weges schreiten müßte.

**Nr. 20. Entsch. Bd. XXXX S. 371** v. 24. X. 01 IV B 79/01.

§ 12 Ges. v. 2. VII. 75.

1. Wenn in der Rechtsprechung des Oberverwaltungsgerichts wiederholt hervorgehoben worden ist, das Bauverbot des § 12 des Ges. v. 2. VII. 75 beziehe sich nur auf „projektierte" Straßen, so hat damit nur ausgesprochen werden sollen, daß die Worte des Gesetzes „noch nicht für den öffentlichen Verkehr und den Anbau fertig hergestellte Straßen" ein Bauverbot ausschließen, welches sämtliche Wege in der Feldmark, auch solche, die mit der bebauten Ortslage nicht in Zusammenhang stehen, umfaßt (Friedrichs, Kommentar zu dem Ges. v. 2. VII. 75 Bem. 3a zu § 12, 4. Aufl., S. 107). Stets hat aber das O.-V.-G. das Bauverbot auch bei, wenn auch nicht projektierten, so doch in der Entstehung begriffenen Straßen, d. h. bei Wegen für anwendbar erachtet, bei denen sich wegen ihrer den bereits bebauten Stadtteilen benachbarten Lage infolge des Anbaues mit Notwendigkeit ein straßenmäßiger Verkehr entwickeln und die Gemeinde zwingen würde, die Straße als Ortsstraße herzustellen, also das städtische Straßennetz weiter auszudehnen, als die Gemeinde zur Zeit beabsichtigt, was sie nach § 12 des Gesetzes gerade zu verhindern befugt sein soll (Friedrichs a. a. O. S. 108, 109). Auch in derartigen Fällen handelt es sich im Sinne des § 12 um „eine Straße, welche noch nicht für den öffentlichen Verkehr und den Anbau fertig hergestellt" ist.

2. Über dieselbe Frage spricht sich ein Erk. v. 23. IX. 1901 IV B 18/01 aus:

> Erforderlich ist allerdings, daß es sich überhaupt um eine projektierte oder in der Entstehung begriffene Straße handelt. Der Kläger macht geltend, die Stadt habe nach einem an ihn gerichteten Schreiben gar nicht die Absicht, den Weg jemals für den Anbau fertigzustellen, das Bauverbot könne deshalb auf den Weg, der danach als Straße gar nicht projektiert sei, nicht angewendet werden. Nun ist es richtig, daß der Magistrat in dem gedachten Schreiben bemerkt hat, das Grundstück sei nach dem Bebauungsplane nicht zur künftigen Bebauung in Aussicht genommen; aber bestehen bleibt, daß sich mit und infolge des Anbaues an dem streitigen Wege eine öffentliche Straße auch gegen den Willen der Gemeinde bilden würde. Dies ist auch in dem Schreiben besonders hervorgehoben. Das Bauverbot des § 12 des Ges. v. 2. VII. 75 bezweckt aber gerade, die Gemeinde davor zu schützen, daß ihr aus einer Straßenentwickelung, die sie sonst nicht hindern könnte, Kosten erwachsen (vgl. Urt. v. 1. IV. 90 und vom 10. XII. 94, Entsch. Bd. XIX S. 369, Bd. XXVII S. 171/172; Friedrichs, Das Ges. v. 2. VII. 75, 4. Aufl., S. 109). Sonach ist hier das Bauverbot von der Polizei mit Recht zur Anwendung gebracht worden.

# J. Wegepolizei.

## a) Popularklagen; Beteiligte in verschiedenen Polizeibezirken, Amtsvorsteher als ordentliche Wegepolizei; Wegepolizei auf Deichen, persönlich beteiligte Amtsvorsteher, Nachbarhilfe; interimistische Entscheidung des Kreisausschusses; Verkehrsbedürfnis; Guts- und Gemeindevorsteher.

**Nr. 1. Entsch. Bd. XXXX S. 216** v. 28. X. 01 IV B 58.01.

§ 10 Tit. 17 Teil II A.-L.-R.

Ein Kaufmann hatte in seinem Schaufenster Figuren aufgestellt, die auf mechanischem Wege Kunststücke machten. Dadurch wurde die Ansammlung einer großen Menge von Menschen auf dem Bürgersteige verursacht und der Verkehr dauernd und in erheblichem Maße gestört. Die Passanten waren genötigt, auf den Fahrdamm überzutreten. Die Polizei gab dem Kaufmann auf, die Figuren zu entfernen. Die dagegen eingelegte Klage wurde abgewiesen. Das O.-V.-G. stellte fest, daß die Ausstellung der Figuren die wesentliche Ursache der Verkehrsstörung sei und hielt die Polizei für berechtigt, wie geschehen, einzuschreiten. Dann heißt es im Erkenntnisse: Ob die Polizei den Störungen des Verkehrs auch in anderer Weise hätte entgegentreten können, ist nicht zu erörtern; denn die Notwendigkeit und Zweckmäßigkeit der getroffenen Anordnung unterliegt der Nachprüfung durch den Verwaltungsrichter nicht. Jedenfalls war die Polizei berechtigt, ihre Maßregeln auch gegen den Kläger zu richten und die Beseitigung der in erster Linie als Ursache der Störungen erscheinenden Figuren zu verlangen (vgl. Pr.-V.-Bl. Jahrg. XII S. 519).

**Nr. 2. Entsch.** v. 2. I. 02 IV 16 (Pr.-V.-Bl. Jahrg. XXIII S. 441).

1. Es ist zwar von dem O.-V.-G. stets anerkannt, daß da, wo jemand Eigentümer eines Wegeareals ist, die Präsumtion für die Freiheit seines Eigentums spricht. Wie jedoch in dem Urteile v. 3. II. 91 — Bd. XX S. 218 der gedruckten Entscheidungen — dargelegt ist, liegt es dem Verwaltungsrichter ob, auf Grundlage des gesamten, ihm von den Parteien gebotenen oder von ihm selbst im Interesse der Sachaufklärung beschafften Materials die Feststellung zu treffen, ob ein Weg ausdrücklich oder stillschweigend von den Rechtsbeteiligten für den öffentlichen Verkehr gewidmet und daher als ein öffentlicher anzusehen ist. Sieht er sich hierzu außer Stande, so fehlt die unerläßliche Voraussetzung für die Zuständigkeit der Wegepolizeibehörde, und es folgt schon hieraus die Außerkraftsetzung der von dieser getroffenen Anordnung.

2. Wenn die Wegepolizeibehörde einen Weg als öffentlichen in Anspruch nimmt, so folgt daraus nicht, daß eine Vermutung für die Öffentlichkeit des Weges besteht.

**Nr. 3. Entsch.** v. 28. XI. 01 III 1965 (Pr.-V.-Bl. Jahrg. XXIII S. 455).

§ 28 Feld- und Forstpolizeiges. v. 1. IV. 80 (G.-S. S. 230).

1. Nach dem § 28 Nr. 2 des Feld- und Forstpolizeigesetzes v. 1. IV. 80 kann es keinem Zweifel unterliegen, daß die Bestimmung nicht nur Sperrungsvorrichtungen auf Privatwegen, sondern ebensowohl solche auf öffentlichen Wegen umfaßt. Das Gesetz trifft in einer größeren Anzahl von Paragraphen (z. B. § 10 Abs. 2, § 18, § 24, § 28, § 30, § 36, § 38 &c.) auf Wege bezügliche Bestimmungen und spricht in den einzelnen Paragraphen von „zum gemeinen Gebrauch bestimmten Wegen", „Privatwegen", „öffentlichen Wegen", „öffentlichen oder solchen Wegen, zu deren Benutzung er berechtigt ist",

sowie endlich schlechtweg von „Wegen". Die Annahme ist daher ausgeschlossen, daß, wo es den letzteren allgemeinen Ausdruck gebraucht, es im Widerspruch mit seiner sonstigen genauen Ausdrucksweise nichtsdestoweniger nicht schlechthin einen Weg, sondern nur einen Privatweg gemeint habe. Der Ausdruck „Wege" im § 18 Nr. 2 umfaßt daher auch öffentliche Wege. Davon ist das O.-V.-G. in der Entsch. v. 14. V. 92 (Bd. XXIII S. 389 der amtl. Samml.) ausgegangen und in gleicher Weise das Königliche Oberlandesgericht zu Kiel in einem Strafurteile v. 21. V. 84.

2. Zwar ist nicht zu bezweifeln, daß solche Sperrungsvorrichtungen auf öffentlichen, zumal vielbefahrenen Wegen in hohem Maße den Verkehr hemmen und belästigen, und daß daher ihre Beibehaltung oder Neueinrichtung nur aus schwerwiegenden Gründen sich rechtfertigen wird (zu vgl. auch die angezogene Entsch. Bd. XXIII S. 389). Ob aber solche Gründe vorliegen, darüber hat die zuständige Wegepolizeibehörde nach ihrem sachverständigen Ermessen allein zu entscheiden, und ihre Anordnung ist für das den Weg passierende Publikum so lange maßgebend und verbindlich, als sie nicht von der Behörde selbst oder von der zuständigen höheren Instanz rückgängig gemacht ist. Besteht daher auf Anordnung oder mit Zustimmung der zuständigen Wegepolizeibehörde auf einem öffentlichen Wege eine derartige Sperrungsvorrichtung (Hecktor), wie solche notorisch auf öffentlichen Wegen in Deutschland zu verschiedenartigen Zwecken vielfach vorkommen, so ist jeder Passant, der sie öffnet, ohne weiteres, soweit ein Wächter dazu nicht angestellt ist oder die Schließung nicht automatisch stattfindet, bei Vermeidung der Strafe des § 28 Nr. 2 auch verpflichtet, sie wieder zu schließen.

3. Die Androhung und Festsetzung einer Strafe nach Nr. 2 des § 132 des L.-V.-G. ist, wie das O.-V.-G. in gleichmäßiger Rechtsprechung angenommen hat, nach dem bekannten Grundsatz „ne bis in idem" unzulässig, wenn dieselbe Handlung oder Unterlassung bereits durch eine allgemeine Polizeivorschrift, hier den § 28 Nr. 2 des Feld- und Forstpolizeigesetzes, mit Strafe bedroht ist (zu vgl. von Brauchitsch, Verwaltungsgesetze Bd. I, Anm. 263 zu § 132 und die dort angef. Entsch. des O.-V.-G.).

**Nr. 4. Entsch. Bd. XXXXI S. 242** v. 5. XII. 01 IV B 12/01.

Wenn private Kulturwege mit Zustimmung der Rechtsbeteiligten in städtische Straßen umgewandelt und die Straßenbaulast von der Stadt übernommen werden, so ist dadurch die Verpflichtung, den einzelnen Parzellenbesitzern einen Zugangsweg zu ihren Grundstücken zu gewähren, nicht beseitigt; ihre Erfüllung durch den Verpflichteten ist aber so lange nicht erforderlich, als der öffentliche Weg besteht (Erk. v. 1. X. 87 Entsch. Bd. XV S. 286).

**Nr. 5. Entsch. Bd. XXXXI S. 246** v. 20. I. 02 IV B 13/01.

Wenn weder eine ausdrückliche noch eine stillschweigende, aus konkludenten Handlungen abzuleitende Übernahme eines Kommunikationsweges als Straße in die Unterhaltung einer Stadtgemeinde vorliegt, der Weg nur als städtische Straße in den Bebauungsplan aufgenommen ist und einzelne Häuser daran errichtet sind, so wird dadurch nicht schon der Weg in eine städtische Straße umgewandelt.

**Nr. 6. Entsch.** v. 21. X. 01 IV 1857 (Pr.-V.-Bl. Jahrg. XXIII S. 489).

1. Wenn Gegenstand des Streites ist, welches Ortsrecht hinsichtlich der Unterhaltung eines öffentlichen Weges gilt, so hat der Revisionsrichter freie Beurteilung.

2. Gibt eine Gutsherrschaft vor der Wegepolizeibehörde die Erklärung ab, daß sie statt einer Gemeinde künftig die Unterhaltung eines öffentlichen Weges übernehme, so ist dies ausreichend für die Übernahme der öffentlich-rechtlichen Unterhaltungspflicht.

**Nr. 7. Entsch.** v. 14. X. 01 IV 1811 (Pr.-V.-Bl. Jahrg. XXIV S. 72).

Eine in ihrem Beginne durch Rechtsirrtum hervorgerufene Übung würde — ohne daß der Irrtum erkannt und die Übung gleichwohl fortgesetzt ist — nur dann die Annahme eines ihr entsprechenden, wirklichen Gewohnheitsrechts rechtfertigen können, wenn etwa die Übung durch langjährige, Generationen umfassende Befolgung allmählich zu einer Rechtsüberzeugung geführt hat, die unabhängig von dem Irrtume ist, der die Übung zuerst hervorgerufen hat (vgl. Entsch. des O.-V.-G. Bd. XIII S. 248 ff., 252 ff., Bd. XV S. 222 ff., 230).

**Nr. 8. Entsch.** v. 24. X. 01 IV 1876 (Pr.-V.-Bl. Jahrg. XXIII S. 537).

Dem Träger der Wegebaulast liegt die Pflicht ob, den Weg gegen Abbruch zu schützen (Entsch. Bd. XXIV S. 197).

**Nr. 9. Entsch. Bd. XXXX S.** 233 v. 21. XI. 01 IV C 35/01.

§ 56 Abs. 5 des Zust.-Ges.

1. Hat ein Wegebaupflichtiger außerhalb des Bezirks Aufwendungen für eine Wegestrecke gemacht, die gar nicht unter seine vermeintliche öffentliche Wegebaulast fiel, für welche er sich also gar nicht öffentlich-rechtlich verpflichtet hielt und halten konnte, so ist er kein Beteiligter im Sinne des § 56 Abs. 5 des Zust.-Ges. und ein Verwaltungsstreitverfahren auf Ersatz der Aufwendungen findet nicht statt.

2. Sind dem Wegebaupflichtigen Beihilfen z. B. eines Kreises bei den Aufwendungen gegeben worden, so sind sie bei der Erstattungsforderung abzurechnen.

3. Wegen Streitigkeiten der Beteiligten siehe Erk. v. 11. VII. und 26. IX. 96 Entsch. Bd. 30 S. 244, 249.

### b) Rechtsmittel gegen Anordnungen der Wegepolizeibehörde und Streitigkeiten der Beteiligten (§§ 55 und 56 Zust.-Ges.).

**Nr. 1. Entsch.** v. 9. XII. 01 IV 2233 (Pr.-V.-Bl. Jahrg. XXIV S. 167).

§ 56 Zust.-Ges.

Die Heilung des Mangels der Unbestimmtheit einer wegepolizeilichen Anordnung ist im Laufe des Verw.-Str.-V. zulässig (Erk. vom 28. XII. 99 IV 2102). Die Anordnung braucht deshalb nicht so spezialisiert zu sein, wie sich dies im Laufe des Streitverfahrens als notwendig herausstellt.

**Nr. 2. Entsch.** v. 3. III. 02 IV 406 (Pr.-V.-Bl. Jahrg. XXIII S. 744).

§ 56 Abs. 5 des Zust.-Ges.

1. Bei der in § 56 Abs. 5 des Zust.-Ges. gegebenen Feststellungsklage handelt es sich immer um die Feststellung, daß nicht der Kläger, sondern der

Beklagte die Pflicht zur Unterhaltung des betreffenden öffentlichen Weges hat. Die Art der Unterhaltung kann nicht Gegenstand der Klage sein, sondern nur die Pflicht zur Unterhaltung. Der Dritte hat kein Recht, von dem Wegebaupflichtigen eine bestimmte Art der Unterhaltung zu fordern, dieses Recht steht nur der Wegepolizeibehörde zu (vgl. Entsch. d. O.-V.-G. Bd. XXV S. 216 ff., 219, Bd. XXVIII S. 218 ff., 220). Der Dritte kann daher auch keine Klage dahin erheben, daß eine von ihm in bestimmter Art und Weise hergestellte Wegestrecke von dem Wegebaupflichtigen fernerhin dauernd in dieser Art unterhalten werde.

2. Ebenso entschieden am 18. XI. 1901 IV 2066.

**Nr. 3. Entsch.** v. 14. IV. 02 IV 677 (Pr.-V.-Bl. Jahrg. XXIII S. 77).
§ 135 II 1 b der Kreis-Ordn. v. 13. XII. 72; § 56 Zust.-Ges.

Wenn früher ein Kreisausschuß gemäß § 135 II 1 b der Kr.-Ordn. vom 13. XII. 72 interimistisch über die Unterhaltungspflicht eines Weges erkannt hat, so ist der Verwaltungsrichter, an den die Sache von neuem auf Grund des § 56 des Zust.-Ges. jetzt kommt, an die Entscheidung des Kreisausschusses nicht gebunden.

**Nr. 4. Entsch. Bd. XXXX S.** 237 v. 18. XI. 01 IV B 50/01.
§ 56 Abs. 5 des Zust.-Ges.

1. Gegen die Forderung auf Erstattung des Geleisteten (§ 56 Abs. 5 des Zust.-Ges.) kann der Einwand erhoben werden, daß der Kläger privatrechtlich zur Leistung verpflichtet gewesen. Denn für einen Ersatzanspruch aus § 56 Abs. 5 und 6 des Zust.-Ges. reicht es nicht aus, daß dem Beklagten die öffentlich-rechtliche Wegebaupflicht obliegt, und daß der Kläger behauptet, sie seinerseits erfüllt zu haben. Notwendige Voraussetzung des Anspruchs ist daneben, daß eine der privatrechtlichen Anspruchsformen — Geschäftsführung ohne Auftrag, nützliche Verwendung, Bereicherung — hinzukommt (Urt. v. 4. III. 96, Pr.-V.-Bl. Jahrg. XVII S. 345). Fehlt es an einer derartigen privatrechtlichen Grundlage, so kann kein Erstattungsanspruch entstehen.

2. Bei einer Feststellungsklage gemäß § 56 Abs. 5 a. a. O. handelt es sich immer um die Feststellung, daß nicht der Kläger, sondern der Beklagte die Pflicht zur Unterhaltung des betreffenden öffentlichen Weges habe. Die Art der Unterhaltung kann nicht Gegenstand der Klage sein, sondern nur die Pflicht zur Unterhaltung. Der Dritte hat kein Recht, von dem Wegebaupflichtigen eine bestimmte Art der Unterhaltung zu fordern; dieses Recht steht nur der Wegepolizeibehörde zu. Der Dritte kann also auch keine Klage dahin erheben, daß der Beklagte eine Wegestrecke pflastere oder ein dort vom Kläger gelegtes Pflaster dauernd unterhalte. (Erk. v. 27. IV. 95 u. v. 19. I. 99 Bd. XXVIII S. 220 und Bd. XXXV S. 257.)

c) Entwässerung von Wegen; ihre polizeimäßige Reinigung; Bürgersteige.

d) Land- und Heerstraßen.

e) Chausseen, Chausseegelderhebung.

f) Fähren in wegepolizeilicher Hinsicht, Brücken.

**Nr. 1. Entsch.** v. 9. VI. 02 IV 1078 (Pr.-V.-Bl. Jahrg. XXIV S. 23).
§§ 38, 53 Tit. 15 Teil II A.-L.-R.

1. Bei der Anlegung und Unterhaltung öffentlicher Wege hat die Wegepolizeibehörde nicht einseitig die Interessen des Verkehrs, sondern auch die

übrigen der Obhut der Polizei anvertrauten öffentlichen Interessen zu beachten (Urt. v. 14. VI. 79, E.-O.-V. Bd. V S. 226) und der Träger der Wegebaulast hat dementsprechend die Verpflichtung, die öffentlichen Wege in einer allen diesen Interessen Genüge leistenden Beschaffenheit erstmalig anzulegen und dauernd zu erhalten. Daraus folgt, daß Brücken über von Natur schiffbare öffentliche Ströme, deren Unterhaltung in der Regel dem Fiskus obliegt (§§ 38, 53 Tit. 15 T. II d. A.-L.-R.'s), von dem Träger der Brückenunterhaltungslast vor allem auch den Interessen der Schiffahrt entsprechend angelegt und nötigenfalls abgeändert, insbesondere erhöht werden müssen. (Urt. v. 21. II. 98 und v. 29. IV. 1901, E.-O.-V. Bd. XXXIII S. 268, 269, 271, und Bd. XXXIX S. 221 ff., 225.)

2. Künstliche Schiffahrtskanäle gehören nicht zu den (von Natur schiffbaren öffentlichen Strömen im Sinne der §§ 38 und 53 a. a. O. (vgl. das Urt. v. 25. I. 96 Pr.-V.-Bl. Jahrg. XVII S. 291). Sie sind aber von den Staate für den öffentlichen Schiffahrtsbetrieb bestimmt, mithin sind die Brücken über derartige Kanäle von dem zu ihrer Unterhaltung öffentlich-rechtlich Verpflichteten dauernd in demjenigen Zustande zu erhalten, welcher dem jeweiligen im Interesse der öffentlichen Schiffahrt zu stellenden Anforderungen genügt.

**Nr. 2. Entsch.** v. 3. XII. 01 II 1885 (Pr.-V.-Bl. Jahrg. XXIV S. 5).

Eine Brücke über einen Privatfluß oder Graben, die in einem Straßenzuge liegt oder zwei Straßen verbindet, ist, wie in der Rechtsprechung des O.-V.-G. wiederholt anerkannt worden, in der Regel ein Teil der Straße. Dagegen sind Brücken über öffentliche Flüsse, auch wenn sie im Zuge von städtischen Straßen liegen, nicht Teile der Straße, sondern besondere Kommunikationsmittel und ihre Herstellung gehört daher nicht zur ersten Einrichtung der Straßen (vgl. das Ges. vom 2. VII. 75, erläutert von Friedrichs, 4. Aufl. S. 115, 155, 190).

**Nr. 3. Entsch.** v. 21. IV. 02 IV 722 (Pr.V.-Bl. Jahrg. XXIII S. 794).

§§ 27, 44, 43 Wegeordnung für die Provinz Sachsen; § 138 Tit. 15 Teil II A.-L.-R.

1. Nach § 138 Tit. 15 T. II A.-L.-R. ist der Privatinhaber einer Brückengeld-Gerechtigkeit schuldig, die Brücke zu unterhalten.

2. Die einmal begründete Brückengeld-Gerechtigkeit ist Gegenstand des Privateigentums; die Übertragung vollzieht sich nach den Regeln des Privatrechts und ist im Gesetze an eine besondere obrigkeitliche Genehmigung nicht gebunden (Entsch. Bd. XXXIV S. 258).

**Nr. 4. Entsch. Bd. XXXX S. 268** v. 4. VII. 01 IV B 41/01.

§ 56 Abs. 5 des Zust.-Ges.; § 2 Ges. v. 13. VI. 1900 (G.-S. S. 247).

1. Zu den in § 2 Nr. 3 des Ges. v. 13. VI. 1900 benannten polizeilichen Angelegenheiten gehören auch Erstattungsklagen aus § 56 Abs. 5 des Zust.-Ges. Für sie ist also der Bezirksausschuß zu Berlin statt des zu Potsdam zuständig.

2. Das O.-V.-G. hat wiederholt dargelegt, daß die Anfahrtsrampen, welche den Verkehr von dem Wege auf die Brücke überleiten, weder Teile noch Zubehörungen der Brücke, sondern vielmehr Teile des Weges sind, in dessen Zuge sie liegen, und daß demgemäß die durch einen Umbau der Brücke notwendig gewordenen Änderungen der Rampen nicht von dem Brückenbaupflichtigen, sondern von dem herzustellen sind, welchem kraft öffentlichen Rechts die Unterhaltung des Weges obliegt (Urt. v. 21. XII. 87,

Pr.-V.-Bl. Jahrg. X S. 47, v. 21. II. 98, Entsch. Bd. XXXIII S. 268, und v. 22. VI. 99, Entsch. Bd. XXXV S. 294). In diesen Erk. ist darauf hingewiesen, daß der Wegebaupflichtige die anderweitige Herstellung der Rampen nicht deshalb von sich ablehnen kann, weil sie durch die vom Brückenbaupflichtigen im Interesse der Schiffahrt vorgenommene Änderung der Brückenanlage veranlaßt ist. Jene vom O.-V.-G. ausgesprochenen Grundsätze müssen aber auch auf die Herstellung der Rampen zu einer Notbrücke Anwendung finden. Zur Wegebaulast gehören alle Leistungen, welche notwendig sind, damit der öffentliche Weg seiner Bestimmung gemäß dem öffentlichen Verkehre dienen kann. Erfordert die Reparatur eines Weges nach Art und Umfang die zeitweilige Sperrung eines Wegeteils, und ist es andererseits nach den Verkehrsverhältnissen nicht angängig, eine Unterbrechung seiner Benutzung eintreten zu lassen, so kann sich der Wegebaupflichtige der Anlage eines interimistischen Notwegs zur Aufrechterhaltung des Verkehrs nicht entziehen.

**Nr. 5. Entsch. Bd. XXXX S. 218** v. 30. IX. 01 IV C 135/00.

§ 379 I 17 A.-L.-R., §§ 248 ff., 265, 270 Tit. 9 Teil I A.-L.-R., § 920 B.-G.-B., Art. 65 Einf. dazu.

1. In der Regel, d. h. wenn nicht das Gegenteil nachweisbar ist, muß, wie bei öffentlichen Flüssen (Urt. v. 17. XII. 79, Entsch. Bd. VI S. 97 ff., Erlaß des Ministers des Innern v. 17. VI. 68, M.-Bl. S. 244), so auch bei Privatflüssen unter analoger Anwendung der für die privatrechtlichen Grenzverhältnisse im § 379 Tit. 17 T. I A.-L.-R. (ähnlich § 920 B.-G.-B.) gegebenen Vorschrift und der für die Bestimmung der Rechte am verlassenen Flußbett und den im Flusse entstehenden Inseln überall wiederkehrenden Scheidung nach der Mitte des Flußbetts (§§ 248 ff., 265, 270 Tit. 9 T. I A.-L.-R., die nach Art. 65 des Einführungsgesetzes zum B.-G.-B. noch in Geltung sind) die Mitte des Flußbetts als Grenzscheide zweier durch den Fluß getrennter Kommunalverbände betrachtet werden (vgl. das Urt. v. 3. IV. 92, Entsch. Bd. XXII S. 198). Wenn nun auch im allgemeinen Änderungen der Eigentumsgrenzen der Privatgrundstücke keine Änderungen der Kommunalgrenzen zur Folge haben, insbesondere der Ankauf eines bäuerlichen an der Grenze belegenen Grundstücks durch den Besitzer eines benachbarten selbständigen Gutes und umgekehrt das angekaufte Grundstück nicht zu einem Teile des Gutsbezirkes oder der Gemeinde macht, so kann das doch auf die allmählichen An- und Abspülungen der Ufer fließender Gewässer, welche die privaten Eigentumsgrenzen von selbst, ohne Besitzergreifung und grundbuchliche Eintragungen verändern, nicht unbedingt Anwendung finden. In dem Erlasse des Finanzministers v. 14. V. 87 (Mitteilungen aus der Verwaltung der direkten Steuern Nr. 37) wird (S. 322) bemerkt, daß, wenn sich das Bett eines Privatflusses durch allmähliches An- und Abspülen der Ufer verändert, die Grenze der anstoßenden Grundstücke der Mittellinie des veränderten Flußbetts folgt. Das gilt auch von den in der Mitte des Flusses anzunehmenden Kommunalgrenzen, jedenfalls wenn sie nur aus den Eigentumsgrenzen der Privatgrundstücke im Wege der vorgedachten rechtlichen Vermutung abgeleitet werden. Verläßt dagegen ein Fluß sein Bett gänzlich, so bleibt unzweifelhaft die Mitte des verlassenen Flußbetts die Grenze wie des Privateigentums, so auch des Kommunalbezirks. Soll die Mitte des neuen Flußlaufs künftig die Grenze der Privatgrundstücke bilden, so bedarf es dazu der Auflassung und Eintragung im Grundbuche; soll sie künftig die Grenze der Kommunalbezirke darstellen, so ist ein die Grenzen verändernder Akt der zuständigen staatlichen Organe erforderlich.

2. Ähnlich steht die Sache, wenn die kommunale Grenze nachweislich nicht in der Mitte des Privatflusses liegt, sondern der Uferlinie folgt. Auch ein derartiger Zustand wird, wenn er sich aus alter Zeit herschreibt, meist seinen Grund in einer von der Regel abweichenden Entwicklung der Grenzen des Privateigentums haben, insbesondere wenn es sich um einen Fluß handelt, der die Grenze zwischen bäuerlichem und herrschaftlichem Grunde bildet. Auch hier kann es keinem Zweifel unterliegen, daß, wenn und soweit der Fluß sein Bett gänzlich verläßt und sich ein neues schafft, nicht das entsprechende (nördliche, südliche) neue Ufer, sondern die zu jener Zeit bestehende Linie des alten Flußufers die Grenze der Kommunalbezirke bildet. Anders müssen aber auch hier die Folgen allmählicher An- und Abspülungen betrachtet werden. Es liegt im Begriff einer Uferlinie, daß sie, wenigstens solange das Ufer nicht künstlich befestigt ist, niemals unverändert bleiben kann; die lebendige Kraft des fließenden Wassers wirkt fortwährend durch Anschwemmung oder Abspülung auf sie ein. Wie überhaupt dem Wasser durch seine eigentümliche, elementare Natur auf dem Gebiete des Rechts und insbesondere des Eigentums eine ganz besondere Stellung zuteil geworden ist (Nieberding-Frank, Wasserrecht und Wasserpolizei § 12 S. 56), so muß sich diese besondere Stellung notwendig auch bei den kommunalen Grenzen wirksam zeigen. Es wird kaum in Zweifel gezogen werden, daß, auch wenn die Uferlinie die Grenze zweier Kommunalbezirke ist, ganz allmähliche und geringfügige Abspülungen oder Anschwemmungen von selbst eine entsprechende Veränderung der Kommunalgrenzen zur Folge haben, daß nicht der Beweis verlangt oder zugelassen werden kann, die Uferlinie habe mathematisch früher einige Zentimeter weiter in den Fluß hinein oder von ihm entfernt gelegen. Das ist schon darum nicht tunlich, weil gegenüber der steten, regelmäßigen Veränderung gar keine Normalzeit, auf welche zurückgegangen werden könnte, festzustellen ist.

### g) Eisenbahnpolizei, Zufuhrwege zu Eisenbahnanlagen; öffentliche Wege, die der Eisenbahnunternehmer zu unterhalten hat.

**Nr. 1. Entsch. Bd. XXXX S. 229 v. 19. XII. 01 IV C 90/01.**

§ 4 Eisenbahngeſ. v. 3. XI. 38.

Ist die Verlegung einer Landstraße auf Grund des § 4 des Eisenbahngeſ. v. 3. XI. 38 angeordnet, dabei aber keine ausdrückliche Bestimmung über die fernere Unterhaltung getroffen worden, so ist davon auszugehen, daß in der Verpflichtung zur Unterhaltung des verlegten Weges nur insofern eine Veränderung eintreten sollte, als der Eisenbahnunternehmer diejenige Vermehrung der Wegebaulast zu tragen hat, die sich als Folge der durch die Bahnlage veranlaßten Veränderung oder Verlegung des Wegezugs ergibt (Urt. v. 18. XI. 82, v. 1. II. 96 und v. 12. VII. 97, Entsch. Bd. IX S. 186 ff., Bd. XXX S. 184 ff., Bd. XXXII S. 203 ff.); eine Verringerung der bisherigen Verpflichtung des ordentlichen Wegebaupflichtigen wird durch eine solche stillschweigende Anordnung nicht herbeigeführt.

### h) Inanspruchnahme von Wegen für den öffentlichen Verkehr (§ 56 Zust.-Geſ.); Privatrechte an öffentlichen Wegen.

### i) Einziehung und Verlegung öffentlicher Wege (§ 57 Zust.-Geſ.).

### k) Heranziehung der Fabriken, Bergwerke und ähnlichen Unternehmungen zur Vorausleistung für den Wegebau.

**Nr. 1. Entsch. Bd. XXXXI S. 255 v. 17. II. 02 IV B 21/01.**

§§ 1, 2 Ges., betr. die Heranziehung der Fabriken mit Vorausleistungen in der Rheinprovinz, v. 4. VIII. 91 (G.=S. S. 334); §§ 256, 291, 246 B.=G.=B.

1. Derjenige Unternehmer, der über die in seinem Betriebe bewirkten Verfrachtungen bestimmte Angaben zu machen in der Lage ist, darf sich nicht auf ein allgemeines Bestreiten des für ihn in Rechnung gestellten Verkehrs beschränken; er muß seinerseits mit bestimmten Angaben hervortreten.

2. § 256 des B.-G.-B. bezieht sich auf zivilrechtliche Ersatzansprüche, § 291 auf die von privatrechtlichen Geldforderungen zu zahlenden Prozeßzinsen, und die Voraussetzung des § 246, daß die Pflicht zur Zinszahlung auf Gesetz beruht, trifft für Präzipualbeiträge nicht zu. Diese haben zwar nicht den Charakter einer steuerartigen Leistung, für welche Verzugszinsen nicht gefordert werden können (Anm. zu dem Urt. v. 20. XII. 89, Bd. XIX S. 238 der Entsch. und Friedrichs, Das Gesetz vom 2. Juli 1875, Bemerk. 8 zu § 15, 4 Aufl. S. 184). Der Anspruch auf Vorausleistungen ist jedoch öffentlich-rechtlicher Natur, und er entsteht nicht etwa mit der Aufwendung der Unterhaltungskosten oder mit der Klageerhebung, sondern dadurch, daß der Verwaltungsrichter dem Unternehmer den Beitrag „auferlegt". Der Wegebaupflichtige ist antragsberechtigt, nicht forderungsberechtigt (vgl. Curtius, Die Wegebau-Vorausleistungen in Preußen Bd. I S. 574); eine Schuld des Unternehmers entsteht erst durch den rechtskräftigen Ausspruch des Verwaltungsrichters (Urt. vom 6. III. 95, Bd. XXVII S. 259 der Entsch.). Erst von diesem Zeitpunkt ab könnten mithin Verzugszinsen in Frage kommen; sie scheiden jedoch aus, weil das Gesetz einen Anspruch auf Zinsen nicht gewährt, wie denn auch der durch den Richterspruch begründete Anspruch als fällige Forderung sogleich vollstreckbar ist.

**Nr. 2. Entsch. Bd. XXXX S. 242 v. 27. VI. 01 IV C 18/01.**

§ 1 Ergänz.=Ges. v. 11. VII. 91 (G.=S. S. 329).

1. Das O.-V.-G. ist regelmäßig davon ausgegangen, daß sich der Beitrag nach § 1 des Erg.-Ges. v. 11. VII. 91 nicht allein durch die Kosten, welche im Heranziehungsjahre für die Wegeunterhaltung tatsächlich entstanden sind, sondern nach einem Durchschnittssatze bestimmt, der sich nach den Kosten der regelmäßigen Wegeunterhaltung während eines längeren Zeitraums bemißt. Angemessen kann in solchen Fällen nur so verfahren werden, daß die Unterhaltungskosten auf die Jahre, für welche sie aufgewendet werden, verteilt und die Gewerbetreibenden zu Jahresbeiträgen nach dem Maße der jährlich durch sie bewirkten Abnutzungen herangezogen werden (Urt. v. 16. X. 91, v. 19. XII. 93, v. 12. XII. 94 und v. 20. V. 97, Entsch. Bd. XXII S. 262, 263, Bd. XXVI S. 243, Bd. XXVII S. 247, Bd. XXXI S. 229).

2. Es entspricht dem Sinne der Gesetze über Wegevorausleistungen, daß der Beitrag des einzelnen Unternehmers zu den Unterhaltungskosten für sich allein behandelt und aus dem Verhältnisse seines Verkehrs zu dem Gesamtverkehr auf dem Wege ermittelt wird. Geschieht das unter Berücksichtigung aller für die Wegeabnutzung erheblichen Umstände, so muß sich ein Betrag ergeben, der die gesamten Unterhaltungskosten nicht erreicht, also nur einen Beitrag darstellt, und der angemessen ist, d. h. der durch die Abnutzung des einzelnen Unternehmers verursachten Mehrbelastung des Wegebaupflichtigen ent-

spricht. Bei der Ermittelung des bezeichneten Verhältnisses kommt in der Feststellung des Gesamtverkehrs aber auch der Verkehr der übrigen Unternehmer, die der Wegebaupflichtige heranzuziehen berechtigt ist, zur Anrechnung, so daß damit ihre Beteiligung bei der Ermittelung des Beitrags des einzelnen Unternehmers berücksichtigt wird. Somit kann der zur Beitragsleistung herangezogene Unternehmer nicht den Einwand erheben, daß nach dem Maße der Leistungen der übrigen Unternehmer sein Beitrag zu hoch angesetzt sei oder, weil jene Beiträge die Unterhaltungskosten deckten, ganz wegfallen müsse. Die Unzulässigkeit des Einwandes geht auch daraus hervor, daß das Gesetz nur eine Klage zur Feststellung des Beitrags des einzelnen Unternehmers gewährt und in diesem Verfahren kein Raum zur Feststellung der Beiträge aller beteiligten Unternehmer ist, sowie daraus, daß dem Herangezogenen ein Rechtsanspruch auf Heranziehung der übrigen Unternehmer durch den Wegebaupflichtigen nicht zusteht. Das alles gilt nicht nur für die gesetzlich zu ermittelnden Vorausleistungen, sondern auch, wenn sich der Unternehmer darauf beruft, daß andere Unternehmer Beiträge auf Grund eines Vertrags zu entrichten haben.

3. Dagegen sind die der Gemeinde aus öffentlichen Mitteln (z. B. Provinzialmitteln) bewilligten Prämien abzuziehen.

**Nr. 3. Entsch. Bd. XXXX S. 246** v. 16. I. 02 IV B 51/01.

§ 2 Abs. 3 des Ges. v. 4. VIII. 91 (G.-S. S. 334).

Nach § 2 Abs. 3 Ges. v. 4. VIII. 91 haben Stadtgemeinden in der Rheinprovinz das Recht, Vorausleistungen für den Wegebau zu fordern, nur für solche Wege, die nicht zu den eigentlichen städtischen Straßen gehören. Darüber, was der Gesetzgeber unter „eigentlichen städtischen Straßen" verstanden wissen wollte, gibt die Entstehungsgeschichte des Gesetzes keinen Aufschluß. Soviel ist indessen ohne weiteres klar, daß die Erhebung von Vorausleistungen bei den vollständig bebauten fertigen Straßen der geschlossenen, inneren Stadtlage unzulässig, bei Kommunikationswegen in der unbebauten städtischen Feldmark, welche dem Verkehre von Ort zu Ort dienen, zulässig ist. Zweifel können dagegen z. B. bei Wegen entstehen, welche früher der letzteren Gattung angehört haben, aber durch Ausbreitung der städtischen Bebauung oder durch Herstellung des Wegekörpers in der für städtische Straßen maßgebenden Art und Weise einer Umwandlung unterworfen werden.

l) Provinzialrechte.

**Nr. 1. Entsch. Bd. XXXXI S. 250** v. 3. II. 02 IV C 58/01.

1. Das O.-V.-G. hat in dem Urt. v. 16. II. 84 (Bd. X S. 208 ff. der Entsch.) dargelegt, daß nach Neuvorpommerschem Wegerechte jeder Besitzer eines Gutes, er sei Eigner, Pfandträger oder Pächter, wegebaupflichtig sei, daß daher die Wegepolizeibehörde unmittelbar gegen den Pächter vorgehen könne. Daß damit keineswegs ausgesprochen ist, für das Eingreifen der Polizei komme nur der Pächter eines Gutes in Betracht, liegt auf der Hand. Das Erk. v. 5. VI. 86 (Bd. XIII S. 307 der Entsch.) legt denn auch dar, daß es sich bei der den Pächter treffenden Last um eine konkurrierende Verpflichtung des Pächters handle (a. a. O. S. 311), und wenn daselbst ausgesprochen ist, daß die Wegebaulast als solche die Pflicht zur Verbreiterung der Wege nach Maßgabe des Verkehrsbedürfnisses in sich schließe, so wird gerade dort die Zulässigkeit einer dem Eigentümer des Gutes gegenüber erhobenen, auf

Verbreiterung eines Kommunikationsweges gerichteten Anforderung grundsätzlich anerkannt.

2. Wenn es sich darum handelt, einen öffentlichen Weg zu verbreitern, so ist in erster Linie der Eigentümer des Grund und Bodens von der Wegepolizeibehörde in Anspruch zu nehmen, da dem Pächter nur das Nutzungsrecht an dem Pachtgegenstande, nicht die Verfügung über dessen Substanz zusteht und er nicht gezwungen werden kann, das zur Verbreiterung des Weges erforderliche Gelände von dem Verpächter eigentümlich zu erwerben.

**Nr. 2. Entsch. Bd. XXXX S. 223 v. 6. I. 02 IV B 55/01.**

§§ 2, 4 Ziff. 1 Wegeordn. v. 11. VII. 91; § 58 L.-V.-G.

1. Daß die Wegebaulast die Verpflichtung des Wegebaupflichtigen in sich schließt, im Falle des Verkehrsbedürfnisses neue Wege anzulegen, falls nicht etwa, wie in der Provinz Hannover, abweichende Sonderbestimmungen bestehen, hat das O.-V.-G. in zahlreichen Entscheidungen dargelegt. Insbesondere beruht es auch auf Irrtum, wenn unter Berufung auf § 2 der Wegeordnung für die Provinz Sachsen v. 11. VII. 91 ausgeführt wird, daß diesem Gesetze jener Grundsatz fremd sei; er ist vielmehr in § 4 Ziff. 1 daselbst, wonach die Wegebaulast die Verpflichtung in sich begreift, die Wege anzulegen, ausdrücklich ausgesprochen (vgl. Germershausen, Wegerecht Bd. I, 2. Aufl., § 2 Ziff. 3 S. 27).

2. Wenn das für den neuen Weg erforderliche Gelände nicht oder nicht vollständig im Eigentume der Wegebaupflichtigen steht, so müssen sie es erwerben, wenn nötig im Wege der Enteignung. Ob letzteres erforderlich werden wird, ergibt sich erst bei der Ausführung oder Zwangsvollstreckung.

3. Es ist richtig, daß § 58 Abs. 1 Ziff. 2 L.-V.-G. auch zur Anwendung kommt, wenn eine polizeiliche Angelegenheit in mehreren Ortspolizeibezirken, die verschiedenen Kreisen angehören, zu ordnen und es zunächst fraglich ist, welcher Kreisausschuß den zuständigen Amtsvorsteher gemäß § 61 der Kr.-Ordn. zu bestimmen hat (von Brauchitsch, die neuen Preußischen Verwaltungsgesetze Bd. I Anm. 96 zu § 58 des L.-V.-G.). Das hat das Urt. des O.-V.-G. v. 15. XII. 83 (Entsch. Bd. X S. 188 ff.) mit Bezug auf die §§ 45—47 des Organisationsges. v. 26. VII. 80 dargelegt; seine Ausführungen treffen aber auch für die im wesentlichen gleichlautenden §§ 56—58 des L.-V.-G. zu. Dabei ist jedoch vorausgesetzt, daß bei der gemäß § 58 Abs. 1 Ziff. 2 a. a. O. von dem Regierungspräsidenten, Oberpräsidenten oder Minister des Innern auszusprechenden Bestimmung einer Beschlußbehörde zwei oder mehr Beschlußbehörden zur Wahl stehen, welche den Beschluß, um den es sich handelt, hier die Bezeichnung einer Ortspolizeibehörde, gemäß § 61 der Kr.-Ordn. zu fassen, sachlich zuständig ist. So lag die Sache in dem Bd. X der Entsch. behandelten Falle, wo Ortspolizeibezirke in mehreren Landkreisen in Frage waren. Anders wenn ein Landkreis und ein Stadtkreis in Betracht kommen. Die Stadtkreise haben kein Organ, welches von dem Gesetz ermächtigt wäre, einen Beschluß, wie den in § 61 der Kr.-Ordn. den Kreisausschüssen überwiesenen, zu fassen, insbesondere ist nicht etwa den Stadtausschüssen eine solche Befugnis übertragen, und zwar aus dem einfachen Grunde, weil ein Stadtkreis nicht mehrere Ortspolizeibezirke umfaßt. Der Regierungspräsident hat daher keine Wahl zwischen der Überweisung der Angelegenheit an den Kreisausschuß eines Landkreises oder an eine andere gleichartige der städtischen Polizeiverwaltung übergeordnete Behörde zur Beschlußfassung gemäß § 61 der Kr.-Ordn., sondern, wenn er die Sache nicht zu diesem Zweck an den Kreisausschuß überweisen will, der seinerseits nicht die rechtliche Möglichkeit hätte, die städtische Polizeiverwaltung

zu ernennen, kann er nur unmittelbar die Polizeiverwaltung mit der Erledigung der polizeilichen Angelegenheit selbst betrauen, ohne daß ein dem § 61 der Kr.-Ordn. entsprechender Beschluß vorausgegangen wäre. Für eine Auswahl zwischen einer Ortspolizeibehörde und einer Beschlußbehörde trifft aber der § 58 des L.-V.-G. keine Bestimmung, und auch sonst gibt es für einen solchen Fall keine ausdrückliche gesetzliche Vorschrift. Deshalb kommt der allgemeine Rechtsgrundsatz zur Anwendung, daß, wo ein einheitliches polizeiliches Einschreiten in mehreren Bezirken notwendig wird, ohne daß dafür besondere gesetzliche Normen bestehen, die nächste höhere polizeiliche Aufsichtsinstanz die Polizeibehörde zu bestimmen hat, welcher die Zuständigkeit für die Angelegenheit beiwohnen soll (Urt. v. 5. II. 96, Entsch. Bd. XXIX S. 218 ff., 222, 223).

**Nr. 3. Entsch.** v. 28. II. 02 II 362 (Pr.-V.-Bl. Jahrg. XXIII S. 646).

Regulativ v. 17. XI. 41 (G.-S. S. 405); § 96 Abs. 5 Kommunalabgabenges. v. 14. VII. 93.

Wie in dem Erk. des O.-V.-G. v. 10. VI. 90 (Entsch. Bd. XIX S. 269) und v. 2. XII. 96 bemerkt ist, sind die Bestimmungen des Regulativs vom 17. XI. 41 wegen der durch die Staatswaldungen in der Provinz Westfalen und der Rheinprovinz führenden öffentlichen Wege dahin aufzufassen, daß, wenn in einem Gemeindebezirke ein öffentlicher Forstweg vorhanden ist, die fiskalische Forst in Ansehung der Wegebaulast als nicht zum Gemeindebezirke gehörig anzusehen ist. Aus dieser Auffassung aber ergibt sich ohne weiteres, daß das Regulativ durch das Komm.-Abg.-Ges., insbesondere § 96 Abs. 5 desselben nicht aufgehoben ist, da das Komm.-Abg.-Ges. Bestimmungen über die Zugehörigkeit zu einem Gemeindebezirke überhaupt nicht enthält.

**Nr. 4. Entsch. Bd. XXXXI S. 248** v. 28. IV. 02 IV C 145/98.

Regulativ v. 17. XI. 41 (G.-S. S. 405); Wegereglement für das Herzogtum Cleve v. 2. II. 1768 Rabe's Samml. Bd. I Abs. III S. 36.

Die Bestimmungen des Regulativs wegen Unterhaltung der durch die Staatswaldungen in der Provinz Westfalen und der Rheinprovinz führenden öffentlichen Wege v. 17. XI. 41 sollten nur an die Stelle des bisherigen allgemeinen Wegerechts (Gesetz, Herkommen) treten, die auf besonderen Rechtstiteln beruhenden Verpflichtungen aber davon unberührt bleiben.

**Nr. 5. Entsch. Bd. XXXX S. 261** v. 1. VII. 01 IV C 56/00.

§ 5 Ges. v. 26. II. 79 (G.-S. S. 94).

1. Sämtliche Nebenlandstraßen (§ 5 Ges. v. 26. II. 79) in Schleswig-Holstein und zwar sowohl die bereits ausgebauten als die infolge des Ges. vom 26. II. 79 erst auszubauenden, sind, insofern die Verpflichtung nicht dem Provinzialverbande obliegt, von den Kreisen zu unterhalten. Die Unterhaltungspflicht tritt erst mit dem vollendeten Ausbaue ein.

2. Der erste Absatz in § 5 bestimmt allgemein die Pflicht der Kreise, die Nebenlandstraßen auszubauen. Da vorher (in § 2) die Versetzung von Nebenwegen in die Klasse der Nebenlandstraßen geregelt ist, so bezieht sich der erste Absatz sowohl auf die bereits vorhandenen, aber noch nicht ausgebauten Nebenlandstraßen als auch auf die erst nach Erlaß des Gesetzes in die Klasse der Nebenlandstraßen versetzten Wege. Beide Arten der Nebenlandstraßen hat der Kreis auszubauen.

3. Hierfür trifft der zweite Absatz dann insofern eine Sonderbestimmung, als bei den „in den bisherigen Verzeichnissen enthaltenen" Nebenlandstraßen

eine Vorausbelastung gewisser Kreisangehörigen bezüglich der Kosten des Ausbaues eintreten soll.

4. Nachdem die beiden ersten Absätze so den Ausbau der Nebenlandstraßen geregelt haben, gibt der dritte Absatz die Vorschriften über die Unterhaltung. Und zwar bestimmt der erste Satz, wen die Unterhaltungspflicht trifft: die Kreise — soweit nicht die Unterhaltung bereits der Provinz obliegt, oder später von ihr übernommen wird —, und der zweite Satz, wann diese Unterhaltungspflicht der Kreise beginnt: mit dem vollendeten Ausbau.

**Nr. 6. Entsch. Bd. XXXX S. 249 v. 11. XI. 01 IV C 41/01.**

§ 1 Ges., betr. Abänderung der Wegegesetze im Reg.-Bez. Cassel, v. 16. III. 79.

1. Verordnungen der Staatsgewalt, welche die öffentliche Wegebaupflicht regeln, sind schon im 16. und 17. Jahrhundert erlassen worden, (zu vgl. von Rönne, Wegepolizei S. 627, 596, 535, 608, 617, 629) und wurden seit dem Beginne des 18. Jahrhunderts sehr zahlreich. Dem Staate standen nach der Rechtsauffassung der damaligen Zeit in der Ausübung der Polizeihoheit zur Förderung der Sicherheit und Wohlfahrt des Ganzen als die ihm zunächst Verpflichteten die für die obrigkeitliche Verwaltung verantwortlichen Korpora, nämlich die Städte, die adligen Gutsherrschaften sowie im landesherrlichen Domanium die Domänenämter vorbehaltlich der Unterverteilung jure collectandi gegenüber. Die Unterverteilung der Beiträge zu den Polizeianstalten, also auch zur Unterhaltung der öffentlichen Wege, regelte sich meist nach Vertrag und Herkommen. Diese in den Urteilen O.-V.-G. vom 22. XII. 84, 1. IV. und 16. V. 85 (Entsch. Bd. XI S. 173 und Bd. XII S. 258) aus Anlaß mehrerer die Provinz Schlesien betreffenden Fälle entwickelten Grundsätze gehören dem gemeinen deutschen Rechte an. Die bei von Rönne a. a. O. S. 507 ff. zusammengestellten Wegeordnungen gehen überwiegend von dem Grundsatz aus, daß es bei der Unterhaltung der Wege so gehalten werden solle, wie es bisher gehalten worden war. Als Erkenntnisquellen für den bestehenden Rechtszustand werden neben dem Herkommen die vertragsmäßigen Abmachungen mehrfach ausdrücklich genannt, so z. B. in dem Pommerschen Wegereglement v. 25. VI. 1752 Ziffer 9: „es wäre denn, daß ein anderes rechtlich ausgemachet" (von Rönne a. a. O. S. 532). Für Neu-Vorpommern ist dasselbe in dem Urteile v. 10. II. 91 (Entsch. Bd. XX S. 239) dargelegt. § 7 des Landstraßen- und Wegereglements für das Herzogtum Schlesien und die Grafschaft Glatz v. 11. I. 1767 (von Rönne a. a. O. S. 570) stellt Verträge, Rechtssprüche oder eine rechtsbeständige Observanz als gleichwertig nebeneinander. Nach § 22 des Edikts v. 7. I. 1769 (von Rönne a. a. O. S. 623) bleibt es bei den pacta und judicata (vgl. auch Wegeordnung für die Herzogtümer Schleswig und Holstein v. 1. III. 42, Samml. der Bd. S. 191, § 225 Abs. 2, § 232); ebenso in Nassau.

2. Allerdings trat zu Anfang des 18. Jahrhunderts der später näher bestimmte Unterschied zwischen privatrechtlicher und öffentlich-rechtlicher Verpflichtung zur Wegeunterhaltung meist noch nicht deutlich hervor. Daraus folgt aber keineswegs, daß damals übernommene Verpflichtungen niemals als öffentlich-rechtliche aufgefaßt werden dürften. Entscheidend ist auch für jene ältere Zeit, ob die Vereinbarung die — ausdrückliche oder stillschweigende — Zustimmung derjenigen Stelle gefunden hat, welche das öffentliche Recht zu handhaben und zu wahren hatte und dem Staate für die Erhaltung der öffentlichen Wege in einem den Interessen des Verkehrs entsprechenden Zustande verantwortlich war, nämlich der Obrigkeit. Die Obrigkeit in Nassau vertraten damals im landesherrlichen Domanium regelmäßig

die Amtmänner oder ihnen gleichartige, wenn auch anders betitelte Beamte, in deren Hand sich die örtliche Polizeigewalt und Rechtspflege vereinigten.

3. Das Gesetz, betr. die Abänderung der Wegegesetze im Regierungsbezirke Cassel, v. 16. III. 79 schreibt in § 1 ausdrücklich vor: „Die Verpflichtung zum Bau und zur Unterhaltung der Landwege, der Vizinal-(Verbindungs-)Wege und der Distriktsstraßen liegt, soweit dieselbe nicht von größeren Kommunalverbänden (Amt, Kreis u. s. w.) übernommen ist oder auf privatrechtlichem Titel beruht, den Gemeinden ob, durch deren Gemarkungen sie führen." Auch dadurch sind alle öffentlich-rechtlichen Verpflichtungen anderer Rechtssubjekte beseitigt (Urt. v. 21. IV. 91, Entsch. Bd. XXI S. 303 ff., 308; Germershausen, Wegerecht Bd. I, 2. Aufl. S. 241, 309).

4. Im vormaligen Herzogtume Nassau gilt als die Regel, daß die Gemeinden die Vizinalwege in ihren Gemarkungen zu unterhalten haben. Das ist von dem O.-V.-G. bereits wiederholt anerkannt, dabei aber auch mehrfach hervorgehoben worden, daß es eben nur eine Regel sei. In dem Urt. vom 29. IV. 90 (Entsch. Bd. XX S. 299) ist gesagt, daß im Herzogtume Nassau die Wegebaulast bei allen Wegen — mit wohl nur vereinzelten Ausnahmen — den Gemeinden oblag. Weiter aber hat das O.-V.-G. in einem — nicht veröffentlichten — Erkenntnisse v. 6. XII. 92 bereits ausgesprochen, daß die gesetzlichen Bestimmungen durch Observanz, unvordenkliche Verjährung u. s. w. einer Abänderung unterliegen könnten.

5. Auch ältere Observanzen und besondere Titel des öffentlichen Rechts sind im vormaligen Herzogtume Nassau nicht aufgehoben, weil es dort, abweichend von dem Regierungsbezirke Kassel und der Provinz Hannover, an einem die Unterhaltung der gewöhnlichen öffentlichen Kommunikationswege (Vizinalwege) zwingend und ausschließend regelnden Gesetze fehlt.

## K. Gewerbepolizei.

### a) Allgemeines, Gewerbefreiheit, Zulassung zum Gewerbebetriebe, Ausübung desselben.

**Nr. 1. Entsch.** v. 20. II. 02 III 315 (Pr.-V.-Bl. Jahrg. XXIII S. 712).

§ 10 II 17 A.-L.-R.

Ein Kaufmann hatte an seinem Hause ein Schild anbringen lassen, das seinen Familiennamen trug, und ein zweites Schild mit der Aufschrift „L.er Konsum". Die Polizei ordnete die Entfernung dieser Aufschrift an, das O.-V.-G. hob die Verf. auf, weil nach Lage der Sache eine Täuschung des Publikums, insbesondere eine Verwechselung mit dem „Konsumvereine" ausgeschlossen sei.

### b) Gast- und Schankwirtschaft, Kleinhandel mit Branntwein, Spiritus und Bier, Stellvertretung in diesen Gewerben, Verlust und Entziehung der Konzession, Polizeiliches Einschreiten, Polizeistunde, die in den §§ 33a, 33b und 33c aufgeführten Gewerbe, Lustbarkeiten u. s. w.

**Nr. 1. Entsch. Bd. XXXX S. 316** v. 3. VI. 01 III B 122/00.

§ 53 Abs. 2 Gew.-Ordn.

Bei der nach § 53 Abs. 2 der Gew.-Ordn. zulässigen Zurücknahme einer gewerblichen Konzession kann es sich nur um die Genehmigung, wie sie erteilt ist, handeln. Für die Annahme, daß der Verwaltungsrichter nicht nur befugt sei, die erteilte Konzession zurückzunehmen, sondern auch sie in der

Weise abzuändern, daß er sie zu einem Teile zurücknimmt, zum anderen Teile aber fortbestehen läßt, fehlt es an der erforderlichen gesetzlichen Unterlage.

**Nr. 2. Entsch.** v. 6. I. 02 III 26 (Pr.-V.-Bl. Jahrg. XXIII S. 583).
§ 33 Gew.-Ordn.

Vereine, in denen der Schankbetrieb auf Rechnung und nur für den Kreis der Mitglieder erfolgte, bedurften früher niemals der Konzession und es stand fest, daß dies auch dann noch galt, wenn vereinzelt Nichtmitglieder als Gäste Zutritt hatten und Getränke erhielten (z. B. v. Schicker, Gewerbeordnung, 4. Aufl., Bd. I, S. 130, Anm. 3c). Für das jetzige Recht ist in dem Min.-Erl. v. 27. XII. 96 (M.-Bl. 1897 S. 12) bestimmt, daß bei den militärischen Kasinos und Kantinen, deren Betrieb auf den Kreis der Mitglieder beschränkt ist und die deshalb auch jetzt noch von der Konzessionspflicht ausgenommen sind, in der Einführung von Gästen oder der gelegentlichen Ablassung von Speisen oder Getränken an Nichtmitglieder ein Überschreiten der gezogenen Grenze nicht zu finden sei. Wie hier der Ausschank an die Gäste und der gelegentliche Ausschank an Nichtmitglieder noch nicht den Ausschank an die Mitglieder konzessionspflichtig machte und macht, so wird die Konzession zum Ausschank an die Mitglieder eines Vereins noch nicht dadurch überschritten, daß an die Personen, welche die Mitglieder einführen dürfen und ordnungsmäßig eingeführt haben, gelegentlich auch an andere Personen ausgeschänkt worden ist. Soll diese Regel keine Anwendung finden, so muß es bei der Konzessionierung ausgesprochen werden.

**Nr. 3. Entsch.** v. 10. IV. 02 III 606 (Pr.-V.-Bl. Jahrg. XXIV S. 72).
§ 49 Gew.-Ordn.

Ein Aufgeben des Rechts aus einer Schankkonzession ist nur dann von rechtlicher Wirkung, wenn der Verzicht der zuständigen Behörde gegenüber (d. i. der Gewerbepolizeibehörde) ausdrücklich oder durch schlüssige Handlungen erklärt worden ist (von Landmann, Gew.-Ordn., III. Aufl. Bd. I S. 458; Kayser-Steiniger, Gew.-Ordn., III. Aufl. S. 152; Erk. v. 2. II. 93, Pr. V.-Bl. Jahrg. XIV S. 335).

**Nr. 4. Entsch.** v. 20. X. 02 III 1736 (Pr.-V.-Bl. Jahrg. XXIV S. 152).
§ 33 Gew.-Ordn.; § 365 Str.-G.-B.

Obwohl für geschlossene Gesellschaften und Vereine nach dem Ges. v. 6. VIII. 96 bei entgeltlicher Verabfolgung von Getränken eine Konzessionierung vorgeschrieben ist, ist doch die Polizeibehörde nicht befugt, für dieselben eine Polizeistunde festzusetzen.

**Nr. 5. Entsch.** v. 21. X. 01 III 1574 (Pr.-V.-Bl. Jahrg. XXIII S. 441).
§ 35 Abs. 4 Gew.-Ordn.

Der § 35 Abs. 4 der Gew.-Ordn. bezweckt zu verhindern, daß der Kleinhandel mit Bier zum Ausschänken in Gläsern zum Genuß auf der Stelle mißbraucht werde.

**Nr. 6. Entsch. Bd. XXXXI S. 378** v. 27. II. 02 III C 121/01.
§ 35 Abs. 4 Gew.-Ordn.

Nach § 35 Abs. 4 der Gew.-Ordn. (Fassung v. 6. VIII. 96) kann der Kleinhandel mit Bier untersagt werden, wenn der Gewerbetreibende wiederholt wegen Zuwiderhandlung gegen die Vorschriften des § 33 bestraft ist. Als solche Bestrafungen gelten auch die, welche erfolgt sind aus Handlungen, die vor Eröffnung des Gewerbebetriebes (des Kleinhandels mit Bier) fallen. Anders bei der Entziehung einer Konzession gemäß § 53 Abs. 2 der Gew.-Ordn.

**Nr. 7. Entsch. Bd. XXXXI S. 309** v. 15. V. 02 III A 22/01.

Kab.-Ord. v. 7. II. 37 (G.-S. S. 18); Ges. v. 9. V. 92 (G.-S. S. 107); §§ 33a Abs. 1, 33b, 55 Nr. 4 Gew.-Ordn.

1. Aus dem Wortlaute der Kab.-Ord. v. 7. II. 37 folgt nicht die Unzulässigkeit eines Verbots von Lustbarkeiten für Wochentage. Allerdings sind bloß die Sonn- und Festtage genannt. Damit ist jedoch noch nicht ausgesprochen, daß nur für den Zeitraum, der als Sonntag oder Festtag bezeichnet wird, Beschränkungen möglich sein sollen. Denn auf der anderen Seite ist ganz allgemein von den zu diesem Zwecke, d. h. zum Zwecke der Verhinderung einer Störung der Heilighaltung der Sonn- und Festtage, erforderlichen Anordnungen die Rede, und, wenn schon natürlich die Feier der Sonn- und Festtage nur an den Sonn- und Festtagen selbst stattfinden kann, vermögen diese Feier doch bereits auch Handlungen zu stören, die zwar an Wochentagen vorher geschehen sind, aber bis zum nachfolgenden Sonn- oder Festtage nachwirken. Das Verbot solcher Handlungen ist deshalb Verbot einer Störung der Sonn- oder Festtagsfeier, nicht Verbot einer Störung bloß der Vorbereitung zur Sonn- oder Festtagsfeier. Eine auf Grund der Kab.-Ord. vom Regierungspräsidenten oder Oberpräsidenten erlassene Pol.-Vd. kann daher Beschränkungen nicht bloß an den Sonn- und Festtagen selbst, sondern auch an den Vorabenden, an Tagen, die, wie der Karfreitag, noch nicht allgemeine Feiertage waren (Ges. vom 2. XI. 99 G.-S. S. 161), und vor allem während der ganzen Karwoche auferlegen.

2. Mit den Worten „bei welchem ein höheres Interesse der Kunst obwaltet" (§§ 33a, 33b, 55 Abs. 4 Gew.-Ordn.) sind nicht bloß Leistungen von außergewöhnlichem Kunstwerte gemeint, sondern nur solche ausgeschlossen, die lediglich Kunstfertigkeiten sind und bloß zur Befriedigung der Schaulust oder zur gewöhnlichen Unterhaltung dienen, wenn schon andererseits eine Leistung nicht bereits deshalb, weil sie auch zur Unterhaltung dient, aufhört, eine Leistung zu sein, bei welcher ein höheres Interesse der Kunst obwaltet. Ob man es in dieser Weise mit Leistungen von höherem Kunstinteresse zu tun hat, ist nach den gesamten objektiven Verhältnissen des einzelnen Falles zu beurteilen (vgl. z. B. die Komm. zur Gew.-Ordn. von Landmann-Rohmer, 3. Aufl., Bd. I S. 310; von Schicker, 4. Aufl., Bd. I S. 154 und Kayser-Steiniger, 3. Aufl., S. 90 und 171; Jahrbuch für Entsch. des Kammergerichts Bd. XV S. 254 und Bd. XVI S. 354; Urt. des O.-V.-G. v. 23. IV. 98 und 21. VI. 1901 im Pr.-V.-Bl. Jahrg. XX S. 37 und Jahrg. XXIII S. 151). Ebenso bestimmt sich nach den gesamten Umständen für jedes Theater besonders, ob es ein Theater im eigentlichen Sinne, d. h. nach der diesem Ausdrucke gegebenen authentischen Erklärung sein Zweck ist, Schauspielvorstellungen zu veranstalten, bei denen ein höheres Interesse der Kunst obwaltet. Es sind also der Ort, die Art des regelmäßigen Publikums, die Eintrittspreise, das durchschnittliche Repertoir u. s. w. zu berücksichtigen.

**Nr. 8. Entsch.** v. 17. XII. 01 III 1747 (Pr.-V.-Bl. Jahrg. XXIV S. 166).

§ 3 Abs. 3 Gew.-Steuergesetz v. 24. VI. 1891.

Mit einem Gewerbebetrieb ist begriffsmäßig nur dann zu rechnen, wenn es sich um eine fortgesetzte Tätigkeit zum Zweck des Erwerbes handelt; indes darauf kommt es nicht an, ob der Unternehmer der gewerblichen Tätigkeit seinen eigenen persönlichen Zweck aus dem zu erwartenden Gewinn zu fördern gewillt ist. Wie der Unternehmer eines Gewerbebetriebes über das zu erwartende oder bereits erzielte Erträgnis verfügt, ist eine Angelegenheit seines Ermessens und kann an der Tatsache, daß ein Gewerbe betrieben wird, nichts ändern. Grundsätzlich besteht demnach kein Bedenken, die Veranstaltung theatralischer oder anderer Vorstellungen seitens Liebhaber oder Dilettanten bei dem Vorhandensein der sonstigen gesetzlichen Voraussetzungen als einen Gewerbebetrieb zu beurteilen, obschon das etwaige Erträgnis im voraus zur Förderung fremder und milder oder wohltätiger Zwecke insbesondere bestimmt wird oder nach seiner Erzielung tatsächlich eine solche Verwendung findet (s. hierfür M.-Bl. 1884 S. 251, 1888 S. 215, v. Landmann, Gewerbeordnung, auch § 3 Abs. 3 des Preußischen Gewerbesteuergesetzes vom 24. VI. 91).

### c) Gewerbliche Einrichtungen, gewerbliche Anlagen, geräuschvolle Anlagen, gefährliche Gewerbebetriebe, Abdeckereien, Enteignung von gewerblichen Anlagen, Lehrlinge.

**Nr. 1. Entsch. Bd. XXXXI S. 322 v. 24. V. 02 III A 37/01.**

§ 6 b Ges. über die Polizei-Verw. v. 11. III. 50; § 10 Tit. 17 Teil II A.-L.-R. §§ 1, 16, 22 Gew.-Ordn.

1. Das Kammergericht ist in einem Erk. v. 5. XII. 1901 (Jahrbuch Bd. 23 S. C. 13) davon ausgegangen, daß der § 10 Tit. 17 T. II A.-L.-R. der Polizei die nötigen Anstalten zur Erhaltung der öffentlichen Ruhe, Sicherheit und Ordnung und zur Abwendung der dem Publikum oder einzelnen Mitgliedern desselben bevorstehenden Gefahr übertrage, daß der Begriff „Gefahr“ keineswegs gleichbedeutend sei mit Nachteil oder Belästigung, und daß überall da, wo der Nachweis einer Gefahr nicht zu erbringen sei, ein polizeiliches Einschreiten sich nicht rechtfertigen lasse. Sodann legt es dar, daß eine Ausnahme von diesem Grundsatze nur für den Verkehr auf öffentlichen Wegen, Straßen, Plätzen u. s. w. bestehe, weil für diese neben der Sicherheit und Ordnung auch die Leichtigkeit des Verkehrs durch § 6 unter b des Ges. über die Polizeiverwaltung v. 11. III. 50 der polizeilichen Regelung überwiesen sei. Es folgert hieraus, daß eine Pol.-Vd., soweit sie Nachteile und Belästigungen nicht von dem Verkehr auf öffentlichen Straßen u. s. w., sondern von dem sonstigen erholungsbedürftigen Publikum fernhalten wolle, nach Landesrecht der Gültigkeit entbehre. Die Ausführungen stehen mit der Rechtsprechung des O.-V.-G. völlig im Einklange, wobei bemerkt wird, daß das O.-V.-G. in Übereinstimmung mit dem R.-Ger. (Urt. des II. Strafsenats bei Reger, Entsch. 2. Ergänzungsbd. S. 186) auch gegenüber dem von Rosin in der Abhandlung über den Begriff der Polizei (Verwaltungsarchiv Bd. III S. 249 ff.) vertretenen gegenteiligen Standpunkte daran festgehalten hat, daß, soweit die Gesetze nicht ein mehreres zulassen, das polizeiliche Verordnungsrecht an die aus dem § 10 Tit. 17 T. II A.-L.-R. sich ergebenden Schranken gebunden sei (s. Entsch. des O.-V.-G. Bd. XXXIX S. 280 und die dort angezogenen Urteile).

2. Die §§ 1 und 16 a. a. O. verhindern zwar nicht die Anwendung allgemeiner baupolizeilicher Bestimmungen auf gewerbliche Anlagen, die an sich der Gewerbeordnung unterstehen. Das ergibt sich mit Deutlichkeit aus der Begründung zum § 1 der dem Reichstag am 7. IV. 68 und am 4. III. 69 vorgelegten Entwürfe zu einer Gewerbeordnung für den Norddeutschen Bund (vgl. hierüber Entsch. des O.-V.-G. Bd. XVIII S. 309 ff.). Denn hier wird ausdrücklich hervorgehoben, daß ein Gewerbebetrieb, nachdem sein Beginn für zulässig erkannt, nun keineswegs von den örtlichen und allgemeinen, sich als Folge der Handhabung der allgemeinen bau-, feuer-, straßen- und gesundheitspolizeilichen Vor-

schriften darstellenden Beschränkungen der Ausübung befreit sei, wenn die Vorschriften für alle gelten, sie mögen Gewerbe treiben oder nicht. Ebenso erhält die Begründung zu § 16 die allgemeine baupolizeiliche Genehmigung für gewerbliche — im § 16 nicht aufgezählte — Anlagen aufrecht. Damit ist ausgesprochen, daß allgemeine baupolizeiliche Vorschriften, d. h. solche, welche für jedermann gelten, auch wenn er nicht Gewerbetreibender ist, um des gewerbsmäßigen Betriebs willen nicht außer Anwendung bleiben, sondern auch für gewerbliche Anlagen Geltung haben. Darin liegt aber gleichzeitig, daß Verbote oder Beschränkungen, die sich in einer Pol.-Vd. gegen den gewerblichen Betrieb als solchen, gegen gewerbliche Anlagen ausschließlich richten, nur ihm Rahmen der Reichsgewerbeordnung, insbesondere des § 16, erlassen werden dürfen. Dabei ist es belanglos, ob die Verordnung noch andere gewerbliche Anlagen umfaßt, welche nicht unter die Gewerbeordnung fallen — vorausgesetzt, daß sie eben allein gewerbliche Anlagen im Auge hat (vgl. Erk. v. 21. X. 89, Entsch. Bd. XVIII S. 302).

3. Die für ungültig erklärte Pol.-Vd. bestimmte u. a. (auszugsweise), daß keine gewerblichen Anlagen, welche bei regelmäßigem Betriebe durch Verbreitung schädlicher oder belästigender Dünste, starken Rauches oder größerer Staubmengen Gefahren, Nachteile oder Belästigungen für das Publikum oder für den Verkehr herbeiführen können, neu hergestellt oder betrieben werden sollten.

**Nr. 2. Entsch. Bd. XXXXI S.** 335 v. 12. V. 02 III A 26/01.

§§ 135, 139b, 120d u. e Gew.-Ordn.

1. Schreitet eine Polizeibehörde gemäß der §§ 120d u. e der Gew.-Ordn. ein, so liegt eine polizeiliche Verfügung im Sinne der §§ 127 L.-V.-G. vor und die dort angegebenen Rechtsmittel sind gegeben, da eine entsprechende anderweitige Regelung des Instanzenzuges nicht erfolgt ist.

2. Da im § 139b der Gew.-Ordn. der § 135 mit angezogen ist, so sind allerdings bei Verstößen gegen die letztere Vorschrift an sich die Gewerbeaufsichtsbeamten zum Einschreiten berufen. Allein, ob sie es ausschließlich oder ob neben ihnen auch die ordentlichen Polizeibehörden, d. h. die Ortspolizeibehörden (von Rohrscheidt, Gewerbeordnung S. 627 Anm. 3), zuständig sind, bestimmt sich gemäß Abs. 2 des § 139b nach dem Landesrechte. In Preußen aber schließt die Zuständigkeit der Gewerbeaufsichtsbeamten die der Ortspolizeibehörden nicht aus (Entsch. Bd. XXXVI S. 380, Urt. v. 18. X. 99).

3. Es ist allgemein anerkannt, daß im § 135 der Gew.-Ordn. die Worte „in Fabriken" nicht lediglich räumlich zu verstehen sind, sondern es darauf ankommt, ob die Beschäftigung mit Arbeiten stattfindet, die zum Fabrikbetriebe gehören, zur Herstellung und Versendbarkeit der Fabrikate erforderlich sind, mag auch die Beschäftigung nicht in den eigentlichen Fabrikräumen erfolgen (von Rohrscheid a. a. O. S. 610 Anm. 6, ferner z. B. noch die Entsch. des Oberverwaltungsgerichts zu Dresden v. 18. X. 1900 im Gewerbearchiv Bd. I Heft 1 S. 150, 151). Das Falzen von Zeitungen gehört noch zum Druckerei-, also zum Fabrikbetriebe (von Rohrscheidt S. 611 Anm. 6; Kayser-Steiniger, Gewerbeordnung, 3. Aufl., S. 418 Anm. 10; Urt. des R.-G. v. 6. VII. 1900, Entsch. in Strafsachen Bd. XXXIII S. 348).

**Nr. 3. Entsch. Bd. XXXXI S. 333** v. 2. VI. 02 III A 2/02.

§§ 126b Abs. 2, 127d, 150 Ziffer 4a der Gew.-Ordn.

Nach § 126b Abs. 2 der Gew.-Ordn. ist der Lehrvertrag von dem Gewerbetreibenden oder seinem Stellvertreter, dem Lehrling und dem gesetzlichen Vertreter des Lehrlinges zu unterschreiben. § 127d Satz 1 bestimmt ferner:

„Verläßt der Lehrling in einem durch dies Gesetz nicht vorgesehenen Falle ohne Zustimmung des Lehrherrn die Lehre, so kann letzterer den Anspruch auf Rückkehr des Lehrlinges nur geltend machen, wenn der Lehrvertrag schriftlich geschlossen ist." Nach dem § 150 Ziff. 4a Gew.-Ordn. wird endlich mit Geldstrafe bis zu 20 M. und im Unvermögensfalle mit Haft bis zu drei Tagen für jeden Fall der Verletzung des Gesetzes bestraft „der Lehrherr, welcher den Lehrvertrag nicht ordnungsmäßig abschließt (§ 103e Abs. 1 Ziff. 1 und § 126b)." Ein Lehrvertrag, der von dem Lehrlinge nicht mit unterschrieben worden, ist nicht ordnungsmäßig abgeschlossen und er kann keine Grundlage für die Zurückführung des Lehrlings abgeben.

d) Straßengewerbe, Auktionatoren und Fleischbeschauer, Geschäftsvermittler, Schwimm- und Tanzlehrer, Winkelkonsulenten, Trödler, Pfandleiher, Auswandererunternehmer, Hufschmiede, Feldmesser, Losehändler.

**Nr. 1. Entsch.** v. 20. III. 02 III 379 (Pr.-V.-Bl. Jahrg. XXIII S. 777).
§ 34 Gew.-Ordn.; §§ 114, 121, Zust.-Ges.; § 1 Abs. 3 Verordn. v. 30. VII. 1900 G.-S. S. 308.

Ist eine Entscheidung in der Berufungsinstanz vom Bezirksausschusse über einen Antrag auf Erteilung der Erlaubnis zum Betriebe des Geschäfts eines Gesindevermieters gemäß § 34 Gew.-Ordn. in der Fassung des Gesetzes v. 30. VI. 1900 ergangen, so ist eine solche nach §§ 114 Abs. 4, 121 des Zust.-Ges. und § 1 Abs. 3 der Vd. v. 30. VII. 1900 endgültig, also mit der Revision nicht anfechtbar.

**Nr. 2. Entsch. Bd. XXXXI S.** 330 v. 6. I. 02 III C 117/01.
§ 35 Gew.-Ordn.

Was das erforderliche Maß von Kenntnissen eines Rechtskonsulenten anbetrifft, so darf es allerdings demjenigen, der aus der Besorgung fremder Rechtsangelegenheiten und bei Behörden wahrzunehmender Geschäfte, insbesondere der Abfassung der darauf bezüglichen schriftlichen Aufsätze, ein Gewerbe macht, an den Kenntnissen insoweit nicht fehlen, als zur Fernhaltung von Nachteilen für das von ihm bediente Publikum unerläßlich ist. Es kann aber nicht die Anforderung gestellt werden, daß er auf allen Rechtsgebieten genügend bewandert sein müsse, oder daß ihm gar jede rechtsirrtümliche Auslegung der Gesetze als ein Beweis der ihm abgehenden Befähigung und also auch der erforderlichen Zuverlässigkeit für seinen Beruf anzurechnen sei. Was von ihm im Sinne des Gesetzes billiger Weise nur gefordert werden darf, ist, daß er sich mit der Erledigung von Aufträgen nicht befaßt, wenn sie Gebiete betreffen, für die es ihm an der Kenntnis der maßgebenden Vorschriften derart fehlt, daß er ohne Benachteiligung des seine Hilfe in Anspruch nehmenden Publikums den Auftrag nicht zu erledigen vermag. Darin allein, daß gelegentlich aus Unkenntnis der Gesetze ein Antrag gestellt wird, der nach Lage der Gesetze keinen Erfolg haben kann und abgelehnt werden muß, ohne daß sonst die Möglichkeit einer Benachteiligung des Antragstellers gegeben ist, läßt sich ein Beweis der Unzuverlässigkeit noch nicht erblicken. Es wird hierfür vielmehr, wenn nicht etwa mit der Absicht einer Ausbeutung des Publikums durch entgeltliche Erledigung offenbar nutzloser Aufträge zu rechnen ist, im wesentlichen darauf ankommen, ob nach den Umständen des einzelnen Falles anzunehmen ist, daß die bei Erledigung von Aufträgen betätigte Unkenntnis zur Benachteiligung der Auftraggeber geführt hat oder führen konnte, und daß größere Vorsicht des Gewerbetreibenden auch für die Zukunft als ausgeschlossen zu erachten ist.

**Nr. 3. Entsch.** v. 10. III. 02 III 430 (Pr.-V.-Bl. Jahrg. XXIII S. 601).

§ 360 Nr. 8 Str.-G.-B.; § 10 II 17 A.-L.-R.; § 46 Gew.-Ordn.

Die Witwe eines früheren Justizanwärters setzte nach dem Tode ihres Mannes das von diesem betriebene Gewerbe eines Rechtsberaters fort. Sie brachte Schilder an mit der Bezeichnung: „Juristisches Bureau W. H., früher Justizanwärter." Die Polizei untersagte ihr dies; die dagegen angebrachte Klage wies das O.-V.-G. ab. Es führte aus:

a) Nach § 46 der Gew.-Ordn. ist die Witwe allerdings zur Fortsetzung des von ihrem Ehemanne betriebenen Gewerbes während des Witwenstandes befugt, indes hieraus allein kann für Gewerbe, deren Betrieb von der Annahme und Eintragung einer bestimmten Firma überhaupt nicht abhängig ist, ein Recht auf Beibehaltung der Firma, die der Ehemann freiwillig anzunehmen für gut befunden hat, nicht hergeleitet werden. Der § 46 steht daher nicht schon der Anordnung entgegen.

b) Die Befugnis zur Führung amtlicher Titel regelt sich nach Landesrecht; was in dieser Hinsicht das Landesrecht bestimmt, macht einen Teil der öffentlichen Rechtsordnung aus. Nach der in Preußen für die Ortspolizeibehörde durch § 10 Tit. 17 T. II A.-L.-R. begründeten Befugnis zur Wahrung der öffentlichen Ordnung unterliegt es keinem Bedenken, daß die Ortspolizeibehörde berufen ist, der unbefugten Anmaßung öffentlicher Titel entgegenzutreten, gleichviel ob eine Annahme des Titels im Sinne des § 360 Nr. 8 des Strafgesetzbuchs vorliegt oder ob dies nicht der Fall ist.

c) „Justizanwärter" ist ein Titel, zu dessen Führung die Anwärter für den Dienst als Gerichtsschreiber allein berechtigt sind und der auf Grund der Zulassung zum Vorbereitungsdienst mit den allgemeinen Rechten und Pflichten der Subalternbeamten erworben wird. An der unbefugten Führung des Titels ändert nichts der Zusatz des Wortes „früherer". Mit diesem Zusatz sind zur Führung des Titels nur diejenigen befugt, die aus der zu dessen Führung ermächtigenden Dienststelle ausgeschieden sind, ohne daß sie des Rechtes, sich des Titels unter Hinweis auf ihr inzwischen erfolgtes Ausscheiden aus der Amtsstelle zu bedienen, verlustig gegangen sind.

d) Wie die Firma der Klägerin lautet, wird für den Inhaber des Gewerbebetriebes das Recht in Anspruch genommen, sich als „früherer Justizanwärter" zu bezeichnen, und dies durfte die Ortspolizeibehörde ihr untersagen, weil sie keinenfalls befugt ist, den Titel, zu dessen Führung ihr Mann früher befugt war, ohne Hinweis auf ihren Witwenstand zu gebrauchen.

**Nr. 4. Entsch. Bd. XXXX** S. 303 v. 10. X. 01 III B 58/01.

§ 286 Str.-G.-B.; § 2 Einf.-Ges. dazu: § 763 B.-G.-B.; Min.-Erl. v. 4. u. 9. I. 1902 Min.-Bl. S. 14 u. 32. Ges. v. 29. VII. 85 (G.-S. S. 315); § 35 Gew.-Ordn.

1. Daß das Gesetz, betr. das Spiel in außerpreußischen Lotterien, v. 29. VII. 85 ungeachtet des § 286 des St.-G.-B. und des § 2 des Einführungsges. dazu rechtsgültig erlassen worden ist, hat das O.-V.-G. bereits in dem Bd. XXXV S. 330 ff. seiner Entsch. abgedruckten Urt. v. 25. III. 99 ausgesprochen und das Reichsgericht erst kürzlich wieder anerkannt (Urt. vom 26. I. 1900 in den Entsch. des Reichsgerichts in Strafsachen Bd. XXXIII S. 124). Auch dem Art. 33 Abs. 2 der Reichsverfassung widerstreitet es zweifellos nicht, da diese aus dem Zoll- und Handelsvereinsvertrage zwischen dem Nord-

deutschen Bunde, Bayern, Württemberg und Baden v. 8. VII. 67 (B.-G.-Bl. S. 81) hervorgegangene Bestimmung sich nicht auf Lotterielose und ihnen gleichstehende Papiere bezieht (Urt. des Kammergerichts v. 10. XII. 1900 in dem Jahrbuche für dessen Entsch. Bd. XXI S. C 52). Endlich ist das Gesetz v. 29. VII. 85 nicht durch den § 763 B.-G.-B., der einen Lotterievertrag oder einen Ausspielvertrag für verbindlich erklärt, wenn die Lotterie oder die Ausspielung staatlich genehmigt ist, aufgehoben worden. Hierüber besteht allerdings Meinungsverschiedenheit (siehe die Urt. des Kammergerichts v. 9. IV. und 10. XII. 1900 in dem Jahrbuche für Entsch. des Kammergerichts Bd. XX S. C 95 und Bd. XXI S. C 51 und des Reichsgerichts v. 26. V. 1900 in dessen Entsch. in Strafsachen Bd. XXXIII S. 335, sowie die Zitate daselbst, denen nach Thielmann in der Deutschen Juristen-Zeitung Jahrg. V S. 84 ff., Delius im Preußischen Verwaltungsblatte Jahrg. XIX S. 192 und von Rohrscheidt, Die Gewerbeordnung für das Deutsche Reich S. 33 bis 35 hinzugefügt werden mögen). Überwiegend wird jedoch die Aufhebung verneint. Dem muß beigetreten werden.

2. Unzuverlässig in der Weise, daß nach dem § 35 der Gew.-Ordn. der Gewerbebetrieb zu untersagen ist, können Verfehlungen machen, die mit dem Gewerbebetrieb außer allem Zusammenhange stehen (vgl. von Rohrscheidt a. a. O. S. 201); noch mehr tut es ein fortgesetzter Mißbrauch des Gewerbes zu Gesetzesverletzungen. Es sind denn auch bereits in zahlreichen Fällen Übertretungen des Ges. v. 29. VII. 85 vom O.-V.-G. für ausreichend und geeignet gehalten worden, um daraus die Unzuverlässigkeit für den Handel mit Losen u. s. w. zu entnehmen (Entsch. desselben Bd. XXXV S. 330 ff., Kunze-Kautz, Rechtsgrundsätze, Ergänzungsbd. 1900 S. 232, 233, 234, Pr.-V.-Bl. Jahrg. XX S. 311, Reger, Entsch. Bd. XIX S. 315 und sonst; vgl. den Min.-Erl. v. 19. VII. 98 bei Reger a. a. O. S. 292). Dies gilt auch für solche Verfehlungen, bei denen der abgeschlossene Vertrag nach dem § 763 B.-G.-B. zu beurteilen, also zivilrechtlich gültig ist.

### e) Wandergewerbescheine, Legitimationsscheine, Legitimationskarten, Genehmigung zum Feilbieten von Druckschriften.

**Nr. 1. Entsch.** v. 12. XII. 01 III 2048 (Pr.-V.-Bl. Jahrg. XXIII S. 489).
§ 57a Nr. 1 Gew.-Ordn.

Ein kinderloser Ehemann, der nur sich und seine Ehefrau zu ernähren hat, gilt auch als Ernährer einer Familie im Sinne des § 57a Nr. 1 Gew.-Ordn.

**Nr. 2. Entsch.** v. 24. III. 02 III 514 (Pr.-V.-Bl. Jahrg. XXIII S. 696).
§§ 42, 44, 44a, 55 Gew.-Ordn.

1. Es kann auch ohne das Vorhandensein eines ausschließlich oder überwiegend dem Geschäftsbetriebe dienenden Raumes, eines Warenlagers oder sonstiger besonderer Veranstaltungen ein stehendes Gewerbe lediglich in der Wohnung betrieben werden, welche damit gleichzeitig das zu einer gewerblichen Niederlassung erforderliche „Lokal“ (§ 42 Abs. 2 der Gew.-Ordn.) darstellt (vgl. Entsch. des O.-V.-G. v. 31. X. 1900, Pr.-V.-Bl. Jahrg. XXII, S. 591, sowie Entsch. des O.-V.-G. v. 21. X. 1901 Nr. III, 1727; ferner die Kommentare zur Gew.-Ordn. von Kayser-Steiniger S. 124 Anm. 8, von Schicker, 4. Aufl. Bd. I S. 40 Anm. 2, S. 208g Anm. 6, S. 208h Anm. 10, von Landmann, 3. Aufl., Bd. I S. 393, 394, Schenkel, 2. Aufl., Bd. I S. 321, 322).

2. Wenn ein Gewerbetreibender ein zu dauerndem Gebrauche eingerichtetes Wohn- oder anderes Lokal besitzt, von welchem aus er beständig oder doch in regelmäßiger Wiederkehr einen Fabrikationsbetrieb in Zigarren und Tabak führt oder Handelsgeschäfte in diesen Waren für eigene Rechnung gewerbsmäßig abschließt, so ist nach Maßgabe der §§ 42, 44 und 44a der Gew.-Ordn. ein Antrag einen Legitimationsschein zum Aufsuchen von Bestellungen auf Zigarren und Tabak zu erteilen, als begründet anzuerkennen.

3. Für den Anspruch auf Ausstellung einer Legitimationskarte kommt es ferner nur auf das Vorhandensein eines stehenden Gewerbebetriebes, nicht aber auf den Umstand desselben an.

4. Das Aufsuchen von Bestellungen auf Zigarren und Tabak (§ 55 Abs. 1 Ziffer 2 a. a. O.) auf Grund einer Legitimationskarte ohne vorgängige ausdrückliche Aufforderung darf nur bei Kaufleuten in deren Geschäftsräumen oder bei solchen Personen geschehen, in deren Geschäftsbetriebe Zigarren und Tabak Verwendung finden (§ 44 Abs. 3 a. a. O.), während es sonst zum Gewerbebetrieb im Umherziehen gehört.

**Nr. 3. Entsch. Bd. XXXX S. 295 v. 3. X. 01 III A 20/01.**

§ 2 Reichspreßges. v. 7. V. 1874; § 55 Preuß. Preßges. v. 12. V. 51.

1. Das Reichsgesetz über die Presse v. 7. V. 74 findet nach § 2 Abs. 1 Anwendung „auf alle Erzeugnisse der Buchdruckerpresse sowie auf alle anderen, durch mechanische oder chemische Mittel bewirkten, zur Verbreitung bestimmten Vervielfältigungen von Schriften und bildlichen Darstellungen mit oder ohne Schrift und von Musikalien mit Text oder Erläuterungen“. Was von Druckschriften im Gesetze verordnet ist, gilt nach § 2 Abs. 2 für alle vorstehend bezeichneten Erzeugnisse. Daß unter die bildlichen Darstellungen die Photographien fallen, ist in der Begründung zu dem Entwurfe des Gesetzes (vgl. Drucksachen des Reichstags 1874 I. Session Nr. 23 S. 139) anerkannt; um dies zweifelsfreier zum Ausdrucke zu bringen, ist die von dem § 55 des Pr. Preßges. v. 12. V. 51 (G.-S. S. 273), das lediglich der auf mechanischem Wege bewirkten Vervielfältigungen gedachte, abweichende Fassung gewählt worden (vgl. Marquardsen, Reichspreßgesetz S. 55).

Der erste Absatz des § 2 ist ersichtlich nicht etwa in dem Sinne wörtlich zu nehmen, daß die durch mechanische oder chemische Mittel bewirkten Vervielfältigungen unter das Gesetz nur dann fallen, wenn sie nach einer bereits vorhandenen Schrift oder bildlichen Darstellung hergestellt worden sind. Worauf es für die Anwendung des Gesetzes im Hinblick auf sein Ziel, die Freiheit der Gedankenäußerung zu regeln, allein ankommt, ist, ob das, was auf mechanischem oder chemischem Wege als Schrift oder bildliche Darstellung u. s. w. hergestellt wird, tatsächlich in einer Mehrheit von Stücken hergestellt worden ist, um verbreitet zu werden. Hinsichtlich der Photographien macht es also keinen Unterschied, ob sie nach einer bereits vorhandenen bildlichen Darstellung oder nach der Natur aufgenommen worden sind. Photographien, die das Ebenbild von Menschen wiedergeben, fallen demnach ebenfalls unter das Gesetz (vgl. Entsch. des R.-Ger. in Strafsachen Bd. IV S. 362).

2. Als Verbreitung einer Druckschrift gilt nach § 3 auch das Anschlagen, Ausstellen oder Auslegen an Orten, wo sie der Kenntnisnahme des Publikums zugänglich ist, insbesondere also in einem Schaufenster oder in einem Kaleidoskop, wie in der Rechtsprechung der Strafgerichte, auf die in der Begründung S. 139 für die Feststellung des im Gesetze nicht erschöpfend gegebenen Begriffs „Verbreitung“ verwiesen worden ist, anerkannt (Entsch. des

R.-Ger. in Strafsachen Bd. XIV S. 397, Bd. XXXIII S. 17) und füglich auch nicht zweifelhaft ist.

3. Der Landesgesetzgebung ist versagt der Erlaß von Vorschriften lediglich für die Presse. Maßgebend bleiben wie für die Gewerbebetriebe überhaupt, so auch für die Presse die Landesgesetze soweit, als sie allgemeine verbindliche Satzungen aufstellen und nicht etwa eine Angelegenheit betreffen, die in einem Reichsgesetz ihre abschließende Regelung gefunden hat (vgl. von Schwarze S. 6, Stenglein, Strafrechtliche Nebengesetze S. 494). Ob aber die Verbreitung und also auch die öffentliche Ausstellung der Druckschriften im weiteren Sinne anders als im Wege der richterlichen Beschlagnahme gehindert werden darf, bestimmt das Reichspreßgesetz abschließend dahin, daß die nicht richterliche Beschlagnahme — von den in den §§ 14, 15, 30 Abs. 1 vorgesehenen Fällen abgesehen — von der Staatsanwaltschaft und der Polizeibehörde nur bei Vorhandensein des im § 23 vorgesehenen strafbaren Tatbestandes verfügt werden darf, und daß die weitere Verbreitung nur während der Dauer der Beschlagnahme unstatthaft ist (§§ 24, 28).

4. Zu einem Verbote, in einem Kaleidoskop, schamlose Bilder auszustellen, ist die Ortspolizeibehörde weder auf Grund ihrer durch § 10 Tit. 17 T. II A.-L.-R. allgemein begründeten Zuständigkeit zur Verhinderung strafbarer Handlungen noch auf Grund ihrer Zuständigkeit zu Maßnahmen behufs Vermeidung einer Gefährdung der Sittlichkeit befugt, worauf bereits in dem Urt. v. 23. VI. 92 (Entsch. Bd. XXIII S. 274) hingewiesen worden ist.

**Nr. 4. Entsch. Bd. XXXX S. 298 v. 3. X. 01 III B 23/01.**

§ 2 Ges. v. 7. V. 74; § 10 II 17 A.-L.-R.

Ein Buchhändler hatte obszöne Bilder in einem Schaufenster ausgestellt. Die Polizei untersagte die fernere Ausstellung. Das O.-V.-G. hob die Verfügung auf. Das O.-V.-G. führte aus: Es kann keinem Zweifel unterliegen, daß die Photographien, deren Ausstellung dem Kläger untersagt worden ist, in einer Mehrheit von Stücken hergestellt sind, um verbreitet zu werden, und daß, da die photographierten Menschen so, wie sie stehen oder liegen, nicht zufällig oder nach ihrem Belieben stehen oder liegen, sondern zu einem bestimmten Zwecke, nämlich dem, daß die Photographien zur Benutzung bei Anfertigung von Kunstwerken und zum Studium für Künstler dienen, und nach einem hierdurch gegebenen Plane hingestellt oder hingelegt und aufgenommen worden sind, die Photographien einen Gedanken ihres Verfertigers oder dessen, der diesen angeleitet hat, ausdrücken (vgl. die Urt. v. 17. XI. 96 und v. 7. VII. 1900, Entsch. Bd. XXX S. 420/421 und Pr.-V.-Bl. Jahrg. XXII S. 168). Fallen deshalb die beanstandeten Photographien unter den § 2 des Gesetzes über die Presse v. 7. V. 74, so gelten für sie zwar einerseits die Pflichten, die dieses Gesetz auferlegt (vgl. z. B. den § 6 daselbst), andererseits aber auch die Rechte, die es gibt. Es ist deshalb ihnen gegenüber ein präventives polizeiliches Einschreiten auf Grund des § 10 Tit. 17 T. II A.-L.-R. ausgeschlossen (Entsch. Bd. XXIII S. 276, Bd. XXVIII S. 326, Bd. XXX S. 418, Bd. XXXIV S. 431, Pr.-V.-Bl. Jahrg. XX S. 123).

### f) Privat-, Kranken-, Entbindungs- und Irrenanstalten.

**Nr. 1. Entsch. v. 6. X. 02 III 1646 (Pr.-V.-Bl. Jahrg. XXIV S. 362).**

§ 30 Gew.-Ordn.

Die Konzession zur Errichtung einer Privatentbindungsanstalt kann versagt werden, wenn nähere Angaben des Antragstellers darüber fehlen, wie vorhandene

Räume gemäß den polizeilich gestellten gesundheitspolizeilichen Anforderungen eingerichtet oder abgeändert werden sollen.

**Nr. 2. Entsch.** v. 30. IX. 01 III 1602 (Pr.-V.-Bl. Jahrg. XXIII S. 393).

§ 30 Gew.-Ordn.; § 115 Zust.-Ges.

1. Es unterliegt keinem Bedenken, einen Regierungspräsidenten als Medizinalaufsichtsbehörde im Sinne des § 115 des Zust.-Ges. anzusehen und damit zum Erlasse allgemeiner, den Verwaltungsrichter bindender Anordnungen „über die gesundheitspolizeilichen Anforderungen, welche an die baulichen oder sonstigen technischen Einrichtungen von Privatkranken-, Privatentbindungs- und Privatirrenanstalten zu stellen sind" — vgl. § 30 unter b der Gew.-Ordn. —, für befugt zu erachten. Nach dem klaren Wortlaut des § 115 sind in Betracht kommende Medizinalaufsichtsbehörden diejenigen Behörden, welche gesetzlich zuständig sind, gesundheitspolizeiliche d. i. sich im Rahmen des § 10 Tit. 17 T. II A.-L.-R. haltende Anordnungen in der Aufsichtsinstanz zu erlassen, und zu diesen Behörden gehört der Regierungspräsident jedenfalls — § 2 Nr. 3 der Regierungsinstruktion v. 23. X. 17, § 18 L.-V.-G. Es handelt sich hier nicht um Anordnungen auf Grund eines eigenartigen, von der Polizeigewalt verschiedenen Medizinalaufsichtsrechts (vgl. Entsch. v. 29. VI. 98, Bd. XXXIII S. 356 ff. und die dort angezogenen älteren Urteile). Dagegen sind Medizinalaufsichtsbehörden im Sinne des § 115 a. a. O. nicht die Kreis- und Ortspolizeibehörden, was sich auch daraus ergibt, daß das Gesetz eine Bindung des Bezirksausschusses durch Anordnungen dieser Behörden nicht beabsichtigt haben kann.

2. Es geht bereits aus der Entsch. v. 1. IV. 97 (Bd. XXXI S. 288 ff.) hervor, daß der Ausdruck des Gesetzes „die baulichen und die sonstigen technischen Einrichtungen" nicht bloß die Beschaffenheit und Einrichtung der Anstaltsgebäude begreift, und es ist unfraglich, daß das Reichsgesetz bezüglich der „baulichen" Einrichtungen nicht bloß diejenige Prüfung hat anordnen wollen, welche schon nach allgemeinen polizeilichen Grundsätzen Aufgabe der Baupolizeibehörde ist und vor Erteilung der neben der gewerbepolizeilichen Genehmigung erforderlichen Bauerlaubnis ohnehin stattfindet, da alsdann die in Rede stehende Bestimmung des § 30 in diesem Punkte überflüssig wäre. Der Sinn der letzteren geht vielmehr dahin, daß die ganze Anstalt, wo und wie sie errichtet werden soll, vom Standpunkte der Gesundheitspolizei darauf geprüft wird, ob dem Gesundheitsinteresse der später in der Anstalt unterzubringenden Kranken durch die Anstaltseinrichtungen genügt wird. Von dieser Prüfung diejenige der Lage der Anstalt zu den gesundheitsschädlichen Faktoren ihrer Umgebung auszuschließen, ist unmöglich, denn das würde nichts anderes bedeuten, als in vielen Fällen auf die Möglichkeit der Erreichung des gesundheitspolizeilichen Zieles, auf welches hin im übrigen die Einrichtungen der Anstalt in baulicher und sonstiger technischer Hinsicht geprüft werden, von vornherein zu verzichten. Es hätte keinen Zweck, dem Unternehmer in bezug auf geeigneten Baugrund, Licht, Luft, Reinlichkeit u. s. w. Bedingungen zu stellen, wenn es ihm freigestellt wäre, seine Anstalt so zu legen, daß das Ziel aller behördlichen Prüfung, Bewahrung der Kranken vor schädlichen äußeren Einflüssen während ihres Aufenthalts in der Anstalt, vereitelt wird, und es würde ferner ein innerer Widerspruch in die Auffassung der Reichsgesetzgebung von dem den Kranken zu gewährenden Schutze hineingetragen werden, wenn es nach Inhalt der §§ 27, 18 der Gew.-Ordn. zwar Pflicht der Behörden sein soll, zu prüfen, ob eine mit ungewöhnlichem Geräusche verbundene gewerbliche Anlage mit Rücksicht auf das Vorhandensein benachbarter Krankenhäuser

oder Heilanstalten nicht zu genehmigen, zu untersagen oder nur unter Bedingungen zu gestatten sei, andererseits aber nach § 30 Abs. 1, unter b es zulässig wäre, Krankenhäuser oder Heilanstalten ohne Schranke neben derartigen gewerblichen Anlagen zu errichten.

3. Daß aber Vermögensnachteile der benachbarten Besitzer und Bewohner als gesetzlicher Versagungsgrund durch die Bestimmung d des § 30 eingeführt werden sollten, ergibt sich unmittelbar aus den Materialien zu diesem Gesetze.

**Nr. 3. Entsch. Bd. XXXX S.** 300 v. 14. XI. 01 III B 80/01.

§ 40 Gew.-Ordn.; §§ 115, 161 des Zust.-Ges.; § 126 L.-V.-G.

1. Ist eine gewerbliche Konzession von einer sachlich und örtlich unzuständigen Behörde erteilt worden, so ist sie unwirksam und nichtig. (Es hatte der Polizeipräsident von Berlin statt des Bezirksausschusses zu Potsdam die Konzession zu einer Irrenanstalt erteilt.)

2. Die Gewerbepolizeibehörde kann dem Konzessionar aufgeben, bei Vermeidung der Schließung die Konzession bei der zuständigen Behörde einzuholen (Erk. v. 19. II. 92, Entsch. Bd. XXII S. 381).

3. Der § 126 L.-V.-G. ist in dem unter Nr. 1 (oben) angegebenen Falle nicht anwendbar. Er regelt nicht die Anfechtung von Beschlüssen des Polizeipräsidenten von Berlin, sondern nur die des Provinzialrats, des Bezirks- und Kreis-(Stadt-)Ausschusses und ist auf Beschlüsse anderer Behörden nicht übertragbar.

**Nr. 4. Entsch. Bd. XXXX S.** 307 v. 30. IX. 01 III C 46/01.

§ 115 Zust.-Ges.; § 30 Gew.-Ordn.

1. Nach dem klaren Wortlaute des § 115 des Zust.-Ges. sind in Betracht kommende Medizinalaufsichtsbehörden diejenigen Behörden, welche gesetzlich zuständig sind, gesundheitspolizeiliche, d. i. sich im Rahmen des § 10 Tit. 17 T. II A.-L.-R. haltende, Anordnungen in der Aufsichtsinstanz zu erlassen, und zu diesen Behörden gehört der Regierungspräsident jedenfalls (§ 2 Nr. 3 der Regierungsinstruktion v. 23. X. 17, § 18 des L.-V.-G. Es handelt sich hier nicht um Anordnungen auf Grund eines eigenartigen, von der Polizeigewalt verschiedenen Medizinalaufsichtsrechts (Urt. v. 29. VI. 98, Entsch. Bd. XXXIII S. 356 und die dort angezogenen älteren Erkenntnisse). Dagegen sind Medizinalaufsichtsbehörden im Sinne des § 115 a. a. O. nicht die Kreis- und Ortspolizeibehörden, was sich auch daraus ergibt, daß das Gesetz nicht beabsichtigt haben kann, den Bezirksausschuß durch Anordnungen dieser Behörden zu binden.

2. Es geht aus dem Urt. v. 1. IV. 97 (Entsch. Bd. XXXI S. 288) hervor, daß der Ausdruck des Gesetzes „die baulichen und die sonstigen technischen Einrichtungen" nicht lediglich die Beschaffenheit und Einrichtung der Anstaltsgebäude begreift. Das Reichsgesetz hat bezüglich der „baulichen" Einrichtungen nicht bloß diejenige Prüfung anordnen wollen, welche schon nach allgemeinen polizeilichen Grundsätzen — für Preußen § 10 Tit. 17 T. II A.-L.-R. — Aufgabe der Baupolizeibehörde ist und vor Erteilung der neben der gewerbepolizeilichen Genehmigung erforderlichen Bauerlaubnis ohnehin stattfindet, da alsdann die Bestimmung des § 30 Gew.-Ordn. überflüssig wäre. Der Sinn der Bestimmung geht vielmehr dahin, daß die ganze Anstalt, wo und wie sie errichtet werden soll, vom Standpunkte der Gesundheitspolizei darauf geprüft wird, ob die Anstaltseinrichtungen dem Gesundheitsinteresse der später in der Anstalt unterzubringenden Kranken genügen. Von dieser Prüfung diejenige der Lage der Anstalt zu den gesundheitsschädlichen

Faktoren ihrer Umgebung auszuschließen, ist unmöglich; denn das würde nichts anderes bedeuten, als in vielen Fällen auf die Erreichung des gesundheitspolizeilichen Zieles, auf das hin im übrigen die Einrichtungen der Anstalt in baulicher und sonstiger technischer Hinsicht geprüft werden, von vornherein zu verzichten.

3. Nach § 30 Gew.-Ordn. kann für eine Irrenanstalt die Genehmigung versagt werden, wenn durch ihre örtliche Lage für die Besitzer oder Bewohner der benachbarten Grundstücke erhebliche Nachteile hervorgerufen werden. Dazu können die Vermögensverluste gezählt werden, die die Nachbarn durch Verminderung des Wertes ihrer Grundstücke erleiden.

**Nr. 5. Entsch.** v. 20. III. 02 III 497 (Pr.-V.-Bl. Jahrg. XXIII S. 614).

§ 115 Zust.-Ges.; § 30 Gew.-Ordn.

1. Die Gewerbeordnung unterscheidet zwischen Kranken-, Entbindungs- und Irrenanstalten in dem Sinne, daß jede dieser gewerblichen Betriebsarten an die Erlaubnis gebunden ist (§ 30), ohne zu bestimmen, daß die Erlaubnis für die eine Betriebsart auch diejenige für die andere Betriebsart in sich schließt. Deshalb ist es völlig selbstverständlich, daß die Erlaubnis nur für die Betriebsart gilt, für die sie erteilt worden ist, und daß bei einem Wechsel der Betriebsart neu zu prüfen ist, ob im Hinblick auf die Person des Antragstellers und auf das Lokal die Voraussetzungen für die Erteilung der Erlaubnis gegeben sind. Eine Gebundenheit der zuständigen Behörde in dem Sinne, daß sie so lange, als Veränderungen nicht nachweisbar sind, über dasjenige nicht hinausgehen darf, was sie für die früher erteilte Erlaubnis als ausreichend erachtet hat, ist hiernach grundsätzlich ausgeschlossen. Insbesondere läßt sich aber auch nicht aus der Eigenart der Betriebe folgern, daß die Anforderungen, die in gesundheitlicher Beziehung an die baulichen und technischen Einrichtungen der Irrenanstalten zu stellen sind, für die Kranken- und Entbindungsanstalten genügen, und daß der Betrieb der letzteren Anstalten nicht je besondere Anforderungen rechtfertigt. Ganz unerheblich ist hierfür, daß die Gewerbeordnung in § 30 für die Konzessionierung von Anstalten zur Aufnahme von Personen mit ansteckenden Krankheiten oder von Geisteskranken ein besonderes Erfordernis dahin aufstellt, daß sie bei Gefährdung oder Benachteiligung der Nachbarschaft nicht zuzulassen sind.

2. Der § 115 des Zust.-Ges., der die Medizinalaufsichtsbehörden, zu denen die Regierungspräsidenten gehören, zum Erlaß von allgemeinen für die Verwaltungsgerichte maßgebenden Anordnungen ermächtigt, bestimmt nicht, daß die ergehenden Anordnungen auf bereits anhängige Sachen nicht anwendbar sein sollen. Zwar beschränkt das Zuständigkeitsgesetz seine Anwendbarkeit dahin, daß es für die vor seinem Inkrafttreten anhängig gewordenen Sachen in Beziehung auf die Zuständigkeit der Behörden, das Verfahren und die Zulässigkeit der Rechtsmittel die Bestimmungen der früheren Gesetze aufrecht erhält (§ 163 in Verbindung mit § 154 des Gesetzes über die allgemeine Landesverwaltung vom 30. VII. 83); indes diese Vorschrift ist für Fälle jener Art offenbar nicht maßgebend. Daraus folgt, daß die Verwaltungsgerichte diejenigen allgemeinen Anordnungen zu berücksichtigen haben, die zur Zeit der Urteilsfällung gelten.

### g) Apotheker, Ärzte, Droguenhändler, Handel mit Gift, Zahnärzte, Genfer Kreuz, Kaiserlicher Adler, Wappen. Impfzwang.

**Nr. 1. Entsch.** v. 5. XII. 1901 III 2013 (Pr.-V.-Bl. Jahrg. XXIII S. 425).

§ 53 Abs. 1 der Gew.-Ordn.

1. Über die Entstehungsgeschichte und die Bedeutung des § 53¹ der Reichsgewerbeordnung hat sich das O.-V.-G. bereits in dem Erk. v. 17. I. 89 Nr. III 54, das ebenfalls die Zurücknahme der einem Arzt erteilten Approbation für die Dauer des Verlustes der bürgerlichen Ehrenrechte betraf, eingehend ausgesprochen (Pr.-V.-Bl. Jahrg. X S. 374 und Reger, Entsch. Bd. XVI S. 227). Auf Grund der Materialien hat das O.-V.-G. es als die Absicht der gesetzgebenden Faktoren bei Erlaß der Bestimmung des § 53¹ bezeichnet, daß einem Arzte, welchem die bürgerlichen Ehrenrechte aberkannt seien, für die Dauer des Ehrverlustes von den zuständigen Verwaltungsbehörden in der Regel auch die Approbation werde entzogen werden. In der Entscheidung ist ferner ausgesprochen, die Annahme sei irrtümlich, daß bei der Anwendung des § 53¹ nur Rücksichten zum Schutze des Publikums, nicht aber die Rücksicht, ob der zum Ehrenverlust Verurteilte in moralischer Beziehung würdig sei, dem ärztlichen Stande anzugehören, in Betracht zu ziehen seien. An diesen Ausführungen ist festzuhalten (zu vgl. auch von Landmann und Rohmer, Gewerbeordnung, 3. Aufl. Seite 472, 473, Anm. 2 zu § 53 und von Brauchitsch, Verwaltungsgesetze Bd. V Anm. 2 zu § 53 der Gew.-Ordn.).

2. Dem Verwaltungsrichter steht im Falle des § 53 Abs. 1 der Reichsgewerbeordnung eine Nachprüfung dahin, ob der Inhaber der Approbation die Straftat tatsächlich begangen hat und daher mit Recht verurteilt und der bürgerlichen Ehrenrechte verlustig erklärt ist, nicht zu. Die Aberkennung der bürgerlichen Ehrenrechte bildet einen untrennbaren Teil des Straferkenntnisses, und dieses Erkenntnis ist daher das Fundament, auf dem die Klage beruht, da sie außer im Fall der Aberkennung der bürgerlichen Ehrenrechte überhaupt nicht zulässig ist.

### h) Hebammen.

**Nr. 1. Entsch. Bd. XXXX S. 317** v. 23. V. 01 III B 130/00.

§ 53 Abs. 2 Gew.-Ordn.; § 3 der Allg. Verf. des Medizinalministers v. 6. VIII. 83 (Minist.-Bl. S. 211).

Wenn der Ruf einer Hebamme vor Erteilung des Prüfungszeugnisses nicht unbescholten war, nach Erteilung desselben aber keine Tatsachen hervorgetreten sind (Handlungen oder Unterlassungen), die einen bescholtenen Ruf der Hebamme begründen, so kann die Zurücknahme des Zeugnisses nicht erfolgen (Entsch. Bd. III S. 169, V S. 266).

### i) Innungen.

**Nr. 1. Entsch.** v. 9. I. 02 III 46 (Pr.-V.-Bl. Jahrg. XXIII S. 472).

§ 125 Abs. 2 Zust.-Ges.; § 95 Abs. 1 Gew.-Ordn.; § 104 Abs. 7. u. 8 Reichsges. v. 18. VII. 81; § 83 L.-V.-G.; §§ 94, 96 Reichsges. v. 26. VII. 97.

1. Das Zuständigkeitsgesetz v. 1. VIII. 83 eröffnet im § 125 Abs. 2 gegen die Entscheidungen der Aufsichtsbehörde in den Fällen des § 95 Abs. 1 der Gew.-Ordn. in der Fassung des Ges. v. 21. VI. 69 und in den Fällen des § 104 Abs. 7 und 8 des R.-G. v. 18. VII. 81 die Klage bei dem Bezirksausschuß unbeschränkt. Danach ist es bei der Regel des § 83 des Ges. L.-V.-G. verblieben, wonach die Urteile des Bezirksausschusses mit der Berufung

an das Oberverwaltungsgericht anfechtbar sind. Solche landesgesetzliche Regelung war zulässig, weil das Reichsgesetz gegen die Entscheidungen der Aufsichtsbehörden in § 95 den Rekurs an die höhere Verwaltungsbehörde unbeschränkt zugelassen hatte und weil auch aus der Zulassung der Beschwerde an die nächstvorgesetzte Behörde in § 104 der Ausschluß der weiteren Beschwerde an die höhere Behörde noch nicht zu folgern war.

2. Inzwischen hat das R.-G. v. 26. VII. 97, das für eine nach den Vorschriften dieses Gesetzes umgebildete freie Innung maßgebend ist, in § 94 Beschwerden gegen die Rechtsgültigkeit der Wahlen der Aufsichtsbehörde zur endgültigen Entscheidung überwiesen und in § 96 die auf Beschwerde ergehenden Entscheidungen, betreffend Streitigkeiten über die Aufnahme und Ausschließung der Mitglieder, „über die Wahlen zu den Innungsämtern, sowie unbeschadet der Rechte Dritter über die Rechte und Pflichten der Inhaber dieser Ämter" für endgültig erklärt. Abweichende landesgesetzliche Regelungen sind damit nicht bloß für die Zukunft ausgeschlossen, sondern auch soweit sie vorher erlassen worden sind, bestehen sie gültig nur innerhalb der reichsgesetzlich eingeführten Schranke.

3. Für Streitigkeiten über die „Aufnahme und Ausschließung von Mitgliedern" gilt § 125 des Zust.-Ges. nur noch mit der Maßgabe, daß die Bezirksausschüsse endgültig und also unter Ausschluß des Rechtsmittels der Berufung entscheiden.

4. Begründet ist indes die Zuständigkeit der Bezirksausschüsse nur für Streitigkeiten über die Aufnahme in die Innung und über die Ausschließung aus der Innung und nicht auch für Streitigkeiten über die Aufnahme in die Nebenkassen und die Ausschließung aus den Nebenkassen.

k) Marktverkehr.

l) Maße und Gewichte, Taxen.

m) Zwangs- und Bannrechte.

n) Schauspielunternehmer.

o) Gewerbegerichte.

p) Feuer-Versicherungen, Versicherungsanstalten im allgemeinen, staatliche Aufsicht über Privatgesellschaften.

## L. Vereine, geschlossene Gesellschaften, Gebrauch der deutschen Sprache, Prozessionen, Religionsunterricht, Freimaurerorden, Erwerbs- und Wirtschaftsgenossenschaften, sozialdemokratische Vereine.

**Nr. 1. Entsch. Bd. XXXXI S. 414** v. 15. IV. 02 I A 108/01.

§ 1 Vereinsgesetz.

Wenn eine Polizeiverordnung eine Polizeistunde einführt, aber Ausnahmen der Polizeibehörde gestattet, so darf diese auch einzelne Teile eines Lokals freigeben, während für andere Teile die Polizeistunde gilt. In den letzten Teilen sind dann auch öffentliche Versammlungen ausgeschlossen.

**Nr. 2. Entsch. Bd. XXXXI S. 404 v. 18. II. 02 I A 123/01.**

Kab.-Ord. v. 7. II. 37; §§ 137, 139, 43 Abs. 3 L.-V.-G.; § 1 Vereinsgesetz; Art. 29 Verf.-Urk.

1. Die Bestimmung in einer Polizeiverordnung:

„Öffentliche Versammlungen und Aufzüge, welche nicht gottesdienstlichen Zwecken dienen, sind an Sonn- und Feiertagen erst nach der Zeit des Hauptgottesdienstes gestattet."

ist gültig.

2. Daß das Vereinsgesetz das verfassungsmäßige Versammlungsrecht erschöpfend habe regeln wollen, ist weder aus der Überschrift des Gesetzes noch aus seinem Inhalte noch anderweit zu entnehmen. Aus Art. 29 Abs. 2 Art. 30 Abs. 2 und 3 der Verfassung folgt nur, daß die näheren Bestimmungen über die Versammlungen unter freiem Himmel, über die Ausübung des Versammlungsrechts, insbesondere zur Aufrechterhaltung der öffentlichen Sicherheit, und über die den politischen Vereinen aufzuerlegenden Beschränkungen durch Gesetze („im Wege der Gesetzgebung") — im Gegensatze zur Regelung durch Verordnung — getroffen werden sollen. Mit demselben Ausdrucke wird im Art. 27 Abs. 2 die Beschränkung der Preßfreiheit durch Gesetz vorbehalten. Während nun das Reichsgesetz über die Presse vom 7. V. 74 in § 1 ausdrücklich besagt, die Freiheit der Presse unterliege nur denjenigen Beschränkungen, welche „durch das gegenwärtige Gesetz" vorgeschrieben oder zugelassen seien, besteht eine derartige Schranke nicht in Ansehung der Gesetze, die auf das Vereins- und Versammlungswesen anwendbar sind. Die Aufgabe des Ges. v. 11. III. 50 war zunächst nur, auf Grund der bei Anwendung der oktroyierten Verordnung v. 29. VI. 49 gemachten Erfahrungen gewissen Mißbräuchen entgegenzutreten, die sich zum Schaden der öffentlichen Ordnung bei der Ausübung des neuen Vereins- und Versammlungsrechts gezeigt hatten.

3. Durch Art. 29 der Verfassung sind die früheren Vorschriften, die das Versammlungsrecht einschränkten, beseitigt, aber nicht etwa für Versammlungen Vorrechte in dem Sinne geschaffen worden, daß die vom Versammlungsrechte Gebrauch machenden Staatsbürger den allgemeinen Gesetzen nicht mehr unterworfen wären. Hieran hat das O.-V.-G. in ständiger Rechtsprechung festgehalten, ohne Widerspruch zu finden. (Entsch. Bd. I S. 353, Bd. VI S. 373, Bd. XI S. 382, Bd. XVIII S. 426, Bd. XXIII S. 402 bis 412, Pr.-V.-Bl. Jahrg. XI S. 76.) Dabei ist hervorzuheben, daß Art. 29 der Verfassung nicht nur die im § 1 des Vereinsges. bezeichneten Versammlungen, in denen öffentliche Angelegenheiten erörtert oder beraten werden sollen, betrifft, sondern auf Versammlungen jeder Art ohne irgendwelche Rücksicht auf den Zweck lediglich in dem Sinne, daß sie ein Beisammensein einer Mehrzahl von Personen darstellen, zu beziehen ist (vgl. Entsch. Bd. XX S. 439). Die Gesamtheit der zusammentretenden Personen ist die Versammlung; für eine Unterscheidung, daß die Gesamtheit durch das Gesetz gegen Beschränkungen geschützt sei, daß aber die Einzelnen, deren Summe eben die Versammlung ist, auch durch Polizeiverordnungen oder Gesetze neben dem Vereinsgesetze beschränkt werden könnten, fehlt es an genügender Rechtfertigung.

4. Die Kab.-Ord. v. 7. II. 37, deren heutige Geltung als Gesetz mit Rosin (Das Polizeiverordnungsrecht in Preußen, 2. Aufl. 95, S. 1895 Anm. 12) zu bejahen ist, ermächtigt die Regierungen, die nach den Verhältnissen der einzelnen Orte oder Gegenden ihres Bezirkes zum Zwecke der äußeren Heilighaltung der Sonn- und Festtage erforderlichen Anordnungen zu erlassen. Diese Befugnis steht jetzt den in den §§ 137 ff. des L.-V.-G. v. 30. VII. 83 bezeichneten Behörden, für den Stadtkreis Berlin dem Polizeipräsidenten, zu (mit Zustimmung des Oberpräsidenten, vgl. von Brauchitsch, Die neuen Preußischen

Verwaltungsgesetze Bd. I, 14. Aufl., Anm. 272, 273 zu §§ 137, 139 des L.-V.-G.). Verordnungen, die von ihnen zu dem genannten Zwecke erlassen werden, finden ihre rechtliche Grundlage in der durch das Gesetz, die Kab.-Ord. v. 7. II. 37, ihnen erteilten Ermächtigung und sind darum wie Gesetze auch auf Versammlungen anwenbar. Sie würden es nur dann nicht sein wenn sie die Versammlungen als solche, d. h. deshalb verbieten würden, weil die in ihnen zusammengetretenen Personen ihr Versammlungsrecht ausüben.

**Nr. 3. Entsch.** v. 27. IX. 01 I 1544 (Pr.-V.-Bl. Jahrg. XXIII S. 824).

§ 8 Vereinsgesetz v. 11. III. 50.

1. Ist eine Zahlstelle eines Arbeiterverbandes ein politischer Verein, so unterliegt jede vom Vereine veranstaltete Zusammenkunft der Mitglieder und Dritter den Beschränkungen des § 8 des Vereinsgesetzes auch dann, wenn sie selbst gar nicht politischen Erörterungen, sondern lediglich geselligen Zwecken dient (vgl. das Erk. v. 1. X. 90, Entsch. Bd. XX S. 432). Soll auch nach § 8 Abs. 3 a. a. O. zunächst die Entfernung derjenigen Personen, deren Teilnahme das Gesetz untersagt, gefordert werden, so darf doch eine Versammlung, die dem gesetzlichen Verbote zuwider von Frauen und Lehrlingen besucht werden soll, im voraus verboten werden, sofern feststeht, daß ihre Abhaltung unter Ausschließung der Frauen und Lehrlinge gar nicht beabsichtigt ist.

2. Der § 8 des Vereinsges. findet Anwendung auf einen Verein (Zahlstelle), der öffentliche Versammlungen zu dem Zwecke veranstaltet, öffentliche Gegenstände daselbst zu erörtern oder erörtern zu lassen (Entsch. des R.-Ger. in Strafsachen Bd. XXVII S. 69).

**Nr. 4. Entsch. Bd. XXXXI S. 397** v. 3. VI. 02 I B 22/01.

§ 61 B.-G.-B.

1. Das Gesetz verlangt nicht, daß die Verwaltungsbehörde bei Erhebung des Einspruchs gegen die Eintragung eines Vereins Gründe angebe (§ 61 Abs. 2 B.-G.-B.). In dem Fehlen der Angabe eines Grundes ist also kein formaler Mangel des Einspruchs zu erblicken. Auf die gegen den Einspruch zugelassene Klage im Verwaltungsstreitverfahren ist zu prüfen, ob die Voraussetzungen vorliegen, unter denen die Verwaltungsbehörde nach § 61 Abs. 2 B.-G.-B. Einspruch erheben darf (Urt. v. 1. III. 1901, Entsch. Bd. XXXIX S. 440 ff.).

2. Unterzieht sich der Staat einer sozialen Aufgabe, so kennzeichnet sich zwar seine auf diesem Gebiet entwickelte Tätigkeit als eine sozialpolitische, aber nicht alles, was von anderer Seite ohne unmittelbare Beziehung auf den Staat zu demselben Zwecke geschieht, nimmt deshalb einen sozialpolitischen Charakter an. Sonst würden fast alle gemeinnützigen Unternehmungen mit Rücksicht auf die sozialen Aufgaben, die sich der heutige Staat und die ihm untergeordneten öffentlich-rechtlichen Korporationen stellen, ebenso beurteilt werden müssen, und das hat zweifellos nicht in der Absicht des Gesetzgebers gelegen (vgl. Eck, Vorträge über das B.-G.-B. S. 72 ff.; Zeller, im Verwaltungsarchiv Bd. VI S. 44 ff.; Planitz, B.-G.-B. S. 109; v. Staudinger, Vereinsrecht S. 67 ff.; Crome, Deutsches Bürgerliches Recht Bd. I S. 239; Bornhak im Verwaltungsarchiv Bd. VIII S. 42, Entsch. Bd. XX S. 38, Bd. XXIV S. 69). Die Sorge für die verwahrloste männliche Jugend berührt den Staat nicht unmittelbar, sondern nur insofern, als auch der Staat ein Interesse an der Erfüllung dieser Aufgabe hat und selbst dafür tätig ist. Wenn auch anzunehmen sein mag, daß der sozialpolitische Zweck im Sinne des § 61 Abs. 2 B.-G.-B. nicht bloß eine Unterart des politischen Zweckes sein, sondern alle auf Änderung der sozialen Zustände gerichteten Bestrebungen, bei denen eine Gesellschaftsklasse im Gegensatze zu einer anderen steht, begreifen soll (vgl. besonders Hölder,

Kommentar zum Allgemeinen Teile des B.-G.-B. S. 177 ff.; Enneccerus und Lehmann, Das Bürgerliche Recht Bd. I S. 90; v. Staudinger a. a. O. S. 67; aus den Verhandlungen des 23. Deutschen Juristentages die Reden von Levy S. 34, v. Gierke S. 21, 63), so fehlt es doch an einem derartigen Gegensatze zwischen verschiedenen Gesellschaftsklassen bei Bestrebungen, die auf Erziehung der männlichen Jugend gerichtet sind.

3. Die auf Erziehung der männlichen Jugend gerichtete Tätigkeit der Orden und ordensähnlichen Kongregationen sowie ihrer einzelnen Mitglieder sind unerlaubt (Erk. v. 8. V. 1900 Entsch. Bd. XXXVII S. 430), deshalb ist der Einspruch gegen die Anmeldung eines Vereins, der aus Teilen eines Ordens besteht, gemäß § 61 Abs. 2 des B.-G.-B. rechtlich zulässig.

4. Der Verwaltungsrichter hat nicht zu prüfen, ob die Erhebung des Einspruchs im öffentlichen Interesse notwendig oder zweckmäßig ist (Entsch. Bd. XXXIX S. 440).

**Nr. 5. Entsch.** v. 27. V. 02 I 862 (Pr.-V.-Bl. Jahrg. XXIV S. 86).
Kab.-Ord. v. 7. II. 37.

Durch Polizei-Verordn. eines Regierungspräsidenten kann in Gemäßheit der Kab.-Ord. v. 7. II. 37 verboten werden, daß zur Wahrung der äußeren Heilighaltung der Sonn- und Festtage an solchen Tagen öffentliche Versammlungen jeder Art abgehalten werden. Versammlungen sind auch den Beschränkungen unterworfen, die durch Gesetz oder durch auf Grund eines Gesetzes zugelassenen Verordnungen im Interesse der äußeren Heilighaltung der Sonn- und Festtage getroffen werden (Erk. v. 18. II. 1902 I 282 contra Erk. des Kammergerichts v. 22. IV. 1901 Johow-Ring Bd. XXII Abt. C S. 66).

**Nr. 6. Entsch.** v. 21. I. 02 I 124 C Pr.-V.-Bl. Jahrg. XXIV S. 231).
Art. 106 Abs. 1 der Verf.-Urk. v. 31. I. 50; §§ 1, 8 Abs. 3 des Vereinsgesetzes.

1. Wie in dem Erk. v. 1. X. 90 (Entsch. Bd. XX S. 432) näher ausgeführt und seitdem in ständiger Rechtsprechung angenommen worden ist, dürfen Frauen nach § 8 Abs. 3 des Vereinsgesetzes v. 11. III. 50 auch an Versammlungen eines politischen Vereins, in denen politische Gegenstände nicht erörtert werden, z. B. an Tanzfestlichkeiten oder sonstigen Lustbarkeiten eines politischen Vereins nicht teilnehmen.

2. Nach Art. 106 Abs. 1 der Verfassungsurkunde sind Gesetze und Verordnungen verbindlich, wenn sie in der vom Gesetze vorgeschriebenen Form bekannt gemacht worden sind. Da das Vereinsgesetz v. 11. III. 50 durch Abdruck in der G.-S. gehörig bekannt gemacht ist und es auf die Bezeichnung als „Verordnung“ statt als „Gesetz“ nicht ankommt, ist das Vereinsgesetz auch für den Verwaltungsrichter verbindlich, ohne daß dieser das verfassungsmäßige Zustandekommen weiter zu prüfen hat (vgl. von Stengel, Preußisches Staatsrecht, S. 175).

3. In den Gründen des Erk. v. 1. X. 90 ist dargelegt worden, daß der Sprachgebrauch unter einer Versammlung jede absichtliche Vereinigung mehrerer Menschen an demselben Orte zu einem allen gemeinsamen Zwecke versteht, also auch Vereinigungen zu Lustbarkeiten wie Tanzfestlichkeiten begreift und daß das Vereinsgesetz — ebenso wie Art. 29 der Verfassungsurkunde — zwar nicht überall — z. B. nicht im § 1 — aber doch an verschiedenen Stellen und namentlich auch im § 8 Abs. 3 Versammlungen in diesem weiteren Sinne meint. Bloße Privatgesellschaften sollen allerdings nicht als Versammlungen gelten. Aber eine Veranstaltung, die von einem politischen Vereine ausgeht und eine Zusammenkunft aller Vereinsmitglieder bezweckt, ist nicht als eine Privatgesellschaft in diesem Sinne zu erachten.

Nr. 7. **Entsch.** v. 4. IV. 02 I 541 (Pr.-V.-Bl. Jahrg. XXIV S. 232).
§ 9 Vereinsgesetz; § 10 II 17 A.-L.-R.

1. Die Versagung der Genehmigung nach § 9 Abs. 2 des Vereinsgesetzes ist nur zulässig, wenn aus der Abhaltung der Versammlung Gefahr für die öffentliche Sicherheit oder Ordnung zu befürchten ist. Dem Ermessen der Polizeibehörde ist für die Gestattung oder das Verbot öffentlicher Versammlungen unter freiem Himmel durch das Vereinsgesetz ein weiterer Spielraum gewährt, als ihr sonst gegenüber Veranstaltungen nach § 10 Tit. 17 T. II des A.-L.-R. zusteht; immer aber müssen Tatsachen vorliegen, welche die Befürchtung des Eintritts von Störungen der öffentlichen Sicherheit oder Ordnung für den gegebenen Fall rechtfertigen (Entsch. Bd. XXI S. 408 und Bd. XXXI S. 422).

2. Demzufolge kann eine Versammlung unter freiem Himmel verboten werden, wenn die Polizei den Ausbruch von Streitigkeiten zwischen den Versammelten oder zwischen diesen und andern mit Recht befürchtet oder wenn der für die Versammlung gewählte Ort mit Gefahren für die Versammelten verbunden ist.

## M. Gesindepolizei, auch Streitigkeiten zwischen Meister und Gesellen.

Nr. 1. **Entsch.** v. 28. I. 02 I 163 (Pr.-V.-Bl. Jahrg. XXIV S. 218).
§ 167 Gesinde-Ordn.; § 132 L.-V.-G.; § 1 Ges. v. 24. IV. 54 (G.-S. S. 214);
§ 1 Ges. v. 23. IV. 83 (G.-S. S. 65).

1. Da das Gesinde, welches vor Ablauf der Dienstzeit ohne gesetzmäßige Ursache den Dienst verläßt, nach § 167 der Gesindeordnung v. 10. XI. 10 zu dessen Fortsetzung von der Polizeibehörde durch Zwangsmittel anzuhalten ist, hat die Polizeibehörde auch die erforderlichen Ermittelungen darüber vorzunehmen, ob eine gesetzmäßige Ursache zum Verlassen des Dienstes vorlag. Zu dem Zwecke darf die Polizeibehörde auch Auskunftspersonen vorladen. Dasselbe folgt ferner aus der Befugnis der Polizeibehörde zu einer Straffestsetzung wegen Verlassens des Dienstes ohne gesetzmäßige Ursache (vgl. § 1 des Ges. v. 24. IV. 54 und § 1 des Ges. v. 23. IV. 83). Weil sich eine solche Ladung als eine in Ausübung der obrigkeitlichen Gewalt getroffene und durch die gesetzlichen Befugnisse der Polizei auch gerechtfertigte Anordnung darstellt, ist die Polizei auch befugt, zu deren Durchsetzung die im § 132 des L.-V.-G. bezeichneten Zwangsmittel anzuwenden (vgl. Entsch. des O.-V.-G. Bd. XXXII S. 390 ff., sowie Bd. XXVI S. 392). Die Polizei ist berechtigt, Auskunft zu verlangen, soweit sie deren bedarf, um beurteilen zu können, ob Anlaß zum polizeilichen Einschreiten vorliege (vgl. Entsch. des O.-V.-G. Bd. XV S. 425; vgl. auch Bd. VII S. 385, Bd. XXVI S. 403, Bd. XXXVII S. 428, Pr.-V.-Bl. Jahrg. XVIII S. 359, Jahrg. XX S. 429). Andererseits besteht die Pflicht, der Polizei auf deren Verlangen die erforderliche Auskunft zu erteilen (Entsch. des O.-V.-G. Bd. XXXVII S. 428). Die Auskunftserteilung darf also nicht verweigert werden. Zwang zur Erteilung der Auskunft ist somit zulässig (vgl. auch Löwe-Hellweg, Strafprozeßordnung, 9. Aufl., S. 484 Anm. 1b zu § 161).

2. Da die Polizeibehörde nach § 1 des Ges. v. 23. IV. 83 selbst befugt ist, die Strafe durch Verfügung festzusetzen, kann nicht angenommen werden, daß die Polizei bei Erhebungen über Straftaten lediglich als Organ der Staatsanwaltschaft tätig sei (vgl. Entsch. des O.-V.-G. Bd. XXVI S. 390, Pr.-V.-Bl. Jahrg. XX S. 429). Allerdings besteht hier neben der Befugnis der Polizei-

behörde zum Erlasse von Strafverfügungen das Recht der Staatsanwaltschaft zur Erhebung der öffentlichen Klage (vgl. Entsch. des K.-G. Bd. VIII S. 137 ff.), aber die Polizeibehörden sind nicht als Organe der Staatsanwaltschaften bei Erhebungen tätig, welche sie bloß vernehmen, um beurteilen zu können, ob für sie Anlaß vorliege, von ihrer eigenen Straffestsetzungsbefugnis Gebrauch zu machen.

Nr. 2. **Entsch.** v. 21. I. 02 I 126 (Pr.-V.-Bl. Jahrg. XXIII S. 680).
§§ 620, 621 B.-G.-B.; § 131 Tit. 5, § 877 Tit. 11 Teil I A.-L.-R.
§ 167 Gesinde-Ordn. v. 8. XI. 1810; Kab.-Ord. v. 24. VII. 26 (G.-S. S. 73).
Kab.-Ord. v. 8. VIII. 37 (v. Kamptz Annalen Bd. 21 S. 710).

1. Die Gesetzeskraft der Kab.-Ord. v. 8. VIII. 37 unterliegt keinem Zweifel, weil sie in den Amtsblättern veröffentlicht ist und diese Art der Veröffentlichung bis zum Ges. v. 3. IV. 46 ausreichte, auch wenn die Verordnung nicht bloß für ein einzelnes Regierungsdepartement erlassen war (Kab.-Ord. vom 24. VII. 26).

2. Die Kab.-Ord. v. 8. VIII. 37 hat auch nicht durch das Inkrafttreten des Bürgerlichen Gesetzbuchs ihre Geltung verloren, weil die Vorschrift über das polizeiliche Einschreiten öffentlich-rechtlicher Natur ist (vgl. Art. 55 des Einführungsgesetzes zum B.-G.-B., Art. 89 Nr. 1 des Pr. Ausf.-Ges. vom 20. IX. 99).

3. Nach der Kabinettsordre haben die Polizeibehörden bei Streitigkeiten zwischen den Dienstherrschaften und den Instleuten in den Provinzen Ost- und Westpreußen über das An- und Abziehen der Instleute und über die Erfüllung vertragsmäßiger Verbindlichkeiten während des bestehenden Dienstverhältnisses ebenso wie bei eigentlichen Gesindesachen die vorläufigen Bestimmungen zu erlassen. Ebenso wie Gesinde, welches vor Ablauf der Dienstzeit ohne gesetzmäßige Ursache den Dienst verläßt, nach § 167 der Gesindeordnung v. 8. XI. 10 durch Zwangsmittel zu dessen Fortsetzung angehalten werden soll, kann dies bei Instleuten geschehen.

4. Ein unter der Herrschaft des Allgemeinen Landrechts im Jahre 1898 bloß mündlich geschlossener Vertrag, wonach ein Knecht als Instmann auf ein Jahr in den Dienst treten soll, ist ungültig, weil sich der Gegenstand jedenfalls auf mehr als 150 M. beläuft (§ 131 Tit. 5 T. I des A.-L.-R., vgl. § 877 Tit. 11 T. I ebenda) und die besonderen Bestimmungen über den Abschluß von Gesindemietverträgen für das Verhältnis der Instleute nicht gelten. Allerdings erlangt ein solcher Vertrag insoweit Geltung, als die Handlungen wirklich geleistet worden sind (§§ 165 ff. Tit. 5 T. I des A.-L.-R.); aber eine Bestimmung, wonach sich der Vertrag bei Unterlassung einer Kündigung verlängern soll, wird nicht dadurch verbindlich, daß der Vertrag während der zunächst vereinbarten Dauer des Vertrags erfüllt worden.

5. Ist nach dem Inkrafttreten des Bürgerlichen Gesetzbuchs — also nach dem 1. I. 1900 — das Dienstverhältnis beiderseits fortgesetzt worden, so liegt in der beiderseitigen Betätigung des Vertragswillens ein stillschweigender Vertragsschluß, der nach den Vorschriften des Bürgerlichen Gesetzbuchs rechtsgültig ist. In Ermangelung einer Zeitbestimmung gilt der Vertrag als auf unbestimmte Zeit geschlossen, und daraus folgt gemäß §§ 620 und 621 des B.-G.-B., daß er nunmehr einer Kündigung bedarf.

**Nr. 3. Entsch.** v. 11. X. 01 I 1627 (Pr.-V.-Bl. Jahrg. XXIV S. 134).
§ 8 Gesinde-Ordn. v. 8. XI. 10; § 6 Vorm.-Ordn. v. 12. VII. 75; § 113 B.-G.-B.

1. Es reicht für die Anwendung des § 113 des B.-G.-B. aus, daß der Dienstbote unter der Herrschaft des Bürgerlichen Gesetzbuchs bereits mit Wissen seines gesetzlichen Vertreters im Dienst gestanden hatte; die hiermit mindestens stillschweigend erteilte Ermächtigung zur Eingehung von Gesindedienstverhältnissen gilt nach Abs. 4 als allgemeine Ermächtigung.

2. Nach der aufgehobenen Bestimmung des § 8 der Pr. Gesinde-Ordn. v. 8. XI. 10 war eine Einschränkung der Einwilligung nur „auf gewisse Zeit oder zu einer bestimmten Dienstherrschaft" zugelassen; jetzt muß nach dem B.-G.-B. jedwede Einschränkung als erlaubt erachtet werden. Für die Befugnis zur Zurücknahme oder Einschränkung der Ermächtigung nach dem jetzigen Rechte ergibt sich nur die eine Schranke, daß die Rechte Dritter aus den von dem Minderjährigen bereits übernommenen Verpflichtungen nicht geschädigt werden dürfen. Das Ges. v. 12. VII. 75 sprach im § 6 Abs. 2 diesen Vorbehalt ausdrücklich aus, indem es bestimmte: „Dem Vater oder Vormund steht es frei, eine solche Genehmigung zurückzuziehen oder einzuschränken, soweit dadurch Rechte Dritter nicht beeinträchtigt werden." Wenn das Bürgerliche Gesetzbuch einen gleichen oder ähnlichen Satz nicht aufgenommen hat, so ist dies offenbar nur deshalb geschehen, weil man ihn für selbstverständlich hielt; denn die Motive (Bd. I S. 145 zu § 68 des Entwurfs) heben hervor, daß Abs. 2 des § 68, der dem jetzigen § 113 entspricht, nur Anwendung finde „unbeschadet der Rechte Dritter aus den von dem Minderjährigen bereits übernommenen Verpflichtungen". In der Tat bedarf es auch einer ausdrücklichen Vorschrift dieses Inhalts nicht, weil sich die Verbindlichkeit eines Vertrags in Ansehung der Vertragsfähigkeit der Beteiligten nach demjenigen Zeitpunkte richtet, in welchem der Vertrag zum Abschluß gelangt; ist ein Minderjähriger bezüglich eines Gesindedienstvertrags durch die früher erteilte allgemeine Ermächtigung unbeschränkt geschäftsfähig gewesen, so ist der in diesem Zustande von ihm geschlossene Vertrag rechtsgültig, insoweit der andere Vertragsteil dadurch Rechte erworben hat. Wird die Ermächtigung des gesetzlichen Vertreters gegenüber einer bereits von dem Minderjährigen begründeten Verpflichtung zurückgezogen oder eingeschränkt, so hat dies nur die Wirkung, daß der Minderjährige zum selbständigen Empfange der Gegenleistung nicht mehr befugt bleibt; dagegen ist der Dienstherr auch solcher Zurückziehung oder Einschränkung gegenüber geschützt und die Aushaltung des Dienstvertrages zu verlangen berechtigt.

**Nr. 4. Entsch.** v. 29. XI. 01 I 1949 (Pr.-V.-Bl. Jahrg. XXIII S. 659).
§§ 167, 140 Gesinde-Ordn. v. 8. XI. 10; Art. 95 Einf.-Ges. zum. B.-G.-B.

1. Der Verwaltungszwang der mit obrigkeitlichen Befugnissen ausgestatteten Behörden ist eine ausschließlich öffentlich-rechtliche Einrichtung und wird nicht vor den bürgerlichen Gerichten mit den Formen und den Mitteln des Zivilprozeßrechts zur Durchführung gebracht. Die Anwendung der obrigkeitlichen Zwangsbefugnisse als einer eigenen Tätigkeitsform der staatlichen Zwangsgewalt hat in Art, Maß und Verfahren eine spezialgesetzliche Regelung, insbesondere durch Titel V des L.-V.-G. erhalten. Nun ist im Bereiche der Gesindepolizei den Ortspolizeibehörden durch § 167 der durch das Bürgerliche Gesetzbuch (Einführungsgesetz Art. 95) unberührt gebliebenen Gesindeordnung v. 8. XI. 10 ausdrücklich die Befugnis verliehen, auf Antrag der Herrschaft das den Dienst ohne gesetzmäßigen Grund verlassende Gesinde zu dessen Fortsetzung durch Zwangsmittel anzuhalten. Hiernach hat die Verfügung, durch welche die Polizeibehörde einem ausgetretenen Dienstboten noch Prüfung des Sachverhältnisses

und Feststellung, daß der Dienst gesetzwidrig verlassen sei, die Rückkehr in denselben aufgibt, niemals, auch nicht zur Zeit, als die Gesindeordnung erlassen wurde, die vom Kläger unterstellte Bedeutung einer „provisorischen Entscheidung in Rechtssachen", also der „antizipierenden" Entscheidung eines Rechtsstreits zwischen Dienstherrn und Gesinde gehabt (vgl. die zu ihrer Ausführung ergangenen Min.-Vd. v. 17. IV. 12 sub. 1e, v. 19. IX. 33, v. 11. II. 35, bei von Rönne, Ergänzungen der Preußischen Rechtsbücher, 4 Aufl., Bd. II S. 232, Bd. III S. 84, und die Entsch. des O.-V.-G. Bd. I S. 392, 398, Bd. II S. 389, Bd. XVIII S. 420). Die Polizeibehörde ist kein Spezialgericht für Gesindestreitsachen. Jene Verfügung ergeht im Interesse der öffentlichen Ordnung, unter welche die Gesetze das Gesindeverhältnis vermöge seiner besonderen, von anderen vertragsmäßigen Arbeits- und Dienstverhältnissen des Privatrechts sich abhebenden Natur gestellt haben. Ihre rechtliche Bedeutung beschränkt sich darauf, die durch das Entlaufen aus dem Dienste verursachte Störung der öffentlichen Ordnung dadurch zu beseitigen, daß der eigenmächtig und widerrechtlich seinen Dienstvertrag brechende Dienstbote zur Wiederaufnahme des Dienstes angehalten wird (vgl. Lindenberg-Posseldt, Das Preußische Gesinderecht, 5. Aufl. 1900 S. 161). Demgemäß ist das polizeiliche Einschreiten, welches zum Schutze des Gesindeverhältnisses gegen Mißachtung, Mißbrauch und Störungen zugelassen wird, in Voraussetzungen und Wirkungen gänzlich geschieden von dem privatrechtlichen Schutze, der den Vertragsparteien eröffnet ist (vgl. Entsch d. O.-V.-G. Bd. VII S. 377). Daraus, daß nach § 888 Abs. 2 der Zivilprozeßordnung in der neuen Fassung v. 20. V. 98 die Dienstherrschaft kein Recht mehr hat, im Vollstreckungsverfahren den verurteilten Dienstboten zur Erfüllung des Gesindevertrags durch indirekte Zwangsmittel anzuhalten, folgt nicht, daß nunmehr auch die Polizeibehörde in der ihnen durch das öffentliche Recht gewährten Befugnis, gegen denselben ihre gesetzlichen Zwangsmittel behufs Beseitigung eines ordnungswidrigen Verhaltens in Anwendung zu bringen, beschränkt seien. Will sich das ausgetretene Gesinde bei der polizeilichen Verfügung, die ihm die Rückkehr in den Dienst auferlegt und im Falle der Weigerung Zwangsmittel androht, nicht beruhigen, so steht ihm frei, von den durch das L.-V.-G. zugelassenen Rechtsmitteln unter Beobachtung der hierfür bestimmten Formen und Fristen Gebrauch zu machen. Unter allen Umständen aber ist es in der Lage, gegen seine Herrschaft die bürgerlichen Gerichte behufs Auflösung des Dienstverhältnisses und Feststellung der daraus sich ergebenden vermögensrechtlichen Ansprüche, aus einem der in den §§ 136 bis 142 der Gesindeordnung aufgeführten Gründe, anzurufen (vgl. Zürn, Handbuch des Preußischen Gesinderechts [1895] S. 129). Es ist selbstverständlich, daß mit der Rechtskraft einer zu Gunsten des Dienstboten ergangenen richterlichen Entscheidung dem gegen ihn eingeleiteten Zwangsverfahren die Voraussetzungen rechtlicher Zulässigkeit insoweit entzogen werden, als weitere polizeiliche Zwangsmittel dann nicht mehr angedroht und vollstreckt werden können (Entsch. d. O.-V.-G. Bd. II S. 389).

2. Ist also an der noch gegenwärtig zu Recht bestehenden Befugnis der Polizeibehörden, einen die Fortsetzung des Dienstverhältnisses weigernden Dienstboten durch Zwangsmittel in denselben zurückzuführen, nicht zu zweifeln, so ist freilich ohne weiteres klar, daß das polizeiliche Einschreiten nicht auf den bloßen Zuführungsantrag der Dienstherrschaft erfolgt, oder daß die Polizei kein bloßes Werkzeug der Dienstgeber sein darf. Wenn die Gesindeordnung im § 167 vorschreibt, daß das ohne gesetzmäßige Ursache den Dienst verlassende Gesinde zu dessen Fortsetzung angehalten werden soll, so wird der Polizeibehörde damit die Pflicht auferlegt, zu prüfen, ob der Antragsteller sich in seinem Rechte befindet. Sie hat diese Prüfung in einem schleunigen

Verfahren, mit den für ein solches ihr gegebenen, freilich im Gegensatz zu denen des Zivilprozeßverfahrens beschränkten Mitteln, unbeschadet aller privatrechtlichen Verhältnisse, lediglich zu dem Zwecke vorzunehmen, um beurteilen zu können, ob die rechtlichen und tatsächlichen Voraussetzungen für polizeiliche Maßnahmen vorhanden sind.

3. Eine Verweigerung notdürftiger Kost liegt nicht schon dann vor, wenn der Dienstbote mit der ihm gewährten Beköstigung in Art und Maß unzufrieden ist. Vielmehr kann von einer Verweigerung erst in dem Falle die Rede sein, daß die Herrschaft auf Beschwerde des Dienstboten die angeblichen Mängel der Kost nicht beseitigt hat (vgl. Urt. v. 16. XI. 1900 I A 113). Der Dienstbote, der seinen Austritt aus dem Dienste unter Berufung auf § 140 der Gesindeordnung rechtfertigen will, muß also nachweisen, wann und wie er sich beschwert habe, und daß den Beschwerden nicht abgeholfen oder daß Abhilfe abgelehnt sei.

**Nr. 5. Entsch.** v. 17. I. 02 I 98 (Pr.-V.-Bl. Jahrg. XXIII S. 661).

§§ 611—630 B.-G.-B., § 1 Gesinde-Ordn. v. 8. XI. 10.

1. Nach Artikel 95 des Einführungsgesetzes zum Bürgerlichen Gesetzbuche sind nur die dem Gesinderecht angehörenden landesgesetzlichen Vorschriften durch das Bürgerliche Gesetzbuch unberührt geblieben und das Preußische Ausführungsgesetz zum Bürgerlichen Gesetzbuche hat in Art. 89[1c] den 5. Titel des II. Teils des A.-L.-R. aufgehoben. Danach ist der Begriff der Hausoffizianten für die nach dem 1. I. 1900 abgeschlossenen Verträge beseitigt und die Rechtsverhältnisse solcher Personen, die nach dem Allgemeinen Landrecht Hausoffizianten waren, müssen jetzt allein nach den Vorschriften über den Dienstvertrag (§§ 611 bis 630 des Bürgerlichen Gesetzbuches) beurteilt werden, sind also nicht der Gesindeordnung unterworfen.

2. Die wirtschaftlichen Dienste, die nach § 1 der Gesindeordnung neben den häuslichen den Gegenstand des Gesindedienstvertrags bilden, sind von den gewerblichen zu unterscheiden. Die Veräußerung der in der Landwirtschaft erzeugten Rohprodukte gehört nicht mehr der Wirtschaft, sondern dem Gewerbe des Landwirts an; wer ausschließlich oder doch hauptsächlich zu Diensten für den Vertrieb der Erzeugnisse angenommen ist, wird nicht in der Wirtschaft, sondern im Gewerbe beschäftigt; seine Dienstleistungen können ebensowenig wie die der in den landwirtschaftlichen Nebengewerben angestellten Personen ein Gesindeverhältnis begründen. Letzteres setzt außerdem immer voraus, daß die zu häuslichen oder wirtschaftlichen Diensten gemietete Person zur häuslichen Gemeinschaft gerechnet und der Hausordnung des Dienstherrn unterworfen ist.

## N. Polizeiliche Verfügungen vermischten Inhalts.

**Nr. 1. Entsch.** v. 15. V. 02 III 863 (Pr.-V.-Bl. Jahrg. XXIII S. 662).

Kab.-Ord. v. 7. II. 37.

Solche Polizeiverordnungen des Regierungspräsidenten sind gültig, die über öffentliche Lustbarkeiten in der Karwoche und an den Vorabenden der hohen Feste einschränkende Bestimmungen treffen.

**Nr. 2. Entsch. Bd. XXXX S. 434** v. 25. XI. 01 IV B 39/01.

1. Es liegt im Geltungsgebiete des Chausseepolizeiregulativs v. 7. VI. 44 nach § 10 Abs. 2 daselbst die sonstige Chausseepolizei, die auf dem platten Lande zum Geschäftskreise des Landrats gehört, in den Städten, auch wenn sie

keinen Stadtkreis bilden, den Ortspolizeibehörden ob (Urt. v. 14. III. 98, Entsch. Bd. XXXIII S. 279 ff.). Aber auch hiervon abgesehen gehört es zur Zuständigkeit der Ortspolizeibehörde, die Beleuchtung einer Chausseestrecke zu fordern. Eine Verfügung, welche die Beleuchtung einer Chaussee fordert, ist keine chausseebaupolizeiliche, denn die Beleuchtung wird nicht deshalb gefordert, weil die Chaussee sich in einem abnormen, die öffentliche Sicherheit gefährdenden Zustande befinde, in welchem Falle sie ausnahmsweise als zur Wegebaupflicht gehörig von dem Wegeunterhaltungspflichtigen zu fordern sein mag (vgl. Urt. v. 23. XI. 89, Entsch. Bd. XVIII S. 415), sondern deshalb, weil sich auf ihr ein Verkehr zwischen bebauten Teilen des Stadtbezirkes bewegen soll. Ein solcher Verkehr hat die Natur eines örtlichen und verliert diese Eigenschaft auch dann nicht, wenn er sich über eine unbebaute Strecke bewegt, die außerhalb der eigentlichen Stadtlage oder des durch einen Bebauungsplan für den städtischen Anbau bestimmten Bezirkes liegt. Die mit Rücksicht auf seinen Umfang im Interesse der öffentlichen Ordnung und Sicherheit erforderlichen polizeilichen Maßregeln, insbesondere die Anordnung einer Beleuchtung des Weges, erscheinen daher auch nicht als chausseepolizeiliche, sondern als im örtlichen Verkehrsinteresse getroffene sicherheitspolizeiliche Verfügungen, zu deren Erlasse die örtlichen Polizeibehörden wohl befugt sind, da es zu ihren eigensten Aufgaben gehört, für die Sicherheit und Ordnung des örtlichen Verkehrs Sorge zu tragen (vgl. Urt. v. 4. I. 98, Pr.-V.-Bl. Jahrg. XIX S. 543). Ebenso ist das O.-V.-G. stets davon ausgegangen, daß auf gesundheitspolizeilichen Erwägungen gestützte Verfügungen von der Ortspolizeibehörde zu erlassen sind, auch wenn sie mit dem Zustande von Chausseen in Zusammenhang stehen, z. B. die Einleitung von Hausabwässern in Chausseegräben betreffen (vgl. Urt. v. 11. X. 1900, Entsch. Bd. XXXVIII S. 444).

2. In einem Urteile des O.-V.-G. v. 25. II. 1901 ist ebenso wie in dem Urteile v. 4. I. 98 dargelegt, daß die Deckung der Kosten der örtlichen Polizeiverwaltung und damit auch derjenigen der Herstellung polizeimäßiger Zustände in der Außenwelt, welche von einem Dritten nicht gefordert werden können und daher gemäß § 3 des Ges. über die Polizeiverwaltung v. 11. III. 50 von der Gemeinde zu tragen sind, in der Regel nicht im Wege polizeilicher Verfügung, sondern durch Festsetzung der Kommunalaufsichtsbehörde zu fordern ist. Es sind dabei jedoch diejenigen Fälle ausgenommen, in denen die Gemeinde die selbsttätige Ausführung gewisser polizeilicher Veranstaltungen übernommen hat, was gerade bei Beleuchtung der Straßen regelmäßig stattgefunden hat. Alsdann ist die Ortspolizeibehörde zuständig.

3. Das Erk. v. 15. XI. 78 (Entsch. Bd. V S. 404) führt, um nachzuweisen, daß die Straßenbeleuchtung nicht zur Wegebaulast gehöre, aus, die öffentlichen Interessen, welchen die städtischen Straßenbeleuchtungen dienten, gingen weit über den Kreis derjenigen hinaus, deren Befriedigung den Inhalt der Wegebaulast bestimme. Die Beleuchtung der Straßen und Plätze sichere nicht nur den Verkehr auf diesen, sondern auch zu ihnen hin; sie solle die Umgebungen dieser Straßen gegen die Gefahren, welche sich aus der räumlichen Berührung mit den Verkehrswegen ergeben, sichern und dem Publikum den erforderlichen Schutz gegen Nachteile und Unzuträglichkeiten gewähren, welche nicht sowohl aus dem Zustande der öffentlichen Straßen, als vielmehr unabhängig davon aus dem Anbau an ihnen und der so herbeigeführten Anhäufung der Anwohner hervorgehen. Mit Rücksicht hierauf seien die städtischen Straßenbeleuchtungen von jeher als polizeiliche Anstalten angesehen worden, die als solche von den Gemeinden ohne Rücksicht auf die bei dem Wegebau bestehenden Verhältnisse zu unterhalten seien. Weiter ergebe sich aus dem Wesen der Beleuchtung als polizeilicher An-

stalt, daß sich der Umfang, in welchem sie gefordert werden kann, nach dem tatsächlich vorhandenen öffentlichen Bedürfnisse bestimme. Dafür genüge es, daß sie tatsächlich dem öffentlichen Verkehre diene und teilweise angebaut sei, wenn auch ihre formelle Umwandlung in eine öffentliche Straße noch fehle.

Hierbei wurde einerseits nach Lage des Falles das Hauptgewicht auf das Maß des Anbaues und der Anhäufung der Anwohner gelegt, andererseits hervorgehoben, daß das tatsächlich vorhandene öffentliche Bedürfnis maßgebend sei. Aus dem Urteil ist zu entnehmen, daß bei einer Wegestrecke, wenn sie zwar noch nicht formell als öffentliche städtische Straße anerkannt worden, aber bereits in erheblichem Umfange bebaut ist und an ihr deshalb zahlreiche Menschen wohnen, die tatsächlichen Voraussetzungen für die polizeiliche Forderung ohne weiteres vorliegen und es einer anderweitigen Begründung nicht bedarf. Keineswegs folgt aber daraus, daß Straßenbeleuchtung nur für eigentliche städtische Straßen gefordert werden dürfe, vielmehr ist das auch für andere Wegestrecken zulässig, wenn eben nur die öffentliche Ordnung und Sicherheit es erfordern.

**Nr. 3. Entsch.** v. 24. X. 02 I 1639 (Pr.-V.-Bl. Jahrg. XXIV S. 264).
§ 10 II 17 A.-L.-R.

Die Polizeibehörden sind nur befugt gegen das dauernde eheähnliche Zusammenleben (Konkubinat) einzuschreiten, wenn es ein öffentliches Ärgernis erregt.

**Nr. 4. Entsch.** v. 25. IV. 02 I 672 (Pr.-V.-Bl. Jahrg. XXIV S. 101).
§ 10 II 17 A.-L.-R.

Die Polizeibehörde kann einer Prostituierten das Wohnen in einem Hause untersagen, das dem Ehemann gehört. Aufenthaltsbeschränkungen, zu denen die Staatsgewalt einer Ehefrau gegenüber befugt ist, können nicht dadurch beseitigt werden, daß der Ehemann aus dem Eherechte (vgl. § 1354 B.-G.-B.) entgegengesetzte Anordnungen trifft.

**Nr. 5. Entsch. Bd. XXXXI S. 419** v. 25. II. 02 I A 8/01.
Ges. v. 25. VI. 00 (R.-G.-Bl. S. 301); § 10 Tit. 17 Teil II A.-L.-R.; § 181a Str.-G.-B.

Polizeiliche Verfügungen, die darauf ausgehen, einen Zuhälter zu veranlassen, daß er sein das öffentliche Interesse verletzendes, polizeilich unzulässiges Verhalten einstellt, sind zulässig. Es ist Recht der Polizei, das Treiben der Zuhälter zu überwachen, nicht allein um ihrem Treiben Einhalt zu tun und die Schuldigen zur gerichtlichen Verantwortung zu ziehen (§ 181 a St.-G.-B.), sondern auch um den Gefahren, die sich aus der Art ihres Umganges und ihrer ganzen Lebensführung für die Gesamtheit ergeben, durch geeignete Maßregeln entgegen zu wirken.

**Nr. 6. Entsch. Bd. XXXXI S. 428** v. 13. V. 02 I A 117/01.
§ 10 II 17 A.-L.-R.

Ein Grundbesitzer hatte sein Grundstück mit einem hohen undurchsichtigen Bretterzaune eingefriedigt. Dadurch wurde eine vorbeiführende Chaussee, welche eine Eisenbahnlinie kreuzte, so unübersichtlich, daß von der Lokomotive aus Personen in der Nähe der Überfahrt nicht mehr bemerkt werden konnten und Gefahr liefen, überfahren zu werden. Um diese Gefahr zu beseitigen, gab die Ortspolizei dem Grundbesitzer auf, den undurchsichtigen Zaun durch einen durchsichtigen Lattenzaun zu ersetzen. Das O.-V.-G. hielt die Verfügung für gerechtfertigt, weil durch die Anbringung des undurchsichtigen Zaunes das Publikum gefährdet werde. (Die Entsch. erscheint bedenklich. Die Gefahr geht nicht vom Grundstücke aus, sondern von der Eisenbahn. Der Grundstücksbesitzer hat keine öffentlich-rechtliche Pflicht solche Zäune anzulegen, daß die von der Eisenbahn gekreuzte Chaussee übersichtlich wird. Die Polizei kann sich nur an den halten, der die Gefahr verursacht. Wäre die Ansicht des O.-V.-G. richtig, so dürfte der Grundstücksbesitzer auch kein Haus erbauen, das den Überblick hindert.)

**Nr. 7. Entsch.** v. 8. XI. 01 I 1814 (Pr.-V.-Bl. Jahrg. XXIII S. 31.
§ 10 II 17 A.-L.-R.; Art. 9 Verf.-Urk.; Art. 111 des Einf.-Ges. v. 18. VIII. 96;
§ 26 Tit. 8 Teil I A.-L.-R.

Das O.-V.-G. hat in den Endurteilen v. 10. XI. 77 (Bd. III S. 337 der Samml. der Entsch.) und v. 9. VI. 86 (Pr.-V.-Bl. Jahrg. 1886 S. 352) die Grundsätze entwickelt, welche für die Beschränkungen der unter polizeiliche Aufsicht gestellten Weibspersonen im betreff des Bewohnens bestimmter Häuser maßgebend sind, und wiederholt ausgesprochen, daß solche Beschränkungen auch auf das Wohnen selbst in dem eigentümlich besessenen Hause ausgedehnt werden dürfen (so in Sachen I. C. 85/1890, I. A. 31/1892, I. A. 56/1896, I. B. 39/1899). Von diesem in feststehender Rechtsprechung angewendeten Grundsatze abzugehen, liegt Anlaß vor; insbesondere geht die Unzulässigkeit der polizeilichen Maßnahme nicht aus Art. 9 der Verfassungsurkunde hervor. Wenn daselbst das Eigentum für unverletzlich erklärt ist, so hat damit der Gebrauch des Eigentums nur insoweit geschützt werden sollen, als er erlaubt und rechtmäßig ist, d. h. die in den Gesetzen des Staats vorgeschriebenen Schranken nicht überschreitet (vgl. § 26 Tit. 8 T. I des A.-L.-R., der nach Art. 111 des Einf-Ges. zum B.-G.-B. v. 18. VIII. 96 noch in Geltung steht). Ein Recht der Prostituierten, ihr Eigentum zur gewerbsmäßigen Unzucht zu benutzen, kann nicht anerkannt werden; solcher Benutzung setzt das von der Polizeibehörde zu wahrende Interesse der öffentlichen Ordnung (§ 10 Tit. 17 T. II des A.-L.-R., § 6 des Gesetzes über die Polizeiverwaltung v. 11. III. 50, § 361 Nr. 6 des R.-Str.-G.-B.) eine Schranke, von der sich die Prostituierte nur durch Aufgabe ihres unzüchtigen Gewerbes befreien könnte.

**Nr. 8. Entsch.** v. 4. II. 02 I 206 (Pr.-V.-Bl. Jahrg. XXIII S. 692).
§ 37 Tit. 7 Teil II A.-L.-R.; § 146 Land-Gem.-Ordn.

Einer Landgemeinde in der Provinz Posen stellte der Landrat einen Prahm und Kähne zur Benutzung bei künftigem Hochwasser. Der Distriktskommissar ließ die Fahrzeuge, als sie schadhaft wurden, ausbessern und forderte die Kosten durch polizeiliche Verf. von der Gemeinde ein. Das O.-V.-G. hob die Verfügung auf. In dem Erk. heißt es:

a) Nach feststehender Rechtsprechung des O.-V.-G. (s. z. B. die Urteile v. 4. I. 98 im Pr.-V.-Bl. Jahrg. XIX S. 543 ff. und vom 6. II. 1900 in den Entsch. Bd. XXXVI S. 440 ff.) umfaßt die Pflicht, die Kosten der örtlichen Polizeiverwaltung zu tragen, der Regel nach nur die Verbindlichkeit, diejenigen Mittel bereit zu stellen, deren die Polizeibehörde zur Ausführung ihrer Anordnungen bedarf, dagegen nicht auch die weitergehende Pflicht, die im polizeilichen Interesse erforderlichen Anordnungen beim Mangel eines anderweit verpflichteten Dritten selbsttätig auszuführen. Wenn also auch auf dem platten Lande der Provinz Posen die mittelbaren Kosten der örtlichen Polizeiverwaltung den Gemeinden und Gutsbezirken ebenso zur Last fallen, wie in dem sonstigen Geltungsgebiete des Gesetzes über die Polizeiverwaltung v. 11. III. 50 (zu vgl. das Urt. v. 19. VI. 1900 in den Entsch. Bd. XXXVI S. 150 ff.), so folgt doch daraus nicht, daß die Gemeinde die zur Rettung Gefährdeter aus Wassersnot erforderlichen Kähne selbsttätig beschaffen und unterhalten muß. Allerdings bestehen hinsichtlich der zur Abwehr einer anderen gemeinen Gefahr und zur Rettung aus dieser dienenden Anstalten, nämlich der Feuerlöschanstalten derartige Verbindlichkeiten zu selbsttätiger Unterhaltung, allein diese wurzeln nicht in der allgemeinen Pflicht zur Tragung der Kosten der örtlichen Polizeiverwaltung, sondern in der gesetzlichen (freilich jetzt durch § 146 der Landgem.-Ordn. aufgehobenen) Verpflichtung der Gemeinde, „der Regel nach die Dorfspritzen und anderen gemeinschaftlichen Feuerlöschinstrumente zu erhalten" (§ 37 Tit. 7 T. II des A.-L.-R.), und in der teils mit, teils ohne Anschluß an diese Vorschrift ausgebildeten Observanz, die sich in bezug auf andere, polizeilichen Zwecken dienende Anstalten, z. B. Nachtwachtwesen, Straßenbeleuchtung, Kanalisation entwickelt hat. Von einer allgemeinen oder doch im Stromgebiete bestimmter Flüsse, namentlich der Warthe, herrschenden Gewohnheit, derzufolge die im Überschwemmungsgebiete belegenen Gemeinden Rettungskähne unterhalten müßten, wie sonst Feuerspritzen oder Feuerlöschgerätschaften unterhalten werden, kann nicht die Rede sein.

b) Ist aber die klagende Gemeinde zur selbsttätigen Ausführung der erforderlichen Reparaturen nicht verpflichtet, so müßte die angegriffene Verfügung selbst dann aufgehoben werden, wenn ihre Verbindlichkeit, die Kosten für die Reparatur bereit zu stellen, unzweifelhaft wäre; denn die selbsttätige Ausführung ist rechtlich ein anderes, wie die Bereitstellung der erforderlichen Mittel und könnte nicht etwa als ein Minderes aufrecht erhalten werden. Das ginge auch deshalb nicht an, weil die Polizeibehörde von einer Gemeinde, die zur selbsttätigen Unterhaltung kommunaler, polizeilichen Zwecken dienender Anstalten verpflichtet ist, die Ausführung der hierzu erforderlichen Leistungen verlangen kann, aber nicht befugt ist, von ihr als Trägerin der Polizeikostenlast die Bereitstellung der Mittel zu der durch die Polizeibehörde selbst bewirkten Ausführung zu erzwingen, zur Feststellung dieser Pflicht vielmehr nur die Kommunalaufsichtsbehörde im Einvernehmen mit der Polizeiaufsichtsbehörde, hier dem Landrat, der beide Funktionen in sich vereinigt, zuständig sein würde (zu vgl. die Urt. v. 7. IX. 88, 26. XI. 90 und v. 28. V. 1900, Entsch. des O.-V.-G. Bd. XVIII S. 140, Bd. XX S. 65 und Bd. XXVIII S. 89).

**Nr. 9. Entsch. Bd. XXXXI S. 432** v. 16. V. 02 I A 84/01.

§ 10 II 17 A.-L.-R.

Ein Besitzer in Nordschleswig hatte sein großes, von der Straße aus sichtbares Scheunentor in den dänischen Farben (weiß-rot) anstreichen lassen. Der Amtsvorsteher erblickte darin eine politische Demonstration, die bei den Deutschgesinnten Anstoß und Ärgernis errege, und ordnete an, daß das Scheunentor einen andern Anstrich erhalte. Das O.-V.-G. erklärte die Anordnung für gesetzlich.

**Nr. 10. Entsch. Bd. XXXXI S. 437** v. 1. VII. 02 I B 17/02.

Eine Polizeiverordnung (des Oberpräsidenten der Provinz Hannover) verlangte, daß jeder Führer eines Kraftfahrzeuges eine Prüfung bestehe und sein Fahrzeug vorführe zur polizeilichen Abnahme. In einer Bekanntmachung setzte der Oberpräsident die Vergütung für die Prüfungen des Führers und des Fahrzeuges fest. Eine Polizeidirektion beanspruchte von einem Besitzer die Erstattung der Prüfungskosten, drohte auch deren zwangsweise Einziehung an. Das O.-V.-G.

nahm in Übereinstimmung mit den Erkenntnissen v. 11. I. 97 (Entsch. Bd. XXXI S. 310) und v. 27. III. 1901 (Entsch. Bd. XXXIX S. 377) an, daß die Verfügung der Polizeidirektion eine polizeiliche (§§ 127 ff. L.-V.-G.) sei und hob dieselbe als ungesetzlich auf. In letzterer Beziehung führt das Erkenntnis aus: Die Prüfung des Fahrzeugs erfolgt nicht im Interesse des Eigentümers, sondern im öffentlichen Interesse zur Verhütung von Gefahren, die für den öffentlichen Verkehr und das Publikum durch die Benutzung von betriebsunsicheren Kraftfahrzeugen auf öffentlichen Straßen entstehen. Auch aus der Verpflichtung des Eigentümers, sein Eigentum in polizeimäßigem Zustande zu erhalten, kann hier zu gunsten der Beklagten nichts gefolgert werden; denn jenem Grundsatze gemäß würde der Eigentümer zwar verpflichtet sein, Mängel seines Fahrzeugs auf seine Kosten zu beseitigen, aber nicht, Kosten zu tragen, die der Polizeibehörde durch die Prüfung erwachsen, ob Mängel vorhanden sind oder nicht. Dafür gemachte Aufwendungen stellen sich als Kosten des polizeilichen Dienstbetriebs dar und fallen, da es an entgegenstehenden besonderen Bestimmungen fehlt, nicht den beteiligten Privatpersonen, sondern dem Träger der unmittelbaren Kosten der Polizeiverwaltung zur Last (vgl. Urt. v. 5. IV. 95 und 11. I. 97, Entsch. Bd. XXVIII S. 110 und Bd. XXXI S. 317).

Anders verhält es sich mit den Kosten für die Prüfung der Führer von Kraftfahrzeugen. Nach § 19 der Polizeiverordnung ist das Führen von Kraftfahrzeugen nur solchen Personen gestattet, die sich in der dort vorgeschriebenen Weise über ihre Fähigkeit hierzu ausweisen können. Gemäß § 34 der Polizeiverordnung ist jeder strafbar, der, ohne im Besitze des verlangten Ausweises zu sein, ein Kraftfahrzeug führt. Die Beschaffung des Ausweises liegt jedem ob, der ein Kraftfahrzeug führen will, vorbehaltlich jedoch der Wahl zwischen den im § 19 vorgesehenen Arten von Ausweis, nämlich der Bescheinigung einer Behörde, einer behördlich beaufsichtigten Fahrschule oder eines behördlich anerkannten Sachverständigen. Will sich jemand die Bescheinigung eines zugelassenen Sachverständigen beschaffen, so muß er ihn um Vornahme einer Prüfung ersuchen und ihm selbstverständlich dann hierfür die Vergütung nach der für diesen Fall bestimmten Taxe zahlen. Unterläßt er die Zahlung, so steht dem Sachverständigen gegen ihn eine Klage im ordentlichen Rechtswege zu. Eine Mitwirkung der Polizei kommt dabei nicht in Betracht. Der Sachverständige wird durch die Bestellung kein Beamter, der Gebühren für Amtshandlungen erheben darf. Die ihm zustehende Vergütung kann von der Polizei im Wege des Verwaltungszwangsverfahrens nicht eingezogen werden. Das ist für einen ähnlichen Fall, nämlich für die Einziehung der Gebühren, die den amtlich zugelassenen Fleischbeschauern für die mikroskopische Untersuchung der geschlachteten Schweine zustehen, von den Ministern des Innern und der geistlichen, Unterrichts- und Medizinal-Angelegenheiten in einem gemeinschaftlichen Erlasse v. 25. V. 83 (M.-Bl. d. i. V. S. 165) anerkannt worden.

**Nr. 11. Entsch.** v. 29. XI. 1901 I 1947 (Pr.-V.-Bl. Jahrg. XXIV S. 69).

§ 10 II 17 A.-L.-R.

Der Regierungspräsident zu Cöln hatte durch landespolizeiliche Verfügung angeordnet, daß der Städtename Cöln im amtlichen Verkehr ausschließlich mit einem „C" im Anlaute zu schreiben sei. Der Oberbürgermeister von Cöln erhob hiergegen Beschwerde und dann Klage, die zurückgewiesen wurde. In dem Erkenntnisse heißt es:

Die Zuständigkeit der Landespolizeibehörden zur Feststellung der im amtlichen Verkehr anzuwendenden Schreibweise von Ortsnamen ist nach der in Verwaltungspraxis und Rechtsprechung herrschenden

Rechtsauffassung zu bejahen (Urt. v. 21. IX. 1900, Entsch. d. O.-V.-G. Bd. XXXVIII S. 422).

Wenn auch die Aufstellung von Regeln für die Rechtschreibung und deren Anwendung die polizeilich zu schützenden Interessen sonst nicht berührt, so gilt das doch von der Schreibweise der Ortsnamen nicht. Die Ortschaften stellen sich als unterste staatliche Verwaltungsbezirke dar und bilden die Grundlage öffentlich-rechtlicher, in den Staat eingegliederter und unter staatlicher Aufsicht stehender Körperschaften, der Stadt- und Landgemeinden sowie der diesen gleichstehenden Gutsbezirke; ihre Benennung und Namensschreibung berührt also die öffentlichen Interessen in den verschiedensten Beziehungen und nach den verschiedensten Richtungen hin. Auf dieser besonderen Bedeutung der Ortsnamen und ihrer Schreibweise beruht der Satz, den das O.-V.-G. zuerst in dem auszugsweise im M.-Bl. Jahrg. 97 S. 135 abgedruckten Urt. v. 22. I. 97 und später nochmals in der Entsch. v. 21. IX. 1900 dahin ausgesprochen hat: „Es ist ein Gebot der öffentlichen Ordnung, daß im amtlichen Verkehr für jede Ortschaft eine allgemein maßgebende Bezeichnung bezw. Schreibweise besteht."

Fehl geht der Einwand, daß der amtliche Verkehr nicht Gegenstand polizeilicher Regelung sein könne. Die Regelung des amtlichen Verkehrs gehört allerdings zu den Aufgaben der Dienstaufsicht; dies schließt indes nicht aus, daß sie auf der Grundlage landespolizeilicher Anordnungen erfolgt, die gegen die zunächst Beteiligten, hier die Stadtgemeinde und ihre Organe, gerichtet und für diese verbindlich sind. Beschränkt sich die Landespolizeibehörde auf die Feststellung derjenigen Schreibweise, welche im amtlichen Verkehr anzuwenden ist, so kann nicht daraus hergeleitet werden, daß sie zu derartigen Anordnungen überhaupt unzuständig sei.

Positive Vorschriften, welche die Landespolizei an die allgemeinen Regeln deutscher Rechtschreibung binden, bestehen nicht, wie es denn an einer gesetzlichen Regelung darüber, unter welchen Umständen die Landespolizeibehörde eine Feststellung der Schreibweise an Ortsnamen vorzunehmen und welche Rücksichten sie dabei zu beachten hat, völlig fehlt.

**Nr. 12. Entsch.** v. 19. IX. 02 I 1418 (Pr.-V.-Bl. Jahrg. XXIV S. 279).

§ 10 II 17 A.-L.-R.

1. Wie das O.-V.-G. wiederholt ausgeführt hat (vgl. Entsch. v. 10. XII. 97, Pr.-V.-Bl. Jahrg. XIX S. 342 ff.), gehört es zu den nach § 10 Tit. 17 T. II des A.-G.-R. der Polizei obliegenden Aufgaben, einen Schaden zu verhüten, der dem Publikum oder einzelnen Mitgliedern des Publikums aus der Verwendung gesundheitsgefährlichen Wassers droht. Führt der Genuß des Wassers aus einem Brunnen eine Gefahr für die Gesundheit der das Wasser Genießenden herbei, so ist die Polizei befugt, Anordnungen zu treffen, durch welche die Möglichkeit dieser Benutzung des Brunnens durch das Publikum beseitigt wird.

2. Wenn die Polizei anordnet, einen „Brunnen zu schließen", so entbehrt die Anordnung nicht der erforderlichen Bestimmtheit.

# II.

# Allgemeines über polizeiliche Verfügungen.

## A. Inhalt der Verfügungen, ihre Rechtsbeständigkeit, persönliche Beteiligung.

**Nr. 1. Entsch.** v. 19. XII. 01 IV 2296 (Pr.=V.=Bl. Jahrg. XXIII S. 521).

§§ 127 ff. L.=V.=G.

Wird gegen eine Verfügung der Polizei Beschwerde erhoben, so ist die Polizei im Beschwerdeverfahren nicht Partei (Entsch. Bd. XIX S. 382). Wie trotz des Fristablaufes die vorgesetzte Behörde jederzeit im Aufsichtswege die Aufhebung der ergangenen Verfügung anordnen kann, so ist sie auch durch einen bereits von ihr erlassenen Bescheid, der die Beschwerde abweist, nicht gehindert, die Beschwerde noch einmal zu prüfen, ihren ersten Bescheid aufzuheben und durch einen neuen zu ersetzen. Für den weiteren Beschwerdeweg ist dann dieser neue Bescheid maßgebend.

**Nr. 2. Entsch.** v. 18. III. 02 I 447 (Pr.=V.=Bl. Jahrg. XXIV S. 278).

§ 57 Abs. 5 Kab.=Ord.

1. Der Rechtsbegriff der persönlichen Beteiligung eines Amtsvorstehers ist im Gesetze nicht näher bestimmt, läßt sich aber nach der Rechtsprechung des O.=V.=G. dahin feststellen, daß er persönliche Beziehungen bedeutet, welche geeignet sind, den Verdacht aufkommen zu lassen, das Urteil des Beamten könne kein ganz ungetrübtes, kein völlig objektives sein (vgl. Entsch. v. 10. XI. 83 im Pr.=V.=Bl. Jahrg. V S. 149). Der Sinn des Gesetzes geht dahin, daß kein Amtsvorsteher in solchen Angelegenheiten, wo überhaupt sein eigenes Interesse in Frage kommt, amtlich handlen solle, damit die erforderliche objektive Stellung von ihm unter allen Umständen gewahrt und jeder Vorwurf der Befangenheit von vornherein abgewehrt werde (vgl. Entsch. v. 12. X. 82 a. a. O. Jahrg. IV S. 44). Ein eigenes Interesse liegt nicht bloß dann vor, wenn der Amtsvorsteher seines persönlichen Vorteils wegen die Angelegenheit, auf die sich seine Amtshandlung bezieht, in einer bestimmten Weise geregelt zu sehen wünschen muß, sondern schon dann, wenn ein von dem allgemeinen Interesse verschiedenes besonderes Privatinteresse durch die Amtshandlung gefährdet werden würde (Entsch. Bd. VI S. 359).

2. Das Gesetz will nicht die wirklich vorhandene Befangenheit, sondern schon die Möglichkeit einer solchen als ausreichenden Grund für die Ausschließung eines Amtsvorstehers angesehen wissen (Pr.=V.=Bl. Jahrg. V. S. 149), dabei kann der Amtsvorsteher objektiv gehandelt haben.

**Nr. 3. Entsch. Bd. XXXX S. 409** v. 30. I. 02 IV A 69/01.

§ 127 L.=V.=G.

Wenn der Landrat eine polizeiliche Verfügung der Ortspolizeibehörde aufgehoben hat, so kann die Verfügung nicht durch Bescheid des Regierungspräsidenten wieder in Kraft gesetzt werden. Tut dies der Regierungspräsident, so unterliegt sein Bescheid der Aufhebung. Dagegen kann, auch wenn der Bescheid des Regierungspräsidenten durch das O.-V.-G. außer Kraft gesetzt ist, demnächst eine polizeiliche Verfügung desselben Inhalts von der Ortspolizeibehörde erlassen werden, gegen die ein neuer Beschwerde- oder Klageweg offen steht.

## B. Polizeiliche Zwangsmittel.

## C. Polizeiverordnungen.

# Vierte Abteilung.

# Anderweitige Zuständigkeiten der Verwaltungsgerichte.

## I.

## Eingeschriebene Hilfskassen.

## II.

## Kranken=, Unfall=, Invaliditäts= und Altersversicherung.

**Nr. 1. Entsch.** v. 28. XI. 01 III 1967 (Pr.-V.=Bl. Jahrg. XXIII S. 808).
§ 1 Kr.=V.=Ges.

Notwendiges Erfordernis für den Begriff des Gesindes ist nach der Gesind.-Ordn. v. 8. XI. 10 die Zugehörigkeit zum Hausstande des Dienstherrn, dessen Hausgewalt daher der Dienstbote unterworfen ist.

**Nr. 2. Entsch. Bd. XXXX** S. 326 v. 28. XI. 01 III C 55/01.
§§ 1, 6 Kr.=V.=Ges.; Gesinde=Ordn. v. 8. XI. 10.

1. Sogenannte Hofegänger in Pommern, die in Lohn und Kost eines Tagelöhners stehn, gehören nicht zum Gesinde des Gutsbesitzers, sie sind aber in seiner Landwirtschaft beschäftigt.

2. Notwendiges Erfordernis für den Begriff des Gesindes ist nach der Gesindeordnung v. 8. XI. 10 die Zugehörigkeit zum Hausstande des Dienstherrn, dessen Hausgewalt daher der Dienstbote unterworfen ist (vgl. z. B. Zürn, Handbuch des Pr. Gesinderechts S. 5; Lindenberg=Posseldt, Das Pr. Gesinderecht, 6. Aufl. S. 5, 6, 12; Jacobi, Die Pr. Gesindeordn. S. 44, 45.

**Nr. 3. Entsch.** v. 12. VI. 02 III 1035 (Pr.-V.=Bl. Jahrg. XXIV S. 201).
§ 1 Kr.=V.=Ges.

Ein Fuhrunternehmen und die Besorgung von Umzügen sind stehende Gewerbebetriebe. Die in ihnen beschäftigten Arbeiter sind daher krankenversicherungspflichtig, es sei denn, daß die Beschäftigung durch die Natur ihres Gegenstandes oder im voraus durch den Arbeitsvertrag auf einen Zeitraum von weniger als einer Woche beschränkt ist (§ 1 des K.=V.=G.). Ob dies der Fall, ist nach den Urt. v. 19. IX. 1901 und 21. X. 1901 (Entsch. Bd. XL S. 332, Arbeiterversorgung Jahrg. XIX S. 76) nach der Gesamtheit der Umstände unter Berücksichtigung der besonderen Verhältnisse des Transportunternehmers, namentlich des Geschäftsumfanges der Firma, der Art, wie und wann an dem betreffenden Orte die Umzüge zu geschehen pflegen u. s. w. zu entscheiden. Dabei kommt es, wie in dem letzteren Urteile noch bemerkt ist, darauf nicht wesentlich an, ob tägliche Auslohnung der Arbeiter stattfindet, und ob der Brauch in dem Möbeltransportgeschäfte dahin geht, daß die Arbeiter nach ihrer erstmaligen Annahme täglich morgens nachzufragen haben, ob Arbeit vorhanden sei. Denn trotzdem kann die Meinung der vertragschließenden Parteien dahin gehen, daß den einmal angenommenen Arbeitern die jeweils vorhandene Arbeit auf Grund des bei der ersten Annahme ein für allemal abgeschlossenen Vertrags täglich aufs neue zugeteilt werden sollte, daß es sich also um einen auf unbestimmte Zeit abgeschlossenen Arbeitsvertrag, keineswegs aber um den Abschluß immer neuer Verträge von Tag zu Tag handele. Ferner ist zu beachten, daß das für die Versicherungspflicht allein maßgebende Beschäftigungsverhältnis sehr wohl fortzudauern vermag, auch wenn eine vorübergehende Unterbrechung der tatsächlichen Arbeitsleistung stattfindet, nämlich sobald Einverständnis zwischen dem Arbeitgeber und dem Arbeiter darüber herrscht, daß trotz der Unterbrechung das Arbeitsverhältnis unberührt bleiben und der Arbeiter inzwischen und nach Ablauf der Unterbrechung zur Verfügung des Arbeitgebers stehen soll (Entsch. Bd. XXXVII S. 382).

**Nr. 4. Entsch.** v. 25. IX. 02 III 1584 (Pr.-V.-Bl. Jahrg. XXIV S. 102).

§ 1 Kr.-V.-Ges.

1. Das Reichsversicherungsamt ist bei seiner Rechtsprechung auf dem Gebiete der Unfallversicherungsgesetzgebung in gleichmäßiger Rechtsprechung von der Auffassung ausgegangen, daß es den über die Ehe bestehenden grundsätzlichen Anschauungen nicht entspreche, die Beziehung von Arbeitgeber und Arbeitnehmer als zwischen Ehegatten rechtlich möglich anzuerkennen. Die sittliche Auffassung der Ehe als des Verhältnisses zweier zu ungeteilter Lebensgemeinschaft berufener Personen vertrage sich nicht mit den das soziale Verhältnis des Arbeitgebers sowie des Arbeitnehmers beherrschenden Begriffen, welche in das Verhältnis der allgemeinen Gleichberechtigung der Ehegatten den damit nicht zu vereinbarenden Gegensatz wirtschaftlicher Abhängigkeit des einen von dem anderen Ehegatten hineintragen würden (vgl. z. B. die Amtlichen Nachrichten des Reichsversicherungsamts 1885 S. 3 Ziff. 10 und S. 160 Nr. 6, 1887 S. 142 Ziff. 341, 1888 S. 18 Nr. 8 und Rekursentsch. v. 18. VI. 88 S. 314 das.). Dementsprechend ist denn auch in der Anleitung des Reichsversicherungsamts, betreffend den Kreis der nach dem Invaliditäts- und Altersversicherungsgesetz versicherten Personen v. 31. X. 90 (M.-Bl. S. 243) unter IX ausdrücklich ausgesprochen worden, daß Eheleute in ihrem Verhältnis untereinander den Vorschriften des Gesetzes nicht unterliegen, „da zwischen ihnen nach dem Wesen der Ehe niemals eines der für die Begründung der Versicherung erforderlichen Abhängigkeitsverhältnisse bestehen kann". Damit stimmt auch die neue Anleitung vom 19. XII. 99 unter Ziff. 18b überein.

2. Dieser Rechtsprechung des Reichsversicherungsamts hat sich bisher auch das Oberverwaltungsgericht, das sich mit der Frage zunächst auf dem Gebiete der Unfallversicherungsgesetzgebung zu befassen hatte, angeschlossen. In dem Urt. vom 23. XII. 89, Rep. III C. 61/89 Bd. XIX S. 355 der Entsch., hat es im Anschluß an eine Wiedergabe der vom Reichsversicherungsamt für seine Ansicht angeführten obigen Gründe ausgesprochen (S. 362): „Von dieser Auffassung des

Reichsversicherungsamtes wird auch bei Entscheidung der dem Verwaltungsstreitverfahren überwiesenen, sich auf dem Gebiete der Unfallversicherungsgesetzgebung bewegenden Streitigkeiten auszugehen sein."

3. In gleicher Weise äußert sich von Woedtke in seinem Komm. zum R.-G. v. 5. V. 86, betreffend die Unfallversicherung der in land- und forstwirtschaftlichen Betrieben beschäftigten Personen, II. Aufl. S. 105 Anm. 6 zu § 1 dahin: „Freilich kann die Ehefrau des Betriebsunternehmers niemals dessen Arbeiterin sein, denn zwischen Eheleuten besteht Einheit der gesamten (wirtschaftlichen) Interessen."

4. Den der Rechtsprechung des Reichsversicherungsamts entgegengesetzten Standpunkt vertreten insbesondere Rosin („Recht der Arbeiterversicherung", Berlin 1893 Bd. I S. 168 ff.) und Hahn („Das Krankenversicherungsgesetz", II. Aufl., Berlin 1898 S. 18 Anm. 1d zu § 1 und ferner im Verwaltungsarchiv 1901 Bd. IX S. 140). Aus der Begründung Rosins ist hervorzuheben (S. 170 a. a. O.): „In der Tat beeinflußt die rauhe Wirklichkeit der wirtschaftlichen Zustände selbst das Leben in der Familie, und es ist, soweit nicht zwingende Rechtsgründe die Entscheidung rechtfertigen, unangängig, eine um ihre Existenz ringende Ehefrau von einem höchst wichtigen Zweige der sozialpolitischen Fürsorge durch den Hinweis auf sittliche Prinzipien auszuschließen, welche in ihrer Reinheit doch nur in jenen Ständen zur Geltung kommen können, die vom Kampfe ums Dasein im wesentlichen unberührt bleiben."

5. Hahn (S. 140 a. a. O.) führt aus, daß die Frage im Grunde eine eherechtliche sei und daß nach den einschlägigen Bestimmungen des Bürgerlichen Gesetzbuchs die Frau einerseits ein Gewerbe selbständig betreiben dürfe (§§ 1367, 1405, 1452 des B.-G.-B. und § 11 der Gew.-Ordn.), andererseits das hierin angelegte Vermögen und der Erwerb kraft Gesetzes oder vertragsmäßiger Regelung der Verwaltung und Nutznießung des Mannes gänzlich entzogen sein könne (§§ 1365 ff., 1426 ff., 1432, 1436, 1441). „Da nun das Gesetz," bemerkt er weiter, „vollständige Trennung der Güter zwischen Eheleuten zuläßt, so kann es nicht als anstößig im Sinne der Rechtsordnung gelten, daß ein Ehegatte für seine dem Vermögen des anderen zugewendete Tätigkeit in irgend einer Form eine als Lohn oder Gehalt anzusprechende Vergütung sich ausbedingt und empfängt. In der Kommission für die zweite Lesung des Entwurfs zum Bürgerlichen Gesetzbuch kam diese Auffassung gelegentlich zu besonderem Ausdruck, indem man bei Beratung des § 1289 (jetzt § 1367) hervorhob, daß, wenn der Mann seine Frau für außerordentliche (d. h. über das Maß des § 1275, jetzt § 1356, hinausgehende) Leistungen im Geschäft bezahle, kein Grund vorliege, einen solchen Erwerb anders zu behandeln, als einen beliebigen anderen Arbeitserwerb der Frau."

6. Das Oberverwaltungsgericht ist nunmehr zu dem Ergebnis gelangt, daß abweichend von der Rechtsprechung des Reichsversicherungsamts in Übereinstimmung mit der von Rosin und Hahn vertretenen Auffassung an der auf dem Gebiete der Unfallversicherungsgesetzgebung getroffenen Entsch. v. 23. XII. 89 (Bd. XIX S. 362) in künftigen Fällen nicht festzuhalten sein wird. Nach der im Bürgerlichen Gesetzbuche zur Geltung gelangten, vielfach auch in der bisherigen Partikulargesetzgebung bereits herrschenden Rechtsauffassung kann, wie in Übereinstimmung mit den Hahn'schen Ausführungen anerkannt werden muß, ein Beschäftigungsverhältnis des einen Ehegatten bei dem anderen auch „gegen Gehalt oder Lohn" (§ 1 des K.-V.-G.) als rechtlich unzulässig nicht erachtet werden. Diese Rechtsauffassung entspricht den realen Gestaltungen des Lebens, wie sie sich unter dem Druck vielfach schwieriger Er-

werbsverhältnisse bei den minder begüterten Volksklassen tatsächlich herausgebildet haben.

**Nr. 5. Entsch.** v. 5. XII. 01 III 2012 (Pr.-V.-Bl. Jahrg. XXIII S. 583).
§ 1 Kr.-V.-Ges.

Die Frage, ob die Zahlung eines Taschengeldes an einen Lehrling seitens des Lehrherrn ein nach § 1 des K.-V.-G. die Versicherungspflicht des Lehrlings begründendes Lehrverhältnis beweist, kann nicht grundsätzlich beantwortet werden, sondern ist von Fall zu Fall zu entscheiden, da es auf die Umstände, unter denen das Taschengeld gegeben wird, wesentlich ankommt.

**Nr. 6. Entsch.** v. 12. V. 02 III 839 (Pr.-V.-Bl. Jahrg. XXIV S. 39).
§ 1 Kr.-V.-Ges.

Wie es für den Begriff des Arbeiters im Sinne des § 1 des K.-V.-G. unerheblich ist, ob dieser bei seiner Arbeitsleistung die Produktionsmittel des Betriebsunternehmers gebraucht oder ob er sich eigner Werkzeuge bedient (Fuchsberger-Keider, Entsch. auf dem Gebiete der Kr.-Vers., 2. Aufl. S. 4), so auch für den des Unternehmers. Es kann deshalb z. B. jemand, der die Beschaffung des Eisvorrats für eine Brauerei übernommen hat, als Unternehmer gelten, obwohl es mit der Brauerei verabredet ist, daß sie die Gespanne dazu stelle.

**Nr. 7. Entsch.** v. 3. VII. 02 III 1171 (Pr.-V.-Bl. Jahrg. XXIV S. 266).
§§ 1 Abs. 1, 80 Kr.-V.-Ges.

1. Wenn ein Arbeiter zwar mehrere Wochen hintereinander bei einem Arbeitgeber gearbeitet hat und die Anzahl der Arbeitstage mehr als eine Woche beträgt, so steht dies der Annahme einer vorübergehenden Beschäftigung nicht entgegen, wenn der Arbeiter nur mit Unterbrechungen gearbeitet und jede Wiederaufnahme der Arbeit einen neuen Arbeitsvertrag unter der Abrede der Annahme bloß zur Aushilfe auf einige Tage und je für einige Stunden bedeutet hat.

2. Es dürfen keine Vereinbarungen zwischen Arbeiter und Arbeitgeber getroffen werden, um die Anwendung der Bestimmungen des K.-V.-G. zum Nachteile des Versicherten auszuschließen oder zu beschränken (§ 80 K.-V.-G.).

**Nr. 8. Entsch.** v. 10. IV. 02 III 609 (Pr.-V.-Bl. Jahrg. XXIII S. 602).
§§ 6, 7 Kr.-V.-Ges.

1. Wann eine Krankheit begonnen hat, dafür ist nicht ausschließlich im Sinne des Gesetzes die Zeit entscheidend, in der der Versicherte die Krankenunterstützung in Anspruch nimmt.

2. Die Befugnis der Versicherten zur Bestimmung des Tages, von dem ab nach Beginn der Krankheit die dreizehn Wochen zu berechnen sind, läßt sich grundsätzlich und unbeschadet der Rechte, die den Kassen gemäß § 7 des Gesetzes auf die Anordnung des Eintritts der Krankenhauspflege zu einem früheren Zeitpunkt zustehen, und unbeschadet der Folgen, die eine Nichtbeachtung solcher Anordnung für die Kassenmitglieder nach sich zieht, nicht beanstanden. Aus dieser Befugnis folgt weiter, daß es den Versicherten nicht verwehrt ist, den Tag für maßgebend zu erklären, an dem sie nach Beginn der Krankheit die Unterstützung bei einem Armenverbande in Anspruch nehmen. Und daß dies ihrer Willensmeinung entspricht, davon auszugehen rechtfertigt sich so lange, als sie nicht etwa ausdrücklich oder den Umständen nach stillschweigend sich ihre Ansprüche an die Kassen für die Zeit vor Beginn der Armenunterstützung vorbehalten haben (Entsch. des O.-V.-G. Bd. XXXIV S. 364).

**Nr. 9. Entsch. Bd. XXXX S. 332 v. 21. X. 01 III C 53/01.**

§ 1 Kr.-V.-Ges.

1. Wenn behauptet wird, daß die Beschäftigung von Arbeitern im Möbeltransportgewerbe durch die Natur des Gegenstandes auf einen Zeitraum von weniger als einer Woche beschränkt sei, so kann dem nicht beigetreten werden. Es trifft allerdings ohne weiteres zu, wenn ein Möbeltransportgeschäft einen Arbeiter zu einem bestimmten Umzuge von nicht übergroßem Umfange, dessen Ausführung offenbar unter einer Woche Arbeitszeit erfordert, annimmt, keineswegs aber stets dann, wenn die Annahme des Arbeiters ohne Beschränkung auf einen einzelnen Umzug ganz allgemein für die Ausführung der der Firma überhaupt obliegenden Umzüge erfolgt, also solange die Firma in fortlaufender Reihe Umzüge zu besorgen hat. Da die Ausführung solcher Umzüge bei größeren Firmen, zumal in der Ziehzeit, sehr wohl länger als eine Woche in Anspruch zu nehmen vermag und häufig in Anspruch nimmt, so kann keine Rede davon sein, daß die Versicherungspflicht von Möbeltransportarbeitern ein für allemal schon deshalb ausgeschlossen sei, weil ihre Beschäftigung nach der Natur des Gegenstandes unter einer Woche dauere. Worauf es ankommt, ist daher, ob die Beschäftigung im voraus durch den Arbeitsvertrag auf einen Zeitraum von weniger als einer Woche beschränkt ist. Das kann allerdings nicht nur ausdrücklich, sondern auch stillschweigend geschehen, und eine solche stillschweigende Beschränkung ist dann anzunehmen, wenn beide vertragschließenden Teile, sowohl der Arbeitgeber wie der Arbeitnehmer, nach der ganzen ihnen bekannten Lage der Umstände sich dessen bewußt und darüber nicht im Zweifel waren, daß das Arbeitsverhältnis weniger als eine Woche dauern werde. Ob dies anzunehmen ist oder nicht, ist eine Frage des einzelnen Falles, die nur nach der Gesamtheit der in Betracht kommenden Umstände, insbesondere also auch unter Berücksichtigung der örtlichen Verhältnisse, der Annahme der Arbeiter zur Ziehzeit oder außerhalb derselben, des Geschäftsumfanges der Firma u. s. w., entschieden werden kann.

2. Von den vorstehenden Grundsätzen ist das O.-V.-G. auch bereits in der im XVI. Jahrgange der Arb.-Vers. S. 172 abgedruckten Entsch. v. 5. XI. 98 ausgegangen. Dort ist hervorgehoben, daß auch dem Arbeiter erkennbar gewesen sein müsse, es handle sich um eine Beschäftigung auf einen Zeitraum von weniger als einer Woche, und daß es nicht genüge, wenn der Arbeitgeber allein von dieser Ansicht ausgegangen sei, sofern er darüber den Arbeiter im Unklaren gelassen habe. Übereinstimmend hiermit hat sich auch der Badische Verwaltungsgerichtshof in der Entsch. v. 15. II. 98 (Arb.-Vers. Jahrg. XVI S. 448) unter Bezugnahme auf Rosin, Recht der Arbeiterversicherung, Bd. I S. 184 dahin ausgesprochen: „Als eine vorübergehende Beschäftigung im Sinne des Gesetzes kann hiernach diejenige bezeichnet werden, bei der sowohl der Arbeitgeber wie der Arbeiter von vornherein — sei es auf Grund vertragsmäßiger Bestimmung, sei es auf Grund der ihrer Natur nach vorübergehenden Arbeitsleistung — sich bewußt waren, daß das Arbeitsverhältnis weniger als eine Woche dauere.

**Nr. 10. Entsch. Bd. XXXX S. 335 v. 17. X. 01 III C 67/01.**

§§ 24, 25 Kr.-V.-Ges.

Es besteht keine gesetzliche Vorschrift, wonach die Ortskrankenkassen der Genehmigung der Aufsichtsbehörde bedürfen, wenn sie Grundeigentum erwerben oder veräußern.

**Nr. 11. Entsch. Bd. XXXX S. 338** v. 24. X. 01 III C 29/01.

§§ 24, 47 Kr.-V.-Ges.

1. Im Falle der Schließung einer Ortskrankenkasse regelt sich in allen Fällen, also auch dann, wenn gemeinsame Ortskrankenkassen in Betracht kommen, das zulässige Rechtsmittel nach der Vorschrift des § 47 Abs. 3 des K.-V.-G. Das Verwaltungsstreitverfahren ist also zulässig (§ 24 a. a. O.).

2. Es ist nach gegenwärtiger Lage der Gesetzgebung anzuerkennen, daß die Eingemeindung eines Ortes in einen anderen Gemeindebezirk den Fortbestand der für den eingemeindeten Bezirk errichteten Ortskrankenkassen nicht berührt, und daß es kein gesetzliches Mittel gibt, ohne die Zustimmung der Generalversammlung die Auflösung einer Ortskrankenkasse nach Vereinigung des Gemeindebezirkes, für den sie errichtet ist, mit einem anderen Gemeindebezirke zu erzwingen. (Vgl. Arbeiter-Vers. Jahrg. XVII S. 457, XVIII S. 166, 167; Erk. des O.-V.-G. v. 2. XI. 98 III 1493.)

3. Vgl. Erg.-Bd. 1902 S. 340 Nr. 15.

**Nr. 12. Entsch. Bd. XXXXI S. 352** v. 9. I. 02 III C 96/01.

§ 27 Kr.-V.-Ges.

1. Ein Kassenmitglied, das aus der die Mitgliedschaft begründenten Beschäftigung ausscheidet, kann auf Grund des § 27 des K.-V.-G. auch deren freiwilliges Mitglied bleiben, wenn es zur Zeit des Ausscheidens bereits dauernd erwerbsunfähig ist. Der § 27, der die freiwillige Fortsetzung des Versicherungsverhältnisses ergibt, enthält eine gleiche Vorschrift, wie der vom Erwerbe und Verluste der Mitgliedschaft handelnde § 19, nicht. Der Gesetzgeber wollte die Berücksichtigung bereits bestehender Krankheiten nur bei der freiwilligen Fortsetzung des Versicherungsverhältnisses gestatten.

2. Dauernde Erwerbsunfähigkeit ist nicht gleichbedeutend mit dauernder Krankheit. Ein durch Verlust einzelner Gliedmaßen dauernd erwerbsunfähig gewordenes Kassenmitglied kann nach Abschluß des Heilungsprozesses frei von Krankheit sein.

**Nr. 13. Entsch. Bd. XXXX S. 345** v. 21. X. 01 III C 01.

§ 34a Abs. 1 des Kr.-V.-Ges.

1. Der § 34a Abs. 1 des K.-V.-G. ist erst von der Kommission des Reichstags bei der Beratung der Novelle zum K.-V.-G. in der Legislaturperiode 1890/91 dem Gesetz eingefügt worden und vom Plenum, was den Abs. 1 anbetrifft, unverändert beibehalten worden. Anlangend die Literatur, so bemerkt Hahn in der 2. Aufl. seines Kommentars zum K.-V.-G. S. 134 Anm. 2 zu § 34a, daß durch Statut „nur Vergütung für Zeitverlust und entgehenden Arbeitsverdienst, nicht ein darüber hinausgehendes Honorar zugebilligt werden" kann. Der Kommentar von Köhne, 2. Aufl., S. 110 Anm. 1 sagt: „Das Maß dieser Entschädigung ist ebenfalls statutarisch und für alle Vorstandsmitglieder in gleicher Höhe festzusetzen; die individuellen Verhältnisse des einzelnen sind dabei nicht zu berücksichtigen. Nur dürfte es zulässig sein, die Entschädigung für die dem Arbeitgeberstand angehörigen Vorsteher anders zu bemessen, als für die dem Arbeiterstand angehörigen, oder aber den letzteren eine Entschädigung zuzubilligen, den ersteren nicht. Bei der Bemessung der Entschädigung bleibt aber immer zu beachten, daß sie zu einem Gewinne nicht führen soll, mithin unter Berücksichtigung von Arbeit und Zeitverlust den sonstigen Einnahmen der Vorstandsmitglieder ungefähr entsprechen soll." von Woedtke führt in der 5. Aufl. seines Kommentars S. 275 Anm. 3 zu § 34a aus: „Die Entschädigung darf auch hinsichtlich ihrer Höhe den Charakter als Entschädigung für Zeitverlust und entgehenden Arbeitsverdienst nicht verlieren, also nicht den Charakter einer Besoldung annehmen.

Hierauf ist bei Genehmigung des Kassenstatuts und bei Beaufsichtigung der Geschäftsführung der Kasse zu achten." Dem ist beizutreten.

2. Eine statutarische Festsetzung, die die Vergütung für Zeitverlust und entgehenden Arbeitsverdienst für den Vorsitzenden höher bemißt, als für die übrigen Vorstandsmitglieder, wendet jenem daher keinen unzulässigen Gewinn zu, sobald das Amt des Vorsitzenden tatsächlich häufigere Unterbrechungen der Berufsarbeit mit sich bringt.

**Nr. 14. Entsch. Bd. XXXXI S.** 345 v. 16. I. 02 III C 125/01.

§§ 7 Abs. 2, 21 Nr. 5, 57 Kr.=V.=Ges.

1. Es ist allgemein anerkannt, daß, wenn eine Ortskrankenkasse gemäß § 21 Nr. 5 des K.-V.-G. für erkrankte Familienangehörige der Kassenmitglieder freie ärztliche Behandlung, freie Arznei und sonstige Heilmittel gewährt, der Berechtigte für diese Leistungen gegenüber der Kasse nicht der Angehörige, sondern das Mitglied selbst ist, dennoch aber dessen Anspruch nach § 57 auf den Armenverband übergeht, der den Angehörigen im Wege der Armenpflege hat ärztlich behandeln und verpflegen lassen, obwohl damit dem anspruchsberechtigten Mitglied Armenunterstützung unmittelbar nicht zu teil geworden ist (Unger in der Arb.-Vers. Jahrg. XVIII S. 433 ff., Fuchsberger-Keidel, Entsch. des R.-Ger., T. IX, Entsch. auf dem Gebiete der Kr.-Vers., 2. Aufl. S. 403, 432, 439; Entsch. des O.-V.-G. Bd. XVI S. 359, Bd. XXXIII S. 387, Bd. XXXVIII S. 337).

2. Für die Anwendbarkeit des § 7 Abs. 2 ist allein die Tatsache, daß das Kassenmitglied den Angehörigen aus seinem Arbeitsverdienste unterhalten hat, wesentlich (Hahn, K.=V.-G. 2. Aufl. S. 73). Auch ein außereheliches Kind gehört zu den Angehörigen der Mutter. In gleicher Weise wie bei dem § 21 Nr. 5 sind bei dem § 7 Abs. 2 nicht die Angehörigen, sondern die Kassenmitglieder selbst als die Forderungsberechtigten gegenüber der Kasse anzusehen (Entsch. Bd. XXXI S. 339, Erk. v. 8. III. 97). Der Anspruch der Mutter eines unehelichen Kindes an die Kasse geht auf den Armenverband über, wenn die Mutter mittelbar in der Person ihres Kindes unterstützt worden.

**Nr. 15. Entsch. Bd. XXXXI S.** 357 v. 30. I. 02 III C 115/01.

§ 57 Abs. 1 u. 2 Kr.=V.=Ges.

Wenn ein Ortsarmenverband seiner gesetzlichen Verpflichtung, eine durch Krankheit hilfsbedürftig gewordene Person zu unterstützen, dadurch nachkommt, daß er sie in einem Krankenhaus unterbringt oder in Privatpflege gibt und ihr nebenher Geldunterstützungen zubilligt, so ist nach den Vorschriften des § 57 Abs. 1 und 2 des K.-V.-G. für seinen Erstattungsanspruch, abgesehen von der Kassenangehörigkeit des Unterstützten, allein entscheidend, daß ein Akt der öffentlichen Armenpflege vorliegt, und daß die gewährten Unterstützungen für einen Zeitraum geleistet worden sind, für den dem Unterstützten ein Unterstützungsanspruch auf Grund des Krankenversicherungsgesetzes zustand. Dagegen kommt es nicht darauf an, ob das vom Ortsarmenverbande Geleistete als mit der Krankenpflege in unmittelbarem Zusammenhange stehend von der Krankenkasse selbst hätte beansprucht werden können. Der Armenverband kann deshalb auch solche Geldbeträge erstattet verlangen, mit denen er die erkrankte hilfsbedürftige Person, falls dies die Umstände rechtfertigen, außerhalb der eigentlichen Krankenfürsorge unterstützt hat, wie denn das O.-V.-G. bereits in dem Urt. v. 24. X. 95, III 1317, die Erstattungspflicht hinsichtlich des einem erwerbsunfähigen Geisteskranken bei seiner Entlassung aus der Irrenanstalt mitgegebenen einstweiligen Zehrgeldes anerkannt hat.

**Nr. 16. Entsch. Bd. XXXX S. 342 v. 16. XII. 01 III C 98/01.**

§§ 1, 6, 28, 20, 57 Abs. 5 Kr.-V.-Ges.

1. Unter dem Zustande der Erwerbslosigkeit versteht man das Fehlen einer gegen Entgelt stattfindenden Beschäftigung (Entsch. Bd. XX S. 369 und Bd. XXIX S. 318). Wie trotz einer tatsächlich übernommenen Beschäftigung eine solche im Sinne des § 1 des K.-V.-G. doch nicht vorhanden ist, sobald sich die Beschäftigung, weil der Beschäftigte in einem ihn völlig erwerbsunfähig machenden Grade krank war, nicht als eine wirkliche Beschäftigung, sondern nur als Versuch einer solchen darstellt (Fuchsberger-Keidel, Entsch. des R.-Ger. u. s. w. T. IX, Entsch. auf dem Gebiete der Kr.-Vers., 2. Aufl. S. 18, 20, 243, 296, 339, ferner z. B. noch Arb.-Vers. Jahrg. XVII S. 618), so wird auch der Zustand der Erwerbslosigkeit im Sinne des § 28 des K.-V.-G. durch einen vergeblichen Versuch zu arbeiten noch nicht beendigt (Urt. des O.-V.-G. v. 6. IV. 91, Pr.-V.-Bl. Jahrg. XII S. 414).

Allerdings ist die Versicherungspflicht auch für diejenigen vorhanden, die beim Eintritte in die Beschäftigung bereits krank sind (z. B. Entsch. Bd. XXXIII S. 389, Urt. v. 30. IV. 98). Allein dies gilt nicht mehr, wenn die Krankheit mit völliger Erwerbsunfähigkeit verbunden ist. Eine solche hindert sowohl die Entstehung der Versicherungspflicht als den Fortfall der Erwerbslosigkeit.

2. Ein Versicherter hat nach dem § 28 des K.-V.-G. jedenfalls an die Kasse nur Anspruch auf deren gesetzliche Mindestleistungen, die Kasse somit bloß in Höhe des unter Berücksichtigung des § 57 Abs. 5 a. a. O. zu berechnenden Betrags dieser Mindestleistungen das Mitglied zu entschädigen. Welches die Mindestleistungen sind, bestimmt sich nicht nach dem § 6, sondern nach dem § 20 (Urt. v. 9. X. 93, Pr.-V.-Bl. Jahrg. XV S. 159). Es ist also nicht der ortsübliche Tagelohn gewöhnlicher Tagearbeiter, sondern der durchschnittliche Tagelohn derjenigen Klassen der Versicherten, für welche die Kasse errichtet worden ist, der Berechnung zu grunde zu legen.

**Nr. 17. Entsch. Bd. XXXXI S. 343 v. 30. I. 02 III C 137/01.**

§ 57a 21 Nr. 1a Kr.-V.-Ges.

1. Es ist richtig, daß im Sinne des vierten Absatzes des § 57a des K.-V.-G. der Berechnung der Pauschalvergütung dasjenige Krankengeld zu Grunde zu legen ist, das die ersatzpflichtige Kasse, auf deren Ersuchen eine andere Kasse die Krankenunterstützung einem erkrankten Mitgliede gewährt hat, ihrem Mitgliede zufolge des Gesetzes in Verbindung mit den Vorschriften ihres Statuts zu gewähren gehabt hätte, wenn sie unmittelbar die Krankenunterstützung leistete.

2. Unter dem „Krankengeld“ für Sonn- und Festtage im Sinne des § 21 Nr. 1a des Gesetzes ist, weil das Gesetz nicht ausdrücklich ein anderes bestimmt, dasjenige Krankengeld zu verstehen, das für die Arbeitstage zu gewähren ist. Das Wort „Krankengeld“ ist im Gesetze überall im Sinne einer rücksichtlich ihres Betrags nach § 6 Nr. 2 und § 20 Nr. 1 zu bemessenden Leistung gebraucht, soweit das Gesetz nicht ein anderes unmittelbar bestimmt oder eine andere Bemessung als statutarisch zulässig erklärt, und soweit sich hiernach eine andere Bemessung rechtfertigt, ist sie für alle Ansprüche maßgebend, es sei

denn, daß das Gesetz die Zulässigkeit einer Kürzung vorsieht (s. § 6a Nr. 2, § 26a Abs. 1 und Abs. 2 Nr. 2).

**Nr. 18. Entsch. Bd. XXXX S. 349 v. 7. XI. 01 III C 91/01.**

§§ 6a Ziffer 6, 26a Ziffer 2b, 57a Abs. 2, 58 Abs. 2 Kr.-V.-Ges.

1. In den Fällen des § 57a Abs. 2 des K.-V.-G. hat die Kasse desjenigen Ortes, an dem ein Mitglied einer anderen Krankenkasse bei vorübergehendem Aufenthalte erkrankt, die Krankenunterstützung dem Mitglied in Erfüllung der ihm gegen die letztere Kasse zustehenden Ansprüche zu gewähren, es bleibt also die gesetzlich begründete Unterstützungspflicht dieser Kasse ungeachtet der gesetzlich zugleich für die Kasse des Aufenthaltsortes begründeten Unterstützungspflicht als die eigentliche und zunächst gegebene unberührt. Hieraus läßt sich aber doch nur folgern, daß die eigentlich pflichtige Kasse für diejenigen Leistungen die sie nach der Weigerung der Kasse des Aufenthaltsorts dem Mitglied unmittelbar gewährt hat, insoweit einen Ersatzanspruch gegen die letztere Kasse geltend zu machen nicht in der Lage ist, als sie dieser, wenn sie ihrer gesetzlichen Pflicht nachgekommen wäre, die Leistungen zu dem gleichen ihr erwachsenen Betrage zu vergüten gehabt hätte, wie es für das Krankengeld zutrifft. Nachdem das Gesetz jedoch die Kasse des Aufenthaltsorts zur Gewährung der ärztlichen Behandlung, der Arzneien und ähnlicher Heilmittel mit der Maßgabe verpflichtet hat, daß ihr hierfür in allen Fällen die Hälfte des Krankengeldes zu vergüten ist, läßt sich die Ersatzberechtigung der eigentlich pflichtigen Kasse wegen des Mehraufwandes, der ihr dadurch erwachsen ist, daß die Kasse des Aufenthaltsorts sich wider das Gesetz ihrer Pflicht entzogen hat, nicht in Abrede nehmen. In diesem Sinne ist bereits in dem Urt. des O.-V.-G. v. 26. VI. 99 (Entsch. Bd. XXXV S. 368) Stellung genommen worden, und hieran ist festzuhalten, da es andernfalls in der Tat die zur Gewährung der Heilbehandlung an Stelle der eigentlich pflichtigen Kasse durch das Gesetz verpflichtete Kasse in der Hand hätte, die Erfüllung ihrer Pflicht dann abzulehnen, wenn die tatsächlichen Kosten der Heilbehandlung absehbar mehr als die gesetzliche Pauschalvergütung betragen würden.

2. Die Verpflichtung der Krankenkasse des Aufenthaltsorts, die Krankenunterstützung dem in ihrem Bezirk erkrankten Mitglied einer auswärtigen Kasse zu gewähren, ist im § 57a Abs. 2 weder von dem Eingange eines besonderen Antrags der eigentlich pflichtigen Kasse noch von dem Eintritte einer anderen Voraussetzung abhängig gemacht. Gleichwohl ist es doch im Sinne dieser Vorschrift sowohl für Orte, wo mehrere Krankenkassen bestehen, wie auch da, wo nur eine solche Kasse in Betracht kommt, selbstverständlich, daß mit der Unterstützungspflicht dieser Kassen nicht unbedingt schon vom Tage der tatsächlichen Erkrankung zu rechnen ist, sondern erst von demjenigen Tage ab, an dem die Kasse um die Gewährung der Unterstützung von dem Mitgliede selbst oder von den mit der Fürsorge für das Mitglied betrauten Personen oder von der eigentlich pflichtigen Kasse angegangen worden ist, oder an dem sie sonst ihrer gesetzlichen Pflicht nachzukommen begründeten Anlaß hatte.

3. Der Wortlaut des Gesetzes nötigt zwar nicht zur Beschränkung der Dringlichkeit in den Fällen des § 6a Ziffer 6, § 26a Ziffer 2b auf den in der Begründung zu dem Entwurfe der Novelle § 6a erörterten Fall, wenn der Kassenarzt nicht rechtzeitig erreichbar ist, und steht insbesondere dem nicht entgegen, daß sie auch dann anerkannt wird, wenn der Kassenarzt nach der Art der Krankheit die Heilbehandlung, z. B. eine Operation, zu übernehmen Anstand nimmt, und die Kasse nicht anderweitig Fürsorge trifft. Nur dies ist in Abrede zu stellen, daß die Dringlichkeit im Hinblick auf

die Art der Krankheit schlechthin anzuerkennen sei (Arb.-Vers. Jahrg. XII S. 416, XIV S. 153, XVII S. 786, XVIII S. 134 und S. 621/622).

**Nr. 19. Entsch.** v. 1. V. 02 III. 765 (Pr.-V.-Bl. Jahrg. XXIV S. 88).

§ 80 Kr.-V.-Ges.

Eine Entlassung von Arbeitern ist nicht unwirksam, wenn sie zu dem Zwecke geschieht, zu verhüten, daß eine Betriebskrankenkasse von Anfang an mit unterstützungsberechtigten Mitgliedern belastet werde. Dadurch hat eine Verletzung des § 80 des K.-V.-G. nicht stattgefunden, denn durch die Entlassung ist die Anwendung der Bestimmungen des K.-V.-G. weder ausgeschlossen noch beschränkt. Insbesondere ersieht der Fortbestand des Versicherungsverhältnisses keinerlei Einschränkung zum Nachteile der Versicherten.

**Nr. 20. Entsch.** v. 23. X. 02 III 1703 (Pr.-V.-Bl. Jahrg. XXIV S. 248).

§ 67 B.-G.-B.; § 27 des land- und forstwirtschaftlichen Unfallvers.-Ges. v. 30. VI. 1900.
Art. 95 Einf.-Ges. z. B.-G.-B.; § 26 Gesinde-Ordn. für die Rheinprovinz v. 19. VIII. 44.

1. Der § 26 der Gesind.-Ordn. für die Rheinprovinz v. 19. VIII. 44 und § 617 des B.-G.-B. stimmen darin überein, daß sie die Pflicht der Dienstherrschaft zur Unterstützung des erkrankten Gesindes auf die Dauer der Dienstzeit beschränken. Sie weichen aber insofern ab, als die Unterstützung nach dem Landesgesetze dem ohne eigenes Verschulden im Dienst erkrankten Gesinde für vier Wochen, wenn auch freilich unter Ausschluß der Anrechnung der Kosten der Verpflegung, nicht auch der Heilkosten, nach dem R.-G. für sechs Wochen unter Zulassung der Anrechnung der Kosten der Verpflegung und der Heilbehandlung auf den Lohn zu gewähren ist, vorausgesetzt, daß die Erkrankung nicht etwa durch grobe Fahrlässigkeit oder gar vorsätzlich von dem Gesinde herbeigeführt worden ist.

Für den Fall einer Abweichung der reichs- und landesgesetzlichen Regelung bestimmt Art. 95 des Einf.-Ges. zum B.-G.-B., daß § 617 insoweit nicht anwendbar ist, als die Landesgesetze dem Gesinde weitergehende Ansprüche gewähren.

2. Der § 617 des B.-G.-B. ist durch § 27 des land- und forstwirtschaftlichen Unfallversicherungsgesetzes in der Fassung der Novelle v. 30. VI. 1900 nicht abgeändert worden. Der Inhalt des § 27 deckt sich im wesentlichen mit § 10 des Gesetzes in seiner ursprünglichen Fassung. Beide Vorschriften begründen für die Gemeinden die öffentlich-rechtliche Pflicht zur Gewährung der Heilbehandlung an das infolge eines Unfalles im land- und forstwirtschaftlichen Betriebe erkrankte Gesinde nur für den Fall, daß sich dieser Pflicht die hierzu nach Reichs- oder Landesgesetz zunächst Verpflichteten entziehen, und vorbehaltlich ihres Rückgriffes an diese Verpflichteten. Ersatzpflichtig sind im Sinne beider Paragraphen insbesondere auch die Dienstherrschaften, soweit für sie gesetzlich eine privatrechtliche Pflicht zur Fürsorge für das erkrankte Gesinde begründet war und noch begründet ist. Dies bringt § 617 des B.-G.-B. dadurch zum völlig zweifelfreien Ausdruck, daß hier die Pflicht der Dienstherrschaft zur Fürsorge für das erkrankte Gesinde nur dann ausgeschlossen ist, wenn für dessen Verpflegung und ärztliche Behandlung durch eine Versicherung oder durch Einrichtung der öffentlichen Krankenpflege Vorsorge getroffen ist. Was die Gemeinden nach dem U.-V.-G. vorschüssig zu leisten haben, fällt selbstverständlich nicht unter die Versicherung oder die öffentliche Krankenpflege im Sinne des § 617. Für die Fassung des § 27 des U.-V.-G. ist eine Änderung des § 617 nicht in Frage gekommen und sie konnte auch nach dem Ziele beider Vorschriften gar nicht in Frage kommen.

**Nr. 21. Entsch.** v. 27. XI. 02 III 1978 (Pr.-V.-Bl. Jahrg. XXIV S. 249).

1. Zu § 617 B.-G.-B. ist im Art. 95 Abs. 1 des Einf.-Ges. zum B.-G.-B., nachdem im Abs. 1 die fortdauernde Geltung der landesgesetzlichen Vorschriften, welche dem Gesinderecht angehören, grundsätzlich verordnet ist, bestimmt, daß jedoch gewisse Vorschriften des B.-G.-B. darunter die §§ 617—619, Anwendung finden, die Vorschriften des § 617 aber nur insoweit, als die Landesgesetze dem Gesinde nicht weitergehende Ansprüche gewähren. Wenn der Dienstverpflichtete zum Gesinde gehört, bedarf es daher, um überhaupt zu einer Anwendung des § 617 gelangen zu können, einer Vergleichung der Verpflichtungen, welche der § 617 dem Dienstberechtigten auferlegt, mit denjenigen, welche nach dem maßgebenden Landesgesetze schon bisher dem Dienstherrn oblagen, und der Feststellung, daß die letzteren Verpflichtungen nicht zu Gunsten des erkrankten Gesindes weiter gingen. Bei dieser Vergleichung kommt es lediglich auf die gesetzlichen Bestimmungen als solche und nicht darauf an, wie sie bei dem einzelnen Dienstverhältnisse nach den dafür über die Höhe der Vergütung der Dienste u. dgl. getroffenen besonderen Vereinbarungen wirken.

2. Die Gesind.-Ordn. für die Herzogtümer Schleswig und Holstein v. 25. II. 40 (Chronologische Sammlung der im Jahre 1840 ergangenen Verordnungen und Verfügungen für die Herzogtümer Schleswig und Holstein S. 35) selbst enthält keine Bestimmungen über die Rechte der Dienstboten gegen die Dienstherrschaft im Falle einer Erkrankung. Sie wird aber in dieser Beziehung ergänzt durch die §§ 77 und 78 der Armenordnung für die beiden Herzogtümer v. 29. XII. 41 (Chronologische Sammlung für 1841 S. 267). Die §§ 77, 78 gewähren dem kranken Dienstverpflichteten keine weitergehenden Ansprüche an der Dienstberechtigung als der § 617 B.-G.-B.

3. Erhält in Schleswig-Holstein ein Dienstverpflichteter kein Handgeld, so ist der mündliche Vertrag nicht gültig geschlossen.

4. Daß der § 617 B.-G.-B. zu den im § 27 Abs. 1 Satz 2 des landwirtschaftlichen U.-V.-G. v. 30. VI. 1900 genannten gesetzlichen Bestimmungen, auf Grund deren die Beschäftigungsgemeinde Ersatz der von ihr gewährten Kosten des Heilverfahrens verlangen kann, gehört, ist nicht zweifelhaft.

**Nr. 22. Entsch.** v. 20. II. 02 III 311 (Pr.-V.-Bl. Jahrg. XXIII S. 600).
§ 35 Ges. v. 22. VI. 89; §§ 49, 50 Ges. v. 13. VII. 99.

Wie das O.-V.-G. bereits in dem Urteile v. 26. IX. 1901 III 1517 (Arb.-Vers. Jahrg. XIX S. 99) angenommen hat, ist gegenüber dem Ersatzberechtigten im Sinne des § 50 Abs. 3 des Ges. v. 13. VII. 99 nicht nur die zur Ersatzleistung durch Überweisung der Rentenverpflichteten Versicherungsanstalt, sondern auch, im Falle des Widerspruchs als der zunächst Rentenberechtigte, der Versicherte beteiligt.

**Nr. 23. Entsch.** v. 17. IV. 02 III 659 (Pr.-V.-Bl. Jahrg. XXIV S. 122).
§ 18 des Invaliden-V.-Ges. v. 13. VII. 99.

Nach Absatz 1 des § 18 des Invaliden-Vers.-Ges. v. 13. VII. 99 ist die Versicherungsanstalt zur Anordnung eines Heilverfahrens nur dann befugt, wenn ein Versicherter dergestalt erkrankt, daß als Folge der Krankheit Erwerbsunfähigkeit zu besorgen ist, welche einen Anspruch auf reichsgesetzliche Invalidenrente begründet. Das Vorliegen dieses Tatbestandes bildet mithin eine Voraussetzung für den durch die Vorschriften des Abs. 3 eingeführten Erstattungsanspruch. Daß die Frage, ob diese Voraussetzung gegeben ist, der Nachprüfung des Verwaltungsrichters unterliegt, kann umso weniger bezweifelt werden, als der § 23 des Invaliden-Vers.-Ges. das Verwaltungsstreitverfahren über die hier in Rede stehenden Ersatzansprüche ohne jegliche Einschränkung eröffnet.

**Nr. 24. Entsch.** v. 7. VII. 02 III 1194 (Pr.-V.-Bl. Jahrg. XXIV S. 184).

§§ 49, 50 Invaliden-V.-Ges.

Der Versicherte ist in dem V.-St.-V. gemäß § 50 Abs. 3 des Invaliden-Vers.-Ges. Beteiligter und deshalb als Partei zuzuziehen. Stirbt er, so sind seine Erben Partei. (Erk. v. 26. IX. 1901 Arb.-Vers. Jahrg. XIX S. 99 und v. 20. II. 1902 Pr.-V.-Bl. Jahrg. XXIII S. 600.)

**Nr. 25. Entsch. Bd. XXXX** S. 359 v. 17. X. 01 III C 51/01.

§ 18 Abs. 1 u. 3 Invaliden-V.-Ges. v. 19. VII. 99 (R.-G.-Bl. S. 463).

Es ist außer Zweifel, daß die Befugnis, das Heilverfahren gemäß § 18 des Invalidenversicherungsgesetzes v. 19. VII. 99 eintreten zu lassen, den Versicherungsanstalten hauptsächlich in ihrem eigenen Interesse und in dem des Versicherten gegeben ist, damit beizeiten dem Eintritte von Erwerbsunfähigkeit und der Notwendigkeit, deshalb Invalidenrente zu gewähren, vorgebeugt werden könne. Zur Voraussetzung für dieses Einschreiten ist daher nicht gemacht, daß bereits Erwerbsunfähigkeit vorhanden, sondern nur, daß sie zu besorgen ist. Anders verhält es sich jedoch, soweit es sich um den Ersatzanspruch an die Krankenkassen handelt. Dieser Anspruch ist nur gegeben, wenn während der Dauer des Heilverfahrens der Versicherte erwerbsunfähig im Sinne des Krankenversicherungsgesetzes war und deshalb einen noch nicht erfüllten Anspruch auf Krankengeld hatte. (Vgl. z. B. Hoffmann in der Arb.-Vers. Jahrg. XVII S. 7.)

2. Die Erwerbsunfähigkeit ist nicht erst bei vollständiger Unfähigkeit, durch Arbeit etwas zu erwerben, sondern auch schon bei der Unmöglichkeit, ohne Verschlimmerung der Krankheit der Erwerbstätigkeit nachzugehen (Urt. vom 10. X. 89, Entsch. Bd. XVIII S. 355/356), vorhanden. Wie das O.-V.-G. ferner in dem angezogenen Urteile ausgesprochen und seitdem in gleichmäßiger Rechtsprechung festgehalten hat, auch anderweit angenommen wird (vgl. z. B. Hahn, K.-V.-G., 2. Aufl. S. 46 Anm. 2b zu § 5 und die Urt. des Landgerichts zu Leipzig v. 26. IX. 96 und des Landgerichts zu Düsseldorf vom 8. VII. 97 in der Arb.-Vers. Jahrg. XIV S. 87 und Jahrg. XV S. 119), ist es noch nicht ausschlaggebend, ob das Kassenmitglied selbst sich für erwerbsunfähig ansieht oder nicht. Das Vorhandensein von Erwerbsfähigkeit oder Erwerbsunfähigkeit bestimmt sich nicht nach der Ansicht oder der Handlungsweise des Kassenmitglieds, sondern lediglich nach objektiven, regelmäßig nur durch Gutachten von Sachverständigen festzustellenden Merkmalen.

---

III.

## Verfahren in Disziplinarsachen.

---

# IV.

# Kleinbahnen und Privatanschlußbahnen.

---

# V.

# Handelskammern, Kaufmännische Korporationen und Börsen.

**Nr. 1. Entsch. Bd. XXXX S.** 323 v. 2. XII. 01 III C 100/01.

§ 4 Börsengeß. v. 22. VI. 96; § 137 Zust.-Ges.; Börsen-Ordn. für Berlin v. 23. XII. 96 (Amtsblatt 1897 S. 1).

Wenn eine Börsenordnung, wie diejenige für die Berliner Börse vom 23. XII. 96, keine Klage im V.-St.-V. gegen Beschlüsse und Anordnungen des Börsenvorstandes zuläßt, so ist das V.-St.-V. ausgeschlossen.

**Nr. 2. Entsch. Bd. XXXXI S.** 341 v. 9. VI. 02 III C 11/02. .

§ 3 Nr. 1 Handelskammergeß.; § 5 H.-G.-B.

Die Nr. 1 des § 3 des Handelskammergesetzes macht die Beitragspflicht zu den Kosten der Handelskammer von der doppelten Voraussetzung abhängig, daß es sich um einen Kaufmann handelt, und daß dieser als Firmeninhaber im Handelsregister eingetragen steht. Danach genügt es nicht, wenn die letztere Voraussetzung bei einem Zensiten allein zutrifft, sondern es ist zur Feststellung seiner Beitragspflicht noch der Nachweis erforderlich, daß er ein Kaufmann ist. Ein solcher Beweis kann aber nicht durch Bezugnahme auf den § 5 H.-G.-B. geführt werden. Denn diese Bestimmung hat rechtliche Bedeutung nur für das Privatrecht, nicht aber für öffentlich-rechtliche Beziehungen (vgl. Staub, H.-G.-B., 1900, Bd. I S. 79 Anm. 4 zu § 5 und Lehmann und Ring, H.-G.-B., 1902, Bd. I S. 44 Anm. 2 zu § 5).

**Nr. 3. Entsch. Bd. XXXXI S.** 337 v. 22. III. 02 III C 116/01.

§ 3 Abs. 2 Ziff. 1 u. 4 des Handelskammergeß. v. $\frac{\text{24. II. 70}}{\text{19. VIII. 97}}$ (G.-S. 1897 S. 355).

1. Zu den Kosten der Handelskammer haben nur diejenigen Kaufleute gemäß § 3 Abs. 2 Ziff. 1 des Handelskammergeß. beizutragen, die wirklich im Handelsregister eingetragen sind. Die Pflicht, sich eintragen zu lassen, ersetzt dies Erfordernis nicht.

2. Zweigniederlassungen, die registerpflichtig sind, fallen nur unter die Bestimmung der Ziffer 1 des § 3. Die Ziffer 4 findet auf sie keine Anwendung, sondern nur auf solche Betriebsstellen, die der Selbständigkeit hinsichtlich der Betriebsleitung entbehren, also im Sinne des Gesetzes (juristisch) keine Zweigniederlassungen sind, sofern sie nichtsdestoweniger nach Art und Umfang einen in kaufmännischer Weise eingerichteten Geschäftsbetrieb erfordern. (Vgl. Bd. XXXIX S. 301 Erk. v. 25. IV. 1901.)

---

# VI.

# Feuerlöschwesen.

---

# VII.

# Konflikte.

**Nr. 1. Entsch. Bd. XXXXI S. 451** v. 27. V. 02 I A 35/02.

1. In der Pädagogik ist das Helfersystem, eine in dem Wesen der Schule als einer organischen Anstalt begründete Einrichtung, von jeher anerkannt worden. Man versteht darunter eine Regelung der Tätigkeit einzelner Schüler dahin, daß sie über dasjenige hinaus, was jeder zunächst für sich selbst zu tun hat, in den Dienst des Ganzen gestellt werden, um den allen gemeinsamen Zweck, in Verbindung mit den Zwecken des Einzelnen, zu fördern. Leitender Gedanke hierbei ist, daß der Helferdienst nicht um des Lehrers willen, um ihm eine Erleichterung zu verschaffen, sondern um der Schule willen einzurichten ist, dergestalt, daß er den Schulzwecken zum Nutzen gereicht, ohne doch die berechtigten Zwecke der Helfer oder ihrer Mitschüler zu beeinträchtigen. Da nun die Schule eine Anstalt ist sowohl für gemeinsamen Unterricht (Übermittelung von Kenntnissen und Entwickelung der Erkenntniskraft), wie auch für gemeinsame Erziehung (Bildung des Willens und Übung geselliger Tugenden), so zerfällt die Hilfe der Schüler in drei Zweige: Hilfe beim Unterricht, Hilfe bei der Schulzucht, Hilfe bei der Schulordnung.

2. Zur Schulordnung gehört die Ordnung in der Zeit und in den Schulräumen. Auf beiden Gebieten gibt es mannigfache, zur Ordnung erforderliche Geschäfte von allgemeiner Natur, die von einzelnen zum Besten des Ganzen verrichtet werden müssen, — beispielsweise in Hinsicht auf die Zeit das Läuten zur Schule oder das Zusammenrufen der Ausgetretenen, — in Hinsicht auf den Ort das Herbeischaffen und Zurichten der zum gemeinsamen Gebrauche bestimmten Gerätschaften und Lehrmittel und ihr Aufräumen nach gemachtem Gebrauche, das Einsammeln der Hefte und Austeilen der Bücher, das Aufrollen der Landkarten, das Öffnen und Schließen der Lehrzimmer und dergl. m. Nicht minder treten bei Überwachung des Einzelnen in dessen ordnungsmäßigem Verhalten häufig Umstände ein, die es unmöglich machen, daß sich ihr der Lehrer persönlich in ausreichendem Maße unterzieht; namentlich auf Ruhe und sittsames Verhalten im Klassenzimmer während der Pausen zwischen den Unterrichtsstunden kann sich die Beaufsichtigung der Einzelnen erstrecken. Nach allen diesen Richtungen hin gilt der Helferdienst nicht allein als für den Lehrer teilweise und zeitweise unentbehrlich, sondern auch als im Interesse der dazu heranzuziehenden Schüler ersprießlich, weil er sie durch Übung an Ordnung in Ausführung des Befohlenen, an Aufmerksamkeit, Pünktlichkeit und Pflichttreue gewöhnt (vgl. hierzu Schmidt, Encyklopädie des gesamten Erziehungs- und Unterrichtswesens, 2. Aufl. 1880, Bd. III S. 364 ff.)

3. Positive (Gesetzes- oder Verwaltungs-) Vorschriften, die die Einrichtung von Helferdiensten untersagten, sind nicht ergangen. Im Gegenteil finden sich in Erlassen der Schulaufsichtsbehörden nicht selten Hinweise darauf, daß Helfer aus der Zahl der besten und zuverlässigsten Schüler eine gute Stütze für den Lehrer werden können; vgl. den Erlaß des Unterrichtsministers, die Aufnahmeprüfung an den Schullehrerseminarien betreffend, v. 15. X. 72 (Schneider und von Bremen, Das Volksschulwesen im Preußischen Staate, Bd. I S. 373), ferner Verfügung der Regierung zu Düsseldorf v. 28. III. 73 (Giebe, Schulverordnungen, 4. Aufl. S. 316), Ausschreiben des Konsistoriums zu Hannover v. 13. I. 77 und 21. VIII. 80 (bei Leverkühn, Gesetze u. s. w. in Schulsachen, Bd. I S. 210, Bd. II S. 626). Auch an die Vorturner mag erinnert werden.

4. Einem Lehrer, der den Schüler bei einer ihm aufgetragenen Verrichtung nicht ordnungsmäßig beaufsichtigt, fällt die Unterlassung einer ihm obliegenden Amtshandlung zur Last.

**Nr. 2. Entsch. Bd. XXXXI S. 443 v. 18. X. 01 I A 80/01.**

§ 132 L.-V.-G.; § 10 Abs. 2 des Ges. v. 8. III. 1871 (G.-S. S. 130).

1. Einem Gesamtarmenverbande, der auf Grund der Bestimmungen der Landgem.-Ordn. v. 3. VII. 91 (§§ 128 ff.) gebildet ist, kommen zwar, wie sich aus § 129 Abs. 2 a. a. O. ergibt, nicht ohne weiteres die Rechte öffentlicher Körperschaften zu. Wohl aber ist der Verbandsvorsteher — bei dem die Voraussetzungen zur Übernahme des Amtes als Gemeinde- oder Gutsvorsteher vorliegen müssen (§ 133 Abs. 1), und dessen Wahl, wenn er ein solches Amt nicht schon bekleidet, der Bestätigung durch den Landrat bedarf (§ 134 Abs. 1) — der Staatsaufsicht unterstellt (§ 139) und im § 143 unter denjenigen Personen aufgeführt, deren Dienstvergehen disziplinarisch geahndet werden sollen. Der Verbandsvorsteher ist ohne Zweifel nach jenen Vorschriften zu den mittelbaren Staatsbeamten zu rechnen, auf welche das Ges. v. 13. II. 54 ebenso wie auf die unmittelbaren anzuwenden ist.

2. Der § 10 Abs. 2 des Gesetzes, betreffend die Ausführung des Bundes- (Reichs)gesetzes über den Unterstützungswohnsitz, v. 8. III. 71 legt dem Vorsteher des Verbandes in Beziehung auf die Verwaltung der gemeinsamen Armenpflege die Rechte des Gemeindevorstehers bei. Diese Vorschrift kann nur dahin verstanden werden, daß der Verbandsvorsteher den im Verbande vereinigten Gutsbezirken gegenüber in Sachen der gemeinsamen Armenpflege die Rechte des Gemeindevorstehers in demselben Umfang und unter denselben Voraussetzungen haben soll, wie sie dieser in Angelegenheiten des Ortsarmenverbandes einer Gemeinde gegenüber den einzelnen leistungspflichtigen Gemeindegliedern hat. Danach ist ein Gemeindevorsteher nicht berechtigt, für einen vom Ortsarmenverbande zu verpflegenden Armen mit den Zwangsmitteln des § 132 des L.-V.-G. eine Wohnung zu beschaffen, also unter Umständen den Armen zwangsweise in die einem leistungspflichtigen Gemeindegliede gehörige Wohnung einzuweisen.

3. Die Zwangsbefugnisse aus § 132 stehen einem Gemeindevorsteher nur zur Durchsetzung solcher Anordnungen zu, die er in Ausübung der obrigkeitlichen Gewalt getroffen hat. Eine Anordnung aber, wonach in Erfüllung der öffentlich-rechtlichen Pflicht aus dem Unterstützungswohnsitzgesetz einem Armen die erforderliche Unterstützung mittels Hergabe einer Wohnung in Natur gewährt werden soll, ist nicht obrigkeitlichen Charakters, sondern dient der Erfüllung einer Kommunallast, und zur Erfüllung kommunaler Verpflichtungen sind die Zwangs-

mittel des § 132 dem Gemeindevorsteher nicht gegeben (vgl. Endurt. vom 14. X. 82, Entsch. Bd. IX S. 57). Nur der Gemeinde, nicht dem einzelnen Gemeindegliede liegt die Erfüllung der Armenlast ob; unmittelbarer Zwang gegen ein Gemeindeglied zur Hergabe einer Wohnung für einen Armen darf deshalb so lange nicht geübt werden, als es sich um die Ausübung der kommunalen Armenpflege — im Gegensatze zum polizeilichen Einschreiten bei augenblicklicher Gefahr für Leben oder Gesundheit eines Hilfsbedürftigen — handelt.

---

# VIII.

# Angelegenheiten der Landwirtschaftskammer.

---

# Fünfte Abteilung.

## Verwaltungsstreitverfahren.

---

**Nr. 1. Entsch. Bd. XXXXI S. 456** v. 13. I. 02 IV C 4/02.

§§ 88 Abs. 2 Z.-P.-O.; § 167 B.-G.-B.; § 63 L.-V.-G.

Wenn der Kreisausschuß auch rechtlich in der Lage sein mag, eine Klage beim Fehlen des Nachweises einer Vollmacht sofort zurückzuweisen, da eine Vorschrift des Inhalts, daß nicht legitimierte Vertreter einstweilen zugelassen werden müssen, nicht besteht, so ist andererseits bei einem Rechtsanwalte, dessen Beruf in der Wahrnehmung fremder Rechtsangelegenheiten besteht, nicht zu vermuten, daß er, wenn er eine Klage ohne Beibringung einer Vollmacht eingereicht hat, ohne Auftrag handelt (vgl. § 88 Abs. 2 der Z.-P.-O.). Wenn später die Vollmacht eingereicht wird, so ist der Nachweis geführt, daß die Partei den Rechtsanwalt zur Erhebung der Klage bevollmächtigt hat. Wenn auch die schriftliche Vollmacht erst später datiert, so schadet das nichts, da es zur Bevollmächtigung der Schriftform nicht bedarf (§ 167 B.-G.-B.) und aus der nachträglichen Ausstellung zu entnehmen ist, daß der Anwalt die Klage erheben sollte.

**Nr. 2. Entsch.** v. 28. II. 02 II 362 (Pr.-V.-Bl. Jahrg. XXIII S. 646).

§ 63 L.-V.-G.

Die Zurücknahme einer Klage kann nicht widerrufen werden, auch wenn die Zurücknahme auf einem Irrtume beruht hat.

**Nr. 3. Entsch. Bd. XXXX S. 261** v. 1. VII. 01 IV C 56/00.

§§ 63, 82 ff. L.-V.-G.

Wenn eine Klage unrichtigerweise beim Kreisausschusse, statt beim Bezirksausschusse, angebracht und letzterer nach eingelegter Berufung erkannt hat, daraufhin noch die Revision eingelegt ist, so hat das O.-V.-G. als Berufungsgericht zu erkennen (Erk. v. 15. XI. 1900, Entsch. Bd. XXXVIII S. 235).

**Nr. 4. Beschluß** v. 22. IX. 02 III 1478 (Pr.-V.-Bl. Jahrg. XXIV S. 375).

Ein Recht der Prozeßparteien auf Einsicht fremder Akten besteht nur für diejenigen von den in ihnen enthaltenen Schriftstücken, welche dadurch, daß sie im Prozesse in bezug gewonnen worden sind und deshalb einen Teil des Tatsachen- und Beweisstoffes im Prozesse bilden, als Hilfsakten des Prozeßgerichts und damit als dessen Verfügung unterliegend anzusehen sind (Seufferts Archiv Bd. 56 S. 206).

**Nr. 5. Entsch.** v. 4. X. 01 I 1582 (Pr.-V.-Bl. Jahrg. XXIII S. 564).

§ 76 L.-V.-G.

Der Verwaltungsrichter ist an die Vorschläge der Parteien hinsichtlich der Person der Sachverständigen ebensowenig gebunden, wie der Zivilrichter; er ist wie dieser befugt, diejenigen Sachverständigen zuzuziehen, die ihm zur Begutachtung geeignet erscheinen, er kann aber auch von einer solchen gänzlich Abstand nehmen, wenn er glaubt zur Beurteilung der einschlagenden Verhältnisse aus eigener Sachkunde befähigt zu sein (Urteil v. 12. V. 96, Entsch. Bd. XXX S. 117).

**Nr. 6. Entsch. Bd. XXXX S. 443** v. 4. VII. 01 III C 12/01.

§§ 66, 85, 86 L.-V.-G.

Daß die Erfüllung der im § 66 L.-V.-G. enthaltenen Vorschrift, wonach von allen Schriftstücken und deren Anlagen Duplikate einzureichen sind, nicht als ein zur Vermeidung von Rechtsnachteilen notwendiges Erfordernis anzusehen ist, hat das O.-V.-G. bereits früher ausgesprochen (von Brauchitsch, die neuen Preußischen Verwaltungsgesetze Bd. I S. 89 Anm. 116). Die Partei genügt daher durch die rechtzeitige Einreichung eines Exemplars der Berufungs-Rechtfertigungsschrift den §§ 85, 86 a. a. O.; damit ist die Frist zur Einlegung der Berufung gewahrt. Die an die Wahrung der Frist geknüpften Folgen können dadurch, daß das rechtzeitig zu den Akten gelangte Exemplar später verloren gegangen ist, nicht wieder beseitigt werden.

**Nr. 7. Entsch. Bd. XXXXI S.** 288 v. 23. I. 02 III C 141/01.

§§ 75, 76 Feld- und Forstpolizeiges. v. 1. IV. 80 (G.-S. S. 230); §§ 82, 83, 93 L.-V.-G.

1. Der Bescheid, welchen die Ortspolizeibehörde nach dem § 75 Abs. 2 des Feld- und Forstpolizeigesetzes zu erteilen hat, ist nicht eine polizeiliche Verfügung, sondern, wie schon nach dem früheren Rechte (Foerstemann, Prinzipien des Preußischen Polizeirechts S. 294—297), so auch noch jetzt (Verwaltungsarchiv Bd. I S. 364) ein Akt administrativer Rechtsprechung. Es muß daher für ihn entsprechend gelten, was z. B. für den Vorbescheid der Ortspolizeibehörde nach § 9 des Wildschadengesetzes v. 11. VII. 91 (G.-S. S. 307), der dieselbe rechtliche Eigenschaft hat, anerkannten Rechtens ist (Urt. v. 6. III. 93, Entsch. Bd. XXIV S. 294, 297, 9. IV. 94, Pr.-V.-Bl. Jahrg. XV S. 596, 26. III. 98, Kunze-Kautz, Rechtsgrundsätze Ergänz.-Bd. 1899 S. 185, 21. VI. 99, daselbst Ergänz.-Bd. 1900 S. 197, und 6. I. 1900, Entsch. Bd. XXXVI S. 360/363, 364). Die Klage ist also nicht gegen die Ortspolizeibehörde zu richten, vielmehr hat derjenige, dem gegenüber die Pfändung erfolgt und zu dessen Ungunsten von der Ortspolizeibehörde entschieden worden ist, gegen den zu klagen, der gepfändet und zu dessen Gunsten die Ortspolizeibehörde entschieden hat. Wie nicht bei den Zivilprozessen nach § 75 Abs. 1 und Abs. 2 des Feld- und Forstpolizeigesetzes, ebensowenig ist bei dem Verwaltungsstreitverfahren, das sich an einen von ihr erteilten Bescheid anschließt, die Ortspolizeibehörde als Partei beteiligt.

2. Ergeht die Entscheidung des Kreisausschusses (§§ 75, 76 Feld- und Forstpolizeigesetz) nicht in dem dafür verordneten Verfahren und unter den richtigen Parteien, wird z. B. die Ortspolizeibehörde verklagt, so ist die Entscheidung nicht endgültig, es finden dagegen die üblichen Rechtsmittel Anwendung.

**Nr. 8. Entsch. Bd. XXXX S. 441** v. 11. X. 01 II C 316/00.

§ 61 Tit. 4 Teil I A.-L.-R.; §§ 93, 94 L.-V.-G.

Eine Partei hatte die Revision eingelegt und um Nachfrist für die Rechtfertigung gebeten. Der Kreisausschuß hatte darauf keine Verfügung erlassen, also durch keine Verfügung die Nachfrist bewilligt. Das O.-V.-G. nahm an, daß darin eine stillschweigende Bewilligung der Frist nicht liege und daß deshalb die Partei des Rechtsmittels verlustig gegangen (anders Erk. vom 1. X. 87 Pr.-V.-Bl. Jahrg. IX S. 48).

**Nr. 9. Entsch. Bd. XXXX S. 447** v. 11. X. 01 II C 72/00.

§ 103 Abs. 1 L.-V.-G.

Nach § 103 Abs. 1 des L.-V.-G. hat der unterliegende Teil die Gebühren eines Rechtsanwalts des obsiegenden Teiles insoweit zu erstatten, als dieselben für Wahrnehmung der mündlichen Verhandlung vor dem Bezirksausschusse oder dem Oberverwaltungsgerichte zu zahlen sind. Diese Bestimmung ist bisher von dem Oberverwaltungsgerichte stets dahin aufgefaßt worden, daß nur diejenigen Anwaltsgebühren zu erstatten seien, die ein Rechtsanwalt, der lediglich mit der Wahrnehmung der mündlichen Verhandlung beauftragt ist, von seinem Mandanten zu fordern hat. Von diesem Standpunkt aus, an dem festzuhalten ist, fragt es sich, welche Gebühren ein Rechtsanwalt von seiner Partei zu fordern hat, der nur mit der mündlichen Verhandlung vor dem Bezirksausschuß oder dem Oberverwaltungsgerichte beauftragt ist. Die Gebühren der Rechtsanwälte bestimmen sich gemäß § 103 Abs. 3 a. a. O. nach den bei den ordentlichen Gerichten geltenden Vorschriften. Desgleichen schreibt das Gesetz, betreffend die landesgesetzlichen Vorschriften über die Gebühren der Rechtsanwälte und der Gerichtsvollzieher, v. 27. IX. 99 in Art. 2 unter Nr. 3 vor, daß die Deutsche Gebührenordnung für Rechtsanwälte auf die Berufstätigkeit des Rechtsanwalts im Verwaltungsstreitverfahren entsprechende Anwendung findet. Die Deutsche Gebührenordnung für Rechtsanwälte ordnet die Vergütung für die Berufstätigkeit des Rechtsanwalts in dem Verfahren vor den ordentlichen Gerichten, für das die Zivil- und Strafprozeßordnung sowie die Konkursordnung maßgebend sind. Im Verwaltungsstreitverfahren können aber nur diejenigen Vorschriften zur entsprechenden Anwendung gelangen, welche die Gebühren in bürgerlichen Rechtsstreitigkeiten betreffen. Es heißt nun im § 43 der Gebührenordnung v. 7. VII. 79:

> „Dem Rechtsanwalte, welchem von der Partei oder auf deren Verlangen von dem Prozeßbevollmächtigten nur die Vertretung in der mündlichen Verhandlung oder die Ausführung der Parteirechte in derselben übertragen ist, steht neben der Verhandlungsgebühr die Prozeßgebühr zu fünf Zehnteilen zu."

Es ist nicht zulässig, die Vorschrift des § 43 auf diejenigen Fälle zu beschränken, in denen ein Anwalt zum Prozeßbevollmächtigten bestellt und ein anderer mit der Vertretung in der mündlichen Verhandlung beauftragt ist. Vielmehr ist anzunehmen, daß der Gesetzgeber bei der Vorschrift des § 43 in erster Reihe allerdings den Anwaltsprozeß, in dem ein Anwalt zum Prozeßbevollmächtigten bestellt werden muß, als den Normalfall der Zivilprozeßordnung im Auge gehabt hat, daß er aber auch diejenigen Fälle hat treffen wollen, in denen die Bestellung eines Rechtsanwalts zum Prozeßbevollmächtigten nicht erfolgt ist. Hiernach liegt kein Grund vor, die von dem O.-V.-G. bisher stets festgehaltene Auslegung zu verlassen, welche den § 43 in Übereinstimmung mit dem Wortlaut auf alle Fälle bezieht, in denen einem Rechtsanwalte nur die Vertretung in der mündlichen Verhandlung übertragen ist. (Vgl. Entsch. Bd. VIII S. 428.)

**Nr. 10.** **Entsch.** v. 2. I. 02 III 2092 (Pr.-V.-Bl. Jahrg. XXIII S. 583).

§ 103 Abs. 2 L.-V.-G.

Gegen die nach § 103 Abs. 2 des L.-V.-G. im Endurteile getroffene Festsetzung des Wertes des Streitgegenstandes ist, wenn sie nicht in letzter Instanz erfolgt ist, eine Beschwerde nicht zulässig. Die Folge ist, daß die in der letzten Instanz getroffene Festsetzung auf eine Gegenvorstellung nicht geändert werden kann. Das Gegenteil folgt noch nicht daraus, daß in der Verfügung des O.-V.-G. v. 16. III. 78 (Entsch. Bd. III S. 383) ausgeführt worden ist, es handele sich bei einer solchen Festsetzung inhaltlich im wesentlichen nicht sowohl um einen Akt der Rechtsprechung über Ansprüche der Parteien, als vielmehr um einen Akt der Justizverwaltung, welchen der Verwaltungsrichter, so oft derselbe ein Endurteil erlasse, zu üben habe, damit so die erforderliche Unterlage für eine ordnungsmäßige Kostenerhebung geschaffen werde.

**Nr. 11.** **Entsch.** v. 17. XII. 01 III 1490 (Pr.-V.-Bl. Jahrg. XXIII S. 550).

§§ 103, 105, 110 L.-V.-G.

Die Beschwerde aus § 110 L.-V.-G. findet nicht statt, wenn in einem endgültigen Urteile der Wert des Streitgegenstandes festgesetzt ist. Das Gegenteil wird in einem Beschlusse v. 14. VII. 93 III B 9/93 (Kunze-Kautz, Rechtsgrundsätze Erg.-Bd. 1899 S. 336) ausgesprochen, der Beschluß wird demnach nicht aufrecht erhalten.

**Nr. 12.** **Entsch. Bd. XXXXI S.** 458 v. 7. IV. 02 IV C 18/02.

§§ 52, 112 L.-V.-G.; §§ 172, 173, 671 B.-G.-B.; § 87 Z.-P.-O.

1. Hat eine Partei einem Rechtsanwalte Prozeßvollmacht erteilt, so ist das Verwaltungsgericht berechtigt, Verfügungen und Urteile, die für die Partei bestimmt sind, wirksam zuzustellen, solange die Partei nicht zu den Akten angezeigt hat, daß sie die Vollmacht oder die Ermächtigung zur Empfangnahme der ergehenden Entscheidungen zurückgezogen habe (§§ 172, 173, 671 B.-G.-B., § 87 Z.-P.-O.).

2. Die Zustellung von Urteilen kann ordnungsmäßig auch an die Partei geschehen.

3. Hat der Rechtsanwalt ein Versehen begangen, so muß sich dies die Partei anrechnen lassen bei der Frage wegen Wiedereinsetzung in den vorigen Stand (Erk. v. 19. XI. 93 und v. 19. XII. 98 Entsch. Bd. XXV S. 433, Bd. XXXIV S. 454).

**Nr. 13.** **Entsch. Bd. XXXXI S.** 280 v. 17. IV. 02 III A 55/01.

§§ 121 ff. L.-V.-G.; § 1 Deichges. v. 28. I. 48; § 96 Zust.-Ges.

Der § 96 des Zust.-Ges. weist dem Bezirksausschusse die Entscheidung darüber zu, ob eine unter den § 1 des Deichgesetzes fallende Anlage nach Maßgabe der tatsächlichen Verhältnisse zu genehmigen ist oder nicht.

Die Tragweite solcher Entscheidungen der Verwaltungsbehörden kann nur für ihre einzelne Arten unter Berücksichtigung der dafür maßgebenden gesetzlichen Vorschriften und unter Würdigung der Natur des Rechtsverhältnisses sowie der Formen des zu seiner Feststellung dienenden Verfahrens bestimmt werden. Vgl. Rosin, Das Recht der Arbeiterversicherung I. Bd. 1893, S. 782. Ist danach erkennbar, daß eine Feststellung dieser Art, sobald sie durch die zuständige Behörde in den gesetzlich vorgeschriebenen Formen ergangen ist, allgemein, also für alle, mithin auch für die Verwaltungsgerichte, bindend sein soll, so hat sie ohne Zweifel Wirksamkeit im bezeichneten Umfange. Es ist deshalb unzweifelhaft richtig, wenn das Urt. v. 18. XI. 91 (Entsch. Bd. XXII S. 84 ff.)

annimmt, daß die Beschlüsse über die Neu- und Umgestaltung der Grenzen kommunaler Bezirke in Beziehung auf ihre tatsächliche Unterlage außerhalb eines Verfahrens nach §§ 121 ff. des L.-V.-G. keiner Nachprüfung im Wege des Verwaltungsstreitverfahrens unterliegen. In jenem Erkenntnisse wird aus der Natur des Rechtsverhältnisses gefolgert, daß betreffs der Eingemeindungsbeschlüsse als solcher organisatorischer Verwaltungsakte, welche dazu bestimmt sind, den Status der Kommunalbezirke zu regeln, es keinem Zweifel unterliegen könne, daß sie im Sinne des Gesetzes nach Erschöpfung des Beschwerdezugs für die Kommunalbezirke einen der Anfechtung entzogenen Rechtszustand schaffen sollten. Eine gleiche Bedeutung aus denselben Gründen ist der Entscheidung des Oberpräsidenten aus § 1 des Strombauverwaltungsgesetzes vom 20. VIII. 83 über die Schiffbarkeit eines Flusses zuzumessen. Ebenso ist das O.-V.-G. auf dem Gebiete, welches die einer besonderen Genehmigung bedürfenden gewerblichen Anlagen betrifft (§ 16 und § 25 der R.-Gew.-Ordn.), davon ausgegangen, daß die Entscheidung über die Feststellung, ob eine wesentliche Veränderung einer nach § 16 a. a. O. konzessionierten Anlage vorliegt und deshalb eine erneute Genehmigung der zuständigen Behörde nach Maßgabe der §§ 17 bis 23 einschließlich oder des § 24 notwendig ist oder nicht, allein der zur Konzessionierung zuständigen Behörde zusteht, und daß diese Entscheidung sowohl die Polizei als auch den Verwaltungsrichter bindet. In dem Erk. vom 23. VI. 1900 (Entsch. Bd. XXXVII S. 309) ist ausgeführt, daß die Konzessionsbehörde, welche die in ordnungsmäßiger Weise nachgesuchte Entscheidung nach sachlicher Prüfung getroffen hat, die berufene Stelle dafür sei, die Frage, ob es sich um eine solche Änderung handle oder nicht, zu prüfen und über sie nicht bloß als Zwischenfrage, sondern als den eigentlichen und alleinigen Gegenstand der von ihr zu treffenden Entscheidung zu befinden. Das Oberverwaltungsgericht bezieht sich bei dieser Entscheidung auf den § 109 des Zust.-Ges. und will damit offenbar sagen, es sei aus ihm in Verbindung mit der Natur der Sache erkennbar, daß mit der Entscheidung der dort bezeichneten zuständigen Behörde ein für alle unanfechtbarer Rechtszustand geschaffen werden sollte. (Vgl. auch das Erk. vom 23. VI. 1902, Entsch. Bd. XXXXI S. 292.)

# Sechste Abteilung.

## Entscheidungen in Steuersachen.

---

## I.

## Einkommensteuer.

**Literatur:** Fernow, Einkommensteuergesetz vom 24. Juni 1891, 5. Aufl., Berlin 1902; Fuisting, Die preußischen direkten Steuern, Bd. IV Grundzüge der Steuerlehre, Berlin 1902, Bd. V. Die Einkommensbesteuerung der Zukunft, Berlin 1903. Fuisting-Strutz, desgl., 2. Aufl., Berlin 1903; Illing-Kautz, Handbuch für Verwaltungsbeamte, 8. Aufl. Bd. III, Berlin 1903; Maatz, das Einkommensteuergesetz. Systematisch dargestellt nach der Rechtsprechung des Oberverwaltungsgerichts, Berlin 1902; Müller, Die Einkommensteuergesetzgebung in den verschiedenen Ländern, Jena 1902; Rhode und v. Kameke, Kurze Auszüge aus den Entscheidungen des Oberverwaltungsgerichts in Staatssteuersachen, Berlin 1902.

### 1. Steuerpflicht der physischen Personen.

### A. Unbeschränkte subjektive Steuerpflicht.

#### Nr. 1. Entsch. Bd. X i. St. S. 1 v. 26. VI. 01 IX 167/00.

Reichsges. v. 13. V. 70 (B.-G.-Bl. S. 119) wegen Beseitigung der Doppelbesteuerung, §§ 1, 2. Eink.-St.-Ges. § 1.

1. Ein Deutscher hat im Sinne des Ges. v. 13. V. 70 einen Wohnsitz nur an dem Orte, an dem er eine Wohnung unter Umständen inne hat, die auf die Absicht der dauernden Beibehaltung einer solchen schließen lassen. Als Wohnung kann nicht jedes zum zeitweiligen und vorübergehenden Aufenthalt eingerichtete oder ausreichende Absteigequartier gelten, sondern es gehört dazu das Vorhandensein von zum dauernden Aufenthalt eingerichteten Wohnräumen, die dem Steuerpflichtigen für sich und seinen Haushalt standesgemäßen Unterhalt gewähren. (Vgl. E.-O.-V. Bd. XXX S. 24, E.-O.-V. in St. Bd. II S. 339, Bd. VII. S. 209.)

2. Ein in einem anderen deutschen Bundesstaate staatsangehöriger und bei den dortigen Gerichten zugelassener Rechtsanwalt ist in Preußen mit seinem gesamten Einkommen steuerpflichtig, wenn er lediglich in Preußen einen Wohnsitz im Sinne des § 1 Abs. 2 des R.-G. wegen Beseitigung der Doppelbesteuerung v. 13. V. 70, dagegen in dem anderen Bundesstaate nur seine Geschäftsräume und ein Absteige-

quartier hat. Ein einziges Zimmer als Wohn- und Schlafraum neben den Bureauräumen kann nur als Absteigequartier angesehen werden. Einen „dienstlichen" Wohnsitz haben nur Reichs- und Staatsbeamte, zu denen Rechtsanwälte nicht gehören.

3. Die Rechtsanwaltschaft ist wegen der öffentlich-rechtlichen Stellung des Rechtsanwalts weder im Sinne der Preußischen Gesetzgebung, noch im Sinne des Ges. v. 13. V. 70 als Gewerbe anzusehen. (Vgl. E.-O.-V. Bd. XV S. 41 ff.)

### Nr. 2. Entsch. Bd. X i. St. S. 6 v. 26. II. 02 E VIIIa 1/01.

Reichsges. v. 1. VI. 70 (R.-G.-Bl. S. 355), betr. Erwerb und Verlust der Bundes- und Staatsangehörigkeit, §§ 2, 13—15.

Reichsges. v. 13. V. 70 (B.-G.-Bl. S. 119) wegen Beseitigung der Doppelbesteuerung, § 1.

Eink.-St.-Ges. §§ 1, 2, 6; Erg.-St.-Ges. § 2; H.-G.-B. §§ 480, 488, 508, 526 ff.

Binnenschiffahrtsges. v. 15. VI. 95 (R.-G.-Bl. S. 301) § 6.

1. Die Staatsangehörigkeit eines Deutschen in Preußen geht infolge der Erlangung der Staatsangehörigkeit in einem anderen Bundesstaate durch Aufnahme erst mit der Entlassung aus der bisherigen Staatsangehörigkeit verloren. Die Entlassung muß vor Beginn des Steuerjahres erteilt sein, um die Steuerpflicht in Preußen aufzuheben.

2. Einen Wohnsitz im Sinne des § 1 Abs. 2 des R.-G. v. 13. V. 70 hat ein Deutscher an dem Orte, wo er eine Wohnung unter Umständen inne hat, die auf die Absicht der dauernden Beibehaltung einer solchen schließen lassen. Als Wohnung gilt jedoch nicht jedes nur zu einem zeitweiligen und vorübergehenden Aufenthalt eingerichtete oder ausreichende Absteigequartier, sondern es gehört dazu, daß zum dauernden Aufenthalt Wohnräume eingerichtet sind, die dem Steuerpflichtigen für sich und seinen Haushalt standesgemäße Unterkunft gewähren. Die tatsächliche Möglichkeit, daß dieser Anforderung entsprechende Wohnräume auch auf einem Schiffe eingerichtet sein können, ist nicht in Abrede zu stellen. Es erscheint daher auch nicht zweifelhaft, daß jemand danach eine Wohnung der in Rede stehenden Art auch auf einem Schiffe haben und, falls das Schiff in einem Flusse dauernd verankert ist, durch das Innehaben dieser Wohnung am Standorte des Schiffes einen Wohnsitz im Sinne des R.-G. v. 13. V. 70 begründen kann. Ein Schiff, mit dem von einem bestimmten Orte aus die Schiffahrt betrieben wird, befindet sich zwar tatsächlich während eines großen Teils des Jahres nicht an diesem Orte, durchfährt vielmehr während dieses Zeitraumes meist die Gebiete fremder Gemeinden und Staaten. In seiner Verwendung durch den Eigentümer berührt es aber fremde Orte nur vorübergehend und mit der Bestimmung zur Rückkehr an denjenigen Ort, von dem aus die Schiffahrt mit ihm betrieben wird und wo sich der Sitz seiner Rechtsverhältnisse befindet. Mit Rücksicht hierauf besteht die Rechtsfiktion, daß Schiffe, wo sie auch immer sein mögen, Teile ihres Heimatsstaates, wandelnde Gebietsteile, darstellen, und daß demgemäß bei den zum Erwerbe durch die Seefahrt bestimmten Schiffen der Heimatshafen, d. h. derjenige Hafen, von welchem aus die Seefahrt mit dem Schiffe betrieben werden soll, als das Domizil des Schiffes und als der Mittelpunkt der Geschäftsführung des Rheders gilt. Bei der Binnenschiffahrt entspricht aber der Heimatsort dem seerechtlichen Heimatshafen. Da hiernach die vorübergehenden Abwesenheiten des Schiffes von dem Heimatshafen oder Heimatsorte in rechtlicher Beziehung ohne Bedeutung sind, in dieser Beziehung vielmehr das Schiff als dauernd in seiner Heimat befindlich fingiert wird, so läßt sich auch die Möglichkeit nicht ausschließen, daß durch Wohnungnehmen an Bord eines zum Erwerbe durch See- oder Binnenschiffahrt bestimmten

Schiffes ein Wohnsitz im Sinne des R.-G. v. 13. V. 70 am Hafenorte oder Heimatsorte des Schiffes begründet werden kann. (Vgl. E.-O.-V. Bd. XXIX S. 153.)

3. Nach § 2b, § 6 Nr. 1 des Eink.-St.-Ges. unterliegt jemand der Besteuerung wegen seines Einkommens aus Gewerbe in Preußen unter allen Umständen nur unter der Voraussetzung, daß er es auch in Preußen als stehendes Gewerbe betreibt und zu diesem Zweck innerhalb des Preußischen Staatsgebietes eine gewerbliche Anlage oder sonstige Betriebsstätte unterhält. An dieser Voraussetzung fehlt es, wenn sich nicht feststellen läßt, daß der Beschwerdeführer an irgend einem Orte in Preußen eine bestimmte Anlegestelle hat, an der er regelmäßig und fortlaufend Güter oder Personen zur Beförderung nach anderen Orten übernimmt. Die bloß gelegentliche Annahme von Gütern oder Personen zur Beförderung nach anderen Orten, ohne daß ihr irgend eine gewerbliche Anlage oder Betriebsstätte dient, in der sich der Betrieb dauernd äußert, erfüllt nicht den Tatbestand eines in Preußen betriebenen stehenden Gewerbes.

Nr. 3. Entsch. Bd. X i. St. S. 16 v. 12. IV. 02 III 33/02.

Eink.-St.-Ges. § 1 3.

Nach § 1 Nr. 3 des Eink.-St.-Ges. unterliegen Ausländer der staatlichen Besteuerung in Preußen nach Maßgabe dieses Gesetzes (abgesehen von § 2) nur unter der Voraussetzung, daß sie in Preußen einen Wohnsitz haben oder sich innerhalb des Preußischen Staatsgebietes des Erwerbes wegen oder länger als ein Jahr aufhalten. Als Aufenthalt des Erwerbes wegen kann entsprechend der sprachlichen Bedeutung dieser Worte nur derjenige Aufenthalt erachtet werden, während dessen ein Erwerb bezweckt wird, nicht aber auch schon der Aufenthalt, den ein Ausländer in Preußen deshalb nimmt, um von einem bestimmten späteren Zeitpunkt ab einem Erwerbe in Preußen nachzugehen. Denn der Grund, aus dem das Gesetz die Ausländer auch von den Fällen eines Wohnsitzes und eines längeren als einjährigen Aufenthaltes abgesehen schon bei einem kürzeren Aufenthalt des Erwerbes wegen der staatlichen Einkommensteuer unterwerfen will, ist offenbar der, daß ein Ausländer, der seinen Aufenthalt in Preußen zu Erwerbszwecken benutzt, persönlich und wirtschaftlich zum Preußischen Staate in enge Beziehungen tritt, insbesondere bei der Verfolgung seiner Erwerbszwecke die Vorteile der staatlichen Einrichtungen in gleichem Maße wie ein Preußischer Staatsangehöriger genießt und deshalb in steuerlicher Beziehung ebenso wie dieser behandelt werden soll (vgl. E.-O.-V. in St. Bd. IX S. 5 und 6). Nach der Absicht des Gesetzgebers soll also die Steuerpflicht der Ausländer dadurch begründet werden, daß sie tatsächlich Erwerbszwecke während ihres Aufenthaltes in Preußen verfolgen und daß die Verfolgung der Erwerbszwecke der bestimmende Grund für ihren Aufenthalt in Preußen ist. Dagegen fehlt jeder äußere Anlaß, einen Ausländer in demselben Umfange wie einen Preußischen Staatsangehörigen der staatlichen Einkommensteuerpflicht schon infolge eines kurzen Aufenthaltes in Preußen zu unterwerfen, währenddessen er einem Erwerb noch nicht nachgeht, sondern sich nur mit der Absicht trägt, von einem späteren Zeitpunkt ab eine Erwerbstätigkeit in Preußen zu beginnen, und auch noch keine diese vorbereitenden Handlungen vornimmt.

**Nr. 4. Entsch. Bd. X i. St. S. 12 v. 23. IV. 02 E X a 3/00.**

Eink.-St.-Ges. § 3 [4]; Erg.-St.-Ges. § 3; Freundschafts-, Handels-, und Schiffahrtsvertrag mit Argentinien v. 19. IX. 57 (G.-S. 1859 S. 405) § 11.

1. Den Konsuln der meistbegünstigten Nationen, ohne Unterschied von Berufs- und Wahlkonsuln, steht die Freiheit von allen direkten oder persönlichen oder Luxusabgaben, diese seien Staats- oder Gemeindeabgaben, dann zu, falls sie nicht Angehörige des Landes sind, wo sie beglaubigt sind, dort keinen Grundbesitz haben und keine Handelsgeschäfte betreiben. Haben Konsuln dieser Nationen dagegen Grundbesitz in Preußen oder betreiben sie daselbst Handelsgeschäfte und haben sie ihren Wohnsitz ebenfalls in Preußen, so unterliegen sie, auch wenn sie Ausländer sind, der unbeschränkten Steuerpflicht bezüglich der Einkommen- und Ergänzungssteuer, wie jeder landesangehörige Grundeigentümer oder Kaufmann.

2. Diese Grundsätze finden bezüglich der Argentinischen Konsuln Anwendung.

## B. Beschränkte subjektive Steuerpflicht.

**Nr. 1. Entsch. Bd. X i. St. S. 22 v. 31. V. 02 XII b 23/02.**

Eink.-St.-Ges. § 2.

Reichsges. v. 13. V. 70 (B.-G.-Bl. S. 119), wegen Beseitigung der Doppelbesteuerung, § 4.

Die beschränkte Steuerpflicht nach § 2 des Eink.-St.-Ges. erstreckt sich nicht auf die Summe der einem Pflichtigen (Staatspensionär) aus sämtlichen zu seiner Verfügung stehenden Quellen zufließenden Reinerträge unter Kürzung der gesetzlich als abzugsfähig anerkannten, nicht mit einer bestimmten Ertragsquelle verknüpften Passivleistungen, sondern nur auf die Reinerträge bestimmter Preußischer Ertragsquellen ohne jede Rücksicht auf die Gestaltung der Einkommensverhältnisse in der Person des Pflichtigen und auf seine sich hieraus ergebende Leistungsfähigkeit. Es handelt sich hierbei also nicht um eine das Gesamteinkommen ergreifende Einkommens-, sondern um eine Art der Ertragsbesteuerung, die im Eink.-St.-Ges. geregelt und als Einkommensteuer bezeichnet wird. Das innere Wesen dieser Besteuerung wird hierdurch nicht berührt und schließt die Berücksichtigung aller persönlichen, nicht mit der Ertragsquelle in ursächlichem Zusammenhange stehenden Abzüge und Verhältnisse aus. Die vom Beschwerdeführer zu leistende Offizierzulage steht mit dem Pensionsbezuge in keinem ursächlichen Zusammenhange, auch dann nicht, wenn sie tatsächlich hieraus entrichtet wird. Sie ist deshalb zu keinem Betrage abzugsfähig.

**Nr. 2. Entsch. Bd. X i. St. S. 23 v. 5. II. 02 V a 106/01.**

Eink.-St.-Ges. § 2.

Nach § 1 des Ges., betr. Ruhegehaltskassen für die Lehrer und Lehrerinnen an den öffentlichen Volksschulen, v. 23. VII. 93 (G.-S. S. 194) ist behufs gemeinsamer Bestreitung des durch den Staatsbeitrag nicht gedeckten Teils der Ruhegehälter der Lehrer und Lehrerinnen an öffentlichen Volksschulen für die zur Aufbringung verpflichteten Schulverbände (Schulsozietäten, Gemeinden, Gutsbezirke) in jedem Regierungsbezirk eine Ruhegehaltskasse gebildet. Hiernach ist Rechtsträger dieser Kasse nicht der Staat, sondern die Gesamtheit der einem Regierungsbezirke angehörigen Schulverbände. Die Kasse wird auch dadurch nicht zu einer preußischen Staatskasse, daß ihre Verwaltung durch die Bezirksregierung erfolgt, ihre Geschäfte durch die Regierungshauptkasse und die ihr unterstellten Kassen besorgt und die Pensionen der Lehrer von der Bezirksregierung festgesetzt werden. Letztere machen daher gegebenen Falles nicht beschränkt subjektiv steuerpflichtig.

**Nr. 3. Entsch. Bd. X i. St. S. 18 v. 11. V. 01 E VIII b 11/00.**

Eink.-St.-Ges. §§ 2, 9; Erg.-St.-Ges. §§ 2, 8.

1. Nach § 8 Abs. 2 des Erg.-St.-Ges. und § 9 I 2 des Eink.-St.-Ges. sind bei der beschränkten Steuerpflicht aus Preußischem Grundbesitz nur diejenigen Schulden bezw. Schuldenzinsen abzugsfähig, die auf dem in Preußen befindlichen Grundbesitze haften oder für dessen Erwerb aufgenommen sind. Nach feststehender Rechtsprechung des O.-V.-G. sind die auf Preußischem Grundbesitze hypothekarisch eingetragenen Schulden und Schuldenzinsen stets als auf der Einkommensquelle des Grundbesitzes haftend anzusehen (vgl. E.-O.-V. in St. Bd. II S. 107, Bd. VI S. 155). Dieser Grundsatz findet auch auf Kautionshypotheken Anwendung, insoweit und sobald die durch sie gesicherten Forderungen entstanden sind. Denn wenn auch eine Kautionshypothek an sich nur eine Hypothek für eine künftige Forderung von noch nicht bestimmter Höhe bis zum eingetragenen Betrage ist, so steht sie doch, sobald die Forderung entstanden ist, einer hypothekarisch eingetragenen Schuldforderung im wesentlichen gleich.

**Nr. 4. Entsch. Bd. X i. St. S. 21 v. 12. IV. 02 IX 33/02.**

Eink.-St.-Ges. §§ 2, 9.

1. Bei beschränkter subjektiver Steuerpflicht sind solche Ausgaben, die von der Preußischen Einkommensquelle völlig unabhängig sind, auch nicht auf einer gesetzlichen oder anderweiten rechtsverbindlichen Vorschrift beruhen, von dem in Preußen zu besteuernden Einkommen nicht abzugsfähig. Bei einem wegen seines Gewerbebetriebes in Preußen Steuerpflichtigen ist daher der Abzug einer Lebensversicherungsprämie nicht zuzulassen.

2. Eine Dahrlehnsschuld, die ein Mitglied einer in Preußen domizilierten offenen Handelsgesellschaft aufgenommen hat, um die Valuta als Einlage in die Gesellschaft einzubringen, haftet wirtschaftlich auf der Einkommensquelle des gesellschaftlichen Unternehmens, die durch die Hingabe des Darlehns in den Gewerbebetrieb einen erweiterten Umfang angenommen hat. Ein wegen seiner Teilhaberschaft in Preußen beschränkt Steuerpflichtiger ist deshalb berechtigt, die Zinsen einer solchen Schuld von seinem steuerpflichtigen Einkommen in Abzug zu bringen.

## 2. Einkommen der physischen Personen.

### A. Allgemeine Grundsätze.

#### a) Das steuerpflichtige Einkommen.

**Nr. 1. Entsch. Bd. X i. St. S. 28 v. 26. II. 02 V A 68/01.**

Eink.-St.-Ges. §§ 2, 6.

Die auf Grund des Reichsgesetzes, betreffend die Gewährung von Unterstützungen an Invaliden aus den Kriegen von 1870 und an deren Hinterbliebene,

v. 14. I. 94 (R.-G.-Bl. S. 107) gewährten Zuschüsse unterliegen hinsichtlich der Steuerpflichtigkeit denselben Bestimmungen wie die einzelnen Pensionsteile, zu denen sie erfolgen, so daß der Zuschuß zur Invalidenpension steuerpflichtig, dagegen der Zuschuß zur Kriegs- und Verwundungszulage nach § 6 Nr. 5 des Eink.-St.-Ges. steuerfrei ist.

**Nr. 2. Entsch. Bd. X i. St. S. 26** v. 21. XII. 01 IX 29/01.

Eink.-St.-Ges. § 1.

1. Übt ein Steuerpflichtiger eine gewinnbringende Beschäftigung nur während eines bestimmten Zeitraumes im Jahre aus, so bildet das ihm für diesen Zeitraum zugesicherte feste Gehalt das bei seiner Besteuerung in Ansatz zu bringende Jahreseinkommen.

2. Dies gilt sowohl bei der ordentlichen, wie bei der Zugangsveranlagung. Ein Wiederaufleben der Steuerpflicht eines ursprünglich in Preußen veranlagten, dann wegen Wegzuges in einen anderen Bundesstaat in Abgang gestellten und in demselben Steuerjahr wieder nach Preußen zurückgekehrten Steuerpflichtigen kennt das Einkommensteuergesetz nicht.

3. Erstreckt sich die zu 1 näher bezeichnete Beschäftigung auf mehrere Jahre, so würde der Steuerpflichtige, der sich als Königlicher Landwirtschaftslehrer unterzeichnet hat, falls er im Preußischen Staatsdienste steht, für diese ganze Zeit einen dienstlichen Wohnsitz in Preußen haben und, auch wenn er Angehöriger eines anderen Bundesstaates ist, der unbeschränkten Steuerpflicht in Preußen unterliegen.

b) Berechnungsart.

**Nr. 1. Entsch. Bd. X i. St. S. 29** v. 24. X. 01 XIII b 190/01.
**Entsch. Bd. X i. St. S. 31** v. 15. VI. 01 III 444/00.

Eink.-St.-Ges. § 10; Ausf.-Anw. Art. 5 Nr. 2 Abs. 2.

1. Nach § 10 des Eink.-St.-Ges. müssen bei der Veranlagung die Ergebnisse der drei ihr unmittelbar vorangegangenen Jahre (Wirtschafts-, Betriebs-, Kalender-Jahre) zu grunde gelegt werden. Ausnahmen sind dort nicht erwähnt, also auf das äußerste Maß des Notwendigen zu beschränken. Dem Sinn und Zweck dieser Gesetzesbestimmung würde es widersprechen, ohne solchen äußersten Zwang in zwei nacheinanderfolgenden Steuerjahren dieselben Geschäfts-(Wirtschafts- rc.) Jahre der Durchschnittsberechnung zu grunde zu legen, obwohl der Steuerpflichtige das gleiche Geschäfts- rc. Jahr beibehalten hat. Für die Ermittelung des steuerpflichtigen Einkommens sind diejenigen Geschäfts- rc. Jahre maßgebend, deren Ergebnisse zur Zeit der Veranlagung (Steuererklärung) abgeschlossen bezw. festgestellt werden können, nicht diejenigen, die tatsächlich abgeschlossen sind. Dabei ist tunlichst darauf hinzuwirken, daß bei jedem einzelnen Steuerpflichtigen die Reihenfolge der Durchschnittsjahre innegehalten werde.

2. Anderenfalls würde es vom Belieben jedes Kaufmanns abhängen, ein günstiges Geschäftsjahr durch Verzögerung des Abschlusses aus der Durchschnittsberechnung des einen Steuerjahres auszuscheiden. Umsoweniger darf, wenn er im einzelnen Jahre nur infolge irgend welcher besonderen Umstände den Abschluß noch nicht vorgenommen hat, während die Abschlüsse der früheren Jahre dartun, daß dies wohl hätte geschehen

können, sein Verlangen, dennoch das Ergebnis dieses letzten Jahres einzubeziehen, als unberechtigt zurückgewiesen werden.

**Nr. 2. Entsch. Bd. X i. St. S. 33 v. 21. XII. 01 III 209/01.**
**Entsch. Bd. X i. St. S. 35 v. 15. II. 02 III 81/01.**

Eink.-St.-Ges. § 10; Ausf.-Anw. Art. 5 Nr. 2, 8 b.

1. Bei noch nicht drei Jahre langem Bestehen der Einkommensquellen, aus denen dem Steuerpflichtigen Dividenden oder Tantiemen zufließen, bildet der auf ein Jahr umgerechnete Betrag der während der Zeit des Bestehens tatsächlich bezogenen Dividenden oder Tantiemen das steuerpflichtige Einkommen. (Vgl. E.-O.-V. in St.Bd. VIII S. 21.) Als Akt der Dividenden- oder Tantiemenverteilung gilt der Zeitpunkt der Feststellung der Bilanz durch die Generalversammlung.

2. Bei Bemessung des Einkommens an derartigen Bezügen nach dem mutmaßlichen Jahresertrage darf nur der dem Steuerpflichtigen mutmaßlich im Steuerjahr zufallende Betrag und nicht der auf einen Jahresbetrag berechnete in Ansatz gebracht werden. Ist deshalb, weil das Geschäftsjahr einer Gesellschaft, von der der Steuerpflichtige Dividenden oder Tantiemen bezieht, kein volles Jahr umfaßt, innerhalb des Steuerjahres für ihn nur der Betrag für einen geringeren Zeitraum als ein Jahr zu erwarten, so ist die Ansetzung eines vollen Jahresbetrages unzulässig und der geringere Betrag als steuerpflichtiges Jahreseinkommen einzustellen.

**Nr. 3. Entsch. Bd. X i. St. S. 131 v. 26. VI. 02 XIc 57/02.**

Eink.-St.-Ges. §§ 10, 14.

Die Verlegung der Geschäftsräume eines Handel- und Gewerbetreibenden rechtfertigt nicht ohne weiteres die Ausschließung der regelmäßigen Durchschnittsberechnung nach der Vergangenheit.

Wenn jeder Umzug eines Geschäftsmannes in eine belebtere oder auch in eine stillere Straße, in einen auffallenderen oder bescheideneren Mietsladen mit entsprechender Erweiterung oder Einschränkung des Warenlagers als eine erhebliche, die Durchschnittsberechnung des Einkommens nach der Vergangenheit ausschließende Änderung der Einkommensquelle selbst, als Eröffnung eines neuen Geschäftsbetriebes, anzusehen wäre, dann würde bei den zahlreichen kleineren Ladengeschäften in mittleren und großen Städten die Regel des § 10 des Eink.-St.-Ges., die ausgleichende Berechnung des Einkommens nach der Durchschnittsperiode, kaum noch eine Regel bleiben. Nur in besonders gearteten Fällen ausgesprochener Neugestaltung des Geschäfts, wobei allerdings die Veränderung der örtlichen Lage ebensogut mitsprechen kann, wie eine Veränderung in der Leitung, den Betriebsmitteln oder den Warengattungen, bietet sich eine geeignete Grundlage dafür, den vom Gesetze gewiesenen Notweg einzuschlagen.

**Nr. 4. Entsch. Bd. X i. St. S. 38 v. 3. X. 01 XIc 54/01.**

Eink.-St.-Ges. § 1'.

Bei Ermittelung des Einkommens nach dem mutmaßlichen Jahresertrage sind mutmaßliche Ausfälle und Verluste ebenso wie die mutmaßlichen Einnahmen zu berücksichtigen. Sind bei Erlaß der Berufsentscheidung Ausfälle oder Verluste bereits wirklich eingetreten, so ist mit diesen an Stelle der Mutmaßung zu rechnen.

**Nr. 5. Entsch. Bd. X i. St. S. 59** v. 3. I. 02 VII a 121/01.

Eink.-St.-Ges. §§ 10, 12.

Zinsen aus Pfandbriefen einer Hypotheken-Aktien-Bank sind bis zum Zusammenbruche (Konkurse) feststehende, von da ab unbestimmte, schwankende Einnahmen im Sinne des § 10 des Eink.-St.-Ges. Als solche bestehen sie seit dem Zusammenbruche. (Vgl. E.-O.-V. Bd. VI S. 309, 312.)

**Nr. 6. Entsch. Bd. X i. St. S. 61** v. 31. V. 02 VII b 117/01.

Eink.-St.-Ges. §§ 10, 12.

Dividenden aus Aktien einer zusammengebrochenen Hypotheken-Aktien-Bank sind dann nicht mehr anzurechnen, wenn die Einkommensquelle bei Beginn des Steuerjahres zwar rechtlich noch fortbesteht, weil weder Liquidation noch Konkurs vorliegt, wirtschaftlich aber verloren gegangen ist. Letzteres tritt z. B. ein durch Beschluß der Generalversammlung auf Herabsetzung des Aktienkapitals (Zusammenlegung).

**Nr. 7. Entsch. Bd. X i. St. S. 37** v. 31. V. 02 XIII a 4/02.

Eink.-St.-Ges. § 10.

1. Der Beschwerdeführer bezieht als Bauführer Tagesbesoldung. Dies sind unsichere Einnahmen, die, je nach dem die Zeit des Bestehens der Quelle die Anwendung der Durchschnittsrechnung gestattet oder nicht, entweder mit dem Betrage der maßgebenden Vorzeit oder mit dem mutmaßlichen Betrage für das Steuerjahr anzurechnen sind.

2. Die Veranschlagung einer Tagesbesoldung nach Mutmaßung für das bevorstehende Steuerjahr darf keineswegs unter Berechnung nach den sämtlichen Arbeitstagen des Jahres erfolgen; vielmehr müssen die mehr oder minder unvermeidlichen Ausfälle an Arbeitstagen in angemessener Weise berücksichtigt werden. Steht aber beim Erlasse der Berufsentscheidung fest, welcher Betrag an Tagesbesoldung bisher ausgefallen ist, so darf der ausgefallene Betrag überhaupt nicht angerechnet werden. Alsdann muß vielmehr die frühere Mutmaßung der inzwischen eingetretenen Wirklichkeit weichen.

### c) Haushaltungsangehörige.

**Nr. 1. Entsch. Bd. X i. St. S. 40** v. 9. I. 02 XI a 116/01.

Eink.-St.-Ges. § 11; B.-G.-B. § 1617.

1. Solange Söhne dem elterlichen Hausstande angehören und von den Eltern erzogen oder unterhalten werden, sind sie zu geeigneten Dienstleistungen im Hauswesen und im Geschäfte der Eltern verpflichtet. Der Wert des Unterhalts bildet daher, solange nur dieses Verhältnis besteht, bei dem Vater keinen Abzug und bei dem Sohne kein steuerpflichtiges Einkommen. Zur Begründung der Abzugsfähigkeit dort und der Steuerpflichtigkeit hier gehört vielmehr die Feststellung eines — wenn auch formlosen und selbst stillschweigenden — Abkommens, wie zwischen Fremden, daß die Beihilfe nur gegen volle Bezahlung in Geld oder Geldeswert geleistet werden solle. Erst dann besteht ein besonderer Rechtsanspruch auf beiden Seiten. Auch der Eintritt der Volljährigkeit des Sohnes ändert für sich allein an diesen Grundsätzen nichts; die Vermutung spricht auch dann noch keineswegs ohne weiteres für das Vorhandensein eines solchen Abkommens.

2. Anders aber liegt die Sache bei dem verheirateten Sohne. Wer selbst eine Familie gründet, tritt hiermit regelmäßig aus der Elternfamilie, dem

elterlichen Hausstande, aus, mag er auch das Zusammenleben unter demselben Dache und an demselben Tische mit den Eltern fortsetzen und seine Frau daran teilnehmen lassen. Für die neue Familie hat rechtlich zunächst nicht der Vater, sondern deren Haupt, der Ehemann, zu sorgen; die Vermutung kann nunmehr nur dafür sprechen, daß die Arbeit in der elterlichen Wirtschaft die Erwerbstätigkeit sein soll, mit deren Ertrag der Sohn den Unterhalt für sich und seine Familie beschaffen will, daß also ein dahin zielendes Abkommen zwischen Vater und Sohn getroffen sein muß.

**Nr. 2. Entsch. Bd. X i. St. S. 42** v. 6. III. 02 XIa 149/01.

Eink.-St.-Ges. §§ 7[4], 15 Abs. 1; B.-G.-B. §§ 1601 ff.

1. Wer selbst eine Familie gründet, tritt hiermit regelmäßig aus der Elternfamilie, dem elterlichen Hausstande, aus, mag er auch das Zusammenleben unter demselben Dache und an demselben Tische mit den Eltern fortsetzen und seine Frau nebst Kindern daran teilnehmen lassen. Widmet der Sohn in diesem Falle nach wie vor, jetzt vielleicht unter deren Beistand, seine Arbeitskraft — ganz oder zum Teil — der elterlichen Wirtschaft, so muß, von ganz besonderen Ausnahmefällen abgesehen, stets angenommen werden, daß dies die alleinige oder doch eine Erwerbstätigkeit sein soll, mit deren Ertrag er den Unterhalt für sich und seine Familie beschaffen will, daß also auch über Art und Höhe eines entsprechenden Entgelts dafür ein Abkommen oder wenigstens stilles Einverständnis unter den Beteiligten besteht. Selbstverständlich gehören dann auch die Kinder dieses Sohnes zu dessen Hausstande, nicht zu dem des Großvaters.

2. Die Anrechnung der Militärinvaliden-Pension eines Sohnes als Einkommen des Vaters ist rechtsirrig. Auf die Pension als solche hat natürlich nur der Invalide selbst das Bezugsrecht, sie bildet sein selbständiges Einkommen. Auch wenn er dessen Betrag seinem Vater, der ihn unterhält, überließe, so wäre dadurch nicht ohne weiteres ein Bezugsrecht des Vaters geschaffen, auf Grund dessen allein diesem ein Einkommen aus „gewinnbringender Beschäftigung" (§ 7 Nr. 4, § 15 Abs. 1 a. a. O.) angerechnet werden könnte; denn zum Unterhalte eines Sohnes, der zwar die Volljährigkeit erreicht hat, aber weder eigenes Vermögen noch, als Invalide, überhaupt oder doch nicht in ausreichendem Maße Erwerbsfähigkeit besitzt, verpflichtet den unterhaltsfähigen Vater das Gesetz. Zwar wird er verlangen können, daß eine dem Unterhaltsberechtigten anderweitig zufließende Geldrente zur Bestreitung dieses Unterhalts mitverwendet wird, und erreicht dadurch den Vorteil, daß er nun, um seiner gesetzlichen Pflicht zu genügen, aus seinen Mitteln nur soviel weniger aufzuwenden braucht, als wenn die Rente fehlte; diese Ersparung gegenüber einer lediglich gedachten Möglichkeit bildet aber kein Einkommen.

**Nr. 3. Entsch. Bd. X i. St. S. 45** v. 26. VI. 02 XIc 307/01.

Eink.-St.-Ges. § 11; B.-G.-B. §§ 1602, 1610, 1617.

1. „Unterhaltsberechtigt ist nur, wer außerstande ist, sich selbst zu unterhalten." „Das Maß des zu gewährenden Unterhalts bestimmt sich nach der Lebensstellung des Bedürftigen (standesgemäßer Unterhalt)." Solange ein Kind dem elterlichen Hausstand angehört und von den Eltern erzogen und unterhalten wird, ist es „verpflichtet, in einer seinen Kräften und seiner Lebensstellung entsprechenden Weise den Eltern in ihrem Hauswesen und Geschäfte Dienste zu leisten".

Die auf Grund dieser Vorschriften gewährten Leistungen der Eltern und Gegenleistungen der Kinder sind lediglich Ausflüsse gesetzlicher Berechtigung und Verpflichtung. In steuerlicher Hinsicht entsteht hieraus weder für die Kinder Einkommen, noch für die Eltern der Anspruch auf Abzug von Betriebskosten; vielmehr gilt für die Eltern die ihnen als Gegenleistung für die Gewährung des gesetzlichen Unterhaltes zustehende Beihilfe der Kinder im elterlichen Geschäfte als Betätigung freier, Betriebskosten nicht verursachender Arbeitskraft.

2. In dem hier zu entscheidenden Falle war der Vater Fuhrunternehmer. Wenn in diesem Gewerbe neben dem verheirateten Sohne die beiden unverheirateten Söhne als Fuhrknechte tätig sind und hierfür eine Entschädigung erhalten, die in ihrem Gesamtwerte hinter dem baren Lohne des ersteren und des fremden Knechtes nicht wesentlich zurücksteht, so ergibt sich schon hieraus, daß sie zur eigenen Unterhaltsgewinnung imstande sind und die Entschädigung nicht auf Grund der elterlichen Unterhaltspflicht als Kinder, sondern außerhalb der gesetzlichen Unterhaltspflicht als Gewerbegehilfen beziehen. Worin die Entschädigung besteht, ob sie in barem Gelde oder in Naturalbezügen geleistet wird, ist ebensowenig wie die äußere Bezeichnung als Lohn oder in sonstiger Weise entscheidend.

### Nr. 4. Entsch. Bd. X i. St. S. 47 v. 26. VI. 02 XI c 302/01.

Eink.=St.=Ges. §§ 9, 11; B.=G.=B. §§ 1602, 1617.

1. Gewährt der Vater einem nicht unterhaltsberechtigten Sohne Unterhalt für gewerbliche Beihilfe, so geschieht dies nicht auf Grund einer gesetzlichen Pflicht. Ebensowenig besteht eine gesetzliche Pflicht des Sohnes zur Mitarbeit im Hauswesen und Geschäft des Vaters.

2. Im vorliegenden Falle hatte der Sohn seine auswärtige Stellung verlassen, um dem augenkranken Vater im Geschäfte zu helfen. Unter diesen Umständen muß eine Vergütung für die Dienstleistung des Sohnes als stillschweigend vereinbart erachtet werden. Dann erscheinen aber die vertragsmäßigen Gegenleistungen des Vaters für die Tätigkeit seines Sohnes im Gewerbe ohne Rücksicht auf ihren Umfang als Betriebskosten.

### Nr. 5. Entsch. Bd. X i. St. S. 48 i. d. Anm. v. 23. XI. 01 X a 7/01.

Eink.=St.=Ges. §§ 9, 11; B.=G.=B. § 1602.

Wenn etwas als Gehalt für die Mithilfe im Betriebe des Steuerpflichtigen zwischen diesem und den Kindern vereinbart ist, so liegt ein besonderer, den Abzug rechtfertigender Rechtstitel vor, auch wenn sich das Gehalt seinem Betrage nach innerhalb der Grenzen der Alimentation hält. Wenn die Kinder einen vertragsmäßigen Anspruch auf Gehalt haben, so liegt der Fall der Unterhaltungspflicht nach § 1602 Abs. 1 des Bürgerlichen Gesetzbuchs überhaupt nicht vor.

### Nr. 6. Entsch. Bd. X i. St. S. 43 i. d. Anm. v. 12. VI. 02 XIII e 82/01.

B.=G.=B. §§ 1650, 1651.

Ein Landwirt wurde von seinem 19jährigen Sohne in der Wirtschaft unterstützt, der daneben als eigenes Handwerk das Korbmachergewerbe ausübte. Das Einkommen hieraus darf dem Vater nicht angerechnet werden. Denn der Sohn betreibt sein eigenes, von der Berufstätigkeit des Vaters ganz verschiedenes Gewerbe. Was der Sohn durch seine Handwerksarbeit erwirbt, ist freies, von der Nutznießung des Vaters ausgeschlossenes Vermögen.

**Nr. 7. Entsch. Bd. X i. St. S. 41** i. d. Anm. v. 8. III. 02 IX 51/01.

Eink.-St.-Ges. § 11.

Die Enkel sind nicht, wie die Kinder, gemäß § 1617 des B.-G.-B. verpflichtet, solange sie im großelterlichen Hause erzogen oder unterhalten werden, den Großeltern im Hauswesen und Geschäfte Dienste zu leisten, und es ist deshalb zu vermuten, daß ein Abkommen über etwaige Dienstleistungen getroffen ist. Andererseits ist nach § 685 Abs. 2 des B.-G.-B., soweit es sich um den Unterhalt handelt, welchen Eltern oder Voreltern ihren Abkömmlingen gewähren, im Zweifel anzunehmen, daß die Absicht fehlt, von dem Empfänger Ersatz zu verlangen.

## B. Arten des Einkommens.

### a) Aus Kapitalvermögen.

**Nr. 1. Entsch. Bd. X i. St. S. 49** v. 2. XI. 01 E IIb 195/96.

Ausf.-Anw. z. Eink.-St.-Ges. Art. 66; Erg.-St.-Ges. § 5[1].

1. Mit dem Vorhandensein von Kapitalvermögen und Einkommen daraus darf nur insoweit gerechnet werden, als es entweder vom Steuerpflichtigen zugestanden wird oder als die Veranlagungsbehörden ihrerseits die tatsächlichen Unterlagen für die Annahme beschafft haben, daß Kapitalien beziehentlich verzinslich angelegte Kapitalien beim Beginne des Steuerjahres vorhanden waren. Denn das Verfahren sowohl bei der Veranlagung zur Einkommensteuer als auch in der Berufungsinstanz wird von dem Prinzip der amtlichen Ermittelungspflicht beherrscht. Dies ergibt sich aus den allgemeinen gesetzlichen Vorschriften über das steuerpflichtige Einkommen und seine Ermittelung, für die Berufungsinstanz insbesondere aus § 43 des Eink.-St.-Ges. im Zusammenhange mit jenen Vorschriften, wonach die Steuerbehörden das zur Anwendung des Gesetzes erforderliche tatsächliche Material von Amts wegen zu beschaffen haben. Unvereinbar damit würde es sein, wenn es dem Steuerpflichtigen obläge, seinerseits nachzuweisen, daß eine Einkommensquelle nicht oder nicht mehr in dem früheren Umfange bestehe (vgl. E.-O.-V. in St. Bd. I S. 129 ff., Bd. II S. 74 ff.).

2. Soweit es sich nach der Behauptung eines Steuerpflichtigen um freies Vermögen seines Sohnes handelt, wird ihm der Nachweis obliegen. Ob auf den Namen des Sohnes eingetragene und somit zu dessen Vermögen gehörige Hypothekenposten freies Vermögen des Sohnes gebildet haben, hängt davon ab, ob er beim Beginn des Steuerjahres aus der väterlichen Gewalt ausgeschieden war oder nicht, und in letzterem Falle weiter davon, ob die Hypotheken aus Mitteln erworben worden sind, bei deren Zuwendung der Steuerpflichtige die ausdrückliche Bestimmung hinzugefügt hatte, daß sie dem väterlichen Nießbrauche nicht unterworfen sein sollten. In Ansehung von Kapitalien, deren Übertragung auf den Sohn nicht in rechtswirksamer Weise stattgefunden hat, würde selbstverständlich eine Erörterung in der Richtung, ob sie seinem freien Vermögen hinzuzurechnen seien, gegenstandslos sein.

**Nr. 2. Entsch. Bd. X i. St. S. 56** v. 30. X. 01 VIIIb 12/01.

Mit dem Besitz von Kapitalvermögen und mit Einnahmen daraus darf nur dann gerechnet werden, wenn bestimmte tatsächliche Umstände die Annahme rechtfertigen oder doch die Wahrscheinlichkeit begründen, daß der Steuerpflichtige mit der Wahrheit zurückhalte.

Nr. 3. Entsch. Bd. X i. St. S. 54 v. 25. I. 02 VIII b 87/01.

1. Die Befugnis der Berufungskommission zur Feststellung auch des Einkommens aus Kapitalvermögen im Wege der Schätzung unterliegt dann keinem Bedenken, wenn der Steuerpflichtige entweder jede Angabe darüber verweigert oder sich die Unrichtigkeit der von ihm gemachten Angaben durch bestimmte tatsächliche Umstände erweisen läßt. Auch im Wege der Schätzuug darf ein höheres, als das vom Steuerpflichtigen angegebene Einkommen aus Kapitalvermögen aber nur insoweit angenommen werden, als bestimmte tatsächliche Unterlagen vorhanden sind, aus denen sich die Annahme eines höheren Einkommens herleiten läßt. Der Umstand allein, daß der Steuerpflichtige zu irgend einer früheren Zeit ein Kapitaleinkommen von bestimmter Höhe besessen hat, genügt jedoch nicht zu der Annahme, daß er dasselbe Einkommen auch in einer späteren Zeit noch besitzt. Es besteht auch ebensowenig ein Rechtssatz, wonach bei einer späteren Veranlagung mit dem in früherer Zeit vorhanden gewesenen Kapitaleinkommen bis zum Nachweise des Steuerpflichtigen, daß es nicht oder nicht in früherer Höhe mehr vorhanden sei, gerechnet werden dürfe (vgl. E.-O.-V. in St. Bd. I S. 129, 233, Bd. II S. 74).

2. Die Berufungskommission durfte daher in dem vorliegenden Falle das Einkommen aus Kapitalvermögen nicht lediglich deshalb höher, als von dem Steuerpflichtigen in der Steuererklärung angegeben, in Ansatz bringen, weil dieser es in den Steuererklärungen für die beiden Vorjahre selbst höher angegeben hatte. Daran änderte auch namentlich der Umstand nichts, daß der Steuerpflichtige es trotz Aufforderung abgelehnt hatte, die von ihm verlangten näheren Nachweise zu erbringen. Denn er war dazu nach dem Gesetz nicht verpflichtet, vielmehr zu dem Verlangen berechtigt, daß die Veranlagungsbehörden mit den tatsächlichen Angaben in der Steuererklärung, welche die Versicherung enthält, daß die Angaben nach bestem Wissen und Gewissen gemacht seien, so lange rechnen, bis sich ein tatsächlicher Anhalt gegen deren Richtigkeit ergibt.

Nr. 4. Entsch. Bd. X i. St. S. 63 v. 2. IV. 02 III 384/01.
Eink.-St.-Ges. §§ 10, 12.

Durch die volle Einzahlung auf die bisher nur teilweise eingezahlten Stammeinlagen der Mitglieder einer Gesellschaft mit beschränkter Haftung tritt eine die Durchschnittsberechnung ausschließende wesentliche Veränderung der Einkommensquelle des Kapitalvermögens ein.

Nr. 5. Entsch. Bd. X i. St. S. 64 v. 3. X. 01 XII b 34/01.
Eink.-St.-Ges. § 14.

Steuerpflichtig ist nur der Gewinn aus reinen Spekulationsgeschäften. Ein solches liegt nur dann vor, wenn die spekulative Absicht der Gewinnerzielung durch spätere Veräußerung die einzig maßgebende Ursache für den Erwerb gewesen ist. War die ernstliche Absicht einer Vermögensanlage, sei es auch einer vorteilhaften, vorhanden, handelte es sich insbesondere um den Erwerb behufs eigener Nutzung oder Benutzung und dabei nur auch zugleich um die Hoffnung auf die Möglichkeit oder Wahrscheinlichkeit einer späteren Wertsteigerung des Erworbenen, sowie auf eine künftige gewinnreiche Veräußerung, so stellt der durch den demnächstigen Verkauf erzielte Gewinn nicht den Gewinn aus einem reinen Spekulationsgeschäfte dar und erscheint deshalb nicht als steuerpflichtig. (Vgl. E.-O.-V. in St. Bd. IV in St. S. 209 ff.; Bd. VI in St. S. 276 ff.; Bd. VIII in St. S. 32; Bd. IX in St. S. 51/53.)

**Nr. 6. Entsch. Bd. X i. St. S. 75** i. d. Anm. v. 23. I. 02 XIc 132/01.
Eink.-St.-Ges. §§ 12, 14.

Die Differenz zwischen dem Nennbetrage einer Hypothekenforderung und dem geringeren Erwerbspreise darf nicht ohne weiteres als Spekulationsgewinn aus dem Erwerbe der Hypothekenforderung angesehen werden, und jedenfalls so lange nicht, als die Tatsachen der Veräußerung der Hypothekenforderung und eines hieraus vereinnahmten Gewinnes fehlen.

**Nr. 7. Entsch. Bd. X i. St. S. 74** v. 27. II. 01 IVa 228, 229/00.
Eink.-St.-Ges. §§ 12, 14.

Dem steuerpflichtigen Einkommen sind nicht nur die Gewinne aus selbst vorgenommenen Spekulationsgeschäften, sondern auch diejenigen aus der Beteiligung an solchen hinzuzurechnen.

Eine solche Beteiligung des Steuerpflichtigen liegt vor, wenn er in Gemeinschaft mit zwei andern Teilnehmern den Ankauf eines Grundstücks unternommen hat, wobei es unerheblich ist, daß es auf den Namen eines Teilnehmers allein erworben und demzufolge auch von diesem allein weiter veräußert worden ist und die beiden anderen Teilhaber zu dem offenbar gemeinschaftlich unternommenen Grundstücksgeschäft nur Kapitalien eingeschossen haben. Die Absicht war bei allen darauf gerichtet, aus dem demnächstigen Verkauf einen Gewinn zu erzielen.

**Nr. 8. Entsch. Bd. X i. St. S. 68** v. 23. I. 02 XIIIb 237/00.
Eink.-St.-Ges. §§ 7, 9, 10, 12, 14; Ausf.-Anw. Art. 9, 18.

1. Gewerbe ist eine mit der Absicht der Gewinnerzielung unternommene selbständige, berufsmäßige und erlaubte Arbeitstätigkeit, die sich als Beteiligung am allgemeinen wirtschaftlichen Verkehre darstellt. Die gleichen Merkmale mit alleiniger Ausnahme der Berufsmäßigkeit treffen auch für den Begriff der Gelegenheitsspekulation zu. Das Spekulationsgeschäft ist nur nicht ein Teil einer zusammenhängenden Geschäftsunternehmung von an sich unbestimmtem Umfange, nicht lediglich ein einzelnes Glied einer im voraus in unbestimmter oder unbestimmbarer Zahl beabsichtigten Reihe von Handelsgeschäften, die durch das innere Band eines einheitlichen Willens zusammengehalten werden, sondern es ist Selbstzweck der Arbeitstätigkeit des Spekulanten mit dem Ziele, nur in einem bestimmten Falle durch Umsatz von wirtschaftlichen Gütern sich am allgemeinen Verkehre zu beteiligen (E.-O.-V. in St. Bd. IX S. 128). Deshalb ist der Gelegenheitsspekulation auch der Begriff des Anlagekapitals völlig fremd. Ein solches ist nur der berufsmäßigen werbenden Tätigkeit als einem Ganzen einheitlich gewidmet, während die Gelegenheitsspekulation nur eine gelegentliche Formenveränderung von wirtschaftlichen Gütern — Umsatz von Geld in andere Werte und dieser wieder in Geld — enthält, so daß in wirtschaftlicher Beziehung das für die Gelegenheitsspekulation verwendete Kapital immer den Charakter des gewerblichen Betriebskapitals teilt, d. h. desjenigen Kapitals, das zum Umsatze, zum Wechsel, zur Formveränderung bestimmt ist (vgl. E.-O.-V. in St. Bd. III S. 22).

2. Hieraus ergeben sich für die Berechnung des Spekulationsgewinnes folgende Grundsätze:

a) Die Gewinnberechnung erfolgt durch Gegenüberstellung der Einnahmen und Ausgaben.

b) Die kreditierten Preise sind als Einnahmen anzurechnen (E.-O.-V. in St. Bd. I S. 354, Bd. IV S. 216).

c) Zu den Einnahmen gehören auch die Zwischennutzungen (E.-O.-V. in St. Bd. VI S. 117).

d) Das Betriebskapital muß aus dem finanziellen Ergebnisse des Geschäftes in voller Höhe ausgesondert werden, bevor sich überhaupt ein Ertrag ergeben kann.

e) Zu den abzugsfähigen Betriebsausgaben gehören die Zinsen für das angeliehene — nicht auch für das eigene (E.-O.-V. in St. Bd. III S. 26) — Betriebskapital (E.-O.-V. in St. Bd. IX S. 212). Die Natur der Gelegenheitsspekulation, die wirtschaftlich kein Einkommen, sondern Vermögen schafft, bringt es mit sich, daß auch solche Ausgaben, die nach § 9 II 1 a. a. O. lediglich das Vermögen betreffen und deshalb bei der Bildung des Einkommens nicht abzugsfähig sind, für die Ermittelung des Spekulationsgewinnes dennoch abzugsfähige Betriebsausgaben darstellen; denn auch solche Ausgaben schmälern die Vermögensvermehrung für den Spekulanten und nur die Vermögensvermehrung bildet den aus der Veräußerung des Spekulationsobjektes hervorgegangenen Gewinn. Auch die mit dem Spekulationsgeschäfte in unmittelbarem ursächlichen Zusammenhange stehenden direkten Steuern, insbesondere also die von Spekulationsgrundstücken zu entrichtenden Grund- und Gebäudesteuern jeglicher Art, erscheinen für die Ermittelung des Spekulationsgewinnes als abzugsfähige Ausgaben.

3. Bei der Berechnung nach vorstehenden Grundsätzen kommen allerdings die Zwischennutzungen von Grundstücken mit ihren Nettoerträgen und die Zinsen für das angeliehene Kapital steuerlich doppelt zur Anrechnung, nämlich einmal in den einzelnen Steuerjahren während der Besitzzeit des Spekulanten (die ersteren als Ertrag aus Grundvermögen, die letzteren als Abzüge vom Roheinkommen) und das zweite Mal nach der Veräußerung des Spekulationsobjektes bei der Ermittelung des Spekulationsgewinnes. Das ist die notwendige Folge der gesetzlichen Vorschriften, die zunächst die Berücksichtigung sämtlicher Einkommensquellen (§ 7) und sämtlicher Schuldenzinsen (§ 9 I 2) verlangen und außerdem noch den Gewinn aus der Veräußerung einer bisherigen Einkommensquelle als steuerpflichtiges Einkommen behandeln. Solange das Spekulationsobjekt nicht veräußert ist, ist das Spekulationsgeschäft überhaupt noch nicht vollendet. Denn der Spekulant kann von der Veräußerung ganz Abstand nehmen, das Spekulationsobjekt verschenken, vor der Veräußerung in Konkurs geraten oder sterben; in allen diesen Fällen bleibt die spekulative Absicht bei der Anschaffung des Spekulationsobjektes ohne jede steuerliche Folgen. Erst die Veräußerung des Spekulationsobjektes durch den Spekulanten selbst ändert die Rechtslage. Alle geschäftlichen Vorgänge seit der Anschaffung des Spekulationsobjektes bis zur Veräußerung müssen alsdann zusammen noch einmal nach der neuen Richtung hin geprüft werden, ob der Steuerpflichtige durch die Anschaffung und Veräußerung des Spekulationsobjektes im Ganzen einen Gewinn erzielt hat.

4. Wenn das Spekulationsgeschäft sich in so kurzer Zeit vollzieht, daß eine Berücksichtigung der Zinsen für angeliehenes Betriebskapital gemäß § 9 I 2 des Eink.-St.-Ges. bei einer früheren Veranlagung gar nicht stattfinden konnte, so würde es auch nach Art. 9 der Ausf.-Anw. und nach der Min.-Verf. vom 23. IV. 95 — Mitteilungen Heft 33 S. 4 — nicht zweifelhaft sein, daß die tatsächlich entrichteten Zinsen jener Art den Spekulationsgewinn mindern. An dem Begriffe des Spekulationsgewinnes kann aber der Umstand, daß zwischen Anschaffung und Veräußerung des Spekulationsobjektes Veranlagungen zur Einkommensteuer stattgefunden haben, nichts ändern. Soweit die Schulden-

zinsen die laufenden Erträge überstiegen haben, besteht eben ein Verlust, der den Gewinn aus der Veräußerung des Spekulationsobjektes mindert. Selbst wenn die Anrechnung der jährlichen Schuldenzinsen bei den früheren Veranlagungen die Steuerstufe beeinflußt hätte, würde doch der etwa hieraus dem Steuerpflichtigen erwachsene Vorteil der geringeren Steuerbelastung die Ausgabe der Schuldenzinsen nicht ausgleichen; der Verlust der Schuldenzinsen bleibt selbst dann für den Steuerpflichtigen weiter bestehen. Deshalb kann der in der angeführten Verf. des Finanzministers vertretenen Auffassung, daß ein doppelter Abzug der Schuldenzinsen ausgeschlossen sei, nicht beigetreten werden. Bei jeder Veranlagung ist die Einkommensberechnung selbständig nach den Vorschriften des Gesetzes auszuführen ohne Rücksicht auf den Verlauf der Vorjahre (E.-O.-V. in St. Bd. II S. 95, Bd. IV S. 45 und Bd. V S. 245). Für eine abweichende Behandlung bei Berechnung der Spekulationsgewinne fehlt es an der notwendigen ausdrücklichen Gesetzesvorschrift. Wenn bei dieser Rechnungsweise der Spekulant mit eigenem Kapitale ungünstiger gestellt ist als derjenige mit fremdem Kapitale, so ist dies lediglich eine Folge der von dem Einkommensbegriffe abweichenden Gesetzesvorschriften.

5. Für die Gewinnberechnung aus dem einzelnen Spekulationsgeschäfte ist endlich die Anwendung der Durchschnittsrechnung nach § 10 des Eink.-St.-Ges. ausgeschlossen, weil sich der Gewinn aus der Veräußerung nach wirtschaftlichen Rücksichten nur ergeben kann, wenn man bis auf den Zeitpunkt der Anschaffung des Spekulationsobjektes zurückgeht. Dagegen behält die Durchschnittsberechnung ihre Bedeutung für die Ermittelung des Einkommens aus Spekulationsgeschäften, so daß alle in den dreijährigen Zeitraum fallenden Gewinne und Verluste zu berücksichtigen sind (E.-O.-V. in St. Bd. VII S. 74).

**Nr. 9. Entsch. Bd. X i. St. S. 76** v. 12. VI. 02 XIc 29/02.

Eink.-St.-Ges. § 12.

1. Die von einem Privatmann durch Bankiervermittelung bewirkten An- und Verkäufe von Wertpapieren begründen für den Auftraggeber der Regel nach keinen Gewerbebetrieb; sie sind eine Gelegenheitsspekulation, deren Natur durch Ausdehnung auf eine Mehrzahl zusammenhängender Einzelgeschäfte noch nicht verändert wird.

2. Nach § 12d a. a. O. gelten als Einkommen aus Kapitalvermögen „vereinnahmte Gewinne" aus Gelegenheitsspekulationen „abzüglich etwaiger Verluste bei derartigen Geschäften". Der Verlust aus Gelegenheitsspekulation ist vom Ertrage der sonstigen Quellen auch dann abzuziehen, wenn dem Verluste kein Gewinn aus anderen einzelnen Spekulationsgeschäften gegenübersteht (vgl. E.-O.-V. in St. Bd. III S. 51). Die aus Gelegenheitsspekulationen erwachsenen Gewinne und Verluste vollziehen sich nach wirtschaftlichen Rücksichten stets im Bereiche des Vermögens. Nach ausdrücklicher Gesetzesbestimmung werden sie aber wie Einkommen behandelt, so daß nach der maßgebenden gesetzlichen Fiktion das steuerpflichtige Einkommen durch den Gewinn vermehrt, durch den Verlust vermindert wird.

### b) Aus Grundvermögen.

**Nr. 1. Entsch. Bd. X i. St. S. 80** v. 12. VI. 02 XIIIa 6/02.

Eink.-St.-Ges. §§ 10, 11, 13.

1. Die zum vorbehaltenen Gute der Frau gehörigen Ertragsquellen sind während der Ehe ihre Quellen verblieben und behalten diese Eigenschaft auch nach Auflösung der Ehe. Die gütergemeinschaftlichen

Quellen sind während der Ehe ebenso Quellen des Mannes wie der Frau, und wenn sie nach dem Tode des Mannes infolge Erbanfalles oder vertragsmäßiger Auseinandersetzung mit den Erben in das Alleineigentum der Frau übergehen, so werden sie hierdurch allein in ihrer Hand noch nicht zu neuen Quellen. Daß dem Manne während der Ehe die Verwaltung gebührt, macht die unter seiner Verwaltung stehenden Quellen für die Frau nicht zu fremden Quellen. Ebensowenig werden die im Allein- oder im Miteigentum der Frau befindlichen Quellen für sie dadurch zu fremden Quellen, daß sie gemäß § 11 des Eink.-St.-Ges. nicht persönlich besteuert wird, sondern der Mann als der ausschließliche Träger der Steuerpflicht erscheint. Daß diese Einrichtung irgend welche Rechtswirkung für die Ausschließung der Durchschnittsberechnung haben sollte, ist aus den hierfür maßgebenden Vorschriften des § 10 a. a. O. nicht zu entnehmen.

2. Die Umwandelung von bloßem Miteigentum in Alleineigentum oder der umgekehrte Rechtsvorgang bewirkt für sich allein noch keine wesentliche Veränderung der Quelle. Wenn nach feststehender Rechtsprechung sogar der Ein- oder Austritt des Teilhabers eines gewerblichen Geschäftes ohne Hinzutreten weiterer Umstände eine wesentliche Ungleichartigkeit der Quelle in der Vergangenheit und Zukunft nicht zur Folge hat (vgl. E.-O.-V. in St. Bd. I S. 144; Bd. IV S. 173; Bd. VII S. 136; Bd. VIII S. 12, 16), so kann dies noch weniger für den Übergang des gütergemeinschaftlichen Eigentums in das Alleineigentum eines Ehegatten gelten. Hat also der Grundbesitz einer Steuerpflichtigen zu ihrem vorbehaltenen oder gütergemeinschaftlichen Vermögen gehört, so würde die Durchschnittsberechnung nur bei dem Hinzutreten besonderer Tatumstände ausgeschlossen sein.

**Nr. 2. Entsch. Bd. X i. St. S. 82** v. 13. VI. 01 XIIIb 84/01.

Eink.-St.-Ges. § 13.

Die Ersparnisse, die ein Grundbesitzer durch eigene Herstellung der zu Bauten nötigen Ziegel außerhalb eines Gewerbebetriebes im Vergleiche mit der Beschaffung durch Kauf erzielt, oder die durch den Bezug der Ziegel zu vertragsmäßig festgestellten Vorzugspreisen herbeigeführt werden, stellen keinen Ertrag aus der Quelle des Grundvermögens dar und unterliegen deshalb der Steuerpflicht nicht.

**Nr. 3. Entsch. Bd. X i. St. S. 86** v. 26. IX. 01 XIa 88/01.

Eink.-St.-Ges. §§ 9, 13.

Für die Abzugsfähigkeit von Löhnen und Unterhaltskosten der landwirtschaftlichen Arbeitskräfte kommt es darauf an, wofür in der Hauptsache ein Dienstbote angenommen ist und gehalten wird. Gelegentliche Verwendung eines für die Wirtschaft angenommenen Dienstboten im Haushalte hindert die Abzugsfähigkeit der Aufwendungen für ihn als Wirtschaftsunkosten nicht; umgekehrt bleiben die Aufwendungen für den zu Haushaltszwecken angenommenen Dienstboten vom Abzuge ausgeschlossen, auch wenn er gelegentlich in der Landwirtschaft Aushilfe leistet. Erfolgt auf Grund ausdrücklicher oder stillschweigender Übereinkunft die Beschäftigung eines Dienstboten nebeneinander in der Landwirtschaft und im Haushalte, so muß entsprechende Teilung der Kosten stattfinden.

**Nr. 4. Entsch. Bd. X i. St. S. 87 v. 31. V. 02 XIc 291/01.**

Eink.-St.-Ges. §§ 9, 13.

Die Kosten der Zusammenlegung von Grundstücken sind nicht abzugsfähige Betriebskosten. Die Zusammenlegung der Grundstücke steht mit dem Betriebe in gar keinem ursächlichen Zusammenhange; sie bezweckt eine Verbesserung der Einkommensquelle, wie denn auch diejenigen, die nach dem Ermessen der Auseinandersetzungsbehörden keinen Vorteil von der Zusammenlegung genießen, zu den Zusammenlegungskosten gar nicht beizutragen haben (§ 8 des Ges. v. 2. IV. 72 — G.-S. S. 329).

**Nr. 5. Entsch. Bd. X i. St. S. 88 v. 19. X. 01 VIIIb 50/01.**

Eink.-St.-Ges. § 8.

In den Landesteilen, auf die sich das Ges. betr. die Rechtsverhältnisse des Stein- und Braunkohlen-Bergbaues in denjenigen Landesteilen, in welchen das Kurfürstlich Sächsische Mandat v. 19. VIII. 1743 Gesetzeskraft hat, v. 22. II. 69 (G.-S. S. 401) bezieht, bildet der für die Veräußerung des Kohlenabbaurechts gezahlte Preis kein steuerpflichtiges Einkommen.

Nach Inhalt dieses Ges. unterliegt die Kohle (Stein- oder Braunkohle) allein dem Verfügungsrechte des Grundeigentümers (§ 1), und das Recht zum Bergbau kann von dem Eigentum am Grundstücke, in welchem die Kohle ansteht, abgetrennt und als selbständige Gerechtigkeit auf andere übertragen werden (§ 2). Dieses Kohlenabbaurecht bildet also eine selbständige Gerechtigkeit, die gegen einen bestimmten Preis vom Grundeigentümer veräußert werden kann. Hiernach liegt kein steuerpflichtiges Einkommen vor, vielmehr nur eine durch die Verwandlung des Kohlenabbaurechts in Kapitalvermögen eingetretene Vermehrung des Stammvermögens. Eine solche ist aber nach § 8 des Eink.-St.-Ges. nicht steuerpflichtig.

**Nr. 6. Entsch. Bd. X i. St. S. 99 v. 3. IV. 01 VIIIb 144/00.**

Eink.-St.-Ges. §§ 9, 13.

1. Die für die Berechnung der Abschreibungen wegen Substanzverlustes bei Bergwerken anzuwendenden Grundsätze sind nicht in allen Fällen, in denen es sich um Feststellung des Einkommens aus Ton-, Lehm-, Kies- und ähnlichen Gruben handelt, anzuwenden. Denn die Bergwerke verlieren durch die Erschöpfung der vorhandenen Mineralien jeden Wert, während Grundstücke, denen bestimmte Bodensubstanzen entnommen werden, immerhin Grundstücke bleiben, die nur in seltenen Fällen völlig wertlos werden, oft sogar durch Beseitigung bestimmter Bodensubstanzen einen höheren Wert erhalten können. Das O.-V.-G. hat daher auch in E.-O.-V. in St. Bd. III S. 15, Bd. IV S. 65 ausgesprochen, daß in jedem Falle nach den konkreten Verhältnissen entschieden werden muß, auf welchem Wege der tatsächlich eingetretene Substanzverlust zu berechnen und die entsprechende Abschreibung festzustellen ist. Wenn hierbei bemerkt worden ist, daß der die Abschreibung fordernde Steuerpflichtige den Nachweis seiner Berechtigung zu führen habe, so hat hierdurch keineswegs die Ermittelungspflicht der Veranlagungsbehörden für diesen einzelnen Fall aufgehoben, sondern nur darauf hingewiesen werden sollen, daß ohne die Mitwirkung der Steuerpflichtigen und ohne deren Beihilfe zur möglichst vollständigen Aufklärung der Sachlage eine zuverlässige Bemessung der Abschreibung nicht möglich erscheint, und daß die Steuerpflichtigen zu Beschwerden nicht berechtigt seien, wenn infolge ihres ablehnenden Ver-

haltens etwa zu geringe Abschreibungen wegen Substanzverringerung festgestellt worden seien.

2. Alle Abschreibungen, mithin auch diejenigen wegen Substanzverringerung, sind ebenso wie alle sonstigen schwankenden und unbestimmten Einnahmen und Ausgaben nach dem maßgebenden Durchschnitte der Vergangenheit und zwar nach dem Umfange zu bemessen, in welchem tatsächlich die Abnutzung, die Wertsverminderung oder die Substanzverringerung innerhalb dieses Zeitraumes stattgefunden hat (§ 10 des Eink.-St.-Ges., E.-O.-V. in St. Bd. V S. 270 ff., Bd. VI S. 179).

3. Können bei der Berechnung der Abschreibung wegen Substanzverringerung bei Grundstücken, die zur Gewinnung von Porzellanerde ausgebeutet werden, die beim Bergbaubetriebe maßgebenden Grundsätze nicht angewendet werden, so muß behufs Feststellung der Durchschnittsberechnung der Wert der auszubeutenden, bezw. ausgebeuteten Grundstücke beim Beginn und am Schluß des Zeitraums ermittelt werden. Dabei ist festzustellen,

a) welche Grundstücke während der maßgebenden dreijährigen Periode ausgebeutet worden sind;

b) welchen Verkaufswert diese Grundstücke einschließlich der in ihnen enthaltenen, zur Ausbeutung bestimmten Porzellanerde beim Beginne der dreijährigen Periode hatten;

c) welchen Verkaufswert die Grundstücke am Schlusse der Periode hatten.

Die Differenz zwischen b und c ergibt den Wert der Substanzverringerung in der maßgebenden Periode. Ihm tritt noch hinzu der Betrag der Entwertung, die der sonstige Grundbesitz während der drei Jahre infolge der Ausbeutung jener Parzellen etwa erlitten hat. Beide Werte sind zu addieren und mit einem Drittel abzuziehen. Die Anhörung von Sachverständigen zur Feststellung der erforderlichen tatsächlichen Unterlagen, die der Natur der Sache nach zum Teil nur im Wege der Schätzung beschafft werden können, wird sich nicht umgehen lassen.

### Nr. 7. Entsch. Bd. X i. St. S. 90 v. 1. V. 01 XIII b 205/00.

Eink.-St.-Ges. § 13.

1. Die Entstehung von steuerpflichtigem Einkommen durch Holzgewinnung aus Holzungen, die ohne Befolgung eines bestehenden Planes oder bestimmter forstwirtschaftlicher Grundsätze bewirtschaftet werden, setzt voraus, daß eine tatsächliche Nutzung stattgefunden hat, das Holz also in der Absicht, Ertrag aus dem Grundstücke zu erzielen, abgetrieben und verwertet worden ist, ferner, daß das abgetriebene Holz hiebreif gewesen, und endlich, daß durch den Abtrieb die weitere Benutzung der Holzung als Einkommensquelle nicht unmöglich gemacht worden ist.

2. Holz, das zum Verkauf und zur Verwendung als Grubenholz geeignet ist, ist hiebreif, wenn nach den für die betreffende Gegend und Zeit maßgebenden Verhältnissen die Eichenholzbestände in planlos bewirtschafteten Holzungen am besten als Grubenholz verwertet werden. Dabei kann es nach forstwirtschaftlichen Grundsätzen am zweckmäßigsten sein, den ganzen Bestand (auf einer bestimmten, bei einem Abtriebe in Angriff genommenen Fläche) vollständig abzutreiben. Denn es kommt bei planlos bewirtschafteten Holzungen nicht darauf an, ob das genutzte Holz den höchsten oder einen möglichst hohen Grad der Reife erlangt hat, wie vielleicht bei Aufstellung eines Bewirtschaftungsplanes nach forstlichen Grundsätzen vorausgesetzt wird. Es fragt sich vielmehr nur, ob der Holzbestand für die vom Eigen-

tümer beabsichtigte Art der Nutzung, wofür sowohl die örtlichen, insbesondere die Absatzverhältnisse, als auch die persönlichen und wirtschaftlichen Bedürfnisse des Eigentümers bestimmend sein können, geeignet war. In solchen Fällen pflegt auch die Nutzung durch vollständigen Abtrieb der Erhaltung und weiteren Bewirtschaftung des Grundstückes als Holzung nicht hinderlich zu sein. Der Kahlhieb einer bestimmten Fläche ist vielmehr nach sachverständigem Gutachten bei der Nutzung von Grubenholzbeständen die wirtschaftlich geeignetste Art der Holzgewinnung, indem dadurch eine gleichmäßige Wiederaufforstung der abgetriebenen Fläche ermöglicht wird.

**Nr. 8. Entsch. Bd. X i. St. S. 93 v. 1. V. 01 XI c 172/00.**

Eink.-St.-Ges. § 13.

1. Nach den bestehenden gesetzlichen Bestimmungen ist nicht der Wert des jährlichen Zuwachses, sondern nur der in einem bestimmten Jahre wirklich gezogene Holzertrag bei der Feststellung des Einkommens aus Holzungen zu berücksichtigen.

2. Werden die Holzungen nicht nach einem bestimmten Plane oder nach forstwirtschaftlichen Grundsätzen bewirtschaftet, so bedarf es überhaupt nicht der Prüfung, welche Umtriebszeit nach allgemeinen forstwirtschaftlichen Grundsätzen hier zur Erzielung einer möglichst hohen, sowie regelmäßigen und nachhaltigen Nutzung an sich die zweckmäßigste wäre. Es kommt vielmehr bei planlos bewirtschafteten Holzungen nur darauf an, ob der genutzte Holzbestand an sich hiebreif gewesen und ob trotz des Abtriebes die weitere Benutzung der Holzung als Quelle möglich ist. In letzterer Benutzung kann der gleichzeitige Abtrieb jüngeren Bestandes mit den übrigen Beständen gerade im Interesse einer gleichmäßigen Wiederaufforstung der gesamten Fläche nach forstwirtschaftlichen Grundsätzen geboten sein.

**Nr. 9. Entsch. Bd. X i. St. S. 95 v. 1. V. 01 XI a 65/00.**

Eink.-St.-Ges. § 13.

Wenn das abgetriebene Holz zur Verarbeitung als Bretter, Balken und Sparren geeignet, und zu solchem Zwecke verkauft, auch der Kahlhieb der ganzen Fläche nach forstwirtschaftlichen Grundsätzen im Interesse der Erzielung eines gleichmäßigen Wiederaufwuchses die geeignetste Form des Abtriebes gewesen ist, so ist auch der genutzte Holzaufwuchs als hiebreif anzusehen. Denn hierfür ist nur erforderlich, daß der Holzbestand zu der vom Besitzer beabsichtigten Nutzung geeignet und ein weiteres Stehenbleiben des ganzen abgetriebenen Bestandes oder eines Teiles zur Erhaltung und weiteren Bewirtschaftung des Grundstückes als Holzung nicht notwendig war. Ob vielleicht ein Teil des abgetriebenen Bestandes noch bei längerem Wachstum sich in vorteilhafter Weise hätte weiter entwickeln können, ist unerheblich. Denn es kommt bei planlos bewirtschafteten Holzungen nicht darauf an, ob das genutzte Holz den höchsten oder einen möglichst hohen Grad der Reife erlangt hat, wie etwa bei Aufstellung eines Planes zur Bewirtschaftung eines Waldes nach forstwirtschaftlichen Grundsätzen vorausgesetzt wird; entscheidend ist vielmehr, daß der betreffende Holzbestand für die vom Besitzer beabsichtigte Nutzung überhaupt geeignet war.

**Nr. 10. Entsch. Bd. X S. 97 v. 31. V. 02 XIII b 8/02.**

Eink.-St.-Ges. § 13.

Wenn ein Waldgrundstück vollständig abgetrieben und nicht zur Wiederaufforstung, sondern zur Urbarmachung, also zur Umwandlung in eine ganz andere Kulturart bestimmt ist, so tritt hiermit eine wesentliche Veränderung der Quelle ein. Die Holzung ist untergegangen und eine andere Kulturgattung, hier eine Wiese, an deren Stelle getreten. Aus einer beim Beginne des Steuerjahres untergegangenen Quelle darf aber ein Ertrag nicht angerechnet werden. Ob die Umwandlung in eine Wiese zu diesem Zeitpunkte bereits tatsächlich stattgefunden hatte, ist nicht entscheidend. Es kommt nicht auf die bloße Möglichkeit der Wiederaufforstung, sondern auf die Bestimmung an, der das abgeholzte Grundstück nach der Absicht des Besitzers dienen sollte. War die Absicht ernstlich gemeint, so war der Untergang der alten Quelle vollzogen und hiermit die Anrechnung des Holzerlöses ausgeschlossen.

**Nr. 11. Entsch. Bd. X i. St. S. 106** v. 28. IX. 01 III 154/00.

Eink.-St.-Ges. §§ 9, 13.

1. Die Provision für die Beschaffung einer Hypothek und die damit verbundenen Gerichtskosten sind Aufwendungen, die lediglich im Interesse der Erhaltung der betreffenden Grundstücke, also zur Erhaltung der Einkommensquelle, dagegen nicht unmittelbar zur Erwerbung, Sicherung oder Erhaltung des Einkommens gemacht werden. Diese Ausgaben sind daher nicht abzugsfähig. (Vgl. E.-O.-V. in St. Bd. IX S. 214.)

2. Ebensowenig läßt sich erkennen, daß von den Kosten der Hauptverwaltung die Kosten der Annoncen betreffend Hauskaufgesuch, die Beiträge an Grund- und Hausbesitzervereine und Mahngebühren für Steuern dem zuletzt angegebenen Zwecke dienen.

3. Die Annahme, daß, wenn Räumlichkeiten im Interesse eines Mieters umgebaut und besonders für seine Zwecke eingerichtet werden sollen, sich die dadurch verursachten Kosten nicht als abzugsfähige Reparaturkosten darstellen, kann ferner in dieser Allgemeinheit nicht für zutreffend erachtet werden. Jeder Hausbesitzer muß die vermieteten Räume nach dem Auszuge eines Mieters wieder in den zu einer neuen Vermietung geeigneten Stand setzen und zu diesem Zwecke den wechselnden Wünschen der Mieter entsprechende Einrichtungen treffen, die keineswegs unter allen Umständen eine Verbesserung des Hauses enthalten, vielmehr oft bei dem Einzuge eines anderen Mieters wieder entfernt werden müssen. Aus welchem Grunde die dadurch dem Vermieter entstehenden Kosten sich nicht als solche zur Erwerbung, Erhaltung oder Sicherung des Einkommens darstellen und danach nicht gemäß § 9 I 1 des Eink.-St.-Ges. als abzugsfähig anzuerkennen sein sollten, ist nicht ersichtlich. Nur solche Ausgaben, mit denen der Vermieter eine wirkliche Verbesserung seines Hauses bezweckt oder welche infolge der wesentlichen Veränderung des Charakters des Hauses als Einkommensquelle entstanden sind, sind nach § 9 II 1 a. a. O. nicht abzugsfähig.

4. Entschädigungen für Umzüge an die Mieter (sogen. Abstandsgeld), sind jedenfalls dann abzugsfähig, wenn der Vermieter z. B. dem bisherigen Mieter für die Aufgabe der Wohnung vor Ablauf der Mietsperiode ein Abstandsgeld lediglich deshalb bewilligt, weil er sonst wie dies z. B. in kleinen Städten häufig der Fall ist, gerade die einzige Person, welche die Wohnung auch nur zu dem bisherigen Preise mieten würde, als Mieter nicht erhalten und sich damit der Gefahr des Leerstehens der Wohnung für längere Zeit aussetzen würde. Jedenfalls darf in derartigen Fällen auch nicht ungeprüft bleiben, ob nicht lediglich eine als durch eine gute Wirtschaft gebotene und aus der Betriebseinnahme zu deckende Ausgabe im Sinne des Schlußsatzes der Nr. II 1 des § 9 a. a. O. in Frage steht.

5. Der Abzug der Neujahrsgelder an Müllkutscher, Schornsteinfeger und Nachtwächter, sowie bei den Kosten der Hauptverwaltung der Abzug der Neujahrsgelder an Zeitungsboten, Briefträger, Petroleumbringer, wie der Trinkgelder an Telephonarbeiter und Steuererheber kann nicht grundsätzlich deshalb versagt werden, weil es sich dabei nur um freiwillige Zuwendungen handele. Soweit derartige Zuwendungen ortsüblich sind und in dem sich daraus ergebenden wirtschaftlichen und sozialen Zwange von dem Vermieter oder seinem Vertreter im Interesse der Instandhaltung der Gebäude zc. oder der ordnungsmäßigen Verwaltung gemacht werden, dienen auch sie zur Erwerbung, Sicherung oder Erhaltung des Einkommens und müssen insoweit zum Abzuge zugelassen werden.

6. Abzugsfähig sind nicht allein alle durch Mietszahlungs-, Interventions- und Räumungsklagen verursachten Prozeßkosten. Dem steht die ganz allgemeine Vorschrift in § 9 I 1 des Eink.-St.-Ges., wonach die sämtlichen zur Erwerbung, Sicherung und Erhaltung des Einkommens verwendeten Ausgaben von dem Roheinkommen in Abzug zu bringen sind, unzweideutig entgegen. Danach wird z. B. nicht zu bezweifeln sein, daß, wenn der Vermieter den unbegründeten, im Klagewege geltend gemachten Anspruch eines Werkmeisters aus der mangelhaften Ausführung von Reparaturarbeiten in einer Mietswohnung mit Erfolg abgewehrt hat, aber wegen Zahlungsunfähigkeit seines Gegners Ersatz der von ihm verauslagten Gerichts- und Anwaltskosten nicht erlangen kann, er diese Kosten nach der erwähnten Gesetzesvorschrift in Abzug bringen darf; denn sie sind von ihm aufgewendet zum Zweck der Verminderung der Unkosten, also zur Erhaltung der Mietseinnahme. Der Abzug der Kosten derartiger Prozesse wird aber auch dann, wenn diese der Vermieter verloren hat, nicht schlechthin versagt werden dürfen. Denn solange er dabei in dem guten Glauben an sein Recht gehandelt hat, sind die Kosten als zu dem in § 9 1 a. a. O. gedachten Zwecke verwendet anzuerkennen.

7. Ohne eine Kenntnis der konkreten Umstände, durch die eine Ausgabe veranlaßt worden ist, ist ein Urteil über die Zulassung oder Nichtzulassung der Ausgabe zum Abzuge unmöglich. Die Unterlassung einer Feststellung hierüber bildet daher einen wesentlichen Mangel des Verfahrens. Das gilt z. B. auch von den als Kosten der Hauptverwaltung abgezogenen Kosten für Zeitungen, Normaluhrgebühren, Bücher u. s. w.

**Nr. 12. Entsch. Bd. X i. St. S. 113** v. 1. VI. 01 III 468/00.

Eink.-St.-Ges. §§ 9, 13.

Reparaturen an einem Hausgrundstücke verbessern es mehr oder weniger stets; das schließt aber den Abzug der dadurch entstandenen Kosten vom steuerpflichtigen Einkommen nicht aus. Es kommt vielmehr stets darauf an, ob dadurch die Ertragsfähigkeit oder der Kaufwert des Grundstückes erhöht werden soll oder nicht. Nur im ersteren Fall ist der Abzug mit Recht abzulehnen, da es sich dann um eine Kapitalsanlage handelt.

**Nr. 13. Entsch. Bd. X i. St. S. 119** v. 21. XII. 01 III 500/00.

Eink.-St.-Ges. §§ 9, 13.

1. Ob sich die Kosten für bauliche Änderungen und Renovationen als Kosten zur Instandhaltung oder Instandsetzung eines Gebäudes darstellen, läßt sich nur beurteilen, wenn deren Veranlassung und Zweck festgestellt sind. Durch Verhandlung mit dem Steuerpflichtigen

ist zu ermitteln, wieviel von jenen Ausgaben tatsächlich auf die Kosten der Instandhaltung und auf diejenigen der Instandsetzung entfällt, nachdem Veranlassung und Zweck der einzelnen Ausgaben durch Befragung des Steuerpflichtigen und nötigenfalls Vernehmung der Handwerker, welche die betreffenden Arbeiten geliefert haben, zuvor festgestellt worden sind.

2. Bei der Beurteilung der Abzugsfähigkeit ist zu beachten, daß jeder Hausbesitzer die vermieteten Räume nach dem Auszuge eines Mieters wieder in den zu einer neuen Vermietung geeigneten Stand setzen und zu diesem Zwecke den wechselnden Wünschen der Mieter entsprechende Einrichtungen treffen muß, die keineswegs unter allen Umständen eine Verbesserung des Hauses enthalten, vielmehr oft bei dem Einzuge eines anderen Mieters wieder entfernt werden müssen. Auch die dadurch dem Vermieter entstehenden Kosten stellen sich daher als solche zur Erwerbung, Erhaltung oder Sicherung des Einkommens dar und sind danach gemäß § 9 I 1 des Eink.-St.-Ges. als abzugsfähig anzuerkennen. Nur solche Ausgaben, mit denen der Vermieter eine wirkliche dauernde Verbesserung seines Hauses bezweckt oder die infolge der wesentlichen Veränderung des Charakters des Hauses als Einkommensquelle entstanden sind, dürfen nach § 9 II 1 a. a. O. zum Abzuge nicht zugelassen werden. Befand sich die bei dem Erwerbe eines Hauses leerstehende Wohnung damals in einem derartigen Zustande, daß sie ohne Renovation nicht zu einem angemessenen Preise vermietbar war, so wird andererseits nicht zweifelhaft sein können, daß sich die durch die Renovation entstandenen Kosten, da mit ihrer Verwendung lediglich die Versetzung der betreffenden Räume in den bei dem Erwerbe des Hauses nicht vorhandenen Zustand normaler Benutzungsfähigkeit bezweckt wurde, als Instandsetzungskosten darstellen und deshalb nicht abzugsfähig sind. Dasselbe gilt hinsichtlich der Ausgaben für die Neuanschaffung bei dem Erwerbe des Hauses nicht vorhandener oder unbrauchbarer Inventarstücke (vgl. auch E.-O.-V. in St. Bd. VIII S. 42, 253).

**Nr. 14. Entsch. Bd. X i. St. S. 114** v. 6. II. 02 XIIIc 16/02.

Eink.-St.-Ges. §§ 9, 13; Ausf.-Anw. Art. 11 II 1, 16 I a.

Das Wegnehmen eines ganzen Gebäudeteils, wie einer Giebelmauer, und das Wiederaufführen eines solchen in wesentlich anderer, besserer, Bauart ist nicht mehr Reparatur des Gebäudes, Instandhaltung in der bisherigen Art, sondern Änderung, Verbesserung der Substanz, Ersatzbau, Ausbau oder bessere Ausstattung des Gebäudes und damit Kapitalanlage. Ob eine solche freiwillig geschieht oder wegen der Baufälligkeit, notgedrungen, ist rechtlich ohne Bedeutung; ebenso, ob vielleicht durch eine bloße Reparatur vorläufig noch hätte geholfen werden können, denn die so etwa gesparten Reparaturkosten sind eben nicht aufgewendet, und deshalb kann auch nicht etwa ein Teil der Ersatzbaukosten unter jener Bezeichnung abzugsfähig werden.

**Nr. 15. Entsch. Bd. X i. St. S. 111** v. 18. IV. 01 XIc 262/00.

Eink.-St.-Ges. §§ 9, 13.

Wenn der Hausbesitzer früher als Wohnung benutzte Räume zur Benutzung als ärztliche Privatklinik vermietet und zu diesem Zwecke selbst eingerichtet oder dem Mieter die Einrichtung auf eigene Kosten gestattet hat und demnächst die Räume wieder als Wohnungen vermietet und zu diesem Zwecke wieder wohnungsmäßig herstellen läßt, so handelt es sich für ihn wirtschaftlich um Aufwendungen zur Erzielung des Hausertrages durch Vermietung, also gemäß § 9 I 1 des Eink.-St.-Ges. um abzugsfähige Kosten. Denn das Haus als Quelle verändert diese seine Eigenschaft nicht, mögen die Räume vom Mieter zu Wohnungs- oder zu anderen persönlichen oder berufsmäßigen Zwecken benutzt werden. Anders ist es, wenn der Charakter des Hauses in seiner Eigenschaft als Quelle wesentlich verändert, also z. B. ein bisher gewerblichen Zwecken dienendes Gebäude zum Wohnhause umgebaut wird. Jeder Hausbesitzer muß die vermieteten Räume nach erfolgter Abnutzung wieder in den zu einer neuen Vermietung geeigneten Stand setzen und zu diesem Zwecke den wechselnden Wünschen der Mieter entsprechende Einrichtungen treffen.

### Nr. 16. Entsch. Bd. X i. St. S. 115 v. 30. X. 01 III 71/01.

Eink.-St.-Ges. §§ 9, 13.

1. Dadurch, daß ein bisheriges Familienwohnhaus in ein Schulhaus umgebaut wird, um einen wesentlich höheren Mietsertrag zu erzielen, wird das Hausgrundstück für eine ganz andere Benutzung, als bisher, erst geeignet gemacht. Die zu diesem Zwecke verwendeten Beträge betreffen daher die Einkommensquelle des Grundstückes selbst, nicht das Einkommen daraus und stellen eine Kapitalsanlage dar, die in dem zu erzielenden höheren Mietzinse ihren Nutzen finden soll. Diese Beträge sind deshalb nicht abzugsfähig. (Vgl. E.-O.-V. in St. Bd. I S. 297.)

2. Dagegen sind alle zum Zwecke einer neuen Vermietung gemachten Aufwendungen, die eine Kapitalsanlage nicht darstellen, von den Mieteinnahmen abzuziehen.

### Nr. 17. Entsch. Bd. X i. St. S. 116 v. 31. V. 02 XIIIb 33/02.

Eink.-St.-Ges. §§ 9, 13.

1. Wird ein bis dahin für Arbeiterfamilien eingerichtetes Miethaus unter Aufwendung erheblicher Geldmittel durch Umbauten und bessere Einrichtungen zu einem herrschaftlichen Miethause umgestaltet, so liegt ein völliger Umbau des Hauses und damit eine in objektiver Hinsicht neue Einkommensquelle vor. Die Kosten des Umbaus und der neuen Einrichtung sind als zur Verbesserung der Quelle selbst und hiermit des Vermögens gemachte Aufwendungen vom Abzuge ausgeschlossen.

2. Erstreckt sich die Umgestaltung bis tief in das Steuerjahr hinein, so stellt sich das Haus bei Beginn des Steuerjahres, mag auch eine einzelne Wohnung schon vorher vermietet worden sein, als eine unfertige, erst in der Bildung begriffene Quelle dar. Zur Anrechnung eines quellenmäßigen Ertrages für das bevorstehende Steuerjahr gehört aber das Bestehen einer bestimmten Einkommensquelle beim Beginne des Steuerjahres oder wenigstens die schon damals feststehende Eröffnung einer solchen Quelle zu einem bestimmten Zeitpunkte im Steuerjahre (E.-O.-V. in St. Bd. VIII S. 228 ff.).

## c) Aus Handel und Gewerbe einschließlich des Bergbaus.

### Nr. 1. Entsch. Bd. X i. St. S. 122 v. 23. I. 02 XIa 87/01.

Eink.-St.-Ges. §§ 9, 14.

1. Voraussetzung für die Annahme einer Betriebsstätte bei beschränkter Steuerpflicht ist ein umgehender Betrieb, der auf einer mehr oder minder dauernd dem Betriebe gewidmeten und tatsächlich

dienenden Stelle ausgeübt wird. Eine Betriebsstätte, der die Eigenschaft eines bleibenden örtlichen Mittelpunktes des auf sie angewiesenen Betriebes mangelt, gibt es nicht. (Vgl. E.-O.-V. in St. Bd. IV S. 383).

2. Das steuerpflichtige gewerbliche Einkommen der Teilhaber einer offenen Handelsgesellschaft besteht nicht nur in den ihnen als Gewinn überwiesenen Beträgen, sondern in demjenigen vollen Teile des Verdienstes der Gesellschaft, der nach Maßgabe ihrer Anteilsrechte auf sie entfällt und auf den sie einen Rechtsanspruch haben, dieser aber in vollem Umfange.

3. Für die Feststellung der Beträge ist das Recht auf den Bezug maßgebend. Es sind deshalb allein die vor dem Entstehen des Rechtsanspruchs der Gesellschafter auf ihren Gewinnanteil stattgehabten vertragsmäßigen Verfügungen über eine Verwendung für solche Zwecke der Gesellschaft, die einen Abzug nach den §§ 9, 14 des Eink.-St.-Ges. begründen, von Erheblichkeit.

**Nr. 2. Entsch. Bd. X i. St. S. 125 v. 1. V. 02 E XIIIb 2/01.**

Eink.-St.-Ges. §§ 12, 14.

1. Die Steuerpflichtigkeit der sich in Wertpapierspekulationen ausprägenden Tätigkeit ist nur begründet, wenn der Steuerpflichtige die Spekulationen im Bereiche eines Gewerbebetriebes oder als Nichtgewerbetreibender Gelegenheitsspekulationen vorgenommen hat.

2. Unter „Gewerbe“ im steuerlichen Sinne ist eine mit der Absicht der Gewinnerzielung unternommene, selbständige, berufsmäßige und erlaubte Tätigkeit zu verstehen, die sich als Beteiligung am allgemeinen wirtschaftlichen Verkehre darstellt. Die Merkmale der Berufsmäßigkeit und der Beteiligung am allgemeinen wirtschaftlichen Verkehre bedeuten, daß die Absicht nicht etwa nur auf einzelne Erwerbsgeschäfte, sondern einheitlich und zum voraus auf die ganze Reihe der in bestimmter Willensrichtung verbundenen Geschäfte in ihrem Zusammenhange gerichtet sein und daß zugleich der Wille und die ihm entsprechende Tätigkeit als solche nach außen hin erkennbar hervortreten müssen. Das beteiligte Publikum muß Kenntnis von dem Bestehen und der Art des Geschäftes und von seinem Träger haben. Nur unter diesen Voraussetzungen erfolgt eine berufsmäßige Beteiligung am allgemeinen wirtschaftlichen Verkehre.

3. Das Erfordernis des Hervortretens an die Öffentlichkeit wird aber nicht schon von demjenigen erfüllt, der An- und Verkäufe von Wertpapieren lediglich durch bankiermäßige Vermittelung bewirken läßt. Es ist auch unwesentlich, ob der Auftraggeber selbst die Börse häufig oder täglich besucht. Denn der Börsenbesuch an sich stellt noch nicht die Ausübung eines Gewerbes dar; es kommt vielmehr darauf an, zu welchem Zwecke der Besuch erfolgt und welche Tätigkeit dort entwickelt wird. Beteiligt sich der Besucher nicht unmittelbar an den Börsengeschäften, sei es in eigener Person, sei es durch Vermittelung der dazu bestellten Börsenorgane, sondern erfolgt der Besuch nur behufs Informierung über den Stand der Kurse, die zeitigen Konjunkturen und dergl., so kann daraus für das Bestehen eines Gewerbebetriebes nichts gefolgert werden. Es ist dann gleichgültig, ob die so gewonnenen Kenntnisse nur im Interesse einer vorteilhaften Vermögensverwaltung, oder auch für einzelne Spekulationsgeschäfte verwertet werden.

**Nr. 3. Entsch. Bd. X i. St. S. 130** v. 12. VI. 02 XIII a 91/02.

Eink.-St.-Ges. §§ 1, 14; Ausf.-Anw. Art. 11, 17, 18.

Die sogenannten Hüttentage, d. h. Anteile an einer weder zu den Berggewerkschaften noch zu den sonstigen nach § 1 Nr. 4 des Eink.-St.-Ges. für sich steuerpflichtigen Unternehmungen gehörigen Hüttengesellschaft sind den Kuxen nicht gleichzuachten, sondern sie sind in jedem Falle Anteile an einem mehr oder weniger gemeinschaftlichen Betriebe von Handel und Gewerbe. Solche Hüttengesellschaften sind bloße Personenvereinigungen zum Gebrauche einer gemeinschaftlichen Hüttenanlage für die Verhüttung der Erze jedes Anteileigners, sei es, daß jeder für sich an bestimmten Tagen (Hüttenzeit) seine Erze glüht und demnächst das gewonnene Eisen verwertet, sei es, daß ein gemeinschaftlicher Betrieb unter einem Leiter (Hüttenschulz) sowohl für den Erwerb und die Verhüttung der Erze als auch für den Vertrieb des Erzeugnisses eingerichtet wird. Der Gewinn daraus ist also den einzelnen Hüttentagberechtigten nach Verhältnis ihres Anteils nach Maßgabe der Vorschriften über Berechnung des steuerpflichtigen Einkommens dieser Art anzurechnen.

**Nr. 4. Entsch. Bd. X i. St. S. 133** i. d. Anm. v. 11. VI. 02 XI c 16/01.

Eink.-St.-Ges. §§ 9, 14; Ausf.-Anw. Art. 18 II [1].

Die Kosten der Unterhaltung der dem Betriebe dienenden Gebäude, nicht auch die Kosten der Neuherstellung sind abzugsfähige Betriebskosten. Hiervon kann auch bei Neubauten zum Zwecke des Ersatzes der durch außerordentliche Unglücksfälle herbeigeführten Vermögensverluste keine Ausnahme gemacht werden. Diese stellen vielmehr eine nicht abzugsfähige Kapitalanlage dar.

d) Aus gewinnbringender Beschäftigung und aus Rechten auf periodische Hebungen u. s. w.

**Nr. 1. Entsch. Bd. X i. St. S. 133** v. 28. II. 01 XI c 16/01.

Eink.-St.-Ges. §§ 9, 14.

Wenn der Beschwerdeführer (ein Ziegelmeister nach den einerseits mit der Ziegeleibesitzerin als Geschäftsherrin, andererseits mit seinen Mitarbeitern getroffenen Vereinbarungen die übrigen Ziegelarbeiter stellt und aus dem mit ihm bedungenen Satze für das Tausend gefertigter Ziegel unter Teilung des ganzen Verdienstes, mit Vorbehalt eines Voraus von 15 M. für den Mann lohnt, so arbeiten sie sämtlich auf gemeinschaftliche Rechnung. Denn das dem Beschwerdeführer zugestandene Voraus ist nur eine Entschädigung für seine Mühewaltung und Kosten. Nur dann würde der Beschwerdeführer die gestellten Arbeiter auf eigene Rechnung beschäftigen und lohnen, wenn er das Risiko des aus der Differenz zwischen den Herstellungskosten und dem Ziegelpreise sich ergebenden Gewinnes und Verlustes zu tragen hätte. Dies ist aber nicht der Fall. Der Beschwerdeführer und seine Mitarbeiter erscheinen gegenüber der Geschäftsherrin als gemeinschaftliche Akkordarbeiter unter Vermittelung und Leitung des Beschwerdeführers (vgl. E.-O.-V. in St. Bd. VIII S. 445). Auch in seiner besonderen Stellung als Ziegelmeister ist der Beschwerdeführer nur Gewerbegehilfe der Geschäftsherrin, dagegen nicht selbständiger Gewerbetreibender, weil er aus der Tätigkeit seiner Mitarbeiter für sich selbst keine besonderen Vorteile zieht.

**Nr. 2. Entsch. Bd. X i. St. S. 135 v. 9. V. 01 XIIIe 17/00.**

Eink.-St.-Ges. §§ 9, 15.

Steht bei Beginn des Steuerjahres fest, daß ein Beamter sein Gehalt nicht zum vollen, sondern nur mit einem, um die Stellvertretungskosten für die Dauer eines Vorbereitungsdienstes zu einem Amte gekürzten, Betrage beziehen werde, so ist nur letzterer als steuerpflichtiges Einkommen in Ansatz zu bringen. Ob er sich dem Vorbereitungsdienste und der Kürzung des Gehaltes um die Stellvertretungskosten freiwillig unterzogen hat, kann hieran nichts ändern. Hat jemand freiwillig, aber in rechtswirksamer Weise auf eine Einnahme verzichtet, so ist eben sein Rechtsanspruch um den Betrag des Verzichtes gekürzt. Der Steuerpflichtige hatte nicht mehr den Anspruch auf das volle, sondern nur den Anspruch auf das durch den Betrag der Stellvertretungskosten verminderte Gehalt. Es kann endlich auch nicht etwa eingewendet werden, daß er das volle Gehalt zu beziehen und seinerseits hieraus die Ausgabe an den Stellvertreter zu leisten habe. Denn im dienstlichen Interesse ist die Sache so geordnet, daß der Stellvertreter seine Entschädigung aus der Staatskasse bezieht und der gleiche Betrag vom Gehalte des Vertretenen einbehalten wird. Ob dies anders, nämlich dahin geregelt werden könnte, daß der Vertretene seinerseits dem Stellvertreter die Entschädigung zu zahlen hätte, kommt nicht in Betracht.

**Nr. 3. Entsch. Bd. X i. St. S. 137 v. 27. VI. 01 XIIIb 227/00.**

Ein.-St.-Ges. §§ 9, 15.

Wenn ein Beamter oder im Privatdienste Angestellter, ein Arzt oder ein Rechtsanwalt u. s. w., bei Ausübung seines Berufes ein Versehen begeht und infolge dessen gegenüber dem Geschäftsherrn oder dritten Personen zum Ersatze des von ihm verschuldeten Schadens verpflichtet ist, so handelt es sich für ihn um Aufwendungen, die mit seinem Berufe in ursächlicher Verbindung stehen und als solche aus dem quellenmäßigen Rohertrage bestritten werden müssen, bevor ihm ein als Einkommen zu verwendender und anzurechnender Reinertrag verbleibt. Die Möglichkeit, daß dem Beamten infolge des begangenen Versehens das Amt entzogen oder die Ausübung des Berufes unmöglich gemacht werden kann, ist eine Zufälligkeit, die an dieser rechtlichen Beurteilung nichts ändert. Ob das Versehen hätte vermieden werden können, ist unerheblich, da für die Aussonderung der Aufwendungen gemäß § 9 I 1 des Eink.-St.-Ges. aus dem Rohertrage der Quelle überall der tatsächliche Zustand, nicht aber die Möglichkeit der Vermeidung oder Verminderung von Ausgaben entscheidet.

Ebensowenig kommt es darauf an, ob die Erstattung des Schadens mittels einmaliger Gesamtleistung oder in Raten oder in einer Rente geschieht. Nach der Fälligkeit bestimmen sich nur Höhe und Zeit der Abzugsfähigkeit, nicht aber die Abzugsfähigkeit selbst. Ist der zu deckende Schaden so hoch, daß der Ersatzpflichtige zur Deckung sein Kapitalvermögen angreifen muß, so verliert er zwar hiermit einen entsprechenden Teil seines Kapitalvermögens und dieser Kapitalverlust als solcher ist selbstverständlicher Weise nicht abzugsfähig. Die Abzugsfähigkeit des auf solche Weise gedeckten Schadens wird aber hiervon gar nicht berührt. Der ersetzte Betrag bleibt vielmehr eine abzugsfähige Aufwendung im Bereiche der Quelle, ohne Rücksicht auf die Höhe und die Art der Deckung. Wollte man nach der Höhe des Schadensersatzes und Art der Deckung unterscheiden, so würde es nicht nur an jeder Möglichkeit für die Bestimmung einer Grenze fehlen, sondern es würde auch die Abzugsfähigkeit von Zufälligkeiten aller Art, insbesondere von dem Umstande abhängen, ob der Ersatzpflichtige über Vermögen zur Deckung verfügt oder nicht.

**Nr. 4. Entsch. Bd. X i. St. S. 139** i. d. Anm. v. 22. IX. 96 V A 2136/94.

Eink.-St.-Ges. §§ 8, 9 II 1; Ausf.-Anw. Art. 4 II 3.

Der Verlust, den der Teilhaber einer offenen Handelsgesellschaft der Gesellschaft durch seine vermeintliche Fahrlässigkeit zugefügt und freiwillig erstattet hat, ist für einen nicht abzugsfähigen Vermögens- und Kapitalverlust im Sinne des Art. 4 II 3 der Ausf.-Anw. dann nicht zu erachten, wenn er im gewerblichen Betriebe des Steuerpflichtigen entstanden ist. Letzteres ist dann der Fall, wenn die vertragsmäßige Verpflichtung des Steuerpflichtigen, auf der der Verlust beruht, ein Akt seiner gewerblichen Tätigkeit ist. Nun spricht allerdings, wenn der Sozius einer offenen Handelsgesellschaft, die das Bankiergewerbe betreibt, selbst auf eigene Rechnung Darlehne gibt oder Kredit gewährt, die Vermutung eher dagegen, daß er hiermit sein Gewerbe betreibe. Im vorliegenden Falle aber hat der Steuerpflichtige die Verpflichtung zur Tragung des Verlustes als Teilhaber der Sozietät und, um die geschäftlichen Interessen dieser zu fördern, übernommen, nämlich in der Absicht, sie vor einem Verluste zu sichern, der ihr aus einer Lage der Verhältnisse zweifellos durch ihn direkt oder indirekt veranlaßten Geschäftsverbindung drohte. Hiernach beruht der eingetretene Verlust auf einer in dem Gewerbebetriebe von dem Steuerpflichtigen geübten Tätigkeit und ist daher als gewerblicher ebenso abzugsfähig, wie in dem wirtschaftlich und steuerrechtlich ganz gleich liegenden Falle, wenn ein Sozius der Handelsgesellschaft einen dieser vermeintlich durch seine Fahrlässigkeit entstandenen Verlust ersetzt.

**Nr. 5. Entsch. Bd. X i. St. S. 142** v. 4. VII. 01 XIIIb 193/01.

Eink.-St.-Ges. §§ 9, 15.

Die Beiträge, die ein Richter für seine Versicherung gegen Schäden aus dem Amte, insbesondere gegen Regreßansprüche, an eine Versicherungsgesellschaft zahlt, stellen sich als Ausgaben zur Sicherung und Erhaltung des Einkommens aus gewinnbringender Beschäftigung dar und sind abzugsfähig.

**Nr. 6. Entsch. Bd. X i. St. S. 143** v. 6. VII. 01 E Va $\frac{2/3}{01}$.

Eink.-St.-Ges. § 15.

Die Wittumsrente, die der Witwe eines Fideikommißbesitzers seitens des Nachfolgers im Fideikommiß zu entrichten ist, stellt kein Einkommen aus Grundvermögen, sondern eine Geldrente dar. Die gesamten Einkünfte des Fideikommisses gebühren allein dem jedesmaligen Fideikommißbesitzer. Der Steuerpflichtigen dagegen ist kein Bezugsrecht auf einen Teil der Einkünfte eingeräumt. Ihr steht lediglich ein Forderungsrecht auf Zahlung eines Geldbetrages gegen den Fideikommißbesitzer zu. Dadurch, daß ihr in erster Reihe die Einkünfte des Fideikommisses für ihre Forderung haften, was auch in der Stiftungsurkunde besonders ausgesprochen ist, ist ihr kein Nutzungsrecht neben dem Fideikommißbesitzer in Höhe ihrer Forderung eingeräumt worden.

**Nr. 7. Entsch. Bd. X i. St. S. 144** v. 30. X. 01 Xb 2/00.
**Entsch. Bd. X i. St. S. 148** v. 30. X. 01 IVa 106/01.
Eink.-St.-Ges. §§ 7⁴, 15.

1. Nach § 7⁴ des Eink.-St.-Ges. unterliegt der objektiven Steuerpflicht das Einkommen aus gewinnbringender Beschäftigung und im § 15 a. a. O. werden als Beispiele eines solchen Einkommens aufgeführt: der Verdienst der Arbeiter, Dienstboten und Gewerbegehilfen, die Besoldung der Militärpersonen und Beamten jeder Art, ferner der Gewinn aus schriftstellerischer, künstlerischer, wissenschaftlicher, unterrichtender oder erziehender Tätigkeit, die keine gewerbsmäßige zu sein braucht. Erforderlich ist vielmehr nur eine Tätigkeit, die dem Begriff einer, wenn auch nur vorübergehenden Beschäftigung, entspricht. Der Begriff der „Beschäftigung" setzt schon dem Wortlaute nach ein positives Schaffen voraus; es genügen aber nicht einzelne Handlungen, eine Beschäftigung erfordert vielmehr eine Reihe von Handlungen, die das nämliche Ziel oder gleichartige Ziele verfolgen (vgl. E.-O.-V. in St. Bd. VI S. 259/60). Daß die Beschäftigung eine bestimmte Dauer hat, ist dagegen nicht erforderlich, es genügt auch eine nur vorübergehende. Ebensowenig kommt es darauf an, ob die Absicht der Gewinnerzielung vorgelegen hat, oder ob die Beschäftigung sich zu einer selbständigen berufsmäßigen Ausübung eignet.

2. Werden diese Grundsätze auf die vorliegenden Fälle angewendet, so kann sehr wohl das Vorliegen einer gewinnbringenden Beschäftigung als Quelle des steuerpflichtigen Einkommens aus der Verwertung der Patente seitens der Erfinder angenommen werden. Denn da, wo der Veräußerer zugleich der Erfinder ist, kommt es nicht auf die einzelne Handlung der Veräußerung der Patente an, sondern auf die Beschäftigung des Steuerpflichtigen, die zu der Erfindung geführt hat. Ob diese Beschäftigung nur 8 Tage gedauert hat, ist gleichgültig; seine Erfindung ist zweifellos das Ergebnis einer Reihe von Handlungen, die das gleiche Ziel verfolgen.

**Nr. 8. Entsch. Bd. X i. St. S. 149** v. 31. V. 02 XIIIe 60/01.
Eink.-St.-Ges. § 15.

Kann für einmalige Erwerbungen des Steuerpflichtigen als Quelle eine gewinnbringende Beschäftigung nicht angesehen werden, so sind sie, falls sich auch keine andere Quelle ermitteln läßt, nicht steuerpflichtig. Dagegen muß die Anrechnung von Zinsen aus der nach der Vereinnahmung erfolgten zinsbaren Anlage jener Beträge als Einkommen aus Kapitalvermögen neben der Anrechnung des Ertrages Gewinn bringender Beschäftigung unter allen Umständen erfolgen.

**Nr. 9. Entsch. Bd. X i. St. S. 151** v. 25. I. 02 III 270/01.
Eink.-St.-Ges. § 15.

Die Alimente, die ein geschiedener Ehemann seiner früheren Ehefrau auf Grund vertragsmäßiger Verpflichtung gewährt, bilden steuerpflichtiges Einkommen der letzteren. Hinsichtlich der Alimente, die für die bei der Mutter lebenden Kinder seitens des Ehemannes gezahlt werden, liegt dagegen für die Mutter ein solches nicht vor. Denn sie erhält die letzteren unverkennbar dafür, damit sie davon die Kosten des Unterhaltes und der Erziehung der Kinder im Auftrage des dazu in erster Reihe verpflichteten Vaters bestreitet. Sie befindet sich danach in steuerlicher Beziehung ganz in derselben Lage, wie eine fremde Person, der ein Vater seine Kinder gegen eine bestimmte Vergütung zur Pflege und Erziehung übergeben hat, und ist, wie diese, nur zur Versteuerung desjenigen Betrages verpflichtet, den sie jährlich von den erhaltenen Alimenten als Überschuß über die ihr durch die Pflege und Erziehung der Kinder erwachsenen Ausgaben erzielt.

**Nr. 10. Entsch. Bd. X i. St. S. 152 v. 6. II. 02 XIIIa 27/01.**

Eink.-St.-Ges. §§ 7, 13, 15; Ausf.-Anw. Art. 21[3].

Das Einkommen, das ein Pfarrer aus den ihm zur Nutznießung überwiesenen Ländereien erzielt, ist im Sinne des Eink.-St.-Ges. kein Einkommen aus gewinnbringender Beschäftigung, sondern ein solches aus Grundvermögen und nach den für letzteres bestehenden Vorschriften zu bemessen. Als die Quellen des Einkommens sind im § 7 des Eink.-St.-Ges. bezeichnet: 1. Kapitalvermögen, 2. Grundvermögen, 3. Handel und Gewerbe und 4. gewinnbringende Beschäftigung; die Jahreseinkünfte aus dieser letzteren sollen als deren Einkommen nur insoweit gelten, als sie „nicht schon unter Nr. 1 bis 3 begriffen sind". Nach § 13 umfaßt das Einkommen aus Grundvermögen die Erträge sämtlicher Grundstücke, aus denen dem Inhaber infolge von Berechtigungen irgend welcher Art ein Einkommen zufließt. Im § 15 ist nichts Abweichendes bestimmt. Vielmehr ist bezüglich der Dienstwohnungen die Schlußfolgerung aus § 13 ausdrücklich gezogen. Hierfür soll der ortsübliche Mietswert oder der Mietzins angerechnet werden.

Hiermit ist die Absicht des Gesetzes in deutlicher Weise dahin zum Ausdruck gebracht, daß bei Inhabern von Dienstwohnungen und Dienstländereien das den Beamten zur Nutznießung überlassene Grundvermögen (Haus oder Ländereien) die Quelle sein soll. Dieses wird auch im Art. 21 Nr. 3 Abs. 1 der Ausf.-Anw. mit den Worten „Geldwert der etwaigen Naturalbezüge" u. s. w. ausdrücklich anerkannt. Der Abs. 2 ist nur als „instruktionelle" Vorschrift über die Berechnungsweise aufzufassen; sonst würde er nicht eine Ergänzung des Gesetzes bilden, sondern mit dessen §§ 7, 13 und 15 im Widerspruche stehen.

**Nr. 11. Entsch. Bd. X i. St. S. 155 v. 20. III. 02 XIIIb 234/01.**

Eink.-St.-Ges. § 15 Abs. 3; Ausf.-Anw. Art. 22[1].

1. Durch die Gerichtsvollzieher-Ordnung v. 31. III. 1900 und die vom Justizminister hierzu am gleichen Tage erlassene Allgemeine Verfügung ist die Einkommensquelle der gewinnbringenden Beschäftigung der Gerichtsvollzieher derartig verändert worden, daß Durchschnittsrechnung nach der Vergangenheit ausgeschlossen ist.

2. Abgesehen von den tarifmäßigen Entschädigungen für bare Auslagen bei Parteiaufträgen (§ 23 Nr. 2 der Gerichtsvollzieher-Ordnung) und dem Ersatze ihrer baren Auslagen bei Erledigung amtlicher Aufträge ist in keiner der maßgebenden Bestimmungen ein bestimmter Betrag oder Teil der Bezüge als Dienstaufwand bewilligt, der steuerfrei zu lassen und den Abzug der Geschäftsunkosten vom Diensteinkommen auszuschließen geeignet wäre. Insbesondere ist eine solche Bestimmung auch nicht aus den Nr. 11, 12 unter II der oben bezeichneten Allgemeinen Verfügung zu entnehmen. Hier werden vielmehr lediglich die Zuschußleistungen des Staates zur Erreichung des zugesicherten Mindesteinkommens geregelt.

**Nr. 12. Entsch. Bd. X i. St. S. 157 v. 26. VI. 02 XII a 31/02.**
Eink.-St.-Ges. § 15.

Fortlaufende Stipendien begründen selbständige Rechte auf periodische Hebungen. (Vgl. E.-O.-V. Bd. VI in St. S. 158.) Ist für das Steuerjahr ein Recht auf den Bezug nicht verliehen worden, so besteht auch keine Quelle und deshalb ist die Anrechnung früherer Bezüge ausgeschlossen.

**Nr. 13. Entsch. Bd. X i. St. S. 158 v. 6. III. 02 XI c 136/01.**
Eink.-St.-Ges. § 15; Lehrerbesoldungsges. v. 3. III. 97 (G.-S. S. 25) §§ 5, 7.

Volksschullehrer haben keinen rechtlichen Anspruch auf Neugewährung einer Dienstalterszulage, es soll ihnen aber eine einmal bewilligte Zulage nicht wieder entzogen werden können, falls sich nicht etwa nachträglich ergibt, daß die Anweisung auf einem Irrtum, z. B. unrichtiger Berechnung der Dienstzeit, beruht. Offenbar nur um dies klar zu stellen, ist im § 7 Abs. 1 des Ges. v. 3. III. 97 das Wort „Neugewährung" im Gegensatze zum Fortbezuge bereits früher gewährter Zulagen gebraucht worden.

Hat daher der Steuerpflichtige erst im Laufe des Steuerjahres eine amtliche Benachrichtigung über die Zulage erhalten, so muß die Anrechnung unterbleiben.

**Nr. 14. Entsch. Bd. X i. St. S. 159 v. 26. VI. 02 XII b 15/02.**
Eink.-St.-Ges. §§ 10, 15.

Bei einem Testamentsvollstrecker, zu dessen berufsmäßiger Tätigkeit die Übernahme von Testamentsvollstreckungen nicht gehört, besteht die Quelle gewinnbringender Beschäftigung in der besonderen Testamentsvollstreckung. Ein Ertrag aus dieser Quelle kann ihm daher nur angerechnet werden, sofern seine Tätigkeit der Testamentsvollstreckung beim Anfange des Steuerjahres, also am 1. April, bereits begonnen hat oder noch fortgesetzt wird. Die Berechnung erfolgt nach den allgemeinen Vorschriften im § 10 des Eink.-St.-Ges. Ist dem Testamentsvollstrecker eine nach der Höhe der Nachlaßmasse bemessene Vergütung ausgesetzt, so handelt es sich um eine Quelle mit unbestimmten Ertrage, und die Berechnung muß nach Maßgabe der tatsächlich bewirkten Zahlungen in der jeweiligen Durchschnittsperiode erfolgen.

**Nr. 15. Entsch. Bd. X i. St. S. 162 v. 15. V. 02 XIII c 2/02.**
Eink.-St.-Ges. §§ 9, 15.

1. Ein steuerpflichtiges Einkommen aus gewinnbringender Beschäftigung oder aus Rechten auf periodische Hebungen ist nur dann vorhanden, wenn das Recht auf die in Betracht kommende Entschädigung für gewinnbringende Beschäftigung oder auf die betreffenden Hebungen bereits bei Beginn des Steuerjahres besteht.

2. Beim Beginne des Steuerjahres bestand für den Steuerpflichtigen nur der gesetzliche Anspruch auf Gewährung einer Entschädigung gemäß §§ 1, 3 Nr. 2, 7 des R.-G. v. 7. VI. 71 über die Verbindlichkeit zum Schadenersatz für die bei dem Betriebe der Eisenbahnen u. s. w. herbeigeführten Tötungen und Körperverletzungen. Hiernach hat er den Ersatz der Heilungskosten und des durch seine dauernde Erwerbsunfähigkeit verursachten Vermögensnachteils zu beanspruchen. Daß hierzu der Ersatz für seine früheren Gehalts- u. s. w. Bezüge gehört, kann nicht dem geringsten Zweifel unterliegen. Dieser Anspruch darf deshalb als feststehend im Sinne des § 10 des Eink.-St.-Ges. erachtet werden. Weitere An-

sprüche waren aber nicht nur nach ihrer Art und Höhe, sondern auch hinsichtlich ihres Bestehens ganz unsicher. Wenn man indessen auch das Bestehen von Rechtsansprüchen wegen der durch den Unfall verursachten höheren Verpflegungs- u. s. w. Kosten anerkennen möchte, so würde hiermit doch die Anrechnung dieses Teiles der Entschädigung als steuerpflichtiges Einkommen noch nicht gerechtfertigt sein. Es handelt sich hier keineswegs um die Abzugsfähigkeit der durch Krankheit entstehenden Kosten, sondern um die Anrechnung des für den Mehraufwand zu zahlenden Entschädigungsbetrages als steuerpflichtiges Einkommen. Hierfür fehlt es aber jedenfalls, solange nicht eine dauernde Entschädigungsrente im Wege gütlicher Vereinbarung oder durch gerichtliches Urteil festgesetzt worden ist, schon an einer Ertragsquelle als unbedingt notwendiger Voraussetzung der Entstehung von steuerpflichtigem Einkommen.

**Nr. 16. Entsch. Bd. X i. St. S. 165** v. 3. IV. 01 XIa 94/00.

Eink.-St.-Ges. § 15; Ausf.-Anw. Art. 22[1].

Die öffentlich angestellten Feldmesser sind nicht Beamte; ihre Reisekosten und Tagegelder sind daher nicht als Dienstaufwand bei Ermittelung des steuerpflichtigen Einkommens außer Betracht zu lassen, sondern nach Abzug der wirklich aufgewendeten Kosten in Anrechnung zu bringen.

**Nr. 17. Entsch. Bd. X i. St. S. 166** v. 3. IV. 01 XIa 109/00.

Eink.-St.-Ges. § 15; Ausf.-Anw. Art. 22[1].

Die Kontrollbeamten der Landesversicherungsanstalten sind öffentliche Beamte, bei deren Besteuerung die für Geschäfte außerhalb ihres Wohnortes gewährten Reisekostenentschädigungen und Tagegelder als steuerfreie Dienstaufwandsentschädigung anzusehen sind. Nach § 98 des Inv.-Vers.-Ges. v. 13. VII. 99 (R.-G.-Bl. S. 393) sind den bei der Versicherungsanstalt und ihren Organen im Hauptamte beschäftigten Bureau-, Kanzlei- und Unterbeamten, soweit sie nicht nach dem für sie geltenden Landesrecht als Staats- oder Kommunalbeamte anzusehen sind, nach näherer Bestimmung der Landesregierung die Rechte und Pflichten von Staats- oder Kommunalbeamten zu übertragen. Dies gilt auch für Kontrollbeamte.

**Nr. 18. Entsch. Bd. X i. St. S. 169** v. 15. VI. 01 IVa 222/00.

Eink.-St.-Ges. § 9 II 2; Ausf.-Anw. Art. 22.

Die Kosten für Mehraufwand an Garderobe stellen bei den Kgl. Kammermusikern Dienstaufwand dar.

Die Entscheidung der Frage, ob die bei der Königlichen Theaterkapelle angestellten Kammermusiker als Staatsbeamte anzusehen sind oder nicht, kann dahin gestellt bleiben. Selbst wenn dies zutreffen sollte, so steht fest, daß im Etat ein bestimmter Betrag der Besoldung als Dienstaufwand nicht ausgeworfen ist. Dagegen ist aus der Bescheinigung der General-Indendantur der Königlichen Schauspiele zu entnehmen, daß das Diensteinkommen der Kammermusiker getroffener Vereinbarung gemäß ohne ausdrückliche Bestimmung des Betrages zugleich die Entschädigung für Mehrausgabe an Garderobe mitenthält. Auf diesen Fall findet aber die Vorschrift des Art. 22 Nr. 3 der Ausf.-Anw. Anwendung, welche sowohl für Staatsbeamte wie für Privatbeamte gilt.

**Nr. 19. Entsch. Bd. X i. St. S. 171** v. 19. VI. 01 VIIa 233/00.

Eink.=St.=Ges. § 15 Abs. 3.

Die den Eichmeistern für Eichungsgeschäfte außerhalb der Amtsstelle nach der von der Normaleichungskommission festgestellten Eichgebührentaxe gewährten Diäten stellen eine steuerfreie Dienstaufwandsentschädigung dar.

Folgt eingehende Begründung unter Heranziehung einer Auskunft der Normaleichungskommission, wonach die in Rede stehenden sogen. Diäten den Zweck haben, den Eichungsbeamten zur Bestreitung der besonderen Kosten und Auslagen (für Kleidung, Verpflegung u. s. w.) zu dienen, die durch Eichungsgeschäfte außerhalb der Amtsstelle erwachsen.

**Nr. 20. Entsch. Bd. X i. St. S. 174** v. 9. X. 01 IX 175/00.

Eink.=St.=Ges. § 15; Ausf.=Anw. Art. 22.

1. Der Staat übt durch den Landrat die Aufsicht über die Landgemeinden aus. Die Beamten, z. B. Rentmeister, die der Landrat zu seiner Unterstützung heranzieht, und die an seiner Stelle Aufsichtshandlungen vornehmen, müssen hiernach ebenso wie der Landrat staatliche Dienstgeschäfte verrichten und fungieren dabei somit als Staatsbeamte.

2. Die Entschädigung, die den Rentmeistern für Unterstützung der Landräte bei Beaufsichtigung der Gemeindekassen gewährt wird, ist eine der Besteuerung nicht unterworfene Dienstaufwandsentschädigung.

## C. Abzüge vom Gesamteinkommen.

**Nr. 1. Entsch. Bd. X i. St. S. 175** v. 2. XI. 91 E VIb 36/97.

Eink.=St.=Ges. § 9; Ausf.=Anw. Art. 24².

1. Alle fortlaufenden Leistungen, die ein Schuldner an den Gläubiger für die Gewährung des Darlehns zu entrichten hat, und die nicht zur allmählichen Tilgung des aufgenommenen Kapitals verwendet werden, wie z. B. die Beiträge zu den Verwaltungskosten der landschaftlichen Kreditinstitute, haben den Charakter von Schuldenzinsen und sind von dem Einkommen abzuziehen.

2. Bei der Prüfung und Beantwortung der Frage, was unter den „Schuldenzinsen" des § 9 I 2 des Eink.=St.=Ges. zu verstehen ist, muß angenommen werden, daß das Gesetz den im Verkehrsleben maßgebenden Begriff der Zinsen im Auge gehabt hat, wonach als Zinsen eines Kapitals der für die Hingabe und Benutzung des Kapitals vom Schuldner an den Gläubiger zu entrichtende Geldbetrag verstanden wird. Ob der Gläubiger den ihm für die Überlassung seines Kapitals von dem Schuldner zu entrichtenden Preis (Zins) von seiner Seite zerlegt und seine Höhe berechnet,

a) nach dem reinen Zins, also nach dem Preis, welchen er bei sicherster Ausleihung seines Kapitals erzielen würde,

b) nach einem Zuschlage, der bedingt ist durch die Unsicherheit des Schuldners, der Zustände u. s. w.,

c) nach einem weiteren Zuschlage für seine Arbeit und Tätigkeit bei der Verwaltung der Kapitalien u. s. w.,

und ob eine solche Zerlegung volkswirtschaftlich richtig und haltbar ist, ist unwesentlich für die Frage, was im allgemeinen Verkehrsleben als Schuldenzinsen gilt. Ebensowenig kann es darauf ankommen, ob der für die Überlassung eines Kapitals zu entrichtende Preis unter der einheitlichen Bezeichnung Zinsen vereinbart wird, oder ob hierbei noch unterschieden wird zwischen Zinsen, Verwaltungskostenbeiträgen, Quittungsgroschen oder sonstigen eine Tätigkeit des Gläubigers bedingenden Zusätzen, vorausgesetzt, daß alle Beträge lediglich und allein das vom Schuldner zu zahlende Entgelt für die Überlassung des Kapitals zur Nutzung bilden. Werden dagegen die vom Schuldner, gleichviel unter welcher Bezeichnung, zu zahlenden Zinsen mit zur allmählichen Tilgung des aufgenommenen Kapitals verwendet, so haben sie, soweit diese Verwendung stattfindet, rechtlich nicht die Natur von Zinsen. In völliger Übereinstimmung mit diesem Ergebnis schreibt auch der Art. 24 Nr. 2 der Ausf.-Anw. vor, daß in jedem einzelnen Falle nach dem Inhalte der Schuldverschreibung oder nach den maßgebenden Reglements oder Statuten des darleihenden Kreditinstituts beurteilt werden müsse, ob die Jahresbeträge, die der Schuldner zu entrichten hat, als Zinsen oder Tilgungsquoten anzusehen sind.

3. Nach den Statuten der Posener Landschaft werden die Verwaltungskostenbeiträge unter bestimmten Voraussetzungen mit zur Tilgung des aufgenommenen Darlehns verwendet. Im Einzelfalle ist festzustellen, welcher Betrag von den vom Pflichtigen zu entrichtenden Zinsen und Beiträgen zur Tilgung des aufgenommenen Darlehns verwendet wird. Dieser Betrag hat nicht die Natur der Zinsen und ist also nicht abzugsfähig. Im übrigen sind dagegen die zu entrichtenden Beträge als Schuldenzinsen nach § 9 I 2 des Eink.-St.-Ges. abzugsfähig (vgl. auch E.-O.-V. in St. Bd. IX S. 216).

**Nr. 2. Entsch. Bd. X i. St. S. 179 v. 19. III. 02 IIb 144/01.**

Ausf.-Anw. Art. 24 ².

1. Bei der Neuen Westpr. Landschaft bestehen nach ihren Satzungen drei Fonds:

1. Betriebsfonds (§ 27 des Statuts),
2. Sicherheitsfonds (§§ 28 und 29),
3. Tilgungsfonds (§ 30).

Die beiden ersteren stehen im Eigentume der Landschaft, ohne daß den Darlehnsnehmern unmittelbar irgend welche Rechte daran zustehen. Der Amortisations- oder Tilgungsfonds dagegen zerfällt in Spezial-Tilgungs-Konti, die im Eigentume der Besitzer der bepfandbrieften Grundstücke stehen. Erreicht der Anteil des Grundstücks am Tilgungsfonds 10 Prozent der Pfandbriefschuld, so kann der Besitzer nach seiner Wahl die Löschung dieses Betrages, soweit durch Hundert teilbar, oder falls die statutenmäßige Sicherheit gewährleistet wird, die Ausantwortung dieses Anteils aus dem Tilgungsfonds fordern. Sobald Löschung erfolgt ist, hat der Schuldner Zinsen oder sonstige laufende Beiträge nur noch von dem auf dem Grundstücke stehen bleibenden Reste des Pfandbriefsdarlehns zu entrichten. Zahlt der Schuldner das Darlehn ganz oder teilweise zurück, so wird ihm ein entsprechender Teil seines Tilgungsfondsanteils zurückgezahlt.

2. Jeder Darlehnsnehmer hat an fortlaufenden Jahresbeiträgen neben den eigentlichen Pfandbriefzinsen nur noch den Betrag von $1/2$ Prozent seiner Schuld an die Landschaft zu entrichten, welcher Betrag die ersten zwei Jahre, nach erfolgter Konversion der Pfandbriefe dagegen vier Jahre lang, dem Betriebsfonds, die nachfolgenden 8 bezw. 6 Jahre dagegen dem Sicherheitsfonds und dann erst dem Tilgungsfonds zufließt. Danach leistet der Darlehnsnehmer in den ersten 10 Jahren unmittelbar überhaupt keinen Beitrag zur Tilgung seiner Schuld.

In den Tilgungsfonds fließen außer dem frei gewordenen $1/2$ Prozent der Schuld

a) die Zinsen seiner Bestände,

b) die Zinsen des Sicherheitsfonds.

Aus dieser Darstellung ergibt sich, daß einerseits dem Guthaben (Tilgungskonto) des Darlehnsnehmers außer den (feststehenden) eigenen Zinsen dieses Konto auch noch steuerpflichtige Zuschüsse anscheinend schwankender Art aus Mitteln des Kreditinstituts zufließen. Andererseits hat aber der Darlehnsnehmer nicht allein die laufenden Zinsen des bestehenden — ungetilgten — Schuldkapitals in vollem Umfange, sondern unter Umständen, die von der Zeit des Bestehens der Schuld abhängen, auch sonstige zum Abzuge von seinen steuerpflichtigen Einkünften zu verstattende fortlaufende Gegenleistungen für die Gewährung des Darlehns (also nicht zur Tilgung desselben) an das Institut zu entrichten. Alle derartige Leistungen aber, welche nicht zur allmählichen Tilgung des aufgenommenen Kapitals verwendet werden, haben die Natur der abzugsfähigen Zinsen.

**Nr. 3. Entsch. Bd. X i. St. S. 182 v. 26. II. 02 VIII a 27/01.**

Eink.-St.-Ges. § 9.

Die Zinsen von Schulden, die auf der Besteuerung nicht unterliegenden Einkommensquellen haften, sind nicht abzugsfähig. Dagegen sind die Zinsen von Hypothekenschulden, die auf einem dem Steuerpflichtigen gehörig gewesenen, in einem anderen Bundesstaate belegenen und vom Steuerpflichtigen verkauften Grundstücke eingetragen, vom Käufer aber nicht in Anrechnung auf den Kaufpreis übernommen worden sind, von dem gesamten steuerpflichtigen Einkommen des Verkäufers insoweit in Abzug zu bringen, als er sich zur Verzinsung dieser Schulden dem Käufer gegenüber verpflichtet hat. Denn die Hypothekenzinsen hafteten dem Verkäufer gegenüber nicht mehr auf der Einkommensquelle eines in einem anderen Bundesstaate belegenen Grundstückes und dem daraus fließenden Einkommen, sondern auf seinem gesamten in Preußen steuerpflichtigen Einkommen, zu dem auch die durch den Verkauf jenes Grundstücks von ihm erworbene Forderung gehörte. Der Rechtsgrund, aus dem der Steuerpflichtige auch nach der Veräußerung der Besitzung zur Zahlung der Hypothekenzinsen materiell verpflichtet blieb, war außerdem nicht die Eintragung, das Haften der Hypotheken auf der erwähnten Besitzung, sondern die nach dem Kaufvertrage dem Käufer gegenüber ihm obliegende persönliche Verpflichtung zur Zahlung der Zinsen der von diesem noch nicht übernommenen Hypotheken.

**Nr. 4. Entsch. Bd. X i. St. S. 186 v. 17. IV. 01 VII b 171/00.**

Eink.-St.-Ges. § 9 II 1; Einf.-Ges. z. B.-G.-B. Art. 59; A.-L.-R. II 4 §§ 72, 73.

Ein Vertrag, durch den sich ein Fideikommißbesitzer der Familie gegenüber verpflichtet hat, eine von dieser anerkannte Substanzschuld binnen einer bestimmten Reihe von Jahren aus den Einkünften des Fideikommisses durch jährliche Ratenzahlungen abzutragen, bildet einen besonderen Rechtstitel, auf Grund dessen er berechtigt ist, die jährlichen Zahlungen als dauernde Lasten von seinem steuerpflichtigen Einkommen in Abzug zu bringen.

Nach den noch heute maßgebenden Bestimmungen (A.-L.-R. II 4 §§ 72, 73) steht dem Fideikommißbesitzer das nutzbare Eigentum, der ganzen Familie das Obereigentum des Fideikommisses zu, es bestehen also insoweit zwei selbständige Rechtssubjekte. Im vorliegenden Falle hatte der Steuerpflichtige als Fideikommißbesitzer 922 000 M. für Erweiterungen und Verbesserungen der Substanz des Fideikommißbesitzes aufgewendet. Die Familie erkannte die Erstattungspflicht für diese Summe an und befriedigte den Fideikommißbesitzer durch Aushändigung einer Million in Pfandbriefen, nachdem durch Familienschluß festgesetzt worden war, daß die Substanz des Fideikommisses für die Schuld verpfändet sein und die Verzinsung, sowie eine erhöhte jährliche Amortisation mit zwei Prozent aus den Fideikommißeinkünften unter Verzichtleistung des Steuerpflichtigen und sämtlicher Anwärter auf die Revenüen in Höhe des zur Verzinsung und Amortisation erforderlichen Betrages, erfolgen sollte. Nach dieser Sachlage handelt es sich um einen zweiseitigen Vertrag zwischen der Familie als Obereigentümerin einerseits und dem Steuerpflichtigen als Fideikommißbesitzer andererseits, der den Zweck hatte, dem letzteren die dem Fideikommiß nach seiner Erklärung dauernd einverleibten Objekte und Verbesserungen im Werte von 922 000 M. seitens der Familie zu erstatten. Ein derartiger Vertrag ist zulässig, wenngleich er die Eigentümlichkeit besitzt, daß der Fideikommißbesitzer, der ja auch wieder zur Familie gehört, auf der einen Seite einziger Kontrahent, auf der anderen Seite als Glied der Familie anscheinend Mitkontrahent ist. Dies ist jedoch nichts Anomales. Denn bei jeder Personenvereinigung mit dem Charakter einer juristischen Person steht die Gesamtheit der Mitglieder als Einheit und selbständiges Rechtssubjekt den einzelnen Mitgliedern ganz ebenso wie dritten Personen gegenüber, so daß bei Verträgen zwischen der juristischen Person, der Gesamtheit, und einem einzelnen Mitgliede dieses lediglich als dritter in Betracht kommt und seine Eigenschaft als Mitglied völlig unberücksichtigt bleibt. Es gilt daher bei einem Vertrage zwischen der Familie und dem Fideikommißbesitzer dasselbe, wie z. B. bei einem Vertrage zwischen einer Stadtgemeinde und einem ihrer Mitglieder. Ebensowenig unterliegt der Vertrag inhaltlich einem Bedenken. Der Steuerpflichtige hat sich der Familie gegenüber verpflichtet, jährlich in deren Interesse zum Zwecke der Tilgung ihrer Schuld einen bestimmten Geldbetrag zu einem im Eigentum der Familie stehenden Fideikommißfonds abzuführen, auf den er selbst niemals einen Anspruch erlangen kann.

Dieser Vertrag, neben dem das Schuldverhältnis des Steuerpflichtigen gegenüber der Landschaft als besonderes Vertragsverhältnis besteht, bildet den besonderen Rechtstitel, auf dem die von dem Steuerpflichtigen der Familie gegenüber übernommene Verpflichtung zur Tilgung der Substanzschuld aus den Revenüen des Fideikommisses beruht. Da ferner nach den Statuten der Landschaft die Pfandbriefschuld keineswegs sofort in Höhe der jedesmaligen Zahlung getilgt, sondern zunächst nur ein Fonds als Pertinenz des Fideikommisses bei der Landschaft angesammelt wird, welcher künftig durch Verrechnung mit der Pfandbriefschuld die letztere zu tilgen bestimmt ist, so wird die auf einem Vertrage mit der Familie als einem besonderen Rechtstitel beruhende Last auch zugleich zu einer dauernden im Sinne der Vorschrift des § 9 I 3 des Eink.-St.-Ges.

**Nr. 5. Entsch. Bd. X i. St. S. 195 v. 2. VII. 02 IIb 62/02.**

Eink.-St.-Ges. § 9 I³.

1. **Wird auf Grund einer anderweit übernommenen, vertragsmäßigen Verpflichtung seitens eines Kindes den Eltern Unterhalt gewährt, so findet die Unterhaltung der Eltern nicht auf Grund der gesetzlichen Verpflichtung statt. Die gewährten Leistungen sind vom Einkommen des Kindes abzuziehen. Erheblich ist dabei nur, ob beim Beginne des Steuerjahres eine in rechtsverbindlicher Weise ein-**

gegangene Verpflichtung zur Zahlung des in Rede stehenden Betrages an die Eltern des Steuerpflichtigen bestand oder nicht. Unerheblich ist es dagegen, ob der Steuerpflichtige sich „freiwillig" zur Übernahme der Verpflichtung herbeigelassen hat.

2. Die in Meßstipendien bestehenden fortlaufenden Einnahmen eines katholischen Geistlichen sind zu dessen Jahreseinkünften aus gewinnbringender Beschäftigung zu rechnen. Daß der Kleriker diese Meßstipendien, wie in der Beschwerdeschrift unter Berufung auf den katholischen Moraltheologen Gury behauptet wird, nicht für sich verwenden dürfe, sondern verpflichtet sei, sie zu guten und frommen Zwecken zu verwenden „quia patrimonium pauperum sunt", kann nicht als richtig anerkannt werden.

**Nr. 6. Entsch. Bd. X i. St. S. 193** v. 2. VII. 02 VII b 175/01.
**Entsch. Bd. X i. St. S. 194** i. d. Anm. v. 26. VII. 02 XI c 80/02.

Eink.-St.-Ges. § 9 I $^{3}$; B.-G.-B. §§ 1601 ff.

Eine gesetzliche Unterhaltungspflicht unter Geschwistern besteht nach dem Bürgerlichen Gesetzbuche nicht. Hat sich ein Steuerpflichtiger zur Unterhaltung eines seiner Geschwister rechtsgültig verpflichtet, so bildet diese Verpflichtung einen besonderen Rechtstitel und die gewährte Unterstützung eine abzugsfähige dauernde Last.

**Nr. 7. Entsch. Bd. X i. St. S. 197** v. 6. VII. 01 X d 11/00.

Eink.-St.-Ges. §§ 9, 10, 56—58.

1. Nach dem sich aus den §§ 10, 56 bis 58 des Eink.-St.-Ges. vom 24. VI. 91 ergebenden, die ganze Veranlagung beherrschenden Grundsatze sind alle für die Steuerfestsetzung wesentlichen tatsächlichen, wie rechtlichen Voraussetzungen nach dem Stande zur Zeit der Abgabe der Steuererklärung bezw. bei Beginn des Steuerjahres zu beurteilen. Daraus folgt insbesondere auch, daß nur die Zinsen solcher Schulden und nur solche auf einem besonderen Rechtstitel beruhende dauernde Lasten gemäß § 9 I 2 und 3 a. a. O. von dem Einkommen in Abzug gebracht werden dürfen, die spätestens bei Beginn des Steuerjahres feststanden. An dieser Voraussetzung fehlt es, wenn die Verpflichtung zur Leistung im Steuerjahre von einer bei dessen Beginn noch nicht eingetretenen aufschiebenden Bedingung abhängt (vgl. E.-O.-V. in St. Bd. VI S. 336, Bd. VII S. 196, Bd. VIII S. 228, 234, Bd. IX S. 33).

2. Ist die Verpflichtung zur Leistung einer sonst abzugsfähigen Zulage an einen Seekadetten von der beim Beginn des Steuerjahres noch nicht eingetretenen aufschiebenden Bedingung der Annahme des Kadetten abhängig, so ist ein Abzug unzulässig.

**Nr. 8. Entsch. Bd. X i. St. S. 198** v. 15. V. 02 E XIII c 8/01.

Eink.-St.-Ges. § 9.

1. Nach § 9 I 4 des Eink.-St.-Ges. sind von dem Roheinkommen in Abzug zu bringen die von dem Grundeigentum, dem Bergbau und dem Gewerbebetriebe zu entrichtenden direkten Staatssteuern sowie solche indirekte Abgaben, welche zu den Geschäftsunkosten zu rechnen sind. Es könnte in Frage kommen, ob unter den Staatssteuern im Sinne dieser Bestimmung etwa ausschließlich Preußische Staatssteuern zu verstehen wären. Diese Frage ist aber zu verneinen. Alle staatlichen wie die kommunalen Ertragsteuern (Grund- und Gebäude-, Gewerbesteuer) sind nach wirtschaftlichen

Rücksichten Betriebskosten der belasteten Quelle und würden gemäß § 9 I 1 abzugsfähig sein, wenn sich nicht aus den Gesetzesmaterialien die deutliche Absicht ergäbe, die Abzugsfähigkeit auf die staatlichen Ertragsteuern zu beschränken, also wegen der kommunalen Ertragsteuern auszuschließen. Auch die Ertragsteuern ausländischer Staaten bilden Betriebskosten bei der Quelle des Grundbesitzes. Sie würden nur auf Grund eines ausdrücklichen gesetzlichen Verbotes der Abzugsfähigkeit auszuschließen sein. Ein solches Verbot ist aber weder im Eink.-St.-Ges. enthalten, noch aus den Gesetzesmaterialien herzuleiten. Die Berücksichtigung ausländischer Staatsertragsteuern unter den abzugsfähigen Betriebskosten ist daher anzuerkennen.

2. Daß die in Österreich bestehende, der Preußischen Gebäudesteuer gleichwertige Hauszinssteuer zu den Staatssteuern gehört, unterliegt keinem Zweifel. Auch die Kapitalzinsensteuer ist als staatliche Ertrag- oder Objektsteuer abzugsfähig. Dagegen sind zweifelsohne nicht abzugsfähig eine zu Schulzwecken erhobene Kultussteuer, die Einkommensteuer und als Kreissteuer die Komitatsstraßensteuer.

**Nr. 9. Entsch. Bd. X i. St. S. 200 v. 5. II. 02 VIII c 7/01.**

Eink.-St.-Ges. § 9.

Die Verpflichtung zur Leistung eines anteiligen Beitrages zu den Pflasterungskosten, mag es sich dabei um die Pflasterung der Straße überhaupt oder nur um die Pflasterung des Bürgersteiges handeln, beruht auf einer dem Steuerpflichtigen nach dem öffentlichen Recht obliegenden Wegebaulast. Die Erfüllung dieser Pflicht gehört daher weder zu den in § 9 I 1 des Eink.-St.-Ges. gedachten, unmittelbar der Erwerbung, Sicherung oder Erhaltung des Einkommens dienenden Ausgaben, noch zu den sich als Geschäftsunkosten darstellenden indirekten Abgaben (Nr. 4 a. a. O.), noch auch, wie in der Beschwerde anerkannt wird, zu den auf besonderen Rechtstiteln beruhenden dauernden Lasten im Sinne der Nr. 3 a. a. O. Die von dem Steuerpflichtigen für seine gegenteilige Annahme inbezug genommene E.-O.-V. in St. Bd. VIII S. 142, in der die in Berlin zu entrichtende Kanalisationsabgabe als eine bei der Feststellung des Einkommens aus Grundvermögen nach § 9 I 1 des Eink.-St.-Ges. abzugsfähige Ausgabe anerkannt wird, steht dem nicht entgegen, weil es sich dabei um eine fortlaufende Gebühr für die Benutzung der öffentlichen Kanalisationsanlage im Interesse der Eigentümer, Mieter oder sonstiger in den Grundstücken Berechtigten handelt, also um eine Gegenleistung für die spezielle Inanspruchnahme der von der Gemeinde im öffentlichen Interesse unterhaltenen Anlage.

**Nr. 10. Entsch. Bd. X i. St. S. 201 i. d. Anm. v. 30. X. 01 IX 177/00.**

Eink.-St.-Ges. § 9 I 1.

Der ganze Betrag, den ein Gutsbesitzer zur Verzinsung und Amortisation einer Deichverbandsschuld zu zahlen hat, ist abzugsfähig.

## 3. Steuerpflicht der nichtphysischen Personen.

### A. Steuerpflichtige Unternehmungen.

**Nr. 1. Entsch. Bd. X i. St. S.** 201 v. 22. V. 01 V A 36/00.

Eink.-St.-Ges. § 1.

Die subjektive Steuerpflicht einer eine Dampfziegelei betreibenden eingetragenen Genossenschaft hängt davon ab, ob ihr Geschäftsbetrieb über den Kreis ihrer Mitglieder hinausgeht. Das ist der Fall, wenn von Geschäften der Genossenschaft mit den einzelnen Mitgliedern in dem Statut überhaupt nicht die Rede ist, sondern mit dem Kapital, das durch die Einlagen der Mitglieder beschafft ist, ein gewerbliches Unternehmen, bestehend in der Herstellung und dem Verkauf von Ziegeleiprodukten auf gemeinschaftliche Rechnung und Gefahr, betrieben wird, und wenn auch nicht etwa das Material für die Ziegeleiprodukte ausschließlich von den Mitgliedern bezogen wird. Der Verkauf der Produkte an Nichtmitglieder würde dagegen unerheblich sein, da ein solcher Verkauf gerade den Gegenstand des Geschäftsbetriebes bildet.

**Nr. 2. Entsch. Bd. X i. St. S.** 203 v. 17. IV 01 V A 9/01.

Eink.-St.-Ges. § 16.

1. Betreibt eine Aktiengesellschaft ihr Gewerbe ausschließlich in Preußen, so gehört zu ihren steuerpflichtigen Überschüssen der Gewinn aus ihrer Beteiligung als Mitglied an einer Gesellschaft mit beschränkter Haftung in vollem Umfange auch dann, wenn die letztere Gesellschaft ihr Gewerbe zum Teil in anderen Deutschen Bundesstaaten betreibt.

Die Gesellschaft mit beschränkter Haftung bildet im Gegensatz zur offenen Handelsgesellschaft und zur Kommanditgesellschaft ein von den einzelnen Mitgliedern, wie von deren Gesamtheit verschiedenes, selbständiges Rechtssubjekt. Bei einer zum Zwecke einer gewerblichen Unternehmung errichteten derartigen Gesellschaft wird demnach das Gewerbe nicht von der Gesamtheit der einzelnen Gesellschafter, sondern von der Gesellschaft als solcher betrieben. Die Geschäftsanteile bilden daher, ebenso wie die Aktien, für den Besitzer — falls sie nicht ausnahmsweise zu dem gewerblichen Anlage- und Betriebskapitale eines von ihm selbst betriebenen Gewerbes gehören — Kapitalvermögen, und das Einkommen daraus ist für den Besitzer nicht Einkommen aus Handel und Gewerbe, sondern Einkommen aus Kapitalvermögen (vgl. E.-O.-V. in St. Bd. IV S. 21, Bd. V S. 314, Bd. VI S. 84, Bd. VIII S. 74).

2. In dem vorliegenden Falle bilden die Geschäftsanteile der Aktiengesellschaft bei der Gesellschaft mit beschränkter Haftung einen Bestandteil ihres Gesellschaftsvermögens. Ihr Gewinn aus diesen Geschäftsanteilen stellt daher für sie, ebenso wie die Dividende der etwa in ihrem Besitz befindlichen Aktien, lediglich eine Frucht eines Bestandteils ihres Geschäftsvermögens und deshalb in ihrer Person nur Einkommen aus dem von ihr betriebenen Gewerbe dar.

3. Ob die Steuerpflichtige mit ihrem Gewinne aus der Beteiligung an der letzteren Gesellschaft auch in einem anderen deutschen Bundesstaate zur Einkommensteuer herangezogen wird, ist für die Anwendung des Pr. Eink.-St.-Ges. so lange ohne Bedeutung, als nicht zwischen Preußen und dem betreffenden Staate eine Vereinbarung dahin getroffen ist, daß der Gewinnanteil eines in Preußen subjektiv unbeschränkt Steuerpflichtigen, den dieser

als Gesellschafter einer in dem betreffenden Bundesstaate bestehenden Gesellschaft mit beschränkter Haftung bezieht, in Preußen überhaupt nicht oder nur zum Teil der Besteuerung unterliegen soll.

**Nr. 3. Entsch. Bd. X i. St. S. 206 v. 9. III. 01 V A 104—106/00.**

Eink.-St.-Ges. § 2; Ausf.-Anw. Art. 2 c.

1. Nach § 2 des Eink.-St.-Ges. unterliegen außerhalb des Preußischen Staatsgebietes domizilierte Aktiengesellschaften der Einkommensteuer in Preußen mit dem Einkommen aus preußischem Grundbesitz und aus preußischen Gewerbe- oder Handelsanlagen oder sonstigen gewerblichen Betriebsstätten. Zu den letzteren gehören, wie nicht zweifelhaft sein kann und auch in Art. 2c der Ausf.-Anw. v. 5. VIII. 91 besonders hervorgehoben wird, namentlich auch Verkaufsstellen.

2. Die Annahme einer preußischen Verkaufsstätte eines auswärtigen Unternehmers wird nicht dadurch ausgeschlossen, daß die mit dem Verkauf der Waren in Preußen beauftragte Mittelsperson deren Vertrieb nach außen hin in eigenem Namen bewirkt. Denn es kommt bei Beurteilung der Frage, ob er dabei als ein Organ der Gesellschaft handelt, lediglich auf den Inhalt der mit dieser getroffenen Vereinbarungen und insbesondere darauf an, ob er danach das Feilhalten und den Verkauf der Waren für seine eigene Rechnung oder für die der Gesellschaft bewirkt, ob wirtschaftlich also er oder die Gesellschaft Gewinn und Verlust dabei trägt und deshalb als Unternehmer des in dem Verkauf der Waren liegenden gewerblichen Betriebes anzusehen ist. Ob der Agent für seine Tätigkeit ein festes Gehalt oder nur Provision bezieht und ob er deshalb für seine Person zur Gewerbesteuer veranlagt ist, erscheint dabei ohne jede Bedeutung.

## B. Steuerpflichtiges Einkommen.

### a) Der Aktiengesellschaften und der Kommanditgesellschaften auf Aktien.

**Nr. 1. Entsch. Bd. X i. St. S. 210 v. 17. IV. 01 V A 49/00.**

Eink.-St.-Ges. §§ 2 b, 6 [1], 16.

Ges. v. 13. V. 70 (R.-G.-Bl. S. 119) wegen Beseitigung der Doppelbesteuerung § 3.

Die Vorausberücksichtigung der in Preußen befindlichen Geschäftsleitung bei der nach dem Verhältnis der Prämieneinnahmen u. s. w. erfolgten Ermittelung des in Preußen steuerpflichtigen Teils der Gesamtüberschüsse einer in Preußen domizilierten, ihr Gewerbe aber auch in anderen Deutschen Bundesstaaten betreibenden Lebensversicherungsgesellschaft verstößt nicht gegen das R.-G. wegen Beseitigung der Doppelbesteuerung v. 13. V. 70.

Jn § 3 dieses R.-G. ist allerdings bestimmt, daß der Betrieb eines Gewerbes sowie das daraus herrührende Einkommen nur von demjenigen Bundesstaate besteuert werden darf, wo das Gewerbe betrieben wird. Diese Vorschrift regelt unmittelbar nur den Fall, wo ein Gewerbe ausschließlich in einem Bundesstaate betrieben wird. Dagegen fehlt in dem Gesetz eine ausdrückliche Vorschrift für den Fall, daß ein einheitliches Gewerbe teilweise in dem einen, teilweise in einem anderen Bundesstaate betrieben wird. Es folgt aber aus dem in § 3 ausgesprochenen Prinzipe und der Natur der Sache, daß in diesem Falle das Recht der Besteuerung jedem der beteiligten Staaten, einem jeden aber nur soweit zusteht, als der Betrieb des Gewerbes in seinem Gebiete stattfindet und demnach der in seinem Gebiete betriebene Teil der gewerblichen Tätigkeit sich als Quelle des Einkommens aus dem einheitlichen Gesamtunternehmen darstellt. Macht ein Staat von seinem Rechte innerhalb dieser Grenze Gebrauch, so ist eine Doppelbesteuerung begrifflich ausgeschlossen. Es steht nun erfahrungsgemäß fest, daß bei vielen Handels- und gewerblichen Unternehmungen, die sich über mehrere Betriebsorte erstrecken, insbesondere bei Bank-, Kredit- und Versicherungsgeschäften, die von der Zentralstelle ausgehende geistige Leitung des Gesamtunternehmens auf die Erzielung des Ertrages an den übrigen Betriebsorten einen so wesentlichen Einfluß übt, daß ein Teil des an den letzteren Orten erzielten Ertrages als das Ergebnis der am Sitze der Geschäftsleitung ausgeübten gewerblichen Tätigkeit erscheint. Stellt sich aber danach tatsächlich als Quelle des auf den Einfluß der Zentralstelle zu rechnenden Anteils an dem an den anderen Betriebsorten erzielten Ertrage nicht die an den letzteren Orten, sondern die am Sitze der Geschäftsleitung ausgeübte Tätigkeit dar, so erscheint es durchaus folgerichtig, daß auch bei der im steuerlichen Interesse erforderlichen Ermittelung des von dem Gesamtertrage eines einheitlichen Unternehmens auf die einzelnen Betriebsorte entfallenden Anteils der Sitz der Geschäftsleitung als die Quelle des Teiles des an den übrigen Betriebsorten erzielten Ertrages behandelt wird, der auf die von der Zentralstelle ausgehende geistige Leitung entfällt.

**Nr. 2. Entsch. Bd. X i. St. S. 214** v. 25. VI. 02 V A 57/00.

Eink.-St.-Ges. §§ 1—16; H.-G.-B. §§ 178, 211, 212; Ausf.-Anw. Art. 26, 27.

1. Unter den „Überschüssen" im Sinne des § 16 des Eink.-St.-Ges. sind die Überschüsse der Einnahmen der Aktiengesellschaften und sonstigen subjektiv steuerpflichtigen Gesellschaften (§ 1 Nr. 4 und 5) aus den im § 7 Nr. 1—4 genannten Einkommensquellen über die gesetzlich anerkannten Abzüge zu verstehen. Das läßt schon der Inhalt und der Aufbau der Vorschriften über die subjektive und objektive Steuerpflicht in den §§ 1 bis einschließlich 16 mit ausreichender Sicherheit erkennen. Die äußere Ordnung dieser Vorschriften zwingt ohne weiteres zu der Annahme, daß sie, insbesondere auch die in den §§ 5 bis einschließlich 11 enthaltenen allgemeinen Grundsätze über die objektive Steuerpflicht, unterschiedslos auf sämtliche nach den §§ 1—4 subjektiv steuerpflichtigen physischen wie nichtphysischen Personen Anwendung zu finden haben, soweit sie nicht nach der Natur der Sache sich nur auf einzelne Arten derselben beziehen oder soweit nicht bezüglich einzelner Arten ausdrücklich Sondervorschriften getroffen sind.

2. Die §§ 7 und 8 regeln, der erstere in positiver, der letztere in negativer Richtung, den im Gesetze nicht besonders definierten Einkommensbegriff dahin, daß als Einkommen im Sinne des Gesetzes — im Gegensatze zu allen den Charakter des unmittelbaren Vermögenszuwachses an sich tragenden Erwerbungen — nur solche Einnahmen an Geld oder Geldeswert anzusehen sind, die sich als Einkünfte aus einer der im § 7 Nr. 1—4 genannten Einkommensquellen darstellen. Hiermit ist aber, wie sich aus den Vorschriften über die von dem Einkommen in Abrechnung zu bringenden Abzüge im § 9 und in den §§ 12—15 ergibt, nur das Roheinkommen gemeint, während der Besteuerung nur der Betrag zu grunde zu legen ist, der nach Absetzung der gesetzlich anerkannten Abzüge von dem Roheinkommen verbleibt. Aus den den Begriff des Einkommens im Sinne des Gesetzes zum Ausdrucke bringenden Vorschriften in den §§ 7 und 8

in Verbindung mit den Vorschriften über die Abzüge in den §§ 9, 12—15 ergibt sich daher der im Gesetze nicht ausdrücklich ausgesprochene Gedanke des Gesetzgebers, daß das der Besteuerung zu grunde zu legende Einkommen, also das steuerpflichtige Einkommen im engeren Sinne, grundsätzlich in dem gesamten Überschusse der Roheinnahmen aus den im § 7 Nr. 1—4 gedachten Einkommensquellen über die gesetzlich anerkannten Abzüge bestehen soll. Das steuerpflichtige Einkommen ist hiernach von dem Einkommen im Sinne des § 7 dem Begriffe und Wesen nach durchaus verschieden. Da das Gesetz, wie z. B. der Ausdruck „steuerpflichtiges Einkommen" im § 8 zeigt, diesem Unterschiede in seinen Vorschriften nicht überall Rechnung trägt, so muß überall da, wo in dem Gesetze von „Einkommen" oder von „steuerpflichtigem Einkommen" die Rede ist, geprüft werden, in welchem Sinne der gebrauchte Ausdruck gemeint ist.

3. Durch § 16 ist nun nicht etwa der Begriff des Einkommens bei den Aktiengesellschaften und den sonstigen steuerpflichtigen Gesellschaften vom Gesetzgeber besonders und abweichend von dem sich aus den Vorschriften der §§ 7 bis 9, 12—15 ergebenden Einkommensbegriffe geregelt worden.

Im ersten Absatze des § 16 ist überhaupt nur von dem steuerpflichtigen Einkommen dieser Gesellschaften die Rede und bestimmt, daß als solches zu gelten haben die als Aktienzinsen oder Dividenden unter die Mitglieder verteilten Überschüsse unter Hinzurechnung der zu einem der angegebenen Zwecke verwendeten Beträge nach Abzug von $3^1/_2$ Prozent des eingezahlten Aktienkapitals 2c. Es fragt sich also, in welchem Sinne die Ausdrücke „Überschüsse" und „Beträge" gemeint sind. Der Ausdruck „Überschuß" setzt nach seiner sprachlichen Bedeutung das Vorhandensein mehrerer Faktoren voraus, von denen der eine größer ist als der andere. Der im Abs. 1 des § 16 gebrauchte Ausdruck „Überschüsse" würde daher nach seiner sprachlichen Bedeutung auch nicht der Annahme entgegenstehen, daß damit der Überschuß des Bestandes des Vermögens der steuerpflichtigen Gesellschaften am Schlusse des Geschäftsjahres gegenüber dem Bestande beim Beginne, oder, wie ebenfalls behauptet worden ist, daß damit der sich aus der Bilanz ergebende Überschuß der Aktiva über die Passiva oder der Überschuß der gesamten Jahreseinnahmen über die Jahresausgaben gemeint sei. Allein gerade diese Vieldeutigkeit des Wortes „Überschüsse" hätte den Gesetzgeber zu einer näheren Erläuterung des diesem Ausdrucke im Abs. 1 des § 16 nach seiner Absicht zukommenden Sinnes veranlassen müssen. Daß dies nicht geschehen ist, läßt sich, falls nicht den Gesetzgeber ohne Grund der Vorwurf einer geradezu auffälligen Unklarheit seiner Bestimmungen treffen soll, nur dadurch erklären, daß der Gesetzgeber einen Zweifel über die Bedeutung des gebrauchten Ausdruckes mit Rücksicht auf den Inhalt der gesamten Vorschriften über die subjektive und objektive Steuerpflicht für ausgeschlossen und deshalb eine nähere Erläuterung nicht für erforderlich erachtet hat. Eine solche war auch mit Rücksicht auf diese Vorschriften nicht durchaus nötig. Denn in den sämtlichen Vorschriften über die allgemeinen Grundsätze der objektiven Steuerpflicht einschließlich der sich aus den besonderen Vorschriften der §§ 12 bis 15 ergebenden Ergänzungen des § 7 ist von einem anderen Überschusse als von dem Überschusse der Roheinnahmen aus den im § 7 genannten Einkommensquellen über die gesetzlich anerkannten Abzüge nicht die Rede, und dieser Überschuß sollte noch dazu, wie oben dargelegt, nach der Absicht des Gesetzgebers grundsätzlich das steuerpflichtige Einkommen bilden. Andere Faktoren, bei deren Vergleichung sich ein Überschuß ergeben könnte, sind weder aus dem Inhalte noch aus dem Zusammenhange der hier in Frage kommenden gesetzlichen Bestimmungen zu entnehmen. Es kann daher nach dem Inhalte und

Zusammenhange der vorhergehenden Bestimmungen des Gesetzes über die objektive Steuerpflicht mit dem Ausdrucke „Überschüsse“ im Abs. 1 des § 16 etwas anderes als die Überschüsse der Roheinnahmen der steuerpflichtigen Gesellschaften aus den im § 7 genannten Quellen über die gesetzlich anerkannten Abzüge nicht gemeint sein. Unter den zur Tilgung der Schulden u. s. w. verwendeten Beträgen sind, wie nicht streitig und namentlich auch in der bisherigen Rechtsprechung des Oberverwaltungsgerichts anerkannt worden ist, ebenfalls nur Teile der Überschüsse zu verstehen, also nur solche Beträge, die entweder nach dem Jahresschlusse aus den Überschüssen zu einem der im Gesetze angegebenen Zwecke verwendet sind oder, insoweit die Verwendung zu einem dieser Zwecke im Laufe des Geschäftsjahres erfolgt ist, im Falle ihrer Nichtverwendung die Überschüsse dieses Jahres entsprechend vermehrt haben würden. Denn wenn darunter alle zu einem der angegebenen Zwecke verwendeten Beträge ohne Rücksicht auf ihren Ursprung zu verstehen wären, so würden zu den steuerpflichtigen Überschüssen eines bestimmten Geschäftsjahres auch die aus früheren Geschäftsjahren herrührenden und schon früher besteuerten Reserven gehören, die im Laufe desselben zu einem der angegebenen Zwecke verwendet worden sind. Dies würde aber mit der im § 10 angeordneten Berechnung des steuerpflichtigen Einkommens der Aktiengesellschaften ꝛc. nach dem Ergebnisse einer bestimmten Periode unvereinbar sein und zu einer unmöglich vom Gesetze beabsichtigten Doppelbesteuerung der betreffenden Beträge führen. Ebenso müßte die Valuta eines von der Gesellschaft aufgenommenen Darlehns im Falle der Verwendung zu einem der im § 16 angegebenen Zwecke, also auch im Falle der Verwendung zur Tilgung einer anderen, bereits bestehenden Schuld den steuerpflichtigen Überschüssen zugerechnet werden, was geradezu widersinnig wäre.

In dem ersten Absatze des § 16 ist demnach lediglich die Bestimmung getroffen, daß als steuerpflichtiges Einkommen bei den Aktiengesellschaften und den sonstigen im § 1 Nr. 4 und 5 genannten Gesellschaften nicht, wie bei den physischen Personen, der gesamte Überschuß der Roheinnahmen aus den im § 7 aufgeführten Einkommensquellen über die gesetzlich anerkannten Abzüge, sondern nur ein bestimmter Teil dieses Überschusses, nämlich nur die Summe der unter die Mitglieder verteilten oder zu gewissen Zwecken verwendeten Beträge nach Abzug von $3\frac{1}{2}$ Prozent des Aktienkapitals ꝛc. gelten, daß also nur dieser Betrag das Steuerobjekt bilden soll. Über den Sinn dieser Bestimmung würde daher wahrscheinlich kaum ein Zweifel entstanden sein, wenn vor den Worten „die Überschüsse“ das Wort „nur“ eingeschoben worden wäre. Der zweite Absatz des § 16 bestimmt, welcher Teil der Gesamtüberschüsse einer in Preußen nur gemäß § 2b der beschränkten subjektiven Steuerpflicht unterliegenden Aktiengesellschaft u. s. w. als steuerpflichtiges Einkommen gelten soll, und der Abs. 3 endlich enthält nur eine die Kommunalbesteuerung betreffende Vorschrift.

4. Die sämtlichen im § 16 über die Heranziehung der im § 1 Nr. 4 und 5 genannten Gesellschaften zur staatlichen Einkommensteuer getroffenen Vorschriften regeln hiernach, indem sie lediglich einen quantitativ bestimmten Teil der nicht näher erläuterten Überschüsse als das steuerpflichtige Einkommen dieser Gesellschaften bezeichnen, die objektive Steuerpflicht der letzteren keineswegs erschöpfend, sondern nur in einer einzigen Richtung. Dagegen war es nicht die Absicht des Gesetzes, damit die objektive Steuerpflicht derselben gesondert von der der physischen Personen vollständig und im Zusammenhange zu behandeln. Dies ergibt sich schon daraus, daß die Bestimmung über die Art der Berechnung des steuerpflichtigen Einkommens der nichtphysischen

Personen in dem zugleich die Berechnung des steuerpflichtigen Einkommens der physischen Personen regelnden § 10 unter den allgemeinen Grundsätzen der objektiven Steuerpflicht getroffen ist. Handelt es sich aber im § 16 nur um Sondervorschriften in betreff der objektiven Steuerpflicht der nichtphysischen Personen in einer einzigen Richtung, so stehen diese Vorschriften auch der Anwendung der übrigen Bestimmungen des Gesetzes über die objektive Steuerpflicht auf sie insoweit nicht entgegen, als diese Bestimmungen durch jene Sondervorschriften nicht berührt werden. Es müssen insoweit also auf die nichtphysischen Personen insbesondere auch die Vorschriften der §§ 7 bis 9 grundsätzlich Anwendung finden, zumal dem das Wesen der nichtphysischen Personen in keiner Weise entgegensteht. Der Umstand, daß einzelne dieser Vorschriften, da sie sich nach der Natur der Sache nur auf physische Personen beziehen, von der Anwendung auf nichtphysische Personen ausgeschlossen bleiben, ist unerheblich.

Aus dem Inhalte und der systematischen Ordnung der Vorschriften über die subjektive und objektive Steuerpflicht in den §§ 1 bis 16 ergibt sich demnach als der Wille des Gesetzgebers, daß das steuerpflichtige Einkommen der nichtphysischen Personen von dem der physischen Personen nicht begrifflich und qualitativ, sondern nur quantitativ verschieden sein soll. Das steuerpflichtige Einkommen soll nach Ausscheidung der im § 6 als steuerfrei bezeichneten Einkommensteile gebildet werden

a) bei den physischen Personen durch den gesamten Überschuß der Roheinnahmen aus den im § 7 Nr. 1 bis 4 genannten Einkommensquellen über die gesetzlich zulässigen Abzüge,

b) bei den nicht physischen Personen dagegen nur durch diejenigen Teile dieses Überschusses, die entweder als Dividenden oder Aktienzinsen unter die Mitglieder der Gesellschaft verteilt oder zu einem der im § 16 angegebenen Zwecke verwendet werden, nach Abzug von $3\frac{1}{2}$ Prozent des Aktienkapitals ꝛc.

Danach kann über die Bedeutung des in dem letzteren Paragraphen gebrauchten Ausdrucks „Überschüsse" kein Zweifel sein.

(Folgt sehr eingehende Beweisführung, insbesondere aus der Entstehungsgeschichte des Eink.-St.-Ges.)

5. Finden hiernach die Vorschriften über die objektive Steuerpflicht im Abschnitt I 2 des Gesetzes, insbesondere die in den §§ 7—9, grundsätzlich auch auf die genannten Gesellschaften Anwendung, so sind die Überschüsse einer Handel oder Gewerbe betreibenden Aktiengesellschaft, bei der nur die Einkommensquelle „Handel und Gewerbe" (§ 7 Nr. 3, § 14) in Frage steht, gleichbedeutend mit ihrem geschäftlichen Reingewinne im Sinne des § 14. Insbesondere bietet weder der Inhalt des geltenden Gesetzes noch die Entstehungsgeschichte einen Anhalt dafür, daß mit dem Ausdrucke „Überschüsse" im § 16 der jährliche Vermögenszuwachs ohne Rücksicht auf seine Entstehung oder der bilanzmäßige Reingewinn, d. h. der sich aus der Bilanz ergebende Überschuß der Aktiva über die Passiva gemeint sei. Die erstere Annahme würde überdies zu Folgerungen führen, die mit der Absicht des Gesetzes, daß als Einkommen nur die nicht gemäß § 8 den Charakter des unmittelbaren Vermögenszuwachses an sich tragenden Erwerbungen gelten sollen, unvereinbar sind. Es müßte dann bei einer Überpari-Emission neuer Aktien nicht bloß das erzielte Agio, sondern auch der dem Nennbetrage der neuen Aktien entsprechende Teil der Einzahlungen der Erwerber derselben zu den Überschüssen im Sinne

des § 16 gerechnet werden. Denn auch um diesen Betrag ist das Vermögen der Gesellschaft gegenüber dem Stande bei Beginn des Geschäftsjahres, in welchem die Begebung der neuen Aktien stattgefunden hat, vermehrt worden.

(Folgt eingehende Beweisführung.)

Die Auffassung, daß unter den Überschüssen im Sinne des § 16 der sich aus der Bilanz ergebende Überschuß der Aktiva über die Passiva, also der bilanzmäßige Reingewinn zu verstehen sei, läßt sich mit dem Inhalte und der Fassung der in diesem Paragraphen getroffenen Vorschriften überhaupt nicht vereinigen, weil es dann bei den Berggewerkschaften, die vor dem Inkrafttreten des H.-G.-B. v. 10. V. 97 zur Führung kaufmännischer Bücher nicht verpflichtet waren, meist nur eine höchst einfache Buchführung hatten und in der Mehrzahl Vermögensbilanzen nicht aufstellten (vgl. E.-O.-V. in St. Bd. VI S. 166 ff.), in der Regel an einem steuerpflichtigen Einkommen fehlen würde. Der Ausdruck „Überschüsse" im § 16 bezieht sich aber unzweideutig auf sämtliche nach § 1 Nr. 4 und 5 steuerpflichtigen Gesellschaften und kann daher auch für alle nur einheitlich in demselben Sinne ausgelegt werden.

Aber auch bei den Aktiengesellschaften kann unter den Überschüssen im Sinne des § 16 der bilanzmäßige Reingewinn schon deshalb nicht verstanden werden, weil der Gewinn, den die für den Schluß eines Geschäftsjahres gezogene Bilanz einer Aktiengesellschaft aufweist, sich keineswegs mit dem im Laufe des Geschäftsjahres eingetretenen Vermögenszuwachse oder mit dem in demselben erzielten Geschäftsgewinne grundsätzlich und notwendig deckt, die Bilanz vielmehr sogar einen Gewinn ergeben kann, obwohl die Gesellschaft in dem betreffenden Jahre einen erheblichen Verlust erlitten hat.

6. Auch das Agio, das eine Aktiengesellschaft bei der Vergebung neuer Aktien über den Nennwert erzielt, ist ein Teil der Kapitaleinlage der neuen Aktionäre; es gehört daher bei einer Handel oder Gewerbe betreibenden Aktiengesellschaft nicht zu den bei der Ermittelung des Geschäftsgewinnes zu berücksichtigenden Einnahmen und ist deshalb nicht steuerpflichtig.[1]) Von keiner Seite wird in Abrede gestellt, daß auch bei der Überpari-Emission neuer Aktien der dem Nennwerte entsprechende Teil der Einzahlungen der Erwerber die rechtliche und wirtschaftliche Natur der gesellschaftlichen Kapitaleinlage hat. Die Ansicht, daß im Gegensatze hierzu sich das bei der Erhöhung des Grundkapitales einer gewerblichen Aktiengesellschaft durch Ausgabe der neuen Aktien für einen höheren als den Nennbetrag erzielte Agio nicht als Kapitaleinlage, sondern als Geschäftsgewinn darstelle, könnte demnach nur dann zutreffend sein, wenn anerkannt werden müßte, daß dem den Nennwert übersteigenden Betrage der Einzahlungen der Erwerber der neuen Aktien eine andere rechtliche oder wirtschaftliche Bedeutung beiwohnt als dem übrigen Teile. Das ist aber nicht der Fall. Bei jedem gesellschaftlichen Unternehmen steht dasjenige, was die Mitglieder der Gesellschaft zur Erreichung der Gesellschaftszwecke in das hierzu geschaffene besondere, den Gesellschaftern gemeinsame Vermögen vertragsmäßig einzulegen haben, also dasjenige, was das A.-L.-R. (§§ 189 ff. Tit. 17 T. I) und das B.-G.-B. (§§ 706 ff.) als „Beiträge" bezeichnen, in einem begrifflichen Gegensatze zu dem Gesellschaftsgewinne. Der Gesamtwert aller Beiträge oder Einlagen der Mitglieder bildet das für die Gesellschaftszwecke bestimmte Stammvermögen der

---

[1]) Abweichend von der bisherigen Rechtsprechung des O.-V.-G. Vgl. insbesondere E.-O.-V. in St. Bd. IV S. 225 ff., Bd. VII S. 96 ff., Bd. VIII S. 195, sowie das E.-O.-V. II. Sen. v. 21. I. 86, E.-O.-V. Bd. XIII S. 154.

Gesellschaft. Von einem Gewinne in einer Geschäftsperiode kann daher nach der Gesellschaftsrechnung nur dann die Rede sein, wenn nach Abzug nicht nur der Gesellschaftsschulden und der Unkosten, sondern auch der Summe der im Laufe dieser Periode eingezahlten Mitgliederbeiträge noch Gesellschaftsvermögen übrig bleibt.

Die Aktiengesellschaft ist diejenige Form der handelsrechtlichen Gesellschaften, bei der sämtliche Mitglieder — abgesehen von der durch § 212 des H.-G.-B. eingeführten Ausnahme einer ihnen nach dem Gesellschaftsvertrage obliegenden Verpflichtung zu wiederkehrenden, nicht in Geld bestehenden Leistungen — nur mit Vermögenseinlagen an dem Gesellschaftsunternehmen beteiligt sind, also außer der versprochenen Einlage keinerlei persönliche Haftung für die Verbindlichkeiten der Gesellschaft und keine Verpflichtung zu weiteren Beiträgen für die Zwecke der Gesellschaft übernehmen (§§ 178, 211, 212 a. a. O.). Bei einer Aktiengesellschaft bildet also das aus der Summe der Einlagen sämtlicher Aktionäre bestehende Kapital das zum Betriebe des Gesellschaftsunternehmens bestimmte Stammvermögen der Aktiengesellschaft und die Einlage der einzelnen Aktionäre den für sämtliche Gesellschaftsmitglieder gleich hoch bemessenen einmaligen Beitrag, den jedes Mitglied behufs Beschaffung dieses Kapitals an die Gesellschaft zu leisten verpflichtet wird. Die in Geld oder in anderen Vermögensobjekten bestehende Kapitaleinlage der Aktionäre hat also ganz dieselbe rechtliche und wirtschaftliche Bedeutung wie die Einlagen der Mitglieder einer offenen Handelsgesellschaft. Der Umstand, daß die Aktiengesellschaft im Gegensatze zu der offenen Handelsgesellschaft eine juristische Person, also ein von der Gesamtheit ihrer Mitglieder verschiedenes selbständiges Rechts- und Steuersubjekt ist, begründet in dieser Beziehung keinen Unterschied. Die Kapitaleinlage des Aktionärs stimmt in der Mehrzahl der Fälle, d. h. wenn die Aktien zu Pari ausgegeben werden, mit dem Nennbetrage der letzteren überein; sie kann aber den Nennbetrag übersteigen oder hinter diesem zurückbleiben. Ersteres ist der Fall bei der Überpari-Emission, letzteres bei der heute nicht mehr zulässigen Ausgabe der Aktien unter dem Nennbetrage. Die rechtliche und wirtschaftliche Natur der Einlage des Aktionärs bleibt aber in allen drei Fällen dieselbe; es handelt sich immer um den Beitrag des Aktionärs zu dem Stammvermögen der Gesellschaft. Dieser Beitrag wird nach dem Einverständnisse aller Beteiligten von der Gesellschaft gefordert und von dem Aktionär geleistet als Äquivalent dafür, daß letzterer die Eigenschaft als Mitglied der Gesellschaft und die damit verbundenen Rechte, namentlich das Recht auf einen verhältnismäßigen Teil des jährlichen Reingewinnes während des Bestehens der Gesellschaft und auf einen entsprechenden Teil ihres Reinvermögens im Falle ihrer Auflösung erlangt. Die Einlage des Aktionärs ist also unter allen Umständen in ihrer ganzen Höhe eine einheitliche Leistung von durchgehends derselben rechtlichen wie wirtschaftlichen Bedeutung.

(Folgt eingehende weitere Beweisführung.)

Bildet aber das von jeder Aktiengesellschaft durch die Begebung der neuen Aktien über Pari bei der Erhöhung des Grundkapitals erzielte Agio rechtlich wie wirtschaftlich einen Teil der Kapitaleinlage der Erwerber dieser Aktien, so kann nicht zweifelhaft sein, daß es bei einer Handel oder Gewerbe treibenden Aktiengesellschaft nicht eine im Betriebe erzielte Einnahme darstellt und folgeweise auch nicht zu ihrem steuerpflichtigen Einkommen aus Handel und Gewerbe gehört.

**Nr. 3. Entsch. Bd. X i. St. S. 262 v. 8. X. 02 V A 93/01.**

Eink.-St.-Ges. §§ 14, 16.

Bei der Ermittelung des Einkommens aus Handel und Gewerbe können als Einnahmen nur diejenigen in Betracht kommen, die entweder unmittelbar durch den Betrieb des Unternehmens dem Inhaber zugeflossen oder von ihm geschaffen sind oder sich mittelbar als Früchte des in dem Unternehmen werbenden Anlage- und Betriebskapitals darstellen.

Zuzahlungen, die von Aktionären gegen Umwandlung ihrer Aktien in Vorzugsaktien an die Gesellschaft geleistet werden, sind Kapitaleinlagen und deshalb kein steuerpflichtiges Einkommen der Aktiengesellschaft.[1]) Als weitere Kapitaleinlagen stehen sie im begrifflichen Gegensatze zu den Einnahmen, deren Erzielung die Gesellschaft mit dem Gesellschaftsvermögen bezweckt oder die ihr als Früchte oder zufällig daraus erwachsen.

**Nr. 4. Entsch. Bd. X i. St. S. 265 v. 8. X. 02 V A 110/00.**

Eink.-St.-Ges. §§ 8, 14, 16; H.-G.-B. §§ 178, 186 Abs. 2, 211, 305, 306.

1. Die Fusion zweier Aktiengesellschaften war in der Weise erfolgt, daß eine Gesellschaft sich auflöste und gegen Gewährung von 400 Stück Aktien der anderen dieser ihr gesamtes Vermögen, Aktiva wie Passiva, mit der Maßgabe übertrug, daß ihr Unternehmen v. 1. I. 98 für Rechnung der steuerpflichtigen Gesellschaft gehe. Bei der Übernahme dieses Vermögens schrieb die letztere den Kapitalreservefonds der aufgelösten Gesellschaft ihrem eigenen Kapitalreservefonds zu. Die Berufungskommission erachtet diesen Betrag für steuerpflichtig, weil nach der bisherigen Rechtsprechung des O.-V.-G. (vgl. E.-O.-V. in St. Bd. IV S. 225 ff. Bd. VII S. 325 ff.) unter den „Überschüssen" im Sinne des § 16 des Eink.-St.-Ges. der jährliche Vermögenszuwachs ohne Rücksicht auf seine Entstehung zu verstehen sei. Das O.-V.-G. trat dieser Entscheidung nicht bei, weil der streitige Betrag nach § 16 a. a. O. den Überschüssen nur dann zuzurechnen sein würde, wenn anzuerkennen wäre, daß er zu dem geschäftlichen Reingewinne im Sinne des § 14 a. a. O. gehört. Das ist aber nicht der Fall.

2. Bei der Ermittelung des Einkommens aus Handel und Gewerbe können als Einnahmen nur diejenigen in Betracht kommen, die entweder unmittelbar durch den Betrieb des Unternehmens dem Inhaber zugeflossen, oder von ihm geschaffen sind oder sich mittelbar als Früchte des in dem Unternehmen werbenden Anlage- und Betriebskapitals darstellen. Hierzu kann aber die Vermögensvermehrung, die eine Aktiengesellschaft durch den Erwerb des Vermögens einer anderen Aktiengesellschaft im Wege der Fusion erfahren hat, zu keinem Teile gerechnet werden.

3. Der Fusionsvertrag ist ein Gesellschaftsvertrag, wonach das Vermögen einer Aktiengesellschaft, die sich auflöst, als Einheit einer anderen Aktiengesellschaft gegen Gewährung von Aktien der letzteren an die Aktionäre der ersteren übereignet wird. Der Fusionsvertrag hat also zum Inhalt, daß die übertragende Gesellschaft bezw. ihre Aktionäre gegen das Äquivalent der Übertragung ihres Vermögens Mitglieder der übernehmenden Gesellschaft werden sollen. Der Gegenstand des Fusionsvertrages ist die Übertragung des Vermögens der ersteren Gesellschaft als Einheit, also in seinen gesamten Aktiven und Passiven, nicht die Übertragung des Aktivnettobestandes; der Reinwert des Vermögens wird vielmehr nur zum Zweck der

[1]) Abweichend von E.-O.-V. in St. Bd. IV S. 13 v. 8. III. 95.

entsprechenden Erhöhung des Grundkapitals der aufnehmenden Gesellschaft festgestellt. Das Vermögen soll auch nicht behufs Erzielung eines Aktivnettobestandes, wie bei der Liquidation, umgesetzt, sondern in seinem Zusammenhange erhalten und zum Fortbetriebe innerhalb der aufnehmenden Gesellschaft verwendet werden. Der Inbegriff der Aktiva und Passiva, der bisher das Gesellschaftsvermögen der übertragenden Gesellschaft bildete, wird als gesellschaftliche Einlage der als neue Mitglieder der aufnehmenden Gesellschaft eintretenden bisherigen Aktionäre der ersteren Gesellschaft in das Unternehmen der aufnehmenden Gesellschaft eingebracht. Das Vermögen der übertragenden Gesellschaft als Ganzes stellt sich demnach rechtlich wie wirtschaftlich als die Kapitaleinlage der neuen Aktionäre dar und ist daher auch in steuerlicher Beziehung als solche zu behandeln.

4. Ob der Reinwert dieses Vermögens mit der Summe der Nennwerte der den Aktionären der übertragenden Gesellschaft ausbedungenen Aktien der übernehmenden Gesellschaft, d. i. der Betrag, um den sich das Grundkapital der letzteren Gesellschaft durch die Ausgabe dieser Aktien infolge der Fusion erhöht, übereinstimmt oder ihn übersteigt, macht dabei keinen Unterschied. Die Einlage des Aktionärs ist unter allen Umständen, sowohl im Falle der Pari-Emission, wie im Fall der Überpari-Emission eine einheitliche Leistung von durchgehends derselben rechtlichen wie wirtschaftlichen Bedeutung und läßt sich daher auch in dem letzteren Falle in zwei besondere Leistungen, von denen die eine dem Nennwerte der Aktie, die andere dem Agio entspräche, nicht zerlegen. Übersteigt bei einer Fusion zweier Aktiengesellschaften der Reinwert des Vermögens der übertragenden Gesellschaft die Summe der Nennwerte der nach dem Vertrage den Aktionären der letzteren Gesellschaft zustehenden Aktien der neuen Gesellschaft, so liegt ein Fall der Überpari-Emission vor, bei der jenes Vermögen als Einheit die vertragsmäßig zu leistende Kapitaleinlage für die neuen Aktien darstellt. Die Kapitaleinlage der Aktionäre steht, wie jeder Betrag, den die Mitglieder einer Gesellschaft vertragsmäßig für die Zwecke des gesellschaftlichen Unternehmens beizutragen haben, im begrifflichen Gegensatze zu dem Geschäftsgewinne. Erwirbt also eine Handel oder Gewerbe betreibende Aktiengesellschaft im Wege der Fusion das Vermögen einer anderen Aktiengesellschaft, so handelt es sich bei diesem im Wege der Universalsuccession sich vollziehenden Erwerbe in seinem gesamten Umfange nicht um eine Einnahme, die der übernehmenden Gesellschaft durch den Betrieb ihres Unternehmens oder als Frucht des in diesem werbenden Anlage- und Betriebskapitals erwächst, sondern um eine den Charakter des unmittelbaren Vermögenszuwachses tragende Erwerbung im Sinne des § 8 des Eink.-St.-Ges. Außerordentliche Einnahmen dieser Art sind aber nach der Vorschrift dieses Paragraphen nicht steuerpflichtig und haben deshalb auch bei der Ermittelung des Einkommens aus Handel und Gewerbe nach § 14 a. a. O. außer Betracht zu bleiben.[1])

**Nr. 5. Entsch. Bd. X i. St. S. 270 v. 23. IV. 02 V A 103/00.**

Eink.-St.-Ges. § 16; H.-G.-B. §§ 320, 322.

1. Nach der feststehenden Rechtsprechung des O.-V.-G. sind bei den Kommanditgesellschaften auf Aktien unter den nach § 16 Abs. 1 des Eink.-St.-Ges. zu ihrem steuerpflichtigen Einkommen gehörigen Überschüssen die als Aktienzinsen oder Dividenden, gleichviel unter welcher

---

[1]) Abweichend von E.-O.-V. in. St. Bd. XII S. 326ff. v. 18. XI. 98.

Benennung, unter die Mitglieder verteilt werden, nicht bloß auf die Aktien der Kommanditisten und der persönlich haftenden Gesellschafter entfallenden Dividenden, sondern auch die Beträge zu verstehen, die die persönlich haftenden Gesellschafter für ihre nicht auf das Gesamtkapital der Kommanditisten, sondern darüber hinaus gemachten Einlagen als Zinsen oder Gewinnanteile beziehen, sowie außerdem auch die Bezüge, die ihnen als Entschädigung für ihre persönliche Haftpflicht oder ihre Mühewaltung bei der Geschäftsleitung und Verwaltung, sei es in der Form eines festen Gehaltes, sei es in Gestalt einer bestimmten Tantieme aus dem Geschäftsgewinn, vertragsmäßig zufließen (vgl. E.-O.-V. in St. Bd. I S. 175, Bd. IV S. 5, Bd. VII S. 339). Diese Annahme beruht auf der Erwägung, daß einerseits unter dem Ausdruck „Dividende" im § 16 des Eink.-St.-Ges. nicht die Dividende in dem engeren aktienrechtlichen Sinne, sondern in dem weiteren wirtschaftlichen Begriffe des verhältnismäßigen Anteils der Mitglieder jeder Gesellschaft an dem Gewinn des gesellschaftlichen Unternehmens zu verstehen sei und daß andererseits bei einer Kommanditgesellschaft auf Aktien sämtliche Bezüge der persönlich haftenden Gesellschafter, weil diese nicht Angestellte, sondern besonders qualifizierte Mitglieder der Gesellschaft seien, ohne jeden Unterschied rechtlich wie wirtschaftlich die Eigenschaft von Anteilen am Gesellschaftsgewinne haben, also auch unter den in § 16 gemeinten weiteren Begriff der Dividende fallen.

2. Die in jenen Urteilen angenommenen Grundsätze erscheinen auch bei wiederholter Prüfung als zutreffend.

Die Notwendigkeit der Auslegung des Begriffs der Dividende in dem weiteren wirtschaftlichen Sinne ergibt sich ohne weiteres daraus, daß, falls unter Dividende im Sinne des § 16 nur die Aktiendividende zu verstehen wäre, die Gewinnanteile der Mitglieder der Berggewerkschaften, der eingetragenen Genossenschaften und der Konsumvereine mit offenem Laden, sofern diesen die Rechte einer juristischen Person zukommen, nicht zu den nach Maßgabe der Vorschriften dieses Paragraphen steuerpflichtigen Überschüssen der genannten Gesellschaften gehören, die letzteren derartige Überschüsse also überhaupt nicht haben würden. Denn von Aktienzinsen oder von Dividenden auf das Aktienkapital kann bei keiner dieser Gesellschaften die Rede sein; die Zugehörigkeit der Gewinnanteile der Gewerken, der Genossenschafter und der Mitglieder der erwähnten Konsumvereine zu den steuerpflichtigen Überschüssen der betreffenden Gesellschaft ist aber allseitig anerkannt. Ebenso besteht nach den gesetzlichen Vorschriften kein Zweifel darüber, daß die persönlich haftenden Gesellschafter einer Kommanditgesellschaft auf Aktien wirkliche, nur anders als die Kommanditisten qualifizierte Mitglieder und nicht Angestellte der Gesellschaft sind.

3. Der Einwand, daß die Auffassung des O.-V.-G. mit der in § 16 vorgeschriebenen Bemessung des die Vermeidung einer Doppelbesteuerung des Einkommens der Mitglieder der Aktiengesellschaften 2c. bezweckenden Abzuges von $3^1/_2$ Prozent des Aktienkapitals unvereinbar sei, ist bereits in E.-O.-V. Bd. VII in St. S. 340 zurückgewiesen worden.

4. Ebensowenig ist durch das Inkrafttreten des neuen H.-G.-B. v. 10. V. 97 an der Zugehörigkeit der Gewinnanteile und Tantiemen der persönlich haftenden Gesellschafter einer Kommanditgesellschaft auf Aktien zu den steuerpflichtigen Überschüssen etwas geändert worden.

**Nr. 6. Entsch. Bd. X i. St. S. 275 v. 3. IV. 01 V A 54/00.**

Eink.-St.-Ges. §§ 10, 16.

Durch die Zurückstellung unverteilt gebliebener Gewinnreste eines Geschäftsjahres und deren Übertragung auf das Gewinn- und Verlustkonto des neuen Geschäftsjahres scheiden die betreffenden Beträge nicht aus den Überschüssen des früheren Jahres aus, sie verbleiben vielmehr unter ihnen und müssen nach den gesetzlichen Vorschriften bei ihnen in Anrechnung gebracht werden, da anderenfalls die Feststellung der Überschüsse für jedes einzelne maßgebende Jahr, wozu die Anrechnung der auf jedes einzelne Jahr entfallenden Einnahmen und Ausgaben in erster Linie gehört, in Verwirrung gebracht werden würde. Bleiben diese Teile der Überschüsse aber im Vermögen der Gesellschaft zu dem Zwecke, daß sie in Zukunft irgend welche Verwendung finden oder das Vermögen der Gesellschaft dauernd vermehren sollen, so werden sie in Reserve gestellt. Die Überschüsse des alten Geschäftsjahres werden daher steuerpflichtig verwendet, indem sie für das folgende Geschäftsjahr reserviert werden (vgl. E.-O.-V. in St. Bd. III S. 28, Bd. V S. 210).

**Nr. 7. Entsch. Bd. X i. St. S. 277 v. 2. VII. 02 V A 129/01.**

Eink.-St.-Ges. §§ 10, 16.

Der in einem Geschäftsjahr unverteilt gebliebene und auf neue Rechnung des künftigen Jahres vorgetragene Gewinnrest gehört, abzüglich eines aus dem Vorjahr übernommenen Gewinnvortrages, zu den Überschüssen des Geschäftsjahrs, von dessen Reingewinne er zurückbehalten worden ist. Er bildet also infolge des Umstandes, daß er zur Verwendung für das nächste Jahr reserviert wird und somit das Vermögen der Gesellschaft vermehrt, ohne Rücksicht auf seine Höhe nach § 16 des Eink.-St.-Ges. einen Teil der steuerpflichtigen Überschüsse des ersteren Geschäftsjahres. Bei der Berechnung des steuerpflichtigen Einkommens muß daher der in jedem Jahre der Durchschnittsperiode auf neue Rechnung des künftigen Jahres vorgetragene Gewinnrest abzüglich des aus dem Vorjahre übernommenen Gewinnvortrages den steuerpflichtigen Überschüssen des betreffenden Geschäftsjahres hinzugesetzt oder, was rechnungsmäßig zu demselben Ergebnis führt, die Summe, um welche der Gewinnvortrag aus dem letzten Jahre der Durchschnittsperiode den in das erste Jahr derselben aus dem Vorjahre übernommenen Gewinnrest übersteigt, mit dem Jahresdurchschnittsbetrage unmittelbar dem steuerpflichtigen Einkommen hinzugerechnet werden.

**Nr. 8. Entsch. Bd. X i. St. S. 278 v. 20. III. 01 V A 1/01.**

Eink.-St.-Ges. § 16; Ausf.-Anw. Art. 27 Nr. 3 Abs. 2.

1. Die steuerpflichtige Aktiengesellschaft übernimmt die Instandhaltung der von ihr gelieferten Akkumulatoren auf Grund besonderer, gewöhnlich einen Zeitraum von zehn Jahren umfassenden Verträge gegen Zahlung einer gleichmäßigen Jahresprämie. Insoweit die in einem Geschäftsjahre vereinnahmten Prämien nicht verwendet worden sind, werden sie aus dem Gewinn- und Verlustkonto auf ein sogenanntes „Prämien-Reserve-Konto für laufende Versicherungen" übertragen. Nach Angabe der Steuerpflichtigen stellt dieses Konto die noch bestehende Schuld der Gesellschaft aus den laufenden Verträgen mit ihrem Zeitwerte dar, weil durch die Prämien kaum die Selbstkosten der Unterhaltung gedeckt werden. Die Berufungskommission erblickte in diesen Vorausbezahlungen für noch nicht ausgeführte Leistungen eine steuer-

pflichtige Reserve für zukünftige Ausgaben und verneinte es, daß dieses Konto ein Schuld- bezw. ein Bewertungs-Konto sei. Das ist unrichtig.

2. Es handelt sich freilich um Einnahmen, die zur Bestreitung künftiger Ausgaben zurückgestellt sind. Als steuerpflichtige Reserven sind solche Einnahmen jedoch nur dann anzusehen, wenn sie den Überschüssen angehören oder zuzurechnen sind. Diese Eigenschaft fehlt allen solchen Zahlungen, die als Entgelt für bestehende, aus Verträgen sich ergebende Verpflichtungen geleistet und auf deren Erfüllung zu verrechnen sind. Ist auf Grund derartiger Verträge, wie sie hier vorliegen, zur Zeit der Aufstellung der Bilanz an die Gesellschaft eine Zahlung erfolgt, für welche die Leistung seitens der Gesellschaft aber noch aussteht, so ist der Zahlende als Gläubiger der Gesellschaft zu behandeln.

Das in Rede stehende Prämien-Reserve-Konto für laufende Versicherungen ist hiernach in der Tat seiner Zweckbestimmung nach ein eigentliches Passivum der Gesellschaft, ein Bewertungskonto und zwar im vorliegenden Falle in seinem ganzen Betrage, weil die Angabe der Steuerpflichtigen, daß ein Gewinn aus den Unterhaltungsverträgen nicht erzielt werde, durch die überreichte Aufstellung nachgewiesen wird.

**Nr. 9. Entsch. Bd. X i. St. S. 281 v. 27. IX. 02 V A 95/00.**

Eink.-St.-Ges. § 16; H.-G.-B. § 227.

1. Der in E.-O.-V. in Bd. I S. 148 angenommene Grundsatz, daß im Falle der Amortisation von Aktien aus dem Gewinne der der Summe der Nennwerte der amortisierten Aktien entsprechende Teil des Grundkapitals bei der Berechnung des nach § 16 des Eink.-St.-Ges. den Aktiengesellschaften zugute kommenden Abzuges von $3^1/_2$ Prozent des eingezahlten Aktienkapitals ausscheide, beruht auf der stillschweigenden Voraussetzung, daß eine Amortisation von Aktien aus dem Gewinne notwendigerweise eine Verringerung des Grundkapitals zur Folge habe. Dieser Annahme stehen indes wesentliche Bedenken entgegen.

2. Unter der „Amortisation" von Aktien wird die Vernichtung der mit den amortisierten Aktien verbundenen Aktienrechte verstanden. Die Aktienamortisation bewirkt also an sich lediglich eine Verringerung der Anzahl der bei einer Aktiengesellschaft vorhandenen Anteilsrechte oder Mitgliederstellen. Die bloße Verringerung der Anteilsrechte oder Mitgliederstellen läßt aber den Bestand des Gesellschaftsvermögens völlig unberührt, weil die mit den aufgehobenen Anteilsrechten verbunden gewesenen vermögensrechtlichen Mitgliedschaftsrechte, insbesondere das Recht auf einen verhältnismäßigen Teil des jährlichen Reingewinnes und des künftigen Liquidationserlöses, nach der Natur der Sache den Inhabern der noch nicht amortisierten Aktien zuwachsen und demnach durch die Amortisation der Inhalt der noch nicht amortisierten Anteilsrechte entsprechend erweitert wird. Auf das Vermögen der Gesellschaft wirkt die Amortisation von Aktien nur insofern ein, als die Inhaber der amortisierten Aktien von der Gesellschaft eine Abfindung oder eine sonstige vermögensrechtliche Leistung zu fordern haben. Der sich daraus ergebende Einfluß auf den Vermögensbestand der Gesellschaft ist aber, soweit hierbei das Grundkapital in Betracht kommt, ein wesentlich verschiedener, je nachdem die Ansprüche der Inhaber der amortisierten Aktien im einzelnen Falle nur aus dem nach der jährlichen Bilanz sich ergebenden Gewinne oder aus dem Grundkapitale befriedigt werden. In dem letzteren Falle verringert sich das Grundkapital notwendigerweise um die Summe der aus ihm an die Inhaber der amortisierten Aktien gezahlten Beträge. Erfolgt die

Amortisation dagegen aus dem nach der jährlichen Bilanz sich ergebenden Gewinne, so wird das nur einen buchmäßigen Teil des Stammvermögens der Gesellschaft bildende Grundkapital dadurch nicht berührt; dies gilt namentlich auch in dem Falle, wenn bei einer Aktiengesellschaft, deren Aktienkapital im Sinne des § 16 des Eink.-St.-Ges. bereits voll eingezahlt ist, die Amortisation von Aktien gegen Zahlung einer der Kapitaleinlage der Aktionäre gleichen Abfindung aus dem bilanzmäßigen Jahresgewinne zu erfolgen hat.

3. Da hiernach die Amortisation der Aktien aus dem bilanzmäßigen Jahresgewinne eine Verringerung des Grundkapitals an sich nicht zur Folge hat, so kommt nur noch in Frage, ob aus den für die Entscheidung des vorliegenden Falles noch maßgebenden Vorschriften des Allgemeinen Deutschen Handelsgesetzbuchs entnommen werden kann, daß die Gesellschaft nach der Absicht des Gesetzgebers trotzdem befugt sein soll, das Grundkapital in den Bilanzen für die späteren Geschäftsjahre um die Summe der Nennbeträge der amortisierten Aktien geringer als Passivum einzustellen. Für diese Annahme fehlt aber in den Vorschriften des Gesetzbuchs nicht bloß jeder Anhalt, sondern es sprechen vielmehr zwingende Gründe dafür, daß dies nicht in der Absicht des Gesetzgebers gelegen haben kann.

(Folgt eingehende Begründung.)

4. Hiernach kann die gegenteilige Annahme, daß eine Amortisation von Aktien aus dem bilanzmäßigen Jahresgewinne unbedingt eine Verringerung des Grundkapitals zur Folge habe, nicht aufrecht erhalten werden. Damit aber fällt die dort daraus gezogene Folgerung, daß der dem Betrage der amortisierten Aktien entsprechende Teil des Grundkapitals bei der Berechnung des der Aktiengesellschaft gemäß § 16 des Eink.-St.-Ges. zu gute kommenden Abzuges von $3^1/_2$ Prozent des eingezahlten Aktienkapitals auszuscheiden habe. Denn nach jener Gesetzesvorschrift ist die Zulässigkeit dieses Abzuges nur davon abhängig, wieviel die Gesellschaft als solche, als das für die Besteuerung allein in Betracht kommende Rechtssubjekt, an eingezahltem Aktienkapital besitzt, während nichts darauf ankommt, in den Händen wie vieler Personen sich jeweilig die Aktien der Gesellschaft befinden, ob die Einzahlung der Kapitaleinlage von den gegenwärtigen Besitzern der Aktien oder von den Vorbesitzern geleistet und ob die Anzahl der ursprünglichen Aktien durch Amortisation eines Teils verringert worden ist. Das Vorhandensein des vollen eingezahlten Aktienkapitals kann nicht in Abrede gestellt werden, solange die Amortisation von Aktien lediglich aus dem bilanzmäßigen Jahresgewinn stattgefunden hat und das Grundkapital in unveränderter Höhe, zu dem ursprünglichen Betrage, unter die Passiva der Bilanz eingestellt worden ist. Ob diese Einstellung einheitlich unter der Bezeichnung des ganzen Betrages als Grund- oder Aktienkapital oder in mehreren Beträgen mit verschiedenen Bezeichnungen erfolgt ist, macht dabei keinen Unterschied. Wesentlich ist nur, daß die Gesellschaft durch die Einstellung eines der ursprünglichen Höhe des Grundkapitals entsprechenden Postens unter die Passiva einen entsprechenden Teil ihres Vermögens von der Gewinnverteilung ausgeschlossen hat.

5. Im übrigen kann überhaupt nicht zugegeben werden, daß es sich bei der hier stattgehabten Amortisation von Aktien unter Aushändigung von Genußscheinen an die Inhaber der betreffenden Aktien um eine Amortisation im eigentlichen Sinne — d. h. um die Vernichtung der mit den betreffenden Aktien verbundenen Aktienrechte — gegen Rückzahlung der darauf eingezahlten Kapitaleinlage und um die Neubegründung einer von den Aktien

wesentlich verschiedenen Beteiligung der Empfänger bezw. Inhaber der Genußscheine an der Gesellschaft gehandelt hat.

Mit dem Ausdruck „Genußschein", der sich im wirtschaftlichen Verkehre gebildet hat und den weder das Handelsgesetzbuch noch das Preußische Recht und das Bürgerliche Gesetzbuch kennt, ist ein feststehender Begriff nicht verbunden. Er dient vielmehr zur Bezeichnung von Urkunden mit verschiedenartigem rechtlichen Charakter. Die rechtliche Bedeutung einer als Genußschein bezeichneten Urkunde läßt sich demnach im einzelnen Falle nur nach Maßgabe der dem Genußscheininhaber zukommenden Rechte feststellen. In dem vorliegenden Falle sind die Inhaber der Genußscheine nach dem früheren Gesellschaftsstatut den Inhabern der noch nicht amortisierten Aktien gegenüber nur insofern benachteiligt, als die letzteren eine Vorzugsdividende von 5 Prozent genießen und bei der Auflösung der Gesellschaft aus dem Reinvermögen derselben eine Vorauszahlung in Höhe des Nennwertes ihrer Aktien zu beanspruchen haben. Im übrigen stehen den Genußscheininhabern ganz dieselben Rechte zu, wie den Aktionären, namentlich auch das Stimmrecht in der Generalversammlung. Der Umstand allein, daß die Genußscheininhaber den Inhabern der noch nicht amortisierten Aktien gegenüber hinsichtlich der Ansprüche wegen der Verteilung des Gewinns und des Gesellschaftsvermögens benachteiligt sind, genügt aber nicht, um den ersteren die Eigenschaft als Mitglieder der Gesellschaft abzusprechen. Die Genußscheine sind vielmehr nur als eine besondere Gattung von Aktien neben den noch nicht amortisierten Aktien gedacht.

**Nr. 10. Entsch. Bd. X i. St. S. 295 v. 2. VII. 02 V A 136/01.**

Eink.-St.-Ges. §§ 9, 10, 14, 16; H.-G.-B. §§ 39, 40, 261.

1. Nach der früheren Rechtsprechung des O.-V.-G. sind alle Abschreibungen, insoweit durch sie der Buchwert der in Betracht kommenden Aktivposten unter ihren wirklichen Wert herabgedrückt wird, als verschleierte Vermögensrücklagen und als steuerpflichtig anzusehen. Dabei soll behufs Prüfung der Zulässigkeit der Abschreibungen von dem Buchwerte unter Hinzurechnung der in früheren Jahren von der Steuerbehörde für außerordentliche angesehenen und besteuerten Abschreibungen ausgegangen werden (vgl. E.-O.-V. in St. Bd. IV S. 174 ff., Bd. V S. 43, Bd. VII S. 151, 153, 325—339, 372 ff.). An diesen Grundsätzen kann das Urt. v. 1. VII. 1901 — V. A. 98 —, aus nachstehenden Erwägungen nicht festgehalten werden.

2. Nach den §§ 10, 16 des Eink.-St.-Ges. bildet das für ein bestimmtes Steuerjahr steuerpflichtige Einkommen der Aktiengesellschaften der Durchschnitt derjenigen Beiträge, die in den drei der Veranlagung unmittelbar vorangegangenen Jahren nach Maßgabe des § 16 verwendet worden sind, und zwar nur dieser speziellen in den betreffenden Jahren verwendeten Beträge. Es dürfen somit nur die Überschüsse dieser bestimmten Jahre für die Besteuerung in Betracht gezogen werden, während die in anderen als diesen allein maßgebenden Jahren erzielten Überschüsse für die Festsetzung des steuerpflichtigen Einkommens des in Rede stehenden Steuerjahres unberücksichtigt bleiben müssen. Es muß daher, um die Überschüsse eines jeden dieser maßgebenden Jahre zu ermitteln, zunächst eine Scheidung und Prüfung der einzelnen Bilanzposten dahin vorgenommen werden, daß alle geschäftlichen Manipulationen, die diesem Jahre nicht angehören, beziehentlich nicht angehören dürfen, ausgeschieden werden. Hieraus folgt, daß ebenso, wie dies in bezug auf die verteilten Dividenden, die zur Tilgung von Schulden oder des Grundkapitals und die zur Verbesserung oder zur Geschäftserweiterung verwendeten Beträge geschehen muß, auch in bezug

auf die Frage, ob Beträge der Überschüsse zu Reservefondsbildungen verwendet sind, in erster Linie festzustellen ist, ob die rc. Reservefondsbildung in diesem betreffenden Jahre stattgefunden hat; und zwar muß dies in jedem Falle festgestellt werden, mag es sich um eine ausdrückliche Überweisung zum Reservefonds oder um eine verschleierte Reservefondsbildung durch zu hohe Abschreibungen handeln. Damit ergibt sich, daß derartige Reservefondsbildungen, die bereits in früheren Jahren vorgenommen worden sind, für die Feststellung der Verhältnisse des in Frage stehenden bestimmten späteren Jahres nicht in Betracht kommen dürfen. Für die Frage, ob die Abschreibungen des betreffenden Jahres zu hoch sind, kann es daher auf den in früheren Jahren bereits unter den wirklichen Wert heruntergeschriebenen Buchwert gar nicht ankommen. Diesen Grundsätzen hat auch bisher das O.-V.-G. bereits insofern Rechnung getragen, als der Buchwert, der unter den wirklichen Wert heruntergeschrieben ist, dann für nicht maßgebend erachtet worden ist, wenn die in früheren Jahren in zu hohem Betrage erfolgten Abschreibungen als außerordentliche, die Bildung eines Reservefonds darstellende Abschreibungen zur Besteuerung herangezogen worden sind. Dann sollen diese besteuerten Abschreibungen dem Buchwerte hinzugezählt werden, und es soll dann die Prüfung der Zulässigkeit der Abschreibungen in der Weise stattfinden, daß von der durch den Buchwert und die besteuerten Abschreibungen der früheren Jahre dargestellten Summe als der oberen Grenze des Wertes ausgegangen wird, und daß die Differenz zwischen dieser Summe und dem niedrigeren wirklichen Werte zur Zeit der Bilanzaufstellung die zuzulassende Abschreibung bildet. Der allgemeine Grundsatz, der dieser Ansicht zu grunde liegt, besteht also darin, daß für entscheidend gelten soll, ob die zu hohen Abschreibungen in früheren Jahren besteuert worden sind oder nicht.

(Folgt eingehende Begründung.)

3. Maßgebend für die Feststellung der Überschüsse sind die Bilanzen und die Gewinn- und Verlustrechnungen, und zwar in dem Sinne, daß die letzteren nicht nur zum Anhalt dienen sollen, sondern daß sie — vorbehaltlich natürlich einer Korrektur infolge der besonderen Vorschriften des § 16 des Eink.-St.-Ges. — der Veranlagung zu grunde zu legen sind, falls sie den für Aktiengesellschaften erlassenen handelsrechtlichen Vorschriften entsprechen, während sie, wenn sie nicht diesen Vorschriften gemäß aufgestellt sind, nach letzteren richtig gestellt und verbessert werden müssen. Die Abschreibungen sind daher allein von dem Gesichtspunkte aus zu prüfen, ob sie nach den handelsrechtlichen Vorschriften bemessen sind. Das richtige Verfahren besteht demnach darin, daß von dem Buchwert, falls er den handelsrechtlichen Vorschriften gegenüber zu niedrig oder auch zu hoch ist, ganz abgesehen, und daß die Bilanz in der Art korrigiert wird, daß an Stelle des nicht zutreffenden Buchwertes der nach handelsrechtlichen Grundsätzen anzusetzende Wert bei Beginn der Periode ermittelt und in Ansatz gebracht und diesem Werte der in gleicher Weise zu berechnende Wert am Ende der Periode gegenübergestellt wird. Die Differenz zwischen diesen beiden Wertzahlen bildet die Höhe der während der Periode eingetretenen Wertverminderung und somit der zulässigen Abschreibung. In Abweichung von der früheren Rechtsprechung ist demnach als Grundsatz auszusprechen, daß bei Prüfung der Zulässigkeit der Abschreibungen von dem nach handelsrechtlichen Grundsätzen anzusetzenden Werte bei Beginn der maßgebenden Periode auszugehen und diesem der in gleicher Weise

ermittelte Wert am Schlusse der Periode gegenüberzustellen ist. Die Differenz zwischen beiden bildet das Maß der zulässigen Abschreibung und ein diese Differenz etwa übersteigender Betrag der vorgenommenen Abschreibung eine außerordentliche Abschreibung, die der unmittelbaren Zuführung zu einem Reservefonds gleichsteht und der Besteuerung unterliegt.

4. Dabei ist die oberste Grenze des Wertansatzes für alle Vermögensgegenstände der Anschaffungs- oder Herstellungspreis so, daß etwaige Werterhöhungen infolge steigender Konjunktur auch nur bis zu dieser Grenze Berücksichtigung finden dürfen, und wenn der wirkliche Wert beim Beginne und am Ende eines Geschäftsjahres über dem Anschaffungs- oder Herstellungspreise bleibt, eine Abschreibung überhaupt nicht zulässig ist.

Bei Neuanlagen und Neuanschaffungen von Betriebsgegenständen im Laufe eines Geschäftsjahres kommt es darauf an, welches Verfahren die Gesellschaft dabei einschlägt. Macht sie von dem Rechte Gebrauch, den höheren Anschaffungspreis einzustellen und davon einen der Abnutzung gleichkommenden Betrag abzuziehen, so ist die Höhe der Abnutzungsquote nach dem Zeitraum, innerhalb dessen der Gegenstand in dem Geschäftsjahre dem Betriebe gewidmet gewesen ist, zu bemessen. Wählt die Gesellschaft die Einstellung des wirklichen Wertes, der niedriger ist als der Anschaffungspreis, so kann im ersten Betriebsjahre unbedingt der Wert von Betriebsgegenständen auf den wirklichen Wert heruntergeschrieben werden. Die Differenz zwischen dem Anschaffungspreis und dem wirklichen Werte ist effektiver Verlust der Gesellschaft, den sie dadurch berücksichtigen kann, daß sie entweder den wirklichen Wert von vornherein als Zugang im Aktivum einstellt oder den Anschaffungspreis, vermindert durch eine der Differenz zwischen Anschaffungspreis und wirklichem Werte gleichkommende Abschreibung. Hierbei wird im allgemeinen davon auszugehen sein, daß die Vermutung dafür spricht, daß der Anschaffungspreis den wirklichen Wert darstellt, und daher die Beweislast für einen geringeren wirklichen Wert der Gesellschaft im vollen Umfange zufällt.

Aber auch in späteren Jahren steht es der Gesellschaft frei, den Wert der Betriebsgegenstände auf den niedrigen wirklichen Wert herabzuschreiben und es kann deshalb nicht in Betracht kommen, ob dabei vielleicht eine bereits vor der nach § 10 des Eink.-St.-Ges. maßgebenden Durchschnittszeit liegende Wertverminderung noch Berücksichtigung findet. Hat einmal eine Herabschreibung auf den wirklichen Wert stattgefunden, so ist ein Zurückgehen auf den höheren Anschaffungspreis unter Abzug der jährlichen regelmäßigen Abnutzung später unzulässig, weil sich dadurch ein fiktiver Gewinn ergeben und zur eventuellen Verteilung als Dividende bereitgestellt werden würde, was ungesetzlich wäre.

5. Unter dem wirklichen Werte ist hier überall der gemeine Wert im Sinne des § 9 des Erg.-St.-Ges. zu verstehen, d. h. der objektive Verkaufswert unter Voraussetzung des Fortbestandes des Geschäftes (vgl. E.-O.-V. in St. Bd. VI S. 33 ff., 42 ff., Bd. VIII S. 86 ff.). Danach sind Abschreibungen, durch die der Wert der Aktiva unter ihren Verkaufswert herabgesetzt wird, in steuerrechtlicher Beziehung unzulässig und als Bildung steuerpflichtiger Reserven zu behandeln.

6. Der Zweck der Abschreibungen, ist lediglich der, den nach den gesetzlichen Vorschriften in die Bilanz einzustellenden Wert gegenüber einer früheren Höherbewertung durch Absetzung des Differenzbetrages von dem höheren Werte zum Ausdruck zu bringen. Daraus folgt, daß eine Abschreibung insoweit, als durch sie der in die Bilanz eingestellte Wert eines

Aktivums unter den nach den Vorschriften des Handelsgesetzbuches anzusetzenden Wert herabgesetzt ist, in Wirklichkeit nicht eine Abschreibung, sondern eine unter der Form einer solchen versteckte Bildung eines Reservefonds darstellt und überall da, wo die Rechte Dritter in Frage kommen, auch rechtlich als solche behandelt werden muß.

7. Eine ganz andere Frage ist die, in welcher Weise der in die Bilanz einzustellende Wert, insbesondere der objektive Verkaufswert eines Aktivums und die danach zu bemessende Abschreibung von dem in der Bilanz des Vorjahres angesetzten Werte im einzelnen Falle zu ermitteln ist. Hierbei muß, der kaufmännischen Würdigung der Geschäftslage und der darauf beruhenden Kalkulation nach der Natur der Sache ein gewisses freies Ermessen zugestanden werden. Denn es darf im allgemeinen mit der Annahme gerechnet werden, daß der Inhaber eines gewerblichen Unternehmens die Werte seiner Betriebsanlagen, Warenvorräte wie der sonstigen Vermögensobjekte und ebenso die Umstände, welche seit der Aufstellung der Bilanz für das Vorjahr wertmindernd eingewirkt haben — bei den Betriebsanlagen insbesondere also außer der gewöhnlichen Abnutzung auch den Einfluß anderer Verhältnisse, z. B. des Sinkens der Preise der Materialien, der Notwendigkeit des Ersatzes von Maschinen infolge neuer Erfindungen, des ungewöhnlichen Verschleißes infolge verstärkten Betriebes ꝛc. —, selbst am besten zu beurteilen vermag und die danach eingetretene Wertverminderung in den Ansätzen der Inventur und Bilanz in angemessener Weise zum Ausdruck gebracht hat. Etwas anderes ist namentlich auch im § 14 des Eink.-St.-Ges. nicht ausgesprochen. Nach Abs. 1 dieses Paragraphen ist für die Fälle, wo der wirkliche Wert, d. h. der objektive Verkaufswert, in die Bilanz eingestellt werden muß, jede Abschreibung insoweit steuerrechtlich für unzulässig erklärt, als sie über die angemessene Berücksichtigung der im Laufe eines Geschäftsjahres eingetretenen Verminderung des Verkaufswertes hinausgeht oder, mit anderen Worten ausgedrückt, insoweit, als durch sie der in die Bilanz eingestellte Wert unter den objektiven Verkaufswert herabgesetzt ist. Danach haben also auch die industriellen Aktiengesellschaften, die vielfach ihre Abschreibungen in guten Jahren höher, in schlechten Jahren geringer, als erforderlich, zu bemessen pflegen, nach der positiven Bestimmung des Gesetzes keinen Anspruch darauf, daß da, wo der wirkliche Wert in die Bilanz einzustellen ist, ihre Abschreibungen bei der Berechnung ihrer Überschüsse in weiterem Umfange berücksichtigt werden, als erforderlich ist, um den objektiven Verkaufswert in dem für die Anfertigung der Bilanz maßgebenden Zeitpunkte in angemessener Weise zum Ausdruck zu bringen. Wäre dem nicht so, vielmehr auch jede darüber hinausgehende Abschreibung der industriellen Gesellschaften steuerrechtlich anzuerkennen, so stände es lediglich in dem Belieben der letzteren, welches Einkommen sie der Besteuerung für ein bestimmtes Jahr unterwerfen wollen.

8. Den Veranlagungsbehörden muß grundsätzlich die Befugnis zugestanden werden, die Ansätze der Bilanzen auch nach der Richtung einer Prüfung zu unterziehen, ob der Steuerpflichtige bei der Bemessung der Abschreibungen innerhalb der ihm nach den obigen Ausführungen gezogenen Grenzen geblieben oder darüber hinausgegangen ist. Nur dürfen sie nicht willkürlich von den Ansätzen in der Bilanz abweichen und namentlich nicht, ohne vorher unter Anhörung des Steuerpflichtigen den in Betracht kommenden Sachverhalt klargestellt zu haben und ohne die für die Abweichungen als maßgebend erachteten Umstände in den Entscheidungsgründen darzulegen. Wie im einzelnen Falle zu verfahren ist, muß dabei dem pflichtmäßigen Ermessen der Veranlagungsbehörden überlassen bleiben, die insbesondere zu berücksichtigen haben, daß die ihnen obliegende Prüfung nicht in kleinlicher Art erfolgen soll (vgl. E.-O.-V. in St. Bd. VII

S. 339) und daß sich die Verhältnisse eines einigermaßen komplizierten industriellen Unternehmens nur von Personen, die mit einem derartigen Betriebe vertraut sind, in zuverlässiger Weise beurteilen lassen.

**Nr. 11. Entsch. Bd. X i. St. S. 309 v. 2. IV. 02 V A 79/00.**

Eink.-St.-Ges. § 16; Ausf.-Anw. Art. 27; H.-G.-B. §§ 40, 207, 261.

1. Nach Art. 27 Nr. 3 bezw. Nr. 7 der Ausf.-Anw. hat die Feststellung des steuerpflichtigen Einkommens einer Aktiengesellschaft auf Grund der für die maßgebenden Betriebsjahre angefertigten Bilanzen zu erfolgen. Ist eine Bilanz den handelsrechtlichen Vorschriften entsprechend aufgestellt, so ist sie nicht nur ein Hilfsmittel, sondern ein maßgebender Faktor für die Feststellung der steuerpflichtigen Überschüsse gemäß § 16 des Eink.-St.-Ges. Es ist daher in jedem Falle zu prüfen, ob die Bilanz in bezug auf ihre einzelnen Ansätze den handelsrechtlichen Vorschriften entspricht. Nur soweit dies nicht zutrifft, ist die Bilanz jenen Vorschriften entsprechend zu berichtigen, bevor sie als Unterlage für die Ermittelung des steuerpflichtigen Einkommens dienen kann.

2. Das kaufmännische Geschäft ist das Handelsunternehmen eines Kaufmanns als Ganzes, also ein Inbegriff, der nicht bloß körperliche Gegenstände wie Rechte der verschiedensten Art, sondern auch die tatsächlichen Beziehungen zu den Kunden des Geschäfts, die Geschäftsgeheimnisse u. s. w. umfaßt. Das Geschäft als Ganzes, als Inbegriff, hat also auch einen Verkaufswert. Dieser bemißt sich im Verkehre keineswegs nach dem Verkaufswerte der einzelnen darunter begriffenen, selbständig veräußerlichen Sachen und Rechte allein, so daß der Verkaufswert des Ganzen keineswegs gleich ist der Summe dieser einzelnen Verkaufswerte; der Verkaufswert des Ganzen wird vielmehr auch durch Momente beeinflußt, die sich nicht als besonders veräußerliche selbständige Werte darstellen, sondern gewissermaßen als Eigenschaften des Inbegriffs, also ähnlich wie z. B. bei einem Gut die schöne oder günstige Lage und dergl. Dazu gehören bei einem kaufmännischen Geschäft, namentlich bei einem Fabriketablissement, z. B. eine alte, gut eingeführte Firma, der Kundenkreis und vor allem der Ertrag, überhaupt alle diejenigen Verhältnisse, die nicht mit der Persönlichkeit des zeitigen Inhabers des Geschäfts zusammenhängen, vielmehr auch auf einen Dritten übertragbar, der gleichen Fortbetätigung in dritter Hand fähig sind und dadurch eine erhöhte objektive Nutzbarkeit des Ganzen begründen. Da sich nun der gemeine Wert präsumtiv mit dem tatsächlich gezahlten Kaufpreise deckt, so ist auch bei dem Verkaufe eines kaufmännischen Geschäfts, insbesondere auch bei einem Fabriketablissement, der gezahlte Kaufpreis so lange als dessen gemeiner Wert anzunehmen, als nicht erhellt, daß bei der Veräußerung anormale Verhältnisse obgewaltet haben.

3. Stellt aber präsumtiv der für ein Fabriketablissement gezahlte Kaufpreis dessen gemeinen Verkaufswert dar, so ist auch eine Aktiengesellschaft unbedingt verpflichtet, den vollen Kaufpreis in die Bilanz einzustellen, solange nicht eine wirkliche Wertminderung eingetreten ist. Daraus folgt, daß der Betrag des besonderen Geschäftserwerbungskontos nur insoweit durch Abschreibungen herabgesetzt werden darf, als sich die Differenz zwischen dem Werte des ganzen angekauften Etablissements und der Summe der Werte der einzelnen darunter begriffenen Gegenstände und Rechte in Wirklichkeit vermindert hat, und zwar wegen Wegfalls oder Schmälerung der für die Werterhöhung maßgebend gewesenen Momente.

**Nr. 12. Entsch. Bd. X i. St. S. 314 v. 27. IV. 01 V A 109/00.**

Eink.-St.-Ges. §§ 10, 16; Ausf.-Anw. Art. 27[7].

1. Als steuerpflichtiges Einkommen der Aktiengesellschaften pp. gelten die Überschüsse, die als Aktienzinsen oder Dividenden unter die Mitglieder verteilt werden, unter Hinzurechnung der zur Tilgung der Schulden oder des Grundkapitals, zur Verbesserung oder Geschäftserweiterung, sowie zur Bildung von Reservefonds verwendeten Beträge, nach Abzug von $3^1/_2$ Prozent des eingezahlten Aktienkapitals usw. Das steuerpflichtige Einkommen der nichtphysischen Personen kann hiernach in keinem Falle mit seinem Betrage für das Steuerjahr feststehen, da es bei Beurteilung der Steuerpflicht lediglich darauf ankommt, in welcher Weise Überschüsse verwendet worden sind; es ist vielmehr der Natur der Sache nach ein seinem Betrage nach unbestimmtes und schwankendes. Es muß deshalb schon nach der allgemeinen Vorschrift des § 10 des Ges. für das Steuerjahr mit dem Betrage in Ansatz gebracht werden, den der Durchschnitt der drei Vorjahre oder bei einem kürzeren Bestehen der Aktiengesellschaft usw. der Durchschnitt seit ihrem Bestehen ergibt, und kann auch mit Rücksicht auf die ihm nach § 16 des Ges. gegebene Gestalt — im Gegensatze zu den schwankenden oder unbestimmten Einnahmen physischer Personen — niemals nach dem mutmaßlichen Jahresertrage in Ansatz gebracht werden.

2. Auch bei einer rein gewerblichen Aktiengesellschaft besteht hiernach das für ein bestimmtes Steuerjahr zu versteuernde Einkommen lediglich in dem Teile der erzielten Überschüsse, der von ihr in den drei Vorjahren oder in der kürzeren Zeit ihres Bestehens im Jahresdurchschnitt als Dividende unter die Mitglieder verteilt oder zu einem der anderen in § 16 angegebenen Zwecke verwendet worden ist, nach Abzug von $3^1/_2$ Prozent des eingezahlten Aktienkapitals. Demnach ist das Steuerobjekt, die Feststellung des steuerpflichtigen Einkommens, nicht unmittelbar von der Höhe des Geschäftsgewinnes abhängig, sondern allein davon, welcher Teil der erzielten Überschüsse in dem für die Veranlagung maßgebenden, der Vergangenheit angehörenden Zeitraume gerade in der im Gesetz angegebenen Weise tatsächlich verwendet worden ist. Die Betriebsverhältnisse des gewerblichen Unternehmens können infolgedessen bei Ermittelung des Steuerobjekts nur in der Gestalt in Betracht kommen, die sie gerade in jedem einzelnen Jahre des maßgebenden Zeitraumes gehabt haben, ohne daß etwas darauf ankommt, ob sie in dessen Verlaufe eine wesentliche oder überhaupt eine Veränderung erfahren haben oder nicht. Im Falle des Eintrittes einer wesentlichen Veränderung der Betriebsverhältnisse im Laufe der nach § 10 a. a. O. für die Berechnung des Steuerobjektes maßgebenden Periode dürfen daher auch die Ergebnisse des vor dem Eintritt der Veränderung liegenden Zeitraumes nicht unberücksichtigt bleiben.

**Nr. 13. Entsch. Bd. X i. St. S. 316 v. 11. VI. 02 V A 60/01.**

Eink.-St.-Ges. §§ 2, 10, 16; Ausf.-Anw. Art. 27[4].

1. Als steuerpflichtiges Einkommen der Erwerbsgesellschaften gilt im Falle des § 2b des Eink.-St.-Ges. nach § 16 Abs. 2 derjenige Teil der steuerpflichtigen Gesamtüberschüsse, der auf den Geschäftsbetrieb in Preußen beziehungsweise auf das Einkommen aus Preußischem Grundbesitz entfällt. In welcher Weise diese Überschüsse festgestellt werden sollen, wird im Gesetze nirgends besonders gesagt. Im Gesetze findet sich ferner keine Bestimmung, die etwa die Anwendung der allgemeinen Vorschriften über die Ermittelung des Steuerobjekts nur auf die Fälle des Vorhandenseins einer unbeschränkten Steuerpflicht einschränkte. Die Folge davon ist daher, daß die

allgemeinen Vorschriften auch in den Fällen der beschränkten Steuerpflicht hinsichtlich der Ermittelung des Steuerobjekts Anwendung finden müssen. Es sind dies die §§ 10 und 16.

2. In feststehender Rechtsprechung hat das O.-V.-G. stets daran festgehalten, daß bei unbeschränkter Steuerpflicht Veränderungen in dem Betriebe einer steuerpflichtigen Aktiengesellschaft die Durchschnittsberechnung nach der Vergangenheit niemals ausschließen und daß es demnach nicht darauf ankommt, ob die Betriebsverhältnisse bei Beginn des Steuerjahres mit denen der Vergangenheit gleichartig sind. Die einzige Voraussetzung für die Steuerpflicht ist vielmehr nur, daß die Aktiengesellschaft bei Beginn des Steuerjahres noch eine solche ist; ist sie dies, so erscheinen die Veränderungen, selbst der Eintritt der Liquidation, unerheblich. Es findet trotzdem stets die Berechnung des steuerpflichtigen Einkommens nach den Verhältnissen der Vergangenheit, also den Verhältnissen jedes einzelnen in Betracht kommenden Jahres statt (vgl. E.-O.-V. in St. Bd. III S. 117 ff., Bd. V S. 22, 209 ff., Bd. VII S. 319 ff., Bd. VIII S. 194 ff.).

3. Da diese Grundsätze auch bei beschränkter Steuerpflicht anzuwenden sind, so folgt daraus, daß auch hier Betriebsveränderungen nicht in Betracht kommen und daß die Durchschnittsberechnung nach der Vergangenheit ohne Rücksicht hierauf erfolgen muß, sofern die subjektive Steuerpflicht immer vorhanden war.

### Nr. 14. Entsch. Bd. X i. St. S. 319 v. 17. IV. 01 V A 83/00.

Eink.-St.-Ges. §§ 2, 10, 16; Ausf.-Anw. Art. 27[4].

1. Da nach § 10 des Eink.-St.-Ges. das steuerpflichtige Einkommen der nichtphysischen Personen nach dem Durchschnitte der drei der Veranlagung vorangegangenen Geschäftsjahre zu berechnen ist, so muß das auf den Preußischen Betrieb entfallende steuerpflichtige Einkommen für jedes dieser Jahre ermittelt und sodann der Durchschnittsbetrag als steuerpflichtiges Einkommen festgesetzt werden. Das auf den Preußischen Betrieb entfallende Einkommen ist nach Art. 27 der Ausf.-Anw. aus dem Gesamteinkommen des betreffenden Geschäftsjahres zu entnehmen, und zwar soll nach Nr. 4 daselbst zunächst darüber befunden werden, ob eine besondere Gewinnberechnung für den in Preußen belegenen Betrieb tunlich ist, anderenfalls sollen die aus den tatsächlichen Betriebsverhältnissen sich ergebenden Merkmale für die Teilung der Gesamtüberschüsse zwischen dem in Preußen steuerpflichtigen und dem in Preußen steuerfreien Betriebe maßgebend sein.

2. Unbedenklich folgt hieraus, daß für diese Zerlegung der Gesamtüberschüsse eines jeden Geschäftsjahres nur die innerhalb desselben vorhanden gewesenen Betriebsverhältnisse maßgebend sein können. Aus ihnen hat sich der Gesamtgewinn ergeben, folglich müssen diese Umstände auch Berücksichtigung finden, wenn es sich um eine proportionelle Zerteilung auf die einzelnen Betriebsstätten des Gesamtunternehmens handelt.

### Nr. 15. Entsch. Bd. X i. St. S. 322 v. 31. V. 02 V A 146/01.

Eink.-St.-Ges. §§ 10, 16; Ausf.-Anw. Art. 27.

1. Unter den in Art. 27 der Ausf.-Anw. gedachten Verteilungen an Mitglieder, Kapitalrückzahlungen oder Abtragungen sind diejenigen aus dem Vermögen einer steuerpflichtigen Gesellschaft zu einem der angegebenen Zwecke durch Zahlung an andere Personen, seien es ihre eigenen Mitglieder oder dritte Personen, ausgeschiedenen Beträge zu verstehen, die aus

anderen Mitteln als aus den Überschüssen des Geschäftsjahres entnommen sind. Derartige Verwendungen stehen mit den allein nach §§ 10 Abs. 1, 16 des Eink.-St.-Ges. bei der Besteuerung für ein bestimmtes Steuerjahr in Betracht kommenden Überschüssen der maßgebenden Jahre in keinem Zusammenhange und haben deshalb bei der Ermittelung des steuerpflichtigen Einkommens stets außer Berechnung zu bleiben. Um eine derartige Verwendung, namentlich um die Abtragung einer Schuld oder dergleichen, handelt es sich aber in dem Falle nicht, wenn eine Aktiengesellschaft oder Kommanditgesellschaft auf Aktien einen sich aus der Bilanz ergebenden Verlust durch Abschreibung von einem Reservefonds bilanzmäßig beseitigt. Denn hierin liegt lediglich eine rein buchmäßige Operation, die den Bestand des Vermögens der Gesellschaft an sich in keiner Weise beeinflußt und namentlich nicht die Ausscheidung von Teilen davon bewirkt. Es wird hier vielmehr nur ein solcher Passivposten der Bilanz, der nicht eine Schuld der Gesellschaft, sondern einen Teil ihres Kapitalkontos zum Ausdruck bringt, verringert oder beseitigt und damit bewirkt, daß ein entsprechender Teil der Gesamtsumme der Aktiva als Gewinn erscheint oder, daß, falls die Aktivseite einen Verlust ergibt, der letztere um denselben Betrag geringer sich darstellt. Durch die Abschreibung eines bilanzmäßigen Verlustes von einem Reservefonds wird demgemäß das wirkliche Ergebnis des Geschäftsjahres nicht beeinflußt und namentlich ein in Wirklichkeit eingetretener Verlust nicht beseitigt. Es unterliegt daher auch keinem Zweifel, daß die Gesellschaft trotz der buchmäßigen Beseitigung des Verlustes befugt ist, den in Wirklichkeit in dem betreffenden Geschäftsjahre erlittenen Verlust von dem Gewinne der beiden anderen Jahre der Durchschnittsperiode in Abzug zu bringen; denn der Grundsatz, daß die bei der Ziehung des Durchschnitts in Betracht kommenden Jahre insoweit eine Einheit bilden, findet auch auf die Veranlagung nichtphysischer Personen Anwendung (vgl. E.-O.-V. in St. Bd. II S. 188, 189).

2. Der Zuschuß des persönlich haftenden Gesellschafters einer Kommanditgesellschaft auf Aktien in die Gesellschaftskasse zum Zweck der Abwendung eines Regreßanspruchs auf Grund eines mit der Gesellschaft geschlossenen Vergleiches verringert einen etwaigen Verlust und ist insofern bei der Ermittelung des steuerpflichtigen Einkommens zuzüglich zu berücksichtigen.

## 5. Veranlagungsverfahren.

### A. Allgemeine Grundsätze.

**Nr. 1. Entsch. Bd. X i. St. S.** 328 v. 15. II. 02 E IVa $\frac{15,16}{01}$.

Eink.-St.-Ges. § 29; Erg.-St.-Ges. § 26; Pr. Ausf.-Ges. z. B.-G.-B. Art. 69 § 4. B.-G.-B. §§ 1627, 1628, 1630, 1909.

Die elterliche Gewalt des Vaters umfaßt das Recht und die Pflicht, für die Person und das Vermögen des Kindes zu sorgen, mit Ausnahme solcher Angelegenheiten, für die ein Pfleger bestellt ist. Der Vater ist daher zur Vertretung des Kindes in den Verhandlungen über die Besteuerung des Einkommens und Vermögens des letzteren berechtigt und verpflichtet, wenn auch für die Verwaltung des Vermögens ein besonderer Pfleger bestellt ist.

Das Verfahren, das die Veranlagung des minderjährigen Kindes zur Einkommensteuer und zur Ergänzungssteuer zum Gegenstande hat, betrifft nicht lediglich das der Verwaltung des Pflegers unterstellte Vermögen und das Einkommen daraus, sondern es handelt sich dabei um die Feststellung, ob dem Kinde irgend welches steuerpflichtige Einkommen oder steuerbare Vermögen zusteht. Eine solche Verhandlung mit der Steuerbehörde geht aber über den Rahmen der Verwaltung jenes bestimmten Vermögensteiles hinaus und fällt nicht mehr in den Geschäftskreis des für diese besondere Verwaltung bestellten Pflegers. Deshalb trifft auch § 1638 a. a. O., der von einer solchen besonderen, dem Vater entzogenen Vermögensverwaltung handelt, nicht zu. Es tritt vielmehr hier die allgemeine gesetzliche Vertretung des minderjährigen Kindes auf Grund der elterlichen Gewalt des Vaters ein. Der Pfleger hat nur zu dulden, daß der festgestellte Steueranspruch des Staates aus der Pflegschaftsmasse erfüllt wird. Die für eine richtige Steuerveranlagung erforderliche Kenntnis über den Stand des seiner Verwaltung entzogenen Vermögens des Kindes und des Einkommens daraus zu den maßgebenden Zeitpunkten hat sich der Vater des Steuerpflichtigen vom Pfleger, eventuell unter Inanspruchnahme des Vormundschaftsgerichts, zu verschaffen.

### Nr. 2. Entsch. Bd. X i. St. S. 206 (209) v. 9. III. 01 V A 104—106/00.

Eink.-St.-Ges. §§ 36, 38, 40; Ausf.-Anw. Art. 70 [7].

1. Die Veranlagung, d. h. die Festsetzung der Steuer, erfolgt nach §§ 36, 38 durch den Vorsitzenden der Veranlagungskommission bezw. durch Beschluß der Kommission, ohne daß ihre Gültigkeit an die vorschriftsmäßige Zustellung geknüpft ist. Dies ergibt sich schon daraus, daß nach § 40 Abs. 2 des Eink.-St.-Ges. die Ausschlußfrist von vier Wochen zur Einlegung der Berufung gegen die Veranlagung für den Vorsitzenden der Kommission vom Tage des angefochtenen Beschlusses läuft, während sie dem Steuerpflichtigen gegenüber allerdings erst durch die Zustellung der Steuerzuschrift in Gang gesetzt wird. Die Wirksamkeit der Veranlagung tritt daher auch diesem gegenüber schon ein, sobald ihm deren Ergebnis von einer zuständigen Behörde mitgeteilt ist, wie denn auch in der Rechtsprechung des O.-V.-G. kein Zweifel darüber besteht, daß von da ab der Steuerpflichtige rechtswirksam Berufung einlegen kann. (Vgl. E.-O.-V. in St. Bd. VI S. 372.)

2. Die Gültigkeit der Zustellung der Steuerzuschrift wird nicht dadurch berührt, daß die letztere von dem Vorsitzenden der Veranlagungskommission nicht eigenhändig unterschrieben, sondern nur mit seinem Namen unterstempelt ist.

### Nr. 3. Entsch. Bd. X i. St. S. 337 v. 26. VI. 01 V a 183/00.

Eink.-St.-Ges. § 53; Ausf.-Anw. Art. 71.

Ausf.-Anw. v. 28. XI. 99 zur Vd. v. 15. XI. 99 (G.-S. S. 545), betr. das Verwaltungszwangsverfahren pp. Art. 28.

1. Die von den Vorsitzenden der Kommissionen zu bewirkenden Zustellungen sind nach § 53 des Eink.-St.-Ges. durch einen öffentlichen Beamten unter Bescheinigung der Behändigung auszuführen. Nach den zur Ausführung dieser Gesetzesvorschrift von dem Finanzminister erlassenen Bestimmungen sind dabei die Bestimmungen in Art. 28 Nr. 1 bis 12 der Anw. v. 28. XI. 99 zu beachten. Hier ist unter Nr. 1 folgendes bestimmt:

„Die Zustellung besteht, wenn eine Ausfertigung zugestellt werden soll, in deren Übergabe, in den übrigen Fällen in der Übergabe einer Abschrift des zuzustellenden Schriftstücks."

Die Rechtsgültigkeit der Zustellungen nach Maßgabe des § 53 des Eink.-St.-Ges. hängt hiernach davon ab, daß das zuzustellende Schriftstück in Ausfertigung oder Abschrift dem Adressaten durch einen öffentlichen Beamten ausgehändigt wird.

2. In dem vorliegenden Falle ist zwar in der vom Gemeindevorsteher aufgenommenen Zustellungsurkunde v. 10. XI. 1900 bescheinigt, daß er selbst die Ausfertigung des Berufungsbescheides dem Steuerpflichtigen an diesem Tage zugestellt habe, was nur dahin verstanden werden kann, daß er selbst die Ausfertigung dem Steuerpflichtigen übergeben habe. Dies aber ist in Wirklichkeit nicht der Fall gewesen. Dies ist vielmehr durch seinen Dienstjungen ohne sein Beisein geschehen. Auch ist nicht zweifelhaft, daß der Gemeindevorsteher nicht die Absicht gehabt hat, den Dienstjungen an seiner Stelle mit der Zustellung an den Steuerpflichtigen zu beauftragen, sondern daß er von der irrigen Vorstellung ausgegangen ist, er selbst als öffentlicher Beamter dürfe die Zustellung in der Weise bewirken, daß er sich bei ihrer Ausführung des Dienstjungen in der geschilderten Art als Gehilfen bediene, und die in dieser Weise ausgeführte Zustellung sei rechtlich als eine durch ihn bewirkte anzusehen. Das Irrige dieser Auffassung bedarf keiner weiteren Beleuchtung. Die Aushändigung des zuzustellenden Schriftstücks an den Adressaten durch eine von dem Zustellungsbeamten beauftragte Privatperson in Abwesenheit des Beamten ist ein von der Übergabe durch den letzteren selbst an den Adressaten wesentlich verschiedener Vorgang.

**Nr. 4. Entsch. Bd. X i. St. S. 340** v. 28. IX. 01 Xf 48/00.

Ausf.-Anw. v. 28 XI. 99 zur Vd. v. 15. XI. 99 (G.-S. S. 545), betr. das Verwaltungszwangsverfahren pp. Art. 28; Ausf.-Anw. z. Eink.-St.-Ges. v. 6. VII. 00 Art. 71 (Anm. 66).

Nach Art. 28 Nr. 8 der Anw. v. 28. XI. 99 kann zwar bei Gewerbetreibenden, die ein besonderes Geschäftslokal haben, wenn sie selbst in dem Geschäftslokale nicht angetroffen werden, die Zustellung an einen im Geschäftslokale anwesenden Gewerbegehilfen in rechtsgültiger Weise vorgenommen werden, dagegen nicht an einen Geschäftsteilhaber des Gewerbetreibenden, da dieser als dessen Gewerbegehilfe nicht anzusehen ist und die genannte Bestimmung, die lediglich Gewerbegehilfen umfaßt, nicht auf Geschäftsteilnehmer ausgedehnt werden kann. Die ersteren stehen in einem dauernden Dienstverhältnisse zu dem Geschäftsinhaber oder zu den mehreren Geschäftsinhabern, während der letztere beziehentlich die letzteren in keinerlei Dienstverhältnisse stehen bezw. zueinander stehen; es fehlt also an der Gleichheit der Stellung, auf Grund deren eine Analogie angenommen werden könnte. Außerdem erscheint bei der streng formalen Natur der Vorschriften über die Zustellung und der bestimmten Angabe derjenigen Personen, an die eine Ersatzzustellung erfolgen darf, eine Ausdehnung der erwähnten Vorschriften im Wege der Analogie ausgeschlossen.

**Nr. 5. Entsch. Bd. X i. St. S. 342** v. 21. XI. 01 XIIIb 309/00.

Ausf.-Anw. Art. 71 I.

Nach Art. 71 I der Ausf.-Anw. sollen „Ort und Zeit der Zustellung" angegeben werden und unter „Ort" läßt sich nur die Stelle, wo die Zustellung erfolgt ist, Wohnung, Geschäftslokal usw., verstehen. Deshalb ist auch in dem hier angewendeten Formular am Kopfe der Namenspalte Angabe der Wohnung vorgesehen. Fehlt diese Angabe, so läßt sich überhaupt nicht prüfen, ob am richtigen Orte zugestellt ist; die Zustellungsurkunde ist daher nicht beweiskräftig.

**Nr. 6. Entsch. Bd. X i. St. S. 343** v. 31. V. 02 V A 13/02.

Ausf.-Anw. v. 6. VII. 00 Art. 71 I.

Ausf.-Anw. v. 28. XI. 99 zur Vd. v. 15. XI. 99 (G.-S. S. 545), betr. das Verwaltungszwangsverfahren, Art. 28.

1. Nach Art. 71 I der Ausf.-Anw. v. 6. VII. 1900 sind die von den Vorsitzenden der Kommissionen innerhalb Preußens zu bewirkenden Zustellungen durch einen öffentlichen Beamten unter Beachtung der Vorschrift in Art. 28 Nr. 1 bis 12 der Anw. v. 28. XI. 99 auszuführen. Die Zustellungen für nicht prozeßfähige Personen haben danach (Nr. 2) an die gesetzlichen Vertreter zu erfolgen. Bei Behörden, Gemeinden und Korporationen, sowie bei Vereinen, welche als solche klagen oder verklagt werden können, also auch bei Aktiengesellschaften, genügt die Zustellung an den Vorsteher und bei mehreren Vorstehern die Zustellung an einen derselben. Die unter Nr. 6 geregelte Ersatzzustellung bei Abwesenheit der Person, der zugestellt werden soll, in der Wohnung an einen zu der Familie gehörenden erwachsenen Hausgenossen oder an eine in der Familie dienende erwachsene Person, eventuell an den zur Annahme bereiten Hauswirt oder Vermieter, ist nach Nr. 9 Abs. 2 jedoch nur unter der Voraussetzung zulässig, wenn ein besonderes Geschäftslokal nicht vorhanden ist; anderenfalls soll nach Abs. 1 die Zustellung zunächst in dem Geschäftslokale an einen anwesenden Beamten oder Bediensteten bewirkt werden.

2. In dem vorliegenden Falle durfte daher die Zustellung an den Vorsitzenden des Vorstandes einer Aktiengesellschaft, da die Gesellschaft unstreitig ein besonderes Geschäftslokal in ihrer Fabrik hat, nicht im Wege der Ersatzzustellung zu Händen seiner Dienstmagd erfolgen. Allerdings hat er seiner eigenen Angabe nach den Kreisboten P. ermächtigt, alle für die Fabrik bestimmten Briefe und Zustellungen in seiner Privatwohnung abzugeben bezw. zu bewirken. Allein dieser Ermächtigung kann, soweit es sich um die Rechtsgültigkeit einer nach den Vorschriften der Anw. vom 28. XI. 99 auszuführenden Zustellung handelt, eine Wirksamkeit gegenüber der steuerpflichtigen Gesellschaft nicht beigelegt werden. Denn einerseits stehen hier öffentlich-rechtliche, der Abänderung durch Privatwillkür entzogene Vorschriften in Frage und andererseits müssen alle die Gesellschaft verpflichtenden Erklärungen nach dem Gesellschaftsvertrage von zwei Mitgliedern des Vorstandes abgegeben werden. Daß ein zweites Mitglied des Vorstandes die von N. dem Kreisboten erteilte Ermächtigung genehmigt habe, ist aber von keiner Seite behauptet worden.

## B. Abzüge für Kinder unter 14 Jahren.

**Nr. 1. Entsch. Bd. X i. St. S.** 355 v. 25. I. 02 III 244/01.

Eink.-St.-Ges. § 18.

Der nach § 18 des Eink.-St.-Ges. vorgeschriebene Abzug wegen Kindern unter 14 Jahren muß von Amts wegen vorgenommen werden. Der Umstand, daß das Vorhandensein solcher Kinder der Kommission nach dem Inhalt der Akten nicht bekannt sein konnte, ist unerheblich, weil ihr die Pflicht oblag, von Amts wegen zu ermitteln, wieviel Kinder unter 14 Jahren der Steuerpflichtige bei Beginn des Steuerjahres besaß.

**Nr. 2. Entsch. Bd. X i. St. S. 354 v. 31. V. 02 XI c 45/02.**

Eink.-St.-Ges. §§ 11, 18.

Ebenso wie die nicht geschiedene, jedoch dauernd getrennt von ihrem Manne lebende Ehefrau noch Angehörige der ehemännlichen Haushaltung im Sinne des § 11 des Eink.-St.-Ges. ist, muß dies auch für die bei ihr lebenden Kinder gelten. Nicht minder ist das von dem Ehemanne bei Verwandten untergebrachte Kind noch Mitglied seiner Haushaltung.

## C. Veränderungen der veranlagten Steuer im Laufe des Jahres.

**Nr. 1. Entsch. Bd. X i. St. S. 330 v. 21. XI. 01 XIII c 48/01.**

Eink.-St.-Ges. §§ 57, 59.

Wird eine Person im Laufe des Steuerjahres durch Austritt aus einer besteuerten Haushaltung subjektiv steuerpflichtig, aber wegen eines 900 M. nicht übersteigenden Einkommens individuell nicht veranlagt, so ist, von der Ausnahme eines Erbanfalles abgesehen, eine spätere Zugangsveranlagung mit Rücksicht auf den Erwerb des höheren Einkommens im Laufe des Steuerjahres ausgeschlossen. (Vgl. E.-O.-V. in St. Bd. VII S. 351, Bd. VIII S. 255.)

**Nr. 2. Entsch. Bd. X i. St. S. 332 v. 9. I. 02 XII b 32/01.**

Eink.-St.-Ges. §§ 36, 39, 40, 57, 80; Ausf.-Anw. Art. 58.

1. Ist eine Veranlagung durch Festsetzung des Steuersatzes seitens des Vorsitzenden der Veranlagungskommission auf Grund des Vorschlags der Voreinschätzungskommission oder durch Beschluß der Veranlagungskommission bewirkt und dem Steuerpflichtigen von einer zuständigen Behörde mitgeteilt worden, so steht, abgesehen von der Anfechtung durch die zulässigen Rechtsmittel und von den wegen Veränderungen des Einkommens im Steuerjahre zugelassenen Ausnahmen, sowie von dem Falle der Nachbesteuerung, das Veranlagungsergebnis endgültig und unabänderlich fest. Jede anderweite Berichtigung des letzteren ist deshalb gesetzlich unzulässig. Insbesondere ist dem Vorsitzenden der Veranlagungskommission nirgends gesetzlich die Ermächtigung gegeben, seine eigenen Festsetzungen später durch die Veranlagungskommission berichtigen zu lassen. Er muß vielmehr seine eigene Festsetzung zur Ausführung bringen, also namentlich auch dem Veranlagten durch Steuerzuschrift mitteilen (§ 40 a. a. O.). Ist eine Berichtigung erfolgt, so steht die verspätete Abgabe der Steuererklärung in dem Verfahren, das zu der ersten Veranlagung geführt hat, den Rechtsmitteln des Steuerpflichtigen gegen die berichtigende Veranlagung nicht entgegen.

2. Durch jede spätere neue Steuerzuschrift wird der Fristenlauf der zulässigen Rechtsmittel von neuem wiedereröffnet.

## D. Nachbesteuerung.

**Nr. 1. Entsch. Bd. X i. St. S. 345** v. 29. I. 02 VIIa $\frac{66, 67, 68}{01}$.

Eink.-St.-Ges. § 80.

1. Die Nachbesteuerung gemäß § 80 des Eink.-St.-Ges. soll durch eine einmalige, einheitliche Veranlagung für den ganzen Zeitraum, auf den sich die Verpflichtung erstreckt, erfolgen. Die zu entrichtende Nachsteuer ist jedoch für jedes einzelne, in Betracht kommende Steuerjahr besonders festzusetzen. Dem Steuerpflichtigen steht ein Kompensationsrecht wegen angeblicher Festsetzung einer zu hohen Steuer bei der ordentlichen Veranlagung für das eine Steuerjahr gegen die Nachsteuer für ein anderes Steuerjahr nicht zu.

2. Es liegt kein Zwang vor, den § 80 Abs. 3 a. a. O., dahin auszulegen, daß damit für die Nachveranlagung an die Stelle des einzelnen Steuerjahres ein aus vier Steuerjahren sich zusammensetzender Zeitabschnitt als „einheitlicher" Veranlagungszeitraum habe gesetzt und damit bei Gelegenheit einer lediglich zu Gunsten des Staates eingeführten Abänderung des früheren Rechtszustandes dem Steuerpflichtigen das Recht habe beigelegt werden sollen, auch seinerseits zu seinen Gunsten unter gewissen Umständen eine nochmalige Entscheidung in betreff einer rechtskräftig gewordenen Veranlagung zu verlangen. Vielmehr kann der § 80 Abs. 3 a. a. O. auch sehr wohl dahin verstanden werden, daß dort lediglich die in einem „einheitlichen" Verfahren zu bewirkende Nachveranlagung für die sämtlichen Steuerjahre angeordnet wird, auf die sich im speziellen Falle die Verpflichtung zur Zahlung der Nachsteuer erstreckt, und welche zuvörderst gemäß § 80 Abs. 1 a. a. O. zu ermitteln sind. Denn nichts nötigt zu der Annahme, daß im Abs. 3 des § 80 a. a. O., der sich mit der Veranlagung, also mit der Durchführung des dort im Abs. 1 dem Staate beigelegten Rechtes, beschäftigt, mit dem „ganzen Zeitraum, auf den sich die Verpflichtung erstreckt", überhaupt die gesamten vier Steuerjahre gemeint seien, auf welche sich nach Abs. 1 diese Verpflichtung im äußersten Falle „erstreckt", und nicht vielmehr der durch diejenigen von diesen vier Jahren gebildete Zeitraum, für die eine Verkürzung der Staatskasse festgestellt ist. Ist aber diese Auslegung, die übrigens noch keineswegs ohne weiteres zu dem Ergebnis führt, daß es sich im § 80 Abs. 3 a. a. O. lediglich um eine Vorschrift von nur untergeordneter formeller Bedeutung handele, möglich, so ist sie auch geboten, weil alsdann die Fundamentalvorschrift des § 56 a. a. O. auch für den Fall des § 80 a. a. O. bestehen bleibt.

**Nr. 2. Entsch. Bd. X i. St. S. 348** v. 12. VI. 02 $\frac{\text{XIIb } 28}{\text{E XIIb } 1}$ 02.

Eink.-St.-Ges. § 80; Erg.-St.-Ges. § 46.

1. Der § 80 des Eink.-St.-Ges. gewährt dem Staate die Handhabe, die der Staatskasse außerhalb der Fälle strafbarer Steuerhinterziehung entzogenen Steuerbeträge für den Zeitraum von drei Steuerjahren nachzufordern. Dagegen ist den Steuerpflichtigen die Möglichkeit der Rückforderung zuviel gezahlter Steuerbeträge außerhalb des ordentlichen Rechtsmittelverfahrens nicht eröffnet. Vielmehr handelt es sich um ein einseitiges Sonderrecht des Staatsfiskus. Dieses hat die Nachforderung der staatlichen Verkürzung für den ganzen Zeitraum der drei letzten abgeschlossenen Steuerjahre zum Gegenstande.

2. Das Nachforderungsrecht soll aber durch eine einheitliche Veranlagung „für den ganzen Zeitraum, auf welchen sich die Ver-

pflichtung erstreckt", also für den vollen Zeitraum der drei letzten Steuerjahre, geltend gemacht werden. Dies ist keineswegs eine gleichgültige oder nebensächliche Bestimmung, sondern eine Vorschrift von wesentlicher, zugleich formaler und materieller Bedeutung. Die Nachbesteuerung soll für den ganzen Zeitraum, für welchen die gesetzlichen Voraussetzungen zutreffen, auf einmal und mit einem einzigen Rechtsmittelverfahren erledigt werden, und die Höhe der Nachsteuer bemißt sich einheitlich für diesen ganzen zusammenhängenden Zeitraum. Für den Pflichtigen handelt es sich hierbei nicht um eine, zugleich mit Kostenersparnis verbundene Vereinfachung des Verfahrens, sondern besonders auch um die Möglichkeit, eine über das Maß der Verkürzung in jenem vollen Zeitraum hinausgehende Nachbesteuerung von sich abzuwenden. Zu diesem Zwecke darf er namentlich alle zur Widerlegung der Verkürzung geeigneten Tatsachen ohne Rücksicht auf etwaige frühere Versäumungen einredeweise vorbringen.

**Nr. 3. Entsch. Bd. X i. St. S. 351** v. 21. XI. 01 XIII c 52/01.

Eink.-St.-Ges. § 80.

Die absichtliche Aussetzung der ordentlichen Veranlagung über das laufende Steuerjahr hinaus, z. B. wegen eines schwebenden Konkursverfahrens berechtigt nicht zur Nachbesteuerung gemäß § 80 des Eink.-St.-Ges. Es handelt sich hier lediglich um eine Verzögerung der ordentlichen Veranlagung.

Ähnlich E.-O.-V. **Bd. X i. St. S. 352** v. 14. XII. 01 III 287/01 in folgendem Falle:

Der Erbanfall an den Steuerpflichtigen nach dem Tode seiner Mutter war bereits bei der ordentlichen Veranlagung für das Steuerjahr 1899 bekannt, und es stand auch die Erbquote des Steuerpflichtigen objektiv fest. Die Veranlagungskommission war nicht berechtigt, die Veranlagung auszusetzen; falls der Steuerpflichtige nähere Angaben über die Erbquote und sein Einkommen daraus nicht machte, hätte eventuell seine Veranlagung als Universalerbe nach Schätzung erfolgen können. Der im März 1899 abgeschlossene Vertrag bezog sich nur auf die reelle Teilung eines zur Erbmasse gehörigen Hypothekenkapitals. Für die Anrechnung der Einkünfte aus einer Erbschaft als steuerpflichtiges Einkommen ist aber nicht der tatsächliche Bezug nach eingetretener reeller Teilung, sondern das Recht auf den Bezug entscheidend (vgl. E.-O.-V. in St. Bd. I S. 168). Die reelle Teilung ist keine neue Tatsache, welche für die Veranlagung des Steuerpflichtigen aus der Erbschaft wesentlich ist. Es lag daher ein Grund zur Nachbesteuerung gemäß § 80 des Eink.-St.-Ges. nicht vor (vgl. E.-O.-V. in St. Bd. VIII S. 265 ff.; Bd. IX S. 316). Auch die Verschollenheit des Vaters hinderte die Veranlagung des Steuerpflichtigen aus der mütterlichen Erbschaft nicht, da, solange eine Todeserklärung nicht stattgefunden hatte, der Vater als lebend anzusehen war.

## 6. Rechtsmittel.

### A. Verfahren in der Berufungsinstanz.

**Nr. 1. Entsch. Bd. X i. St. S. 356** v. 23. I. 02 XI a 146/01.

Eink.-St.-Ges. §§ 66, 67.

Zur Austragung der Rechtsmittel der Berufung und Beschwerde sind die gesetzlich hierfür angeordneten Rechtsmittelbehörden, die Berufungskommission und das Beschwerdegericht, zuständig. In das gesetzlich geordnete Verfahren darf unter keinem Vorwande von irgend welcher Seite eingegriffen werden; geschieht dies, so sind alle hierauf gerichteten Versuche ohne Rechtswirkung. Insbesondere kann während des Schwebens der Rechtsmittel ein Strafverfahren (§§ 66, 67), das der Austragung der Rechtsmittel vorgriffe, nicht eingeleitet werden. Vielmehr ist das etwaige Strafverfahren von dem endgültigen Abschlusse des Veranlagungsverfahrens einschließlich des Rechtsmittelverfahrens abhängig, weil sich erst hieraus die Voraussetzungen der Strafbarkeit und der Strafbemessung ergeben.

Die Berufungskommissionen dürfen daher die in einem Strafverfahren getroffenen Feststellungen nicht ohne selbständige Würdigung übernehmen. Eine Unterlassung in dieser Beziehung stellt einen wesentlichen Mangel des Verfahrens dar.

### Nr. 2. Entsch. Bd. X i. St. S. 357 v. 27. VI. 01 XIII c 48/00.

Ausf.-Anw. Art. 63 Abs. 4.

Wenn die Berufungskommission zu Ungunsten des Steuerpflichtigen über die Anträge des Vorsitzenden der Veranlagungskommission in der Berufungsschrift hinausgehen will, so muß sie hiervon den Steuerpflichtigen zuvor benachrichtigen und seine Gegenerklärung fordern. Die Unterlassung bildet einen wesentlichen Mangel des Verfahrens. Denn die von dem Finanzminister vorgeschriebene Aufforderung zur Gegenerklärung würde zweck- und gegenstandslos sein, wenn die Berufungskommission sich nicht auf die zur Gegenerklärung mitgeteilten Punkte beschränken wollte.

### Nr. 3. Entsch. Bd. X i. St. S. 358 v. 31. V. 02 XIII b 220/01.

Ausf.-Anw. Art. 63.

Die Unterlassung der Mitteilung einer Abschrift der Berufung des Vorsitzenden der Veranlagungskommission unter Aufforderung zur Gegenerklärung an den Steuerpflichtigen enthält einen wesentlichen Mangel des Verfahrens.

## B. Beschwerdeverfahren.

### Nr. 1. Entsch. Bd. X i. St. S. 359 v. 13. XI. 01 IV b 93/01.

Eink.-St.-Ges. §§ 44—49, 74, 75.

Die Rechtsmittel gegen die lediglich im Interesse der Heranziehung zu Kommunalabgaben, sowie zur Regelung des Wahlrechts erfolgende Veranlagung zu fingierten Normalsteuersätzen gemäß § 74 des Eink.-St.-Ges. sind in dem darauffolgenden § 75 abweichend von den Vorschriften über die Rechtsmittel gegen die Veranlagung zur Staatseinkommensteuer in den §§ 40 bis 49 geregelt. Nach § 75 ist die Anfechtung der Veranlagung zu einem fingierten Normalsteuersatze nur dem Steuerpflichtigen, nicht auch dem Vorsitzenden der Veranlagungskommission, und zwar auch dem ersteren nur durch Einlegung der Berufung gestattet, das Rechtsmittel der Beschwerde aber nicht erwähnt. Daraus folgt, daß dem Steuerpflichtigen das in den §§ 44 bis 49 geregelte Rechtsmittel der Beschwerde an das Oberverwaltungsgericht nach der Absicht des Gesetzes nicht zustehen soll.

II.

# Ergänzungssteuer.

**Literatur:** Illing-Kautz, Handbuch für Verwaltungsbeamte, 8. Aufl. Bd. III, Berlin 1903; Rhode und v. Kameke, Kurze Auszüge aus den Entscheidungen des Oberverwaltungsgerichts in Staatssteuersachen, Berlin 1902.

## 1. Steuerpflicht.

### Nr. 1. Entsch. Bd. X i. St. S. 49 v. 2. XI. 01 E II b 195/66.

Siehe oben S. 261.

## 2. Maßstab der Besteuerung.

### Nr. 1. Entsch. Bd. X i. St. S. 366 v. 23. XI. 01 E IX 14—17/01.

Erg.-St.-Ges. § 5[4]; Eink.-St.-Ges. § 11.

Die Zurechnung des einem minderjährigen Haushaltungsangehörigen von einem Dritten geschenkten Kapitals zu dem steuerbaren Vermögen des Haushaltungsvorstandes ist nicht schon deshalb ausgeschlossen, weil sich der Schenker auf seine Lebenszeit den Nießbrauch daran vorbehalten hat. Zur Ergänzungssteuer können solche haushaltungsangehörige minderjährige Kinder nur dann veranlagt werden, wenn sie nach § 11 Abs. 3 Nr. 2 des Eink.-St.-Ges. zur Einkommensteuer selbständig veranlagt werden mußten, wenn sie also Vermögen haben, dessen Einkommen der Verfügung des Vaters entzogen ist (vgl. E.-O.-V. in St. Bd. VII S. 200 ff.). Es bedarf also zur selbständigen Veranlagung der Kinder der Feststellung, daß das ihnen zugewendete Kapitalvermögen freies Vermögen der Kinder ist. Aus dem Umstande, daß sich der Geschenkgeber den lebenslänglichen Nießbrauch an dem verschenkten Kapitale vorbehalten hat, folgt dies keineswegs. Das Einkommen daraus würde dem Vater anzurechnen sein, sobald der Nießbrauch des Großvaters durch dessen Ableben aufhört. Der Umstand, daß er selbst vorläufig Einkommen aus diesem Vermögen nicht genießt, beeinflußt aber nicht das Recht des Vaters an dem Vermögen der minderjährigen Kinder. Zur Veranlagung der Kinder ist vielmehr erforderlich, daß festgestellt wird, daß beim Beginn der in Rede stehenden Veranlagungsperioden das Einkommen aus dem den Kindern zugewendeten Kapitalvermögen der Verfügung des Vaters nicht unterlegen hat, sie vielmehr selbständig zur Einkommensteuer zu veranlagen wären, sobald der Nießbrauch des Schenkers erlischt.

### Nr. 2. Entsch. Bd. X in St. S. 363 v. 21. XI. 01 E XIII a 12/00.

Erg.-St.-Ges. §§ 4, 8; Eink.-St.-Ges. § 9.

Gemäß § 8 Abs. 1 des Erg.-St.-Ges. ist der Abzug dinglicher Kapitalschulden ausgeschlossen, sofern sie auf „Vermögensteilen haften, welche bei der Veranlagung außer Betracht zu lassen sind" (§ 4 II a. a. O.). Diese Vorschrift entspricht der im wesentlichen gleichlautenden Bestimmung im § 9 I 2 des Eink.-St.-Ges. Hier ist nach feststehender Rechtsprechung des O.-V.-G. die Voraussetzung des „Haftens" von Hypothekenschulden nach der durch die Eintragung im Grundbuche bewirkten rechtlichen Verhaftung des Grundstückes zu beurteilen, so daß bei Hypotheken die mit der Eintragung gegebene rechtliche Verhaftung allein entscheidet, ohne daß es alsdann auf eine abweichende Haftung im wirtschaftlichen Sinne ankäme. (Vgl. E.-O.-V. in St. Bd. II S. 107 ff.). Diese Rechtsauffassung ist auch bindend für die Auslegung der gleichlautenden Vorschrift im § 8 Abs. 1 des Erg.-St.-Ges.

**Nr. 3. Entsch. Bd. X i. St. S. 368** v. 2. XI. 01 E III 11/00.

Erg.-St.-Ges. §§ 9, 10, 38—40.

1. Der Grundsatz, daß für die Veranlagung zur Ergänzungssteuer — von den im § 10 des Erg.-St.-Ges. geregelten Ausnahmefällen abgesehen — der Vermögensbestand bei Beginn des Steuerjahres oder der mehrjährigen Steuerperiode maßgebend ist, findet auch im Falle der Abgabe einer Vermögensanzeige Anwendung. Nach § 40 begründet die im Laufe der Veranlagungsperiode eintretende Vermehrung oder Verminderung des steuerbaren Vermögens mit Ausnahme der in den §§ 38 und 39 genannten Fälle keine Veränderung in der schon erfolgten Veranlagung. Dagegen fehlt im Gesetz eine Vorschrift in betreff derjenigen Veränderungen, die das steuerbare Vermögen in seinem Bestande oder Werte nach der Abgabe der Vermögensanzeige oder nach der Veranlagung bis zum Beginne der Veranlagungsperiode erfährt. Es könnte daher aus dem Wortlaute des § 9 allein die Folgerung hergeleitet werden, daß nach der Absicht des Gesetzes der Bestand und Wert der einzelnen Teile des steuerbaren Vermögens zur Zeit der Veranlagung oder im Falle der rechtzeitigen Abgabe einer Vermögensanzeige zur Zeit der Abgabe der letzteren für die Bemessung des Steuersatzes — abgesehen von der für den vorliegenden Fall nicht in Betracht kommenden Ausnahme in § 10 — unbedingt maßgebend sein solle und demgemäß die in dem Bestande oder Werte des steuerbaren Vermögens nach der Abgabe der Vermögensanzeige oder nach der Veranlagung bis zum Beginne der Veranlagungsperiode eintretenden Veränderungen grundsätzlich nicht in Betracht kämen. Diese Auffassung wäre indessen nur dann annehmbar, wenn dabei wenigstens die Ausnahme zulässig erschiene, daß die in den §§ 38 und 39 bezeichneten Veränderungen des steuerbaren Vermögens, falls sie nach der Abgabe der Vermögensanzeige oder nach der Veranlagung bis zum Beginne der Veranlagungsperiode eintreten, behufs anderweiter Festsetzung des Steuersatzes im Wege der ordentlichen Rechtsmittel (§§ 33 bis 36) geltend zu machen seien. Die einzige Möglichkeit für die Rechtfertigung dieser Ausnahme wäre der Weg der analogen Anwendung der Vorschriften in den §§ 38 und 39 auf derartige vor Beginn der Veranlagungsperiode eingetretene Vermehrungen oder Verminderungen des steuerbaren Vermögens. Dies kann aber nicht für zulässig erachtet werden.

2. Die Vorschriften der §§ 38 und 39 haben in dem Gesetz ihre Stellung nicht in dem die Wertbestimmung des steuerbaren Vermögens betreffenden Abschnitt II 2 (§§ 9 bis 16), sondern in dem Abschnitt V (Veranlagungsperiode und Veränderung der veranlagten Steuer innerhalb derselben). Auch ihrem Wortlaute nach beziehen sie sich nur auf nach Beginn der Veranlagungsperiode eingetretene Ereignisse und die infolge derselben nach der Absicht des Gesetzes gebotene Erhöhung oder Ermäßigung des bereits-

veranlagten, d. h. des für die betreffende Veranlagungsperiode endgültig festgesetzten Steuersatzes. Diese für die besonderen Fälle der Abänderung des endgültig veranlagten Steuersatzes mit Rücksicht auf gewisse, nach Beginn des Steuerjahres eingetretene Veränderungen in dem Bestande oder Werte des steuerbaren Vermögens getroffenen Vorschriften auf die bei der Veranlagung und deren Berichtigung im Wege der ordentlichen Rechtsmittel zu berücksichtigenden Verhältnisse analog anzuwenden, erscheint um so weniger gerechtfertigt, als nicht anerkannt werden kann, daß sich ohne deren analoge Anwendung eine Lücke im Gesetz ergeben würde. Aus dem Inhalt des § 40, wonach die im Laufe der Veranlagungsperiode eintretenden Vermehrungen oder Verminderungen des steuerbaren Vermögens, von den Ausnahmefällen der §§ 38 und 39 abgesehen, für die Bemessung der Steuer während der Veranlagungsperiode (§ 37) nicht in Betracht kommen sollen, in Verbindung mit dem Fehlen jeder Vorschrift in dem Gesetze bezüglich der bis zum Beginne der Veranlagungsperiode nach Abgabe der Vermögensanzeige und nach der Veranlagung eintretenden Veränderungen des steuerbaren Vermögens darf vielmehr ohne weiteres entnommen werden, daß das Gesetz die Berücksichtigung der nach Abgabe der Vermögensanzeige eingetretenen oder mit Sicherheit bis zum Beginne der Veranlagungsperiode vorauszusehenden Veränderungen bei der Veranlagung und die Berücksichtigung der nach der letzteren bis zum Beginne der Veranlagungsperiode eintretenden im Wege der ordentlichen Rechtsmittel als selbstverständlich erachtet hat. Muß dies aber anerkannt werden, so kann der § 9 nach der Absicht des Gesetzes nur den Sinn haben, es solle zwar bei Abgabe der Vermögensanzeige und bei der Veranlagung der Bestand und Wert der einzelnen Teile der Berechnung und Schätzung des steuerbaren Vermögens zu Grunde gelegt werden, jedoch nicht endgültig, sondern nur einstweilen unter dem Vorbehalte, daß die später bis zum Beginne der Veranlagungsperiode, d. i. bis zum 1. April, eintretenden Verändeungen, soweit dies möglich ist, bereits bei der Veranlagung, eventuell im Rechtsmittelwege, Berücksichtigung finden. Der Grundsatz, daß für die Veranlagung zur Ergänzungssteuer der Vermögensbestand bei Beginn des Steuerjahres oder der mehrjährigen Steuerperiode entscheidend ist, erweist sich daher als zutreffend.

**Nr. 4. Entsch. Bd. X i. St. S. 361 v. 14. XII. 01 E III 2/01.**

Erg.-St.-Ges. §§ 8, 13. B.-G.-B. §§ 1030 ff.

1. Bei der Ermittelung des Kapitalwertes des Nießbrauchsrechts an einem Grundstück ist stets der Geldwert der einjährigen Nutzung des Grundstücks zugrunde zu legen. Darunter kann nach der rechtlichen wie wirtschaftlichen Natur dieses Rechtes nur die Gesamtheit derjenigen Vorteile verstanden werden, die auf Grund desselben der Nießbraucher nach Maßgabe der gesetzlichen Bestimmungen im Laufe eines Jahres aus dem seinem Nießbrauche unterworfenen Gegenstande eines fremden Vermögens zu ziehen befugt ist. In den Fällen des Nießbrauchs an einem Grundstücke sind dies lediglich die Nutzungen, die der Nießbraucher aus dem Grundstück ziehen darf. Zu dem etwaigen Verkaufswerte oder Verkaufspreise des Grundstücks steht der Nießbraucher nach Maßgabe seines Rechtes in keiner Beziehung. Da das Erg.-St.-Ges. weder in § 13, noch sonst irgendwo eine Andeutung dafür enthält, daß unter „Nutzung" etwas von dem rechtlichen wie wirtschaftlichen Begriffe dieses Wortes Abweichendes verstanden werden solle, so ist das auch in § 13 nur in dem allgemein üblichen Sinne auszulegen. Der Kapitalwert des Nießbrauchs an einem Grundstück bestimmt sich daher für den

Zweck der Feststellung des steuerbaren Vermögens des Berechtigten wie des Eigentümers des belasteten Grundstücks unter allen Umständen nach dem Werte der einjährigen Nutzung des Grundstücks, nicht aber nach der einjährigen Nutzung, die der Verkaufspreis des Grundstücks im Falle einer Veräußerung dem Verkäufer erbringen könnte. Nach § 8 Abs. 1 Nr. 2 a. a. O. darf jedenfalls auch nur der in dieser Weise ermittelte Kapitalwert eines Nießbrauchsrechtes an einem Grundstück von dem Aktivvermögen des Eigentümers des letzteren in Abzug gebracht werden.

2. Ob diese Regelung den Anforderungen einer rationellen Besteuerung in allen Fällen entspricht, namentlich auch dann, wenn der Wert der einjährigen Nutzung des Grundstücks zu dem landesüblichen Zinsertrage seines Verkaufswertes, wie in dem vorliegenden Falle, in einem auffallenden Mißverhältnisse steht, kommt gegenüber den ausdrücklichen Vorschriften des geltenden Gesetzes nicht in Betracht.

### 3. Veranlagungsverfahren.

**Nr. 1. Entsch. Bd. X i. St. S.** 328 v. 15. II. 02 E IVa $\frac{15, 16.}{01}$

Siehe oben S. 309.

**Nr. 2. Entsch. Bd. X i. St. S.** 348 v. 12. VI. 02 $\frac{\text{XII b } 28/02}{\text{E XII b } 1/02.}$

Siehe oben S. 314.

**Nr. 3. Entsch. Bd. X i. St. S.** 375 v. 19. XII. 01 E XI a 2/01.

Erg.-St.-Ges. §§ 2, 33—36, 38; Ausf.-Anw. Art. 77, 79.

Veranlagungen im Zugangswege — mit alleiniger Ausnahme derjenigen gemäß § 38 des Erg.-St.-Ges. — sind völlig neue Veranlagungen, die nach dem Zustande bei Beginn der innerhalb des Jahres neuentstandenen Steuerpflicht zu bewirken sind.

Erlischt daher die unbeschränkte Steuerpflicht (§ 2 I a. a. O.) eines zur Ergänzungssteuer veranlagten Steuerpflichtigen im Laufe der Steuerperiode und unterliegt er von da ab nur der beschränkten Steuerpflicht gemäß § 2 II, so stellt sich die der letzteren entsprechende anderweite Festsetzung des Steuersatzes für den Rest der Steuerperiode stets, auch wenn die Feststellung des der beschränkten Steuerpflicht unterliegenden Vermögens lediglich durch rechnungsmäßige Absetzung des aus der Steuerpflicht ausscheidenden Teils des bei der ursprünglichen Veranlagung angenommenen steuerbaren Vermögens bewirkt wird, als eine neue, selbständige Veranlagung dar, gegen deren Ergebnis die Rechtsmittel wiederum in vollem Umfange gegeben sind.

### 5. Rechtsmittelverfahren.

#### A. Verfahren in der Berufungsinstanz.

**Nr. 1. Entsch. Bd. X i. St. S.** 377 v. 14. III. 01 E XII a 46/00.

Erg.-St.-Ges. §§ 17, 19, 37, 39, 40; Eink.-St.-Ges. § 19.

Außer dem Falle der Steuerermäßigung nach § 39 des Erg.-St.-Ges. steht die einmal rechtskräftig gewordene Ergänzungssteuer der Regel nach für drei Jahre fest (§§ 37 und 40 a. a. O.). Ausnahmsweise ist eine Abänderung im Rechtsmittelwege gemäß §§ 17, 19 a. a. O. gestattet. Danach soll aber die Befreiung von der Einkommensteuer bei dem nach einem Vermögen von mehr als 32000 M. zur Ergänzungssteuer Veranlagten (außer im Falle des § 19 des Eink.-St.-Ges.) überhaupt keine Wirkung äußern. Nirgends ist vorgeschrieben oder gestattet, die rechtskräftige Feststellung eines Vermögens von mehr als 32000 M. ganz allgemein aus Anlaß einer neuen Einkommensteuerveranlagung nachzuprüfen. Wer nach der maßgebenden Feststellung ein solches Vermögen hat, ist von dem Vorteile, den eine Änderung der Einkommensteuer bei geringerem Vermögen im Gefolge haben soll, ausgeschlossen und kann nur eine Steuerermäßigung nach § 39 des Ergänzungssteuergesetzes beanspruchen.

Ähnlich **Entsch. Bd. X i. St. S. 379** v. 27. IV. 01 E IV b 41/00.

Hat der Steuerpflichtige ein Rechtsmittel gegen seine Veranlagung zur Ergänzungssteuer nicht eingelegt, so kann eine Herabsetzung dieser Steuer nur infolge einer Herabsetzung der Einkommensteuer oder bei etwaigen Veränderungen im Laufe der Steuerperiode gemäß §§ 39 und 40 a. a. O. in Betracht kommen.

## B. Beschwerdeverfahren.

**Nr. 1. Entsch. Bd. X i. St. S. 380** v. 28. II. 01 E XII a 48/00.

Die bei der Veranlagung zur Ergänzungssteuer für 3 Jahre bewirkte Feststellung des steuerbaren Vermögens ist für den Steuerpflichtigen nicht bindend, wenn er zu ihrer Anfechtung nicht imstande war. Nach der feststehenden Rechtsprechung des O.-V.-G. kann nur das Ergebnis der Veranlagung, der Steuersatz, im Rechtsmittelwege angegriffen werden. Erkennt z. B. der Beschwerdeführer ein steuerbares Vermögen von 9000 M. an (dem im Vorjahre bei einem Einkommensteuersatz von 6 M. der veranlagte Ergänzungssteuersatz von 4 M. entsprach), während die Veranlagungskommission ein Vermögen von 12910 M. angenommen hatte, so konnte er damals die Bewertung nicht mit Erfolg bemängeln. Mit Rücksicht hierauf darf ihm jetzt, wo infolge der Erhöhung des Einkommensteuersatzes auf 9 M. die Differenz hinsichtlich der Bewertung seines Vermögens von Einfluß auf den Ergänzungssteuersatz ist, das Rechtsmittel der Beschwerde nicht versagt werden; denn es liegt zweifellos nicht in der Absicht des Gesetzes, in Fällen dieser Art den allen Steuerpflichtigen durch § 36 a. a. O. gewährten Rechtsschutz durch die Bestimmung im § 37 daselbst außer Wirksamkeit zu setzen.

# III.

# Gewerbesteuer.

**Literatur:** Fernow, Einkommensteuergesetz vom 24. Juni 1891, 5. Aufl., Berlin 1902; Fuisting, Die preußischen direkten Steuern, Bd. IV Grundzüge der Steuerlehre, Berlin 1902, Bd. V. Die Einkommensbesteuerung der Zukunft, Berlin 1903. Fuisting-Strutz, desgl., 2. Aufl., Berlin 1903; Illing-Kautz, Handbuch für Verwaltungsbeamte, 8. Aufl. Bd. III, Berlin 1903; Maatz, das Einkommensteuergesetz. Systematisch dargestellt nach der Rechtsprechung des Oberverwaltungsgerichts, Berlin 1902; Müller, Die Einkommensteuergesetzgebung in den verschiedenen Ländern, Jena 1902; Rhode und v. Kameke, Kurze Auszüge aus den Entscheidungen des Oberverwaltungsgerichts in Staatssteuersachen, Berlin 1902.

## 1. Gegenstand der Besteuerung und subjektive Steuerpflicht.

### A. Allgemeine Grundsätze.

**Nr. 1. Entsch. Bd. X i. St. S.** 382 v. 20. II. 02 VI G 15/00.

Gew.-St.-Ges. § 1.

1. Unter „Gewerbe" im steuerlichen Sinne ist eine mit der Absicht der Gewinnerzielung unternommene, selbständige, berufsmäßige und erlaubte Tätigkeit zu verstehen, die sich als Beteiligung am allgemeinen wirtschaftlichen Verkehre darstellt.

Die Merkmale der Berufsmäßigkeit und der Beteiligung am allgemeinen wirtschaftlichen Verkehre bedeuten, daß die Absicht nicht etwa nur auf einzelne Erwerbsgeschäfte, sondern einheitlich und im voraus auf die ganze Reihe der in bestimmter Willensrichtung verbundenen Geschäfte in ihrem Zusammenhange gerichtet sein und daß zugleich der Wille und die ihm entsprechende Tätigkeit als solche nach außen hin erkennbar hervortreten müssen. Das beteiligte Publikum muß Kenntnis von dem Bestehen und der Art des Geschäftes und von seinem Träger haben. Nur unter diesen Voraussetzungen erfolgt eine berufsmäßige Beteiligung am allgemeinen wirtschaftlichen Verkehre. (Vgl. E.-O.-V. in St. Bd. IX S. 128.)

2. Das Erfordernis des Hervortretens an die Öffentlichkeit wird nicht schon von demjenigen erfüllt, der An- und Verkäufe von Wertpapieren lediglich durch bankiermäßige Vermittelung bewirken läßt. Es ist auch unwesentlich, ob der Auftraggeber selbst die Börse häufig oder täglich besucht. Denn der Börsenbesuch an sich stellt noch nicht die Ausübung eines Gewerbes dar; es kommt vielmehr darauf an, zu welchem Zwecke der Besuch erfolgt und welche Tätigkeit dort entwickelt wird. Beteiligt sich der Besucher nicht unmittelbar an den Börsengeschäften, sei es in eigener Person, sei es durch Vermittelung der dazu bestellten Börsenorgane, sondern erfolgt der Besuch nur behufs Informierung über den Stand der Kurse, die zeitigen Konjunkturen und dergl., so kann daraus für das Bestehen eines Gewerbebetriebes nichts gefolgert werden. Es ist dann gleichgültig, ob die so gewonnenen Kenntnisse nur im Interesse einer vorteilhaften Vermögensverwaltung oder auch für einzelne Spekulationsgeschäfte verwertet werden. (Vgl. E.-O.-V. in St. Bd. VII S. 407.)

**Nr. 2. Entsch. Bd. X i. St. S.** 385 v. 28. II. 01 VI G 332/00.

1. Die Annahme eines steuerpflichtigen Betriebes einer Aktienbaugesellschaft ist unter Angabe der hierfür maßgebenden tatsächlichen und

rechtlichen Gesichtspunkte näher zu begründen. Die Bezugnahme darauf, daß Aktienbaugesellschaften in der Regel ein Gewerbe betreiben, genügt hierfür ebensowenig, wie die Anführung, daß sie Dividenden verteile. Denn auch eine Aktiengesellschaft unterliegt der Gewerbesteuerpflicht nur dann, wenn der Gegenstand ihres Unternehmens und ihre Tätigkeit objektiv einen Gewerbebetrieb darstellt (vergl. E.-O.-V. in St. Bd. IV S. 359).

2. Eine Aktienbaugesellschaft, die die Beschaffung guter Wohnungen für unbemittelte Familien zu billigen Preisen bezweckt, unterliegt nicht schon deswegen der Gewerbesteuer, weil im Statut als Gegenstand des Unternehmens auch der An- und Verkauf von Immobilien, namentlich auch von Häusern, sowie Herstellung, An- und Verkauf von Baumaterialien angegeben ist. Selbst bei Vornahme von Hausverkäufen ist noch immer zu prüfen, ob nach den besonderen Umständen und Bedingungen der erfolgten Verkäufe die Ausführung von Spekulationszwecken angenommen werden dürfte. Nur wenn dies bejaht werden müßte, würden die Voraussetzungen eines Grundstückshandels zutreffen, und es würde alsdann von den weiteren Feststellungen in betreff des Umfanges und der Objekte dieses Handelsbetriebes abhängen, inwieweit die Steuerpflichtigkeit begründet wäre.

**Nr. 3. Entsch. Bd. X i. St. S. 388** v. 28. XI. 01 VI G 98—100/01.

Gew.-St.-Ges. § 1.

Der Handel mit Grundstücken bildet einen Gewerbebetrieb im Sinne des § 1 des Gew.-St.-Ges. Es ist gleichgültig, ob die Beschwerdeführer beim Ankauf des Gutes auch die Absicht und Hoffnung gehabt haben, es bald im ganzen zu verkaufen. Steht fest, daß die Absicht des Verkaufes mit Gewinn maßgebend gewesen ist, so genügt es, daß die Beschwerdeführer schon im Jahre 1890, also lange vor der Veranlagungsperiode und den für diese maßgebenden Geschäftsjahren, begonnen hatten, das zu Spekulationszwecken angekaufte Grundstück zu parzellieren und den Verkauf im einzelnen vorzubereiten und auszuführen. Bei einem Grundstückskomplexe, auf dem eine ganze Gemeinde neu gegründet und angesiedelt werden kann, ist die hierauf gerichtete Tätigkeit der Natur der Sache nach so umfassend und dauernd, daß sie als eine fortgesetzte und berufsmäßige, also als eine gewerbliche Tätigkeit erscheint. Daß nur ein einmaliger Ankauf stattgefunden hat, ist unerheblich (E.-O.-V. in St. Bd. V S. 433); ebenso spätere Versuche des Verkaufs im ganzen.

**Nr. 4. Entsch. Bd. X i. St. S. 390** v. 1. V. 02 VI G 179/01.

Gew.-St.-Ges. § 1.

Ein zum Zwecke des Verkaufs der gewonnenen Steine unternommener Steinbruchsbetrieb ist regelmäßig ein Gewerbe. Ausnahmsweise entbehrt er des gewerblichen Charakters dann, wenn der einem Landwirte gehörige Steinbruch von ihm nebenbei und gelegentlich mit den in der Hauptsache für den Landwirtschaftsbetrieb gehaltenen Arbeits- und Zugkräften betrieben wird.

## B. Nur zum Teil in Preußen betriebene Gewerbe.

**Nr. 1. Entsch. Bd. X i. St. S. 391** v. 31. V. 02 VI G 38/01.

Gew.-St.-Ges. § 2.

1. Wie der Begriff „Gewerbebetrieb" selbst nicht rechtlicher, sondern wirtschaftlicher Natur ist, so muß auch die Frage, unter welchen Voraus-

setzungen gewerbliche Unternehmen, die außerhalb Preußens ihren Sitz haben, aber in Preußen durch Einrichtung einer Zweigniederlassung, Fabrikations-, Ein- oder Verkaufsstätte oder in sonstiger Weise einen oder mehrere stehende Betriebe unterhalten, der Gewerbesteuer in Preußen unterworfen sind, nicht so sehr nach rechtlichen, als nach wirtschaftlichen Rücksichten beantwortet werden. Dies bedarf keiner weiteren Ausführung, soweit es sich um sachliche Veranstaltungen oder Einrichtungen handelt, von denen aus irgendwelche Rechtsgeschäfte überhaupt nicht abgeschlossen werden und die, wie es z. B. bei Fabrikationsstätten und Lagerräumen meistens der Fall sein wird, dem Gewerbebetriebe lediglich in tatsächlicher, wirtschaftlicher Hinsicht dienen. Dasselbe muß aber auch von Einrichtungen persönlicher Art und zwar insbesondere bezüglich der Frage gelten, unter welchen Voraussetzungen außerpreußische Unternehmer durch ihre in Preußen wohnenden Agenten oder Vermittler hier Gewerbe treiben.

Sind aber für die Entscheidung dieser Frage an erster Stelle wirtschaftliche Erwägungen maßgebend, so ist es weniger erheblich, ob dem Vermittler eine rechtsgeschäftliche Vertretungsbefugnis beigelegt ist oder nicht, oder ob der Abschluß der durch den Vermittler geförderten Geschäfte in rechtlicher Hinsicht in Preußen oder außerhalb Preußens erfolgt. Entscheidend ist vielmehr, ob in wirtschaftlicher Beziehung der Vermittler als Organ des außerpreußischen Unternehmers einen Teil dessen geschäftlicher Tätigkeit innerhalb Preußens ausübt.

2. Nach E.-O.-V. in St. Bd. V S. 163 ff. ist nun zwar die aus Auftrag und für Rechnung auswärtiger Unternehmer in Preußen geübte Geschäftstätigkeit dann nicht als ihr Gewerbebetrieb anzusehen, wenn sie sich als eigene Tätigkeit eines selbständigen Geschäftstreibenden darstellt, so daß die Steuerpflicht gemäß § 2 des Gew.-St.-Ges. nur durch solche Vermittler begründet werden kann, die zu den auswärtigen Unternehmern in einem persönlichen Dienst- und Abhängigkeitsverhältnisse stehen. Der Umstand aber, daß der Vermittler auch selbständig für eigene Rechnung Geschäfte abschließt und insoweit selbständiger Gewerbetreibender ist, schließt nicht aus, daß er daneben lediglich als Organ für einen auswärtigen Unternehmer tätig ist (Bd. V a. a. O. S. 171 Abs. 1). In solchen Fällen erscheint der Vermittler gleichzeitig als selbständiger Gewerbetreibender und als Vertreter auswärtiger Unternehmer und zwar ersteres, soweit er seine (sonstigen) eigenen Geschäfte besorgt, letzteres, soweit er in Vertretung des auswärtigen Unternehmers dessen Gewerbe betreibt. Voraussetzung ist dabei, daß es sich nicht um dieselbe Tätigkeit handelt (Bd. IV a. a. O. S. 345, Bd. VI S. 428).

Im übrigen erfordert die Annahme eines Gewerbebetriebes des auswärtigen Unternehmers in Preußen durch den Vermittler durchaus nicht für alle Fälle, daß der Vermittler in einem förmlichen Beamtenverhältnisse zu dem Unternehmer steht. Es genügt vielmehr, daß der Vermittler als ständiges Organ des auswärtigen Unternehmers dem Publikum gegenüber beauftragt ist, auf dem Gebiet, dem der Gewerbebetrieb des Unternehmers angehört, in Preußen tätig zu sein.

3. Das Beamten gegenüber übliche Maß von Autorität ist keineswegs Voraussetzung für die Annahme eines Dienst- und Abhängigkeitsverhältnisses. Vielmehr wird selbst dann, wenn zwischen dem auswärtigen Unternehmer und dem Vermittler ein dem Gewerbebetrieb des ersteren in Preußen begründendes Dienst- und Abhängigkeitsverhältnis besteht, der Unternehmer bei Verletzung der

vertragsmäßigen Verpflichtungen durch den Vermittler in der Regel nur zur Aufhebung des zwischen ihnen abgeschlossenen Vertrages befugt sein. Wenn, wie in dem jetzigen Falle, eine Aktiengesellschaft von einer anderen Aktiengesellschaft als von ihrem Organe vertreten wird, so ist überhaupt ein beamtenähnliches Verhältnis ausgeschlossen; denn Beamter kann nur eine natürliche Person, nicht eine Gesellschaft sein. Hier genügt es, daß die Vertreterin als ständiges Organ der Auftraggeberin tätig ist und nach außen hervortritt.

## 2. Die Steuerbefreiungen. Vorliegen oder Nichtvorliegen ihrer Voraussetzungen.

### B. Nach § 4 des Gewerbesteuergesetzes.

**Nr. 1. Entsch. Bd. X i. St. S. 395 v. 21. III. 01 VI G 340/00.**

Gew.-St.-Ges. § 4[7].

Die Unterhaltung eines Büreaus für praktische Geologie durch einen akademisch gebildeten Bergingenieur (Ausarbeitung geologisch-wissenschaftlicher Gutachten und Erteilung sonstigen geologischen Rats für Bergbau und ähnliche Zwecke gegen Honorar) ist steuerfreie Ausübung einer wissenschaftlichen Tätigkeit im Sinne des § 4[7] des Gew.-St.-Ges.

Wenn in E.-O.-V. in St. Bd. IV S. 430 (vgl. auch Bd. III S. 351) zur Erläuterung des § 4 Nr. 7 unter anderem ausgeführt ist, eine Beschäftigung dieser Art müsse eine unmittelbare wissenschaftliche Tätigkeit darstellen, so ist dies nicht etwa so zu verstehen, als ob nur eine auf die Darstellung, Bearbeitung oder weitere Ausbildung einer bestimmten Wissenschaft oder eines einzelnen wissenschaftlichen Zweiges gerichtete Tätigkeit unter jene Bestimmung fiele. Diese erstreckt sich vielmehr auch auf eine solche Tätigkeit, durch welche die Lehren und Grundsätze einer Wissenschaft auf konkrete Verhältnisse (in Form von Gutachten, Ratschlägen usw.) zur Anwendung gebracht werden. Nur darf hiermit nicht eine weitere Tätigkeit verbunden sein, die dem ganzen Tun den Charakter eines gewerblichen, d. i. auf die Beteiligung am allgemeinen wirtschaftlichen Verkehr gerichteten, Unternehmens aufprägt. Wenn also ein mit den Hilfswissenschaften des Bergbaus Vertrauter lediglich sein Urteil darüber abgibt, wie in bestimmten Fällen nach wissenschaftlichen Grundsätzen in betreff bergbaulicher Unternehmungen der Anlagen vorzugehen sei, ohne daß er an der Ausführung solcher Unternehmungen sich selbst beteiligt, so erscheint dies nur als „Ausübung einer wissenschaftlichen Tätigkeit" im Sinne jener Bestimmung. Hieran wird dadurch nichts geändert, daß der Betreffende behufs der notwendigen Vermittelung oder Unterstützung seiner Tätigkeit mit den Interessenten sich eines Büreaus oder gewisser Hilfskräfte bedient oder daß er Erwerbszwecke verfolgt.

**Nr. 2. Entsch. Bd. X i. St. S. 398 v. 3. X. 01 VI G 34/01.**

Gew.-St.-Ges. § 4[7]; Ausf.-Anw. 4. XI. 1895 Art. 9 Nr. 3c.

Dienen Mädchenpensionate, in denen Mädchen von 15—18 Jahren Unterricht, Erziehung und vollständigen Unterhalt finden, lediglich der Unterrichtung und Erziehung der Pensionärinnen, so unterliegt der aus der Anstalt erzielte Gewinn nicht der Gewerbesteuer. Die Annahme, daß ein über einen gewissen Mindestbetrag hinausgehender Ertrag einer derartigen Anstalt nicht mehr als ein angemessenes Entgelt für die Unterrichts- und Erziehungstätigkeit angesehen werden könne, sondern daß ein höherer Ertrag notwendigerweise gewerblicher Natur sein und hieraus auf einen gewerblichen Betrieb geschlossen werden müsse, ist rechtsirrtümlich. Die im § 4 Nr. 7 des Gew.-St.-Ges. für die Ausübung einer unterrichtenden oder erziehenden Tätigkeit ausgesprochene Ausnahme von der Gewerbesteuerpflicht beruht keineswegs auf der Unterstellung, daß eine solche Tätigkeit nicht auf Gewinn, oder doch nur auf einen verhältnismäßig dürftigen Gewinn gerichtet sei. Vielmehr soll die Befreiung ohne Rücksicht auf die Höhe des erzielten Gewinnes erfolgen.

**Nr. 3. Entsch. Bd. X i. St. S. 397** v. 31. V. 02 VI G 211/01.
Gew.-St.-Ges. § 4 7.

Eine unterrichtende oder erziehende Tätigkeit unterliegt nicht der Gewerbesteuer. Wenn die an öffentlichen Lehranstalten wirkenden Lehrer Schüler ihrer Anstalt unter Gewährung von Kost und Wohnung bei sich aufnehmen, so überwiegt regelmäßig die von ihnen ausgeübte erziehende Tätigkeit den vielleicht hiermit zugleich verfolgten Erwerbszweck. Halten solche Lehrer Pensionate für Schüler fremder Anstalten, so bedarf es im Einzelfalle des besonderen Nachweises, daß der Pensionsgeber sich nicht darauf beschränke, den bei ihm untergebrachten Schülern neben Gewährung von Kost und Wohnung und sonstiger Verpflegung nur das von einem jeden Hausvater zu verlangende Maß häuslicher Aufsicht angedeihen zu lassen, daß vielmehr die erziehende Tätigkeit den Hauptzweck bei der Pensionshaltung bilde.

**Nr. 4. Entsch.** v. 3. IV. 02 Nr. VI G 218 (Pr.-V.-Bl. Bd. XXIII S. 617).
Gew.-St.-Ges. § 4.

Heilanstalten für Irre und Nervenkranke, welche der Ausübung des ärztlichen Berufes ihrer Leiter dienen, sind nicht gewerbesteuerpflichtig.

Die Auffassung, daß auch der Betrieb einer vom Arzte betriebenen und geleiteten Irren- oder Nervenheilanstalt regelmäßig gewerbesteuerpflichtig sei (E.-O.-V. in St. Bd. III S. 250), ist bereits in E.-O.-V. in St. Bd. VII S. 419 bis 433 eingeschränkt worden. Hiernach ist bei derartigen von einem Spezial-Irrenarzte unterhaltenen Anstalten für die Beurteilung der Steuerpflichtigkeit allein der Zweck des Unternehmens entscheidend. Dient der Anstaltsbetrieb als Mittel zum Zwecke der irrenärztlichen Tätigkeit, so ist die Gewerbesteuerpflicht nach § 4 Nr. 7 des Gew.-St.-Ges. ausgeschlossen. Eine erfolgreiche Behandlung zur Heilung von Geistes- und Nervenkranken kann regelmäßig nur in einer solchen Anstalt geschehen, und diese wiederum dient erfahrungsmäßig am besten ihrem Zwecke, wenn sie unter der obersten Leitung eines Spezial-Irrenarztes steht.

## 3. Maßstab der Besteuerung.

### A. Allgemeines.

**Nr. 1. Entsch. Bd. X i. St. S. 401** v. 3. X. 01 VI G 33/01.
Gew.-St.-Ges. § 20.

Die Berücksichtigung des Ertrages aus dem Gewerbebetriebe des Ehemannes bei der selbständigen Veranlagung einer Ehefrau zur Gewerbesteuer ist unzulässig.

Leben die Eheleute nicht dauernd getrennt voneinander, so darf eine Veranlagung der Ehefrau zur Gewerbesteuer überhaupt nicht stattfinden, sondern es muß der Ertrag aus ihrem Gewerbe bei der Besteuerung des Ehemannes mit berücksichtigt werden. Leben die Eheleute aber dauernd getrennt voneinander, so darf auch nur die besondere Veranlagung eines jeden Ehegatten zur Gewerbesteuer stattfinden; keinenfalls aber darf der Ertrag aus einem angeblich vom Ehemanne betriebenen Gewerbe dem Ertrage aus dem Gewerbe der besonders veranlagten Ehefrau bei deren Besteuerung zugerechnet werden.

## B. Ertrag.

### a) Begriff des Ertrages im allgemeinen.

**Nr. 1. Entsch. Bd. X i. St. S. 402** v. 4. VII. 01 VI G 145/01.

Die in der landwirtschaftlichen Brennerei erzeugte und in dem eigenen Landwirtschaftsbetriebe verfütterte Schlempe darf in dem Brennereibetriebe nur mit dem örtlichen Marktwerte und, sofern ein solcher nicht gegeben ist, nur mit demjenigen Werte in Ansatz gebracht werden, der beim Verkaufe an dem von der Produktionsstätte am leichtesten erreichbaren Absatzorte für Schlempe, unter Berücksichtigung der Transport- und sonstigen Verkaufskosten, erzielt werden könnte. Der allgemeine Nährwert, den die Schlempe im Vergleiche mit anderen Futtermitteln hat, ist ebensowenig maßgebend als der individuelle Wert, der nach den besonderen landwirtschaftlichen Betriebsverhältnissen des Brennereibesitzers der von ihm erzeugten Schlempe zukommt. Beide Werte berühren nur den landwirtschaftlichen Betrieb und sind für die Berechnung des gewerblichen Ertrages der Brennerei ohne Bedeutung; hierfür ist vielmehr nur der Verkaufswert maßgebend.

**Nr. 2. Entsch. Bd. X i. St. S. 405** v. 9. I. 02 VI G 220/00.

Bei der Ermittelung des Ertrages des für die Veranlagung zur Gewerbesteuer maßgebenden Jahres dürfen sogenannte Antizipandozinsen — d. h. erst für das folgende Jahr geschuldete und fällige, aber schon im voraus an den Steuerpflichtigen als Gläubiger gezahlte Zinsen — nicht berücksichtigt werden. Sie müssen als Einnahmen des folgenden Jahres gegenüber dem um ihren Betrag erhöhten Aktivbestande auf der Passivseite verrechnet werden, um so als Einnahme desjenigen Jahres, für welches sie geleistet sind, gebucht und behandelt werden zu können.

**Nr. 3. Entsch. Bd. X i. St. S. 406** v. 1. V. 02 VI G 290/00.

Ausf.-Anw. Art. 16 IV 5; vgl. Ausf.-Anw. zum Eink.-St.-Ges. v. 6. VII. 00 Art. 27³.

Ein als „Gewinnreserve" bezeichneter eigentlicher Reservefonds darf mit der sogenannten Prämienreserve bei der Feststellung des steuerpflichtigen Ertrages einer Lebensversicherungsgesellschaft nicht verwechselt werden.

Im vorliegenden Falle hatte die Gewinnreserve statutarisch den Zweck, eine gewisse Gleichmäßigkeit der Dividenden zu ermöglichen, also auch für solche Geschäftsjahre Dividenden, und zwar sowohl an die Aktionäre als an die Versicherten, zu verteilen, in denen keine oder doch nur geringere Dividenden ermöglichende Überschüsse erzielt worden sind. Diese Gewinnreserve wird daher auch ausdrücklich in dem Statut als Teil des Gesellschaftsvermögens bezeichnet, und es ist daselbst die Befugnis der Gesellschaft ausgesprochen, auch ohne Beschluß der Generalversammlung jederzeit den Bestand zur Deckung von außerordentlichen Verlusten, z. B. bei Krieg oder Epidemien, zu verwenden. Es handelt sich bei den Rücklagen in diese Reserve daher um keinerlei Deckungsmittel für bereits zur Entstehung gelangte Verbindlichkeiten der Gesellschaft, sondern um Aufsparung von Gewinnbeträgen für noch unbestimmte, erst in der Zukunft sich ergebende Verwendungszwecke. Die Zusetzung der in die Gewinnreserve überwiesenen Beträge zu dem steuerpflichtigen Ertrage ist daher gerechtfertigt.

**Nr. 4. Entsch. Bd. X i. St. S. 407** v. 3. IV. 02 VI G 321/00.

Die dem Patentrechte eigentümlichen sogenannten Lizenzverträge sind keine Kaufverträge, sondern es finden auf sie — mit den aus der unkörperlichen Natur des Vertragsgegenstandes sich ergebenden Abweichungen — die Rechtsgrundsätze des Pachtvertrages Anwendung. Für die rechtliche Natur der ausbedungenen Lizenzgebühr als Pachtgeld ist es unerheblich, ob sie in einer einmaligen Leistung besteht oder nach dem fortlaufenden Ertrage der Nutzung berechnet werden soll.

Die Einnahmen eines Gewerbetreibenden aus einer derartigen Nutzung des zu seinem gewerblichen Anlagekapitale gehörigen Patentrechtes gehören daher ebenso zu seinem gewerblichen Ertrage wie die Nutzungen aus den dem Gewerbe gewidmeten Grundstücken und sonstigen (Einrichtungen (vgl. E.-O.-V. in St. Bd. III S. 289 ff., Bd. IV S. 275 ff.).

b) Betriebskosten.

**Nr. 1. Entsch. Bd. X i. St. S. 410** v. 9. I. 02 VI G 79/01.

Bei der Ermittelung des steuerpflichtigen Ertrages einer Aktiengesellschaft dürfen die Tantiemen des Vorstandes und des Aufsichtsrats insoweit, als die zur Genehmigung der Bilanz berufene Generalversammlung wegen Bedenken gegen den Wertansatz von Aktiven die vorläufige Nichtauszahlung beschlossen hat, nicht ohne weiteres zum Abzug als Betriebskosten zugelassen werden.

Ebensowenig darf aber der Feststellung des steuerpflichtigen Ertrages neben der Anrechnung des in Reserve behaltenen Tantiemeteiles auch der aus der Bilanzaufstellung unter voller Anrechnung jener beanstandeten Aktivposten sich ergebende Gewinn zugrunde gelegt werden ohne die Richtigkeit der erfolgten Beanstandung zu prüfen.

Denn der Beschluß der Generalversammlung enthielt eine Beanstandung der Bewertung von Aktiven mindestens in der Höhe des zurückbehaltenen Tantiemenbetrages zur Deckung möglicher Ausfälle bei den Aktiven.

c) Abschreibungen.

**Nr. 1. Entsch. Bd. X i. St. S. 412** v. 12. VI. 02 VI G 76/02.
Gew.-St.-Ges. §§ 22, 24.

Es ist wenigstens in steuerlicher Hinsicht unzutreffend, daß außergewöhnliche Abschreibungen, die lediglich durch die Unterlassung richtiger, den wirklichen Wertverminderungen entsprechenden Abschreibungen in früheren Geschäftsjahren notwendig geworden und dazu bestimmt sind, den infolgedessen zu hohen Buchwert von Aktiven auf den wirklichen Wert zurückzuführen, eine Minderung des steuerlichen Reinertrages zur Folge haben. Durch solche außerordentlichen Abschreibungen werden nur Vorgänge früherer Jahre nachträglich zu Buche gebracht; sie beziehen sich aber nicht auf die Wertsverminderungen des für die Besteuerung maßgebenden

Geschäftsjahres, deren Berücksichtigung allein nach §§ 22 und 24 Gew.-St.-Ges. bei der Ausmittelung des steuerpflichtigen Ertrages zulässig ist (E.-O.-V. in St. Bd. VIII S. 426).

Soweit die vorgenommenen Abschreibungen aus den durch die Kapitalreduktion freigewordenen Beständen nur dazu gedient haben, den infolge früherer unzulänglicher Abschreibungen zu hohen Buchwert bestimmter Aktiven auf den wirklichen Wert zurückzuführen, mindern sie den steuerpflichtigen Ertrag nicht. Wenn und soweit aber diese Abschreibungen auch die Wertsminderungen des in Frage stehenden Geschäftsjahres selbst in sich begreifen, müssen sie bei der Ermittelung und Feststellung des Ertrages allerdings berücksichtigt und in Abzug gebracht werden. Dies gilt auch dann, wenn die Abschreibungen bilanzmäßig aus den infolge der Kapitalreduktion freigewordenen, nicht zum Ertrage gehörenden Werten (E.-O.-V. in St. Bd. VII S. 319 ff.) bewirkt werden.

### d) Anlage- und Betriebskapital.

**Nr. 1. Entsch. Bd. X i. St. S. 416** v. 17. IV. 02 VI G 37/01.

Bei der Ermittelung der Höhe des Anlage- und Betriebskapitals einer Gesellschaft mit beschränkter Haftung dürfen die von den Gesellschaftern auf das Stammkapital gemachten Sacheinlagen, falls ein Minderwert von der Gesellschaft nicht behauptet ist, mit dem dafür in dem Gesellschaftsvertrage festgesetzten Geldwerte in Ansatz gebracht werden.

Die Vorschriften des R.-G., betr. die Gesellschaften mit beschränkter Haftung (R.-G.-Bl. 1898 S. 846 ff.), wonach das durch die Stammeinlagen der Gesellschafter aufzubringende Stammkapital einen Mindestbetrag (von 20000 Mk.) haben, von den in Geld bestehenden Stammeinlagen wenigstens 25 Prozent sogleich eingezahlt, der Geldwert der Sacheinlagen angegeben und die Bestimmungen des Gesellschaftsvertrages über den Betrag des Gesellschaftskapitals und dessen Aufbringung gerichtlich eingetragen und veröffentlich werden sollen (§§ 3, 5, 7 bis 11), bezwecken wesentlich die Schaffung von Garantien für eine genügende Sicherheit der Gesellschaftsgläubiger. Es würde damit im Widerspruch stehen und sich als eine gesetzwidrige Handlungsweise darstellen, wenn in dem Gesellschaftsvertrage absichtlich unrichtige, insbesondere zu hohe Werte der Sacheinlagen angegeben würden.

## 4. Veranlagungsverfahren.

**Nr. 1. Entsch. Bd. X i. St. S. 418** v. 7. XI. 01 VI G 97/00.

Gew.-St.-Ges. § 17; Ausf.-Anw. Art. 42².

Für die Gewerbesteuerveranlagung eines gewerblichen Unternehmens, das seinen Sitz außerhalb Preußens hat, aber in Preußen stehende Betriebe in mehreren Veranlagungsbezirken unterhält, ohne einen in Preußen wohnhaften Vertreter bestellt zu haben, ist ohne Bestimmung des Finanzministers keine Veranlagungsbehörde zuständig.

**Nr. 2. Entsch. Bd. X i. St. S. 420** v. 21. II 01 VI G 335/00.

Gew.-St.-Ges. §§ 13, 29, 35; Ausf.-Anw. Art. 35, 41.

1. Nach § 29 des Gew.-St.-Ges. ist die der Veranlagung zugrunde zu legende namentliche Nachweisung der Steuerpflichtigen für die Klassen II, III und IV durch die Steuerausschüsse festzustellen, und gegen den Feststellungsbeschluß steht dem Vorsitzenden des Steuerausschusses das Recht der Berufung an die Bezirksregierung zu, während der Steuerpflichtige von der Feststellung der Nachweisung überhaupt keine Kenntnis erhält. Wie in der Begründung zu § 29 des Gesetzentwurfes ausgeführt wird, ist „die Feststellung der namentlichen Nachweisung gleichbedeutend mit der Konstituierung der Steuergesellschaften und folgeweise des nach Mittelsätzen berechneten Steuerkontigentes".

2. Hiernach kann es keinem Zweifel unterliegen, daß durch die Feststellung der namentlichen Nachweisung, soweit sie nicht von dem zuständigen Vorsitzenden angefochten ist, ein Recht der Steuergesellschaft auf die Zugehörigkeit des Steuerpflichtigen zu der betreffenden Klasse und auf seine Beteiligung an der Aufbringung des Steuerkontingents der Klasse (§ 13) begründet wird. Abgesehen von der Anfechtung des Veranlagungsergebnisses durch den Steuerpflichtigen (§ 35) darf das der Steuergesellschaft gesetzlich beigelegte Recht von den Organen der Steuerverwaltung nicht durch Überweisung oder Übernahme des Steuerpflichtigen in eine andere Klasse unwirksam gemacht werden. Um Kollisionen innerhalb der Klassen II bis IV zu vermeiden, ist im Art. 35 Nr. 1 der Ausf.-Anw. ausdrücklich vorgeschrieben, daß die Feststellung der namentlichen Nachweisung bei der höheren Steuerklasse beginnt und der Reihe nach bei den folgenden Klassen fortgesetzt wird, so daß die Ergebnisse der Feststellungen in der höheren Klasse von dem Steuerausschusse der folgenden unteren Klasse berücksichtigt werden können.

Wenn zur Vermeidung von Kollisionen zwischen den Klassen II bis IV und der Klasse I, für die eine Feststellung der namentlichen Nachweisung überhaupt nicht erfolgt, besondere Ausführungsvorschriften nicht getroffen sind, so lassen sich die hier vorkommenden Kollisionen, da eine doppelte Besteuerung desselben Steuerpflichtigen ausgeschlossen ist, nur durch Aufhebung der in Klasse I erfolgten Veranlagung eines in der endgültig festgestellten namentlichen Nachweisung der Klassen II bis IV aufgeführten Steuerpflichtigen beseitigen. Die Bestimmungen in Art. 35 Nr. 7 und Art. 41 Abs. 4 der Ausf.-Anw., wonach in einem solchen Falle allein die Veranlagung in Klasse I zu Recht bestehen soll, befinden sich nicht im Einklange mit § 29 des Gesetzes. Hiernach ist die nach erfolgter Veranlagung eines Steuerpflichtigen in Klasse III vorgenommene Veranlagung desselben Steuerpflichtigen in Klasse I gesetzwidrig.

**Nr. 3. Entsch. Bd. X i. St. S. 422** v. 28. XI. 01 VI G 43/01.

Gew.-St.-Ges. § 24.

Ein vollständiger Wechsel in der Person des Inhabers bedeutet selbst bei möglichst unveränderter Fortsetzung des Betriebes stets die Einstellung des alten und die Begründung eines neuen Geschäftes, so daß nicht gemäß § 24 Abs. 2 des Gew.-St.-Ges. das abgelaufene Jahr maßgebend, sondern gemäß § 24 Abs. 3 Schätzung nach dem zur Zeit der Veranlagung vorliegenden Anhalt notwendig ist; nur soweit es sich um Gewinnung von Anhaltspunkten handelt, sind die Ergebnisse des abgelaufenen Jahres zu berücksichtigen.

**Nr. 4. Entsch. Bd. X i. St. S. 423 v. 21. XI. 01 VI G 39/01.**

Gew.-St.-Ges. §§ 24, 34.

1. Unter den in den Fällen des § 24 Abs. 3 des Gew.-St.-Ges. für die Veranlagung maßgebenden Erträgen ist der Ertrag des ersten Geschäftsjahres, nicht der mutmaßliche Ertrag des Steuerjahres zu verstehen.[1]) Denn wenn § 24 Abs. 3 bestimmt, daß der Ertrag und das Betriebskapital, falls der Gewerbebetrieb noch nicht ein Jahr lang besteht, nach dem zur Zeit der Veranlagung vorliegenden Anhalt geschätzt werden sollen, so müssen hierunter vor allem die zur Zeit der Veranlagung bereits vorliegenden Betriebsergebnisse (soweit der Ertrag in Frage kommt) verstanden werden. Sollen diese aber unmittelbar zum Anhalt für die Schätzung des Jahresertrages dienen, so kann es sich, in Ermangelung jeglicher Andeutung einer anderen gesetzlichen Absicht, bei jener Schätzung auch nur um das zur Zeit der Veranlagung selbst bereits im Laufe begriffene Betriebsjahr, dessen Ergebnisse zum Teile bereits vorliegen, handeln. Dafür spricht auch die vom § 34 abweichende Ausdrucksweise des § 24 des Gew.-St.-Ges. Nach § 34 soll für die Veranlagung eines Gewerbetreibenden, der nach Beginn der jährlichen Veranlagung einen Betrieb anfängt, die Höhe des mutmaßlichen Ertrages bezw. Anlage- und Betriebskapitales maßgebend sein. Hierbei handelt es sich aber regelmäßig um Ertrag bezw. Anlage- und Betriebskapital einer zukünftigen Betriebsperiode (nämlich des zukünftigen ganzen oder teilweisen Steuerjahres), deren Höhe daher regelmäßig nur durch Mutmaßung bestimmt werden kann.

2. Ist bei Erlaß der Berufungsentscheidung das erste Geschäftsjahr bereits abgelaufen, so ist der wirkliche Ertrag dieses Jahres zu ermitteln.[2])

**Nr. 5. Entsch. Bd. X i. St. S. 426 v. 7. XI. 01 VI G 114/01.**

Gew.-St.-Ges. §§ 34—37, 41; Ausf.-Anw. Art. 27[4].

Die im § 41 des Gew.-St.-Ges. vorgeschriebene Umschreibung der veranlagten Steuer im Falle der unveränderten Fortsetzung des Gewerbebetriebes durch eine andere Person kann nur durch den Vorsitzenden des Ausschusses der zuständigen Gewerbesteuerklasse veranlaßt, dagegen nicht durch die Regierung in einem lediglich eine Zugangsveranlagung (§ 34) betreffenden Berufungsbescheide angeordnet werden.

Dem Steuerpflichtigen stehen gegen die Umschreibung die allgemein gegebenen Rechtsmittel der §§ 35—37 des Gew.-St.-Ges. zu.

**Nr. 6. Entsch. Bd. X i. St. S. 428 v. 3. IV. 02 VI G 110/01.**

Gew.-St.-Ges. § 41.

Die Zulässigkeit der Umschreibung der bereits veranlagten Gewerbesteuer nach § 41 des Gew.-St.-Ges. hängt auch im Falle der Verpachtung eines Gewerbebetriebes davon ab, daß der Betrieb von dem Pächter in wesentlich unveränderter Weise fortgesetzt wird.

Die in E.-O.-V. Bd. VII in St. S. 411 v. 29. XII. 98 vertretene Ansicht, daß im Falle der Verpachtung eines Gewerbebetriebes die Umschreibung der Steuer ausdrücklich vorgeschrieben sei, kann nicht aufrecht erhalten werden.

---

[1]) Abweichungen von der bisherigen Praxis, vgl. E.-O.-V. in St. Bd. III S. 217, 345.

[2]) Ebenso E.-O.-V. Bd. X in St. S. 425 i. d. Anm. v. 12. VI. 02 VI G 273/01.

**Nr. 7. Entsch. Bd. X i. St. S. 430 v. 17. X. 01 VI G 69/01.**

Gew.-St.-Ges. §§ 13, 15, 29, 34 ff., 70, 73, 78; Ausf.-Anw. Art. 35[6], 46[3].

1. Nach § 29 des Gew.-St.-Ges. wird „die der Veranlagung zugrunde zu legende namentliche Nachweisung der Steuerpflichtigen für die Klassen II, III und IV durch die Steuerausschüsse festgestellt". Soweit diese Feststellung nicht von dem Vorsitzenden im Wege der Berufung angefochten wird, ist sie endgültig. Diese Feststellung der namentlichen Nachweisung ist eine notwendige Folge der im § 13 angeordneten Bildung von Steuergesellschaften, „welche für das Veranlagungsjahr die Summe der für jeden Betrieb in Ansatz kommenden Mittelsätze — abzüglich bezw. zusätzlich des durch Entscheidungen über eingelegte Rechtsmittel (§§ 35 ff.) verursachten Zu- bezw. Abgangs gegen die Veranlagung des Vorjahres — aufzubringen haben." Die Abgeordneten der Steuergesellschaft haben die sich hieraus ergebende Steuersumme gemäß § 15 I Abs. 2 „nach ihrer Kenntnis oder Schätzung des Ertragsverhältnisses unter die einzelnen Mitglieder der Steuergesellschaft zu verteilen".

2. Hiermit ist die Mitwirkung der Steuerausschüsse der Klassen II bis IV im Veranlagungsverfahren völlig erschöpft. Denn die Zugangstellungen von Gewerbetreibenden, die nach Beginn der jährlichen Veranlagung einen Betrieb anfangen, erfolgen durch den Vorsitzenden mit dem klassenmäßigen Mittelsatze (§ 34), und die Feststellung der vorenthaltenen Steuer (§§ 70, 73) sowie der Nachsteuer (§ 78) ist den Regierungen vorbehalten.

Eine nach dem Abschlusse des Veranlagungsgeschäftes durch den Steuerausschuß zu bewirkende „nachträgliche" Veranlagung ist dem Gesetze ganz fremd. Dies ist eine notwendige Folge der Einrichtung von Steuergesellschaften, welche die sich aus Vervielfachung des klassenmäßigen Mittelsatzes mit der Zahl der Mitglieder ergebende Steuersumme aufzubringen haben. Diese Einrichtung erfordert zunächst die Feststellung der „der Veranlagung zu grunde zu legenden", also hierfür maßgebenden namentlichen Nachweisungen. Wollte man „nachträgliche" Veranlagungen von Gewerbetreibenden zulassen, die nicht in der festgestellten namentlichen Nachweisung enthalten sind, so würde die namentliche Nachweisung die ihr im § 29 beigelegte Bedeutung verlieren; sie würde alsdann weder endgültig festgestellt, noch für die Veranlagung maßgebend sein. In Übereinstimmung mit der sich aus § 29 ergebenden Bedeutung der namentlichen Nachweisung als maßgebender Richtschnur für die Veranlagung wird im § 13 nur der Zu- und Abgänge infolge von Rechtsmittelentscheidungen (§§ 35 ff.) Erwähnung getan. Andere, die Steuersumme berührende Zu- und Abgänge, insbesondere auf Grund nachträglicher Veranlagungen, sind dem Gesetze unbekannt. Endlich deutet auch die oben wiedergegebene Fassung des § 15 I Abs. 2 auf die Ausschließung nachträglicher Veranlagungen hin, da hiermit die dort vorgesehenen Grundlagen der Verteilung zerstört werden würden.

3. Hiernach gibt für die Nachbesteuerung außerhalb der Fälle strafbarer Steuerhinterziehung ausschließlich der § 78 die gesetzliche Handhabe. Soweit in den Bestimmungen der Art. 35 Nr. 6 Abs. 2 und 46 Nr. 3 der Ausführungsanweisung etwas anderes angeordnet sein sollte, würde dies den gesetzlichen Vorschriften nicht entsprechen.

**Nr. 8. Entsch. Bd. X i. St. S. 433 v. 28. XI. 01 VI G 97/01.**

Gew.-St.-Ges. §§ 33, 34, 78; Ausf.-Anw. Art. 31.

1. Das O.-V.-G. hat bereits in einer früheren Entscheidung[1]) den Grundsatz ausgesprochen, daß außerhalb der Zugangsfälle des § 34 die gewerbesteuerliche Veranlagung eines Gewerbetreibenden nach dem Abschlusse der ordentlichen jährlichen Veranlagung in einer der Klassen II bis IV unzulässig sei, daß vielmehr für eine Nachbesteuerung außerhalb der Fälle strafbarer Steuerhinterziehung ausschließlich der § 78 die gesetzliche Handhabe gebe. In gleicher Weise muß auch die Zulässigkeit der nachträglichen Veranlagung eines bei der ordentlichen Veranlagung übergangenen Gewerbetreibenden in Klasse I verneint werden.

2. Dem Gesetze selbst ist eine solche nachträgliche Veranlagung völlig fremd. Wenn das Gesetz es für erforderlich gehalten hat, neben der Bestimmung des § 33, wonach die Steuerpflicht mit dem Anfange des auf die Eröffnung des Betriebes folgenden Kalendervierteljahres beginnt, auch noch im § 34 über die Ausführung der Veranlagung solcher Betriebe, die erst nach Beginn der ordentlichen jährlichen Veranlagung, wenn auch noch vor dem Beginne des Steuerjahres angefangen werden, besondere Bestimmungen zu erlassen, so spricht dies deutlich für die Absicht, die nachträgliche Veranlagung eines schon früher vorhandenen Betriebes lediglich auf Grund und nach Maßgabe der allgemeinen Bestimmungen über die ordentliche jährliche Veranlagung nicht zu gestatten. Denn es wäre sonst nicht verständlich, warum nicht auch für jene eigentlichen Zugangsfälle des § 34 dieselben allgemeinen Vorschriften gelten sollten.

Der Zulässigkeit einer nachträglichen Veranlagung widerspricht auch die gegenseitige Abhängigkeit der Veranlagungen in den verschiedenen Steuerklassen voneinander. In dieser Hinsicht ist in der Ausf.-Anw. angeordnet, daß der Vorsitzende der Klasse I vor der Ausführung der Veranlagung sich mit den Ausschußvorsitzenden der anderen Klassen seines Bezirkes ins Einvernehmen wegen Übernahme in die Klasse oder Überweisung an eine andere Klasse setzen und äußersten Falles die Entscheidung der Regierung einholen soll (Art. 31 I 1 und 2). Durch Zulassung einer nachträglichen Veranlagung in Klasse I würde notwendiger Weise entweder die freie Entschließung des Steuerausschusses über Aufnahme in die Klasse oder Überweisung an eine andere Klasse beeinträchtigt, oder aber, im letzteren Falle bei der zweifellosen Unzulässigkeit einer nachträglichen Veranlagung in den Klassen II bis IV, die Veranlagung des Gewerbetreibenden ganz vereitelt. Es müssen sonach alle zur Zeit des Beginnes der ordentlichen jährlichen Veranlagung bekannten und für steuerpflichtig zu erachtenden Betriebe auch bei dieser Veranlagung berücksichtigt werden, und eine nachträgliche Heranziehung von Betrieben, die zu jenem Zeitpunkte schon bestanden haben, ist nur in den Fällen und Formen des § 78 gesetzlich möglich.

**Nr. 9. Entsch. Bd. X i. St. S. 435 v. 31. V. 02 VI G 94—97/02.**

Gew.-St.-Ges. § 78; Eink.-St.-Ges. § 80.

Die Nachbesteuerung eines Gewerbetreibenden ist ebenso wie die Nachveranlagung zur Einkommensteuer nach § 80 des Eink.-St.-Ges. nur im Falle der Ermittelung neuer, bisher nicht bekannter Tat-

[1]) Vgl. die vorstehende Entscheidung.

sachen, deren Geltendmachung im Wege der ordentlichen Rechtsmittel nicht mehr möglich war, zulässig.

Eine von der früheren Rechtsauffassung abweichende Beurteilung früher bereits bekannter Tatsachen kann eine Nachbesteuerung nicht rechtfertigen. (E.-O.-V. in St. Bd. VIII S. 270ff.).

**Nr. 10. Entsch. Bd. X i. St. S. 436** v. 12. XII. 01 VI G 15/01.

Gew.-St.-Ges. §§ 41, 78.

Die Nachbesteuerung eines Gewerbetreibenden, der einen Gewerbebetrieb eines anderen übernommen hat (§ 41), darf nicht darauf gestützt werden, daß der Vorbesitzer für das betreffende Steuerjahr zur Gewerbesteuer zu Unrecht nicht herangezogen sei.

Die Nachveranlagung des Nachfolgers auf Grund des § 78 des Gew.-St.-Ges. würde nur unter der Voraussetzung zulässig sein, daß die gesetzlich gebotene Veranlagung des Nachfolgers unterlassen wäre. Die in § 41 a. a. O. vorgesehene Umschreibung der Gewerbesteuer stellt aber im Sinne des § 78 keine Veranlagung dar, sondern setzt die vorhergegangene Veranlagung eines anderen, des Vorbesitzers, voraus.

**Nr. 11. Entsch. Bd. X i. St. S. 438** v. 21. II. 01 VI G 112/00.

Gew.-St.-Ges. § 32; Konkurs-Ordn. v. 10. II. 77 §§ 5, 6, 111.

Die Zustellung der auf den Einspruch des später in Konkurs verfallenen Steuerpflichtigen gegen seine Veranlagung zur Gewerbesteuer erlassenen Entscheidung des Steuerausschusses an den Massenverwalter ist nicht rechtswirksam. Denn der Schuldner verliert durch die Konkurseröffnung nur sein Verfügungs- und Verwaltungsrecht über die Konkursmasse, das nunmehr durch den Konkursverwalter ausgeübt wird. Hiermit wird aber nicht seine Handlungs- und Prozeßfähigkeit überhaupt aufgehoben. Er kann insbesondere während des Konkurses als rechtsfähig sich selbst persönlich verpflichten, bleibt auch Kaufmann, wenn er fortfährt, gewerbsmäßig Handelsgeschäfte zu betreiben, stets unbeschadet der Rechte der Konkursgläubiger an der Konkursmasse. Dementsprechend vertritt der Konkursverwalter daher auch nicht die Gesamtpersönlichkeit des Schuldners, der an sich rechts- und handlungsfähig bleibt; er vertritt ihn nur hinsichtlich der Befugnis, die Konkursmasse zu verwalten und darüber zu verfügen. Daraus folgt, daß ein mit einer Zustellung an den Schuldner beauftragter Beamter nicht für befugt erachtet werden kann, die Zustellung ohne weiteres an den Konkursverwalter zu bewirken.

## 5. Rechtsmittel.

### A. Allgemeines.

**Nr. 1. Entsch. Bd. X i. St. S. 441** v. 3. IV. 02 VI G 86/01.

Gew.-St.-Ges. §§ 1, 33, 35—37, 58; Eink.-St.-Ges. §§ 57, 59.

1. Nach § 33 des Gew.-St.-Ges. beginnt die „Steuerpflicht" mit dem Anfange des auf die Eröffnung des Betriebes folgenden Kalendervierteljahres und dauert bis zum Ende desjenigen Kalendervierteljahres, in welchem das Gewerbe abgemeldet wird. Daß diese Gesetzesvorschrift nicht wörtlich verstanden werden darf, ergibt sich schon aus der unhaltbaren Folgerung, daß alsdann der bloße Abmeldungsakt den Untergang der Steuerpflicht nach sich ziehen müßte. Läßt sich aber der Gesetzesbestimmung

nicht diese Bedeutung zugunsten des Steuerpflichtigen beilegen, so darf daraus auch nicht die umgekehrte Folgerung zu seinen Ungunsten gezogen werden.

2. Das Wort „Steuerpflicht" im ersten Satze des § 33 a. a. O. bedeutet nicht die objektive Steuerpflichtigkeit, sondern die subjektive Pflicht zur Steuerzahlung, was im letzten Satze des Paragraphen mit „Steuerverpflichtung" ausgedrückt wird. Nach § 1 a. a. O. entsteht die objektive Steuerpflichtigkeit mit der Betriebseröffnung und geht mit der Betriebseinstellung zu Ende. Die subjektive Pflicht zur Steuerzahlung wird aber aus Gründen der Zweckmäßigkeit bis zum Beginn des der Eröffnung folgenden Vierteljahres hinausgeschoben, und dementsprechend erreicht sie auch nicht mit dem Zeitpunkte der Betriebseinstellung ihr Ende, sondern dehnt sich bis zum Schlusse des Vierteljahres aus. In ähnlicher Weise ist die Verpflichtung zur Zahlung der Einkommensteuer durch die §§ 57 und 59 Abs. 2 des Eink.-St.-Ges. geordnet. Für die Gewerbesteuer ist im ersten Satze des § 33 des Gew.-St.-Ges. nur noch ein weiterer, aus dem Zusammenhange mit § 58 a. a. O. zu erklärender Vorbehalt gemacht. Es soll zugleich der Verpflichtung zur Abmeldung genügt und die Erfüllung dieser Pflicht dadurch gesichert werden, daß die Entrichtung der Steuer bis zum Schlusse des Abmeldungsquartals gefordert werden kann, nicht muß.

3. Hiernach gilt die Bestimmung im § 33 a. a. O. über die Fortdauer der Steuerpflicht bei nicht abgemeldetem Betriebe für die Steuererhebung, also für die Verwaltung, nicht aber für das Rechtsmittelverfahren; sie bezieht sich auf die Behandlung der veranlagten Steuer. Für das Rechtsmittelverfahren bedarf es gar keiner Abmeldung und keiner die Abmeldung sichernden Vorschriften; denn die im Rechtsmittelverfahren erfolgte Verneinung der Steuerpflichtigkeit muß viel stärker wirken, als die rein formale Anzeige über Einstellung des Betriebes bei dem Vorsitzenden des Steuerausschusses. Wer die Steuerpflichtigkeit verneint, hat nach §§ 35 bis 37 a. a. O. einen von der Abmeldung ganz unabhängigen Anspruch auf die Entscheidung der Rechtsmittelbehörden über seine Steuerpflichtigkeit. Daß die Zuständigkeit der Rechtsmittelbehörden durch den Mangel der Abmeldung ausgeschlossen wäre, ist in den §§ 35 bis 37 a. a. O. mit keinem Worte angedeutet.

**Nr. 2. Entsch. Bd. X i. St. S. 443** v. 24. I. 01 VI G 175/00.

Gew.-St.-Ges. §§ 35--37, 41.

1. Zur Anfechtung der ursprünglichen Veranlagung im Rechtsmittelwege muß derjenige, auf den ein zur Gewerbesteuer veranlagter Gewerbebetrieb unter den die Umschreibung gemäß § 41 des Gew.-St.-Ges. rechtfertigenden Voraussetzungen übergegangen ist, wenigstens dann für berechtigt erachtet werden, wenn das Rechtsmittel auch noch dem veranlagten früheren Besitzer zugestanden hätte.

2. Die Berechtigung des neuen Besitzers zur Einspruchserhebung kann überhaupt keinem Bedenken unterliegen, sofern die Umschreibung der Steuer selbst schon innerhalb der Einspruchsfrist gegen die ursprüngliche Veranlagung tatsächlich erfolgt und mitgeteilt ist. Denn der neue Erwerber ist alsdann, abgesehen von dem Falle der Pachtung, für die Folgezeit der einzige von der ursprünglichen Veranlagung noch betroffene Steuerpflichtige, während der veranlagte Besitzvorgänger nach der Abmeldung vom Beginne des nächsten Quartals ab aus der Steuerpflicht ausscheidet und daher möglicherweise sogar von der ganzen Jahressteuer nicht mehr berührt wird.

Wollte man trotzdem nur dem Vorgänger die Geltendmachung der gesetzlichen Rechtsmittel gegen die ursprüngliche Veranlagung zugestehen, so würde die Bestimmung des § 41 a. a. O. über die Umschreibung der Gewerbesteuer eine Einschränkung oder gar eine vollständige Unwirksammachung der gesetzlichen Bestimmungen über die Rechtsmittel zur Folge haben, die vom Gesetzgeber nicht beabsichtigt sein kann. Jene Vorschrift ist ein Ausfluß der dem Gewerbesteuergesetze zu grunde liegenden Anschauung, daß der Gewerbebetrieb als solcher das Objekt der Besteuerung bildet, Höhe und Dauer der Besteuerung deshalb von dem Betriebe als solchem und seinem Fortbestehen bestimmt werden, während die Person des Betriebsinhabers nur für die Bestimmung des Steuersubjektes in Betracht kommt. Das nach den gesetzlichen Bestimmungen zur Entrichtung der Steuer verpflichtete Subjekt muß dann aber, auch wenn es nicht der ursprünglich Veranlagte ist, zum Gebrauche der gegen die Veranlagung gegebenen Rechtsmittel befugt erscheinen. Es ist als „der Steuerpflichtige" im Sinne der §§ 35, 36 und 37 des Gew.-St.-Ges. anzusehen. Wenn bei wechselndem Inhaber, aber gleichbleibendem Betriebe nach § 41 die Steuerveranlagung mittels der Umschreibung aufrecht erhalten bleibt, so muß daher der neue Besitzer, auf den die Umschreibung erfolgt ist, auch befugt sein, diejenigen Rechte auszuüben, die dem ursprünglich Veranlagten in betreff der Anfechtung der Veranlagung zustanden.

3. Aber auch, wenn die Umschreibung der Steuer auf den neuen Erwerber noch nicht tatsächlich erfolgt ist, muß diesem das Recht zum Gebrauche der gesetzlichen Rechtsmittel gegen die Veranlagung wenigstens unter der Voraussetzung eingeräumt werden, daß der Besitzwechsel in vorschriftsmäßiger Weise angemeldet ist. Durch die Anmeldung des Besitzwechsels und die Einlegung des Rechtsmittels innerhalb der gegen den Vorbesitzer laufenden Frist muß dem neuen Erwerber die Möglichkeit eröffnet werden, seine Rechte selbständig und rechtzeitig wahrzunehmen. Anderenfalls würde er einer durch nichts gerechtfertigten Beeinträchtigung seiner Interessen ausgesetzt bleiben. Er würde weder auf den Vorbesitzer einen Zwang zur Einlegung des Rechtsmittels ausüben, noch eine, ihm die Innehaltung der laufenden Rechtsmittelfrist ermöglichende Beschleunigung der Umschreibung bewirken können. Hiernach muß der neue Erwerber nach Anmeldung des Besitzwechsels unter der Voraussetzung, daß demnächst eine Umschreibung der bereits veranlagten Steuer nach § 41 a. a. O. auf ihn erfolgt, auch schon vor erfolgter Umschreibung berechtigt sein, die nach Lage der Sache zulässigen Rechtsmittel gegen die ursprüngliche Veranlagung seinerseits geltend zu machen.

4. Die Rechtzeitigkeit der Einlegung des Rechtsmittels ist jedenfalls dann nicht zu bezweifeln, wenn das Rechtsmittel noch innerhalb der gegen den früheren Besitzer laufenden Rechtsmittelfrist eingelegt worden ist.

## 6. Verteilung des Steuersatzes auf mehrere Kommunalbezirke.

### A. Allgemeines.

**Nr. 1. Entsch. Bd. X i. St. S. 447** v. 9. I. 02 VI G 350/00.

Gew.-St.-Ges. § 38.

Wenn es sich bei der Zerlegung des Steuersatzes nach dem Verhältnis der an den einzelnen Betriebsorten gezahlten Gehälter und Löhne um zwei verschiedene Verkaufsorte für verschiedene Kundenkreise handelt, dann muß auch angenommen werden, daß an dem Orte mit höheren Löhnen auch höhere Verkaufspreise erzielt werden. Die Löhne u.s.w. kommen aber überhaupt nur als wesentliche Betriebskosten in Frage, und zwar so, wie sie wirklich an den einzelnen Orten und zu derselben Zeit gezahlt worden sind (E.-O.-V. in St. Bd. IV S. 390 ff.). Entweder sind in einem gegebenen Falle die Gehalts- und Lohnzahlungen als eine geeignete Unterlage für die Ertrags- (und Steuer-) Verteilung unter die mehreren Gemeinden anzusehen, dann aber auch immer nur die wirklich gezahlten, oder sie sind überhaupt hierfür nicht geeignet, und dann muß eben von Verteilung nach Maßgabe derselben ganz Abstand genommen werden. Keinenfalls dürfen fingierte Lohnsätze zu grunde gelegt werden; denn diese bilden überhaupt gar keine tatsächliche Unterlage.

## B. Berechtigte Gemeinden. Begriff des Betriebsortes.

**Nr. 1. Entsch. Bd. X i. St. S. 449** v. 1. V. 01 VI G 91/00.

Gew.-St.-Ges. § 38.

1. Als Betriebsort im Sinne des § 38 des Gew.-St.-Ges. ist jeder Ort anzusehen, an dem durch Errichtung einer Zweigniederlassung, Fabrikations-, Ein- oder Verkaufsstätte oder in sonstiger Weise ein stehender Betrieb unterhalten wird, namentlich also auch der Ort, an dem sich Speicher, Warenlager oder Kontore, oder ständige Vertreter des Unternehmers befinden, mögen diese zu letzterem in einem Dienstverhältnisse stehen oder ohne solches Geschäfte in seinem Namen und für seine Rechnung auf Grund allgemeiner oder besonderer Ermächtigung abschließen.

2. Eine Gemeinde wird nicht dadurch zum Betriebsort einer auswärtigen Brauerei, daß das von dieser gebraute Bier in einem von ihr verpachteten Etablissement, für das ihr die Wirtschaftskonzession erteilt ist, von dem Pächter im eigenen Namen und für eigene Rechnung vertrieben wird.

Der Pächter mag vertragsmäßig gebunden sein, den gesammten Bierbedarf ausschließlich von der Verpächterin zu entnehmen, im übrigen steht er aber zu ihr weder in einem Dienstverhältnisse, noch verkauft er das Bier im Namen und für Rechnung der Verpächterin. Er ist vielmehr ganz selbständiger Wirt mit voller Bewegungsfreiheit und eigener Verantwortung, insbesondere hinsichtlich des Verkaufspreises des Bieres. Gegenüber dieser tatsächlichen Ausübung des Wirtschaftsbetriebes durch den Pächter im eigenen Namen und für eigene Rechnung ist es unerheblich, daß das Eigentum oder der Pachtbesitz der Verpächterin zusteht, oder daß sie Inhaberin der Wirtschaftskonzession ist.

**Nr. 2. Entsch. Bd. X i. St. S. 451** v. 17. IV. 02 VI G 1/02.

Gew.-St.-Ges. § 38.

1. Nach Angabe der steuerpflichtigen Aktiengesellschaft befinden sich für die ihr gehörige Grube A.

a) in der Gemeinde G. zwei Stollen zum Anfahren der Bergleute, die Zechenschmiede, ein Luftkompressor nebst Dampfmaschine, sowie eine seit Jahren nicht mehr benutzte Grubenförder- und Wasserhaltungsmaschine und eine ebenfalls nicht mehr benutzte Aufbereitungsanlage,

b) in der Gemeinde H. ein Anfahrstollen zum Anfahren der Bergleute aus den — nach eigenem Zugeständnisse des Beschwerdeführers zum Gemeindebezirke H. gehörigen — Kolonien (Ortschaften) C. und D.,

c) in der Gemeinde R. ein Förderstollen, durch welchen sämtliche in der Grube gewonnenen Roherze nach der in dieser Gemeinde gelegenen Erzaufbereitungsanstalt unterirdisch befördert werden.

2. Alle diese Anlagen sind integrierende Bestandteile der ganzen einheitlichen Bergwerksanlage. Die äußerlich sichtbaren Einrichtungen des bergbaulichen Unternehmens, worauf es im wesentlichen ankommt, befinden sich demnach ebenso in den Gemeinden R. und H., wie in der Gemeinde G., und die Eigenschaft der drei Orte als Betriebsorte jener Grube ergibt sich mit Notwendigkeit daraus, daß sich die einheitliche Bergwerksanlage über alle drei Gemeindebezirke erstreckt.

---

IV.

# Warenhaussteuer.

**Literatur:** Strutz, Ges. betr. die Warenhaussteuer v. 18. Juli 1900.

**Materialien:** Ges. betr. die Warenhaussteuer v. 18. Juli 1900 (G.-S. S. 294); Abg.-H. Sten. Ber. 1900 S. 1882—2006, 4422—4494, 4504—4558, 4706—4732, 5164—5203, 5205—5212, 5294—5303; Drucks. 1900. Nr. 47, 170, 177 A, 177 B, 178, 179, 180, 187, 192, 203 A, 203 B, 203 C, 204, 249, 255. — H.-H. Sten. Ber. 1900 S. 227—248, 250—272; Drucks. 1900. Nr. 85, 95, 112 zu 1 bis 5, 116, 118. — Ausf.-Anw. zum Warenhaussteuerges. vom 26. IX. 1900.

## 1. Warenhaussteuerpflicht.

**Nr. 1. Entsch. Bd. X i. St. S. 453** v. 12. XII. 01 VI W 5/01.

Warenhaussteuerges. § 1.; Gew.-St.-Ges. § 5.

1. Die Auffassung, daß die Vorschriften des Gew.-St.-Ges. über die Steuerpflichtigkeit und namentlich die dort getroffenen besonderen Bestimmungen über die Ausdehnung der Gewerbesteuerpflichtigkeit ohne weiteres für das Warenhaussteuerges. zu gelten haben, findet weder im Warenhaussteuerges., noch in der Begründung des Gesetzentwurfes eine Stütze. Die Voraussetzungen der Steuerpflichtigkeit werden vielmehr im § 1 des Warenhaussteuerges. in durchaus selbständiger Weise geregelt.

2. Eine besondere Bestimmung enthält der § 1 Abs. 4 des Warenhaussteuerges. Hiernach sollen „Vereine, eingetragene Genossenschaften und Korporationen", welche nach § 5 des Gewerbesteuerges. der Gewerbesteuer nicht unterworfen sind, auch der Warenhaussteuer nicht unterliegen. Durch diese Bestimmung ist nur die im ersten Absatz des § 5 des Gew.-St.-Ges. für Vereine, eingetragene Genossenschaften und Korporationen, welche die eigenen Bedürfnisse ihrer Mitglieder an Lebensmitteln und anderen Gegenständen zu beschaffen bezwecken, unter den dort näher angegebenen Voraussetzungen ausgesprochene Freilassung von der Gewerbesteuer auch auf die Warenhaussteuer ausgedehnt. Hiermit ist also nur ein Verbot ausgesprochen, dagegen keine positive Vorschrift über die Steuerpflichtigkeit gegeben. Der zweite Absatz des § 5 des Gew.-St.-Ges. über die Steuerpflichtigkeit von Konsumvereinen und im Nebenbetriebe unterhaltenen Konsumanstalten mit offenem Laden wird von der Bestimmung im § 1 Abs. 4 des Warenhaussteuerges. nicht berührt. Konsumanstalten, die von einem Gewerbetreibenden im

Nebenbetriebe unterhalten werden, sind dort überhaupt nicht genannt. Für diese ist daher lediglich der § 1 Abs. 1 des Warenhaussteuerges. maßgebend, wonach das stehende Gewerbe des Kleinhandels unter gewissen Voraussetzungen der Warenhausbesteuerung unterliegt. Konsumanstalten, die nicht auf Gewinnerzielung gerichtet sind, stellen sich aber begrifflich nicht als Gewerbe im steuerlichen Sinne dar und fallen deshalb überhaupt nicht unter das Warenhaussteuergesetz.

**Nr. 2. Entsch. Bd. X i. St. S. 456** v. 28. XI. 01 VI W 1/01.

Warenhaussteuerges. § 1; Ausf.-Anw. Artikel 1 I.

1. Unter dem Klein- oder Detailhandel im Sinne des § 1 des Warenhaussteuerges. ist der gewerbsmäßige Verkauf von Waren unmittelbar an die Konsumenten zu verstehen, im Gegensatze zum Groß- oder en gros -Handel, dem Verkauf an Klein- oder Zwischenhändler.

2. Der Verkauf von Waren zur weiteren gewerbsmäßigen Verwendung und Verwertung, insbesondere der Verkauf an Schneiderinnen und Konfektionsgeschäfte, gehört nicht dazu. Denn die Unmittelbarkeit des Verkaufes an die Konsumenten wird nicht nur durch den Verkauf an Klein- oder Zwischenhändler, sondern auch durch Verkauf an solche, die die Ware noch weiter verarbeiten und dann erst an den Konsumenten gegen Entgelt abgeben, ausgeschlossen. Konsument ist immer nur derjenige, der selbst die Ware verzehrt oder verbraucht, nicht aber der, welcher sie zunächst noch in kaufmännischem, fabrik- oder handwerksmäßigem Betriebe umgestaltet oder bearbeitet und erst dann weiter zum Verbrauche abgibt.

**Nr. 3. Entsch. Bd. X i. St. S. 457** v. 20. II. 02 VI W 7/01.

Warenhaussteuerges. §§ 1, 6.

1. Bei der Ermittelung des für die Veranlagung zur Warenhaussteuer maßgebenden Umsatzes oder Ertrages kommen nur die in dem warenhaussteuerpflichtigen Kleinhandelsbetriebe abgesetzten Waren der in § 6 des Warenhaussteuerges. unterschiedenen Warengruppen in Betracht. Futtermittel gehören nicht hierher.

2. Wenn ein Konsumverein den Warenbezug seiner Mitglieder aus fremden Geschäften vermittelt und durch Abmachungen mit den Lieferanten seinen Mitgliedern billigere Preise für die bezogenen Waren sichert, so betreibt er doch selbst hiermit weder einen Kleinhandel, noch überhaupt einen Handel. Die Voraussetzungen der Steuerpflichtigkeit nach § 1 Abs. 1 a. a. O. treffen also für diesen Zweig der Geschäftstätigkeit nicht zu.

**Nr. 4. Entsch. Bd. X i. St. S. 464** v. 20. II. 02 VI W 1/02.

Warenhaussteuerges. § 6.

1. § 1 Abs. 3 des Warenhaussteuergesetzes lautet:

> „Erstreckt sich der Kleinhandelsbetrieb über mehrere Orte, so tritt die Steuerpflicht nur insoweit ein, als seine Verkaufsstätten in einem und demselben Orte oder unmittelbar benachbarten Orten mehr als eine der im § 6 unterschiedenen Warengruppen führen."

Nach dem Wortlaute dieser Gesetzesbestimmung soll in dem hier unterstellten Falle eines sich über mehrere Orte erstreckenden Kleinhandelsbetriebes nicht nur der Eintritt der Steuerpflichtigkeit an die Bedingung geknüpft sein, daß in einem und demselben Orte oder in unmittelbar benachbarten Orten mit mehr als einer der Warengruppen des § 6 gehandelt wird, sondern es soll auch der Umfang der Steuerpflichtigkeit auf den Handel in den hier bezeichneten Geschäftsstellen beschränkt bleiben. Für den Handel in Verkaufsstätten eines Ortes oder mehrerer unmittelbar benachbarter Orte, in denen nicht mehr als eine der Warengruppen des § 6 geführt wird, tritt die Steuerpflicht überhaupt nicht ein. Es müssen also nicht nur die hier geführten Waren bei der Feststellung, ob der Handelsbetrieb sich im übrigen auf mehr als eine der Warengruppen des § 6 erstreckt, ganz unberücksichtigt bleiben, sondern es muß der in jenen Verkaufsstätten erzielte Umsatz und Ertrag für die Besteuerung auch dann ganz außer Betracht bleiben, wenn in den Verkaufsstätten usw. eines anderen Ortes Waren aus mehreren Gruppen des § 6 geführt werden. Diejenigen gewerblichen Niederlassungen, für welche die Voraussetzungen des Abs. 3 nicht zutreffen, scheiden also bei der Feststellung der Steuerpflicht des Betriebes in jeder Beziehung vollständig aus.

2. Erstreckt sich also ein warenhaussteuerpflichtiger Kleinhandelsbetrieb über mehrere nicht unmittelbar benachbarte Orte, so bleiben die Verkaufsstätten an den Orten, wo nur Waren einer der in § 6 des Warenhaussteuerges. unterschiedenen Warengruppen geführt werden, bei der Ermittelung des für die Höhe des Steuersatzes maßgebenden Umsatzes oder Ertrages außer Betracht.

**Nr. 5. Entsch. Bd. X i. St. S. 462** v. 12. XII. 01 VI W 3/01.

Warenhaussteuerges. § 6.

Derjenige, der bei Beginn des Steuerjahres das stehende Gewerbe des Kleinhandels mit nur einer der in § 6 des Warenhaussteuerges. unterschiedenen Warengruppen betreibt, wird nicht deshalb warenhaussteuerpflichtig, weil seinem Verbot zuwider Waren einer anderen Gruppe in seinem Betriebe von einem Angestellten verkauft werden.

Zum Gewerbebegriff gehört die auf die Ausübung einer bestimmten, werbenden Tätigkeit gerichtete Absicht zum Handel mit bestimmten Waren, also auch die Absicht, mit diesen Waren Handel zu treiben. Wenn daher erweislich die ernstliche Absicht des Betriebsinhabers auf die Ausschließung gewisser Waren von seinem Handelsbetriebe gerichtet, und dies durch entsprechende Anweisung an das Hilfspersonal zum Ausdruck gebracht ist, so kann die fehlende Absicht des Inhabers zur Fortsetzung des hierauf bezüglichen Betriebes jedenfalls in steuerlicher Hinsicht nicht durch den Ungehorsam eines Gewerbegehilfen ersetzt werden.

**Nr. 6. Entsch. Bd. X i. St. S. 459** v. 6. III. 02 VI W 4/02.

Warenhaussteuerges. § 6.

Ein mit der Absicht der Gewinnerzielung betriebener Kleinhandel mit mehr als einer der in § 6 des Warenhaussteuerges. unterschiedenen Warengruppen unterliegt der Warenhaussteuer auch dann, wenn die Erzielung von Gewinn nur bei dem Verkaufe der Waren einer Gruppe bezweckt wird.

Bei einem solchen Betriebe erstreckt sich die Gewerbsmäßigkeit auf alle dazu gehörigen Geschäfte, auch wenn bei einzelnen die unmittelbare Absicht der Gewinnerzielung eingeschränkt oder ausgeschlossen ist. Geschäfte letzterer Art mögen aus den verschiedensten Ursachen innerhalb eines Gesamtbetriebes vorkommen und sogar mit Verlust verbunden sein, so daß sich der Ertrag im ganzen vermindert. Trotzdem verbleiben sie Teile des Gesamtbetriebes. Jede Unterscheidung der einzelnen Geschäfte nach Rücksichten der Gewinnabsicht ist unzulässig. Insbesondere ist es nicht gestattet, die mit Verlust verbundenen Verkäufe bei der Ertragsermittelung auszuscheiden und als Vermögensverluste zu behandeln.

## 2. Veranlagungsverfahren.

**Nr. 1. Entsch. Bd. X i. St. S. 467 v. 6. III. 02 VI W 3/02.**

Warenhaussteuerges. §§ 1, 2, 4, 5; Gew.-St.-Ges. § 24.

1. Der zweite Satz des § 4 des Warenhaussteuerges. lautet:

„Besteht der Gewerbebetrieb noch nicht ein Jahr lang, so ist der Umsatz nach dem zur Zeit der Veranlagung vorliegenden Anhalte zu schätzen."

Wenn die Veranlagung eines Gewerbebetriebes nach Maßgabe dieser Bestimmung erfolgen soll, so muß sich die Schätzung des Umsatzes einheitlich auf den gesamten nach § 1 a. a. O. steuerpflichtigen Betriebe für ein und dasselbe Geschäftsjahr erstrecken.

2. Der § 5 des Warenhaussteuerges. soll der Überschreitung der Besteuerung über 20 Prozent des gewerbesteuerpflichtigen Ertrages hinaus vorbeugen, mit der einzigen Umschränkung, daß immer wenigstens die Hälfte der Umsatzsteuer des § 2 zu erheben bleibt. Der Nachweis jener Überschreitung trifft im Zweifelsfalle den Steuerpflichtigen. Die Führung des Nachweises ist aber im Gesetze nach keiner Richtung hin eingeschränkt. Vermag der Geschäftsinhaber auf irgend eine Weise die Überzeugung zu begründen, daß die (Umsatz-)Steuer 20 Prozent des Ertrages übersteigt, so muß sie zu dem entsprechenden Betrage, aber höchstens bis auf die Hälfte des nach dem Umsatze bemessenen Steuersatzes (§ 2), ermäßigt werden. Der Nachweis kann rechnungs- und zahlenmäßig geführt werden, aber auch auf andere Weise, insbesondere durch die Beibringung der notwendigen und ausreichenden Unterlagen für eine sachgemäße Schätzung des Ertrages. Wenn z. B. für einen Betrieb, der bei der Veranlagung neu eröffnet worden ist oder noch kein volles Jahr bestanden hat, nur im allgemeinen — durch Darlegung der Einkaufs- und Verkaufspreise, der Betriebskosten u. s. w. — in überzeugender Weise dargetan wird, daß überhaupt kein Ertrag oder doch höchstens ein solcher Ertrag erzielt werden kann, daß 20 Prozent davon die Hälfte der Umsatzsteuer nicht erreichen würden, so genügt dieser Nachweis völlig zur Begründung des Anspruches auf Ermäßigung bis zur Hälfte des gemäß § 2 zutreffenden Steuersatzes. Die Auffassung, wonach ein Nachweis dieser Art und hiermit die Rechtswohltat des § 5 bei den noch nicht ein volles Jahr bestehenden Betrieben völlig ausgeschlossen sein würde, findet in dem Wortlaute des Gesetzes keinen Anhalt. Ebensowenig würde sie der Absicht des Gesetzes entsprechen. Gegenüber den mannigfachen, auf Unterdrückung der Warenhausbetriebe gerichteten Bestrebungen hat die Staatsregierung mit großem Nachdrucke ihre Absicht bekundet, den Warenhausbetrieb nicht in unzulässiger Weise durch die Besteuerung zu erdrücken oder unmöglich zu machen. Hierauf gerichtete Bestimmungen der Landesgesetze würden mit dem reichsrechtlich geschützten Grundsatze der Gewerbefreiheit nicht vereinbar und deshalb nicht rechtsgültig sein. Der § 5 soll aber gerade ein Ventil bilden, um einer, dem Reichsrechte widersprechenden, erdrückenden Besteuerung vorzubeugen.

3. Rechtsirrtümlich ist, daß durch die Einrichtung einer Filiale und den Erweiterungsbau älterer Geschäftshäuser die Veranlagung der Steuer nach dem Ergebnisse des abgelaufenen Jahres gemäß § 4 a. a. O. ausgeschlossen sei. Es ist durchaus nicht selbstverständlich, daß der § 4 in gleicher Richtung wie § 24 des Gew.-St.-Ges. auszulegen und deshalb auch die Auslegung, die die letztere Gesetzesvorschrift in der Rechtsprechung gefunden hat, auf die erstere zu übertragen sei. Denn wenn auch der § 4 des Warenhaussteuerges. in der äußeren Fassung dem § 24 des Gewerbesteuerges.

nachgebildet worden ist, so entfernen sich doch beide Gesetzesvorschriften mit der Wahl einer völlig verschiedenen Grundlage der Besteuerung — des Umsatzes unter Mitberücksichtigung des Ertrages in beschränktem Maße bei der Warenhausbesteuerung, des Ertrages und des Anlage- und Betriebskapitals bei der Gewerbebesteuerung — so weit voneinander, daß die Notwendigkeit und Zulässigkeit einer völlig übereinstimmenden Auslegung keineswegs anerkannt werden kann. Wollte man aber auch die Auslegung, die der § 24 des Gew.-St.-Ges. in der Rechtsprechung gefunden hat, auf den § 4 des Warenhaussteuerges. übertragen, so dürfte doch nicht außer Acht gelassen werden, daß im Bereiche der ersteren Gesetzesvorschrift die bloßen Schwankungen im Umsatze niemals als wesentliche, die Schätzung nach den unbekannten Ergebnissen der Zukunft gestattende Veränderungen des Betriebes anerkannt worden sind. Eine solche Änderung ist nur dann angenommen worden, wenn es sich im Einzelfalle infolge wesentlicher Änderungen der Betriebsweise selbst und der Betriebsmittel um einen neuen Betrieb handelte. Auch in der Vermehrung des Umsatzes infolge der Errichtung einer neuen Filiale ist an sich ein Grund für die wesentliche Veränderung des Betriebes selbst nicht gefunden worden. Hierbei muß es für den Bereich des § 4 des Warenhaussteuerges. um so mehr verbleiben, als bei großen Warenhäusern stärkere Schwankungen des Umsatzes sich mit Notwendigkeit fast regelmäßig wiederholen werden, so daß bei Annahme einer hiermit verbundenen wesentlichen Veränderung die Schätzung des Umsatzes nach der Zukunft beinahe der regelmäßige Zustand sein würde; eine solche Folge hätte aber im § 4 zum deutlichen Ausdrucke gebracht werden müssen, während hier im Gegenteil die Schätzung nach der Zukunft als Ausnahme behandelt ist.

**Nr. 2. Entsch. Bd. X i. St. S. 472** v. 3. IV. 02 VI W 2/01.

Warenhaussteuerges. § 10.

Bei der Veranlagung zur Warenhaussteuer darf ein höherer als der in der Warenhaussteuererklärung angegebene Umsatz, ohne daß an den Steuerpflichtigen eine Aufforderung zur Äußerung gemäß § 10 des Warenhaussteuerges. gerichtet ist, nicht zu grunde gelegt werden.

## 3. Rechtsmittelverfahren.

**Nr. 1. Entsch. Bd. X i. St. S. 474** v. 20. II. 02 VI W 2/02.

Warenhaussteuerges. § 13; Ausf.-Anw. Art. 24 II[3]; Gew.-St.-Ges. §§ 30, 32, 35—37.

Eine Entscheidung, die die Regierung auf die gemäß § 13 des Warenhaussteuerges. und § 30 des Gew.-St.-Ges. vom Vorsitzenden des Steuerausschusses gegen einen Beschluß des Steuerausschusses eingelegte Berufung erläßt, bildet einen sich ausschließlich auf die Steuerbehörden selbst erstreckenden Vorgang. Sie ist mit keinerlei Rechtsmittel, insbesondere auch nicht mit der Beschwerde angreifbar und darf auch dem Steuerpflichtigen gar nicht mitgeteilt werden. Nur das auf dieser Entscheidung beruhende Ergebnis der Veranlagung ist ihm nach § 32 des Gew.-St.-Ges. bekannt zu machen, und hiergegen stehen ihm die Rechtsmittel nach §§ 35, 36 und 37 a. a. O. zu.

# Chronologische Zusammenstellung der Entscheidungen.

Die Ziffern in der Rubrik „Seite" verweisen auf die Seite des vorliegenden Bandes.

| Datum der Entsch. | Materie | Seite | Datum der Entsch. | Materie | Seite |
|---|---|---|---|---|---|
| **1901.** | | | **1901.** | | |
| 9. VII. | Anforder. f. Volkssch. | 141 | 21. X. | Entsch. d. Vorstandsm. | 235 |
| 9. „ | Schulbaupflichtige | 156 | 22. „ | Gem.-Einkommenst. | 105 |
| 9. „ | „ | 157 | 24. „ | Entwässerung | 169 |
| 11. „ | Baupolizei | 181 | 24. „ | Baupolizei | 186 |
| 12. „ | Schulbaustreitigkeiten | 145 | 24. „ | Wegepolizei | 189 |
| 17. IX. | Kreisausschußbeschl. | 14 | 24. „ | Ortskrankenkasse | 235 |
| 17. „ | Zwangsh. Prostituier. | 28 | 24. „ | Eink.-St., Berechn. | 256 |
| 24. „ | Zwangsetatisierung | 37 | 25. „ | Komm. Eigenschaft | 41 |
| 24. „ | Gemeindewahlen | 53 | 25. „ | Armenpflegekosten | 48 |
| 24. „ | Besol. d. Kommunalb. | 60 | 25. „ | Zusch. d. Betriebsgem. | 107 |
| 24. „ | Zwangsetatisierung | 61 | 28. „ | Gemeindest., Rechtsm. | 112 |
| 24. „ | Komm.-Grundwertst. | 92 | 28. „ | Wegepolizei | 187 |
| 24. „ | Schulsteuer | 126 | 30. „ | Eink. a. Kapitalverm. | 261 |
| 26. „ | Eink. a. Grundverm. | 266 | 30. „ | Eink. a. Grundverm. | 273 |
| 27. „ | Diensteink. d. ev. Geistl. | 120 | 30. „ | Gewinnbr. Beschäftig. | 278 |
| 27. „ | Lehr.-W.- u. Waisenk. | 142 | 30. „ | Abzüge v. Einkommen | 287 |
| 27. „ | Verein | 215 | 31. „ | Stauanlagen | 170 |
| 28. „ | Eink. a. Grundverm. | 270 | 1. XI. | Gebühren, Beiträge | 67 |
| 28. „ | Veranlagungsverf. | 311 | 1. „ | Lustbarkeitssteuer | 82 |
| 30. „ | Flußmitte | 192 | 2. „ | Eink. a. Kapitalverm. | 261 |
| 30. „ | Privatkrankenanstalt | 209 | 2. „ | Abzüge v. Einkommen | 282 |
| 30. „ | Irrenanstalt | 210 | 2. „ | Erg.-Steuer | 317 |
| 3. X. | Druckschriftenverb. | 207 | 2. „ | Erg.-St., Maß. d. Best. | 318 |
| 3. „ | Schamlose Bilder | 208 | 5. „ | Gebühren, Beiträge | 67 |
| 3. „ | Eink.-St., Berechn. | 257 | 5. „ | Gem.-Einkommenst. | 106 |
| 3. „ | Eink. a. Kapitalverm. | 262 | 5. „ | Schulbaustreitigkeiten | 144 |
| 3. „ | Gewerbesteuer | 326 | 7. „ | Erkrankung | 238 |
| 4. „ | Umsatzsteuer | 83 | 7. „ | Gewerbesteuerveranl. | 329 |
| 4. „ | Gemeindeeink.-St. | 105 | 7. „ | „ | 331 |
| 4. „ | Spanndienste. | 110 | 8. „ | Bürgerrecht | 17 |
| 4. „ | Rechtsv. d. Schulvorst. | 123 | 8. „ | Stadtverordnetenw. | 20 |
| 4. „ | Sachverständige | 247 | 8. „ | Gebühren, Beiträge | 68 |
| 8. „ | Füh. d. Rek.-Stammr. | 31 | 8. „ | Gem.-Grundsteuer | 95 |
| 8. „ | Gemeindebeschlüsse | 57 | 8. „ | Rechtsv. d. Volkschull. | 124 |
| 9. „ | Dienstaufwand | 282 | 8. „ | Prostituierte | 224 |
| 10. „ | Baupolizei | 185 | 11. „ | Wegebaupflicht | 198 |
| 10. „ | Lotterie | 205 | 13. „ | Einkst., Beschw.-Verf. | 316 |
| 10. „ | Gewerbesteuerbefr. | 325 | 14. „ | Anlandungen | 168 |
| 11. „ | Kreisabgaben | 3 | 14. „ | Irrenanstalt | 210 |
| 11. „ | „ | 8 | 15. „ | Magistratsbeschlüsse | 25 |
| 11. „ | Anliegerbeiträge | 71 | 15. „ | Gemeindehaushalt | 36 |
| 11. „ | Umsatzsteuer | 87 | 15. „ | Gemeinderecht | 49 |
| 11. „ | Kath. Volksschulen | 135 | 15. „ | Gem.-Grundsteuer | 94 |
| 11. „ | Gesinderecht | 219 | 15. „ | Schulbaupflichtige | 151 |
| 11. „ | Gebühren d. Anwälte. | 248 | 18. „ | Wegepolizei | 190 |
| 11. „ | Nachfrist f. Rechtsm. | 248 | 19. „ | Kreisabgaben | 3 |
| 14. „ | Bürgersteigunterh. | 65 | 19. „ | Gem.-Gewerbesteuer | 98 |
| 14. „ | Wegepolizei | 189 | 19. „ | Gemeinst., Ver., Erh. | 112 |
| 17. „ | Erw. v. Grundeigent. | 234 | 19. „ | Synagogengemeinden | 121 |
| 17. „ | Erwerbsunfähigkeit | 241 | 21. „ | Wegepolizei | 189 |
| 17. „ | Gewerbesteuerveranl. | 332 | 21. „ | Veranlagungsverf. | 311 |
| 18. „ | Ausü. d. Armenpolizei | 15 | 21. „ | Steuerveränderung | 313 |
| 18. „ | Zwangsetatisierung | 61 | 21. „ | Nachbesteuerung | 315 |
| 18. „ | Schulbaustreitigkeiten | 144 | 21. „ | Erg.-Best.-Maßstab | 318 |
| 18. „ | Konflkt. Ges.-Arm.-V. | 244 | 21. „ | Gewerbesteuerveranl. | 331 |
| 19. „ | Eink. a. Grundverm. | 267 | 22. „ | Kreiswahlangel. | 9 |
| 21. „ | Wegepolizei | 189 | 22. „ | Stadtverordnetenvers. | 23 |
| 21. „ | Kleinhandel mit Bier | 200 | 22. „ | Gemeindebeamte | 25 |
| 21. „ | Möbeltransportgew. | 234 | 22. „ | Spanndienste | 111 |

| Datum der Entsch. | Materie | Seite |
|---|---|---|
| **1902.** | | |
| 6. II. | Eink. a. Grundverm. | 272 |
| 6. „ | Einkommensteuer | 279 |
| 7. „ | Kreisabgaben | 6 |
| 11. „ | Polizeiverwaltungsk. | 39 |
| 14. „ | Bürgerrecht | 18 |
| 14. „ | Gemeindevermögen | 58 |
| 14. „ | Gem.-Einkommenst. | 100 |
| 15. „ | Eink.-St., Berechn. | 257 |
| 15. „ | Veranlagungsverf. | 309 |
| 15. „ | Erg.-St., Veranlag. | 320 |
| 17. „ | Wegevorausleist. | 194 |
| 18. „ | Kr. a. Ortsarmenverb. | 13 |
| 18. „ | Rechtsv. d. Volksschull. | 124 |
| 18. „ | Schulbeiträge | 127 |
| 18. „ | Lehrer-Umzugskosten | 141 |
| 18. „ | Öffentl. Versamml. | 214 |
| 20. „ | Gewerbepolizei | 199 |
| 20. „ | Unfallversicherung | 240 |
| 20. „ | Gewerbesteuer | 322 |
| 20. „ | Warenhaussteuerpfl. | 339 |
| 20. „ | Warenhausst., Rechts. | 342 |
| 21. „ | Umsatzsteuer | 86 |
| 24. „ | Anliegerbeiträge | 76 |
| 24. „ | Straßenbaukosten | 76 |
| 24. „ | Gemeindeab. Rechtsm. | 116 |
| 24. „ | Baupolizei | 182 |
| 25. „ | Schulunterhaltung | 140 |
| 25. „ | Zuhälter | 223 |
| 26. „ | Einkommensteuer | 252 |
| 26. „ | Steuerpflicht. Eink. | 255 |
| 26. „ | Abzüge v. Einkommen | 284 |
| 27. „ | Kleinhandel m. Bier | 200 |
| 28. „ | Stadtverordnetenw. | 23 |
| 28. „ | Gemeindebeamte | 26 |
| 28. „ | Gemeindeabgaben | 63 |
| 28. „ | Gemeindegrundsteuer | 93 |
| 28. „ | Wegepolizei | 197 |
| 28. „ | Verw.-Streitverf. | 246 |
| 3. III. | Anliegerbeiträge | 78 |
| 3. „ | Wegepolizei | 189 |
| 3. „ | Verteilungsverf. | 117 |
| 4. „ | Haushaltungsangeh. | 259 |
| 6. „ | Einkommensteuer | 280 |
| 6. „ | Warenhaussteuerpfl. | 340 |
| 6. „ | Warenhaussteuerver. | 341 |
| 7. „ | Stadtverordnetenverf. | 24 |
| 8. „ | Haushaltungsangeh. | 261 |
| 10. „ | Rechtskonsulent | 205 |
| 11. „ | Auseina., Bezirksver. | 46 |
| 11. „ | Gemeindewahlen | 52 |
| 11. „ | Schulangelegenheit | 137 |
| 14. „ | Stadtverordnetenw. | 21 |
| 18. „ | „ | 22 |
| 18. „ | Persönl. Beteiligung | 228 |
| 19. „ | Abzüge v. Einkommen | 283 |
| 20. „ | Grabenräumung | 167 |
| 20. „ | Gesindevermieter | 204 |
| 20. „ | Privatkrankenanstalt | 211 |
| 20. „ | Gewinnbr. Beschäftig. | 279 |
| **1902.** | | |
| 22. III. | Handelskammer | 242 |
| 24. „ | Anliegerbeiträge | 72 |
| 24. „ | Grabenräumung | 167 |
| 24. „ | Stauanlagen | 170 |
| 24. „ | Ansiedelungen | 177 |
| 24. „ | Baupolizei | 179 |
| 24. „ | Legitimationsschein | 206 |
| 1. IV. | Krankenversicherung | 239 |
| 2. „ | Eink. a. Kapitalverm. | 262 |
| 2. „ | Steuerpfl. Eink. | 306 |
| 3. „ | Gewerbesteuerbefr. | 326 |
| 3. „ | Gewerbesteuer | 328 |
| 3. „ | Gewerbesteuerveranl. | 331 |
| 3. „ | Gewerbst., Rechtsm. | 334 |
| 3. „ | Warenhaussteuerver. | 342 |
| 4. „ | Umsatzsteuer | 89 |
| 4. „ | Öffentl. Versamml. | 217 |
| 7. „ | Baupolizei | 178 |
| 7. „ | Zustellung v. Urkunden | 249 |
| 8. „ | Grund-, Gebäudest. | 90 |
| 10. „ | Schankwirtschaft | 200 |
| 10. „ | Krankheit | 233 |
| 11. „ | Zusch. d. Betriebsgem. | 108 |
| 12. „ | Einkommensteuer | 253 |
| 12. „ | „ | 255 |
| 14. „ | Wegepolizei | 190 |
| 15. „ | Schulbaupflicht | 137 |
| 15. „ | Schulbaustreitigkeiten | 146 |
| 15. „ | Öffentl. Versamml. | 213 |
| 17. „ | Deichpolizei | 172 |
| 17. „ | Baupolizei | 179 |
| 17. „ | Invalidenversicher. | 240 |
| 17. „ | Verw.-Streitverfahr. | 249 |
| 17. „ | Gewerbesteuer | 329 |
| 17. „ | Gewerbest., Betriebs. | 337 |
| 21. „ | Baupolizei | 182 |
| 21. „ | Brücken | 191 |
| 22. „ | Gem.-Gewerbesteuer | 99 |
| 23. „ | Einkommensteuer | 254 |
| 23. „ | Steuerpfl. Eink. | 297 |
| 24. „ | Wasserpolizei | 171 |
| 25. „ | Gemeindevorsteher | 54 |
| 25. „ | Naturaldienste | 111 |
| 25. „ | Prostituierte | 223 |
| 28. „ | Baupolizei | 178 |
| 28. „ | „ | 180 |
| 28. „ | Wegepolizei | 197 |
| 1. V. | Leinpfadlast | 167 |
| 1. „ | Eink. a. Handel u. Gew. | 274 |
| 1. „ | Gewerbesteuer | 323 |
| 1. „ | „ | 327 |
| 6. „ | Hundesteuer | 89 |
| 6. „ | Gemeindest., Rechtsm. | 113 |
| 6. „ | Schulbrennbedarf | 131 |
| 6. „ | Schulunterhaltungsl. | 134 |
| 6. „ | Schulbaulast | 148 |
| 6. „ | Schulbaupflichtige | 151 |
| 9. „ | Kreiswahlangelegenh. | 12 |
| 12. „ | Anliegerbeiträge | 79 |

| Datum der Entsch. | Materie | Seite | Datum der Entsch. | Materie | Seite |
|---|---|---|---|---|---|
| 1902. | | | 1902. | | |
| 12. V. | Jagdbezirk | 174 | 12. VI. | Eink. a. Hand. u. Gew. | 275 |
| 12. „ | Fabrikbetrieb | 203 | 12. „ | Nachbesteuerung | 314 |
| 12. „ | Krankenversicherung | 233 | 12. „ | Erg.-St., Veranlagsv. | 320 |
| 13. „ | Grundstückseinzäun. | 223 | 12. „ | Gewerbest., Abschr. | 328 |
| 15. „ | Lustbarkeiten | 201 | 13. „ | Schulunterhaltungsl. | 129 |
| 15. „ | Öffentl. Lustbarkeiten | 221 | 13. „ | Schulbrennholzliefer. | 133 |
| 15. „ | Gewinnbr. Beschäftig. | 280 | 17. „ | Schulbeiträge | 127 |
| 15. „ | Abzüge v. Einkommen | 286 | 17. „ | Schulsteuer | 138 |
| 16. „ | Gemeindeabg., Rechts. | 115 | 20. „ | Kosten d. Handwerksk. | 64 |
| 16. „ | Politische Demonstr. | 225 | 23. „ | Jagdausübung | 174 |
| 24. „ | Gewerbliche Anlagen | 202 | 24. „ | Bezirksveränderung | 44 |
| 26. „ | Baupolizei | 181 | 24. „ | Fremdenschulgeld | 130 |
| 27. „ | Gemeinderecht | 50 | 24. „ | Schullasten | 140 |
| 27. „ | Gemeindevorsteher | 56 | 25. „ | Steuerpfl. Eink. | 290 |
| 27. „ | Schulunterhaltung | 127 | 26. „ | Grabenräumung | 165 |
| 27. „ | Öffentl. Versamml. | 216 | 26. „ | Eink.-St., Berechn. | 257 |
| 27. „ | Konflikt, Schulordn. | 243 | 26. „ | Haushaltungsangeh. | 259 |
| 29. „ | Gemeindebea., Amtst. | 26 | 26. „ | „ | 260 |
| 29. „ | Jagdpolizei | 174 | 26. „ | Einkommensteuer | 280 |
| 30. „ | Zusch. d. Betriebsgem. | 109 | 26. „ | Gewinnbr. Beschäftig. | 280 |
| 31. „ | Einkommensteuer | 254 | 1. VII. | Kraftfahrzeuge | 225 |
| 31. „ | Eink.-St., Berechn. | 258 | 2. „ | Abz. v. Einkommen | 285 |
| 31. „ | Eink. a. Grundverm. | 267 | 2. „ | „ | 286 |
| 31. „ | „ | 269 | 2. „ | Steuerpfl. Eink. | 299 |
| 31. „ | „ | 273 | 2. „ | „ | 302 |
| 31. „ | Gewinnbr. Beschäftig. | 278 | 3. „ | Vorüberg. Beschäftig. | 233 |
| 31. „ | Steuerpfl. Eink. | 308 | 7. „ | Anliegerbeiträge | 80 |
| 31. „ | Veranlagungsverf. | 312 | 7. „ | Ansiedelungen | 176 |
| 31. „ | Abzüge für Kinder | 313 | 7. „ | Invalidenversicher. | 241 |
| 31. „ | Eink.-St., Rechtsm. | 316 | 10. „ | Anliegerbeiträge | 73 |
| 31. „ | Gewerbesteuer | 323 | 26. „ | Abzüge v. Einkommen | 286 |
| 31. „ | Gewerbest.-Befreiung | 326 | 19. IX. | Schließ. e. Brunnens. | 227 |
| 31. „ | Gewerbest.-Veranlag. | 333 | 22. „ | Akteneinsicht | 246 |
| 2. VI. | Lehrvertrag | 203 | 25. „ | Krankenversicherung | 231 |
| 3. „ | Wüst.Huf.Abgabenpfl. | 65 | 27. „ | Steuerpfl. Eink. | 300 |
| 3. „ | Verein | 215 | 2. X. | Deichpolizei | 171 |
| 6. „ | Hundesteuer | 89 | 6. „ | Baupolizei | 181 |
| 6. „ | Schulbaupflichtige | 154 | 6. „ | Priv.-Entb.-Anstalt | 208 |
| 7. „ | Baupolizei | 181 | 8. „ | Steuerpfl. Eink. | 296 |
| 9. „ | Brücken | 190 | 9. „ | Wildschaden | 175 |
| 9. „ | Handelskammer | 242 | 20. „ | Schankbetrieb | 200 |
| 11. „ | Eink. a. Handel u. Gew. | 275 | 23. „ | Unfallversicherung | 239 |
| 11. „ | Steuerpfl. Eink. | 307 | 24. „ | Konkubinat | 223 |
| 12. „ | Krankenversicherung | 230 | 13. XI. | Jagdpolizei | 173 |
| 12. „ | Haushaltungsangeh. | 260 | 17. „ | Wildschaden | 175 |
| 12. „ | Eink. a. Grundverm. | 265 | 27. „ | Unfallversicherung | 240 |

# Chronologisches Register.

## 1900.



## 1901.



## 1902.

# Alphabetisches Register.

NB. Die beigefügten Zahlen verweisen auf die Seiten des vorliegenden Ergänzungsbandes

## A.

## B.

## C.



## D.

## E.

## F.

## H.

## J.



## K.

## L.

## M.

## N.



## O.

## R.

## S.

## V.

## Z.

A. Rietz & Sohn, Naumburg a. S.

FSC
www.fsc.org
MIX
Papier | Fördert
gute Waldnutzung
FSC® C083411

Kolibri 360 GmbH
Ferdinand-Jühlke-Straße 7
99095 Erfurt, Deutschland
produktsicherheit@kolibri360.de